KB155868

司馬遷 史記 1

史記本紀

丁範鎮 (성균관대학교 중문학과 교수) 외 옮김

까치

역자 소개

정범진(丁範鎭)

1935년 경상북도 영주 출생

성균관대학교 중국문학과 졸업

中華民國 國立臺灣師範大學 中國文學研究所 졸업(문학석사)

성균관대학교 대학원 중어중문학과 졸업(문학박사)

한국중어중문학회 회장 역임, 한국중국학회 회장 역임

성균관대학교 교수와 총장 역임

중국 산동대학교 명예교수, 대만정치대학 명예문학박사

한-우크라이나 친선협회 회장

저서 『중국문학입문』, 『중국문학사』, 『唐代소설연구』 외

역서 『중국소설사략』, 『唐代전기소설선』, 『두보시 300수』 외

ⓒ 정범진, 1994

史記 1—本紀

저자 / 司馬遷
역자 / 丁範鎭 외
발행처 / 까치글방
발행인 / 박종만
주소 / 서울시 마포구 월드컵로 31(합정동 426-7)
전화 / 02 · 735 · 8998, 736 · 7768
팩시밀리 / 02 · 723 · 4591
홈페이지 / www.kachibooks.co.kr
전자우편 / kachisa@unitel.co.kr
등록번호 / 1-528
등록일 / 1977. 8. 5
초판 1쇄 발행일 / 1994. 3. 15
　　　11쇄 발행일 / 2014. 4. 30
값 / 뒤표지에 쓰여 있음

ISBN 89-7291-054-6 94910
　　　89-7291-053-8 (전7권)

머리말

우리는 『사기(史記)』와 같은 동양의 명작 고전이 아직까지도 우리 독서계에 다만 일부분만이 번역 소개되었다고 하는 사실에 대해서 상당한 의아심을 가진다. 사실 나는 약 20년 전부터 이 일에 대해서 관심을 가져왔지만, 우선 나의 전문 분야가 아니고 또 워낙 천학과문(淺學寡聞)이라 방대하고 심오한 원전에 대한 해득이 어려워 스스로 적임이 아님을 자인하고 있었다.

그런데 바로 작년 대학원 박사과정 수업을 하던 중 몇몇 열성 어린 수학들의 강력한 제안으로 「본기(本紀)」로부터 시작하여 『사기』 전체에 대한 번역사업에 착수하기에 이르렀다.

이제 여러 사람의 도움에 힘입어 첫째 권 「본기」를 세상에 내놓게는 되었지만, 역시 아직도 반문농부(班門弄斧)의 심정을 씻어버릴 수가 없고 따라서 기쁨보다는 두려움이 앞선다. 그러나 무슨 일이든 처음으로 행하는 곳에는 반드시 의외의 어려움과 아울러 부담이 있게 마련이고 또한 오류도 있게 마련이다. 한편 생각해보면 이런 과정을 거치지 않고서는 그 누구든지 학문의 교류나 발전은 기대할 수가 없을 것이다. 이런 견지에서 일체를 불고(不顧)하고 과감히 일을 추진하게 되었다.

주지하다시피 워낙 방대한 분량이라 한두 사람의 힘으로는 이 일을 수행하기가 매우 어려웠으므로, 나를 도와서 수많은 젊은 학자들이 여기에 동참하였다. 이 지면을 빌려서 다시 한번 그분들에게 감사의 말씀을 드린다.

끝으로 경향제언(京鄕諸彦)의 정성 어린 지정(指正)을 간절히 바랄 뿐이다.

1993. 8. 30.

옥천산방(玉泉山房)에서 정범진(丁範鎭) 識

역자 소개

「五帝本紀」　丁範鎭　성균관대학교 중어중문학과 교수

「夏本紀」　金德煥　경상대학교 중어중문학과 졸업, 성균관대학교 대학원 석사, 같은 대학원 박사과정 수료. 현재 경상대학교·진주교대 강사

「殷本紀」　裵得烈　충북대학교 중어중문학과 졸업, 성균관대학교 대학원 석사, 같은 대학원 박사과정 수료. 현재 충북대학교 강사

「周本紀」　李炳姬　숙명여자대학교 중어중문학과 졸업, 臺灣師範大學 석사, 성균관대학교 대학원 박사과정 수료. 현재 성균관대학교 강사

「秦本紀」　鄭義淑　건국대학교 국문학과 졸업, 臺灣師範大學 석사, 성균관대학교 대학원 박사과정 수료. 현재 건국대학교 강사

「秦始皇本紀」　南宗鎭　건국대학교 중어중문학과 졸업, 성균관대학교 대학원 석사, 같은 대학원 박사과정

　　　　　　　鄭守國　건국대학교 중어중문학과 졸업, 단국대학교 대학원 석사, 성균관대학교 대학원 박사과정. 현재 서일대학교 강사

「項羽本紀」　趙成植　명지대학교 중어중문학과 졸업, 성균관대학교 대학원 석사, 같은 대학원 박사과정 수료. 현재 성균관대학교 강사

「高祖本紀」　金卿東　성균관대학교 중어중문학과 졸업, 臺灣大學 석사, 성균관대학교 대학원 박사과정. 현재 성균관대학교 강사

「呂太后本紀」　金元中　충남대학교 중어중문학과 졸업, 같은 대학교 대학원 석사, 성균관대학교 대학원 박사과정

「孝文本紀」　李聖浩　건국대학교 중어중문학과 졸업, 성균관대학교 대학원 석사, 같은 대학원 박사과정

「孝景本紀」　千賢耕　성균관대학교 중어중문학과 졸업, 같은 대학교 대학원 석사, 같은 대학원 박사과정

「孝武本紀」　李埰文　명지대학교 중어중문학과 졸업, 같은 대학교 대학원 석사, 성균관대학교 대학원 박사과정. 현재 명지대학교 강사

차례

권1 「오제¹⁾본기²⁾(五帝本紀)」 제1

황제(黃帝)³⁾는 소전(少典)⁴⁾ 부족의 자손으로, 성은 공손(公孫), 이름은 헌원(軒轅)⁵⁾이라고 불렀다. 그는 태어나면서부터 신령스러웠고,⁶⁾ 태어난 지 얼마 되지 않아서 말을 할 수 있었으며, 어려서 매우 영리하였고, 자라면서는 성실하고 영민했으며, 어른이 되어서는 널리 보고 들어서 사리분별이 분명했다.

헌원의 시대는 신농씨(神農氏)⁷⁾의 세력이 쇠해져가는 시기였으므로 제후들은 서로 침탈하고 백성(百姓)⁸⁾들을 못살게 굴었으나 신농씨는 이들을 정벌할 수가 없었다. 이에 헌원은 창과 방패 등 무기의 사용을 익혀서

1) 五帝 : 중국 고대의 전설에 나오는 다섯 명의 帝王. 「五帝本紀」와 『世本』의 「五帝譜」, 『大戴禮記』의 「五帝德」에서는 黃帝, 顓頊(高陽), 帝嚳(高辛), 堯, 舜을 일컫고, 『帝王世紀』에서는 少昊, 高陽, 高辛, 堯, 舜을, 그리고 『周易』의 「繫辭」에서는 伏羲, 神農, 黃帝, 堯, 舜을 가리킨다.

2) 本紀 : 『史記』의 體例 중의 하나. 世系와 年代의 순서에 따라서 제왕에 관한 일들을 서술하였다.

3) 黃帝 : 전설에 따르면 中原 각 민족 공동의 선조였다고 한다. 그는 熊部族(지금의 하남성 新鄭縣 일대에 살았던 부족)의 수령이었으므로 웅씨라고 칭해졌다. 나중에 중원 각 부족의 연맹의 공동수령이 되었으므로 황제라고 칭해지게 된 것이다.

4) 少典 : 나라 또는 부족 이름. 그 당시의 나라라는 것은 실제로는 하나의 부족집단에 지나지 않았다.

5) 軒轅 : 『帝王世紀』에 "黃帝는 壽丘에서 태어났고 姬水에서 자랐으므로 이것이 姓이 되었다. 그가 헌원의 언덕에서 살았으므로 이것을 이름으로 불렀다(黃帝生於壽丘, 長於姬水, 因以爲姓. 居軒轅之丘, 因以爲名, 又以爲號)"라고 기록되어 있다.

6) 전설에 의하면, 少典國의 왕비 附寶가 들판에서 기도를 올리다가 큰 번개가 북두칠성의 첫째 별인 北斗樞星을 감싸도는 것을 보고는 그를 잉태하여 24개월 만에 수구에서 황제를 낳았다고 전해진다.

7) 神農氏 : 고대 제왕의 하나. 그가 백성들에게 농사짓는 법을 가르쳤기 때문에 신농씨라고 불렀다고 한다. 炎帝라고도 한다.

8) 百姓 : 『詩經』의 鄭玄의 注와 『尙書』의 孔安國의 注에는 모두 "百姓"은 "百官"을 가리키는 말이라고 되어 있다. 당시 부족연맹의 어떤 관직은 한 부족이 대대로 세습하는 경우가 많았으므로, 그 부족에서는 그 관직 이름을 따서 자신들의 성으로 삼았다. 따라서 百姓은 부족연맹에서 직무를 맡은 각 부족을 말하는 것이다.

신농씨에게 조공을 바치지 않는 제후들을 정벌했다. 그 결과 제후들은 모두 헌원에게 복종했으나, 다만 치우(蚩尤)[9]만은 가장 포악하였으므로 헌원도 그를 토벌할 수가 없었다. 염제(炎帝)가 제후들을 침범하려고 하였으므로, 제후들은 모두 헌원에게로 귀순했다. 헌원은 이에 덕을 닦고, 병사를 정비했으며, 오기(五氣)[10]를 연구했고, 오곡(五穀)[11]을 심어 백성들을 사랑으로 돌보았고, 사방의 토지를 측량, 정리하였다. 또한 곰〔熊〕, 비(羆), 비(貔), 휴(貅), 추(貙), 범〔虎〕 등의 사나운 짐승들을 훈련시켜서[12] 판천(阪泉)[13]의 들에서 염제와 싸웠는데, 여러 번 싸운 후에야 드디어 뜻을 이루었다. 치우가 또다시 난을 일으키며 황제의 명을 듣지 않자, 이에 황제는 제후들로부터 군대를 징집하여 탁록(涿鹿)의 들에서 싸워서 결국은 치우를 사로잡아 죽였다. 그러자 제후들이 모두 헌원을 받들어 천자로 삼아 신농씨를 대신하게 하였으니, 그가 바로 황제이다.

세상에 황제에게 순종하지 않는 자가 있으면, 그를 토벌하고 평정된 뒤에는 바로 군대를 철수시켜서 그곳을 떠났다. 또 산을 개간하여 길을 통하게 하였고 하루도 편하게 지낸 적이 없었다. 동쪽으로는 해변까지 나갔다가 환산(丸山)[14]과 대종(岱宗)[15]에 올랐고, 서쪽으로는 공동(空桐)[16]에 이르러 계두산(鷄頭山)[17]에 올랐으며, 남쪽으로는 장강(長江)에 이르러 웅산(熊山)[18]과 상산(湘山)[19]에 올랐고, 북쪽으로는 훈육(葷粥)[20]을

---

9) 蚩尤 : 전설상의 九黎國 군주.

10) 五氣 : 五行의 氣. 고대에는 五行을 四時에 견주었으니, 봄은 木, 여름은 火, 늦여름은 土, 가을은 金, 겨울은 水라고 하였다. 또는 맑음, 비, 추위, 더위, 바람 등 다섯 氣象으로 보기도 한다.

11) 五穀 : 기장〔黍〕, 피〔稷〕, 벼〔稻〕, 보리〔麥〕, 콩〔菽〕의 다섯 가지 곡식.

12) 羆는 큰 곰을 말하고, 貔는 범 비슷한 동물로서 수컷은 '貔,' 암컷은 '貅'라고 부른다. 貙는 삵괭이 같이 생겼으나 그것보다 훨씬 큰 짐승이다. 이상은 모두 사나운 짐승들인데, 혹자는 이것들을 훈련시켜 직접 참전시켰던 맹수들이라고 보기도 하고, 혹은 짐승 이름을 딴 용맹한 군대로 보기도 하며, 이런 동물들을 토템으로 삼는 여섯 부족이라고 보기도 한다.

13) 阪泉 : 지금의 하북성 涿鹿縣 동쪽의 지명.

14) 丸山 : 凡山이라고도 부른다. 지금의 산동성 昌樂縣 서남쪽 臨朐縣 동북쪽에 있다.

15) 岱宗 : 즉 泰山. 山東省 泰安에 있다. 五嶽의 하나.

16) 空桐 : 지금의 甘肅省 平涼縣 서북쪽에 있는 지명 또는 산 이름. 崆峒이라고도 쓴다.

17) 鷄頭山 : 공동산 또는 大隴山이라고도 불린다.

18) 熊山 : 지금의 하남성 盧氏縣 남쪽에 있는 산.

내쫓고 부산(釜山)[21]에서 제후들을 소집, 신표를 검증하여 그들의 충절을 확인하였고, 탁록산 아래의 평원에 도읍을 정하였다. 그리고 황제는 일정한 거처 없이 여기저기 옮겨 다녔고, 주둔하는 곳마다 병영을 지어 방어하도록 하였다. 그는 관직 이름을 모두 '운(雲)'자를 써서 명했고,[22] 군대도 '운사(雲師)'라고 불렀다. 또한 좌대감과 우대감을 두어 각지의 제후들을 감독하게 하였다.

전국이 화평해지니 할 일이 적어졌으나 귀신과 산천에 제사 지내는 봉선(封禪)[23]의 일은 예전에 비해서 더 많아졌다. 황제는 하늘로부터 보정(寶鼎)과 시간을 추산하는 신책(神策)[24]을 얻었고, 풍후(風后), 역목(力牧), 상선(常先), 대홍(大鴻)[25]을 등용하여 백성을 다스리게 하였다. 그는 천지사시(天地四時)의 운행의 법칙에 순응하여, 음양의 변화를 예측하였고, 산 자를 양육하고 죽은 자를 장송하는 제도를 연구하였으며,[26] 국가존망의 이치를 고찰하였다. 또한 때에 맞추어 갖가지 곡식과 초목을 심어 덕화(德化)가 금수, 곤충류에까지 미쳤으며, 일월성신과 수파(水波), 토석(土石), 금옥(金玉)을 두루 연구하여[27] 백성에 이익이 되게 하였다. 그는 열심히 생각하고 실천하며 청취하고 관찰하였으며, 물과 불그리고 재물을 아껴썼다. 또한 토덕(土德)의 상서로운 징조가 있었으므로 그를 황제라고 칭했다.[28]

---

19) 湘山 : 지금의 호남성 岳陽城 洞庭湖 가운데에 있는 君山을 말한다.

20) 葷粥 : 옛날 부족 이름. 즉 秦漢시기의 匈奴族을 말한다.

21) 釜山 : 하북성 懷來縣 북쪽. 일설에는 徐水縣 서쪽, 혹은 하남성 靈寶縣 경계, 혹은 하남성 偃師縣 남쪽이라고도 한다.

22) 黃帝가 직위할 때 구름의 瑞兆가 있었기 때문에 관직 이름에는 모두 '雲'자를 사용했다고 한다. 春官은 靑雲, 夏官은 縉雲, 秋官은 白雲, 冬官은 黑雲, 中官은 黃雲이라고 명명했다.

23) 封禪 : '封'은 흙으로 만든 단을 높게 쌓아 하늘에 제사 지내는 것이고, '禪'은 땅을 다듬어 山川에 제사 지내는 것을 말한다.

24) 寶鼎은 제위를 상징하는 보배로운 솥이고, 神策은 점칠 때 쓰는 자잘한 나뭇가지를 말한다. 전설에 의하면 황제는 하늘로부터 보정과 신책을 얻었고, 大撓에게 명하여 甲子를 만들게 하고 容成에게 명하여 그 신책으로 曆法, 즉 黃帝曆을 만들게 하여 年, 月, 그리고 節氣를 推算하였다고 한다.

25) 네 사람 모두 황제의 大臣이다.

26) 전설에 의하면, 黃帝는 집과 의복을 만들고 禮儀를 정하여 백성들이 산 자를 돌보고, 죽은 자를 장사 지내기 편하도록 했다고 한다.

27) 原文의 "旁羅日月星辰水波土石金玉"의 '羅'를 黃帝의 德澤이 모든 것에 두루 퍼진다는 뜻으로 풀이하는 이도 있다. 여기서는 '관찰하다,' '연구하다'로 풀이하였다.

황제에게는 아들 스물다섯 명이 있었는데, 스스로 성씨를 세운 자가 열네 명이었다.[29] 황제는 헌원의 언덕[30]에 살면서 서릉족(西陵族)의 딸을 아내로 맞이하였는데, 그녀가 바로 유조(嫘祖)[31]이다. 유조는 황제의 정실로서 두 아들을 낳았는데, 그들의 후손들은 모두 천하를 얻었다. 큰아들은 현효(玄囂), 즉 청양(靑陽)으로서, 청양은 강수(江水)[32]의 제후가 되었다. 둘째는 창의(昌意)라고 했는데 약수(若水)[33]의 제후가 되었고, 그는 촉산씨(蜀山氏)의 딸을 아내로 얻었으니, 그녀의 이름은 창복(昌僕)이었다. 창복은 고양(高陽)을 낳았는데, 고양은 성스러운 덕성을 지니고 있었다. 황제가 붕어(崩御)하자 교산(橋山)[34]에 장사를 지냈고, 그의 손자이자 창의의 아들인 고양이 제위에 올랐으니, 그가 바로 전욱(顓頊)이다.

전욱 고양은 황제의 손자이자 창의의 아들이다. 그는 침착하여 지략에 뛰어났고, 사리에 통달했다. 또한 그는 적지를 골라 곡물을 생산하였고, 우주의 운행에 따라서 계절에 맞는 일을 하였으며, 귀신의 권위에 의지하여 예의를 제정하고,[35] 백성을 교화하였으며, 깨끗하고 정성스럽게 천지

28) 고대에는 木, 火, 土, 金, 水의 五行을 다섯 가지 색에 견주어 말했다. 전설에 황제가 제위에 있을 때 黃龍이 나타났는데, 황색은 土에 해당했으므로, '土德'의 상서로움이라고 말한 것이고, 따라서 黃帝라고 칭하게 된 것이다.

29) 上古時期에 姓은 부족의 명칭을 말하는 것이고, 여기서의 姓이란 가족계통의 칭호를 말하는 것으로, 성씨를 얻었다는 것은 자손이 번창하고 발전하여 독립적인 씨족이 되었다는 말이다. 『國語』의 「晉語四」에 이르기를, "무릇 황제의 아들은 스물다섯 宗이었는데, 그 가운데 성을 얻은 자는 열넷으로 모두 열두 가지 성이었다(凡黃帝之子, 二十五宗, 其得姓者十四人, 爲十二姓)"라고 하였다. 원래 성의 아래 단계의 호칭이 氏(씨족)였으나, 戰國時代 이후에는 姓과 氏가 점차 하나로 합해져서, 漢 이후에는 姓이라고 통칭되었다.

30) 軒轅의 언덕 : 지명. 지금의 하남성 新鄭縣 서북쪽이라고 한다. 黃帝가 이곳에 거주하였기 때문에 이런 이름이 붙었다.

31) 嫘祖 : 처음으로 양잠을 가르쳤기 때문에 先蠶이라고도 하고, 遠遊를 즐기다가 旅路에서 죽었기 때문에 道路神이라고도 한다. 嫘의 俗音은 루. '누조'라고도 읽는다.

32) 江水 : 작은 나라 이름. 지금의 하남성 安陽縣.

33) 若水 : 지금의 四川省에 있는 지명. 일설에는 사천성에 있는 雅礱江을 지칭한다고도 한다.

34) 橋山 : 지금의 陝西省 黃陵縣 서북쪽에 있는 산. 沮水가 산을 뚫고 나가 마치 다리 모양처럼 생겼다고 하여 이런 이름이 붙었다. 산 위에 黃帝의 능이 있다고 전해진다.

신령에 제사를 지냈다. 그는 북쪽으로는 유릉(幽陵),[36] 남쪽으로는 교지 (交趾),[37] 서쪽으로는 유사(流沙),[38] 동쪽으로는 반목(蟠木)[39]에까지 다 다랐다. 각종 동식물과 크고 작은 산천의 신들, 그리고 해와 달이 비치는 곳이면 어디든 평정하여 귀속시키지 않는 곳이 없었다.

전욱은 궁선(窮蟬)이라는 아들을 낳았다. 전욱이 붕어하자 현효의 손 자인 고신(高辛)이 제위에 올랐으니, 이 이가 바로 제곡(帝嚳)이다.

제곡 고신은 황제의 증손자인데, 고신의 부친은 교극(蟜極)[40]이며, 교 극의 부친은 현효이고, 현효의 부친이 바로 황제이다. 현효와 교극은 모 두 제위에 오르지 못했다가 고신에 와서야 제위에 올랐는데, 고신은 전욱 의 족자(族子)[41]이다.

고신은 나면서부터 신령스러워서 스스로 자신의 이름을 말했다. 또한 널리 은덕을 베풀어 남을 이롭게 했지 자신의 이익을 도모하지 않았으며, 귀가 밝아 먼 곳의 일까지도 잘 알았고, 눈이 밝아 자잘한 일들도 잘 관 찰하였다. 그는 하늘의 뜻에 순종하였고 백성의 절박한 요구를 잘 알았으 며, 인자하면서도 위엄이 있었고 은혜로우면서도 신의가 있었으며, 깨끗 하게 자신을 수양하였으므로 천하가 그에게 순종하였다. 그는 토지의 산 물을 얻어 아껴서 사용하였고, 백성을 정성으로 가르쳐서 그들을 이롭게 이끌었으며, 해와 달의 운행을 헤아려서 역법(曆法)을 만들어 영송(迎 送)하였고, 귀신의 권위를 이해하여 그들을 공손히 섬겼다. 그의 모습은 매우 온화했고, 덕품은 고상했으며, 행동은 천시(天時)에 적합했으며, 의복은 보통 사람들과 다름이 없었다. 제곡은 대지에 물을 대주는 것처럼 치우침 없이 공평하게 은덕을 천하에 두루 미쳤으므로, 해와 달이 비치고

---

35) 고대 미신에, 귀신은 총명하고도 정직한 존재이므로 귀신을 봉양하고 귀신의 계 시에 따라서 사람의 행위를 규범짓게 했다고 한다.

36) 幽陵：幽州를 말한다. 지금의 하북성 북부와 遼寧省 남부 일대이다.

37) 交趾：지금의 五嶺 이남과 월남 북부 지역.

38) 流沙：중국 서쪽의 큰 사막. 즉 몽고의 고비 사막. 일설에는 流沙澤(후에는 居延 澤 또는 居延海라고 불렀다)으로 보는 이도 있다.

39) 蟠木：자세한 기록은 없으나, 『海外經』에 나오는 東海에 떠 있는 度塞山이라고 하는 이도 있다.

40) 蟜極：어떤 本에는 "橋極"으로 되어 있다.

41) 族子：族兄弟의 아들. 고신은 전욱의 사촌의 아들이다.

비바람이 이르는 곳이면 다 그에게 복종하였다.

제곡은 진봉씨(陳鋒氏)의 딸을 아내로 맞아 방훈(放勳)을 낳았고, 또 추자씨(娵訾氏)의 딸을 아내로 맞이하여 지(摯)를 낳았다. 제곡이 세상을 떠난 후에는 지가 제위를 계승하였다. 그러나 지가 정사를 제대로 돌보지 못했으므로 동생인 방훈이 대신 제위를 계승했으니, 그가 바로 요(堯)[42]이다.

요는 바로 방훈이다. 그는 하늘처럼 인자하고 신처럼 지혜로웠으며, 사람들은 마치 태양에 의지하는 것처럼 그에게 가까이 다가갔고, 만물을 촉촉히 적셔주는 비구름을 보듯이 그를 우러러보았다. 그는 부유하였으나 교만하지 않았고, 존귀했으나 거드름 피거나 오만하지 않았으며, 황색의 모자를 쓰고 검은 색의 옷[43]을 입고서 흰 말이 끄는 붉은 마차를 탔다. 그는 큰 덕을 밝히어 구족(九族)[44]을 친하게 하였다. 구족이 화목하게 되자 백관의 직분을 분명히 구분하였고, 백관이 공명정대하니 모든 제후국이 화합하였다.

요는 이에 희씨(羲氏)와 화씨(和氏)[45]에게 명하여 하늘을 공경하여 따르고 일월성신의 운행법칙을 헤아려서 백성들에게 농사의 적기를 신중히 가르쳐주도록 하였다. 희중(羲仲)[46]에게는 양곡(暘谷)[47]이라고 불리는 욱이(郁夷)[48]에서 거하게 하여 아침에 떠오르는 태양을 공손히 맞이하고 봄 농사를 때맞추어 하도록 명하였다. 또 낮과 밤의 길이가 같은 날 황혼 무렵에 조성(鳥星)[49]이 정남쪽 하늘에 나타나는 시각을 잡아서 정확한

---

42) 堯 : 고대 전설의 유명한 제왕. 실제로는 父系氏族社會 후기(禪讓時期) 부락연맹의 수령이다. 이름은 방훈이고, 陶唐氏 혹은 伊祁氏라고도 칭해졌다.

43) 原文의 "純衣"는 '紂衣'라고도 쓰는데 '紂'는 '緇'와 통하고 이것은 '검은 색 비단'이라는 뜻이다. 혹 심황색의 옷으로 보는 견해도 있다.

44) 九族 : 同族 九代의 사람들을 말하는 것으로, 高祖, 曾祖, 祖, 父, 自身, 子, 孫, 曾孫, 玄孫을 가리킨다.

45) 羲氏, 和氏 : 두 부족은 대대로 계절과 時令을 관장했다. 따라서 요임금은 羲仲, 羲叔, 和仲, 和叔에게 일월성신의 운행에 따라서 역법을 제정하여 사람들이 절기에 따라서 일할 수 있게 하였으며, 둘 모두 부족의 이름이었다. 따라서 이후 요에서부터 하에 이르기까지 희씨와 화씨는 대대손손 천지의 사시를 관장하는 관리가 되었다.

46) 羲仲 : 羲氏의 둘째 아들.

47) 暘谷 : 전설상 태양이 떠오르는 곳. 湯谷이라고도 한다.

48) 郁夷 : 지금의 섬서성에 있는 지명.

춘분(春分)을 정하게 했는데,[50] 이때는 백성이 들로 흩어져 나가서 농사를 지었고 새나 짐승들은 교미를 하여 새끼를 낳았다.

또 희숙(羲叔)[51]에게는 남교(南交)[52]에서 살면서 여름 농사를 때맞추어 계획적으로 안배하도록 신중하게 가르치라고 명하였다. 낮이 가장 긴 날 황혼 무렵에 화성(火星)[53]이 정남쪽 하늘에 나타나는 시각을 잡아서 정확한 하지(夏至)를 정하게 했는데, 이때는 아직도 백성들이 계속해서 농사에 바빴고, 새나 짐승들은 털갈이를 하느라 가죽에 털이 적었다.

또한 화중(和仲)에게는 매곡(昧谷)[54]이라는 서토(西土)에 살면서 지는 해를 공손히 배웅하고 가을 농사의 일정을 잘 안배하도록 명하였다. 밤과 낮의 길이가 같은 날 황혼 무렵, 허성(虛星)[55]이 정남쪽 하늘에 나타나는 시각을 잡아서 정확히 추분(秋分)을 정하게 했는데, 이때는 백성들이 편하고 유쾌하였으며, 새나 짐승들은 새로운 털이 났다.

또 화숙(和叔)에게는 유도(幽都)라고 불리는 북방(北方)에 살면서 겨울에 곡식을 저장하는 일에 신경을 쓰도록 명하였다. 낮의 길이가 가장 짧은 날 황혼 무렵에 묘성(昴星)[56]이 정남쪽 하늘에 나타나는 시각을 잡아서 정확히 동지(冬至)를 정하게 했는데, 이때 백성들은 겨울을 따뜻하게 지냈고 짐승들도 따뜻한 솜털이 났다. 1년을 366일로 정하고, 3년에 한 번씩 윤달을 이용하여 사계절의 오차를 바로잡았다.[57] 요는 백관들을

---

49) 鳥星 : 남쪽에 뜨는 일곱 개의 별인 朱鳥七星(井, 鬼, 柳, 星, 張, 翼, 軫) 중의 네번째 별인 '星宿'를 말한다.

50) 옛날 사람들은 초저녁에 하늘의 별자리를 관찰하여 節候를 정하였다. 『尙書』의 「堯典」에 의하면 당시에는 仲春(春分), 仲夏(夏至), 仲秋(秋分), 仲冬(冬至)의 네 절후만 있었으나, 후에 점차 많아져서 24절기로 늘어났다.

51) 羲叔 : 羲氏의 셋째 아들.

52) 南交 : 남쪽의 가장 먼 변경지역. 혹은 옛날의 交趾를 말한다.

53) 火星 : 行星의 하나인 화성이 아니라, 동쪽에 뜨는 별인 蒼龍七宿(角, 亢, 氐, 房, 心, 尾, 箕) 중의 心宿, 특히 그것의 主星인 '大火星'(일명 商星)을 가리키는 말이다.

54) 昧谷 : 서쪽의 해가 지는 골짜기. 해가 지면 어둡기 때문에 매곡이라고 불렀다. 일설에는 甘肅省에 있었다고 한다.

55) 虛星 : 북쪽에 뜨는 玄武七宿(斗, 牛, 女, 虛, 危, 室, 壁) 중의 네번째 별인 '虛宿'를 말한다.

56) 昴星 : 서쪽에 뜨는 白虎七宿(奎, 婁, 胃, 昴, 畢, 觜, 參) 중의 네번째 별인 '昴宿'를 말한다.

57) 음력으로 달이 지구의 둘레를 한 바퀴 도는 데는 평균 약 29.53日이 걸린다. 매

계칙하였기 때문에 전반적으로 업적이 다 올라갔다.

만년에 이르러 요가 "누가 내 정사를 계승할 수 있을꼬?"라고 묻자, 방제(放齊)[58]가 "아드님 단주(丹朱)[59]가 사리에 통달하고 명석하십니다"라고 대답하였다. 그러자 요는 "아! 그는 덕이 없고 싸움을 좋아하니 쓸수가 없네!"라고 말하고 또 "누가 좋은가?"라고 물었다. 이에 환두(讙兜)[60]가 "공공(共工)[61]이 백성들을 널리 모아서 여러 가지 업적을 세우고있으니, 그를 등용할 수 있을 것입니다"라고 대답하였다. 그러자 요는 "공공은 말은 잘하지만 등용하게 되면 사심(邪心)이 나타나, 겉으로는 마치 공손한 것 같지만 실은 하늘마저 깔볼 것이므로 쓸 수가 없소!"라고 말하고 또 "아, 사악(四嶽)[62]이여! 도도한 홍수가 하늘에까지 넘쳐서 성대한 물줄기가 산을 감싸고 언덕까지 덮치니 백성들의 걱정이 태산인데, 이 홍수를 다스릴 수 있는 사람이 없겠소?"라고 물었다. 그러자 모두들 "곤(鯀)[63]이 할 수 있습니다!"라고 대답했다. 이에 요는 "곤은 명령을 어기고 동족간의 친목을 파괴시켰으니 안 되오!"라고 하였다. 이에 사악은 "그는 매우 뛰어납니다! 한번 시험삼아 써보시고, 잘못하면 쓰지 않으면 될 것입니다!"라고 하였다. 요는 사악의 말을 듣고 곤을 등용하였다. 그러나 곤은 치수한 지 9년이 지나도록 업적을 세우지 못하였다.

요가 "아, 사악이여! 내가 재위한 지 70년이니, 그대들도 명령을 집행할 수 있을 터인데, 나의 자리를 대신 맡아주시오!"라고 하자, 사악은 "신들은 덕행이 미천하여 제왕의 지위를 욕되게 할 것입니다"라고 대답하였다. 이에 요가 사악에게 "그러면 신분 높은 친족이나 혹은 관계가 먼 은거하는 자들 가운데서 쓸 만한 사람이 있으면 천거해주시오"라고 하자, 그들은 모두 입을 모아서 요에게 "민간에 홀아비가 한 사람 있는데, 이름

년을 12개월로 계산해보면 약 354일이 되므로 태양년에 비해서 11일이 부족하게 된다. 따라서 이러한 오차를 없애기 위해서 윤달을 만든 것이다.

58) 放齊 : 堯의 大臣.

59) 丹朱 : 堯의 정실에게서 낳은 첫째 아들.

60) 讙兜 : 堯의 大臣. 姓은 姬. 驩兜라고도 쓰며 『山海經』에서는 "讙頭"라고 했다. 黃帝의 후예라고 전해진다.

61) 共工 : 토목공사를 담당하는 우두머리[工師] 혹은 물[水]을 담당했던 관리.

62) 四嶽 : 사방의 제후들을 나누어 관장하는 수령들. 일설에는 위에 나온 희중, 희숙, 화중, 화숙을 가리킨다고도 하고, 어떤 사람의 이름이라고 보는 견해도 있다.

63) 鯀 : 夏禹의 부친.

이 우순(虞舜)이라고 합니다"라고 말했다. 요는 "그렇소, 나도 그에 대해서 들었소. 그는 어떤 사람이오?" 하고 물었다. 사악이 대답했다. "그는 장님의 아들입니다. 아비는 도덕이란 전혀 모르는 자이고, 어미는 남을 잘 헐뜯는 자이며, 동생은 교만하지만, 그는 효성을 다함으로써 그들과 화목하게 지내고, 그들을 점점 착해지게 하여 나쁜 일을 하지 않도록 만들었습니다."

그러자 요는 "그럼 내가 그를 한번 시험해보겠소!"라고 말했다. 이리하여 요는 자신의 두 딸[64]을 그에게 시집 보내어 딸들에게 대하는 그의 덕행을 관찰하였다.

순은 요의 두 딸을 신분을 낮추어 자기가 살고 있는 규예(嬀汭)[65] 근처로 맞이하였고 부인의 예절을 지키게 하였다. 요는 순의 이러한 행동이 마음에 들어서, 순으로 하여금 오전(五典)[66]을 신중하게 교도(敎導)하게 했더니, 오전이 널리 퍼졌다. 요는 다시 순에게 백관의 일을 총괄하게 하였고, 그러자 모든 백관의 일들이 질서 있게 행해졌다. 또한 순에게 사문(四門)[67]에서 손님을 접대하는 일을 맡겼더니 사문에서 일을 보는 사람들이 빈객에게 정중하고 화목하게 대하여, 제후들이나 먼 곳에서 온 손님들이 모두 순을 공경하였다. 요는 또 순에게 깊은 산림과 하천, 연못에 관한 일을 맡겨보았지만 폭풍과 뇌우(雷雨) 속에서도 순은 한번도 일을 그르치지 않았다.[68] 그러자 요는 순을 성인으로 보고 그를 불러서 말했다.

"그대는 일을 도모함에 주도면밀하고, 말을 하면 그 말대로 행한 지 벌써 3년이나 되었소. 그러니 그대가 제위에 올라주시오." 그러나 순은 자기의 덕망이 아직도 사람들을 감복시키기에는 부족하다며 사양하고, 기뻐하지 않았다. 그러나 정월 초하루에 순은 문조(文祖)[69]에서 요세(堯世)

---

64) 娥皇과 女英.
65) 嬀汭 : '嬀'는 산서성 永濟縣 남쪽에서 발원하여 서쪽으로 흘러 蒲州에서 황하로 흘러들어가는 강의 이름이고, '汭'는 嬀水와 합류하여 황하로 흘러들어가는 물의 이름이다.
66) 五典 : 五敎를 말한다. 즉 아비는 위엄이 있고(父義), 어미는 자애로우며(母慈), 형은 우애롭고(兄友), 동생은 공경하며(弟恭), 자식은 효성스러워야 한다(子孝)는 다섯 가지 도덕윤리를 말한다.
67) 四門 : 明堂(천자가 제후들을 朝會하던 곳)의 사방에 난 문.
68) 이 부분에 대해서 "山林과 川澤으로 들여보냈으나……길을 잃지 않았다"로 풀이하는 이도 있다.
69) 文祖 : 요임금의 조상의 廟. 文祖란 先祖를 높여서 칭하는 말이다.

의 종말을 이어받았다. 문조는 요의 시조이다.

이때 요는 이미 늙었으므로 순에게 천자의 정치를 대신하게 하고 이렇게 하는 것이 하늘의 뜻에 부합하는지를 관찰하게 하였다. 순은 이에 선기(璇璣), 옥형(玉衡)⁷⁰⁾으로 열심히 측정하여 칠정(七政)⁷¹⁾의 위치를 바로잡았다. 그리고는 상제께 유사(類祀)⁷²⁾를 올렸고, 육종(六宗)⁷³⁾에는 인사(禋祀)⁷⁴⁾를, 산천에는 망사(望祀)⁷⁵⁾를 드렸으며, 여러 신들에게 두루 제사를 올렸다. 그는 또한 오서(五瑞)⁷⁶⁾를 거두었다가 길일과 길월을 택해서 사악과 제후들을 접견한 후에, 다시 그것을 등급에 맞추어 나누어 주었다.

그해 2월에는 동쪽을 시찰했는데, 태산에 이르러서도 장작을 태워서 하늘에 제사 지내고 다른 산천에도 순서를 정해서 두루 망사를 올렸다. 이때 그는 동쪽의 제후들을 접견했고, 계절과 한 달의 날짜를 바로잡았고 하루의 시각을 바르게 정했고, 음률과 도량형을 통일했으며 오례(五禮)⁷⁷⁾를 제정하였다. 또한 황제를 알현하는 진상품은 제후(諸侯)는 다섯 가지 옥과 세 가지 빛깔이 나는 수직품인 삼백(三帛)으로, 경대부(卿大夫)는 살아 있는 양 또는 기러기로, 그리고 사(士)는 죽은 꿩 한 마리로 정했는데, 다섯 가지 옥은 조회가 끝나면 다시 돌려주었다. 또한 5월에는 남쪽을 시찰했고, 8월에는 서쪽을, 11월에는 북쪽을 순수(巡狩)했는데,

---

70) 璇璣는 붉은 옥으로 장식한 天文을 관찰하는 儀器이고, 玉衡은 天文을 관찰하는 측정기구의 가로 손잡이를 말한다. 옥으로 장식했으므로 옥형이라고 한 것이다. 그러므로 선기, 옥형은 모두 일종의 하늘을 관측하는 기구이다. 선기, 옥형을 北斗七星으로 보는 견해도 있다.

71) 七政이란 日月과 五星(金, 木, 水, 火, 土)을 말한다. 칠정을 바로잡았다는 것은 해와 달, 별들의 위치를 정확히 관찰하여 曆法을 바르게 교정했음을 가리킨다. 七政을 혹은 다음에 나오는 祭祀, 班瑞, 東巡, 南巡, 西巡, 北巡, 歸祖 등의 政事를 가리킨다고 보는 견해도 있다.

72) 類祀 : 하늘에 여러 가지 일들을 보고하는 제사의 이름.

73) 六宗 : 즉 六神. 육신에 대해서는 天, 地, 春, 夏, 秋, 冬이라는 설과, 星, 辰, 司中, 司命, 風師, 雨師라는 설이 있다.

74) 禋祀 : 제물을 불 위에 올려놓고 태우는 제사. 그 냄새가 연기를 따라서 하늘로 올라가게 했으므로 禋이라고 칭했다.

75) 望祀 : 멀리 名山大川을 바라보고 지내는 제사.

76) 五瑞 : 公, 侯, 伯, 子, 男 등의 작위를 가진 제후들이 지니는 옥으로 만든 信表. 제후의 등급을 나타내는 표시이다.

77) 五禮 : 吉禮(祭祀), 凶禮(喪事), 賓禮, 軍禮, 嘉禮(冠婚)의 다섯 가지 禮節.

모두 처음에 동쪽을 순수했던 것과 같이 하였다. 돌아와서는 요의 조묘(祖廟)와 부친의 묘당에 황소를 제물로 제사 드려서 보고하였다.

순은 5년에 한 번씩 순수하였고, 4년간은 여러 제후들이 와서 조회를 하도록 하였다. 그는 모든 제후들에게 나라를 다스리는 방법을 말해주었으며, 제후들의 정치실적을 분명히 살펴서 그 공로에 따라서 수레와 의복을 상으로 주었다. 또한 십이주(十二州)[78]를 처음으로 설치하였고, 물길을 잘 통하게 개수하였다. 또한 정상적인 형법을 기물(器物) 위에 새겨놓고, 오형(五刑)[79]에 해당하는 죄를 지은 사람은 유배형으로 죄를 낮추어 관대하게 처리하였다. 관가에서는 채찍질로 형을 집행하였고, 학교에서는 회초리로 체벌을 했으며, 고의로 죄를 지은 자가 아니면 돈으로 속죄하도록 했다. 재난이나 과실에 의한 죄는 용서하고, 다만 고의적인 범죄와 중범에는 형벌을 가하도록 하였다. 순은 언제나 관리들에게 "신중히 하라, 신중히 하라! 오로지 형벌은 신중히 해야 하느니라!"라고 당부하였다.

환두가 요에게 공공을 추천했을 때 요는 "안 된다"라고 했지만, 그래도 그를 공사(工師), 즉 공공(共工)으로 써보았는데, 공공은 역시 교만방자하고 사악하였다. 사악(四嶽)이 곤을 추천하여 홍수를 다스리도록 했을 때, 요는 또 안 된다고 했으나 사악이 억지로 그를 시험해보자고 청하여 결국 시험해보았지만 그는 아무런 공도 세우지 못했고, 때문에 백관들은 마음이 편하지 않았다. 삼묘(三苗)[80]가 강회(江淮), 형주(荊州)에서 여러 차례 난을 일으켰다. 이때 순은 순수를 마치고 돌아와 요에게 공공을 유릉(幽陵)으로 유배시키어 북적(北狄)[81]을 교화하게 하고, 환두를 숭산(崇山)[82]으로 내쳐서 남만(南蠻)을 교화하게 하며, 삼묘를 삼위산(三危

---

78) 十二州 : 순임금 때 중국 전역을 열둘로 나누었다. 즉 冀, 兗, 靑, 徐, 荊, 揚, 豫, 梁, 雍, 幷, 幽, 營의 열두 개 州가 그것이다.

79) 五刑 : 얼굴이나 팔뚝에 죄명을 문신하는 墨, 코를 베는 劓, 발뒤꿈치를 자르는 剕, 남자는 거세하고 여자는 옥에 가두는 宮, 목을 잘라버리는 大辟의 다섯 가지 형벌을 가리킨다.

80) 三苗 : 요순시대에 있던 남쪽 지방의 오랑캐 부족. 지금의 湘, 鄂, 贛, 皖의 인접 지구에 흩어져 살던 부족.

81) 北狄 : 뒤에 나오는 東夷, 西戎, 南蠻과 더불어 古代에 中國의 東西南北에 살던 부족 또는 소수민족의 이름.

82) 崇山 : 지금의 호남성 大庸縣 서남쪽에 있다.

山)⁸³⁾으로 쫓아내어 서융(西戎)을 교화하게 하며, 곤을 멀리 우산(羽山)⁸⁴⁾으로 추방하여 동이(東夷)를 교화하게 하자고 건의하였다. 이들 네 죄인을 징벌하니 천하가 모두 복종하였다.

요는 제위에 오른 지 70년 만에 순을 얻었고, 순에게 천자의 정치를 대행하게 하고 스스로는 은거한 지 20년 만에 순을 하늘에 추천하였다. 요는 은거한 지 28년 만에 붕어하니, 백성들은 마치 자신들의 부모를 잃은 것처럼 슬퍼하였다. 삼년상을 치르는 동안 사방의 모든 사람들이 아무도 음악을 연주하지 않고 요를 추모하였다.

요는 아들 단주가 불초해서 천하를 이어받기에는 부족하다는 것을 알았기 때문에 이에 권력을 순에게 넘겨주기로 했다. 순에게 제위를 넘겨주면 천하의 모든 사람들이 이익을 얻고 단주만 손해를 보지만, 단주에게 제위를 넘겨주면 천하의 모든 사람들이 손해를 보고 단주만 이익을 얻는다는 것을 알았던 것이다. 따라서 요는 "결코 세상 모든 사람들이 손해를 보게 하고 한 사람만 이익을 얻게 할 수는 없다"고 하며 결국은 천하를 순에게 넘겨주었다.

요가 붕어하고 삼년상을 마치자, 순은 단주에게 천하를 양보하고 자신은 남하(南河)⁸⁵⁾의 남쪽으로 피했으나, 제후들이 조근(朝覲)⁸⁶⁾할 때 단주에게로 가지 않고 순에게 왔으며, 소송을 거는 사람들도 단주가 아니라 순에게로 해결해달라고 왔으며, 송덕을 구가하는 자들은 단주가 아닌 순의 공덕을 구가하였다. 그러자 순은 "하늘의 뜻이로다!"라고 하며 도성(都城)으로 가서 천자의 자리에 올랐으니, 이 이가 순임금이다.

우순(虞舜)의 이름은 중화(重華)⁸⁷⁾이다. 중화의 부친은 고수(瞽叟)이고, 고수의 부친은 교우(橋牛)이며, 교우의 부친은 구망(句望), 구망의 부친은 경강(敬康), 경강의 부친은 궁선(窮蟬), 궁선의 부친은 전욱(顓頊)이고, 전욱의 부친은 창의(昌意)이니, 순에 이르기까지 일곱 대가 홀

---

83) 三危山 : 지금의 감숙성 敦煌縣에 있다.
84) 羽山 : 지금의 산동성 蓬萊縣 동남쪽에 있는 산.
85) 南河 : 堯都(濮州 鄄城縣 동북쪽)의 남쪽에 있는 강이라서 南河라고 부른다.
86) 朝覲 : 제후들이 봄과 가을에 천자를 알현하는 것.
87) 重華 : 舜의 눈동자가 두 개라서 重華라고 했다고 한다.

렀다. 궁선부터 순에 이르기까지는 모두 지위가 낮은 서민이었다.

순의 부친 고수는 맹인이었다. 순의 모친이 세상을 떠나자 고수는 다시 아내를 맞이하여 아들 상(象)을 낳았는데, 상은 매우 오만하였다. 고수는 후처가 낳은 아들을 편애하여 항상 순을 죽이고자 하였으므로 순은 이를 피해서 도망 다녔고, 순이 어쩌다가 작은 잘못이라도 저지르게 되면 곧 벌을 받았다. 그러나 순은 언제나 아버지와 계모에게 순종하며 잘 모셨고, 동생에게도 잘 대했으며, 날마다 독실하고 성실하며 조금도 게으름을 피우지 않았다.

순은 기주(冀州)[88] 사람이다. 그는 역산(歷山)[89]에서 농사를 지었고, 뇌택(雷澤)[90]에서 물고기를 잡았으며, 하빈(河濱)[91]에서 도자기를 만들었다. 또한 수구(壽丘)[92]에서는 일용기구를 만들었고, 틈이 나면 부하(負夏)[93]로 가서 장사를 하였다. 순의 아비 고수는 무도했고 어미는 험담을 잘했고 동생 상은 교만방자하여 모두 순을 죽이려고 하였으나, 순은 언제나 공손하게 자식된 도리를 잃지 않았고, 아우에게는 형의 도리를, 부모에게는 효도를 다하였다. 그래서 그를 죽이려고 해도 죽일 수 없었고, 일이 있어 그를 찾으면 순은 언제나 가까이에 있었다.

순은 나이 스물에 효성이 지극하다고 소문이 났고, 서른 살 때에는 요가 등용할 만한 사람이 있느냐고 묻자 사악이 입을 모아 우순을 추천하여 요가 좋다고 승낙했다. 이에 요는 두 딸을 순에게 시집 보내어 집안에서의 행동을 살폈고, 아들 아홉을 보내어 함께 생활하게 하여 순의 집 밖에서의 행동을 관찰하였다. 순은 규예에 기거하면서 가정생활이 더욱 근엄하였으므로 요의 두 딸은 자신들이 고귀한 신분이라고 해서 감히 순의 가족에게 오만하게 대하지 않았고 부녀자의 도리를 다했다. 요가 보낸 아홉

---

88) 冀州 : 옛날 九州의 하나. 지금의 산서성, 하남성 북부, 하북성 대부분과 요녕성 서부에 해당된다. 전하는 바에 의하면 우임금 시대의 도읍이 기주에 있었기 때문에 치수와 조세 사업이 모두 이 기주에서 시작되었다고 한다.
89) 歷山 : 雷首山을 말하는 것으로, 지금의 산서성 永濟縣 동남쪽에 있다. 이밖에 산동성, 하남성, 하북성, 절강성, 안휘성, 호남성에도 歷山이 있는데, 이 산들에서도 舜이 농사를 지었다고 전한다.
90) 雷澤 : 雷水라고도 불린다. 지금의 산서성 영제현 남쪽에 있다.
91) 河濱 : 황하의 물가. 일설에서는 山西省에 있는 地名이라고 한다.
92) 壽丘 : 지금의 산동성 曲阜縣 동북쪽.
93) 負夏 : 지금의 산동성 兗州 북쪽에 있던 읍의 이름.

아들 또한 모두 더욱 성실해졌다.

순이 역산에서 농사를 짓자 역산에 사는 주민들은 모두 서로서로 밭의 경계를 양보했고, 뇌택에서 어렵(漁獵)을 하자 그곳 사람들은 모두 서로 서로 장소를 양보하게 되었으며, 그가 하빈에서 그릇을 굽자 하빈의 그릇 들은 하나도 조악한 것이 없게 되었다. 순이 사는 곳은 1년이 지나자 취 락을 이루었으며, 2년이 지나자 읍이 되었고, 3년이 지나자 도시가 되었 다. 이에 요는 순에게 갈포로 만든 옷과 거문고를 하사하였고, 창고를 지 어주며 소와 양을 상으로 주었다.

고수는 여전히 순을 죽이려고 했는데, 하루는 순에게 창고에 올라가서 벽토를 바르게 하고 아래서 불을 질러 창고를 태워버렸다. 그러나 순은 두 개의 삿갓으로 자신을 보호하며 창고에서 뛰어내려 도망쳐서 죽음을 면하였다. 그 뒤 고수는 또 순에게 우물을 파게 했다. 순은 우물을 파면 서 밖으로 나올 수 있는 비밀 구멍을 함께 팠다. 순이 우물 깊이 파들어 가자 고수와 상은 함께 흙을 퍼부어 우물을 메워버렸고, 순은 몰래 파놓 은 구멍을 통해 밖으로 나와 도망을 갔다. 고수와 상은 매우 기뻐하며 순 은 이미 죽었을 것이라고 생각했다. 상은 "이 계책은 원래 제가 생각한 것입니다"라고 말하고는 부모와 함께 순의 재산을 나누어가지려고 하였 다. 이때 그는 "순의 아내인 요의 두 딸과 거문고는 제가 가지고, 소와 양, 창고는 부모님께 나눠드리겠습니다"라고 하고는 이에 순의 방에서 기 거하며 그의 거문고를 뜯고 있었다. 순이 집으로 돌아와 상의 모습을 보 자 상은 깜짝 놀라고 겸연쩍어하며 "난 형 생각에 가슴 아파하고 있었어" 라고 말했다. 그러나 순은 "그랬었구나. 이 형 생각을 그처럼 하고 있었 구나!"라고 대답했다. 그후에도 순은 더욱 정중하게 고수를 섬기고 동생 을 사랑해주었다. 이에 요는 순에게 시험삼아 오전을 실천하거나 백관을 통솔하는 부서를 맡겨보았더니 그는 모든 일을 잘 처리하였다.

옛날 고양씨(高陽氏)[94]에게는 여덟 사람의 재자(才子)가 있었는데, 세 상 사람들은 그들에게 은혜를 입고 있었으므로 그들을 '팔개(八愷)'[95]라 고 칭하였고, 고신씨(高辛氏)[96]에게도 여덟 명의 뛰어난 인물이 있었는

---

94) 高陽氏 : 전욱을 말한다.
95) 八愷 : 泰平을 가져다준 여덟 사람을 말한다. 蒼舒, 隤敳, 檮戭, 大臨, 尨降, 庭 堅, 仲容, 叔達을 말한다.

데 세상에서는 그들을 '팔원(八元)'[97]이라고 칭하였다. 이 열여섯 명의 후손들은 대대로 미덕을 이루어 선조의 명성을 손상시키지 않았다. 요의 대(代)에 이르러서 요는 그들을 등용하지 못했으나, 순은 '팔개'를 등용하여 후토(后土)[98]를 맡기고 온갖 일을 관리하게 하였는데, 그들은 모든 일을 때에 맞추어 적절한 순서대로 수행하였다. '팔원'도 등용하여 사방에 오교(五敎)[99]를 전파하게 하니, 아버지는 위엄 있게, 어머니는 자애롭게, 형은 우애 있게, 동생은 공손하게, 자식은 효도를 다하게 되어 집안은 화목해지고 세상은 태평하게 되었다.

예전에 제홍씨(帝鴻氏)[100]에게는 나쁜 후손이 있었는데, 그는 사악함을 비호하고 흉악한 일을 즐겨 행했으므로 세상에서는 그를 '혼돈(渾沌)'[101]이라고 칭했다. 또한 소호씨(少暤氏)[102]에게도 불량한 후손이 있었는데, 그는 신의를 저버리고 충직함을 미워하며 나쁜 말을 잘 꾸며서 하고 다녔으므로 천하는 그를 '궁기(窮奇)'[103]라고 불렀다. 전욱씨의 후손 중에도 나쁜 자가 있었는데, 그는 아무리 해도 교화시킬 수 없었고 좋은 말을 알아듣지 못했으므로 세인들은 그를 '도올(檮杌)'[104]이라고 칭했다. 이들 세 가족은 대대로 세간의 골칫거리로 여겨졌는데, 요의 시대에 이르러서도 그들을 제거하지 못했다. 진운씨(縉雲氏)[105]에게도 나쁜 후손이 있었는데, 그는 음식과 재물을 탐했으므로 세상에서 그를 '도철(饕餮)'[106]이라고 불렀고, 천하가 모두 그를 미워하여 위에서 말한 세 사람의 악인과 같이 취급하였다. 순이 사문(四門)에서 사방의 빈객의 접대를 주관할 때, 이들 네 가족을 머나먼 변방으로 유배시킴으로써 악인들을 경

---

96) 高辛氏 : 즉 帝嚳을 가리킨다.
97) 八元 : 伯奮, 仲堪, 叔獻, 季仲, 伯虎, 仲熊, 叔豹, 季狸를 말한다
98) 后土 : 물과 토양을 관장하는 관직.
99) 五敎 : 君臣有義, 父子有親, 夫婦有別, 長幼有序, 朋友有信의 다섯 가지 도덕. 일설에는 父義, 母慈, 兄友, 弟恭, 子孝라고도 한다. 〈주 66〉의 '五典' 참조.
100) 帝鴻氏 : 黃帝를 말한다.
101) 渾沌 : 미개, 야만, 무지라는 뜻. 일설에는 讙兜라고 한다.
102) 少暤氏 : 金天氏라고도 칭한다. 黃帝 이후의 한 帝王.
103) 窮奇 : 괴팍하기 짝이 없다는 뜻. 少暤의 아들. 일설에는 共工이라고도 한다.
104) 檮杌 : 흉악하기 짝이 없다는 뜻. 혹은 짐승 이름. 일설에는 夏禹의 부친 鯀이라고도 한다.
105) 縉雲氏 : 炎帝의 후손. 황제 때 縉雲(赤雲)이라는 관직에 임명되었다.
106) 饕餮 : 貪婪이 지극하다는 뜻. 혹은 짐승 이름. 일설에는 蚩尤라고 한다.

계하였다. 이에 사문이 개방되니 모두들 악인들이 없어졌다고 말하였다.

순이 대록(大麓)[107]을 맡았을 때 열풍과 뇌우가 일었으나 그는 일을 그르치지 않았으므로, 요는 순이 충분히 천하를 물려받을 수 있다는 것을 알았다. 요는 늙자 순에게 천하의 정치를 대행하게 하고 사방으로 돌아다니며 시찰하게 하였다. 순이 등용되어 일을 한 지 20년이 되자 요는 그에게 섭정을 하도록 했고, 순이 섭정한 지 8년 만에 요가 붕어하였다. 요의 삼년상을 마치자 순은 단주에게 제위를 양보했으나 천하는 모두 순에게로 귀의하였다.

우(禹), 고요(皐陶), 설(契), 후직(后稷), 백이(伯夷), 기(夔), 용(龍), 수(垂), 익(益), 팽조(彭祖) 등 신하들은 요임금 때부터 등용은 되어 있었으나 전문적인 직분을 분담하지는 못했다. 이에 순임금은 문조묘에 참배하고 사악의 의견을 들으며 사문을 개방하여 사방의 민의를 잘 알 수 있도록 하였다. 12주의 장관들에게는 제왕이 갖추어야 할 덕행에 대해서 의논하게 하였다. 그는 두터운 덕을 베풀고 아첨하는 사람을 멀리 하면 미개한 만이족(蠻夷族)들까지도 모두 따르게 할 수 있을 것임을 피력하였다. 순임금이 사악에게 "그 누가 치적을 쌓아 힘써 천명을 집행하여 요 제왕의 업적을 크게 빛낼 수 있는 자가 있다면, 그에게 관직을 맡겨 나를 도와 일하게 할 것이오"라고 말하자 모두들 "백우(伯禹)를 사공(司空)[108]으로 삼으신다면 선제의 공업을 빛낼 수 있을 것입니다!"라고 대답하였다. 이에 순임금은 "음, 그렇소! 우(禹), 그대가 물과 토지를 다스려주시오. 열심히 일해주기 바라오!"라고 말했다. 그러나 우는 머리를 조아리며 그 일을 후직과 설, 그리고 고요에게 양보하고자 하였다. 그러자 순임금은 "되었소! 그만 임지로 가는 거요!"라고 말하고 후직에게는 "그리고 기(棄)[109]! 백성이 지금 굶주림에 처해 있으니, 그대는 후직(后稷)[110] 자리를 맡아서 온갖 곡식을 심도록 하시오"라고 말하였다. 또한 설에게는 "설, 백관이 화친하지 않고 오품(五品)[111]이 화목하지 못하니, 그대가 사도(司徒)[112]를 맡아 오교(五敎)를 정중히 전파하고 백성들

---

107) 大麓 : 산림을 관리하는 관직. 큰 산의 산록으로 보는 견해도 있다.
108) 司空 : 물과 토지를 다스리는 일을 담당하는 관리.
109) 棄 : 후직의 이름.
110) 后稷 : 농사를 관장하는 부서의 長官.
111) 五品 : 君臣, 父子, 夫婦, 兄弟, 朋友 등 다섯 가지 倫常關係.

을 너그럽게 감화시켜주시오"라고 하였고, 또한 고요에게는 "고요, 지금 만이(蠻夷)가 우리를 침략하고 나쁜 무리가 나라 안팎에서 악행을 저지르고 있으니, 그대가 사(士)[113]를 맡아 오형(五刑)을 공정하게 판결하여 죄수가 마음으로부터 판결에 복종하게 하고, 오형을 판결하면 삼취(三就)[114]에 부칠 것이며, 오형의 형량을 낮추어 유배형으로 할 것은 각각 차등을 두되, 그 차등은 다시 삼거(三居)[115]로 나눌 것이며, 오로지 판결과 처벌은 공명정대하여 모두들 믿고 따를 수 있도록 해주시오"라고 말했다.

순임금이 "누가 백공(百工)[116]을 교도할 수 있겠소?"라고 하니 모두들 "수가 할 수 있습니다"라고 하여, 이에 수를 공공(共工)에 임명하였다. 순임금은 또 "누가 산과 강의 초목과 금수들을 다스릴 수 있겠소?"라고 하자 모두들 익이 할 수 있다고 대답했으므로 이에 익을 우(虞)[117]로 삼았다. 그러나 익 역시 머리를 조아리며 그 자리를 주호(朱虎), 웅비(熊羆) 등에게 양보하였다. 그러나 순임금은 "됐소, 그대가 적합하오"라고 하고는 주호와 웅비를 그의 보좌로 앉혔다. 순임금이 "아! 사악이여, 그 누가 나의 삼례(三禮)[118]를 관장할 수 있는 자가 없겠소?"라고 하자 모두들 백이가 할 수 있다고 하였다. 순은 "오! 백이, 그대를 질종(秩宗)[119]으로 삼으니, 그대는 아침저녁으로 오로지 공손하고 정직, 정숙하며 청결하도록 하시오"라고 말했다. 그러나 백이 또한 기와 용에게 양보하려고 했으므로 순은, "좋소! 기를 전악(典樂)[120]으로 삼을 것이니, 귀족의 자제들을 가르치도록 하시오. 강직하면서도 온화하고, 관대하면서도 엄격하기 바라오. 강건하면서도 포악해서는 안 될 것이며, 간소하면서

---

112) 司徒 : 敎化를 총괄하는 관리.
113) 士 : 刑法을 관장하는 獄官의 우두머리.
114) 三就 : 죄를 세 곳으로 가서 집행한다는 뜻. 즉 大罪는 郊外에서, 次罪는 市中에서 집행하고, 天子의 동족 중에서 죄를 범한 자는 甸師氏라는 기구에서 은밀히 집행하는 것을 말한다.
115) 三居 : 세 군데의 유배 지역. 즉 大罪는 사방의 변경 밖으로, 中罪는 九州의 밖으로, 輕罪는 首都의 밖으로 유배시키는 것을 말한다.
116) 百工 : 木工, 陶工, 石工 등의 기술공의 총칭.
117) 虞 : 山林川澤을 관리하는 장관.
118) 三禮 : 하늘과 땅, 귀신에게 제사 지내는 세 가지 예의.
119) 秩宗 : 제사를 주관하는 장관.
120) 典樂 : 음악을 관장하는 장관.

도 오만해서는 안 될 것이오. 시(詩)는 마음에 있는 생각을 말한 것이요, 노래는 그 말을 길게 읊조리는 것이며, 음악의 소리는 가사를 길게 늘여 생기는 것이요, 음률은 그 소리를 조화하는 것인데, 팔음(八音)[121]이 잘 어울려서 서로 어지러이 흐트러지지 않아야만, 신이나 사람이 화락할 수 있을 것이오!"라고 말했다. 그러자 기는 "아! 제가 돌로 만든 각종 악기를 치면 모든 짐승들이 따라서 춤을 추도록 노력하겠습니다!"라고 하였다. 이어서 순임금은 "용! 나는 선량한 자를 해치는 말과 천리(天理)를 파괴하는 행위를 싫어하오. 그 같은 언행은 나의 백성을 동요시키기 때문이오. 내 그대를 납언(納言)[122]에 임명하니, 밤낮으로 나의 명령을 전하고 백성의 의견을 수집하며, 오로지 신의를 얻도록 해주시오!"라고 하였다. 순임금은 또 "아! 그대들 스물두 사람[123]은 근신해서 직무에 임하고, 때에 임해서 나의 천하를 다스리는 일을 도와주기 바라오!"라고 하였다.

순임금은 3년마다 한 번씩 그들의 공적을 살폈고, 세 번 살핀 결과를 가지고 강등시키거나 승진시키니 경과 향의 백관들의 업적이 하나같이 올라갔다. 순은 삼묘부족을 나누어 각각 다른 곳으로 떠나게 하였다.[124]

이 스물두 명은 각자 공적을 세웠다. 고요는 대리(大理)[125]가 되어 판단이 공평하였으므로 백성들은 모두 심복하고 사실을 있는 그대로 알 수 있게 되었고, 백이가 예의를 주관하자 위아래가 모두 겸손해졌으며, 수가 공사(工師)가 되니 모든 기술공들이 좋은 성적을 나타냈으며, 익이 산림과 천택을 관리하자 산과 못과 강이 개발되었고, 기(棄)가 농사를 관장하자 각종 곡식이 무성하게 자라났다. 설이 사도(司徒)를 주관하니 백성이 서로 화목하고 단결하게 되었고, 용이 빈객 접대를 관장하니 멀리서도 제

---

121) 八音 : 각종 악기가 내는 소리, 즉 金(鐘), 石(磬), 絲(琴瑟), 竹(簫), 匏(笙, 竽), 土(도기로 만든 악기들), 革(鼓), 木(나무로 만든 악기들)의 여덟 가지 악기가 내는 음악 소리를 말한다.

122) 納言 : 傳令과 의견수집을 담당하는 관리.

123) 여기 스물두 사람은 이때에 임명한 禹, 后稷, 契 등 열 명과 12牧이라는 설, 혹은 四嶽, 九官, 12牧이라는 설, 그리고 禹 이하 여섯 명과 12牧 그리고 四嶽이라는 등 여러 설이 있다.

124) 原文의 "北"은 背와 통하고, 따라서 分背는 서로 각기 다른 곳으로 헤어지게 한다는 뜻이다. 일설에서는 北을 '북쪽'으로 또는 地名으로 보기도 한다.

125) 大理 : 刑法을 주관하는 관리.

후와 외족들이 찾아왔으며, 십이주의 지방 장관들이 힘써 일하니 구주(九州)[126]에서 그 누구도 감히 도망가거나 명령을 거역하는 이가 없었다.

특히 우(禹)의 공적이 가장 컸으니, 그는 전국 아홉 개의 산[127]을 개간했고, 아홉 개의 호수[128]를 통하게 하였으며, 아홉 개의 강[129]의 물길을 통하게 했고, 전국 구주를 확정하였다. 각 지방은 직분에 맞추어 그곳의 특산품을 가지고 와서 조공하였으며, 모두 그 지역의 실정에 잘 맞게 하였다. 국토는 사방 5,000리나 되었고, 황복(荒服)[130]까지 이르렀다. 남쪽으로는 교지(交阯), 북발(北發)[131]을, 서쪽으로는 융(戎), 석지(析枝), 거수(渠庚), 저(氐), 강(羌)을, 북쪽으로는 산융(山戎), 발(發), 식신(息愼)을, 동쪽으로는 장(長), 조이(鳥夷) 등의 부족을 회유하여 사해(四海)의 안은 모두 순의 공적을 숭앙하게 되었다. 이에 우는 "구초(九招)"[132]라는 악곡을 짓고 진기한 물건을 헌상하니, 봉황마저 날아와서 빙빙 돌았다. 천하에 덕을 밝힌다고 하는 것은 다 우제(虞帝) 시대로부터 비롯하였다.

순은 스무 살 때 효자로 명성이 자자하였고, 서른 살에는 요임금에게 등용되었으며, 쉰 살에는 천자의 일을 대행하였다. 그의 나이 쉰여덟 살 때 요임금이 붕어하자, 예순한 살에 요임금을 이어서 제위에 올랐다. 순임금은 제위를 이어받은 지 39년 만에 남쪽을 순수하다가 창오(蒼梧)[133]의 들에서 붕어하였다. 그를 강남의 구의산(九疑山)[134]에 장사 지냈으니, 이곳이 바로 영릉(零陵)이다.

126) 九州 : 즉 全國. 冀州, 豫州, 靑州, 徐州, 揚州, 荊州, 兗州, 梁州, 雍州의 아홉 고을.
127) 九山 : 구주의 큰 산. 혹은 구주 각 지방의 아홉 명산. 즉 汧, 壺口, 底桂, 太行, 西傾, 熊耳, 嶓冢, 內方, 岐山.
128) 九澤 : 아홉 개의 큰 호수. 大野, 彭蠡, 震澤, 雲夢, 滎澤, 荷澤, 盟豬, 豬野, 遹符.
129) 九河 : 즉 九川을 말한다. 弱, 黑, 河, 瀁, 江, 沈, 淮, 渭, 洛을 말한다.
130) 荒服 : 五服의 하나로 머나먼 곳을 말한다. 도성구역, 즉 王畿를 중심으로 四方 500리를 甸服, 그 바깥 500리를 侯服, 또 그 바깥 500리를 綏服, 또 그 바깥 500리를 要服, 또 그 바깥 500리를 荒服이라고 한다.
131) 北發 : 北戶라고 한다. 北戶는 지금의 월남 지방.
132) "九招" : '招'는 韶를 말하는 것으로, "구초"는 舜의 德을 칭송한 韶樂을 말한다.
133) 蒼梧 : 지금의 호남성 남부, 광서성 동북부와 광동성 서북쪽 일대.
134) 九疑山 : 지금의 호남성 寧遠縣 남쪽에 있다.

순이 제위에 올랐을 때 수레에 천자의 깃발을 꽂고 부친인 고수에게 인사를 드리러 갔는데, 그 태도가 매우 공손하여 자식의 도리 그대로였다. 그는 동생 상을 제후에 봉하였다. 순임금의 아들 상균(商均)은 인재가 되지 못하였으므로 순임금은 미리 하늘에 우를 천거하고서 그후 17년 만에 세상을 떠났다. 삼년상을 마치자 우 또한 순이 요의 아들에게 양보했던 것처럼 순임금의 아들에게 제위를 양보했다. 제후들이 모두 우에게 복종한 뒤에야 우는 비로소 천자의 자리에 올랐다. 요임금의 아들 단주와 순임금의 아들 상균은 모두 봉토를 얻어서 그것으로 선조께 제사를 올렸다. 그들은 천자의 아들이 입는 옷을 입었고, 예악(禮樂) 또한 마찬가지였다.[135] 그들은 빈객의 신분으로 천자를 만났고, 천자는 그들을 신하로 대하지 않았으니, 이것은 모두 우가 감히 권력을 독점하지 않았음을 나타낸 것이었다.

황제로부터 순, 우 임금에 이르기까지 모두 같은 성[136]에서 나왔으면서도 그 국호는 각기 달리하여 각자 밝은 덕을 분명히 밝히고 있다. 그래서 황제는 유웅(有熊), 전욱은 고양(高陽), 제곡은 고신(高辛), 요는 도당(陶唐), 순은 유우(有虞), 우(禹)는 하후(夏后)라고 불러 씨(氏)는 달리하고 있지만, 그러나 성(姓)은 모두 다 사씨(姒氏)였다. 설(契)은 상(商)이라고 했는데 그 성은 자씨(子氏)였고, 기(棄)는 주(周)라고 했는데 성은 희씨(姬氏)였다.

태사공(太史公)[137]은 다음과 같이 말했다.

"학자들은 오제(五帝)에 대해서 많은 이야기를 했는데, 그것은 이미 오래되었다! 그러나 『상서(尙書)』[138]에는 요(堯) 이후의 일만이 기재되어

---

135) 古代에는 王朝가 바뀌면 服飾과 禮樂을 바꾸었다.
136) 그들 모두 少典의 후손이다.
137) 太史公 : 이 명칭에 대해서 세 가지 견해가 있는데, 하나는 이것이 司馬遷의 관직 이름이므로 스스로를 칭하는 것이라는 견해이고, 둘째는 漢代에는 太史令이라는 관직만 있었고 '公'은 후대인들이 사마천에 대한 존칭으로 붙인 것이라는 견해이며, 셋째는 '公'이라는 글자는 사마천이 자신의 부친 司馬談에 대한 존칭으로 사용했다는 견해이다. 그러나 「太史公自序」로 볼 때 첫번째 설이 가장 신빙성이 있는 것으로 보인다. "太史公曰" 하고 나오는 이 부분은 『史記』 130편의 매 篇 末에 붙여놓은 작자의 평론이며, 작자 자신이 역사인물이나 사건을 보는 견해를 표명해놓은 것이다.
138) 『尙書』 : 즉 『書經』을 말한다. 堯舜에서 周代에 이르는 歷史書를 孔子가 산정한 것이라고 전해진다.

있고, 기타 백가(百家)들이 황제(黃帝)에 대해서 이야기했지만 그 문장이 우아하지도 못하고 온당하지도 못해서 현귀하고 학식 있는 사람들은 그것을 말하기를 꺼려한다. 유생들 가운데는 공자(孔子)가 전한 「재여문오제덕(宰子問五帝德)」과 「제계성(帝繫姓)」[139]에 대해서는 전수하지 않는 이도 있다.[140]

나는 일찍이 서쪽으로는 공동(空桐)에 이르고 북쪽으로는 탁록(涿鹿)을 지나왔으며, 동쪽으로는 바다까지 가고 남쪽으로는 장강(長江)과 회수(淮水)를 건넌 적이 있었다. 그곳의 고로(故老)들이 왕왕 황제, 요, 순 임금을 칭송하는 곳에 가보면 그곳의 풍교(風敎)는 다른 곳에 비해서 아주 달랐다. 결론적으로 말한다면 고문(古文)[141]의 내용에 위배되지 않는 것이 비교적 당시의 사실에 가깝다고 하겠다. 나는 『춘추(春秋)』[142]와 『국어(國語)』[143]를 읽어보았는데, 여기에는 「오제덕(五帝德)」과 「제계성」을 잘 천명해놓은 점이 아주 뚜렷하였다. 다만 사람들이 그것을 깊이 고찰하지 않았을 뿐으로, 그 책들에 기술된 내용은 결코 허황된 것이 아니다. 『상서』에는 결손된 부분이 많은데, 그 산실된 부분들은 왕왕 다른 저작에서 발견된다. 배우기를 좋아하고 생각을 깊이 해서 마음속으로 그 뜻을 알고 있는 사람이 아닌 이상, 견문이 좁은 사람에게 이런 이야기를 한다는 것은 실로 어려운 일이다! 그래서 나는 여러 학설을 수집하여 이를 검토하고, 그 가운데 비교적 전아하고 합리적인 것을 골라 본문을 저술해서 「오제본기」의 제1편으로 삼았다."

---

139) 「宰子問五帝德」(「五帝德」을 말한다)과 「帝繫姓」은 『大戴禮記』와 『孔子家語』 중의 篇名이다. 『史記』는 堯 이전에 대해서는 주로 이 두 편의 글을 참고하였다.

140) 『大戴禮記』는 정식 儒家經典이 아니라고 해서 漢代의 유생 가운데는 이를 전수하거나 익힌 자가 적었다.

141) 古文 : 『尚書』, 『春秋』, 『國語』 등의 내용을 말한다. 漢代에는 戰國時代에 쓰여진 經書를 古文經이라고 했다.

142) 『春秋』 : 魯 隱公에서 哀公에 이르는 200여 년간의 사적을 기록해놓은 책. 魯의 史官이 기록해놓은 것을 孔子가 수정하고 결정했다고 한다.

143) 『國語』 : 春秋時代 八國의 역사를 나라별로 기술해놓은 책. 周 穆王에서 貞安王에 이르는 기간을 다루어놓았다.

권2 「하본기(夏本紀)」제2

　하(夏)¹⁾나라 우(禹)는 이름이 문명(文命)이다. 우의 부친은 곤(鯀)이며, 곤의 부친은 제(帝)인 전욱(顓頊)이다. 전욱의 부친은 창의(昌意)이고, 창의의 부친은 황제(黃帝)이다. 우는 황제의 현손이며 전욱의 손자이다. 우의 증조부 창의와 부친 곤은 모두 왕위에 오르지 못하고 다른 사람의 신하가 되었다.

　요(堯)임금 때에 홍수가 하늘에까지 흘러넘쳐 광대하게 산을 둘러싸고 높은 언덕을 침수시켜서 백성들은 매우 근심하였다. 요임금이 치수에 능한 자를 구하자 여러 신하들과 사악(四嶽)이 아뢰기를 "곤이면 되겠습니다"라고 하였다. 요임금은 "곤은 명을 어기고 종족에게 해를 입혀서 등용할 수 없겠소"라고 하였다. 사악이 아뢰기를 "비교해보면 곤보다 더 현명한 사람은 없사오니 원컨대 임금께서 그를 한번 시험삼아 써보십시오"라고 하자 이에 요임금은 사악의 말을 듣고 곤을 치수에 등용하였다. 그러나 9년 동안 홍수가 끊이지 않고 일어나 성공을 거두지 못했다. 이때에 요임금은 천하의 사업을 계승할 인물을 구하여 다시 순(舜)을 얻었다. 순은 등용되자 천자의 정사를 대신하여 다스렸다. 그는 각지를 시찰하여 곤이 치수에 공적이 없음을 발견하고 바로 곤을 우산(羽山)으로 추방하여 거기서 죽게 하였다. 천하의 사람들은 모두 순의 처벌이 옳다고 여겼다. 이때에 순은 곤의 아들 우를 천거하여 그로 하여금 곤의 치수사업을 계속하게 하였다.

　요임금이 붕어하자 순임금은 사악에게 물어 이르기를 "요임금의 사업을 잘 완성할 수 있는 자가 있다면, 그에게 관직을 맡길 수 있으련만"이라고 하자, 모두 대답하기를 "우는 사공(司空)으로서 요임금의 사업을 잘 완성

---

1)　夏 : 우임금이 봉해진 나라의 이름. 『帝王世紀』에서는 "우는 封地로 夏伯을 받았는데, 하백은 豫州 외곽의 남쪽에 있었으며 지금의 하남성 陽翟이다(禹受封爲夏伯, 在豫州外方之南, 今河南陽翟是也)"라고 하였는데, 양책은 지금의 하남성 禹縣이다.

할 수 있을 것입니다"라고 하였다. 순은 "아, 그렇겠구나!"라고 하고는 우에게 명하기를 "그대는 하천과 육지를 잘 다스려서 오직 그 일에 전력하시오"라고 하였다. 우는 머리를 조아려서 배례하고 설(契)과 후직(后稷), 고요(皐陶)에게 양보하였으나, 순임금은 "그대가 빨리 가서 이 일을 주관하시오"라고 하였다.

우는 총명하고 의욕이 왕성하며 매우 부지런하였다. 그 덕은 어김이 없었고, 인자하여 친애할 수 있었으며, 말은 신용이 있었다. 말소리는 음률처럼 화기애애하였고, 행동은 법도에 맞았으며, 사리판단을 잘하여 일을 처리하고, 부지런하고 엄숙하여 백관의 모범이 되었다.

우는 마침내 익(益), 후직과 함께 순임금의 명을 받들어서 제후와 백관들에게 인부들을 동원하여 치수공사를 하게 하였다.[2] 그들은 직접 산으로 올라가서 말뚝을 세워서 표시를 하고 고산대천(高山大川)을 측정하였다.[3] 우는 부친이 치수사업 실패로 처벌받은 것을 슬퍼하였으므로 노심초사 부지런히 일하느라 밖에서 13년을 지내면서도 자기 집 대문 앞을 지나가며 감히 들어갈 수 없었다. 그는 입고 먹는 것을 절약하여 귀신에게 효를 다하였으며, 누추한 집에 살면서 절약한 비용을 치수사업에 사용하였다. 육로는 수레를 타고 다녔고, 수로는 배를 타고 다녔으며, 진창 길은 썰매[4]를 타고 다녔고, 산은 바닥에 쇠를 박은 신발[5]을 신고 다녔다. 왼손에는 수준기와 먹줄을, 오른손에는 그림쇠와 곱자를 들고, 또한 사계절을 측량하는 기구를 가지고서[6] 구주(九州)[7]를 개척하고, 구도(九道)[8]를 소통시키며, 구택(九澤)[9]을 축조하고, 구산(九山)[10]에 길을 뚫었다.

---

2) 원문의 "傅土"는 『尙書』에는 "敷土"로 되어 있다. 흙을 파서 치수공사를 한다는 뜻이다. 일설에 의하면 "敷土"는 '分土'로서 九州의 경계를 구분하는 것이라고 한다.

3) 원문의 "定高山大川"은 높은 산과 큰 강의 위치를 측정하였다는 뜻이다. 일설에 의하면 산과 강의 명칭을 규정한 것이라고도 하고, 서로 다른 산과 강의 제사등급을 규정한 것이라고도 한다.

4) 원문의 "橇"는 고대에 진흙 땅 위를 지나갈 때 사용한 키 같은 모양의 탈 것을 말한다.

5) 원문의 "檋"은 바닥에 송곳 모양의 쇠를 박아서 미끄러지지 않게 한 등산용 신을 말한다. 『河渠書』에는 "橋"로 되어 있고, 『漢書』의 「溝洫志」에는 "樀"으로 되어 있다.

6) 원문의 "載四時"는 일설에 의하면 시기를 어기지 않는 것이라고 한다.

7) 九州 : 권1 「오제본기」의 〈주 126〉 참조.

8) 九道 : 九州의 강줄기로 뒤에 나오는 "九川"과 같은 뜻이다.

9) 九澤 : 권1 「오제본기」의 〈주 128〉 참조.

그는 익에게 명하여 백성들에게 벼를 주어 저습한 땅에 심을 수 있도록 하였으며, 후직에게 명하여 백성들에게 부족한 식량을 주도록 하였다. 식량이 모자라는 곳은 식량이 풍족한 곳에서 조절하여 공급해줌으로써 각 제후국이 균형을 이루게 하였다. 우는 또 각지를 순시하며 그 땅에 알맞는 생산물을 잘 살펴서 공물을 정하였고, 운수(運輸)를 위한 산천의 편리함도 고려하였다.

우는 기주(冀州)에서 치수사업을 시작하였다.[11] 기주에서 먼저 호구산(壺口山)[12]을 잘 다스리고 다시 양산(梁山)[13]과 기산(岐山)[14]을 잘 다스렸다. 다시 태원(太原)[15] 지구를 잘 다스리고 계속하여 태악산(太嶽山)[16]의 남쪽까지 이르렀다. 또 담회(覃懷)[17]를 성공적으로 다스린 후 장하(漳河)[18]에 이르렀다. 이곳 기주의 토질은 희고 부드러워서 부세(賦稅)는 일등급이었으나 흉년에는 이등급도 되었으며 전답은 오등급이었다.[19] 상수(常水)[20]와 위수(衛水)[21]가 물길대로 흐르고 대륙택(大陸澤)[22]도 잘 다스려졌다. 오이(烏夷)[23]의 공물은 가죽옷이었으며, 기주의 공물은 발

---

10) 九山 : 권1「오제본기」의 〈주 127〉 참조.
11) 冀州 : 전하는 바에 의하면 당시의 도읍이 기주에 있었기 때문에 치수와 조세 사업은 모두 기주에서 시작하였다고 한다. 권1「오제본기」의 〈주 88〉 참조.
12) 壺口山 : 九山의 하나. 지금의 山西省 吉縣 서남쪽.
13) 梁山 : 지금의 陝西省 韓城縣 서쪽. 또는 섬서성 乾縣 서북쪽.
14) 岐山 : 지금의 섬서성 기산현 동북쪽.
15) 太原 : 높고 평평한 대평원. 지금의 태원지구의 큰 고원을 가리킨다.
16) 太嶽山 : 원문의 "嶽"은 지금의 산서성 태악산.
17) 覃懷 : 옛 지명. 지금의 하남성 武陟縣 서남쪽.
18) 漳河 : 원문은 "衡漳." 장하는 황하로 횡류하여 들어가기 때문에 횡장, 즉 衡(= 橫)漳이라고 이름하였다. 일설에 의하면 형장은 장하의 지류인 濁漳水를 가리킨다고도 한다.
19) 원문의 "賦上上錯, 田中中"을 『尙書』의「禹貢」편에서는 전국(九州)의 전답의 토질과 부세 수량을 모두 上上, 上中, 上下, 中上, 中中, 中下, 下上, 下中, 下下의 아홉 등급으로 나누고 있다. 그러나 이 양자가 반드시 일치하는 것은 아니다. 전답의 등급 순차는 雍, 徐, 靑, 豫, 冀, 兗, 梁, 荊, 揚의 순이며, 전답의 조세등급의 순차는 冀, 豫, 荊, 靑, 徐, 雍, 揚, 梁, 兗의 순이다.
20) 常水 : 원래는 恒水로서 발원지는 恒山이다. 지금의 河北省 曲陽縣. 후에 漢 文帝 劉恒의 이름을 피하여 "常"으로 고쳤다.
21) 衛水 : 지금의 하북성 靈壽縣에서 발원하여 동쪽의 黃河로 흘러들어간다.
22) 大陸澤 : 지금의 하북성 隆堯, 巨鹿, 任縣의 세 현 사이에 있었는데 지금은 이미 매몰되어버리고 없다.
23) 烏夷 : 기주의 동북부에 살던 부족으로 당시에는 수렵생활을 했다.

해 (渤海)의 오른쪽에 있는 갈석산(碣石山)[24]에서 황하로 운송되었다. [25]

제수(濟水)[26]와 황하 사이는 연주(沇州)[27]이다. 구하(九河)[28]가 모두 소통되고 뇌하(雷夏)[29]는 큰 호수가 되었으며, 옹수(雍水)와 저수(沮水)[30]가 합류하여 호수로 들어가고 땅에는 뽕나무를 심어서 누에를 길렀다. 이 때에 백성들은 산언덕에서 평지로 옮겨 살 수 있게 되었다. 이곳 연주의 토질은 검고 비옥하며 풀은 무성하고 나무가 크게 자랐다. 전답은 육등급 이고 부세는 구등급이었는데 13년 동안 치수를 잘한 후에야 비로소 다른 주와 같게 되었다. 이곳의 공물은 옻나무와 견사, 대광주리에 담은[31] 무 늬가 있는 견직물이었다. 이 공물은 제수와 탑수(漯水)[32]에서 배에 실어 서 황하로 운송하였다.

대해 (大海)와 태산(泰山)[33] 사이는 청주(靑州)[34]이다. 우이 (堣夷)[35]가 잘 다스려지고 유수(濰水)[36]와 치수(淄水)[37]가 소통되었다. 이곳의 토질

---

24) 碣石山 : 지금의 하북성 昌黎縣 북쪽에 있다.

25) 원문의 "來右碣石, 入于海"는 『상서』의 「우공」편에는 "來于碣石, 入于河"로 되어 있다. 기주 동북부의 공물은 발해 서쪽에 있는 갈석산에서 황하로 운반되어 다시 경 성으로 운송되었다는 뜻이다. 구주에 대한 서술의 끝 부분은 모두 공물을 경성으로 운송하는 노선을 설명하고 있으므로 「우공」편에서 "入于河"라고 한 표현이 적절하 다. 원문의 "入于海"는 오류일 것이다.

26) 濟水 : 沇水라고도 한다. 지금의 산서성 王屋山에서 발원하여 동으로 흘러서 바다 로 들어간다. 옛날에 장강, 황하, 淮河와 함께 四瀆의 하나였으며, 후에 황하의 물 길이 바뀌자 제수의 하류는 황하에 합류되었다.

27) 沇州 : '沇'은 '兗'과 통한다. 지금의 山東省 서북부와 河北省 남부에 있는데 지역 이 매우 협소하다.

28) 九河 : 황하 하류 연주 경내의 아홉 개의 강줄기를 가리킨다. 즉 徒駭, 太史, 馬 頰, 覆, 胡蘇, 簡, 絜, 鉤盤, 鬲津.

29) 雷夏 : 雷夏澤 또는 雷澤. 지금의 산동성 濮縣 동남쪽에 있다.

30) 雍水와 沮水 : 모두 지금의 산동성 荷澤縣 경내에 있다. 옛 수로는 이미 매몰되었 다.

31) 원문의 "筐"는 견직물이나 솜 등을 담아서 그 양을 재는 용기로서 공물을 공납할 때의 도구 量詞로 볼 수 있다.

32) 漯水 : 황하 하류의 주요 지류의 하나. 옛 수로는 지금의 하남성 范縣, 산동성 莘 縣, 聊城, 荏平, 經禹城에서 徒駭河로 흘러들어갔다.

33) 泰山 : 원문은 "岱"인데, 이것은 태산의 별칭이다. 태산의 옛 명칭은 岱宗이었다.

34) 靑州 : 지금의 산동성 동부에 있다.

35) 堣夷 : 지명. 지금의 遼寧省 경내에 있다.

36) 濰水 : 지금의 산동성 莒縣에서 발원하여 동북쪽의 昌邑縣으로 흘러 渤海로 흘러 들어간다.

37) 淄水 : 지금의 산동성 萊蕪縣에서 발원하여 동북으로 小淸河로 흘러 발해로 흘러

은 희고 비옥한데 해변은 넓은 개펄이며, 그 밭은 염분이 많은 땅을 개간한 것이다. 전답은 삼등급이고 부세는 사등급이었다. 이곳의 공물은 소금과 세갈포(細葛布), 여러 가지 해산물, 태산의 계곡에서 생산되는 견사, 대마, 납, 소나무, 괴석, 내이(萊夷)[38]에서 생산된 축산물, 대광주리에 담은 작잠사(柞蠶絲)[39]가 있다. 이 공물은 문수(汶水)[40]에서 배에 실어 제수(濟水)로 운송하였다.

대해와 태산, 회수(淮水)[41] 사이는 서주(徐州)[42]이다. 회수와 기수(沂水)[43]가 잘 다스려지고 몽산(蒙山)[44]과 우산(羽山)[45]에는 나무를 심을 수 있게 되었다. 대야택(大野澤)[46]이 호수가 되고 동원(東原)[47] 지역은 평평하게 골라졌다. 이곳의 토질은 붉고 비옥한 점토(粘土)이며 초목이 점점 무성해졌다. 전답은 이등급이고 부세는 오등급이었다. 공물은 오색토(五色土)[48]와 우산의 계곡에서 생산되는 꿩,[49] 역산(嶧山)[50]의 남쪽에서 홀로 자라는 오동나무, 사수(泗水) 연변의 부석(浮石)으로 만든 경쇠, 회이(淮夷)의 진주와 어류, 대광주리에 담은 흑백의 견직물이다. 이 공물은 회수와 사수에서 배에 실어서 황하로 운송하였다.

회수와 대해의 사이는 양주(揚州)[51]이다. 팽려(彭蠡)[52]는 호수가 되고

들어간다.

38) 萊夷 : 지명. 지금의 산동성 黃縣에 있다.
39) 원문의 "畜絲"는 柞蠶絲로 멧누에의 고치에서 뽑은 실을 가리킨다.
40) 汶水 : 濟水의 지류. 지금의 산동성 萊蕪縣에서 발원한다.
41) 淮水 : 하남성 桐柏山에서 발원하여 安徽省을 거쳐서 洪澤湖로 들어가며 하류는 江蘇省, 淮陰 등지를 지나 黃海로 흘러들어간다. 옛날 四瀆 중의 하나이다. 즉 淮河.
42) 徐州 : 지금의 산동성 남부, 江蘇省과 安徽省의 북부.
43) 沂水 : 산동성 기수현에서 발원하여 강소성 邳縣을 거쳐서 泗水로 흘러들어간다.
44) 蒙山 : 지금의 산동성 중부 蒙陰縣 남쪽에 있다.
45) 羽山은 순임금이 鯀을 추방한 곳이기도 하다.
46) 大野澤 : 鉅野澤. 지금의 산동성 거야현 북쪽에 있다.
47) 東原 : 지금의 산동성 東平縣과 泰安縣 일대에 있다.
48) 원문의 "土五色"은 靑, 赤, 白, 黑, 黃의 오색토를 가리킨다. 천자가 대지의 신에게 제사 지내는 제단을 쌓는 데 사용하였다.
49) 원문의 "夏狄"은 여러 가지 색깔이 나는 꿩을 가리킨다. 孔安國의 설에 의하면 '狄'은 꿩의 이름이다.
50) 嶧山 : 鄒山 혹은 鄒嶧山이라고도 한다. 지금의 산동성 鄒縣 동남쪽에 있다. 전하는 바에 의하면 역산의 남쪽에는 오동나무가 많이 자라지만, 이곳에서 홀로 자란 오동나무는 琴瑟을 만드는 재료로 사용된다고 한다.
51) 揚州 : 양주는 지금의 江蘇省 長江 남북지역과 浙江省 북부, 강서성과 안휘성의 동부를 포괄한다.

기러기가 그곳에서 살았다. 많은 강물[53]이 바다로 흘러들어가고 진택(震澤)[54]은 안정을 찾았으며, 전죽(箭竹)[55]이 빽빽하고 풀이 무성하며 나무가 크게 자랐다. 이곳의 토질은 습기가 많은 진흙땅이고, 전답은 구등급이며, 부세는 칠등급이나 풍년에는 육등급이었다. 공물은 세 종류의 금속[56]과 옥돌, 전죽, 상아, 가죽, 깃털, 검정소의 꼬리, 도이족(島夷族)[57]이 입는 풀로 짠 옷, 대광주리에 담은 오색 비단[58]이 있으며, 천자의 명이 있으면 잘 포장한 귤과 유자도 공물로 바쳤다. 이 공물은 장강(長江)과 대해를 따라서 회수와 사수로 운송하였다.

형산(荊山)[59]에서 형산(衡山)[60] 이남까지는 형주(荊州)[61]이다. 장강과 한수(漢水)가 여기서 바다로 흘러들어가고 아홉 줄기로 나누어진 강물[62]이 크게 바로잡혔다. 타수(沱水)[63]와 잠수(潛水)[64]가 모두 물길대로 흐르고 운택(雲澤)과 몽택(夢澤)[65]이 잘 다스려졌다. 이곳의 토질은 습기가 많은 진흙땅이며 전답은 팔등급이고 부세는 삼등급이었다. 공물은 깃

---

52) 彭蠡 : 지금의 강서성 鄱陽湖의 옛 이름.
53) 원문의 "三水"는 漢 이래로 대부분 세 줄기의 강물을 가리킨다고 생각했다. 세 강물이 구체적으로 어느 것인가에 대해서는 의견이 분분하여 10여 가지나 된다. 그 대표적인 것으로는 松江, 婁江, 東江이라는 설과 松江, 錢塘江, 浦陽江이라는 설, 장강에서 오른쪽의 파양호와 합류하는 南江, 岷江 아래로 흐르는 中江, 왼쪽의 漢水와 합류하는 北江이라는 설 등이 있다.
54) 震澤 : 지금의 강소성 太湖의 옛 이름.
55) 원문의 "竹箭"은 화살을 만드는 데 쓰는 가는 대.
56) 원문의 "金三品"은 일설에 의하면 금, 은, 동을 가리킨다고 하고, 일설에는 청동, 백동, 적동을 가리킨다고 한다.
57) 島夷族 : 섬에 사는 오랑캐 민족.
58) 원문의 "織貝"는 조개껍질 같은 오색의 견직물을 가리킨다.
59) 荊山 : 지금의 湖南省 南漳縣 서쪽에 있다.
60) 衡山 : 지금의 湖南省 형산현에 있다. 五嶽의 하나. 일설에 의하면 지금의 하남성 南召縣 남쪽에 있다고 하는데 문맥상 후자의 설이 옳은 것 같다. 고대에는 衡山이라고 부른 곳이 많았던 것 같다.
61) 荊州 : 지금의 호북성, 호남성 및 강서성, 안휘성의 서부.
62) 원문의 "九江"에 대하여는 여러 가지 설이 있다. 일설에 의하면 洞庭湖로 흘러들어가는 湘江, 資江, 澧水, 沅水, 원수의 지류인 元江, 漸江, 辰江, 漵水, 酉水를 가리킨다고 한다. "구강"은 지금의 강서성의 구강으로 오해해서는 안 된다. 강서성의 구강은 후에 생겨난 지명으로 옛날에는 揚州에 속했으며 荊州에 속하지 않았다.
63) 沱水 : 지금의 호북성 江陵縣에 있는 夏水를 가리킨다. 장강의 지류이다.
64) 潛水 : 발원지는 漢中으로 한수의 지류이다. '潛'은 '潛'이라고도 쓰며 잠수는 龍門水라고도 한다.
65) 원문의 "雲土夢"은 강북의 雲澤과 강남의 夢澤을 가리킨다. '土'자는 뜻이 없는

털, 검정소의 꼬리, 상아, 가죽, 세 종류의 금속, 참죽나무, 산뽕나무, 향나무, 잣나무, 숫돌, 노석(砮石),[66] 단사(丹砂), 세 제후국에서 바치는 유명 특산물인 균죽(箘竹)과 노죽(簵竹),[67] 호목(楛木),[68] 잘 포장한 정모(菁茅),[69] 대광주리에 담은 진홍색 견직물과 꿰미로 엮은 진주[70]이며, 천자의 명이 있으면 바치는 구강(九江)의 큰 거북도 있었다. 이 공물은 장강과 타수, 잠수, 한수에서 배에 실어서 낙수(洛水)를 지나 남하(南河)[71]로 운송하였다.

형산(荊山)과 황하 사이는 예주(豫州)[72]이다. 이수(伊水),[73] 낙수(洛水),[74] 전수(瀍水), 간수(澗水)[75]는 모두 황하로 흘러들어가고, 형파(滎播)[76]는 호수가 되었으며, 하택(荷澤)[77]을 잘 인도하고 명도택(明都澤)[78]도 잘 다스렸다. 이곳의 토질은 부드러운데 지대가 낮은 곳은 비옥한 흑토이다. 전답은 사등급이고 부세는 이등급이고 일등급일 때도 있다. 공물은 옻나무, 견사, 갈포(葛布), 모시, 대광주리에 담은 가는 솜이며, 천자의 명이 있으면 경쇠를 가는 숫돌도 바쳤다. 이 공물은 낙수에서 배에 실어서 황하로 운송하였다.

글자이나 혹자는 운택을 雲土澤이라고도 하며, 두 호수가 가깝기 때문에 합쳐서 雲夢澤이라고도 한다. 지금의 湖南, 湖北 두 省 사이에는 여러 호수가 있는데 바로 그 유적지를 말한다.

66) 砮石 : 화살촉을 만드는 데 사용하는 돌이다.

67) 箘竹과 簵竹 : 둘 다 대나무의 일종으로 화살을 만드는 데 사용한다.

68) 楛木 : 牡荊 비슷한 나무로서 화살을 만들기에 적합하다고 한다.

69) 菁茅 : 가시가 있는 풀의 일종. 종묘제사 때에 이것으로 술을 거른다.

70) 원문의 "璣組"는 일설에 의하면 진주로 장식한 印綬를 말한다고 한다.

71) 南河 : 潼關의 동쪽에서 하남성 경내까지의 황하를 옛날에는 남하라고 하였다.

72) 豫州 : 지금의 하남성과 산동성 서부, 호북성 북부에 해당되는 지역.

73) 伊水 : 낙수의 지류. 지금의 하남성 盧氏縣 熊耳山에서 발원하여 偃師에 이르러 낙수로 흘러들어간다.

74) 원문의 "雒"은 '洛'과 같은 글자이다. 황하의 지류. 陝西省 洛南縣 서북의 冢嶺山에서 발원하여 하남성 鞏縣에 이르러서 황하로 흘러들어간다.

75) 瀍水과 澗水 : 모두 낙수의 지류이다. 전수는 하남성 洛陽市 서북의 芒山에서 발원하며, 간수는 하남성 澠池縣에서 발원한다.

76) 滎播 : 옛날의 滎澤인데 이미 메워지고 없다. 옛터는 지금의 하남성 滎陽縣에 남아 있다.

77) 荷澤 : 지금은 이미 매몰되고 없다. 옛터는 지금의 산동성 定陶縣 동북쪽에 남아 있다.

78) 明都澤 : 孟猪澤을 말한다. "明都"와 "孟猪"는 古音이 같다. 옛터는 지금의 하남성 商丘縣 동북쪽에 있다.

화산(華山)[79]의 남쪽과 흑수(黑水)[80] 사이는 양주(梁州)[81]이다. 민산(岷山)[82]과 파총산(嶓冢山)[83]은 모두 식물을 심을 수 있게 되었고, 타수(沱水)와 잠수(潛水)는 모두 소통되었으며, 채산(蔡山)[84]과 몽산(蒙山)[85]은 모두 잘 다스려졌고, 화이(和夷)[86]에는 수익이 있게 되었다. 이곳의 토질은 검푸른 색이다. 전답은 칠등급이고 부세는 팔등급이나 풍년에는 칠등급, 흉년에는 구등급이었다. 공물로는 미옥(美玉),[87] 철, 은, 강철, 노석(砮石), 경쇠, 곰, 말곰, 여우, 너구리, 융단이 있었다. 서경산(西傾山)[88]의 공물은 환수(桓水)[89]를 따라 운송하였고, 기타의 공물은 잠수(潛水)에서 배에 실어서 면수(沔水)[90]를 지나서 위수(渭水)[91]로 들어가서 황하를 건넜다.

흑수와 서하(西河)[92] 사이는 옹주(雍州)[93]이다. 약수(弱水)[94]는 이미 서쪽으로 소통되었고, 경수(涇水)[95]는 위수와 합류하였다. 칠수(漆水)와 저수(沮水)[96]는 순조롭게 위수로 흘렀고, 풍수(灃水)[97]도 함께 위수로

---

79) 華山 : 섬서성 華陰縣에 있다. 五嶽의 하나이다.
80) 黑水 : 여러 가지 설이 있는데 자세한 것은 〈주 130〉을 참고할 것.
81) 梁州 : 지금의 四川省 전역과 陝西省, 甘肅省 남부.
82) 岷山 : 원문은 "汶." 사천성 松潘縣 북쪽에 있으며 岷江의 발원지이다.
83) 嶓冢山 : 감숙성 天水市와 禮縣 사이에 있으며 西漢水의 발원지이다.
84) 蔡山 : 지금의 사천성 雅安縣 동쪽에 있다.
85) 蒙山 : 지금의 사천성 雅安, 名山, 蘆山 세 현의 접경지에 있다.
86) 和夷 : 지명. 大渡河 일대의 토착 부족이 모여사는 곳을 가리킨다.
87) 원문의 "璆"는 일설에 의하면 황금을 가리키는 것이라고도 한다.
88) 西傾山 : 지금의 감숙성 서남쪽과 靑海의 동남쪽 두 성의 접경지에 있다.
89) 桓水 : 지금의 白龍江. 서경산 동남쪽 감숙성 岷縣에서 발원하여 동남쪽으로 사천성 昭化로 흘러서 嘉陵江으로 들어간다.
90) 沔水 : 일명 沮水라고도 한다. 섬서성에서 발원하며 한수의 상류이다.
91) 渭水 : 감숙성 渭源縣 鳥鼠山에서 발원하여 동으로 섬서성 潼關으로 흘러서 황하로 들어간다.
92) 西河 : 산서와 섬서 두 성 사이에 있는 황하 서안 지대를 가리킨다. 冀州의 서쪽에 있기 때문에 서하라고 이름하였다. 황하는 기주와 옹주의 경계가 되는 강이다.
93) 雍州 : 고대 九州 중의 하나로, 지금의 섬서성 감숙성 두 성의 대부분과, 靑海, 寧夏回族 자치구의 일부 지역이다.
94) 弱水 : 張掖河라고도 한다. 서북쪽 사막 가운데 있는 居延澤으로 흘러들어간다.
95) 涇水 : 寧夏 固原縣의 남쪽에서 발원하여 동남쪽의 섬서성 高陵縣으로 흘러서 위수로 들어간다.
96) 漆水와 沮水 : 모두 위수의 지류이다. 섬서성 耀縣에서 합류되어 石川河라고 불리며, 다시 남으로 흘러서 위수로 들어간다.
97) 灃水 : 섬서성 鄠縣 동남쪽 終南山에서 발원하여 북으로 위수로 흘러들어간다. 지

흘렀다. 형산(荊山)[98]과 기산(岐山)이 다스려졌으므로 제사를 올렸고, 종남산(終南山)[99]과 돈물산(敦物山)[100]에서 조서산(鳥鼠山)[101]에 이르기까지 모두 잘 다스려졌다. 고원과 저지대, 도야택(都野澤)[102]에 이르기까지 모두 수익이 있게 되었다. 삼위(三危)[103]도 잘 개발되어 삼묘족(三苗族)[104]의 질서도 매우 안정되었다. 이곳의 토질은 황색이며 부드럽다. 전답은 일등급이고 부세는 육등급이다. 공물은 미옥과 임(琳), 낭간(琅玕)[105]이다. 이 공물은 적석산(積石山)[106]에서 배에 실어서 용문(龍門)[107] 아래의 서하(西河)로 운송하여 위수의 만(灣)에 이르렀다. 그중에는 곤륜(昆侖), 석지(析支), 거수(渠搜)[108]에서 바친 융단도 있었는데 서융(西戎)도 질서가 잡혔다.

우는 구산(九山)을 개통하였다. 견산(汧山)[109]은 기산으로 뻗어서 형산(荊山)[110]까지 이어졌고 황하를 넘었다. 호구산(壺口山)은 뇌수산(雷

금 강줄기는 매몰되었다.

98) 荊山 : 荊渠山. 지금의 섬서성 富平縣에 있다. 荊州의 형산이 아니다.

99) 終南山 : 지금의 섬서성 西安市 남쪽에 있다.

100) 敦物山 : 지금의 섬서성 武功縣 경내에 있다. 일명 垂山이라고도 하고 武功山이라고도 한다.

101) 鳥鼠山 : 감숙성 渭源縣에 있으며 위수의 발원지이다.

102) 都野澤 : 猪野澤이라고도 한다. 지금은 魚海子라고 한다. 감숙성 民勤縣 경내에 있다.

103) 三危 : 권1의 「오제본기」 〈주 83〉 참조.

104) 三苗族 : 四凶의 하나이다. 순임금이 삼묘족을 三危로 추방하고 나서 우임금이 이들을 잘 다스리자 삼묘족은 매우 질서를 준수하게 되었다. 권1 「오제본기」의 〈주 80〉 참조.

105) 琳은 옥의 한 가지이고, 琅玕은 진주처럼 생긴 보석이다.

106) 積石山 : 적석산은 둘이 있다. 대적석산은 지금의 靑海 남부의 大雪山인데, 전설에 의하면 우임금이 황하를 끌어들일 때 이 산에서부터 시작했다고 한다. 소적석산은 지금의 감숙성 臨夏 서북쪽에 있는데, 옛 명칭은 唐述山이었다. 일반적으로는 이곳이 소적석산을 가리킨다고 여긴다.

107) 龍門 : 황하의 상류에 있는 산의 이름, 또는 그곳을 통과하는 여울목의 이름. 즉 지금의 禹門口. 지금의 산서성 河津縣과 섬서성 韓城縣 사이의 황하 근처에 있다. 황하가 이곳에 이르면 양쪽으로 절벽이 마주하고 있어서 마치 대궐문 같다.

108) 昆侖, 析支, 渠搜 : 모두 西戎의 부락 이름. 곤륜은 지금의 감숙성 酒泉 일대에 있으며, 漢代에는 지금의 감숙성 安西縣 경내에 昆侖塞를 설치하였다. 석지는 지금의 청해성 적석산에서 貴德縣 河曲 일대에 있다. 거수는 葱嶺 서쪽에 있으며 大宛과 경계이다. 일설에는 지금의 섬서성 懷遠縣 북쪽에 있다고 한다.

109) 汧山 : 지금의 섬서성 隴縣의 서남쪽에 있다.

110) 荊山 : 지금의 섬서성 富平縣에 있는 형산을 가리킨다.

首山)¹¹¹⁾을 지나 태악산(太嶽山)까지 이어졌다. 지주산(砥柱山)¹¹²⁾은 석성산(析城山)¹¹³⁾에 연접하여 왕옥산(王屋山)¹¹⁴⁾까지 이어졌다. 태행산(太行山)¹¹⁵⁾은 상산(常山)¹¹⁶⁾을 지나서 갈석산(碣石山)까지 이르렀으며, 바다로 뻗쳐들어갔다. 서경산(西傾山)은 주어산(朱圉山)¹¹⁷⁾과 조서산(鳥鼠山)을 지나서 화산(華山)¹¹⁸⁾까지 이어졌다. 웅이산(熊耳山)¹¹⁹⁾은 외방산(外方山)¹²⁰⁾과 동백산(桐柏山)¹²¹⁾을 지나서 부미산(負尾山)¹²²⁾까지 이어졌다. 파총산(嶓冢山)을 개통하여 형산(荊山)까지 이르게 하고, 내방산(內方山)¹²³⁾은 대별산(大別山)¹²⁴⁾까지 이르게 하며, 문산(汶山)은 그 남쪽을 형산(衡山)까지 이르게 하고, 구강(九江)¹²⁵⁾을 지나서 부천원(敷淺原)¹²⁶⁾까지 이어졌다.

　우는 또 구천(九川)¹²⁷⁾을 소통시켰다. 약수(弱水)는 합려(合黎)¹²⁸⁾로부터 소통되어 여파(餘波)¹²⁹⁾는 유사택(流沙澤)으로 흘러들어갔다. 흑수

---

111)　雷首山 : 지금의 산서성 永濟縣에 있다.
112)　砥柱山 : 지금의 하남성 陝縣과 산서성 平陸縣 사이의 황하 三門峽 안에 있다.
113)　析城山 : 지금의 산서성 陽城縣 경내에 있다.
114)　王屋山 : 지금의 산서성 陽城과 垣曲 두 현 사이에 있는데, 세 겹의 산 모양이 집과 같다.
115)　太行山 : 지금의 산서, 하북 두 성의 접경에 있는 산맥으로 최고봉은 산서성 晉城에 있다.
116)　常山 : 恒山. 지금의 하북성 曲陽縣 서북쪽에 있다. 明나라 사람들은 지금의 산서성 渾源縣의 玄岳을 항산이라고 하였다.
117)　朱圉山 : 지금의 감숙성 甘谷縣 서남쪽에 있다.
118)　원문의 "太華"는 西嶽인 華山을 가리킨다.
119)　熊耳山 : 지금의 하남성 盧氏縣 경내에 있다.
120)　外方山 : 嵩山. 하남성 登封縣 북쪽에 있다. 東山을 太室山, 西山을 少室山이라고 하고, 이를 합쳐서 嵩高山이라고 한다.
121)　桐柏山 : 지금의 하남성 桐柏縣 북쪽에 있다.
122)　負尾山 : 陪尾山이라고도 한다. 지금의 호북성 安陸縣 북쪽에 있다. 일설에는 지금의 산동성 泗水縣 동쪽에 있다고 한다.
123)　內方山 : 지금의 호북성 鍾祥縣 경내에 있다.
124)　大別山 : 지금의 호북성 漢陽 동북쪽에 있다. 일설에는 龜山이라고도 한다.
125)　九江 : 衡山과 廬山 사이의 강줄기를 가리킨다.
126)　敷淺原 : 지금의 廬山.
127)　九川 : 아홉 줄기의 강물을 가리킨다. 즉 弱水, 黑水, 黃河, 瀁水(또는 漢水), 長江, 沇水 또는 濟水, 淮水, 渭水, 洛水. 권1 「오제본기」의 〈주 129〉 참조.
128)　合黎 : 산 이름. 지금의 감숙성 張掖과 酒泉의 북쪽에 있다. 남부의 祁連山과 마주하고 있다. 산 옆에 合黎河가 있는데 바로 약수의 상류이다.
129)　餘波 : 사막지대로 들어간 후의 약수는 물이 감소하여 세력이 약해졌기 때문에

(黑水)[130]는 물길을 따라 삼위(三危)에 이르러 남해로 흘러들어갔다. 황하는 적석산(積石山)[131]에서부터 소통되어 용문산까지 이르고, 남으로 화산의 북쪽으로 흐르고 동으로 지주산으로 흘러서, 다시 동쪽의 맹진(孟津)[132]으로 흘렀다. 또 동으로 낙수를 지나서 대비산(大邳山)[133] 기슭에 이르며, 북으로 강수(降水)[134]를 지나서 대륙택(大陸澤)에 이르고, 북으로 아홉 줄기의 지류로 나누어진 후 다시 합류하여 역하(逆河)[135]가 되어 대해로 흘러들어갔다.[136] 파총산에서 시작되는 양수(瀁水)[137]는 물길을 따라서 동으로 흘러서 한수가 되고, 다시 동으로 흘러서 창랑수(滄浪水)[138]가 되어 삼서수(三澨水)[139]를 지나 대별산으로 들어가 남쪽의 장강으로 흐르고,[140] 다시 동으로 흘러서 호수에 모여 팽려택(彭蠡澤)[141]이 되고,

---

여파라고 하였다.

130) 黑水：『상서』의 「우공」 편과 『史記』의 「하본기」에서는 "梁州," "雍州," "九州" 세 곳에서 흑수를 언급하였다. 어떤 사람은 세 곳의 흑수가 서로 다른 강이라 생각하였지만 사실은 한 강인 것 같다. 孔安國의 『상서』 주에는 "흑수는 북에서 남으로 흘러 삼위를 지나고 양주를 거쳐서 남해로 들어갔다(黑水自北而南, 經三危, 過梁州, 入南海)"라고 하였으므로, 이 강은 틀림없이 옹주에서 발원하여 양주로 흘러 다시 남해로 들어갔을 것이다. 고대에는 동해를 남해라고 칭하였다. 따라서 흑수는 당연히 장강의 지류여야 하며, 金沙江이나 雅礱江일 수도 있고, 岷江의 지류일 수도 있다. 흑수에 관해서는 여러 가지 설이 있다. 怒江 또는 瀾滄江, 黔江이라 생각하기도 하였는데 이는 모두 상고시대의 지역관념에 부합되지 않는 것 같다.

131) 積石山：여기서는 대적석산을 가리키는데, 옛사람들은 그것이 황하의 발원지라고 생각하였다. 〈주 106〉 참조.

132) 원문의 "盟津"은 孟津. 지금의 하남성 孟津縣 동쪽, 낙양시 동북쪽 황하 연변에 있다.

133) 大邳山：지금의 하남성 浚縣의 동남쪽에 있다.

134) 降水：지금의 漳水로서 하북성 남부에 있다.

135) 逆河：강물이 나누어졌다가 다시 합류하는 것. 아홉 줄기의 강물이 하류 滄州 부근에 이르러 다시 하나로 합해진 것을 가리킨다. 그러나 梁啓超는 지금의 天津市와 하북성 靜海縣, 滄縣 및 산동성 無棣縣, 沽化縣의 사이에 있었던 강의 이름으로 보았다.

136) 옛날의 황하는 지금의 하북성 갈석산에서 발해로 흘러들어갔다.

137) 瀁水：'瀁'은 '漾'이라고도 쓴다. 지금의 섬서성 寧強縣 파총산에서 발원하며 한수의 수원이다. 동북쪽으로 흘러서 沔縣을 지나 沔水와 합류하며, 다시 동쪽으로 襃城과 南鄭을 지나서는 한수로 불린다.

138) 원문의 "蒼浪之水"는 경내에 있는 한수의 일부분이다. 『漢水記』에서는 "무당현 서쪽 사십 리의 한수 가운데에 사주가 있는데 이름이 창랑주이다(武當縣西四十里漢水中有洲, 名滄浪洲也)"라고 하였다.

139) 三澨水：지금의 호북성 漢川縣에서 한수로 흘러들어간다.

140) 한수는 남으로 흘러 漢陽과 武昌 사이에서 장강으로 들어간다.

동으로 흘러서 북강(北江)[142]이 되어 대해로 들어갔다. 민산(岷山)으로 부터[143] 시작되는 장강은 동으로 나누어진 지류가 타수(沱水)가 되고, 다시 동으로 예수(醴水)[144]에 이르러서 구강(九江)을 지나 동릉(東陵)[145]에 이르고, 동쪽으로 향하여 북으로 비스듬히 흘러 팽려택에 모이고, 동으로 흘러서 중강(中江)이 되어 대해로 흘러들어갔다. 연수(沇水)[146]는 물길을 따라서 동으로 흘러 제수(濟水)가 되어 황하로 들어가는데, 하수가 흘러넘쳐 형택(榮澤)을 이룬다. 후에 동으로 도구(陶丘)[147]의 북쪽을 지나고, 다시 동으로 흘러 하택(荷澤)에 이르고, 다시 동북으로 흘러서 문수(汶水)에 합류하여, 다시 동북으로 흘러서 대해로 들어갔다.[148] 회하(淮河)는 동백산(桐柏山)으로부터 소통되어 동으로 흘러서 사수(泗水), 기수(沂水)와 합류하여 동으로 대해로 흘러들어갔다. 위수(渭水)는 조서동혈산(鳥鼠同穴山)[149]에서부터 소통되어 동으로 흘러서 풍수(灃水)와 합류하여 다시 동북의 경수(涇水)에 이르고, 동으로 칠수(漆水)와 저수(沮水)를 지나서 황하로 흘러들어갔다. 낙수는 웅이산으로부터 소통되어[150] 동북으로 흘러서 간수(澗水), 전수(瀍水)와 합류하고, 다시 동으로 흘러서 이수(伊水)와 합류하여 동북으로 흘러서 황하로 들어갔다.

---

141) 彭蠡澤 : 지금의 강서성 경내에 있는 鄱陽湖. 한수가 장강으로 들어가서 합류된 것을 옛사람들은 독립된 물줄기로 보았으며, 파양호는 장강과 한수가 모여서 이루어진 것이라고 여겼다.

142) 北江 : 장강이 동으로 흘러 바다로 들어간 곳은 두 줄기로 나누어졌는데, 주류를 中江이라고 하고, 북쪽의 지류는 북강이라고 하였다. 옛사람들은 북강은 주로 한수로부터 왔고 중강은 장강으로부터 왔으며, 이 두 강이 모두 바다로 들어갔다고 여겼다. 그러므로 "장강과 한수는 바다로 흘러들어가서 모였다(江漢朝宗于海)"라는 설이 있게 되었다.

143) 원문 "汶山"의 '汶'은 '岷'과 통한다. 옛사람들은 岷江이 장강의 상류라고 여겼다. 지금의 감숙성과 사천성의 접경지에 있는 岷山(汶山)은 장강의 발원지이다.

144) 醴水 : 지금의 호북성 경내에 있는 澧水를 가리킨다.

145) 東陵 : 巴陵(岳陽의 옛 명칭)을 말한다. 지금의 호북성 廣濟縣과 黃梅縣의 사이에 있다고도 한다.

146) 沇水 : 濟水라고도 한다. 〈주 26〉 참조.

147) 陶丘 : 지금의 산동성 定陶縣 서남쪽에 있다.

148) 옛날에 제수는 황하와 함께 바다로 흘러 들어갔다. 제수와 황하 사이의 평원지대가 바로 兗州이다.

149) 鳥鼠同穴山 : 鳥鼠山을 가리키는 것으로 위수의 발원지이다. 전하는 말에 의하면 이 산에 새와 쥐가 같은 동굴에서 살았기 때문에 붙여진 이름이라고 한다.

150) 옛날에는 낙수가 지금의 섬서성 洛南縣의 서쪽에서 발원하는 줄 모르고 그것이 웅이산에서 발원한다고 생각했다.

이때 구주(九州)는 이미 하나가 되었으며, 사방의 변방지역도 모두 편안히 살 수 있게 되었다. 구산(九山)이 개발되어 잘 다스려졌고, 구천(九川)도 수원이 잘 소통되었으며, 구택(九澤)에는 모두 제방을 잘 쌓았다. 이에 전국이 하나로 통일되었으며 각종 생활물자는 매우 풍부하였다. 모든 토지는 조건에 맞게 등급을 정하여 조세를 신중하게 징수하였는데, 토양은 모두 세 등급을 표준으로 삼고[151] 거두어들인 세금은 모두 국도(國都)[152]로 운송하였다.

순임금은 제후와 백관들에게 토지와 성씨를 주고 "공경하고 기뻐하며 덕행을 숭상하여 나의 정령(政令)을 거역하지 마시오"라고 하였다.

천자의 국도 밖의 주위 500리를 '전복(甸服)'[153]이라고 하였다. 국도에서 100리 이내는 부세로 볏단을 바치고, 200리 이내는 곡식의 이삭을 바치며, 300리 이내는 곡식의 낟알을 바치고, 400리 이내는 정미하지 않은 쌀을 바치며, 500리 이내는 정미한 쌀을 바치게 하였다.

'전복' 밖의 주위 500리는 '후복(侯服)'이라고 하였다. 전복에서 100리 이내는 경대부(卿大夫)의 채읍(采邑)이고, 200리 이내는 천자에게 복역하는 소국(小國)이며, 그로부터 300리 이내[154]는 제후국이다.

'후복' 밖의 주위 500리는 '수복(綏服)'이라고 하였다. 후복에서 300리 이내는 정황을 살펴 문치(文治)로써 백성을 교화하고, 그로부터 200리 이내[155]는 무력을 떨쳐서 국토를 수호하게 하였다. [156]

'수복' 밖의 주위 500리는 '요복(要服)'이라고 하였다. 수복에서 300리 이내는 이족(夷族)[157]이 거주하게 하고, 그로부터 200리 이내는 왕법을

---

151) 토지의 상, 중, 하 세 등급을 가리킨다. (세분하면 아홉 등급이다.)
152) 원문의 "中國"은 국도의 가운데라는 뜻이다. 요임금의 국도는 平陽에 있었다. 평양은 지금의 산서성 臨汾縣, 平水의 북쪽에 있기 때문에 평양이라고 하였다.
153) 甸服 : 국도의 교외를 가리킨다.『左傳』의 襄公 21년조의 주에는 "郭의 밖을 郊라고 하고, 郊의 밖을 甸이라고 한다(郭外曰郊, 郊外曰甸)"라고 하였다. '服'에는 천자를 섬긴다는 뜻이 있다. 「우공」편에서는 국도를 중심으로 하여 각 500리를 하나의 큰 구역으로 구분하고 있는데, 가까운 데서부터 甸服, 侯服, 綏服, 要服, 荒服이라고 하여 천자에게 직분을 다하도록 하였다. 권1 「오제본기」의 〈주 130〉 참조.
154) 전복에서 200리부터 500리까지의 지역을 가리킨다.
155) 후복에서 300리부터 500리까지를 가리킨다.
156) 수복의 밖은 당시에 이미 중화족의 영토가 아니었으니, 수복 주위가 바로 변경이었다.
157) 夷族 : 고대에는 동방의 소수민족을 '夷'라고 칭하였다. 여기서는 중화족과 관계가 밀접한 소수민족을 광범위하게 가리킨다.

준수하게 하였다.

'요복' 밖의 주위 500리는 '황복(荒服)'이라고 하였다. 요복에서 300리 이내는 만족(蠻族)[158]이 거주하게 하고, 그로부터 200리 이내는 죄인을 추방하는 유배지로 삼았다.[159]

동방은 바다에 인접하였고, 서방은 유사택(流沙澤)까지 뻗었으며, 북방과 남방은 모두 황제의 덕화를 입었으니, 우의 공적은 전국에 두루 미쳤다. 이에 순임금은 우에게 현규(玄圭)[160]를 하사하여 치수사업의 성공을 천하에 알렸다. 천하는 이때에 매우 태평스럽게 잘 다스려졌다.

고요는 옥관이 되어 백성을 다스렸다. 순임금이 조회할 때, 우, 백이(伯夷), 고요는 모두 순임금 앞에서 서로 이야기를 하였다. 고요는 그의 의견을 말하여 "진실로 도덕에 따라서 일을 처리하시면 계획하는 일이 분명해지고 보필하는 사람들이 화합할 것입니다"라고 하였다. 우는 "그렇군요, 어떻게 하면 되겠습니까?"라고 하자, 고요는 이렇게 말했다.

아! 자신을 신중히 하고 오랫동안 수양하여 구족(九族)을 돈후하고 질서가 있게 하시면 많은 현명한 사람들이 힘써 보좌할 것입니다. 그러므로 가까운 데서부터 먼 곳까지 잘 다스릴 수 있는 것은 모두 자신에게 달려 있습니다.

우는 고요의 훌륭한 말에 감사드리고 "그렇습니다"라고 하였다. 고요는 "아! (천하를 다스리는 것은) 사람을 아는 데 있고, 백성을 편안하게 하는 데 있습니다"라고 하였다. 우는 이렇게 말했다.

아! 모든 것이 이와 같다면 요임금도 어려워하셨을 것입니다. 사람을 아는 일은 지혜로운 것이라, 적당한 사람을 관리로 임명할 수 있으며, 백성을 편안하게 해주는 일은 은혜로운 것이라, 백성들이 우러러보며 따르도록 할 수 있습니다. 지혜롭고 은혜로울 수 있는데 어찌 환두(驩兜)[161]를 근심

---

158) 蠻族: 고대에는 남방의 소수민족을 '蠻'이라고 하였다. 여기서는 중화족과 관계가 비교적 소원한 낙후된 민족을 광범위하게 가리킨다.

159) 원문의 "流"는 유목생활에 정착지가 없음을 가리킨다. 일설에는 죄인을 이곳으로 추방함을 가리킨다고도 한다.

160) 원문의 "玄圭"는 검은 색의 규를 뜻한다. 규는 위가 뾰족하고 아래는 각이 진 일종의 옥기로서 상아나 대나무 등으로도 만들었다. 천자가 제후를 책봉할 때 하사하며, 공경대부는 朝服의 띠에 착용하고 천자의 명령을 여기에 기록하였다.

할 필요가 있겠으며, 어찌 유묘(有苗)[162]를 내쫓을 필요가 있겠으며, 어찌 교묘한 말과 꾸미는 얼굴빛으로 아첨하는 무리들을 두려워할 필요가 있겠습니까?

고요는 "그렇습니다! 아! 일을 행함에는 아홉 가지 덕행이 있는데 또한 그 덕행을 말해보겠습니다"라며 이어서 이렇게 말하였다.

일을 처리하는 것에서부터 시작됩니다. 관대하면서도 준엄하고, 부드러우면서도 주관이 있고, 성실하면서도 공손하고, 조리가 있으면서도 삼가고, 유순하면서도 의지가 강하고, 정직하면서도 온화하고, 대범하면서도 청렴하고, 결단성이 있으면서도 착실하고, 용감하면서도 정의로운 것입니다. 이 아홉 가지 덕행을 꾸준히 펴서 밝히면 모든 일이 잘 처리될 것입니다. 경대부가 매일 이중 세 가지 덕행을 베풀어 아침부터 저녁까지 신중하게 노력하면 그의 영지를 보유할 수 있습니다. 제후가 이중 여섯 가지 덕행을 엄숙하고 공손히 실행하여 성실하게 일을 처리하면 그의 나라를 보유할 수 있습니다. 천자가 이를 종합하고 보편적으로 시행하여 이 아홉 가지 덕행에 종사하시면 뛰어난 사람이 관직에 있게 되고, 모든 관리가 엄숙하고 신중해집니다. 그러므로 사람들을 간사하고 음란하며 기묘한 꾀를 부리도록 가르치지 않습니다. 적절하지 않은 사람이 관직을 차지하고 있으면 바로 천하의 대사(大事)를 어지럽히는 것입니다. 하늘이 죄 있는 자를 징벌할 때는 오형(五刑)[163]을 다섯 종류의 죄에 사용합니다. 저의 말이 실행될 수 있겠습니까?

우는 "그대의 말은 실행되어 공적을 이룰 수 있을 것입니다"라고 하였다. 고요는 "저는 지혜롭지 못하나, 오직 도덕정치를 도우려는 생각뿐입니다"라고 하였다. 순임금이 우를 일러 "그대도 고견을 말해보시오"라고 하였다. 우는 배례하고 "아! 제가 무슨 말을 하겠습니까? 저는 매일 부지런히 일할 것만 생각하고 있습니다"라고 답하였다. 고요가 우에게 "부지런히 일할 것이란 무엇입니까?"라고 힐문하였다. 우는 다음과 같이 대답하였다.

---

161) 驩兜 : 요순시대의 사람. 共工과 결탁하여 나쁜 짓을 하였으므로 순임금이 그를 崇山에 내쫓았다고 한다. 권1「오제본기」의 〈주 60〉 참조.
162) 有苗 : 요순시대에 중국의 남방에 있던 오랑캐의 이름.
163) 五刑 : 권1「오제본기」의 〈주 79〉 참조.

홍수가 하늘까지 흘러넘쳐 광대하게 산을 둘러싸고 언덕을 침수시켜서 백성들은 홍수 속에서 살아가고 있었습니다. 저는 육로는 수레를 타고 다녔고, 수로는 배를 타고 다녔으며, 진창 길은 썰매를 타고 다녔고, 산은 바닥에 쇠를 박은 신발을 신고 다녔으며, 산에 올라가서 말뚝을 세워 표시를 하였습니다. 익(益)과 함께 백성들에게 벼나 새나 짐승의 날고기를 주었으며, 구천(九川)을 뚫어 바다로 흐르게 하고, 크고 작은 도랑을 준설(浚渫)하여 강으로 흐르게 하였습니다. 직(稷)과 함께 백성들에게 부족한 식량을 주었으며, 식량이 모자라는 곳은 식량이 풍족한 곳에서 잘 조절하여 이를 보충해주거나 백성들을 그곳으로 옮겨살게 하였습니다. 이에 백성들은 비로소 안정되었고 천하는 잘 다스려졌습니다.

고요는 "그렇습니다! 이것이 바로 임금의 미덕(美德)입니다"라고 하였다. 우는

아, 임금이시여! 왕위를 신중히 하시고 거동을 편안하게 하시며 보좌하는 신하에게 덕행이 있으니 천하가 임금의 뜻에 크게 순응할 것입니다. 밝은 덕행으로 상제(上帝)의 명을 기다리시니 하늘이 거듭 복을 내리실 것입니다

라고 하였다. 순임금이 이렇게 대답하였다.

아! 훌륭한 신하로다! 훌륭한 신하로다! 훌륭한 신하는 나의 다리, 팔, 귀, 눈이로다. 나는 백성을 돕고자 하니 그대들은 나를 도와야 하오. 나는 고인의 법도를 본받아 일월성신(日月星辰)에 따라서 무늬 있는 복장을 만들려고 하니 그대들은 그 제도를 밝히시오. 또한 육률(六律)[164]과 오성(五聲),[165] 팔음(八音)[166]을 듣고 정치의 잘잘못을 고찰하고,[167] 오덕(五德)에 맞는 말[168]을 하려고 하니 그대들은 잘 듣고 도와주시오. 나에게 편벽됨이 있으면 그대들이 나를 바로잡아주어야 합니다. 그대들은 면전에서는 아첨하다가 물러나서는 비방해서는 안 됩니다. 사방의 신하들[169]을 공경해

---

164) 六律: 十二律 중의 陽聲에 속하는 여섯 가지 음. 곧 黃鍾, 太簇, 姑洗, 蕤賓, 夷則, 無射를 말한다. 육률은 또한 林鍾, 南呂, 應鍾, 大呂, 夾鍾, 中呂 등의 六呂를 포괄해서 말하기도 한다.

165) 五聲: 五音. 옛날 음악은 宮, 商, 角, 徵, 羽의 다섯 음계로 되어 있었다.

166) 八音: 권1 「오제본기」의 〈주 121〉 참조.

167) 원문의 "來始滑"은 뜻이 상세하지 않다. 『상서』의 「益稷」 편에는 "在治忽"이라고 되어 있는데, 이것은 음악을 통하여 정치상의 잘잘못을 고찰한다는 뜻이다.

168) 원문의 "五言"은 오덕에 부합하는 말이며, 仁, 義, 禮, 智, 信을 가리킨다.

야 하며, 참소와 아첨으로 총애받는 신하들은 왕의 덕행이 진정으로 시행
되면 모두 일소될 것입니다.

우는 "그렇습니다. 임금께서 이렇게 하시지 않고 선한 자와 악한 자를
동시에 임용하신다면 아무런 공적도 없게 될 것입니다"라고 하였다. 순임
금은 이렇게 말했다.

단주(丹朱)[170]와 같이 교만해서는 안 되오. 그는 방종하게 놀기를 좋아하
여 물이 없는 곳에 배를 띄우고, 집에서 떼를 지어 주색에 탐닉하였기에
그 대가 끊어지게 되었습니다. 나는 이러한 행위를 용납할 수 없습니다.

우는 이렇게 말했다.

저는 도산씨(塗山氏)[171]의 딸을 아내로 맞이하여 나흘 만에 집을 떠나게
되었으며,[172] 아들 계(啓)가 태어나도 돌보지 못했습니다. 이로써 치수사
업에 성공을 거둘 수 있었습니다. 경성 근교에 오복(五服)[173]을 설치하여
사방 5,000리에 이르기까지 관할하고, 전국 십이 주(十二州)[174]에 모두 장
관을 임명하였습니다. 밖으로는 사해(四海)에 이르기까지 관할하였으며,
다섯 제후국마다 오장(五長)[175]을 두니 각 제후들은 직분을 준수하여 공적

---

169) 원문은 "四輔臣"이다. 『尙書大傳』에는 "옛날 천자에게는 반드시 사방의 이웃이
    있었으니, 앞에 있는 것을 疑, 뒤에 있는 것을 丞, 왼쪽에 있는 것을 輔, 오른쪽에
    있는 것을 弼이라고 하였다(古者天子必有四隣, 前曰疑, 後曰丞, 左曰輔, 右曰弼)"
    라고 하였다.

170) 丹朱 : 권1 「오제본기」의 〈주 59〉 참조.

171) 塗山은 나라(씨족) 이름이다. 일설에 의하면 지금의 안휘성 懷遠縣의 當塗山에
    있었다고도 하고, 지금의 사천성 巴縣에 있었다고도 하며, 지금의 절강성 紹興縣에
    있다고도 한다.

172) '나흘 만에 집을 떠나게 되었으며'의 원문은 "辛壬癸甲"이다. 우가 辛日에 장가
    들어 壬癸 양일에 집에 있다가 甲日에 치수사업 때문에 집을 떠났다는 것을 가리킨
    다. (즉 이 기간이 모두 4일이었던 것이다.)

173) 五服 : 앞의 〈주 153〉에서 언급한 甸服, 侯服, 綏服, 要服, 荒服을 말한다.

174) 十二州 : 「五帝本紀」에는 "12주가 있게 되었다(肇十有二州)"라고 하였고, 馬融은
    "우는 물과 땅을 평정하고 9주를 설치하였다. 순은 기주의 북쪽이 광대하여 이를 나
    누어 병주를 설치하였고, 연과 제가 아득히 넓어 연을 나누어 유주를 설치하였고,
    제를 나누어 영주를 설치하였다. 이에 12주가 되었다(禹平水土, 置九州. 舜以冀州
    之北廣大, 分置幷州, 燕齊遼遠, 分燕置幽州, 分齊爲營州. 于是爲十二州也)"라고 하
    였다. 권1 「오제본기」의 〈주 78〉 참조.

175) 五長 : 다섯 제후국을 통솔하는 왕. 孔安國은 "제후 다섯 나라에 어진 자 한 사
    람을 세워서 우두머리로 삼아 오장이라고 부르고 통치하도록 하였다(諸侯五國, 立賢
    者一人爲方伯, 謂之五長, 以相統治)"라고 하였다.

이 있게 되었습니다. 단지 삼묘만 완고하여 직분을 준수하지 않았습니다. 임금께서 유념하소서!

순임금이 이르기를 "나의 덕행은 바로 그대의 공로에 의해서 점차 추진되었도다"라고 하였다.

고요는 이때 우의 덕행을 공경하여 백성들에게 모두 우를 본받도록 명령했다. 명령을 따르지 않는 사람은 형벌을 가했다. 이에 순임금의 덕행은 크게 빛났다.

이때 기(夔)[176]가 음악을 연주하자 조상들의 혼령이 강림하고 제후들은 서로 사양하였으며, 새와 짐승들도 날며 춤추었다. "소운(簫韻)"[177] 악곡의 구장(九章) 연주가 끝나자 봉황이 날아오고 온갖 짐승이 춤을 추었으며, 백관은 모두 화합하였다. 이에 순임금은 노래를 지어 "하늘의 명령을 받들어서 때에 맞추어 하고, 무슨 일에나 기미(機微)를 잘 살펴야 한다"라고 하였고, 이어 "대신들이 즐겁게 일하면 천자도 분발하게 되고, 모든 관리들은 화락해지리!"라고 하였다.

고요는 읍하고 머리를 조아리며 큰 소리로 "유념하소서! 신하와 백성을 거느리시고 나라의 일을 크게 일으키시되 신중히 법도를 준수하여 삼가 공경하십시오"라고 하고, 가사의 뜻을 바꾸어 "천자가 영명하시면 대신들도 현명하게 되어, 모든 일이 평안해지리이다!"라고 노래하였다. 계속하여 "천자가 자잘하여 큰 뜻이 없으면 대신들도 나태해져서 만사가 버려지게 되리다!"라고 하였다. 순임금은 배례하며 "그렇도다! 지금부터 성실하도록 노력해야 하오!"라고 하였다. 이로부터 천하는 모두 우가 명백히 밝힌 법도와 악곡을 받드니 그는 산천의 신주가 되었다.[178]

순임금은 하늘에 우를 천거하여 계승자로 삼았다. 70년이 지나 순임금이 붕어하였다. 삼년상이 끝나자 우는 제위를 사양하고 순의 아들 상균을 피하여 양성(陽城)[179]으로 갔다. 천하의 제후들은 모두 상균을 떠나서 우를 알현하러 왔다. 우는 그제서야 천자에 즉위하고 남면(南面)[180]하여 천

---

176) 夔 : 사람 이름. 순임금 때의 樂官.
177) "簫韻" : 순임금 때의 악곡의 이름.
178) 42쪽 〈주 160〉 아래의 "고요는 그의 의견을 말하여 (皐陶述其謀曰)"에서 여기까지는 대부분 『尚書』의 「皐陶謨」와 「益稷」 편에서 옮겨왔다.
179) 陽城 : 옛터는 지금의 하남성 登封縣 동남쪽 告城鎮에 있다.
180) 南面 : 천자가 즉위하여 남쪽으로 향하여 앉아서 신하들의 알현을 받는 것. 고대 천

하 신민(臣民)의 알현을 받았으며, 국호를 하후(夏后)라고 하고, 성을 사씨(姒氏)[181]라고 하였다.

우임금은 즉위하자 고요를 하늘에 천거하여 정권을 그에게 넘겨주려고 하였으나 고요가 죽었다.[182] 그는 고요의 후손을 영(英)[183]과 육(六)[184]에 분봉(分封)하고 혹은 허(許)[185]에 봉하였다. 그후에 익을 천거하여 정사를 맡겼다.

10년이 지난 후 우임금은 동쪽을 순시하다가 회계(會稽)[186]에 이르러서 붕어하였다. 우는 천하를 익에게 넘겨주었다. 삼년상이 끝나자 익은 우임금의 아들 계(啓)에게 제위를 양보하고 자신은 물러나서 기산(箕山)[187]의 남쪽에서 살았다. 우의 아들 계는 현명하여 천하가 모두 그에게 마음을 돌렸다. 우임금이 붕어하며 익에게 천하를 넘겨주었지만, 익은 우임금을 보좌한 기간이 얼마 되지 않아 천하의 신임을 얻지 못하였던 것이다. 따라서 제후들은 모두 익을 떠나서 계를 알현하고 "우리의 왕 우임금의 아들이십니다"라고 하였다. 마침내 계가 천자에 즉위하였으니, 이 이가 바로 하나라의 계임금이다. 하의 계임금은 우의 아들이며, 그의 어머니는 도산씨의 딸이다. 유호씨(有扈氏)[188]가 불복하자 계는 그를 토벌하려고 출전하여 감(甘)[189]에서 크게 싸우게 되었다. 전쟁에 임박하여 계는 「감서(甘誓)」[190]를 짓고, 육군(六軍)의 장수들을 소집하여 훈계하였다. 계

에는 남쪽으로 향하는 것을 존귀하게 여겨서 제왕의 자리를 남쪽으로 향하게 하였기 때문에 황제의 자리를 '南面'이라고 하였다.

181) 姒 : '苡'와 고음이 같다. 전하는 말에 의하면 우의 선조가 '율무〔薏苡〕'를 먹고 태어났기 때문에 성을 "姒"라고 하였다고 한다.

182) 전하는 말에 의하면 고요는 산동성 曲阜縣에서 태어나서 죽은 후에는 지금의 안휘성 壽縣에 묻혔다고 한다.

183) 英 : 상세하지 않다. 일설에 의하면 春秋 때의 蓼나라(지금의 하남성 固始縣)라고 하기도 하고, 일설에는 지금의 안휘성 金寨縣에 있었다고도 한다.

184) 六 : 지금의 안휘성 六安縣을 말한다.

185) 許 : 지금의 하남성 許昌縣을 말한다. 『史記志疑』에서는 "허는 태악의 후손으로 강씨 성이다. 어찌 고요의 후손일 수 있겠는가? 사기의 오류이다(許, 太嶽之後也, 姜姓. 安得以爲皐陶後哉? 史誤)"라고 하였다.

186) 會稽 : 지금의 절강성 紹興縣 동남쪽에 있다.

187) 箕山 : 지금의 하남성 登封縣 동남쪽에 있다.

188) 有扈氏 : 부족 이름. (하후씨와 같은 성이다.) 그들이 살았던 곳은 지금의 섬서성 戶縣 일대였다.

189) 甘 : 지금의 섬서성 호현 남쪽 교외에 있다.

190) 「甘誓」 : 현재는 『상서』 안에 있다. 감서란 甘 지역에서 전쟁하기 전에 맹세한

는 이렇게 말하였다.

아! 육군의 일을 관장하는 사람들이여, 나는 그대들에게 선서하노라. 유
호씨가 무력을 믿고 오행(五行)[191]의 규율을 업신여기며, 하늘과 땅, 사람
의 바른 도[192]를 포기하였으므로 하늘이 그를 멸하려고 한다. 지금 나는
공손히 하늘의 징벌을 집행할 뿐이다. 왼쪽에 있는 병사들[193]이 왼쪽에서
공격하지 않고, 오른쪽에 있는 병사들[194]이 오른쪽에서 공격하지 않으면
명령에 복종하지 않는 것이다. 말을 부리는 병사들이 말을 잘 몰지 못하면
명령에 복종하지 않는 것이다. 명령에 복종한 자는 조상의 사당[195]에서 상
을 주고, 명령에 복종하지 않는 자는 지신(地神)의 사당[196]에서 형벌을 내
리며 자녀들은 노예로 삼거나 죽일 것이다.

마침내 계가 유호씨를 멸망시키자 천하의 제후들이 모두 와서 알현하였
다.[197]

하나라의 계임금이 붕어하자 아들 태강(太康)이 즉위하였다. 태강임금
은 나라를 잃어버렸으며,[198] 그의 다섯 형제들은 낙수(洛水)의 북쪽에서
그를 기다리다가 「오자지가(五子之歌)」[199]를 지었다.

태강임금이 붕어하자 동생 중강(仲康)이 즉위하였으니 이 이가 바로 중
강임금이다. 중강임금이 제위에 있을 때 사시(四時)를 주관하는 희씨(羲
氏)와 화씨(和氏)[200]가 지나치게 음주에 빠져서 계절과 일력(日曆)을 어

말을 이른다.

191) 五行 : 金, 木, 水, 火, 土. 고대에는 오행의 相生相剋 이론으로써 제위의 교체
    의 근거로 삼았다. 권1 「오제본기」의 〈주 28〉 참조.

192) 三正은 天, 地, 人 三才의 正道를 가리킨다. 일설에 의하면 正德, 利用, 厚生의
    삼대 政事라고도 한다.

193) 원문의 "左"는 수레의 왼쪽에 있는 사람을 가리킨다. 일설에 의하면 왼쪽에 있
    는 부대라고 한다.

194) 원문의 "右"는 수레의 오른쪽에 있는 사람을 가리킨다. 일설에 의하면 오른쪽에
    있는 부대라고 한다.

195) 원문의 "祖"는 조상의 사당. 일설에 의하면 조상의 사당에 모신 신주로서 왕이
    친히 출정할 때 그것을 함께 가지고 갔다고 한다.

196) 원문의 "社"는 지신의 사당. 일설에 의하면 사당 안의 신주로서 천자가 친히 출
    정할 때 함께 가져갔다고 하다.

197) 앞 부분 〈주 189〉의 "감에서 크게 싸우게 되었다(大戰于甘)"에서 여기까지는
    『상서』의 「감서」 편에서 옮겨왔다.

198) 전하는 말에 의하면 태강은 사냥과 음악에 탐닉하여 국정을 돌보지 않았으므로
    有窮氏의 왕인 羿에게 쫓겨나 돌아오지 못했다고 한다.

199) 「五子之歌」 : 현재 『상서』에 전하고 있다.

지럽혔다. 이에 윤(胤)[201]이 그들을 정벌하고 「윤정(胤征)」[202]을 지었다.

중강임금이 붕어하자 아들 상(相)이 즉위하였다. 상임금이 붕어하자 아들 소강(少康)[203]이 즉위하였다. 소강임금이 붕어하자 아들 여(予)[204]가 즉위하였다. 여임금이 붕어하자 아들 괴(槐)[205]가 즉위하였다. 괴임금이 붕어하자 아들 망(芒)[206]이 즉위하였다. 망임금이 붕어하자 아들 설(泄)이 즉위하였다. 설임금이 붕어하자 아들 불항(不降)[207]이 즉위하였다. 불항임금이 붕어하자 아우 경(扃)이 즉위하였다. 경임금이 붕어하자 아들 근(厪)이 즉위하였다. 근임금이 붕어하자 불항임금의 아들 공갑(孔甲)이 즉위하였으니 이 이가 바로 공갑임금이다. 공갑임금은 즉위한 후 귀신을 좋아하였으며[208] 음란하였다. 하후씨의 덕망은 이때부터 쇠퇴해져서 제후들이 배반하기 시작하였다. 하늘이 두 마리의 용을 내려보냈는데 각각 암수 한 마리였다. 공갑임금은 용을 기를 줄 몰랐으며, 용을 기를 줄 아는 환룡씨(豢龍氏)[209]도 구하지 못했다. 도당씨(陶唐氏)가 쇠망한 후에 유루(劉累)[210]라는 자가 있었는데, 그는 환룡씨에게서 용을 길들이는 법을 배웠으며 이로써 공갑임금을 섬겼다. 공갑임금은 그에게 어룡씨(御龍氏)라는 성씨를 주고 시위(豕韋)[211]의 후손의 봉지(封地)를 받게 하였다. 암컷 용 한 마리가 죽자 유루는 공갑임금이 먹도록 하였다. 공갑임

---

200) 羲氏와 和氏 : 권1 「오제본기」의 〈주 45〉 참조.

201) 胤 : 仲康의 대신.

202) 「胤征」 : 현재 『상서』에 있다.

203) 少康 : 『左傳』 등의 기록에 의하면, 소강은 하나라 중흥기의 임금이다. 后羿가 집권할 때, 상임금은 商丘로 도망가서 同姓인 제후 斟灌氏와 斟尋氏에게 의탁하였다. 寒浞이 후예를 죽여서 제위를 탈취하고 澆와 豷을 낳았는데, 요는 짐관씨와 짐심씨를 멸하고 상임금을 시해했다. 이에 상임금의 부인 緡이 친정으로 도망가서 소강을 낳았으며, 소강은 각고분투하여 요와 희를 멸하고 다시 하나라를 부흥시켰다고 한다.

204) 予 : 『좌전』에는 "杼"라고 되어 있고, 『世本』에는 "季佇"라고 되어 있다.

205) 槐 : 『세본』에는 "芬"으로 되어 있다.

206) 芒 : 옛 음은 '망' 또는 '황'이었다.

207) 원문의 "帝不降"은 『세본』에는 "帝降"이라고 되어 있다.

208) 원문의 "好方鬼神"은 귀신을 믿기를 좋아한다는 것이다. 『史記考證』에서는 「三代世表」와 「封禪書」, 「郊祀志」에 의거하여 '方'자는 잘못 들어간 글자라고 하였다.

209) 豢龍氏 : 용을 기르는 기술을 가진 부족의 이름. 순임금 때 董父라는 사람이 용을 잘 키우므로 그 氏를 환룡이라고 하였다.

210) 劉累 : 唐堯의 후손.

211) 豕韋 : 祝融氏의 후손. 賈逵는 "유루의 후손이 상나라에 이르기까지 끊어지지 않

금이 사람을 보내어 다시 용을 구해오라고 하자 유루는 두려워서 다른 곳
으로 떠나버렸다.

공갑임금이 붕어하자 아들 고(皐)가 즉위하였다. 고임금이 붕어하자
아들 발(發)이 즉위하였다. 발임금이 붕어하자 아들 이계(履癸)가 즉위
하였으니 그가 바로 걸왕(桀王)[212]이다. 공갑임금 이래로 제후들이 대부
분 하나라를 배반하자 걸왕은 덕행에 힘쓰지 않고 무력으로 백성들을 해
쳤으므로, 이때부터 백성들은 더욱 견딜 수 없었다. 걸왕은 은족(殷族)
의 수령인 탕(湯)을 소환하여 하대(夏臺)[213]에 가두었다가 얼마 안 되어
석방하였다. 탕은 덕을 수양하였으므로 제후들이 모두 그에게 귀순하였
다. 탕은 마침내 군사를 거느리고 하나라의 걸왕을 공격하였다. 걸왕은
명조(鳴條)[214]로 도주하였으나 결국은 추방되어 죽었다.[215] 걸왕은 사람
들에게 "나는 하대에서 탕을 죽이지 않아 이 지경에 이른 것을 후회한다"
라고 하였다. 이에 탕은 천자가 되어 하나라의 천하를 차지하였다. 탕왕
은 하나라의 후손을 제후에 봉하였으며, 주나라에 이르러 하의 후손은 기
(杞)[216]에 봉해졌다.

태사공은 이렇게 말했다.
"우는 성이 사씨(姒氏)이다. 그의 후손들은 각처에 분봉되어 국호로써
성씨를 삼았기 때문에 하후씨(夏后氏), 유호씨(有扈氏), 유남씨(有男
氏),[217] 짐심씨(斟尋氏), 동성씨(彤城氏), 포씨(褒氏), 비씨(費氏),[218]
기씨(杞氏), 증씨(繒氏), 신씨(辛氏), 명씨(冥氏), 짐과씨(斟戈氏)[219]

고 시위의 후손을 이었다. 축융의 후손이 시위에 봉해졌으나 은나라의 무정이 멸하
여 유루의 후손이 그것을 계승하였다(劉累之後至商不絶, 以代豕韋之後. 祝融之後封
于豕韋, 殷武丁滅之, 以劉累之後代之)"라고 하였다.
212) 桀王:『세본』에는 걸임금이 발임금의 동생으로 되어 있다.
213) 夏臺: 감옥 이름. 지금의 하남성 禹縣 남쪽에 있다.
214) 鳴條: 지명. 高侯原이라고도 한다. 孔安國은 安邑縣의 서북쪽에 있다고 하였다.
     (옛날의 안읍은 지금의 산서성 夏縣에 속한다.) 일설에 의하면 안읍의 북쪽에 있다
     고 한다. 鄭玄은 南夷의 땅이라고 하였다.
215) 추방된 곳은 南巢이다. 남소는 지금의 안휘성 巢湖.
216) 杞: 지금의 하남성 杞縣. 周 武王은 우의 후손 東樓公을 杞에 봉했다.
217) '有男'이『세본』에는 "有南"이라고 되어 있다.
218) '費'가『세본』에는 "弗"이라고 되어 있다.
219) '斟戈'는『좌전』과『세본』에는 모두 "斟灌"이라고 되어 있다.

등이 있다. 공자는 하나라의 역서를 교정했는데, 많은 학자들이 『하소정 (夏小正)』[220]을 전수하였다. 우순(虞舜)과 하우(夏禹) 때부터 공물과 조 세 제도가 완비되었다. 어떤 사람은 우가 강남에서 제후와 회합하여 공적 을 심사하다가 붕어하여 그곳에 묻혔기 때문에 그곳을 '회계(會稽)'라고 이름하였다고 말한다. '회계'란 회합하여 심사한다[會計]라는 뜻이다."

---

220) 『夏小正』: 하나라 曆書의 하나. 『大戴禮記』에는 「小正」편이 있다. 전하는 말에 의하면 하나라의 曆書는 사계절의 절기를 기록하고 있다고 한다. 오늘날의 음력을 夏曆이라고도 하는 것으로 보아 당시 이미 상당한 수준의 천문역법 지식을 갖추고 있었음을 알 수 있다.

권3 「은본기(殷本紀)」 제3

은(殷)¹⁾나라의 시조인 설(契)²⁾의 어머니는 간적(簡狄)³⁾이다. 그녀는
유융씨(有娀氏)⁴⁾ 부족의 딸이며 제곡(帝嚳)의 둘째 부인이었다. 간적 등
세 사람이 함께 목욕을 갔다가 제비가 알을 떨어뜨리는 것을 보고, 간적
이 이를 받아 삼켜 잉태하여 낳은 아이가 바로 설이다.⁵⁾ 설은 장성하여
하나라 우(禹)의 치수사업을 도와서 공을 세웠다. 순(舜)이 설에게 "백
관(百官)이 화친하지 않고 오품(五品)⁶⁾이 화목하지 못하니, 그대가 사도
(司徒)⁷⁾를 맡아서 오교(五教)⁸⁾를 정중히 전파하고, 백성들을 너그럽게
감화시켜주시오"라고 명하였다. 순은 설에게 상(商)⁹⁾을 봉지로 내리고
자씨(子氏)라는 성을 하사하였다.¹⁰⁾ 설은 당요(唐堯), 우순(虞舜), 하우
(夏禹) 시기에 등용되어 백관을 위해서 일했으므로, 그의 공적은 백관들

---

1) 殷 : 지명. 지금의 하남성 安陽 小屯村. 商 왕조가 이곳으로 천도하였기 때문에 殷
商이라고 부르기도 한다.

2) 契 : '偰,' '卨'이라고 쓰기도 한다. 殷의 시조이기 때문에 殷契라고 부르기도 한
다.

3) 簡狄 : 舊本에는 "簡易"라고 쓰여 있다.

4) 有娀氏 : 부족 이름. 지금의 山西省 運城縣 일대에 거주하였다. 娀의 본음은 숭.

5) 譙周는 "契生堯代, 舜始擧之, 必非嚳子. 以其父微, 故不著名. 其母娀氏女, 宗婦三
人浴于川, 玄鳥遺卵, 簡狄呑之, 則簡狄非帝嚳次妃明也"라고 하여, 연대를 계산해보
면 簡狄이 帝嚳의 부인이거나 契이 그의 아들일 리가 없다고 주장하였다. 그러나 나
중에 출토된 甲骨卜辭는 商(殷) 왕조가 제곡을 高祖로 받들어 성대하게 제사 지냈음
을 증명하고 있다. 따라서 간적이 "帝嚳次妃"라는 『史記』의 기록은 근거가 있는 것
이다.

6) 五品 : 권1 「오제본기」의 〈주 111〉 참조.

7) 司徒 : 권1 「오제본기」의 〈주 112〉 참조.

8) 五教 : 父子有親, 夫婦有別, 長幼有序, 朋友有信, 君臣有義. 일설에는 父義, 母
慈, 兄友, 弟恭, 子孝라고도 한다. 권1 「오제본기」의 〈주 99〉 참조.

9) 商 : 地名. 지금의 하남성 商丘縣.

10) 契의 誕生神話를 통해서 상고시대는 母親만 알고 父親은 누구인지 모르는 母系社
會였음을 알 수 있다. 契은 제비가 낳은 아들로, 姓이 없었기 때문에 舜이 子氏姓을
내려준 것이다.

사이에 칭송되었고, 백관들은 안정을 얻게 되었다.

설이 세상을 떠나자 그의 아들 소명(昭明)이 즉위하였고, 소명임금이 죽자 아들 상토(相土)[11]가 즉위하였다. 상토임금이 죽자 아들 창약(昌若)이 즉위하였고, 창약임금이 세상을 떠나자 아들 조어(曹圉)[12]가 즉위하였으며, 조어임금이 죽자 아들 명(冥)[13]이 즉위하였다. 명임금이 세상을 떠나자 아들 진(振)[14]이, 진임금이 죽자 아들 미(微)[15]가, 미임금이 죽자 아들 보정(報丁)[16]이 각각 즉위하였다. 보정임금이 죽자 아들 보을(報乙)이, 보을임금이 죽자 아들 보병(報丙)이, 보병임금이 죽자 아들 주임(主壬)[17]이 즉위하였다. 주임임금이 죽자 아들 주계(主癸)[18]가 즉위하였고, 주계임금이 죽자 아들 천을(天乙)이 즉위했는데, 그가 바로 성탕(成湯)[19]이다.

성탕시대에는 설에서 성탕까지 여덟 번 천도하였다. 탕은 처음에 박(亳)[20]에 도읍을 정했는데, 이는 선왕(先王)을 따라서 그의 옛 땅에 도읍을 정한 것이다. 그는 「제고(帝誥)」[21]를 지었다.

탕은 제후들을 정벌했는데,[22] 갈(葛)[23]의 수령이 하늘에 제사를 올리지 않아 그를 가장 먼저 정벌하였다. 탕은 "내가 전에 말했듯이, 맑은 물을 바라보면 자신의 모습을 볼 수 있는 것처럼, 백성들을 살펴보면 그 나

---

11) 相土 : 商代의 先公.
12) 『世本』에는 "粮圉"라고 기재되어 있다.
13) 冥 : 司空을 지냈다.
14) 振 : 『世本』에는 "核"으로 기록되어 있고, 甲骨文에는 "王亥"라고 기록되어 있다.
15) 微 : 字가 上甲이기 때문에 '上甲微'라고 부르기도 한다.
16) 후대 사람의 고증에 의하면, 微의 아들은 '報乙'이고, '報丁'은 報丙의 아들이라고 한다.
17) 主壬 : 일설에서는 '示壬'이 옳은 것이라고 한다.
18) 主癸 : 일설에서는 '示癸'라고 한다.
19) 湯은 天乙의 諡號. 『諡法』에 "除虐去殘曰湯(가혹함과 잔인함을 없앤 것을 湯이라고 한다)"이라고 적혀 있다. 王國有의 『殷卜辭中所見先王先公考』에 기록된 契에서 湯까지의 商世系表는 다음과 같다. 契-昭明-相土-昌若-曹圉-冥-王亥(振)-王恒(王亥의 동생)-上甲微(王亥의 아들)-報乙-報丙-報丁-示壬(主壬)-示癸(主癸)-天乙(湯).
20) 亳 : 南亳을 가리킨다. 지금의 하남성 商丘縣 부근. 일설에서는 이곳이 지금의 하남성 偃師縣 서쪽 지방에 있는 西亳을 가리킨다고 한다.
21) 「帝誥」: 지금은 전하지 않는다. 帝嚳에게 遷都할 때의 情況을 고한 내용이라고 한다.
22) 당시 湯은 方伯이었으므로 이웃의 제후국을 정벌할 권한이 있었다.
23) 葛 : 나라 이름. 지금의 河南省 睢縣 북쪽.

라가 제대로 다스려지는지 아닌지를 알 수 있소"라고 말하였다. 그러자 이윤(伊尹)은 "현명하십니다! 남의 훌륭한 말을 귀담아 듣고 따른다면 도덕이 발전할 것입니다. 군주가 백성을 자식처럼 여긴다면 훌륭한 인물들이 모두 왕궁(王宮)으로 몰려들 것입니다. 더욱 노력하시옵소서!"라고 말하였다. 탕이 갈백(葛伯)에게 "그대가 천명(天命)을 공손히 받들어 제사 지내지 않는다면 큰 벌을 내릴 것이며, 결코 사면(赦免)은 없을 것이오!"라고 하였다. 이에 「탕정(湯政)」[24]을 지었다.

이윤의 이름은 아형(阿衡)[25]이다. 아형이 탕을 만나고자 하였으나 방법이 없자 유신씨(有莘氏)[26]의 잉신(媵臣)[27]이 되어 정(鼎)과 조(俎)[28]를 메고 탕에게 갔다. 그는 음식의 맛을 예로 들어 정치에 대한 이야기를 하여 탕이 왕도(王道)를 실행하게 하였다. 혹자는 "이윤은 처사(處士)[29]였는데, 탕이 사람을 시켜서 그를 맞아들이고자 하였으나, 다섯 번이나 거절한 뒤에야 비로소 탕에게 가서 그의 신하가 되어 소왕(素王)[30]과 구주(九主)[31]에 대하여 이야기했다"라고 말한다. 탕은 이윤을 등용하여 국정을 담당하게 하였다. 이윤은 예전에 탕을 떠나서 하나라로 갔다가 하나

---

24) 「湯政」: 지금은 전하지 않는다. 『尙書』 「胤征」의 뒷부분에 탕이 葛을 정벌한 내용이 기록되어 있다.
25) 阿衡: 『孫子兵法』에는 伊尹의 이름을 "摯"라고 하였고, 孔安國도 "摯"라고 하였다. 阿衡은 관직 이름으로 후대의 宰相에 해당한다.
26) 有莘氏: 部族 이름. 출전에 따라서 그 지방이 다르다. 河南省 開封縣 동남쪽 陳留鎭에 거주하였다고도 하고 山東省 曹縣 북쪽에서 살았다고도 한다.
27) 媵臣: 고대에 귀족 집안의 여자가 시집을 갈 때 데리고 가는 남자 奴僕. 有莘氏의 딸이 湯妃가 되어 입궐하게 되자, 伊尹은 湯을 만나기 위해서 媵臣이 되기를 自請한 것이다.
28) 鼎과 俎: 鼎은 고대의 음식을 삶는 도구로 대부분 원형이며, 두 개의 손잡이가 있다. 이는 祭器로도 사용되었으며, 나라의 중요한 寶器로 전해지기도 하였다. 俎는 제물을 담는 기구이다.
29) 處士: 재주와 덕을 가지고도 숨어 살면서 벼슬길에 나가지 않은 사람을 말한다.
30) 素王: 여기서는 고대에 덕이 높아서 존경받는데도 제왕의 자리에 오르지 않은 사람을 가리킨다.
31) 九主: 아홉 가지 유형의 군주. 즉 法君(법을 엄격하게 집행하는 군주), 專君(독단적인 군주), 授君(다른 사람에게 전권을 위임한 군주), 勞君(천하를 위해서 노력하는 군주), 等君(論功行賞이 균등한 군주), 寄君(백성은 고생하는데 그 위에 교만하게 군림하여 패망이 눈앞에 닥친 군주), 破君(나라를 망친 군주), 國君(固君의 誤字일 가능성이 있다. 固君은 城池를 굳건하게 쌓아놓고 덕은 쌓지 않는 군주), 三歲社君(어린 나이에 군주가 된 군주)를 말한다. 혹은 三皇五帝와 夏禹의 合稱이라고도 한다.

56

라가 이미 부패했음을 목격하고 다시 박(亳)으로 돌아왔다. 북문(北門)으로 입성하다가 여구(女鳩)와 여방(女房)[32]을 만나고는 「여구(女鳩)」와 「여방(女房)」[33]을 지었다.

탕이 교외로 나갔다가 사방에 그물을 치고 "천하의 모든 것이 모두 내 그물로 들어오게 하소서"라고 축원하는 사람을 만났다. 그러자 탕은 "어허! 한꺼번에 다 잡으려고 하다니!"라고 하며, 세 면의 그물을 거두게 하고서 다음과 같이 축원하게 하였다. "왼쪽으로 가고 싶은 것은 왼쪽으로 가게 하고, 오른쪽으로 가고 싶은 것은 오른쪽으로 가게 하소서. 내 명령을 따르지 않는 것만 내 그물로 들어오게 하소서." 제후들은 이 소식을 듣자, "탕의 덕이 지극하시구나! 그 덕이 금수(禽獸)에까지 이르렀도다!"라고 감탄하였다.

당시에 하나라의 걸왕(桀王)이 포악한 정치를 하며 주색에 빠져 지내자, 제후국인 곤오씨(昆吾氏)[34]가 반란을 일으켰다. 이에 탕이 군대를 일으키고 제후들을 인솔하니 이윤도 함께 따라나갔고, 탕은 직접 도끼를 들고 곤오를 정벌하고 나서 걸왕까지 정벌하고자 하였다. 탕은 백성들에게 이렇게 말하였다.

자 여러분! 모두 이리 와서 내 말을 들으시오. 나같이 보잘것없는 사람이 감히 난을 일으키려고 하는 것이 아니오. 하 왕조가 많은 죄를 지었기 때문이오. 그대들이 나를 원망하는 소리를 들었소. 그러나 하 왕조가 죄를 지었으니, 나는 상제의 뜻이 두려워서 정벌하지 않을 수 없는 것이오. 하나라가 죄를 많이 저질러 하늘이 그를 벌하라고 명하신 것이오! 지금 여러분 가운데는 "군주가 우리를 긍휼히 여기지 않아 농사를 그만두고 전쟁에 참여하게 하였다"라고 말하거나, 혹 "하왕(夏王)이 죄를 지었다는데 어떤 죄를 지었느냐"라고 묻는 사람도 있을 것이오. 하왕은 백성들의 힘을 소진(消盡)시키고, 나라의 재물을 약탈하여 백성들이 나태해지고 서로 화목하지 않게 만들었소. 결국 "저 태양은 언제나 지려는고? 나 차라리 너와 함께 사라지리라!"라고 말하는 지경에 이르렀소. 하 왕조의 덕이 이와 같으니, 지금 내가 정벌해야만 하오. 내가 하늘의 징벌을 대신하도록 도와준다면, 그대들에게 큰 상을 내릴 것이오. 내 말을 믿어도 되오. 나는 결

32) 두 사람 모두 湯의 賢臣이었다.
33) 두 편 모두 일실되어 전하지 않는다. 「女房」은 '汝房'이라고도 쓴다.
34) 昆吾氏 : 夏代의 諸侯國. 지금의 河南省 濮陽縣 일대에 거주하였다.

코 약속을 저버리는 사람이 아니오. 만일 그대들이 내 말을 따르지 않는다 면 그대들의 가솔(家率)을 데려다가 죽이거나 노비로 삼고, 결코 용서하지 않을 것이오.

탕이 이 말을 영사(令師)[35]에게 알려서 「탕서(湯誓)」를 짓게 했다. 이 때 탕이 "나는 무용(武勇)이 뛰어나다"라고 하였으므로, 그를 무왕(武 王)이라고 칭했다.

걸왕이 유융(有娀)의 허(虛)[36]에서 패하여 명조(鳴條)[37]로 달아나자 하군(夏軍)이 지리멸렬해졌다. 탕이 삼종(三嵕)[38]을 정벌하여 많은 보물 들을 획득하자 탕의 신하인 의백(義伯)과 중백(仲伯)이 「보전(寶典)」[39] 편을 지었다. 탕이 하를 정벌한 다음 하의 신사(神社)를 옮기려고 하였으 나[40] 여의치 않게 되자 「하사(夏社)」[41] 편을 지었다. 이윤이 바른 정치를 공포하자 제후들이 모두 복종하였고, 드디어 탕이 천자의 지위에 올라 전 국을 평정하였다.

탕왕이 박으로 돌아가는 길에 태권도(太卷陶)[42]에 이르자 중뢰(中䰝)[43] 가 고명(誥命)을 지었다. 탕은 하의 정령(政令)을 폐지하고 박으로 돌아 와서 「탕고(湯誥)」[44]를 지어 제후들에게 다음과 같이 계고(誡告)하였다.

3월에 왕이 동교(東郊)에 나가서 여러 제후 국군(國郡)들에게 "백성을 위 하여 공로를 세우지 못하거나 자신의 직무에 최선을 다하지 않는다면 내 그대들을 징벌할 것이니 원망하지 말라"라고 선포하였다. 왕이 또 이르기

---

35) 令師：傳令官이라고 여겨진다. 甲骨文에는 이러한 관직이 보이지 않는다.
36) 虛：'墟'라고도 쓴다.
37) 鳴條：지명. 지금의 山西省 夏縣의 서쪽. 권2 「하본기」의 〈주 214〉 참조.
38) 三嵕：당시 桀王에 충성하던 諸侯國의 하나. 지금의 山東省 定陶縣 북쪽에 위치 한다.
39) 「寶典」：佚失되어 전하지 않는다.
40) 고대에는 社稷이 國家를 대표하는 것이었으므로, 社稷을 옮긴다는 것은 그 나라 가 망했음을 의미하는 것이다.
41) 「夏社」：지금은 일실되어 전하지 않지만, 夏의 神社를 옮길 수 없는 이유를 적은 글이다.
42) 太卷陶：지금의 山東省 定陶縣. 일설에 陶는 덧붙여진 글자로서 본래 太卷이란 지금의 산동성 정도현에 있는 大坰을 가리킨다고 한다. 大坰은 定陶(三嵕)에서 毫으 로 가는 도중에 있다.
43) 『尙書』에는 "仲虺"로 기록되어 있다.
44) 「湯誥」：古文 『尙書』의 篇名. 今本의 내용은 『史記』의 이 부분과 일치하지 않는 다.

를, "옛날의 하우(夏禹)와 고요(皐陶)는 오랫동안 밖에서 일하며 백성에게 많은 공을 세워서 백성들이 편안하게 살 수 있었소. 이들은 동쪽 장강(長江), 북쪽 제수(濟水), 서쪽 황하, 남쪽 회수(淮水) 등 사독(四瀆)을 잘 흐르도록 다스리어 만민이 이곳에서 살 수 있게 되었소. 또한 후직(后稷)이 파종하는 방법을 전해주어 농민들이 백곡을 경작하게 되었소. 이들 삼공(三公)[45]은 모두 백성을 위한 일에 공로를 세웠기에 그들의 후대가 모두 나라를 얻을 수 있었던 것이오. 옛날 치우(蚩尤)와 그의 대부(大夫)가 난을 일으켰으나 하늘이 그들을 돕지 않았던 선례가 있소. 선왕들의 말씀을 따르는 데 힘써야만 하오"라고 하였다. 왕은 또한 이르기를 "정도(正道)를 행하지 않으면 그대들의 나라가 존재하지 못하도록 할 것이니, 그때 가서 나를 원망하지 말라"고 하였다.

이윤이 「함유일덕(咸有一德)」[46]을 지었고, 고단(咎單)[47]은 「명거(明居)」[48]를 지었다.

탕이 역법(曆法)을 개정하고,[49] 복색(服色)을 바꾸어 백색을 숭상하였으며[50] 조회(朝會)를 낮에 하기로 결정하였다.

탕이 붕어했을 때 태자(太子) 태정(太丁)이 즉위하지 못하고 세상을 떠나서, 태정의 동생인 외병(外丙)이 즉위하니, 이 이가 바로 외병제(外丙帝)이다. 외병제가 즉위한 지 3년 만에 세상을 떠나자 외병제의 동생 중임(中壬)이 즉위하여 중임제(中壬帝)가 되었으며, 중임제가 즉위한 지 4년 만에 붕어하자 이윤은 태정의 아들 태갑(太甲)을 즉위시켰다. 태갑은 성탕(成湯)의 직계 장손(長孫)[51]으로 태갑제(太甲帝)가 되었다.[52] 태갑

---

45) 三公: 禹, 皐陶, 后稷을 가리킨다.
46) 「咸有一德」: 古文『尙書』의 篇名. 이는 伊尹이 정무에 복귀한 太甲帝 이후에 지어졌으므로『史記』의 내용과 일치하지 않는다.
47) 咎單: 湯의 司空. 土木工事를 주관하였다.
48) 「明居」: 佚失되어 전하지 않는다.
49) 고대에는 새로운 왕조가 들어서면 曆法을 바꾸어 자신이 천운에 따랐음을 나타냈다. 夏曆은 正月이 寅月이고, 殷曆은 正月이 丑月이고, 周曆은 正月이 子月이고, 秦曆은 正月이 亥月이었는데, 漢代 이후로는 夏曆을 사용하였다.
50) 服色을 바꾼다는 것은 官에서 사용해야 하는 器物(馬車, 祭祀에 쓰이는 器物, 官員의 服裝을 모두 포함)의 색을 바꾼다는 뜻이다. 보통 五行에서 말하는 相剋의 원리에 따라서 숭상하는 색을 정하여 옛 王朝를 제압한다는 의미를 담는다. 夏代에는 黑色을 숭상하였고, 殷代는 白色을, 周代는 赤色을 숭상하였다.
51) 湯의 嫡子가 太丁이며, 태정의 적자가 太甲이다. 따라서 太甲은 湯의 嫡孫子인 것이다.

제 원년에 이윤은 「이훈(伊訓)」, [53] 「사명(肆命)」, 「조후(徂后)」[54]를 지었다.

　태갑제가 즉위한 지 3년이 되니 포악해져 탕의 법령을 지키지 않고 도덕을 문란하게 하자, 이윤이 그를 동궁(桐宮)[55]으로 내쫓고 3년 동안 섭정하면서 제후들의 조회를 받았다.

　태갑제가 3년 동안 동궁에 머물면서 자신의 과오를 회개하고 훌륭한 인물이 되자, 이윤은 태갑제를 영접하여 그에게 정권을 되돌려주었다. 태갑제가 덕을 수양하니 제후들이 모두 은에 복종하게 되었고 백성들도 평안하게 되었다. 이에 이윤이 태갑제의 공적을 칭송하기 위해서 「태갑훈(太甲訓)」 3편[56]을 지었고, 태갑제를 기리어 태종(太宗)이라고 칭했다.

　태종이 붕어하자 아들 옥정(沃丁)이 즉위하였다. 옥정제 때 이윤이 세상을 떠나니, 그를 박에서 장사 지냈고 고단이 이윤의 행적을 통해서 후세인들을 깨우치기 위하여 「옥정(沃丁)」[57]을 지었다.

　옥정제가 세상을 떠나자 동생 태경(太庚)이 즉위하니, 그가 바로 태경제(太庚帝)이다. 태경제가 붕어하자 아들 소갑(小甲)이 즉위하였고, 소갑제(小甲帝)가 붕어하자 동생 옹기(雍己)가 즉위하니, 그가 바로 옹기제(雍己帝)이다. 은 왕조의 국세가 쇠해지자 제후들 가운데 조회에 참석하지 않는 이가 생겼다.

　옹기제가 붕어하고 동생 태무(太戊)가 즉위하니, 그가 바로 태무제(太戊帝)이다. 태무제는 즉위하여 이척(伊陟)[58]을 재상으로 삼았다. 박에서 뽕나무와 닥나무가 함께 자라기 시작하더니 하룻밤 사이에 한아름이 넘게 커지는 불길한 일이 일어나서, 태무제가 두려워서 이척에게 그 영문을 물어보았다. 이척이 대답하기를 "신이 듣자니 요사스러움도 덕행을 이기지는 못한다고 합니다. 임금께서 행하신 정치에 잘못은 없었는지요? 임

---

52)　『尙書』의 「伊訓」에는 "成湯旣沒, 太甲元年, 伊尹作伊訓"이라는 기록만 있고 外丙과 中壬에 대한 기록은 없는데, 甲骨文에도 이들에 대한 기록이 없다.
53)　「伊訓」: 古文 『尙書』의 篇名.
54)　「肆命」과 「徂后」는 모두 전해지지 않는다.
55)　桐宮: 離宮(임금의 遊幸을 위해 궁정에서 떨어진 곳에 지은 궁전)의 이름.
56)　『尙書』에는 「太甲」이 上中下 三篇이 있다.
57)　「沃丁」: 지금은 전하지 않는다.
58)　伊陟: 伊尹의 아들.

금께서는 덕행의 수양에 힘쓰십시오"라고 아뢰었다. 태무제가 이척의 말대로 하자 불길한 징조인 뽕나무가 말라서 죽었다. 이척은 무함(巫咸)[59]에게 모든 공을 돌려서 그를 칭찬하였다. 무함은 왕가(王家)의 사무를 잘 처리하였으며 「함애(咸艾)」와 「태무(太戊)」[60]를 지었다. 태무제가 태묘(太廟)에서 이척을 칭송하면서 그를 신하 이상으로 대우하려고 하자 이척이 사양하고 「원명(原命)」을 지었다. 태무제의 대에 와서 은나라가 다시 흥하게 되어 제후들이 은나라에 복종하게 되었기에 태무제를 중종(中宗)이라고 칭하게 되었다.

중종이 붕어하자 아들 중정(中丁)이 즉위하였다. 중정제(中丁帝)는 오(隞)[61]로 천도하였는데, 나중에 다시 하단갑제(河亶甲帝)에 이르러 상(相)[62]으로 천도하였고, 조을(祖乙)이 다시 형(邢)[63]으로 천도하였다. 중정제가 세상을 떠나자 동생인 외임(外壬)이 즉위하니 그가 바로 외임제(外壬帝)이다. 「중정(仲丁)」[64]이라는 글에는 누락된 부분이 있어서 온전하지 못하다. 외임제가 죽자 동생 하단갑이 즉위하니, 그가 바로 하단갑제이다. 하단갑제 시기에 은의 정치는 다시 쇠락해졌다.

하단갑제가 붕어하자 아들 조을(祖乙)이 즉위했는데, 조을제(祖乙帝)가 즉위하자 은 왕조는 다시 부흥하였다. 이때는 무현(巫賢)[65]이 정무(政務)를 담당하였다.

조을제가 세상을 떠나자 아들 조신(祖辛)이 즉위하였고, 조신제(祖辛帝)가 세상을 떠나자 동생 옥갑(沃甲)[66]이 즉위하니, 그가 바로 옥갑제(沃甲帝)이다. 옥갑제가 붕어하자 옥갑의 형 조신의 아들인 조정(祖丁)이 즉위하니, 그가 바로 조정제(祖丁帝)이다. 조정제가 세상을 떠나자 옥갑제의 아들인 사촌동생 남경(南庚)이 즉위하니, 그가 바로 남경제(南

---

59) 巫咸 : 大臣의 이름. 그는 북을 발명하였으며, 점대로 점을 치는 방법도 창시하였다고 한다.
60) 두 편 모두 전해지지 않는다.
61) 隞 : 지명. '囂'라고 적기도 한다. 지금의 河南省 滎陽縣 境內.
62) 相 : 지명. 지금의 河南省 內黃縣 동남쪽 지방.
63) 邢 : 지명. 지금의 河南省 河津縣. 일설에는 河北省 邢臺縣이라고도 한다.
64) 仲丁 : 당시에도 이미 누락된 부분이 있어서 완전하지 못했다. 지금은 전하지 않는다.
65) 巫賢 : 祖乙의 재상으로 巫咸의 아들.
66) 沃甲 : 『世本』에는 "開甲"이라고 적혀 있다.

庚帝)이며, 남경제가 붕어하자 조정제의 아들인 양갑(陽甲)이 즉위하니, 그가 바로 양갑제(陽甲帝)이다. 양갑제 때에 이르러 은나라가 다시 쇠퇴하였다.

중정제 이후로 적자계승제(嫡子繼承制)가 폐지되고 형제와 형제의 아들로 제위를 계승하니, 제위계승 문제로 서로 다투게 되어 구세(九世) 동안 혼란이 계속되었다. 이에 제후들이 조회하러 오지 않게 되었다.

양갑제가 붕어하자 동생인 반경(盤庚)이 즉위하니, 그가 바로 반경제(盤庚帝)이다. 반경제 시기에 은 왕조는 이미 하북(河北)[67]에 도읍했는데, 반경제는 다시 하남(河南)으로 천도하여 성탕(成湯)의 옛 도읍에 거주하려고 한 것이었다. 그러나 은 왕조는 이미 다섯 차례나 천도하면서[68] 정해진 거처가 없었기에, 은의 백성들은 모두 걱정하고 원망하며 또다시 이동하려고 하지 않았다. 그러자 반경제가 제후와 대신들을 타일렀다. "예전 고후(高后)이셨던 성탕과 그대들의 선조들께서 함께 힘을 모아 천하를 평정하셨는데, 그분들이 제정한 법도는 따를 수 있는 것이었소. 그런데 지금 선왕의 법도를 저버리고 노력하지 않는다면, 어떻게 덕정(德政)을 이룰 수 있겠소?"

이에 하남으로 옮기어 박(亳)을 정돈하고 탕의 법령을 시행하니 백성들이 편안하게 되었고, 은 왕조의 국운이 다시 흥하게 되었다. 제후들이 모두 입조(入朝)하게 된 것은 반경제가 성탕의 덕정을 따랐기 때문이었다.

반경제가 붕어하자 동생 소신(小辛)이 즉위하니, 그가 바로 소신제(小辛帝)이다. 그러나 소신제가 즉위한 후 은나라가 다시 쇠락해지자 백성들은 반경을 사모하며 「반경(盤庚)」 3편을 지었다.[69] 소신제가 세상을 떠나자 동생인 소을(小乙)이 즉위하니, 그가 바로 소을제(小乙帝)이다.

소을제가 붕어하자 아들 무정(武丁)이 즉위했는데, 무정제는 은 왕조

---

67) 河北 : 黃河 이북의 朝歌(지금의 河南省 淇縣)를 지칭한다.
68) 殷王朝는 湯에서 盤庚에 이르기까지 모두 다섯 차례 遷都했다. 『正義』에 "탕은 남박에서 서박으로, 중정은 오로, 하단갑은 상으로, 조을은 경으로, 반경은 황하를 건너 남쪽 서박으로 천도했으니, 이것이 다섯 번 천도이다(湯自南亳遷西亳, 仲丁遷隞, 河亶甲居相, 祖乙居耿, 盤庚渡河, 南居於西亳, 是五遷也)"라고 기록되어 있다.
69) 『史記』에서는 백성들이 盤庚을 그리워하여 「盤庚」 3편을 지었다고 하였는데, 『尙書』에는 "반경이 다섯번째로 천도하여 박에서 정치를 하려고 하자 民官이 다 탄식하고 원망하여 「반경」 3편을 지었다(盤庚五遷, 將治亳殷. 民咨胥怨, 作盤庚三篇)"라고 기록되어 있다.

를 부흥시키고자 하였으나 아직 자신을 보좌해줄 인물을 찾지 못했다. 그러자 그는 3년 동안 아무 말도 하지 않고 정사는 총재(冢宰)[70]가 결정하도록 하고서 나라의 기풍을 유심히 관찰하였다. 무정제가 꿈속에서 성인을 만났는데 그는 이름이 열(說)이라고 하였다. 무정제는 꿈에서 본 성인의 모습을 대신과 관리들 속에서 찾아보았으나 모두 아니었다. 이에 백관들에게 재야에서 열심히 찾아보게 했는데, 드디어 부험(傅險)[71]에서 열(說)을 찾아냈다. 이때 열은 죄를 짓고 노역에 끌려나가서 부험에서 길을 닦고 있던 중이었다. 무정제에게 알현시키니 무정제는 "바로 이 사람이다"라고 하였고, 그와 이야기를 나누어보니 과연 성인이었다. 이에 그를 등용하여 재상으로 삼으니 은나라가 훌륭히 다스려졌다. 무정제는 부험이라는 지명에서 성을 따와서 그를 부열(傅說)이라고 불렀다.

무정제가 성탕에게 제사를 올린 다음날, 꿩이 날아와서 정(鼎)의 손잡이에 앉아 울었다. 무정제가 이를 불길하게 여기자, 조기(祖己)[72]가 이르기를, "임금께서는 걱정하지 마시고 먼저 정사를 바르게 처리하십시오"라고 하였다. 조기는 다시 이렇게 진언하였다.

무릇 하늘이 인간을 감찰하는 데는 그들의 도의(道義)를 기준으로 삼습니다. 하늘이 내려준 수명에 길고 짧음은 있으나, 결코 하늘이 인간을 요절시키는 경우는 없으며, 인간의 행동 때문에 스스로 자신의 수명을 단축시키는 것입니다. 어떤 사람들은 도덕을 지키지 않고, 자신의 죄를 시인하지 않으므로 하늘이 인간에게 재앙을 내려서 그의 행동을 바로잡으려고 하는 것입니다. 그러면 사람들은 그제서야 "이를 어찌하나?" 하고 한탄합니다. 아! 임금께서 백성을 위해서 힘껏 일하는 것이 하늘의 뜻을 계승하는 것이며, 제사(祭祀)에는 상규(常規)가 있는 것이니 버려야 할 잘못된 방법을 신봉하지 마십시오![73]

무정제가 정사를 바로잡고 은덕을 베푸니 천하의 백성들이 모두 즐거워

---

70) 冢宰 : 후세의 首相에 해당하는 관직의 이름.
71) 傅險 : '傅巖'이라고 쓰기도 한다.
72) 祖己 : 大臣 이름.
73) 이 부분이 『尙書』의 「高宗肜日」에도 기록되어 있는데, 原文과 해석에 많은 차이가 있다. 『尙書』에는 "王司敬民, 罔非天胤, 典祀無豐於昵"라고 기록되어 있으니, 이것은 "先王을 계승한 사람은 열심히 일해야 하며, 우리 선조 가운데 하늘의 자손이 아닌 분은 하나도 없으므로, 보통 제사는 자신의 父廟(昵)에 올리는 것보다 성대하게 차려서는 안 된다"라고 해석할 수 있다.

하고, 은나라의 국운이 다시 흥하게 되었다.

무정제가 붕어하자 아들 조경제(祖庚帝)가 즉위하였다. 조기는 무정제가 꿩이 정(鼎)의 손잡이에 날아들어 울었던 일을 계기로 삼아 덕정을 베푼 일을 기리기 위하여 그를 고종(高宗)이라고 칭하고, 「고종융일(高宗肜日)」[74]과 「고종지훈(高宗之訓)」[75]을 지었다.

조경제가 붕어하여 동생 조갑(祖甲)이 즉위하니, 그가 바로 갑제(甲帝)이다. 갑제는 음란한 행동을 일삼았으므로 은 왕조가 다시 쇠하게 되었다.

갑제가 세상을 떠나니 아들 늠신(廩辛)[76]이 즉위하였고, 늠신제(廩辛帝)가 붕어하자 동생 경정(庚丁)이 즉위하니, 그가 바로 경정제(庚丁帝)이다. 경정제가 죽자 아들 무을(武乙)이 즉위했는데, 이때 은은 다시 박을 떠나서 하북(河北)으로 천도하였다.

무을제는 무도하여 우상(偶像)을 만들고 이를 '천신(天神)'이라고 불렀다. 그는 우상과 도박을 하면서 옆 사람에게 심판을 보게 하고는 천신이 지면 천신을 모욕하였다. 또한 가죽으로 주머니를 만들어 그 속에 피를 가득 채우고 높이 매달아 활로 쏘고서 이를 '사천(射天)'이라고 명명하였다. 무을제는 황하와 위수(渭水) 사이로 수렵을 갔다가 갑자기 천둥이 치자 그 소리에 놀라서 죽고 말았다. 이에 아들 태정(太丁)이 즉위하였고, 태정제(太丁帝)가 붕어하자 아들 을(乙)이 즉위하였다. 을제(乙帝)가 즉위하자 은 왕조는 더욱 쇠퇴해졌다.

을제의 큰아들은 미자계(微子啓)[77]였으나, 계(啓)의 모친이 정후(正后)가 아니었기 때문에 태자가 되지 못했다. 작은 아들은 이름이 '신(辛)'이었는데, 그의 모친이 을제의 정후였기 때문에 그가 태자가 되었

---

74) 肜은 殷代 祭祀의 이름으로, 이것은 제사 지낸 다음날 지내는 제사를 말한다. 이 부분 역시 『史記』와 『尙書』에 차이가 있다. 『史記』에는 高宗이 成湯에 제사 지낸 다음날 일어났던 일을 나중에 祖庚帝 때 高宗의 덕행을 기리기 위해서 지었다라고 기록되어 있다. 그러나 『尙書』의 「高宗肜日」 편에는 祖庚帝가 "고종에게 지내는 제사(高宗肜日)"를 지나치게 후하게 지내려고 하자, 祖己가 祖庚帝에게 諫한 것이라고 적혀 있다.

75) 「高宗之訓」: 지금은 전하지 않는다.

76) 廩辛: '馮辛'이라고도 한다.

77) 微子啓: 微는 그의 봉지 이름으로 지금의 山西省 潞城縣 동쪽이다. 子는 그의 爵位 이름이고, 啓는 이름이다.

다. 을제가 붕어하자 아들 신이 즉위하였으니, 그가 바로 신제(辛帝)이고, 세상에서는 그를 '주(紂)'[78]라고 부른다.

주제(紂帝)는 타고난 바탕이 총명하고 말재간이 뛰어났을 뿐만 아니라 일처리가 신속하며, 힘이 보통 사람보다 훨씬 뛰어나서 맨손으로 맹수와 싸울 수 있었다. 또한 그의 지혜는 신하의 간언이 필요하지 않을 정도였으며, 말재주는 자신의 허물을 교묘하게 감출 수 있을 정도였다. 그는 자신의 재능을 신하들에게 과시하여 천하에 그의 명성을 드높이려고 하였으며, 다른 사람들은 모두 자신만 못하다고 여겼다. 술과 음악을 지나치게 좋아했으며, 여자를 좋아하였다. 특히 달기(妲己)[79]를 총애하여 그녀의 말이면 무엇이든 들어주었다. 그는 사연(師涓)에게 음탕한 악곡을 작곡하게 하고, 북리(北里)[80]에서 추는 것 같은 저속한 춤과 음탕하고 퇴폐적인 가락을 새로 만들도록 하였다. 세금을 무겁게 부과하여 녹대(鹿臺)[81]를 돈으로 채우고 거교(鉅橋)[82]를 곡식으로 채우게 하였다. 게다가 여기저기서 개와 말, 기이한 애완물을 수집하여 궁실을 가득 메웠다. 사구(沙丘)[83]의 원대(苑臺)[84]를 크게 확장하여 여러 가지 야수와 새들을 잡아다가 이곳에 풀어놓았다. 주(紂)는 귀신도 우습게 알았다. 또한 사구에 수많은 악공(樂工)들과 광대들을 불러들이고, 술로 연못을 만들고, 빽빽하게 들어찬 나무들처럼 고기를 매달아놓고서 벌거벗은 남녀들이 그 안에서 서로 쫓아다니게 하면서 밤이 새도록 술을 마시며 놀았다.

이러한 주의 행동 때문에 백성들의 원망이 높아가고 배신하는 제후들도 나타나자, 주는 형벌을 강화시켜서 포격(炮格)[85]이라는 형벌까지 만들어냈다. 서백창(西伯昌),[86] 구후(九侯),[87] 악후(鄂侯)[88]를 삼공(三公)[89]으

---

78) 『諡法』에는 "의로움과 선함을 해치는 것을 紂라고 한다(殘義損善曰紂)"라고 쓰여 있다.

79) 妲己 : 有蘇氏가 紂에게 바친 女子. 妲은 字이고 己는 姓이다.

80) 北里 : 朝歌 부근에 있던 妓女院.

81) 鹿臺 : '鹿廩'이라고도 쓴다. 朝歌城에 쌓은 높은 壇으로 크기는 3리이고, 높이는 1,000척이라고 한다.

82) 鉅橋 : 倉庫 이름. 지금의 河北省 曲周縣 동북쪽에 있다.

83) 沙丘 : 지명. 지금의 河北省 廣宗縣 서북쪽 太平臺에 있다. 紂는 이곳에 離宮別莊을 건축하였다.

84) 苑臺 : 禽獸, 花草, 樹木 등을 길러두고 왕이 놀 수 있도록 만든 곳.

85) 炮格 : 즉 炮烙. 기름을 칠한 기둥 아래 불을 피워놓고, 죄인에게 기둥 위를 걷게 하여 떨어지면 불에 타죽게 하던 형벌. 권1 「오제본기」의 〈주 79〉의 '五刑' 참조.

로 삼았다. 구후는 자신의 아름다운 딸을 주에게 바쳤다. 그러나 주는 구후의 딸이 음탕한 짓을 싫어하자 노하여 그녀를 죽이고, 구후는 죽여서 포(脯)를 떠서 소금에 절였다. 악후가 이를 만류하며 격렬한 어조로 따지자 그도 포를 떠서 죽였다. 서백창이 이 소식을 듣고 혼자 탄식했는데, 숭후호(崇侯虎)[90]가 이 사실을 알고는 주에게 고자질하여, 주는 서백을 유리(羑里)에 가두어버렸다. 서백의 신하인 굉요(閎夭) 등이 미녀와 진기한 보물, 준마 등을 구하여 주에게 바치자 주는 곧 서백을 사면해주었다. 서백은 출옥하자 낙수(洛水)[91] 서쪽의 땅을 바치며 포격형(炮格刑)을 없애주기를 청원했다. 주가 이를 윤허하고 서백에게 궁시부월(弓矢斧鉞)[92]을 하사하여 주변 제후국을 정벌할 수 있는 권한을 주고서 서방 제후들의 우두머리로 삼았다. 주는 비중(費中)[93]을 등용하여 국정을 담당하게 했는데, 그는 아첨을 잘하고 사리사욕만 채웠기 때문에 은나라 사람들이 그를 멀리하였다. 주는 또한 오래(惡來)[94]를 등용했는데, 그는 다른 사람을 비방하기 좋아했으므로 제후들은 이 때문에 은나라와 더욱 사이가 멀어지게 되었다.

서백이 귀국하여 드러나지 않게 덕을 베풀고 선정을 행하니 많은 제후들이 주(紂)를 등지고 서백을 추종하게 되었다. 서백의 세력이 점점 강해짐에 따라서 주의 위세는 점차 줄어들었다. 이에 왕자인 비간(比干)[95]이 간언을 했지만, 주는 듣지 않았다. 상용(商容)[96]은 사람됨이 어질어서 백성이 그를 따랐으나, 주는 그를 등용하지 않았다. 서백이 기국(饑國)[97]

---

86) 西伯昌 : 서백이란 서방 제후의 長이란 뜻이고, 昌은 그 이름을 말한다. 즉 周 文王을 가리킨다.
87) 九侯 : '鬼侯'라고 쓰기도 한다.
88) 鄂侯 : '邘侯'로 쓰기도 한다.
89) 三公 : 天子를 보좌하여 兵權을 관장하는 최고 관원.
90) 崇侯虎 : 紂의 諸侯.
91) 洛水 : 漆沮水라고도 부른다. 지금의 섬서성 同州에 있다. 권2 「하본기」의 〈주 74〉 참조.
92) 弓矢斧鉞 : 활과 화살, 그리고 작은 도끼와 큰 도끼. 轉하여 정벌, 전쟁을 뜻하기도 한다.
93) 費中 : 費仲이라고 쓰기도 한다.
94) 惡來 : 秦의 先祖로 당시에 군주였다. 蜚廉의 아들.
95) 比干 : 紂의 庶兄. 일설에는 紂의 叔父라고 한다. 微子, 箕子와 함께 殷의 三仁이라고 불린다.
96) 商容 : 『說苑』에는 "商樅"으로 기록되어 있다.

을 정벌하여 멸망시키자, 주의 신하인 조이(祖伊)[98]가 이 소식을 듣고 주(周)[99]를 원망하였다. 그는 두려운 생각이 들어서 급히 주(紂)에게 가서 고하였다.

> 하늘이 이미 우리 은의 명을 단절시켰기 때문에 혜안(慧眼)의 소유자가 미래를 투시해보고 거북 껍질로 점을 쳐봐도 우리의 앞날이 길할 것임을 보장할 수가 없습니다. 이는 선왕들께서 우리 후손을 보우하지 않으시는 것이 아니라, 임금께서 음란하고 포악함으로써 스스로 하늘과의 관계를 끊어버리신 것이고, 때문에 하늘이 우리를 버리신 것입니다. 우리는 백성이 편안히 먹지도 못하게 하였고, 하늘의 뜻을 헤아리거나 이해하지도 못했으며 법도를 따르지도 않았습니다. 지금 우리 백성들 가운데 임금의 멸망을 원하지 않는 사람이 없으니, 모두들 "하늘은 어찌하여 재앙을 내리지 않으며, 대명(大命)[100]은 어이하여 아직도 나타나지 않는가?"라고 말하고 있습니다. 이제 임금께서는 어찌하시겠습니까?

그러자 주는 "내가 태어나서 국왕이 된 것은 천명(天命)이 있어서가 아니오?"라고 하였다. 조이는 돌아와서 "주왕에게는 간언할 수가 없다"고 말하였다. 서백이 세상을 떠나고 주(周)나라의 무왕(武王)이 동쪽 지방을 정벌하여 맹진(盟津)[101]에 이르자, 은나라를 저버리고 주나라로 모여든 제후가 800명이나 되었다. 모든 제후들이 주나라의 무왕에게 "주(紂)를 정벌할 수 있습니다"라고 말했으나, 무왕은 "그대들은 천명을 모르고 있소"라고 말하고는 다시 돌아갔다.

주왕은 갈수록 음란해져갔다. 미자(微子)가 몇번이나 간언했어도 주왕이 들으려고 하지 않자, 그는 태사(太師), 소사(少師)[102]와 상의하고서 은나라를 떠났다. 그러나 비간은 "신하는 죽더라도 임금께 충간(忠諫)해야 한다"면서 계속 주왕에게 간언하였다. 그러자 주왕이 진노하여 "성인(聖人)의 심장에는 구멍이 일곱 개나 있다고 들었다"라고 하면서 비간을 해부하여 그의 심장을 꺼내보았다. 기자(箕子)는 너무나 두려운 나머지

---

97) 饑國 : 隮 또는 耆라고도 쓴다. 紂에게 충성하던 제후국.
98) 祖伊 : 祖己의 후손.
99) 周 : 西伯이 관할하던 제후국.
100) 大命 : 왕이 되기에 적합한 자.
101) 盟津 : 권2 「하본기」의 〈주 132〉 참조.
102) 太師, 少師 : 관직 이름. 천자를 보좌하는 大臣.

미친 척하여 남의 노비가 되고자 했지만 주왕이 그를 잡아 가두었다. 은나라의 태사와 소사는 은나라의 제기(祭器)와 악기(樂器)를 가지고 주나라로 달아나버렸다. 마침내 주나라의 무왕이 제후들을 거느리고 주(紂)를 정벌하였다. 주도 군대를 일으켜 목야(牧野)[103]에서 대항하였으나, 갑자일(甲子日)에 그의 군대가 패했다. 주는 성으로 도망쳐들어와 녹대로 올라가서 보옥(寶玉)으로 장식한 옷을 뒤집어쓰고 불 속으로 뛰어들어 자살하였다. 무왕은 주의 목을 베어 대백기(大白旗)[104]에 매달았고, 달기도 처형하였다. 그는 기자를 풀어주고, 비간의 묘에 봉분을 해주고, 상용이 살던 마을을 표창하였다. 그는 또한 주의 아들 녹보(祿父) 무경(武庚)에게 봉토를 나누어주어 은나라의 제사를 계승하도록 하고, 반경의 정령(政令)을 집행하도록 하자 백성들이 대단히 기뻐하였다. 이에 주나라의 무왕이 천자가 되었다. 후세 사람들은 군주를 제(帝)라고 부르지 않고 왕(王)으로 낮추어 불렀다.[105] 은나라의 후예[106]를 제후로 삼아 주에 귀속시켰다.

주나라의 무왕이 붕어하자 무경(武庚), 관숙(管叔), 채숙(蔡叔)이 난을 일으켰는데, 성왕(成王)이 주공(周公)을 시켜서 그들을 토벌하도록 하고 미자를 송(宋)에 봉하여 은의 후대를 잇도록 하였다.

태사공(太史公)은 다음과 같이 말했다.

"나는 「송(頌)」[107]에 의거하여 설(契)의 사적(事跡)을 순서대로 정리하였고, 성탕(成湯) 이후의 일은 『서(書)』와 『시(詩)』에서 취하였다. 설의 성은 자씨(子氏)였으나, 그 후대가 각 국으로 나뉘어 봉해졌으므로 각기 자기 나라의 이름을 성(姓)으로 삼게 되어 은씨(殷氏), 내씨(來氏), 송씨(宋氏), 공동씨(空桐氏), 치씨(稚氏), 북은씨(北殷氏), 목이씨(目夷氏)[108] 등이 있게 되었다. 공자(孔子)는 '은나라의 제후가 타는 노(路)[109]

---

103) 牧野 : 朝歌 남쪽 교외.
104) 大白旗 : 즉 太白旗. 옛날 行軍할 때의 指揮用 큰 旗를 말한다. 白을 帛으로 풀이하기도 한다.
105) 본래 夏代, 商代의 天子도 帝라고 불렀으나, 이들을 五帝와 같이 帝로 칭하는 것이 적절하지 않아서 후에는 王이라고 낮추어 불렀다.
106) 武庚을 지칭한다.
107) 『詩經』의 「商頌」을 말한다.
108) 『世本』에는 稚氏가 나오지 않고 時氏, 蕭氏, 黎氏가 나온다. 北殷氏는 髦氏로

수레가 가장 아름답다'라고 말했다. 은 왕조는 흰색을 숭상하였다."

되어 있다.
109) 路 : 殷代의 수레 이름.

권4「주본기(周本紀)」제4

주(周)의 시조 후직(后稷)[1]은 이름이 기(棄)이다. 그의 어머니는 유태씨(有邰氏)[2]의 딸로 강원(姜原)이라고 불렸는데, 강원은 제곡(帝嚳)의 정비(正妃)였다. 강원이 들에 나가서 거인의 발자국을 보았는데, 갑자기 마음이 기뻐지면서 그것을 밟고 싶어졌다. 그가 거인의 발자국을 밟으니 마치 아기를 가진 듯 배 안이 꿈틀거렸다. 달을 다 채워서 아들을 낳았는데 불길하게 생각되어 비좁은 골목에 버렸으나 말이나 소가 지나가면서 모두 피하고 밟지 않았다. 다시 아이를 수풀 속에 옮겨놓으니, 마침 산속에 많은 사람들이 모여들었다. 또다시 장소를 옮겨서 도랑의 얼음 위에 버렸으나 날짐승들이 날개로 아이를 덮고 깃을 깔아주었다. 그러자 강원은 신기하게 여겨 아이를 데려다가 잘 키웠다. 처음에 아이를 버리려고 생각하였으므로 '기(棄)'라고 불렀다.

기는 어린 시절 출중하여 큰 인물의 기개가 있는 듯했다. 그는 놀이를 하면서도 삼과 콩을 잘 심었는데, 그가 심은 삼과 콩은 모두 잘 자랐다. 성인이 되자 더욱 농경에 힘써 토지의 특성을 살펴서 곡식을 심어야 할 곳에 농사를 지으니, 백성은 모두 본받았다. 요(堯)임금이 이러한 소문을 듣고 기를 농사(農師)[3]로 등용하자 그는 세상 사람들에게 유익한 공을 세웠다.

요임금은 "기, 백성들이 굶주림에 처해 있으니 그대 후직[4]은 모든 곡식의 씨를 때맞추어 파종하시오!"라고 말하였다. 그리고 기를 태(邰)에 봉하고 후직이라고 칭했으며 따로 희씨(姬氏) 성을 하사하였다. [5] 후직이

---

1) 后稷 : 周의 시조. 古公亶父가 일찍이 큰 힘을 기울여 周原(지금의 섬서성 岐山 남부의 대평야)을 개척했으므로 국호를 周로 정했다.
2) 有邰氏 : 부족 이름. 邰는 그들의 근거지이다. 지금의 섬서성 武功縣 서남쪽에 있다. 전설에 의하면 炎帝의 후손이므로 성은 姜이다.
3) 農師 : 고대의 관직 이름으로 농사를 관장하는 벼슬.
4) 여기서는 農師가 된 후직을 말한다.

흥성한 시기는 도당(陶唐), 우(虞), 하(夏)의 시대였고, 모두 미덕을 지녔다.

후직이 사망하자 아들 부줄(不窋)이 즉위하였다. 부줄의 임기 말년에 하후씨(夏后氏)[6]의 정치가 쇠락해지자 농관(農官) 직(稷)을 폐지하고 농사에 힘쓰지 않았으므로, 부줄은 관직을 잃고 융적(戎狄)[7]의 지역으로 달아났다. 부줄이 죽자 아들 국(鞠)이 즉위했고, 국이 죽자 아들 공류(公劉)가 즉위했다. 공류는 융적의 지역에서 살았지만, 후직의 사업을 다시 익혀서 농경에 힘쓰고 사방으로 다니며 토지의 특성을 살폈으며 칠수(漆水), 저수(沮水)[8]로부터 위수(渭水)를 건너서 목재를 채취하여 사용하였다. 그러자 떠돌아다니는 사람에게도 재물이 있게 되었고, 자기 고향에 머무는 사람에게는 재물이 쌓였으므로 백성들은 공류 덕택에 잘 지내게 되었다. 백성들이 그를 그리워하였으며 많은 사람들이 옮겨와서 귀순했다. 주나라의 정교(政敎)는 이때부터 흥성하기 시작했으므로 시인들은 노래를 지어서 그의 덕을 사모했다. 공류가 죽자 아들 경절(慶節)이 즉위하여 도읍을 빈(豳)[9]에 정했다.

경절이 죽고 아들 황복(皇僕)이 즉위했다. 황복이 죽자 아들 차불(差弗)이 즉위했고, 차불이 세상을 떠나자 아들 훼유(毀隃)가 즉위했으며, 훼유가 죽자 아들 공비(公非)가 즉위했다. 공비가 죽고 아들 고어(高圉)가 즉위했고, 고어가 세상을 떠나자 아들 아어(亞圉)가 즉위했다. 아어가 죽고 아들 공숙조류(公叔祖類)가 즉위했으며, 공숙조류가 죽자 아들 고공단보(古公亶父)가 즉위했다.

고공단보가 후직과 공류의 사업을 다시 익히고 덕을 쌓고 의를 행하자, 온 나라 사람들이 모두 그를 받들었다. 훈육(薰育)[10] 융적(戎狄)이 고공

---

5) 別姓은 독립적으로 성을 지니는 것을 말한다. 후직에 관한 전설은 『詩』, 「大雅」, 「生民」편 참조.
6) 夏后氏: 夏禹의 후대 제왕을 가리킨다.
7) 戎狄: 서북 지역의 부족을 가리킨다. 부줄이 달아난 옛 근거지는 지금의 감숙성 慶陽縣 일대에 있다.
8) 漆水, 沮水: 모두 渭水의 지류. 섬서성 耀縣에서 합류되어 石川河로 불리고, 다시 남쪽으로 흘러서 위수로 들어간다. 권2 「하본기」의 〈주 96〉 참조.
9) 豳: 邠과 같다. 지금의 섬서성 旬邑縣 서남쪽에 있다.
10) 薰育: 獯鬻이라고도 쓴다. 고대 북방의 부족 이름. 夏나라 때에는 薰育이라고 불렀고 周나라 시대에는 獫狁이라고 불렀으며 戰國, 秦漢 때에는 匈奴라고 불렀다.

단보를 공격하여 재물을 요구하자 그들에게 재물을 내주었다. 얼마 안 있어 그들이 다시 공격하여 땅과 백성을 요구하자 백성들은 모두 분개하여 싸우고자 했다. 그러자 고공단보는 "백성이 군주를 옹립하는 것은 자신들을 이롭게 하기 위한 것이오. 지금 융적이 우리를 공격하는 까닭은 우리의 땅과 백성 때문이오. 백성이 나에게 속하든 그들에게 속하든 무슨 차이가 있겠소? 백성들이 나를 위해서 싸우고자 한다면 이는 그들의 아버지나 아들을 죽여가면서 그들의 군주가 되는 것이니, 나는 차마 그렇게는 하지 못하겠소"라고 말하였다. 그리고는 사병(私兵)을 거느리고 빈을 떠나서 칠수, 저수를 건너고 양산(梁山)[11]을 넘어서 기산(岐山)[12] 아래 정착했다. 빈에 있던 모든 사람들은 늙은이를 부축하고 어린이를 이끌고 다시 기산 아래 고공단보에게 모두 귀순했다. 그 이웃나라의 사람들도 고공단보가 인자하다는 소문을 듣고 많은 사람들이 그에게 귀순했다. 이때 고공단보는 융적의 풍속을 개량하고[13] 성곽과 가옥을 건축하고 읍을 나누어 그들을 살게 했으며, 오관유사(五官有司)[14]를 설치하였다. 그러자 백성들은 모두 노래하며 그 덕을 칭송했다.[15]

고공단보에게는 장남인 태백(太伯)과 차남인 우중(虞仲)이 있었다. 그의 아내 태강(太姜)[16]이 낳은 막내아들 계력(季歷)은 태임(太任)[17]을 아내로 맞이했는데, 태강과 태임은 모두 어진 부인이었다. 태임이 창(昌)을 낳았을 때 성스러운 길조[18]가 있었다. 그러자 고공단보는 "나의 시대

---

11) 梁山 : 지금의 섬서성 乾縣 서북쪽에 있다. 권2 「하본기」의 〈주 13〉 참조.
12) 岐山 : 지금의 섬서성 岐山縣과 鳳翔縣 일대에 있다. 권2 「하본기」의 〈주 14〉 참조.
13) 원문 "于是古公乃貶, 戎狄之俗"의 '貶'은 원래 줄이고 감한다는 뜻이나 여기서는 부분적으로 개량한다는 뜻으로 쓰였다.
14) 五官有司 : 각종 관직을 세워서 각기 직책을 관리하게 하는 것. 『禮記』의 「曲禮下」에는 "天子의 五官은 司徒, 司馬, 司空, 司士, 司寇이다"라고 쓰여 있다. 司徒는 교육을, 司馬는 군사를, 司空은 토지를, 司士는 예법을, 司寇는 법률에 관한 일을 담당한다.
15) 『詩經』에서 고공단보를 칭송한 것을 가리킨다. 예를 들면 「周頌」의 "天作"에서의 "하늘이 높은 산을 만드셨으니 태왕께서 그것을 다스리셨도다(天作高山, 大王荒之)" 등을 말한다.
16) 太姜 : 太王(고공단보)의 왕비로 有邰氏의 딸이다.
17) 太任 : 季歷의 妃로 摯任氏의 딸이며 周 文王의 어머니이다.
18) 성인이 탄생할 징조. 전설에 의하면 姬昌이 출생할 때 붉은 새가 丹書를 물고 방으로 날아들었다고 한다.

에 큰 사업을 일으킬 사람이 있을 것이라고 했는데, 그 말은 창에게 해당되는 것이 아니겠는가?"라고 말했다. 태백과 우중은 고공단보가 계력을 옹립하여 창에게 왕위를 계승시키려는 것을 알고 둘이서 형만(荊蠻)[19]으로 달아나서 문신을 하고 머리털을 짧게 자르고서 왕위를 계력에게 양보했다.

고공단보가 죽고 계력이 즉위했는데, 그가 바로 공계(公季)이다. 공계는 고공단보가 남긴 정도(政道)를 잘 닦고 성실하게 의(義)를 행했으므로 제후들이 그에게 순종했다.

공계가 죽자 아들 창이 즉위하니 그가 바로 서백(西伯)[20]으로, 서백은 후에 문왕(文王)이라고 불렀다. 서백은 후직과 공류의 사업을 따르고 고공단보와 공계의 법도를 본받아 오로지 어진 정치를 행하고 늙은이를 공경하며 어린이를 사랑했다. 그가 어진 사람에게는 예의와 겸손으로 대하고 낮에는 재사(才士)를 접대하기에 식사할 겨를도 없었으므로 재사들은 대부분 서백에게 몰려들었다. 백이(伯夷)와 숙제(叔齊)도 고죽(孤竹)에서 서백이 노인을 우대한다는 소문을 듣고 가서 서백을 따랐다. 태전(太顚), 굉요(閎夭), 산의생(散宜生), 육자(鬻子),[21] 신갑대부(辛甲大夫)[22] 등이 모두 가서 그를 따랐다.

숭후호(崇侯虎)[23]는 은나라의 주(紂)에게 서백을 모함하기를 "서백이 선과 덕을 쌓으므로 제후들이 모두 그에게 기울어지니, 장차 임금께 불리할 것입니다"라고 하였다. 그러자 주는 마침내 서백을 유리(羑里)[24]에 가두었다. 굉요 등이 이 일을 걱정하여 유신씨(有莘氏)[25]의 미녀, 여융(驪

---

19) 荊蠻: 楚를 가리키는 것으로, 吳越은 원래 楚에 속했다. 秦이 초를 멸한 후 荊이라 칭한 것은 秦 莊襄王 子楚의 이름을 꺼리어 고쳐 부른 것이다. 태백과 우중이 오월로 피해간 일은 「吳太伯世家」에 상세히 적혀 있다.

20) 西伯: 권3 「은본기」의 〈주 86〉 참조.

21) 鬻子: 이름은 熊으로, 楚에 봉해졌다. 한편 鬻熊이 修身, 治國의 道에 대해 서술한 책 이름 또한 『鬻子』이다.

22) 辛甲大夫: 辛甲은 옛 殷나라의 신하로 紂를 섬기며 약 75차례나 옳은 말을 간했으나 紂가 듣지 않자 周나라로 갔다. 召公이 辛甲과 이야기를 나누어보고 그가 어진 사람이라고 생각하여 이를 文王에게 고하자 문왕이 친히 그를 영접하고 公卿으로 삼고 그를 長子(지금의 산서성 長治市 서쪽에 있는 지명)에 봉하였다.

23) 崇侯虎: 崇國의 제후로 이름은 虎. 崇國은 지금의 섬서성 戶縣 동쪽, 西安市 서남쪽에 있다.

24) 羑里: 牖里라고도 한다. 지금의 河南省 陽陰縣 북쪽.

25) 有莘氏: 부족 이름. 莘은 㜪으로도 쓴다. 姓은 姒. 옛 도읍은 지금의 섬서성 合

戎)²⁶⁾의 문마(文馬), ²⁷⁾ 유웅(有熊)²⁸⁾의 구사(九駟)²⁹⁾를 다른 여러 특산물들과 함께 주의 총애를 받는 비중(費仲)을 통해 주에게 바쳤다. 주는 크게 기뻐하며 말하기를 "이 한 가지 물건³⁰⁾만으로도 서백을 석방시키기에 충분한데, 게다가 이토록 많지 않은가?"라고 하였다. 이에 서백을 사면시키고 그에게 궁시(弓矢)³¹⁾와 부월(斧鉞)³²⁾을 하사하여 서백에게 주변 제후국을 정벌할 수 있는 권한을 주었다. 그리고는 "서백을 비방한 자는 숭후호이다"라고 말했다. 서백이 낙하(洛河) 서쪽의 땅을 바치며 주에게 포격형(炮格刑)³³⁾을 없애도록 청원하자, 주는 그것을 허락했다.

서백이 남몰래 선행을 하였으므로 제후들은 모두 그에게 와서 공정한 판결을 청했다. 이때 우(虞)³⁴⁾와 예(芮)³⁵⁾의 사람들에게 송사가 있었는데, 양자가 해결하지 못하자 주나라로 찾아갔다. 그들이 주나라 경내에 들어서보니 농부들은 서로 밭의 경계를 양보하고, 백성들의 풍속은 모두 연장자에게 양보하는 것이었다. 그러자 우, 예의 사람은 채 서백을 만나기도 전에 부끄러워하며 "우리처럼 싸우는 것은 주나라 사람들이 부끄러워하는 바이니, 가서 뭐하겠는가? 부끄럽게만 될텐데⋯⋯"라며 그냥 되돌아가서 서로 양보하고 헤어졌다. 제후들이 이 소문을 듣자 "서백은 아마도 천명을 받은 군주인가보다"라고 말하였다.

이듬해 서백은 견융(犬戎)³⁶⁾을 정벌하고, 그 다음해 밀수(密須)³⁷⁾를

陽縣 동남쪽에 있다.

26) 驪戎 : 부족 이름. 성은 姬. 근거지는 주로 지금의 섬서성 臨潼縣 일대.

27) 文馬 : 아름다운 준마. 전하는 말에 의하면 文馬는 적색 갈기에 몸은 흰색이고 눈은 마치 황금 같다고 한다.

28) 有熊 : 부족 이름. 근거지는 지금의 하남성 新鄭縣.

29) 九駟 : 駟는 고대에 1대의 수레를 끌던 4필의 말을 가리키는 것이므로, 九駟는 9대의 수레를 끌던 36마리의 말을 말한다.

30) 유신씨의 미녀를 가리킨다고 한다.

31) 弓矢 : 활과 화살. 轉하여 무기, 또는 전쟁을 뜻하기도 한다. 권3 「은본기」의 〈주92〉 참조.

32) 斧鉞 : 작은 도끼와 큰 도끼. 轉하여 정벌을 뜻하기도 한다. 권3 「은본기」의 〈주92〉 참조.

33) 炮格刑 : 기름 바른 기둥 아래 불을 질러놓고, 죄인에게 그 위를 걸어가게 하여 미끄러지면 불에 타죽게 하던 형벌. 그 외 형벌에 대해서는 권1 「오제본기」의 〈주79〉의 '五刑' 참조.

34) 虞 : 지금의 산서성 平陸縣 경내에 있다.

35) 芮 : 지금의 섬서성 大荔縣 동남쪽에 있다. 일설에는 산서성 芮城縣 경내에 있다고 한다.

정벌했다. 다음해에는 기국(耆國)[38]을 쳐서 무찔렀다. 은의 조이(祖伊)가 이러한 소식을 듣자 두려워 주에게 고하였다. 그러나 주는 "내게 천명이 있지 않은가? 그가 무엇을 할 수 있겠는가?"라고 대수롭지 않게 생각하였다. 다음해 서백은 우(邘)[39]를 정벌했다. 그 다음해에는 숭후호를 정벌하고 풍읍(豐邑)[40]을 건설하여 기산 아래에서 이곳으로 천도하였다. 다음해 서백이 붕어하고 태자 발(發)이 즉위하였으니, 이 이가 바로 무왕(武王)이다.

서백은 약 50년간 왕위에 있었다. 아마도 그가 유리에 갇혀 있을 때 『역(易)』의 8괘를 더하여 64괘로 만든 것 같다.[41] 시인들은 서백이 천명을 받아 왕으로 칭해진 때는 바로 우와 예의 송사를 해결한 해라고 말하였다.[42] 그후 10년[43]이 지나서 그가 붕어하자 시호를 문왕(文王)[44]이라고 했다. 서백은 법도를 개정하고 정삭(正朔)을 제정했다.[45] 그는 고공단보를 추존하여 태왕(太王)이라고 했고, 공계(公季)를 높이어 왕계(王季)라고 했는데, 이것은 대개 주(周)의 왕업이 조부인 태왕 고공단보로부터 흥했기 때문이다.

무왕이 즉위하자 태공망(太公望)[46]을 사(師)[47]로 삼고 주공(周公)[48]을

---

36) 犬戎 : 부족 이름. 혹은 畎戎, 畎夷, 昆夷, 緄夷로도 쓰인다. 근거지는 지금의 섬서성 彬縣 岐山 일대에 있다.

37) 密須 : 부족 이름. 姞. 근거지는 지금의 감숙성 靈臺縣 서쪽이었다.

38) 耆國 : 즉 黎國. 「殷本紀」에는 "饑國"이라고 쓰여 있다. 옛 근거지는 지금의 산서성 黎城縣 동북쪽에 있지만, 일설에는 산서성 長治市 서남쪽에 있었다고 한다.

39) 邘 : 제후국 이름. 옛 근거지는 지금의 하남성 沁陽縣 서북쪽에 있다.

40) 豐邑 : 읍 이름. 지금의 섬서성 戶縣 동쪽에 있다.

41) 八卦는 고대 중국에서 자연현상과 인간사를 상징하는 데 사용한 부호이다. 즉 乾, 坤, 震, 巽, 坎, 離, 艮, 兌를 가리킨다. 8괘에서 서로 2괘씩 배합하여 1괘를 만들면 모두 64괘가 된다. 『易正義』에 "伏羲氏가 괘를 만들고 文王이 卦辭(각 괘의 뜻을 글로 풀어놓는 것)했으며, 周公이 爻卦(팔괘를 놓고 점치는 것)했고 공자가 十翼을 편했다(伏羲制卦, 文王卦辭, 周公爻卦, 孔子十翼也)"라고 기록되어 있다.

42) 『史記正義』에 의하면 두 나라가 서로 양보한 후 약 40여 개의 제후국이 서백에게 귀순하여 서백을 높여서 왕이라 불렀다고 한다.

43) 十 : 혹 九의 틀린 기록일 수 있다. 뒤의 문장에는 "9년 무왕이 필에서 제사 드리다(九年武王上祭于畢)"라는 말이 적혀 있다.

44) 『諡法』에 "세상의 經과 緯가 되는 것을 文이라고 한다(經緯天地曰文)"고 적혀 있다. 西伯이 천하에 덕을 베풀어 經緯의 역할을 하였으므로 文이란 시호를 올린 것이다.

45) 文王이 왕이 된 후, 殷 왕조의 영향을 벗어나 스스로 법령을 세우고 周曆을 채용했음을 뜻한다.

보(輔)[49]로 임명하였으며, 소공(召公)[50]과 필공(畢公)[51] 등은 왕을 보좌하며 문왕의 위업을 배우고 확대하게 하였다.

9년,[52] 무왕이 필(畢)에서 제사를 올리고[53] 동쪽으로 가서 군대를 사열하고 맹진(盟津)에 이르렀다. 그는 문왕의 목주(木主)[54]를 만들어 중군(中軍)의 수레에 실었다.[55] 무왕은 자신을 태자(太子) 발(發)이라고 칭하고서 문왕의 명을 받들어 정벌하는 것이라고 말하고, 감히 자기 마음대로 하지 않았다. 무왕은 사마(司馬), 사도(司徒), 사공(司空), 제절(諸節)[56]에게 "우리 모두 정중하고 조심스럽게 일합시다. 성실하게 노력합시다! 나는 무지하지만 선조께서 덕이 있으시어 미천한 이몸이 선조의 공적을 받았소. 상벌제도를 바르게 세워 공적을 보장하겠소"라고 말하였다. 드디어 군사를 일으켰는데, 군사(軍師)인 상보(尙父)[57]가 각 제후들에게 "그대들의 사병을 모아 배를 띄워서 출동하시오! 나중에 도착하는 자는 목을 벨 것이오!"라고 호령하였다. 무왕이 강을 건너서 중류(中流)에 이르자 흰 물고기가 왕의 배로 튀어올라, 무왕은 몸을 굽혀서 집어들

---

46) 太公望 : 성은 姜, 氏는 呂, 이름이 尙. 민간에서는 흔히 姜太公이라고 부른다. 「齊太公世家」에 상세히 적혀 있다.

47) 師 : 군사 참모.

48) 周公 : 이름은 旦, 文王의 아들이자 成王의 숙부. 曲阜에 봉해져 魯公이 되었으나, 임지로 가지 않고 武王을 보좌하였다. 무왕이 세상을 떠나고 어린 成王이 왕위에 오르자 섭정했다. 「魯周公世家」에 상세히 보인다.

49) 輔 : 天子를 보조하여 관원들의 오류를 바로잡는 관직.

50) 召公 : 이름은 奭. 周 文王의 庶子 혹은 功臣이라고 하며, 召에 봉해져서 召公이라고 불리고, 周公과 함께 陝西 지역을 나누어 다스렸으므로 召伯이라고 불린다. 「燕召公世家」에 상세히 보인다.

51) 畢公 : 이름은 高이며 문왕의 아들. 畢(지금의 섬서성 咸陽市 동북쪽)에 봉해졌다.

52) 九年 : 文王 9년. 문왕이 9년에 붕어하였으나 武王은 문왕의 연호를 계속 채용하였다.

53) 畢에서 올리는 제사에 대해서는 두 가지 설이 있다. 하나는 문왕의 능묘가 畢原(지금의 섬서성 咸陽市 동북쪽)에 있으므로 무왕이 출병하기 전에 부친인 문왕께 제사를 드렸다는 것이고, 또 다른 의견은 畢이란 전쟁을 주관하는 별의 이름으로 출병하기 전에 畢星에 제사를 올렸다는 것이다.

54) 木主 : 나무로 만든 위패.

55) 고대에 行軍할 때에는 中軍에서 명령을 전달하였다. 무왕이 군대를 이끌고 紂를 벌할 때 中軍의 수레에 거했으므로, 文王의 木主 또한 그 수레에 실었던 것이다.

56) 諸節 : 각종 符節(위임장)을 받은 군사 관원.

57) 尙父 : 太公望에 대한 존칭.

어 제를 올렸다.[58] 강을 다 건너자 불덩이가 하늘에서 떨어지더니, 왕이 머무는 지붕에 이르렀을 때 까마귀로 변했는데, 그것들은 붉은 색이었고 까악까악 하고 울었다. 이때 기일을 정하지 않았어도 맹진에 모인 제후는 800명이었다. 제후들이 모두 "주는 정벌할 수 있습니다"라고 말했으나, 무왕은 "그대들은 아직 천명을 모르니, 정벌할 수 없소!"라고 하고는 병사를 이끌고 되돌아갔다.

2년이 지나자[59] 주(紂)는 혼란스러움과 포학함이 더욱 심해져서, 왕자 비간(比干)을 죽이고 기자(箕子)를 감금했다는 소문이 들렸다. 그러자 태사(太師) 자(疵)와 소사(少師) 강(强)은 은나라의 악기를 품고 주(周)나라로 달아났다. 그러자 무왕은 제후들에게 "은의 죄가 무거우니 이제는 어서 정벌하지 않을 수가 없소이다"라고 말하였다. 이에 문왕이 남긴 뜻을 받들어 융거(戎車)[60] 300대와 용사 3,000명, 갑사(甲士)[61] 45,000명을 이끌고 동으로 가서 주(紂)를 정벌했다. 11년 12월 무오일(戊午日)에 군사들이 모두 맹진을 넘었고 제후들이 전부 모였다. 그들은 게으름 피우지 말고 열심히 싸우자고 다짐하였다. 무왕은 곧 「태서(太誓)」[62]를 지어 많은 병사들에게 고하였다. "지금 은나라의 왕 주는 단지 자기 부인[63]의 말만 듣고 스스로 천명을 끊었으며, 삼정(三正)을 훼손하고[64] 그의 왕부모제(王父母弟)[65]를 멀리하였고, 마침내 선조의 음악을 저버리고 음란한

---

58) 殷나라는 흰색을 숭상하였으므로 武王이 흰 물고기를 잡아서 하늘에 제사 드린 것은 바로 殷나라를 정벌하는 것을 상징한다.

59) 文王 11년. 『尙書』에는 무왕이 盟津에서 군대를 사열한 것은 11년, 紂를 정벌한 것은 13년이라 기재되어 있으니, 『史記』에 비해 2년이 늦다.

60) 戎車 : 兵車, 戰車.

61) 甲士 : 갑옷을 입은 군사, 무장한 병사를 말한다. 轉하여 일반 병사를 가리키기도 한다.

62) 「太誓」: 즉 「泰誓」이며 이것은 『尙書』의 편명이다. 『상서』에는 「泰誓」 3편이 있다.

63) 紂의 부인 妲己를 말한다.

64) 三正은 세 명의 정직한 신하들, 즉 比干, 微子, 箕子를 가리킨다고도 하고, 일설에는 天, 地, 人의 세 가지 正道를 가리킨다고도 하며, 夏, 商, 周 三家의 정통을 말하는 것이라고도 한다. 이에 따라서 "毀壞三正" 또한 세 가지 의미로 볼 수 있다. 紂王이 세 명의 신하를 내쳐서 등용하지 않은 것일 수도 있고, 天地人이 공허하게 된 듯한 상황을 가리키기도 하며, 紂가 夏商周 三家의 正朔을 채용하지 않음을 가리킬 수도 있다.

65) 王父母弟 : 祖父母로부터 이루어진 그 아래 친족으로, 조부모 이하의 친족을 말한다.

노래를 만들어 올바른 소리를 어지럽혀 자기 부인만 기쁘게 하였소. 이에 이 사람 발은 삼가 천벌을 집행하려고 하오. 그대들이여, 노력합시다! 두 번 세 번 다시 행하지 않도록!"

2월[66] 갑자일(甲子日)의 동틀 무렵, 무왕은 아침 일찍 상(商)나라 교외의 목야(牧野)[67]에 이르러 맹세하였다. 무왕은 왼손에 황색 도끼를 쥐고 오른손에 흰색의 모(旄)[68]를 들고 지휘하며 말하였다. "멀리서도 와주었소, 서토(西土)의 사람들이여! 자, 나의 제후들이여! 사도(司徒),[69] 사마(司馬),[70] 사공(司空),[71] 아려(亞旅),[72] 사씨(師氏),[73] 천부장(千夫長),[74] 백부장(百夫長),[75] 그리고 용(庸), 촉(蜀), 강(羌), 모(髳), 미(微), 노(纑), 팽(彭), 복(濮)[76]의 사람들이여! 그대들의 창을 높이 들고 방패를 줄맞추고 창을 치켜드시오! 선서하겠소." 이에 왕은 이렇게 선서하였다.

옛말에 "암탉은 새벽에 울지 않으니, 암탉이 새벽에 울면 집이 망한다"[77]라고 하였소. 지금 은왕 주는 오직 부인의 말만 듣고 스스로 선조에 지내는 제사를 그만두고 나라를 어지럽혔소. 또한 친족을 등용하지 않으면서 오히려 죄가 많아 도망쳐온 사람들을 존중하고 신임하여 등용하니, 그들은 백성에게 포학하게 대하고 상나라에서 온갖 악행을 다 저질렀소. 지금 이 사람 발은 오직 하늘의 징벌을 그대들과 함께 행하겠소. 오늘 싸움에서는

---

66)　二月 : 周曆으로 2월은 殷의 正月에 해당한다.
67)　郊牧野 : 周의 도읍 朝歌의 교외에 있는 넓은 벌판. 지금의 하남성 淇縣 이남과 汲縣 일대. 『爾雅』「釋地」에는 "邑 바깥 지역을 郊라고 하고, 郊 바깥을 牧이라고 하며, 牧의 바깥을 野라고 한다(邑外謂之郊, 郊外謂之牧, 牧外謂之野)"고 적혀 있다.
68)　旄 : 旄牛(물소와 흡사함)의 꼬리털로 장식한 커다란 旗.
69)　司徒 : 민정 장관. 권1「오제본기」의 〈주 112〉 참조.
70)　司馬 : 군사 장관.
71)　司空 : 토지를 관리하는 장관. 권1「오제본기」의 〈주 108〉 참조.
72)　亞旅 : 각종 大夫, 卿 다음의 지위.
73)　師氏 : 병사를 거느린 大夫.
74)　千夫長 : 1,000명을 인솔하는 군관.
75)　百夫長 : 100명을 인솔하는 군관.
76)　庸은 지금의 호북성 竹山縣 동남쪽, 蜀은 지금의 사천성 북부 일대, 羌은 지금의 陝甘省 일대, 髳는 산서성 남부 황하 연안 일대(일설에는 漢水 일대라고도 한다), 微는 郿(지금의 섬서성 眉縣 일대)를 말하는 것으로, 일설에는 지금의 사천성 巴縣 일대라고도 한다. 纑는 호북성 襄陽 이남 南漳縣 동북쪽 일대, 彭은 지금의 사천성 彭水縣 일대, 濮은 지금의 호북성 石首縣 남쪽을 말한다.
77)　이 구절은 女子들(妲己 등)이 조정에 간섭함을 비유한 것이다.

여섯 걸음, 일곱 걸음을 나가면 곧 멈추어 대열을 맞추어야 하오.[78] 그대들은 이 군령을 지키도록 노력하시오! 네 번, 다섯 번, 여섯 번, 일곱 번 공격하고 곧 멈추어 맞추어야 하오! 이 명령을 지키도록 노력하시오! 용맹스럽기가 호랑이 같고, 곰 같고, 승냥이 같고, 이무기 같아야 하오! 상의 교외에서 투항하는 자는 거절하거나 죽이지 말고, 그들로 하여금 서토를 위해서 힘쓰게 하시오.[79] 힘써주시오! 그대들이 힘쓰지 않는다면 그대들이 살육당할 것이오!

선서가 끝나자 집결한 제후들은 전거(戰車)가 4,000대였고, 그들은 교외의 넓은 들에 도열하였다.

주(紂)는 무왕이 왔다는 소리를 듣고, 70만 명의 군사를 파견하여 무왕에 대항하게 했다. 무왕은 사상보(師尙父)에게 100명의 용사를 이끌고 치사(致師)[80]하게 하고 대졸(大卒)[81]을 주의 대오로 돌격하게 했다. 주의 군대가 비록 수는 많았지만 모두 싸울 마음이 없었다. 그들은 무왕이 빨리 쳐들어오기를 바라고 있었으므로 주의 군사들은 도병(倒兵)[82]하여 싸우면서 무왕에게 길을 열어주었다. 무왕이 돌격하자 주의 병사는 모두 무너지고, 그들은 주를 배반했다. 주는 성(城)으로 다시 도망쳐들어가서 녹대(鹿臺)에 올라 보석이 박힌 옷을 뒤집어 쓰고 불 속에 뛰어들어 타죽었다. 무왕이 커다란 백기를 들고 제후들을 지휘하니 제후들이 모두 무왕에게 절하였고, 무왕이 제후들에게 읍(揖)하자 제후들이 모두 그를 따랐다. 무왕이 상나라의 도성에 이르자, 상나라의 백성들은 모두 교외에서 기다리고 있었다. 무왕은 군신들로 하여금 상의 백성들에게 "하늘이 행복을 내려주었도다"라고 말하게 하였다. 상나라의 사람들이 모두 재배하며 머리를 땅에 조아리자, 무왕 역시 답례했다. 무왕은 드디어 성으로 들어가서 주가 죽은 장소에 이르렀다. 그는 직접 주의 시신을 향해서 화살 세

---

78) 군의 기강을 준수하고 함께 전진함을 말한다.

79) 西方(周와 그 동맹제후)을 위해서 복무하게 하는 것.

80) 致師 : 싸움을 시작하기 전에 소수의 용사를 적진에 보내어 싸움을 도발하는 것. 鄭玄은 "致師하는 것은 반드시 싸우고자 하는 의지를 나타내는 것으로, 옛날에는 전투를 하려 할 때 힘있는 병사로 하여금 먼저 적을 침범하게 하였다"고 한다.

81) 大卒 : 大部隊를 말한다. 大卒은 戰車 350대, 사병 26,250명, 용사 3,000명으로 구성되었다.

82) 倒兵 : 창을 거꾸로 하는 것. 즉 무기를 거꾸로 돌려 자기 쪽을 공격하는 것을 말한다.

발을 쏜 후, 마차에서 내려서 경검 (輕劍)[83]으로 시신을 치고 황색 도끼로 주의 머리를 베어 커다란 백기에 매달았다. 다시 주의 애첩인 두 여자를 찾아가니, 두 여자는 모두 이미 목을 매어 자살한 뒤였다. 무왕은 또 화살 세 발을 쏴 검으로 치고 흑색 도끼로 목을 베어 작은 백기에 매달았다. 그리고는 무왕은 성을 나와서 다시 군대로 돌아갔다.

　이튿날 무왕은 도로를 정비하고 사당과 주궁 (紂宮)을 수리하게 했다. 드디어 때가 되자 100명의 용사가 한기 (罕旗)[84]를 메고 앞서서 나갔고, 무왕의 동생 숙진탁 (叔振鐸)은 상거 (常車)[85]를 받들어서 늘어서고, 주공 단은 큰 도끼를 쥐고, 필공 (畢公)[86]은 작은 도끼를 쥐고서 무왕의 좌우에 섰다. 산의생, 태전, 굉요는 모두 검을 들고 무왕을 호위하였다. 무왕이 성에 들어가서 사당 남쪽, 대 부대의 좌측에 서니 좌우 모두 그 뒤를 따랐다. 모숙정 (毛叔鄭)[87]은 명수 (明水)[88]를 받쳐들고, 위강숙봉 (衛康叔封)[89]은 자 (玆)[90]를 깔았고, 소공 석 (奭)은 예물을 진헌하였고 사상보는 제물을 끌고 갔다. 윤일 (尹佚)[91]은 "은의 마지막 자손 주 (紂)는 선왕의 밝은 덕을 모조리 없애버리고 신령을 모욕하여 제사를 지내지 않았으며 상의 백성을 혼미하고 난폭하게 다루었으니, 그 죄악을 상제께 명백히 알리나이다"라고 축문을 읽었다. 이에 무왕은 "신은 왕조를 바꾸라는 중대한 천명을 받아 은 (殷)을 무너뜨렸으니, 하늘의 영명하신 명을 받겠나이다!"라고 말하고는 다시 재배하며 머리를 조아린 후, 마침내 떠났다.

　무왕은 상나라 주 (紂)의 아들 녹보 (祿父)[92]에게 은의 남은 백성을 봉

---

83)　輕劍:『尙書』에는 "경려로 그것을 공격함 (輕呂擊之)"이라고 적혀 있다. 輕呂는 보검의 이름이다.
84)　罕旗:기 위에 아홉 가지 장식 띠를 달았던, 고대 儀仗隊의 先驅用 깃발.
85)　常車:의장차. 수레에 해, 달을 그린 太常旗를 꽂아서 왕의 위엄을 나타냈다.
86)　畢公:『史記志疑』에는 필공을 '召公'을 잘못 적은 것이라고 한다.「魯世家」와『상서』에는 모두 "召公"이라고 쓰여 있다.
87)　毛叔鄭:문왕의 아들 毛伯明. 이름은 叔鄭이며, 毛 (지금의 하남성 宜陽)에 봉해졌다.
88)　明水:깨끗한 물. 달밤에 靑銅鏡으로 얻은 이슬로서, 제사 지낼 때 玄酒로 사용한다.『禮記』의「禮運」疏에 "玄酒란 물을 말하는 것 (玄酒, 謂水也)"이라고 적혀 있다.
89)　衛康叔封:무왕의 동생으로 이름은 封.「衛康叔世家」에 보인다.
90)　玆:公明草로 엮은 자리.
91)　尹佚:인명. 武王의 재상.
92)　祿父:武庚의 字.

했다. 또 무왕은 은이 막 평정되어 아직 안정되지 못하였으므로 자신의
동생 관숙선(管叔鮮)[93]과 채숙탁(蔡叔度)[94]에게 녹보를 도와서 은나라를
다스리게 했다. 곧이어 소공에게 기자(箕子)[95]를 석방시키도록 명하고
필공에게 감옥에 갇혀 있는 백성을 석방시키도록 명하였으며 상용(商容)[96]
이 살던 마을을 표창하였다. 또한 남궁괄(南宮括)에게 녹대의 재물과 거
교(鉅橋)의 곡식을 풀어서 가난하고 무력한 백성을 구제하도록 명했고,
남궁괄과 사일(史佚)에게 구정(九鼎)과 보옥을 전시하도록 명했고, 굉요
에게 비간의 묘에 봉분을 하도록 명하였으며, 종축(宗祝)[97]에게는 군에
서 향사(享祠)[98]하도록 명했다. 마침내 전쟁을 그치고 서토로 철수했다.
길을 따라서 순수(巡狩)하며 정사를 기록하여 「무성(武成)」[99]을 지었다.
제후를 봉하고 종이(宗彝)[100]를 골고루 나누어 하사하고 「분은지기물(分
殷之器物)」[101]을 지었다. 무왕은 선대 성왕을 추념하여 마침내 신농의 후
손을 초(焦)[102]에, 황제의 후손을 축(祝)[103]에, 요의 후손을 계(薊)[104]
에, 순의 후손을 진(陳)[105]에, 우(禹)의 후손을 기(杞)[106]에 각각 포상하
여 봉했다. 또한 공신, 모사(謀士)를 봉했는데 사상보가 가장 먼저 봉해
졌다. 사상보를 영구(營丘)[107]에 봉하고 제(齊)라고 했으며, 동생 주공
단을 곡부(曲阜)에 봉하고 노(魯)라고 했다. 소공 석을 연(燕)에 봉했으

---

93) 管叔鮮 : 周 文王의 셋째 아들.
94) 蔡叔度 : 주 문왕의 다섯째 아들.
95) 箕子 : 商나라 大臣이며 子姓으로 紂王의 叔父이다. 太師를 지냈고 箕(지금의 산
    동성 太谷 동북쪽)에 봉해졌다.
96) 商容 : 殷의 신하. 매우 어질었으나 紂에게는 중용되지 못했다. 『說苑』에는 "商
    樅"이라고 기록되어 있다. 권3 「은본기」의 〈주 96〉 참조.
97) 宗祝 : 제사를 관리하는 관직 이름.
98) 享祠 : 귀신에 제사 지내는 것인데, 여기서는 전사한 병사를 추모하는 것을 가리
    킨다.
99) 「武成」 : 古文 『尙書』의 篇名.
100) 宗彝 : 종묘 제사에 사용하는 寶器.
101) 「分殷之器物」 : 왕의 명령과 하사받은 물품을 적은 글. 『尙書』의 「分器序」에 의
    하면 '殷,' '之,' '物'의 세 글자는 衍文에 해당한다. 「分器」는 이미 실전되었다.
102) 焦 : 지금의 하남성 陝縣.
103) 祝 : 祝其 또는 夾谷이라고 칭한다. 지금의 산동성 萊蕪縣 동남쪽.
104) 薊 : 지금의 北京市 大興縣 서남쪽. 天津市의 薊縣이 아니다.
105) 陳 : 지금의 하남성 淮陽縣.
106) 杞 : 권2 「하본기」의 〈주 216〉 참조.
107) 營丘 : 지금의 산동성 淄博市 臨淄 서북쪽.

며, 동생 숙선을 관(管)[108]에 봉했고, 동생 숙탁을 채(蔡)[109]에 봉했다. 나머지도 각기 차례에 따라서 봉해졌다.

무왕은 구목(九牧)의 군주를 소집하고 빈(豳)[110]의 언덕에 올라 상읍을 바라보았다. 무왕은 주에 이르러서도 밤늦도록 잠들지 못했다. 주공 단이 왕의 처소에 나아가 "어찌하여 잠들지 못하십니까?"라고 묻자 왕은 이렇게 말했다.

> 그대에게 말하리다. 하늘이 은나라의 제사를 받지 않으시고 은나라를 버리셨으며, 이 사람 발이 태어나기 이전부터 지금에 이르기까지 60년간[111] 미록(麋鹿)이 들에 있고 비홍(蜚鴻)이 벌판에 가득하였소.[112] 하늘이 은나라를 옹호하지 않으시어 마침내 오늘날과 같은 성공을 있게 하였소. 은나라가 하늘의 명을 받아 막 건립되었을 때 임용된 현인(賢人)이 360명이었으나 그 업적은 그다지 두드러지지도 않았고 또한 없어지지도 않은 채 오늘에 이르렀소. 하늘이 주나라를 보우하시는지 아닌지 아직 확신할 수 없는데, 어찌 잠 잘 겨를이 있겠소?

무왕은 계속해서 말하였다.

> 하늘이 반드시 주나라를 보우하여 천하의 사람들이 천실(天室)[113]을 따르도록 하리라. 은왕 주를 징벌했듯이 모든 악인을 찾아내어 벌할 것이오. 밤낮으로 노력하여 나의 서토(西土)를 안정시키고 일을 공정히 처리하여 그 덕을 사방에 비추겠소. 낙수만(洛水灣)으로부터 이수만(伊水灣)까지는 지세가 평탄하고 험하지 않아서 하나라가 정착한 곳이오. 남으로 삼도(三塗)[114]를 바라보고 북으로 악(嶽)[115] 주변을 바라보며 황하를 살펴보고 다

---

108) 管 : 지금의 하남성 鄭州市.
109) 蔡 : 지금의 하남성 上蔡縣.
110) 豳 : 섬서성 彬縣 枸邑縣 일대. 주 무왕의 선조 公劉의 도읍지가 있었다. 〈주 9〉 참조.
111) 帝乙(기원전 1191-기원전 1155년)로부터 紂를 정벌하기까지의 60년간. 이는 殷代가 날로 쇠망한 연대이다. 『史記會注考證』에는 이를 근거로 하여, 이때 무왕의 나이가 60세를 넘지 않았으므로 무왕이 80세에 즉위했다는 설은 잘못이라고 했다.
112) 麋鹿은 뿔은 사슴 같고 꼬리는 당나귀 같으며 발굽은 소와 같고 목은 낙타 같다는 진귀한 짐승이고, 蜚鴻은 飛蝱이라고도 하는데 이것은 메뚜기를 말한다. 미록과 비홍이 들에 가득하다는 것은 하늘이 재앙을 내려서 흉작이 계속되어 백성이 곤궁함을 뜻한다. 또는 소인배가 권력을 장악하고 어진 신하가 추방당한 것이라고 한다.
113) 天室 : 中央, 都邑을 말한다.
114) 三塗 : 하남성 嵩縣 서남쪽에 있는 세 곳의 名山(太行山, 轘轅山, 崤澠山).

시 낙수(洛水)와 이수(伊水) 유역을 바라보니, 모두 도읍을 세울 만한 좋은 곳이라고 멀리 내버려만 둘 수가 없소.

이에 무왕은 낙(雒)[116]에 주의 부도(部都)를 세운 뒤 떠나갔다. 화산(華山)의 남쪽에 말을 방목하고 도림(桃林)[117]의 들판에 소를 방목하며 무기와 병사를 거두어들이고 군대를 해산하여, 다시는 무기와 병사를 사용하지 않을 것임을 온 천하에 알렸다.

무왕은 은을 점령한 2년 후에 기자(箕子)에게 은이 망한 까닭을 물었다. 기자는 차마 은의 죄악을 낱낱이 말하지 못해 그저 국가 존망의 도리를 고했고, 무왕 역시 난처하여 일부러 화제를 돌려서 천도(天道)에 대해서 물었다.

무왕이 병이 들었다. 천하가 아직 안정되지 않아 모든 대신들이 두려워서 경건히 점을 쳤다. 주공이 이에 목욕재계를 하고 자신이 무왕 대신 죽거나 병들겠다고 제사 드리며 빌자 무왕의 병세가 잠시 호전되었다. 그후 무왕이 붕어하고 태자 송(誦)이 이어서 즉위했으니, 그가 바로 성왕(成王)이다.

성왕의 나이가 어리고 주가 막 천하를 평정하였으므로 주공은 제후들이 주를 배반할까 두려워 마침내 섭정하여 국사를 주관했다. 주공의 두 동생 관숙(管叔)과 채숙(蔡叔)은 주공을 의심하여 무경(武庚)과 반란을 일으켜 주를 배반했다. 주공은 성왕의 명을 받들어서 무경과 관숙을 죽이고 채숙을 귀양 보냈다. 그리고 미자개(微子開)에게는 은의 후대를 계승하게 하여 송(宋)[118]에 국가를 세웠다. 또 은에 남은 백성을 모두 모아 무왕의 막내동생 봉(封)에게 내리어 그를 위강숙(衞康叔)에 봉했다.[119] 진당숙(晉唐叔)[120]이 상서로운 곡물[121]을 얻어서 그것을 성왕에게 바치자,

---

115) 嶽 : 太行山을 가리킨다. 일설에는 恒山을 가리킨다고 한다.
116) 雒 : 洛陽(西周의 제2 도읍지)을 가리킨다. 당시 두 城을 건축했는데, 하나는 王城(瀍水 서쪽 기슭, 平王이 東遷한 후 東周의 도읍이 되었다)이라고 하였고, 또 다른 하나는 成周(瀍水 동쪽 기슭, 春秋 말년 周 敬王이 이곳으로 도읍을 옮겼다)라고 하였다.
117) 桃林 : 요새 이름. 지금의 하남성 靈寶縣 서쪽에서 섬서성 潼關 동쪽 일대.
118) 宋 : 하남성 商丘縣에 있다.
119) 武庚은 武庚이 난을 일으키자 邶, 鄘, 衞의 백성을 周로 흡수한 후 남은 백성들을 康叔에게 봉하여 그를 衞侯로 삼았다.
120) 成王의 동생 叔虞를 唐(지금의 산서성 冀城縣 일대)에 봉했는데, 唐은 후에 晉

성왕은 그것을 병영에 있는 주공에게 보냈다. 주공은 동쪽 땅에서 곡물을
받고 천자의 명령을 선포했다. 예전에 관숙, 채숙이 주를 배반하여 주공
이 그들을 징벌한 지 3년이 지나자 완전히 안정되었으므로 처음에 「대고
(大誥)」를 짓고 그 다음으로 「미자지명(微子之命)」을 짓고, 그 다음 「귀
화(歸禾)」, 그 다음 「가화(嘉禾)」, 그 다음 「강고(康誥)」, 「주고(酒
誥)」, 「자재(梓材)」를 지었다. [122] 지나온 여러 가지 사건들이 모두 주공
의 이런 문장들에 기록되었다. 주공이 정무를 집행한지 7년, 성왕이 성장
하자 주공은 정권을 성왕에게 돌려주고 북쪽을 향하여[123] 신하의 자리로
물러났다.

성왕은 풍(豐)[124]에 머무르며 소공으로 하여금 다시 낙읍을 건설하여
무왕의 뜻을 계승하게 하였다. 주공은 다시 점을 치고 실제 조사를 마친
후 마침내 건설을 완공하고서 구정(九鼎)을 그곳에 안치하였다. 그는 “이
곳이 천하의 중심으로서 사방에서 공물을 바치러 오는 거리가 모두 같다”
라고 말하고, 「소고(召誥)」, 「낙고(洛誥)」를 지었다. 성왕이 은의 유민
을 그곳으로 이주시키자 주공은 성왕의 명을 고하려고 「다사(多士)」, 「무
일(無逸)」을 지었다. 소공은 보(保)[125]에 임명되었으며 주공은 사(師)에
임명되어 동으로 회이(淮夷)[126]를 정벌하고 엄(奄)[127]을 멸한 후 그 군주
를 박고(薄姑)[128]로 이주시켰다. 성왕이 엄에서 돌아와 종주(宗周)[129]에
서 「다방(多方)」[130]을 지었다. 성왕은 은의 잔여세력을 소멸시키고 회이
를 습격하고 풍으로 돌아와 「주관(周官)」[131]을 지었다. 이로부터 예의와

으로 개칭되었다.
121) 嘉谷은 길조를 상징하는 곡물이다. 鄭玄은 嘉谷을 “두 싹(줄기)이 하나의 이삭
    으로 된 것(二苗同爲一穗)”이라고 여겼다.
122) 「大誥」, 「康誥」, 「酒誥」, 「梓材」는 古文, 今文『尙書』에 모두 있고, 「微子之命」
    은 古文에는 있으나 今文에는 없다. 「歸禾」, 「嘉禾」는 이미 실전되었다.
123) 고대 군왕은 북쪽에 앉아서 남쪽을 향하고 있었으므로, 군신은 알현할 때 북쪽
    을 향하게 되었다. 이를 北面이라고 한다.
124) 豐 : 즉 豐邑을 말한다. 澧水 서편에 있으며 周 文王의 都城이다. 〈주 40〉 참조.
125) 保 : 太保를 말한다. 太師와 太傅, 太保는 고대의 三公이다.
126) 淮夷 : 지금의 徐州 일대에 거주했던 민족.
127) 奄 : 殷의 제후국으로 周가 멸망시켰다. 산동성 曲阜縣 부근에 있었다.
128) 薄姑 : 일명 蒲姑라고도 한다. 지금의 산동성 博興縣 동남쪽.
129) 宗周 : 주왕의 도읍이 있는 곳. 鎬京(지금의 섬서성 西安市 서쪽)을 가리킨다.
130) 「多方」: 『商書』의 편명으로, 천하의 제후들에게 고한 글.
131) 「周官」: 周나라 관직의 분류, 계통과 인재 등용에 관한 법을 기록하였다.

음악이 바로잡히고 흥성해졌으며 법령제도를 바르게 개혁하였으므로, 백성은 화목하였고 칭송의 노래가 울려퍼졌다. 성왕이 동이를 정벌하여 식신족(息愼族)[132]이 와서 조현(朝見)하자 왕은 영백(榮伯)[133]에게 「회식신지명(賄息愼之命)」을 짓게 하였다.[134]

성왕은 임종할 때 태자 교(釗)가 제왕의 임무를 제대로 완수하지 못할까 걱정하여 소공과 필공에게 제후를 거느리고 태자를 보좌하여 왕위에 옹립할 것을 명령했다. 성왕이 붕어하자 소공과 필공은 제후들을 거느리고 태자 교를 인도하여 선왕의 묘에 참배하게 하고, 문왕과 무왕이 왕업을 어렵게 이루었음을 거듭 고하여, 검약에 힘쓰고 탐욕을 부리지 말며 진실한 믿음으로 천하를 통치하게 하고는 「고명(顧命)」[135]을 지었다. 태자 교가 즉위하니, 그가 바로 강왕(康王)이다. 강왕은 즉위하여 문왕과 무왕의 위업을 제후들에게 두루 알리고, 그들에게 애쓸 것을 선포하고서 「강고(康誥)」[136]를 지었다. 이에 성왕, 강왕의 시대에는 천하가 안정되어 형벌은 40여 년간이나 쓰이지 않았다. 강왕은 왕의 명령인 책명(策命)을 짓는 필공에게 백성 일부를 교외로 옮기어 성주(成周)의 변경(邊境)이 되게 하고는 「필명(畢命)」[137]을 지었다.

강왕이 세상을 떠나자 아들 소왕(昭王) 하(瑕)가 즉위했다. 소왕 때에는 왕도가 점차 쇠약해졌는데, 소왕은 남쪽으로 순수(巡狩)했다가 돌아오지 못하고 강 위에서 붕어하였다.[138] 그러나 소왕이 죽었어도 부고(赴告)[139]를 내지 않았으니, 이것은 이 일을 숨기고 싶었기 때문이었다. 소왕의 아들 만(滿)이 즉위하니 그가 바로 목왕(穆王)으로, 목왕은 왕이

---

132) 息愼族: 『상서』에는 "肅愼"으로 쓰여 있다. 당시 중국 동북쪽에 살던 부족.
133) 榮伯: 사람 이름. 周와 同姓인 제후.
134) 「賄息愼之命」: 『상서』의 편명으로 이미 실전되었다.
135) 「顧命」: 『상서』의 편명으로, 古文과 今文에 모두 있다. 成王이 임종할 때에 대신들을 불러서 자신의 후대 왕을 보좌해달라고 명령한 일이 기록되어 있다.
136) 「康誥」: 고문 『상서』에는 「康王之誥」로 쓰여 있다.
137) 「畢命」: 고문 『상서』의 편명.
138) 「帝王世紀」에는 "昭王이 부덕하였는데, 남으로 길을 떠나서 漢水를 건너게 되었다. 뱃사람이 그를 미워해서 아교로 붙인 배에 왕을 타게 하였다. 왕이 배를 타고 중류에 이르자 아교가 녹아 배가 부서지고 왕과 祭公이 물에 빠져 죽었다(昭王德衰, 南征, 濟于漢, 船人惡之, 以膠船進王, 王御船至中流, 膠液船解, 王及祭公俱沒于水中而崩)"라고 기록되어 있다.
139) 赴告: 제후에게 喪을 보고하는 것.

되기는 했으나 이미 50세였다. 왕도가 쇠해지자 목왕은 문왕과 무왕의 도가 쇠약해진 것을 근심하여 이에 백경(伯冏)을 태복(太僕)에 임명하고, 그에게 국정을 주의깊게 살피도록 거듭 경계하고는[140] 「경명(冏命)」을 지었다. 그러자 천하가 다시 안정되었다.

목왕이 견융을 정벌하려고 하자 제공(祭公) 모보(謀父)[141]가 다음과 같이 간하였다.

안 됩니다. 선왕께서는 덕을 밝혔을 뿐 무력을 과시하지 않으셨습니다. 대저 병력이란 보통때는 신중하게 보유하고 있다가 적당한 때에 출동시키는 것이며, 단번에 출동해야 위세가 있게 됩니다. 무력을 과시하면 장난이 되고, 장난으로 무력을 사용하면 위엄이 없어집니다. 때문에 주 문공(周文公)의 노래에도 "창과 방패를 거두어들이고 활과 화살을 자루에 넣었네. 아름다운 덕을 닦아서 온 나라에 실행하고, 왕도로써 천하를 보존하리라!"라고 하였습니다. 선왕께서는 백성에게 덕을 바르게 하고 성정을 두텁게 하도록 힘쓰시고, 그들의 재물을 풍성하게 하고, 기물을 편리하게 이용하게 하였으며, 백성들이 이로움과 해로움의 소재를 분명히 알도록 하셨습니다. 또한 교육으로써 그들을 수양하게 하고 이익을 도모하고 손해를 피하게 하고, 덕행을 사모하고 형벌을 두려워하게 하였습니다. 때문에 선왕께서는 대대로 천하를 보전하여 날로 강대해질 수 있었던 것입니다. 예전에 우리의 선왕께서 대대로 후직(后稷)[142]을 맡아 우(虞), 하(夏)에 종사했습니다. 하나라가 쇠하자 후직 벼슬을 없애고 농업에 힘쓰지 않으니, 우리의 선왕 부줄(不窋)은 관직을 잃고 스스로 융적이 사는 곳으로 피했습니다. 그러나 그분은 감히 농업에 태만하지 않고 늘 스스로 덕행을 지니며 사업을 계속하였습니다. 또한 자신을 교화하는 법도를 다스려서 조석으로 삼가 애쓰고 성실 돈독하게 지켰으며, 충성과 믿음으로써 이 모든 것을 받들어 실행했습니다. 후세에도 이러한 덕이 계승되어 선대의 이름을 더럽히지 않았습니다. 더욱이 문왕, 무왕에 이르러 전대(前代)의 광명을 밝히고 자애와 화목을 더하여 신(神)을 섬기고 백성을 보호하니, 신과 백성들은 모두 기쁘기 그지없었습니다. 상왕(商王) 신(辛)이 백성에게 큰 죄를 지어

---

140) 伯冏은 즉 伯冏을 말한다. 太僕은 周王의 생활을 관리하고 명령을 전달하는 벼슬이다. 「尙書序」에는 "목왕이 백경을 주나라 태복의 長(正)으로 임명하였다(穆王命伯冏爲太僕正)"고 기록되어 있다.

141) 祭公 謀父 : 사람 이름. 목왕의 大臣으로 祭에 봉해졌고 이름은 謀父이다.

142) 여기에서의 后稷은 農官을 총괄하여 가리키는 것으로, 周의 시조 后稷을 가리키는 것이 아니다.

백성들이 참을 수가 없었으므로 모두들 기뻐하며 무왕을 추대했고, 때문에 무왕이 상나라의 교외에서 상왕과 전투를 한 것입니다. 이는 선왕께서 무력에 힘쓴 것이 아니라 백성의 고통을 불쌍히 여기어 무력으로 해로움을 제거한 것입니다.

대저 선왕의 제도에는 방내(邦內)[143]를 전복(甸服)[144]이라고 하고, 전복 밖을 후복(侯服)이라고 하며, 제후국 바깥의 위성국가를 빈복(賓服)[145]이라고 하였고, 이만(夷蠻)이 거주하는 지역을 요복(要服)이라고 하며, 융적(戎翟)이 사는 지역을 황복(荒服)이라고 하였습니다. 전복에 있는 국가는 제(祭)[146]하고, 후복의 국가는 사(祀)[147]하며, 빈복의 국가는 향(享)[148]하고, 요복의 국가는 공(貢)[149]하며, 황복의 국가는 신하로서 왕으로 받들어야 합니다. 날마다 제하고, 달마다 사하며 계절마다 향(享)하고, 해마다 공하며 종신토록 주 왕조를 받들어야 합니다. 선왕께서는 이상의 제사 제도를 행할 때 제에 참가하지 않는 자가 있으면 자신의 뜻을 살피고, 사에 참가하지 않는 자가 있으면 자신의 말을 살피며, 향(享)하지 않는 자가 있으면 자신의 정령과 교화를 점검하며, 공하지 않는 자가 있으면 자신의 명분을 살피며, 자신을 왕으로 받들지 않는 국가가 있으면 자신의 덕을 수양하곤 했습니다. 앞에서 말한 대로 자신이 반성하고 점검해도 제사, 조공 등을 행하지 않는 자가 있으면 그제서야 형벌을 사용했습니다. 이에 제하지 않으면 법에 따라서 징벌하고, 사하지 않는 자에게는 군대를 파견해 토벌하며, 향하지 않는 자는 정벌(征伐)[150]하라고 명령하고, 공하지 않는 자는 꾸짖으며, 왕으로 받들지 않으면 타일러 깨우쳐주었습니다. 이리하여 형벌의 법이 있고, 공벌(攻伐)하는 군대가 있으며, 토벌하는 조처가 있고,

---

143) 邦內 : 都邑 郊外 500리 이내로 천자가 직접 관할하는 땅.

144) 甸服 : 周代 五服의 하나. 王畿 주위로부터 500리 이내를 말한다. 五服은 王畿를 중심으로 주위를 순차적으로 나눈 다섯 구역이다. 上古에는 甸服, 侯服, 綏服, 要服, 荒服이라 했고, 周代에는 甸服, 侯服, 男服, 采服, 衛服이라고 했다. 한 服은 각각 500리씩이다. 권1 「오제본기」의 〈주 130〉, 권2 「하본기」의 〈주 153〉 참조.

145) 賓服 : 이들 지역은 중국과 외교관계를 유지하며 賓客의 위치에 있었다.

146) 祭 : 천자의 조부와 부친에 제사 드리는 데 참여하는 것.

147) 祀 : 천자의 高祖, 曾祖의 제사에 참여하는 것.

148) 享 : 祭品을 헌상하는 것.

149) 貢 : 공물을 바치는 것.

150) 본문의 征과 伐은 병사를 보내어 공격한다는 같은 뜻이다. 그러나 征은 上(天子)이 下(諸侯)에 사용하는 무력, 즉 有道가 無道에 대해서 공격하는 것에만 한정된다. 그러나 伐의 범위는 비교적 넓다. 또한 본문에서 征은 周 王朝의 부대가 직접 출동하는 것이고, 伐은 제후들에게 명령하여 파병하고 토벌하는 것이다.

위엄 있게 나무라는 명령이 있으며, 권고하는 글이 있는 것입니다. 그러나 그들에게 명령하고 권고해도 오지 않으면 더욱 자신의 덕을 수양해야 하며, 백성을 원정(遠征)에 동원해서는 안 되는 것입니다. 이렇게 할 수 있어야 가까운 곳에서 왕의 명을 듣지 않는 자 없고, 멀리서 복종하지 않는 자가 없게 되는 것입니다.

견융족은 대필(大畢)과 백사(伯士)[151]가 귀순한 후부터 자신들의 직무에 따라서 임금님을 왕으로 받들고 있습니다. 그런데 임금께서 "나는 불향(不享)의 죄목으로써 그들을 정벌하겠다. 또한 그들에게 무력을 보여주리라"라고 말씀하시는 것은 선왕의 훈계를 저버리고 선왕의 제도를 파괴하는 것이 아니겠습니까? 신은 견융족이 돈후한 기풍을 세우고, 선조께서 물려주신 덕을 따르고 시종여일 고수한다고 들었습니다. 그들은 그렇게 함으로써 우리를 막을 수 있을 것입니다.[152]

그러나 목왕은 결국 그들을 정벌하여 흰 이리 네 마리와 흰 사슴 네 마리를 가지고 돌아왔다. 이로부터 황복 지역의 국가는 오지 않았다.

제후 가운데 따르지 않는 자들이 있어서 보후(甫侯)[153]가 왕께 말하자 목왕은 형법을 제정하고 다음과 같이 고하였다.

자, 와서 들으시오! 나라가 있고 땅이 있는 사람들이여,[154] 그대들에게 훌륭한 형법을 고하노라. 지금 그대들이 백성을 편안하게 하고자 하는 데에서 무엇을 선택할 것인가, 인재가 아니겠는가? 무엇을 삼가 받들 것인가, 형법이 아니겠는가? 어떻게 처리할 것인가, 법을 올바르게 집행하는 것이 아니겠는가? 원고와 피고가 오면 옥관(獄官)은 다섯 가지 방면을 통해서 사건을 심리하시오.[155] 다섯 가지 방면에서 조사하고 확인한 것이 믿을 만하면 오형(五刑)에 따라서 판결하고, 오형을 판단할 근거가 부족하면 오벌(五罰)[156]에 따라서 처벌하시오. 범법자가 오벌로 판결한 것에 불복하

---

151) 大畢, 伯士 : 犬戎의 두 君主.
152) 원문은 "有以御我"로 우리의 것을 막아내는 것을 말한다. (즉 훌륭한 도덕 풍습으로 민심을 얻는 것을 가리킨다.)
153) 甫侯 : 『尚書』에는 "呂侯"라고 쓰여 있다. 甫는 지금의 하남성 南陽縣 서쪽에 있던 나라의 이름이다. 甫侯(呂侯)는 穆王의 相 혹은 司寇를 지냈다고 한다.
154) 有國有土 : 나라가 있고 땅이 있는 자, 즉 제후를 가리킨다.
155) 五辭는 사건을 살피는 다섯 가지 방법이다. 『周禮』의「秋官」, 「小司寇」에 의하면, "첫째, 말을 듣고, 둘째, 안색을 보며, 셋째, 분위기를 살피고, 넷째, 귀로 듣고, 다섯째, 눈으로 살피는 것(一曰辭聽, 二曰色聽, 三曰氣聽, 四曰耳聽, 五曰目聽)"을 말한다. 즉 답하는 자의 억양, 안색, 눈빛 등을 관찰하여 판단한다.

면 오과(五過)[157]를 적용하시오. 그런데 오과의 난점은 특히 관옥(官獄)[158]과 내옥(內獄)[159]인 경우이오. 이런 경우에는 관리의 죄가 범죄자와 같으므로 실증을 조사하고 확인하여 처벌하시오. 오형을 적용하기에 문제가 있으면 사면하고, 오벌을 적용함에 의문점이 있으면 용서하는 등, 면밀히 살펴서 알맞게 판결하시오. 조사가 정확해야 백성의 신임을 얻을 수 있고, 심문할 때는 근거가 있어야 하오. 조사가 확실하지 못한 사안은 의심스러운 대로 처리하지 말아야 할 것이며, 모두들 하늘의 위엄을 엄숙하게 공경해야 하오.

경형(黥刑)[160]의 죄를 지었으나 의문점이 있으면 사면하고 100환의 벌금에 처하며, 그 죄를 소상히 조사하시오. 의형(劓刑)[161]에 해당하는 죄를 지었으나 의심이 가면 사면하고 벌금 200환을 부과하고 그 죄를 소상히 조사하시오. 빈형(臏刑)[162]의 죄를 지었으나 의문점이 있으면 용서하고 벌금은 300환[163]에 처하고 그 죄를 철저히 조사하시오. 궁형(宮刑)[164]에 해당하는 죄이나 미심쩍으면 용서하여 벌금 500환을 내리고 그 죄를 소상히 살피시오. 또 대벽(大辟)[165]의 죄를 지었으나 의심스러우면 용서하고 벌금 1,000환에 그 죄를 명백히 조사하시오. 경형, 즉 묵형(墨刑)에 해당하는 법조항은 1,000 가지이고, 의형은 1,000 가지, 빈형의 종류는 500 가지이고, 궁형의 종류는 300 가지이며, 대벽형의 종류는 200 가지요. 이에 오

---

156) 五刑 : 五刑의 가벼운 것으로, 벌의 등급이 다섯이므로 五罰이라고 한다. 벌금을 내고 속죄하는 형벌.

157) 五過 : 다섯 가지 과실. 『尙書』의 「呂刑」에 의하면 "五過는 官, 反, 內, 貨, 來"라고 하였다. 蔡沈은 官은 위세를 믿는 행위, 反은 개인적인 친분이나 원한에 따라서 행동하는 것, 內는 총애받는 여자를 통해서(연줄을 통해서) 이익을 추구하는 행위, 貨는 뇌물을 주는 행위, 來는 개인의 친분을 이용하여 청탁하는 행위라고 주를 달았다.

158) 官獄 : 관리의 권세를 이용하여 公을 사칭하여 개인의 이익을 구하는 행위. 여기서는 官員과 囚人이 옛날 同官인 경우를 말한다.

159) 內獄 : 아는 사람, 즉 연줄을 통해서 이익을 구하는 행위. 여기서는 관리와 범죄자가 연줄이 있어서 아는 경우를 말한다.

160) 黥刑 : 즉 墨刑을 말한다. 이마에 罪名을 써넣는 형벌. 권1「오제본기」의 〈주 79〉'五刑' 참조.

161) 劓刑 : 코를 베는 형벌. 五刑의 하나.

162) 臏刑 : 정강이 뼈(혹은 종지뼈)를 자르는 형벌.

163) 원문의 "倍差"는 倍에서 조금 모자란다는 뜻. 따라서 劓刑 벌금 200환의 배인 400환에 못 미치는 300환으로 본다. 또한 의형 벌금을 倍하고 다시 그 의형 벌금에서 1/3을 뺀 금액으로 보아 약 330환이라고도 한다.

164) 宮刑 : 남자는 생식기를 자르고 여자는 옥에 가두던 형벌. 五刑의 하나.

165) 大辟 : 死刑 혹은 斬首刑을 말한다. 五刑의 하나.

형(五刑)에 속하는 법 조항은 모두 3,000 가지요.

이에 「보형(甫刑)」[166]이라고 명했다.

목왕이 재위 55년에 붕어하고 아들 공왕(共王) 예호(繄扈)[167]가 즉위했다. 공왕이 경수(涇水) 근처에서 노닐 때 밀강공(密康公)[168]이 그를 수행하였다. 그런데 밀강공에게 세 여자가 의탁해왔다. 그러자 그의 어머니가 이르기를 "왕께 여자들을 바치게나! 짐승이 세 마리면 군(群)이 되고, 사람이 셋이면 중(衆)이 되며, 여자가 셋이면 찬(粲)이 되는 것이오. 왕이 사냥을 할 때도 많은 짐승을 잡아서는 안 되고, 제후가 행차할 때도 사람들에게 수레에서 내려서 경의를 표하게 할 수는 없으며, 왕이 비빈(妃嬪)을 맞이할 때에도 한 집안에서 세 여자를 동시에 취할 수는 없는 일이오. 이 세 명의 여자는 모두 미인이오. 사람들이 이 미인들을 자네에게 바쳤는데, 자네는 무슨 덕으로 감당하겠소? 왕도 감당하지 못하거늘 하물며 자네 같은 소인이야 어떻겠소? 소인배가 보물을 지니면 결국 반드시 망하는 것이오"라고 하였다. 그러나 밀강공은 왕에게 여자를 헌상하지 않았고, 1년 후에 공왕은 밀국을 멸했다. 공왕이 세상을 떠나고 아들 의왕(懿王) 간(囏)[169]이 즉위했다. 의왕 때 왕실은 점차 쇠약해졌으므로 시인들이 풍자하는 시를 짓기 시작했다.[170]

의왕이 붕어하고 공왕의 동생 벽방(辟方)이 즉위하니, 그가 효왕(孝王)이다. 효왕이 세상을 떠나자 제후들이 다시 의왕의 태자를 옹립하였는데, 이 이가 이왕(夷王)이고, 이왕이 붕어하자 아들 여왕(厲王) 호(胡)가 즉위하였다. 여왕은 30년간 재위하면서 이익을 탐하고 영이공(榮夷公)[171]을 가까이했다. 그러자 대부 예량부(芮良夫)[172]가 여왕께 간하였

---

166) 「甫刑」: 『尙書』에는 「呂刑」이라고 쓰여 있다. 穆王이 말한 이 단락은 모두 「呂刑」에서 인용한 것이다.
167) 繄扈: 「世本」에는 "伊扈"라고 적혀 있다. 共王의 이름.
168) 密康公: 密國의 제후. 密國의 옛 城은 경수 근처에 있어서 周의 都城에 가까웠으며 周와 同姓이었다.
169) 囏: 囏은 艱과 같다.
170) 『索隱』에서 宋忠은 의왕 때 왕실이 쇠해지자 시를 짓기 시작했다고 한다. 『史記會注考證』에 "『漢書』의 「匈奴傳」에서 말하기를 의왕 때 왕실이 점차 쇠하고 융적이 번갈아 침략하니 중국은 괴로움을 당하고, 시인은 이러한 고통을 시로 표현하여 '집도 절도 없이 다 무너져버린 것은 오랑캐〔獫允〕 때문일세(靡室靡家, 獫允之故)'라고 읊었다"고 쓰여 있다.
171) 榮夷公: 사람 이름. 榮(지금의 하남성 鞏縣 서쪽) 땅에 봉해졌다.

다. "왕실이 쇠약해지려고 하지 않습니까? 영이공은 이익을 독점하는 것은 좋아하면서도 큰 재앙은 알지 못합니다. 무릇 이익이란 만물에서 생기는 것이며 천지가 소유한 것으로, 그것을 독점하게 되면 해가 많아집니다. 천지의 만물은 모든 사람들이 같이 써야 하거늘, 어찌 한 사람이 독점할 수 있겠습니까? 이익을 독점하면 많은 백성들의 분노를 초래할 것이며, 그렇게 되면 큰 재앙에 대비할 수 없습니다. 그가 이러한 것으로써 천자를 인도하니, 천자께서 오래토록 아무 일 없이 잘 지내실 수 있겠습니까? 무릇 다른 사람에게 왕 노릇하는 자는 이익을 장려하고 개발하여 위 아래 모든 사람들에게 공평히 분배해야 합니다. 신(神)과 사람, 그리고 만물이 각기 적당함을 얻게 하시고, 백성이 원망할까 날마다 근심하고 두려워하셔야 합니다. 때문에 「송(頌)」에 이르기를 '문덕(文德) 있으신 후직[173]이시어! 저 하늘과 짝이 되실 만하네. 우리 백성들이 스스로 잘 살 수 있게 해주시니, 백성들 모두 그분을 본받네'라고 했으며, 「대아(大雅)」에는 '두루 복을 내리사 주(周) 천하가 되었도다'라고 했습니다. 이것은 이익을 두루 나누어주고 환난을 두려워한 때문이 아니겠습니까? 그러므로 주나라가 오늘까지 이어올 수 있는 것입니다. 그러니 천자께서 재물을 독점하는 것을 배우시는 것이 옳은 일이겠습니까? 필부가 이익을 독점해도 도적이라고 하거늘, 왕이면서 이익을 챙기신다면 천자를 따르는 사람들도 드물게 될 것입니다. 영이공을 등용하신다면 주나라는 반드시 멸망할 것입니다." 그러나 여왕은 듣지 않고 마침내 영이공을 경사(卿士)[174]로 임용하여 국사를 주관하게 했다.

왕이 포악하고 사치하며 교만하였으므로 백성들이 왕을 비방하였다. 그러자 소공(召公)이 간하기를 "백성들은 포악한 명령을 견디지 못합니다!"라고 하였다. 왕은 노하여 위(衛)나라의 무당을 불러서 비방하는 자들을 감시하게 하고, 무당이 보고하면 그들을 죽였다. 이에 점차 비방하는 사람이 드물게 되었고, 제후들은 조회하러 오지 않았다. 34년, 왕이 더욱 엄하게 단속하자 백성들은 감히 말하지 못하고 길에서 만나면 눈짓으로 뜻을 교환했다.

---

172) 芮良夫：사람 이름. 芮(지금의 섬서성 大荔縣) 땅에 봉해졌다.
173) 后稷：周의 시조 棄를 가리킨다. 〈주 1〉 참조.
174) 卿士：大臣.

　그러자 여왕이 기뻐하며 소공에게 "내가 비방하는 것을 소멸시켰소. 아무도 감히 말하지 않게 되었소"라고 말하니 소공이 다음과 같이 말했다. "이는 말을 못하게 억지로 막은 것입니다. 백성의 입을 막는 것은 물을 막는 것보다 심각합니다. 물이 막혔다가 터지면 피해자가 대단히 많은 것처럼, 백성들 또한 마찬가지입니다. 때문에 물을 다스리는 자는 수로를 열어서 물이 흐르게 하고, 백성을 다스리는 자는 그들을 이끌어서 말하게 해야 합니다. 그러므로 천자는 정무를 처리할 때 공경(公卿)에서 일반 관원에 이르기까지 시(詩)175)를 바치게 하고, 악관에게는 악곡을 지어서 바치게 하며, 사관에게는 전대(前代)의 정치를 적은 역사서를 바치게 하고, 악사에게는 잠언(箴言)을 바치게 하는 것입니다. 또한 수(瞍)176)는 시편을 낭송하게 하고, 몽(矇)177)은 음악 없이 시를 읊게 하며, 백관(百官)은 간언하게 하고, 백성은 왕에게 간접적으로 의견을 전달하게 하며, 좌우 시종은 간언을 살피는 책임을 다하게 하고, 친척은 왕의 과실을 보완하고 살피게 하며, 악사와 사관은 악곡과 사실(史實)로써 천자를 바르게 인도하고, 늙은 신하에게는 이 모든 것을 정리하게 하는 것입니다. 그런 후에 왕이 이들을 헤아려보고 취사하면 정치는 잘 행해지고 사리에 위배되지 않는 것입니다. 백성에게 입이 있는 것은 대지에 산천이 있어서 여기에서 재물 등이 모두 나오는 것과 같고, 또한 대지에 평야, 습지, 옥토가 있어서 입을 것과 먹을 것이 여기에서 나오는 것과 같은 것입니다. 백성들이 마음껏 말하도록 하면 정치를 잘하고 못함이 다 반영되어 나오는 것입니다. 좋은 일을 밀고 나가고 잘못된 일을 방지하는 것은 대지에서 재물과 의식(衣食)을 생산하는 것과 같습니다. 무릇 백성이 속으로 생각하여 입으로 말하는 것은 속으로 많이 생각한 후에 말하는 것입니다. 그런데 그들의 입을 막는다면 찬동하는 자가 몇이겠습니까?"

　그러나 왕은 듣지 않았다. 이리하여 나라에는 감히 정치에 대해서 말하는 자가 없었고, 3년이 지나자 마침내 백성들은 서로 연합하여 난을 일으켜서 여왕을 습격했다. 여왕은 체(彘)178)로 달아났다.

　여왕의 태자 정(靜)이 소공의 집에 숨었는데 백성들이 그 소문을 듣고

---

175)　詩 : 정치의 득실을 논한 詩篇.
176)　瞍 : 눈동자가 없는 盲人.
177)　矇 : 눈동자는 있으나 失明한 사람.
178)　彘 : 지금의 산서성 霍縣.

드디어 그 집을 포위했다. 소공은 말했다. "예전에 내 누차 왕께 간했지만 왕께서 듣지 아니하여 이 같은 재난에 이르렀소. 지금 태자를 죽인다면 왕은 나를 원수로 생각하고 원망할 것이 아니오? 대저 군주를 모시는 사람은 위험에 처해도 군주를 원망하지 않으며, 군주가 자신을 책망해도 노하지 않는 법인데, 하물며 천자를 섬김에랴?" 이에 그는 자신의 아들에게 태자를 대신하게 하여, 결국 태자는 달아날 수 있었다. [179]

소공(召公)[180]과 주공(周公)[181] 두 상(相)이 함께 정무를 관리한 것을 '공화(共和)'라고 부른다. 공화 14년, 여왕은 체에서 세상을 떠났다. 태자 정(靜)이 소공의 집에서 장성하자 소공과 주공이 그를 왕으로 옹립하니, 그가 선왕(宣王)이다. 선왕이 즉위하고 그들이 왕을 보좌하여 정사를 돌보고 문왕, 무왕, 성왕, 경왕의 유풍을 본받자 제후들이 다시 주나라를 섬겼다. 12년, 노 무공(魯武公)이 와서 조현했다.

선왕이 천묘(千畝)[182]의 적전(籍田)을 돌보지 않자 괵 문공(虢文公)[183]이 안 된다고 간했으나 왕은 듣지 않았다. 39년, 천묘(千畝)[184]에서 전쟁이 일어나니 왕의 군대는 강씨(姜氏)라는 오랑캐[185]에게 대패했다.

선왕(宣王)이 남국(南國)[186]에서 군대를 잃자 마침내 태원(太原)[187]에서 징병을 위해 인구를 조사했다. 중산보(仲山甫)[188]가 "인구 조사를 하지 마십시오!"라고 간했으나 선왕은 듣지 않고 끝내 인구를 조사하였다.

---

179) 召公이 자신의 아들로 태자를 대신한 일은 『國語』의 「周語上」에 나온다.

180) 召公 : 즉 召虎를 말한다.

181) 周公 : 周公 旦의 둘째 아들의 후손. 주공의 큰아들 伯禽은 魯國에 봉해졌고, 둘째 아들은 京都에 머무르며 주나라를 도왔으며 대대로 주나라의 公이 되었다.

182) 千畝 : 籍田(天子가 몸소 경작하던 祭田)의 면적 혹은 苗數를 가리킨다. 應劭는 "고대 천자가 적전 천묘를 경작하여 천하에 모범을 보였다(古者天子耕籍田千畝, 爲天下先)"라고 말하고 있으나, 句法과 뒤의 문장에 근거하면 여기서 천묘는 지명으로 해석해야 한다.

183) 虢 文公 : 문왕의 친동생 虢仲의 후손. 괵은 나라 이름으로 여기서는 西虢을 가리키며, 지금의 섬서성 寶鷄縣이다.

184) 千畝 : 지명. 지금의 산서성 介休縣 경내. 일설에는 산서성 安澤縣 북쪽이라고도 한다.

185) 姜氏之戎 : 西戎의 일종으로 四嶽의 후예.

186) 南國은 江漢(長江과 漢水)의 사이.

187) 太原 : 지명. 일설에는 산서성 陽曲縣이라고도 하고, 또 寧夏固原縣이라고도 한다.

188) 仲山甫 : 宣王의 중흥을 보좌했던 名臣. 樊(지금의 하남성 濟源縣 서남쪽)에 봉해졌다. 중산보가 선왕에게 간한 의론은 『國語』의 「周語上」에 상세히 적혀 있다.

46년, 선왕이 붕어하고 아들 유왕(幽王) 궁생(宮湦)[189]이 즉위했다. 유왕 2년, 서주의 도성과 부근의 삼천(三川)[190] 유역에 지진이 발생했다. 백양보(伯陽甫)[191]가 이렇게 아뢰었다. "주나라는 장차 망할 것입니다. 대저 천지의 기운은 그 질서를 잃지 않아야 하는데, 만약 그 질서를 잃었다면 이는 사람이 어지럽힌 것입니다. 양기가 아래로 숨어 나올 수 없고, 음기가 눌러 양기가 올라올 수 없으면 지진이 발생하게 됩니다. 지금 삼천 유역에 지진이 일어난 것은 양기가 그 자리를 잃고 음기에 눌린 것입니다. 양기가 자리를 잃고 음기 아래 있으면 수원(水源)은 막히게 되며, 수원이 막히면 나라는 반드시 망하게 됩니다. 대저 물이 잘 흐르고 땅이 윤택해야 백성들에게 소용되는 것입니다. 땅이 윤택하지 않으면 백성들의 재용이 부족하게 되니 어찌 망하지 않겠습니까? 예전에 이수(伊水)와 낙수(洛水)[192]가 고갈되어 하나라가 망했고, 황하가 고갈되어 상나라가 망했습니다. 오늘 주의 덕도 하나라나 상나라의 말기와 같아 그 하류의 수원이 다시 막혔고, 막혀버렸으니 이제 반드시 고갈될 것입니다. 나라는 반드시 산천에 의지하는 것이니, 산이 붕괴되고 하천이 고갈되는 것은 망국의 징조입니다. 하천이 고갈되면 반드시 산이 무너집니다. 만약 나라가 망한다면 10년을 넘기지 못할 것입니다. 10이 숫자의 한 단원(單元)인 수의 법칙[193] 때문이지요. 그래서 하늘이 저버리시면 10년을 넘기지 못하게 됩니다"라고 하였다. 이해에 세 하천이 말랐고 급기야 기산(岐山)이 붕괴되기에 이르렀다.

3년, 유왕은 포사(褒姒)[194]를 총애했다. 포사가 아들 백복(伯服)을 낳자 유왕은 태자를 폐하려고 했다. 원래 태자의 모친은 신후(申侯)[195]의

---

189) 宮湦 : 宮生으로도 쓴다.
190) 三川 : 주나라 도읍지 부근의 세 하천. 즉 渭水, 涇水, 洛水(섬서성의 낙수)를 말한다.
191) 伯陽甫 : 사람 이름. 周의 大夫. 甫는 父로도 쓴다.
192) 伊水, 洛水 : 낙수는 河南에 있는 강. 이 유역은 夏 왕조의 중심 활동 지역이었다. 권2 「하본기」의 〈주 73〉, 〈주 74〉 참조.
193) 數之紀 : 숫자는 1에서 시작되어 10에서 끝나고, 10은 다시 변하게 되므로 10을 수의 모든 시작이라고 여기는 것. 백양보가 논한 주의 멸망에 관한 이야기는 『國語』의 「周語上」에 나온다.
194) 褒姒 : 褒는 제후국 이름. 옛 근거지는 지금의 섬서성 漢中市 서북쪽에 있는 褒城 일대이다. 姓은 姒氏. 褒姒는 褒에서 바친 여자였기에 國名과 國姓으로 불렸다.
195) 申侯 : 제후국 이름. 옛 근거지는 지금의 하남성 南陽市 북쪽. 성은 姜氏.

딸로 왕후가 되었는데, 나중에 유왕이 포사를 총애했으므로 신후와 태자 의구(宜臼)를 폐위시키고, 포사를 왕후로, 백복을 태자로 세우고자 한 것이다. 그러자 주의 태사 백양(伯陽)[196]이 역사서를 읽고 "주는 망하리라"라고 하였다. 예전에 하후씨가 쇠락했을 때 신룡(神龍) 두 마리가 하제(夏帝)의 뜰에 머물며 "우리는 포(襃)의 선왕들이다"라고 말했다. 하제가 점을 치니, 용 두 마리를 죽이거나 쫓아버리거나 머무르게 하거나 모두 불길하다는 점괘가 나왔다. 다시 점을 치니, 용의 타액을 받아서 보관하면 길할 것이라고 하였다. 그리하여 제물을 올리고 간책(簡策)에 글을 지어서 용에게 기원하자 용은 사라지고 타액만 남아 상자에 넣고 땅에 남은 흔적을 없앴다. 하가 망하자 이 상자는 은에 전해졌고, 은이 망하자 다시 주에 전해졌는데, 3대에 이르기까지 감히 상자를 열어보지 못했다. 여왕의 말년에 이르러서 상자를 열어보았는데, 그 타액이 뜰에 흘러서 지워지지 않았다. 이에 여왕이 여자들을 발가벗겨 큰 소리로 떠들게 하자 타액이 검은 자라로 변해서 왕의 후궁(後宮)으로 기어들어갔다. 그때 후궁에 있던 6, 7세 가량[197]의 어린 계집종이 자라와 마주쳤다. 그녀가 성년이 되자[198] 남자와의 접촉 없이 아이를 낳자, 두려워서 아이를 버렸다. 선왕 때 어린 여자애들이 부르는 동요에 "산 뽕나무로 만든 활과, 기(箕)나무로 만든 화살주머니가 주를 망하게 하리라"라는 노래가 있었다. 당시 선왕이 이 노래를 듣고 이 활과 화살주머니를 파는 부부를 잡아서 죽이게 했다. 그들 부부가 도망가다가 후궁 계집종이 낳아서 버린 이상한 아기가 길에 있는 것을 발견하였다. 밤에 아이 우는 소리를 들으니 슬프고 불쌍하여 아이를 거두어 포(襃)로 달아났다. 포나라 사람이 유왕에게 죄를 짓자 어린 종이 버렸던 여자를 왕께 바쳐서 속죄를 청했다. 이 버려진 여자는 포나라에서 성장하였으므로 포사(襃姒)라고 불렀다. 유왕 3년에 왕은 후궁으로 가서 그녀를 총애하여 아들 백복(伯服)을 낳게 했다. 유왕은 결국 신후와 태자를 폐하고 포사를 왕후로, 백복을 태자로 세웠다. 그러자 태사 백양은 "화근이 이미 생겼지만 어쩔 수가 없구나!"라고 탄식했다.

포사는 잘 웃지 않아 유왕은 여러 가지 방법으로 그녀를 웃게 하려고

---

196) 伯陽: 伯陽甫를 말한다.
197) '齓'자는 젖니를 가는 시기, 즉 6, 7세 가량을 말한다.
198) '筓'는 비녀[簪]를 꽂을 수 있는 나이, 즉 여자가 성년이 되었음을 가리킨다.

했으나 그래도 웃지 않았다. 유왕은 봉수(烽燧)[199]와 대고(大鼓)를 만들어서, 적이 오면 봉화를 올리게 하였다. 어느날 유왕이 봉화를 올려 제후들이 모두 달려왔지만 적군이 없자 드디어 포사가 크게 웃었다. 이에 유왕은 기뻐하며 여러 차례 봉화를 올렸다. 그후에는 신용을 잃어 제후들은 더욱 오지 않았다.

유왕이 괵 석보(虢石父)를 경(卿)으로 삼아서 정사를 맡기자 백성들이 모두 원망했다. 석보의 사람됨은 간사하고 아첨을 잘하며 이익을 탐하였는데 유왕은 그를 중용하였기 때문이다. 유왕이 신후를 폐하고 태자를 쫓아내자, 신후는 노하여 증(繒)[200]나라와 견융(犬戎)과 함께 유왕을 공격했다. 유왕은 봉화를 올려서 병사를 소집했으나 군사는 오지 않았다. 그들은 마침내 유왕을 여산(驪山)[201] 아래에서 죽이고 포사를 사로잡았으며, 주의 재물을 전부 도략질해갔다. 이에 제후들은 곧 신후에게 가서 유왕의 원래 태자였던 의구를 옹립하니, 그가 평왕(平王)으로 그는 주의 제사를 받들었다.

평왕은 즉위하자 융구(戎寇)를 피해서 낙읍(洛邑)으로 동천했다. 평왕 때 주 왕실은 쇠약해졌고, 제후들 가운데는 강한 나라가 약한 나라를 겸병하였다. 제(齊), 초(楚), 진(秦), 진(晉)이 강대해지기 시작했고, 정권은 방백(方伯)[202]에게서 좌우되었다.

49년, 노 은공(魯隱公)이 즉위하였다.

51년, 평왕이 붕어하고 태자 예보(洩父)가 일찍 죽어서 그 아들 임(林)이 즉위하니, 그가 환왕(桓王)이다. 환왕은 평왕의 손자이다.

환왕 3년, 정 장공(鄭莊公)이 조현했으나 환왕이 예로 대하지 않자, 5년에 정 장공이 원망하여 노(魯)와 허전(許田)[203]을 바꾸었다. 허전은 천

---

199) 烽燧 : 옛날 변경에 높은 台를 쌓고 횃불을 들어 긴급 사태를 알리는 것. 낮에는 烽(이리 똥을 태우는 연기)을 태워서 불과 연기를 볼 수 있게 하고, 밤에는 燧(횃불)를 올려서 불빛이 보이게 했다. 한편 이와는 정반대로 낮에 연기를 피우는 것이 燧이고 밤에 불을 올리는 것이 烽이라는 설도 있다.

200) 繒 : 나라 이름. 夏와 同姓.

201) 驪山 : 지금의 섬서성 臨潼縣 동남쪽에 있는 산.

202) 方伯 : 제후 중에서 세력이 강대한 우두머리.

203) 許田 : 지금의 하남성 許昌에 있다. 周 成王이 魯에 하사한 것으로, 주왕을 조현할 때 머물던 邑田. 鄭은 주왕의 허가 없이 직접 祊田(산동성 費縣에 있다)을 魯의 許田과 바꾼 것이다.

자가 태산에서 제사 드리는 데 쓰는 밭이었다. [204] 8년, 노는 은공을 죽이고 환공(桓公)을 옹립하였다. 13년, 정나라를 정벌하자 정나라 사람이 환왕을 쏘아 다치게 하여 환왕이 패하여 돌아갔다.

23년, 환왕이 붕어하고 아들 장왕(莊王) 타(佗)가 즉위했다. 장왕 4년, 주공(周公) 흑견(黑肩)은 장왕을 죽이고 왕자 극(克)[205]을 세우고자 했다. 신백(辛伯)[206]이 장왕께 고하자 장왕은 주공을 죽였고, 왕자 극은 연(燕)나라로 달아났다.

15년, 장왕이 붕어하고 아들 희왕(釐王) 호제(胡齊)가 즉위했다. 희왕 3년에 제 환공이 처음으로 패자가 되었다.

5년, 희왕이 붕어하고 아들 혜왕(惠王) 낭(閬)[207]이 즉위했다. 예전에 장왕(莊王)의 총희(寵姬) 요(姚)가 아들 퇴(頹)를 낳았는데, 퇴 역시 장왕의 총애를 받았다. 그런데 혜왕은 즉위한 후 2년 뒤에 대신의 정원을 빼앗아서 유(囿)[208]를 만들었다. 그 때문에 대부 변백(邊伯) 등 다섯 사람[209]이 난을 일으켜, 연(燕)과 위(衛)의 군대를 소집하여 혜왕을 공격하고자 하였다. 혜왕은 온(溫)[210]으로 달아났고 얼마 후 정(鄭)나라의 역(櫟)[211]으로 옮겼다. 그러자 변백 등이 희왕의 동생 퇴를 왕으로 옹립하고, 갖가지 음악과 춤으로 이를 경축하였다. 그후 4년에는 정(鄭)과 괵(虢)나라의 왕이 분개하여 주왕 퇴를 공격하여 죽이고 다시 혜왕을 옹립했다. 혜왕 10년, 제 환공에게 백(伯)[212]의 지위를 하사했다.

25년, 혜왕이 붕어하고 아들 양왕(襄王) 정(鄭)이 즉위했다. 양왕의 어머니가 일찍 죽어 나중 어머니를 혜후(惠后)[213]라고 했다. 혜후가 숙대(叔帶)를 낳아 혜왕의 총애를 받자, 양왕이 두려워했다. 3년, 숙대가 융

204) 鄭과 魯가 田을 마음대로 바꾼 것은 周王을 무시하는 행위로, 조회나 제사를 포기한 일방적인 행위이다.
205) 克 : 환왕의 아들이며 장왕의 동생으로 이름은 子儀. 환왕이 자의를 총애하여 주공 흑견에게 그를 보좌하도록 명했다.
206) 辛伯 : 周의 大夫.
207) 閬 : 『世本』에는 "毋涼"이라고 적혀 있다.
208) 囿 : 동물을 기르는 우리.
209) 五人 : 『左傳』의 기록에 의하면 5인은 蒍國, 邊伯, 詹父, 子禽, 祝跪이다.
210) 溫 : 지명. 지금의 하남성 溫縣.
211) 櫟 : 지명. 지금의 하남성 禹縣.
212) 伯 : 제후의 우두머리.
213) 惠后 : 혜왕의 왕후. 『左傳』에서는 惠后를 "陳媯"라고 했다.

(戎), 적(翟)과 함께 양왕을 공격할 것을 도모하자 양왕이 숙대를 죽이려고 했고, 숙대는 이에 제(齊)로 달아났다. 제 환공은 관중에게 주나라에서 융을 평정하게 했고, 습붕(隰朋)에게 진(晉)에서 융을 평정하게 했다. 왕은 상경(上卿)의 예로 관중을 대하였다. 관중은 "신은 지위가 낮은 관리입니다. 제나라에는 천자께서 임명한 두 제후 국씨(國氏)와 고씨(高氏)가 있습니다. 만일 그들이 봄과 가을에 조헌드리러 오면 임금께서는 무슨 예로 대하시겠습니까? 제후의 신하인 신은 사양하겠습니다"라고 사양하였다. 그러자 왕은 "그대는 외숙 나라의 사신이오.[214] 그대의 공적이 가상해서 그러니 나의 호의를 거절하지 마시오"라고 말했다. 이에 관중은 결국 하경(下卿)의 대접을 받고 돌아갔다. 9년, 제 환공이 세상을 떠났고, 12년에는 숙대가 다시 주로 돌아갔다.

13년, 정(鄭)나라가 활(滑)[215]을 공격하자 양왕은 유손(游孫)과 백복(伯服)[216]을 보내어 활나라를 위해서 사정하게 하였으나 정나라는 두 사람을 가두어버렸다. 정 문공은 혜왕이 복위한 후 정 여공(鄭厲公)에게 옥술잔을 보내지 않은 것을 원망하고 있었으며, 또 양왕이 활나라를 비호하는 것을 싫어했으므로 백복을 가둔 것이다. 양왕은 노하여 적(翟)나라의 힘을 빌려 정나라를 공격하려고 했다. 그러자 부신(富辰)은 "우리 주왕실이 동천(東遷)[217]할 때 진(晉)과 정나라의 힘을 빌렸고, 왕자 퇴가 난을 일으켰을 때도 정이 평정해주었습니다. 지금 사소한 원한 때문에 정나라를 버리시다니요?"라고 간했다. 그러나 왕은 듣지 않고 15년에 적(翟)의 군사를 이끌고 정을 공격했다. 양왕은 적나라에 고마워하며 적나라 부족의 딸을 왕후로 맞이하려고 했다. 그러자 부신은 또 "평왕(平王), 환왕(桓王), 장왕(莊王), 혜왕(惠王)이 모두 정에 은혜를 입었는데, 천자께서 가까운 나라를 버리고 적과 친하려는 것은 따를 수 없습니다"라고 간했으나 양왕은 또 듣지 않았다. 16년, 양왕이 적후(翟后)를 폐출하자 적의 사람들이 와서 질책하고는 담백(譚伯)[218]을 죽였다. 그러자 부신

---

214) 周 武王이 齊 太公의 딸을 왕후로 맞이했기 때문에 齊와 周의 관계는 대대로 조카와 아저씨의 관계가 되었다.

215) 滑: 지금의 하남성 偃師縣 남쪽에 있던 작은 나라.

216) 游孫, 伯服: 모두 周의 大夫.

217) 平王이 피란하여 낙읍으로 東遷한 일을 가리킨다.

218) 譚伯: 周의 대부. 『左傳』에는 "原伯," "毛伯"으로 쓰여 있으며, 『國語』에는 "譚

98

은 "내가 몇 차례나 간했으나 따르지 않으셨는데, 만일 내가 나가서 싸우지 않는다면 천자께선 내가 당신을 원망해서 그렇다고 생각하시겠지?"라고 하고는 부하를 이끌고 나가서 전사했다.

처음에 혜후는 왕자 숙대를 옹립하고자 가까운 사람들과 함께 적(翟)에게 길을 열어주어 적의 군사가 주로 쳐들어오게 했다. 이에 양왕은 정나라로 달아났고, 정나라에서는 그를 범(氾)²¹⁹⁾에 머무르게 했다. 왕자 숙대는 왕이 되자 양왕이 폐출했던 적후를 아내로 맞이하여 온에서 살았다. 17년, 양왕이 진(晉)에 도움을 청하자 진 문공은 양왕을 조정으로 돌아가게 하고 숙대를 죽였다. 양왕은 이에 규(珪),²²⁰⁾ 창(鬯),²²¹⁾ 활과 화살을 진 문공에게 하사하고 제후의 수령으로 봉했으며, 하내(河內)²²²⁾의 땅을 진에 주었다. 20년, 진 문공이 양왕을 불러서 양왕은 하양(河陽)²²³⁾과 천토(踐土)²²⁴⁾에서 회맹하였고, 제후들이 모두 조현했다. 역사서에는 이 일을 꺼려서 "천왕이 하양에 순수하러 갔다"²²⁵⁾라고 기록되어 있다.

24년, 진 문공(晉文公)이 세상을 떠났다.

31년, 진 목공(秦穆公)이 죽었다.

32년, 양왕이 붕어하고 아들 경왕(頃王) 임신(壬臣)이 즉위했다. 경왕이 6년 만에 붕어하자 아들 광왕(匡王) 반(班)이 즉위했고, 광왕이 6년 만에 붕어하자 동생 유(瑜)가 즉위했으니, 그가 정왕(定王)이다.

정왕 원년에 초 장왕(楚莊王)은 육혼(陸渾)의 오랑캐²²⁶⁾를 정벌하고 낙읍에 주둔하며²²⁷⁾ 사람을 보내 구정(九鼎)에 관해서 물었다.²²⁸⁾ 정왕이

伯"으로 쓰여 있다.
219) 氾: 鄭나라 땅. 지금의 하남성 襄城 경내에 있었다.
220) 珪: 증명하는 데 쓰이는 玉器. 위는 둥글고 아래는 각이 졌으며, 제왕 제후가 조회나 제사 때 증빙으로 삼았다.
221) 鬯: 제사에 쓰는 좋은 술.
222) 河內: 황하 북쪽 기슭의 땅으로 楊, 樊, 溫, 原, 攢茅 등을 가리킨다.
223) 河陽: 晉나라 땅. 지금의 하남성 孟縣 서쪽에 있었다.
224) 踐土: 鄭나라 땅. 지금의 하남성 原陽縣 동남쪽에 있었다.
225) 원문은 "天王狩于河陽"이다. 진 문공이 제후의 신분으로 천자를 불렀는데, 천자 양왕은 어쩔 수 없이 그 부름에 응해야 했으므로, 이를 부끄럽게 여기어 순수하러 갔다고 기록한 것이다.
226) 陸渾은 융족의 일종. 대대로 육혼(秦, 晉 두 나라의 서북쪽)에서 거주했다고 한다. 후에는 伊川(지금의 하남성 伊川縣과 嵩縣 동북쪽 일대)으로 옮겨 거주하였다.
227) 『左傳』에는 莊公 3년에 "군대가 출동하여 하룻밤 머무는 것을 舍, 이틀 머무는 것을 信, 이틀이 넘게 주둔하는 것을 次라고 한다(凡師, 一宿爲舍, 再宿爲信, 過信爲次)"라고 적혀 있다.

왕손만(王孫滿)[229]을 보내서 말로 대응하게 하자 초나라 병사는 물러갔다. 10년, 초 장왕이 정나라를 포위하자 정의 우두머리는 항복했으나, 얼마 후 정은 나라를 다시 되찾았다. 16년, 초 장왕이 죽었다.

21년, 정왕(定王)이 붕어하고 아들 간왕(簡王) 이(夷)가 즉위했다. 간왕 13년, 진(晉)은 자신들의 군주인 여공(厲公)을 죽이고 주나라에서 공자 주(周)를 모셔와서 도공(悼公)으로 옹립했다.

14년, 간왕이 붕어하고 아들 영왕(靈王) 설심(泄心)이 즉위했다. 영왕 24년, 제(齊)의 최서(崔杼)가 장공(莊公)을 죽였다.

27년, 영왕이 붕어하고 아들 경왕(景王) 귀(貴)가 즉위했다. 경왕 18년, 왕후가 낳은 태자가 총명했으나 일찍 죽었다. 20년, 경왕은 아들 조(朝)를 사랑하여 태자로 세우려고 했다. 그런 때에 경왕이 붕어하자 왕자 개(丐)의 무리가 왕자 조와 왕위를 놓고 다투었다. 백성들은 경왕의 큰아들 맹(猛)을 왕으로 옹립하였으나 왕자 조가 맹을 죽였으므로, 맹을 도왕(悼王)[230]이라고 한다. 진(晉)은 왕자 조를 공격하고 왕자 개를 옹립하니, 이가 경왕(敬王)이다.

경왕 원년, 진은 경왕을 입국시키려고 하였으나 왕자 조가 스스로 등극하였으므로 경왕은 들어가지 못하고 택(澤)[231]에 머물렀다. 경왕 4년, 진은 제후를 이끌고 경왕을 주(周)로 보냈으니 왕자 조는 신(臣)의 자리로 물러났다. 제후들이 주에 성을 쌓아주었다. [232] 16년, 왕자 조의 무리가 다시 난을 일으키자 경왕은 진(晉)으로 달아났다. 17년, 진 정공(晉定公)이 곧 경왕을 주(周)에 입국시켰다.

39년, 제의 전상(田常)이 그들의 군주 간공(簡公)을 죽였다.

41년, 초가 진(陳)을 멸하였다. 공자(孔子)가 세상을 떠났다.

42년, 경왕이 붕어하고[233] 아들 원왕(元王) 인(仁)[234]이 즉위했다. 원

---

228) 중앙 왕권의 國寶를 상징하는 九鼎에 대해서 물었다는 것은, 周 왕조를 빼앗으려는 야심을 드러낸 것이다.

229) 王孫滿 : 周의 대부.

230) 悼王 : 재위하고 오래지 않아 피살되었으므로 시호를 悼王이라고 했다. 『諡法』에는 "일 년 이내에 요절하는 것을 悼라고 한다"라고 되어 있다.

231) 澤 : 지명. 『集解』에서는 賈逵의 말을 인용하여 周나라 땅으로 보았으나 실제로는 晉의 땅이다. 澤州에 속하고 지금의 산서성 晉城 경내에 있다.

232) 『春秋』에는 이 일이 "敬王 10년"에 있었다고 기록되어 있다.

233) 『帝王世紀』에는 "44년"에 붕어했다고 쓰여 있고, 「十二諸侯年表」에는 "43년"이

왕은 8년 만에 붕어하고 아들 정왕(定王) 개(介)가 즉위했다.

정왕 16년, 3진(三晉)[235]이 지(智)의 수령을 멸하고 그의 땅을 나누어 차지했다.

28년, 정왕이 붕어하고 장자 거질(去疾)이 즉위하니 그가 애왕(哀王)이다. 애왕은 석달 동안 재위했는데 동생 숙(叔)[236]이 애왕을 죽이고 스스로 왕이 되니, 그가 사왕(思王)이다. 사왕은 5개월 동안 재위했는데, 동생 외(嵬)가 다시 사왕을 죽이고 스스로 왕이 되니, 그가 바로 고왕(考王)이다. 이들 세 왕은 모두 정왕(定王)의 아들이다.

고왕은 재위 15년 만에 붕어하고 아들 위열왕(威烈王) 오(午)가 즉위했다.

고왕은 그의 동생을 하남(河南)[237]에 봉하니, 그가 환공(桓公)[238]인데, 그는 주공(周公)[239]의 관직을 계승하였다. 환공이 죽고 아들 위공(威公)이 이어서 즉위했다. 위공이 죽고 아들 혜공이 이어서 즉위하였으며, 혜공은 그의 막내아들을 공(鞏)[240]에 왕으로 봉하고 동주(東周) 혜공(惠公)[241]이라고 했다.

위열왕 23년에 구정(九鼎)이 진동하였다. 한(韓), 위(魏), 조(趙)를 제후국으로 명했다.

24년, 위열왕이 붕어하자 아들 안왕(安王) 교(驕)가 즉위했다. 이해에 도적이 초 성왕(楚聲王)을 죽였다.

안왕이 재위 26년 만에 붕어하자 왕자 열왕(烈王) 희(喜)가 즉위했다. 열왕 2년에 주의 태사(太史) 담(儋)이 진(秦)의 헌공(獻公)을 알현하고

라고 적혀 있다.

234) 仁：『世本』에는 "赤"으로 쓰여 있다. 『索隱』에서는 元王의 이름이 두 개일 가능성이 있다고 본다.

235) 三晉：韓, 趙, 魏를 말한다.

236) 叔：周 思王의 이름.

237) 河南：즉 成周. 지금의 洛陽市.

238) 桓公：이름은 揭. 그의 봉읍지를 西周라고 한다.

239) 周公：周公 旦의 둘째 아들이 경성에 머물며 周王을 보좌하여 대대로 주공의 직위를 계승하였다. 周 莊王이 周公 黑肩을 죽인 후 주공의 직위는 오래도록 비어 있었다.

240) 鞏：지금의 하남성 鞏縣.

241) 東周 惠公：西周 惠公의 막내아들로 부친의 칭호를 이어받고 鞏縣에서 거했다. 공현이 낙양의 동쪽이라서 "동주 혜공"이라고 불렸다.

"주와 진나라는 하나였다가 나뉘고, 나뉜 지 500년 후 다시 합해질 것이
며, 합친 지 17년 후에는 패왕자(覇王者)[242]가 출현할 것입니다"라고 예
언했다.

10년, 열왕이 붕어하고 동생 편(扁)이 즉위하니 그가 현왕(顯王)이다.
현왕 5년, 진 헌공을 치하하고 그에게 방백(方伯)의 칭호를 내렸다. 9
년, 현왕은 진 효공(秦孝公)에게 문왕, 무왕에 제사 드린 고기를 보냈
다.[243] 25년, 진나라가 주나라 땅에서 제후를 소집했다. 26년, 주는 진
효공에게 방백의 칭호를 내렸다. 33년, 진 혜왕을 치하하였다. 35년에는
진 혜왕에게 문왕, 무왕에 제사 드린 고기를 보냈다. 44년, 진 혜왕이 왕
이라고 칭하자, 그후 제후들도 모두 왕이라고 자칭했다.

48년, 현왕이 붕어하고 아들 신정왕(愼靚王) 정(定)이 즉위했다. 신정
왕은 재위 6년 만에 붕어하고 아들 난왕(赧王) 연(延)이 즉위했다. 난왕
때 주는 동서로 나뉘어 다스려졌다.[244] 난왕은 도읍을 서주로 옮겼다.[245]

서주 무공(西周武公)[246]의 태자 공(共)이 죽자 다섯 서자가 있었으나
옹립할 적자가 없었다. 사마전(司馬翦)[247]이 초왕에게 "차라리 땅을 주고
공자 구(咎)를 도와서 태자가 되도록 청하는 것이 나을 것입니다"라고 하
니, 좌성(左成)[248]이 "안 됩니다. 주가 만일 듣지 않는다면 공(公)의 지
략은 물거품이 되고 주와는 더욱 멀어질 것입니다. 주왕(周王)이 누구를
옹립하려는지 잘 살펴서 사마전에게 암시하게 하고, 그러면 사마전이 초
나라에게 태자에게 땅을 주어 도우라고 청하게 하는 형식이 좋겠습니다"
라고 했다. 과연 서주는 공자 구를 태자로 옹립했다.

8년, 진나라가 의양(宜陽)[249]을 공격하자 초나라는 의양을 도왔다. 초
는 주가 진을 도와서 출병했다고 생각하여 주를 공격하려고 했다. 그러자

242) 覇王者 : 覇道로 천하를 통일한 자. 여기서는 秦 始皇을 가리킨다.
243) 주 문왕, 무왕에게 제사 드린 후의 祭肉을 제후에게 보내는 것은 특별히 우대한
     다는 뜻을 담고 있다.
244) 주 난왕은 허수아비가 되어 東周의 王은 鞏縣에서, 西周의 왕은 洛陽에서 각자
     다스렸다.
245) 주 난왕이 成周(瀍水 동쪽)에서 서쪽으로 옮겨 王城(瀍水 서쪽)으로 되돌아간
     것을 말한다.
246) 西周 武公 : 『戰國策』에는 "東周 武公"이라고 적혀 있다. 惠公의 큰아들이다.
247) 司馬翦 : 楚의 대신.
248) 左成 : 楚의 신하.
249) 宜陽 : 지명. 옛날의 韓城이 일명 宜陽城이었다. 지금의 하남성 의양현이다.

소대 (蘇代)[250]는 주를 위해서 초왕에게 이렇게 말했다. "어찌하여 주나라가 진(秦)나라를 위해 출병했다고 생각하십니까? 주가 진을 위해서 출병한 군대가 초를 위해 출병했을 때보다 많다는 것은, 바로 주가 진의 품으로 들어가게 하는 것과 같습니다. 그래서 세상에서는 '주진(周秦)'이라 부르는 것이지요. 주는 스스로 문제를 해결할 수 없으면 분명 진에 투항할 것이니, 이것이 진이 주를 취하는 묘책인 것입니다. 임금을 위해서 묘책을 낸다면, 주가 진에 기울어도 잘 대하시고, 기울어지지 않더라도 잘 대해주어 주와 진이 소원해지게 하십시오. 주는 진과의 관계가 단절되면 분명 영(郢)[251]에 투항할 것입니다."

진(秦)나라는 동주와 서주 사이의 길을 빌려서 한(韓)나라를 공격하려고 했다.[252] 주는 길을 빌려주자니 한이 두려웠고, 빌려주지 않자니 진나라가 두려웠다. 이에 사염(史厭)[253]은 주왕에게 다음과 같이 아뢰었다. "어찌하여 사람을 보내서 한공숙(韓公叔)[254]에게 말하지 않으십니까? 그에게 '진이 감히 주의 땅을 넘어 한을 공격하는 것은 동주를 믿기 때문이다. 당신은 어찌하여 주에 땅을 주지 않고 인질을 초나라에 보내지 않느냐? 그렇게 하면 진은 반드시 초를 의심하고 주를 믿지 않게 될 것이니, 한나라는 정벌당하지 않을 것'이라고 말씀하십시오. 또 진나라에는 '한이 억지로 주에 땅을 주는 것은 장차 진나라가 주를 의심하게 하려는 속셈이다. 주가 땅을 받지 않을 수 없기 때문이다'라고 하십시오. 진나라는 한나라가 주는 토지를 주가 받지 말아야 할 명분을 찾지 못할 것입니다. 이렇게 되면 한에서는 땅을 받고, 진에서는 양해를 얻을 수 있을 것입니다."

진이 서주의 왕을 부르자 서주 왕은 가고 싶지 않았으므로 한왕에게 사람을 보내 "진이 서주 왕을 부른 것은 한나라의 남양(南陽)[255]을 공격하

---

250) 蘇代 : 저명한 策士.
251) 郢 : 楚의 도읍. 鄢郢, 즉 郢을 가리킨다. 호북성 宜城縣 남쪽. 楚 昭王이 영에서 약으로 천도하자 약을 영으로 개명했으며 다시 언영이라고 불렀다. 楚가 여러 차례 천도할 때마다 모두 영이라고 불렀다. 여기서는 楚를 가리킨다.
252) 동주(鞏縣)와 서주(洛陽)의 사이. 韓나라 도읍이 지금의 하남성 新鄭에 있었으므로 진나라가 한나라를 치기 위해서는 반드시 동주와 서주의 사이를 지나서 南下해야 했다.
253) 史厭 : 謀士.
254) 韓公叔 : 何公叔이라고도 쓴다. 韓의 실권자.

려는 것입니다. 왕은 어찌하여 남양에 군대를 파병하지 않습니까? 그러면 주왕은 이것을 구실로 진에게 가지 않겠다고 거절할 수 있습니다. 주왕이 진에 가지 않으면 진은 결코 황하를 넘어서 남양을 치지 못할 것입니다"라고 했다.

동주와 서주의 싸움에서 한은 서주를 도왔다. 그러자 동주를 위해서 어떤 이가 한왕에게 "서주는 원래 천자의 나라로 유명한 그릇과 귀중한 보배가 많습니다. 임금께서 군대를 멈추고 나가지 않는다면 동주를 감격시킬 것이며, 또한 서주는 도와달라고 부탁할테니 서주의 보물은 모두 한으로 들어올 것입니다"라고 아뢰었다.

그 당시 주 난왕은 명칭만 왕이었다. 초가 한나라의 옹지(雍氏)[256]를 포위하자 한은 동주에서 갑옷과 식량을 징발하였다. 동주 왕은 두려워서 소대를 불러 이 사실을 알렸다. 소대는 말하기를 "천자께서는 무슨 걱정을 하십니까? 신이 한에게 주에서 갑옷과 곡식을 징발하지 못하도록 하겠으며, 또 천자께서 고도(高都)[257]를 얻으시도록 하겠습니다"라고 했다. 그러자 주왕은 "그대가 그렇게 할 수 있다면 그대의 말에 따라서 국사를 처리하겠소"라고 대답했다. 이에 소대는 한나라의 상국(相國)을 만나서 말했다. "초나라가 옹지를 포위하며 석 달을 기한으로 삼았는데, 지금 5개월이 지나도 함락시키지 못하는 것은 초가 지쳤다는 뜻입니다. 지금 상국께서 주나라에서 갑옷과 식량을 징발하는 것은 초에게 당신들이 지쳤다는 것을 알려주는 일입니다"라고 했다. 그러자 한나라의 상국은 "그 말에 일리가 있소"라고 하고 사자(使者)의 출발을 멈추게 하였다. 소대가 또 "어찌하여 고도를 주에 주지 않습니까?"라고 묻자 한의 상국은 크게 노하여 말하기를 "내가 주에서 갑옷과 곡식을 징발하지 않는 것으로도 이미 충분하오. 무슨 이유로 주에게 고도를 주어야 하는 것이오?"라고 하였다. 이에 소대가 말했다. "고도를 주에게 주면 주는 굽혀서 한나라에 의탁할 것입니다. 진이 이 소문을 들으면 분명 주에게 크게 분노하여 주와 내왕을 하지 않을 것이니, 이렇게 되면 이미 파괴된 고도로써 완전한 동주를 얻는 것입니다. 그런데도 주지 않으시렵니까?" 그러자 상국은 좋다

---

255) 南陽 : 지금의 하남성 황하 이북의 沁陽. 황하 이남의 南陽이 아니다.
256) 雍氏 : 즉 雍梁. 지금의 하남성 禹縣 동북쪽.
257) 高都 : 韓나라 땅으로 지금의 하남성 낙양시 남쪽.

고 하고 고도를 주에게 주었다.

34년, 소려(蘇厲)[258]가 주군에게 아뢰었다.

진(秦)이 한(韓), 위(魏), 사무(師武)[259]를 격파하고 북으로 조나라의 인(藺)[260]과 이석(離石)[261]을 빼앗은 것은 모두 백기(白起)[262]가 지휘한 것입니다. 그는 용병에 능하고 하늘의 뜻도 받았습니다. 그는 지금 또 병사를 새(塞)[263]로 출동시켜서 양(梁)[264]을 공격하려고 하는데, 양이 파괴되면 주가 위험해집니다. 천자께서는 어찌하여 사람을 백기에게 보내서 말하지 않으시는지요? 이렇게 말하게 하십시오. "초에 양유기(養由基)란 자가 있는데 활을 잘 쏜다. 버들잎에서 백 걸음이나 떨어져서 화살을 쏘아도 백발백중이므로 좌우에서 지켜보던 수천명의 사람들이 모두 참으로 잘 쏜다고 입을 모으곤 하였다. 그때 어떤 자가 그 옆에 서서 '훌륭하다. 내가 활 쏘기를 가르칠 수는 있겠구나'라고 하자, 양유기가 노하여 활을 놓고 검을 집어들고서 '당신이 어떻게 내게 활쏘기를 가르칠 수 있소?'라고 물었다. 그러자 그는 '나는 그대에게 왼손으로 버티고 오른손을 구부리는 활 쏘는 자세를 가르칠 수 있다는 것이 아니오. 버들잎에서 백 걸음 떨어져서 활을 쏘아 백발백중한다고 해도, 가장 좋은 때 멈추지 않는다면 기력이 쇠해져서 활은 휘고 화살이 구부러지게 되오. 한 발이라도 맞지 않는다면 백발백중이라는 이전의 성적은 다 취소되는 것이오'라고 말했다는 이야기가 있다. 지금 한, 위, 사무를 격파하고, 북으로 조의 인읍과 이석읍을 빼앗았으니 그대의 공이 대단히 크다. 지금 또 병사를 새(塞)로 출동시켜서 동서의 두 주나라 사이를 지나 한을 등지고 양을 공격하려고 하는데, 이번에 승리하지 못하면 앞에서 세운 공이 모두 사라질 것이다. 따라서 병이 났다고 핑계대고 출전하지 않는 것이 좋을 것이다"라고 말입니다.

42년, 진은 화양(華陽)의 조약을 어겼다.[265] 주의 신하 마범(馬犯)은

---

258) 蘇厲 : 유명한 策士.
259) 師武 : 魏나라 장군의 이름. 犀武라고도 쓴다.
260) 藺 : 趙나라의 땅으로, 지금의 산서성 離石縣 서쪽에 있다.
261) 離石 : 읍 이름. 지금의 산서성 이석현에 있다.
262) 白起 : 秦의 명장.
263) 塞 : 즉 伊闕塞. 지금의 낙양시 남쪽이다. 「水經注」에 의하면 "兩山이 서로 마주하고 있어 바라보면 궁궐과 같다. 伊水가 그 사이를 흘러서 伊闕이라고 불렀다"라고 한다.
264) 梁 : 즉 魏나라 지역을 말한다. 지금의 하남성 동부 일대.
265) 周 赧王 42년, 秦은 魏와 맺은 조약을 어기고 화양에서 魏의 장수 芒卯를 습격했다.

주왕에게 "양(梁)에게 주(周)에 성을 쌓으라고 하십시오"라고 말했다. 그리고 양왕에게는 "주왕께서 진이 쳐들어올까 걱정하다가 병이 나서 돌아가시면 신하인 이몸 또한 분명 죽임을 당할 것입니다. 신은 주왕의 구정을 임금께 바치려고 하는데, 임금께서 구정을 받으시거든 신을 살려주십시오"라고 말했다. 그러자 양왕은 좋다고 대답했다. 양왕은 그에게 군대를 주어 주를 지키게 했다. 마범은 정세를 살펴 진왕에게 "양(梁)나라가 주에 와 있는 것은 주의 변경을 지키려는 것이 아니라, 실은 토벌하려는 것입니다. 못 믿으시겠다면 병사를 국경에 보내어 한번 살펴보십시오"라고 하니 진은 과연 파병하였다. 마범은 다시 양왕에게 말하였다. "주왕의 병이 심한지라 구정을 보내드리는 것은 주왕의 허락을 받은 후에 신이 다시 회답을 드렸으면 합니다. 지금 임금께서 병사를 주(周)에 보내셔서 제후들이 모두 의심을 하므로 앞으로 어떤 일을 하시더라도 신용이 없을 듯합니다. 병사들에게 주나라에 성을 쌓게 하여 사건의 발단을 감추는 것이 좋겠습니다." 이에 양왕은 좋다고 하고서 주나라에 성을 쌓도록 했다.

45년, 주나라에 와 있는 진나라 빈객이 주취(周冣)[266]에게 말하였다. "공께서 진나라 왕의 효성을 칭송하며 응(應)[267] 땅을 진나라 태후(太后)[268]의 식읍으로 보내는 것이 좋을 것이오. 그렇게 하면 진왕은 분명 기뻐할 것이고, 진나라와 교분을 가지게 될 것이오. 양국의 관계가 좋게 되면 주왕은 필시 공의 공적이라 생각할 것이지만, 관계가 나쁘면 진나라에 의탁하도록 주왕에게 권한 사람이 유죄가 될 것이오"라고 했다. 진이 주를 공격하니 주취가 진왕에게 말하였다. "임금을 위해서 계책을 말씀드린다면, 주를 공격하지 마시라는 것입니다. 주를 공격하는 것은 실로 이롭지 않으며 천하를 두렵게 할 뿐입니다. 천하가 진을 두려워하면 틀림없이 동쪽으로 제(齊)와 연합할 것입니다. 진의 병사들이 주를 공격하다가 지치면 천하가 제와 연합할 것이고, 그러면 진은 천하를 통일하지 못합니다. 천하가 진을 지치게 하려고 임금께 주를 치도록 권한 것입니다. 진이 세상 사람들의 계획대로 지쳐버린다면 모든 정령(政令)을 실행할 수 없습니다."

58년, 3진(三晉)이 진(秦)에 저항했다. 주는 상국을 진(秦)으로 보냈

266)   周冣 : 사람 이름. 周의 공자로 周最라고도 한다. 冣는 聚와 같다.
267)   應 : 지명. 西周에 속한다. 하남성 魯山縣 동쪽, 寶豐縣 남쪽에 있다.
268)   太后 : 秦 昭王의 모친인 宣太后.

으나 진이 무시했으므로 도중에 되돌아갔다. 그러자 빈객이 상국에게 말했다. "진이 그대를 무시하는 것인지 중시하는 것인지는 아직 알 수 없소. 진은 지금 3국(三國)²⁶⁹⁾의 사정을 가장 알고 싶어하니, 공께서 어서 진왕을 알현하고 '임금께 동방의 사정을 들려드리고자 합니다'라고 말하는 것이 좋을 것이오. 그러면 진왕은 필시 공을 중시할 것이오. 공을 중시한다는 것은 바로 진이 주나라를 중시한다는 것이니, 주가 진에게 중시되는 것이오. 제가 주를 중시하게 된 것은 주취(周聚)²⁷⁰⁾가 일찍이 제에서 신임을 얻었기 때문이오. 이렇게 되면 주는 항상 강국과의 우호관계를 잃지 않을 수 있소." 과연 진은 주를 믿고 군대를 파견하여 3진을 공격했다.

59년, 진이 한나라의 양성(陽城)과 부서(負黍)²⁷¹⁾를 빼앗았다. 이에 서주는 두려워 진을 배반하고 제후들과 합종(合從)²⁷²⁾하여 천하의 정예부대를 이궐(伊闕)로 보내서 진을 공격하여 진군이 양성을 통과할 수 없게 하였다. 진 소왕(秦昭王)이 노하여 장군 규(摎)로 하여금 서주를 공격하게 했다. 그러자 서주 왕은 진으로 달려가서 머리를 조아리고 죄를 인정하며 주나라의 36개 읍과 주민 30,000명을 바쳤다. 진은 그의 헌상물을 받아들이고 서주 왕을 돌려보냈다.

주왕 난(赧)이 죽자 주의 백성은 동쪽으로 도망갔다. 진은 구정 등 귀중한 그릇을 빼앗고 서주공(西周公)을 탄호(憚狐)로 내쫓았다. 그후 7년 진(秦)의 장양왕(莊襄王)이 동주를 멸하였다. 이리하여 동주와 서주는 모두 진에 속하게 되었고, 주는 결국 제사를 이을 수 없게 되었다. ²⁷³⁾

태사공은 다음과 같이 말했다.

"학자들은 모두 주(周)가 주(紂)를 정벌한 후 낙읍에 도읍을 세웠다고

---

269) 三國 : 韓, 趙, 魏 3晉을 가리킨다.
270) 周聚 : 즉 周㝡를 말한다.
271) 陽城은 지금의 하남성 登封縣 동남쪽이고, 負黍는 하남성 등봉현 서남쪽이다.
272) 원문의 '從'은 '縱'과 같다. 關東 땅은 남북으로 길게 자리잡고 있는데, 아래위로 긴 것을 縱이라고 한다. 이 지역에는 韓, 魏, 趙, 燕, 楚, 齊 여섯 나라가 있었다. 關西의 땅은 동서로 넓은데, 옆으로 긴 것(넓은 것)을 橫이라고 한다. 秦나라가 이 지역을 독점하고 있었다. '合縱'이란 關東지역의 제후들이 남북으로 길게 연합전선을 맺어 秦에 대항함을 말한다. 한편 秦에 대항하지 않고 진을 섬기자는 주장을 하는 자들도 있었는데, 이런 주장을 '連橫'이라고 한다.
273) 제사를 받들 사람이 없는 것으로서, 나라가 망했음을 가리킨다.

하지만 그 실상을 종합해보면 그렇지 않다. 무왕이 낙읍에 도읍을 건설하고 성왕이 소공에게 살기에 적당한가를 점치게 한 후 그곳에 구정을 옮겨왔으나 주는 다시 풍(豐)과 호(鎬)에 도읍을 정했다. 견융이 유왕을 물리치자 주는 비로소 낙읍으로 동천했다. '주공이 필(畢)에서 장사 지내다'에 나오는 '필'은 호경의 동남쪽에 있는 두중(杜中)[274]이다. 진(秦)이 주를 멸하였다. 한이 창건하고 90여 년 후, 천자[275]가 태산에서 제사 지내려고 동으로 순수(巡狩)하며 하남에 이르러 주의 후손을 찾아서 그 후손 가(嘉)에게 사방 30리 땅을 봉하여 그를 '주 자남군(周子南君)'[276]이라고 칭하니, 그는 열후(烈侯)의 지위에 비견되었으며, 선조의 제사를 받들게 되었다.[277] "

---

274) 杜中 : 지금의 섬서성 長安縣 남쪽. '社'라고도 한다.
275) 즉 漢 武帝를 가리킨다.
276) 子南은 封邑 이름으로, 이곳은 지금의 하남성 臨汝縣 동쪽에 있다.
277) 周代는 武王에서 赧王에 이르기까지 모두 37명의 王이 등극하였고 약 800여 년간 국가가 유지되었다. 『帝王世紀』에는 "周는 대저 37명의 왕이 있었고, 867년간 유지되었다(周凡三十七王, 八百六十七年)"라고 기록되어 있다. 周代의 世系表는 다음과 같다. (괄호 속은 재위 기간을 나타낸다.)

　　武王(7년)-成王(37년)-康王(26년)-昭王(51년)-穆王(55년)-共王(12년)-懿王(25년)-孝王(15년)-夷王(16년)-厲王(37년)-宣王(46년)-幽王(11년)〔以上 西周〕-平王(51년)-桓王(23년)-莊王(15년)-釐王(5년)-惠王(25년)-襄王(33년)-頃王(6년)-匡王(6년)-定王(21년)-簡王(14년)-靈王(27년)-景王(25년)-悼王(재위 기간이 1년이 안 됨)-敬王(44년)〔以上 東周 春秋時代〕-元王(7년)-貞定王(28년)-哀王-思王-考王(15년)-威烈王(24년)-安王(26년)-烈王(7년)-顯王(48년)-愼靚王(6년)-赧王(59년)〔以上 東周 戰國時代〕

　　(「周本紀」에 기록된 것과 현대 중국 역사 연대표에는 약간의 차이가 있다.)

권5 「진본기(秦本紀)」 제5

진(秦)의 선조(先祖)는 전욱제(顓頊帝)[1]의 후예로서, 이름은 여수(女修)라고 하였다. 여수가 베를 짜고 있는데 제비가 알을 떨어트리자, 여수가 이 알을 먹고 아들 대업(大業)을 낳았다.[2] 대업은 소전(少典)[3]의 딸 여화(女華)를 아내로 맞았다. 여화는 대비(大費)를 낳았고, 대비는 우(禹)와 함께 물을 다스렸다. 치수(治水)에 성공하자 순(舜) 임금이 우에게 현규(玄圭)[4]를 하사하니, 우는 받으면서 "저 혼자서 이룰 수 있었던 것이 아니고 대비가 도와주었습니다"라고 대답하자, 순임금은 "아! 비(費)야, 우를 도와서 공을 이루었으니 그대에게 조유(皁游)[5]를 내리노라. 장차 그대의 후손이 번창할 것이다"라고 말하고는 요성(姚姓)의 미녀를 그의 아내로 삼게 하였다. 대비는 조유를 공손히 받으며 순임금을 도와서 새와 짐승을 조련하니, 새와 짐승들은 그에 의해서 잘 길들여졌다. 이 사람이 바로 백예(柏翳)[6]인데, 순임금은 그에게 영씨(嬴氏) 성을 하사하였다.

대비는 아들 둘을 낳았다. 한 아들은 대렴(大廉)이라고 불리는데 그는 조속씨(鳥俗氏)의 선조가 되었으며, 다른 아들은 약목(若木)이라고 불리는데 그는 비씨(費氏)의 선조가 되었다. 약목의 현손(玄孫)은 비창(費昌)이라고 하는데, 그의 자손은 중원(中原)에 살기도 하고 이적(夷狄)

---

1) 顓頊帝 : 중국 고대 전설에 나오는 五帝 중의 한 사람. 즉 高陽氏로 「五帝本紀」에 보인다. 『左傳』에서는 秦을 少昊氏의 후손이라고 한다.
2) 제비알을 먹고 아이를 낳았다는 전설은 商代와 일치하는데, 이러한 사실은 모계만을 중시하던 씨족사회의 현실을 반영한 것이다.
3) 少典 : 부족의 이름. 권1 「오제본기」의 〈주 4〉 참조.
4) 玄圭 : 검은 색의 圭. 규는 위는 뾰족하고 아래는 각이 진 일종의 玉器로서, 天子가 제후를 책봉할 때 사용하였다. 권2 「하본기」의 〈주 160〉 참조.
5) 皁游 : 검은 색의 깃발 장식. '游'자는 旒와 통하며, 이것은 깃발 가장자리에 거는 띠나 술 따위의 장식품을 말한다.
6) 柏翳 : 뒤에서는 '伯翳'로 썼으며 '伯益'이라고 보는 이도 있다.

지역에 살기도 했다. 비창은 하(夏)의 걸왕(桀王) 때에, 하를 떠나 상 (商)에 귀순하여 탕왕(湯王)을 위해서 수레를 몰았으며, 명조(鳴條)[7]에 서 걸왕을 격파하였다. 대렴의 현손은 맹희(孟戲)와 중연(中衍)[8]인데, 그들은 모습은 새를 닮았으나 사람의 말을 하였다. 태무(太戊)[9]가 이들 의 이야기를 듣고 그들에게 수레를 몰게 하려고 점을 쳐보니 점괘가 길하 게 나오자, 그들에게 수레를 몰게 하고 아내를 얻어주었다. 태무 이래로 중연의 후손들은 마침내 대대로 공을 세우고 은나라를 도왔으므로, 영씨 는 대부분 현귀(顯貴)하게 되어 결국은 제후가 되었다.

중연의 현손은 중휼(中潏)[10]인데 서융(西戎)[11] 지역에 살면서 서수(西 垂)[12]를 지켰다. 그는 비렴(蜚廉)을 낳았고, 비렴은 오래(惡來)를 낳았 다. 오래는 힘이 세었고, 비렴은 달리기를 잘하였다. 부자 두 사람은 자 기들이 가진 재주와 힘으로 은(殷)의 주왕(紂王)을 섬겼다. 주 무왕(周 武王)은 주왕을 정벌하면서 오래도 함께 죽였다. 이때 비렴은 주(紂)를 대신하여 북방으로 출사(出使)했는데,[13] 돌아와보니 (주왕이 이미 죽어 서) 보고할 곳이 없자, 곽태산(霍太山)[14]에 제단을 쌓아서 주왕에게 보 고하였다. 그때 석관(石棺) 하나를 얻었는데, 그 석관에는 "천제께서는 비렴[15]을 은나라의 재난에서 벗어나게 하시고, 비렴에게 석관을 하사하 여 씨족을 번창하게 하노라"[16]라고 새겨져 있었다. 비렴이 죽자 곽태산에 장사 지냈다. 비렴에게는 또 계승(季勝)이라고 불리는 아들이 있었다. 계승은 맹증(孟增)을 낳았다. 맹증은 주 성왕(周成王)의 총애를 받았으

---

7) 鳴條 : 권2 「하본기」의 〈주 214〉 참조. 권3 「은본기」의 〈주 37〉 참조.

8) 孟戲, 中衍 : 두 형제의 이름. 두 사람을 동일인으로 보는 이도 있다.

9) 太戊 : 商나라의 7대 군주.

10) 中潏 : '中滑'이라고도 한다.

11) 西戎 : 서쪽 지방에 사는 융족.

12) 西垂 : 西部의 邊境. 殷周시대에는 지금의 甘肅省 동남부 일대에 대한 통칭이었 다. 혹은 지금의 甘肅省 天水縣 서남쪽이라고도 한다.

13) 원문은 "爲紂石北方"이나, '石'은 '使'의 誤記로 본다. 『史記會注考證』에서는 梁玉 繩의 말을 인용하여 "『水經』의 「汾水注」에서는 이 일을 '飛廉先爲紂使北方'이라고 기 록하였고 『御覽』에서도 『사기』를 인용하여 '時飛廉爲紂使北方'이라고 했으니, 使를 石으로 잘못 옮겨 쓴 것이다"라고 하였다.

14) 霍太山 : 霍山으로 太嶽山이라고도 하며, 山西省 霍縣 동남쪽에 있다.

15) 원문은 "處父"(蜚廉의 字)로 되어 있다.

16) 『孟子』에서는 "비렴을 바닷가로 내쫓아 죽였다(驅蜚廉于海隅戮之)"라고 하여, 여 기의 기록과는 다르다.

니, 그가 택고랑(宅皋狼)[17]이다. 고랑은 형보(衡父)를 낳았고, 형보는 조보(造父)를 낳았다. 조보는 말을 잘 다루었으므로 주 목왕(周繆王)[18]의 총애를 받았다. 목왕은 기(驥), 온려(溫驪), 화류(驊駵), 녹이(騄耳)라는 이름의 준마 네 필[19]을 얻자, 서쪽으로 순수를 떠나서는 즐거워 돌아오는 것을 잊었다. 서언왕(徐偃王)[20]이 난을 일으키자, 조보는 목왕의 수레를 하루에 천리 길을 쉬지 않고 몰아서 주(周)나라로 귀부(歸附)하였다. 목왕은 조성(趙城)[21]을 조보에게 봉읍으로 하사하니, 조보의 가족은 이때부터 조씨(趙氏)가 되었다. 비렴이 계승을 낳은 이래 5대째인 조보에 이르러서 따로 조성에서 살았으며, 조최(趙衰)[22]가 바로 그 후손이다. 오래혁(惡來革)[23]은 비렴의 아들인데 요절하였다. 그에게는 여방(女防)이라는 아들이 있었다. 여방은 방고(旁皋)를 낳았고, 방고는 태궤(太几)를 낳았고, 태궤는 대락(大駱)을 낳았고, 대락은 비자(非子)를 낳았다. 이들은 모두 조보가 목왕의 총애를 받은 덕으로 조성에 거주하는 은혜를 입었으며 조씨의 성을 가지게 되었다.

비자는 견구(犬丘)[24]에 살았는데, 말과 가축을 좋아했으며 또 사육과 번식에도 뛰어난 재주를 가지고 있었다. 견구 사람들이 주 효왕(周孝王)에게 이런 사실을 말하자, 효왕은 비자를 불러서 견수(汧水)[25]와 위수(渭水) 사이에서 말을 사육하도록 하였다. 그러자 말이 대량으로 번식되었다. 효왕은 비자를 대락의 후계자[26]로 삼고자 하였다. 그러나 신후(申

---

17) 宅皋狼 : 孟增이 皋狼縣에 살았으므로 거주지를 號로 삼은 것이라고 전해진다. 皋狼은 郭狼이라고도 하며, 지금의 山西省 離石縣 서북쪽에 있다.

18) 繆王 : 즉 穆王. '繆'은 '穆'과 통한다.

19) 준마 네 필의 원문은 "駟馬"이다. 駟馬는 수레를 끄는 말로 고대에는 네 필의 말이 함께 한 수레를 끌었다.

20) 徐偃王 : 徐國(지금의 江蘇省 泗洪縣 남쪽)의 군주로서, 周나라와 楚나라에 멸망 당했다고 전해진다.

21) 趙城 : 지명. 지금의 山西省 洪洞縣 북쪽에 옛터가 있다.

22) 趙衰 : 晉나라의 저명한 大夫로서 趙나라의 기초를 다진 사람이다. 「趙世家」나 「晉世家」에도 그의 사적이 보인다.

23) 惡來革 : 혹자는 바로 惡來라고 하나, 위의 문장과 맞지 않는다.

24) 犬丘 : 槐里 혹은 廢丘라고도 하며 지금의 陝西省 興平縣 동남쪽이다.

25) 汧水 : 陝西省 隴縣 서쪽에서 발원하여 渭水로 흘러들어가는 강. 지금은 千河라고 한다.

26) 원문은 "適嗣"로 '適'은 '嫡'과 통한다. 非子는 정실 소생이 아니므로 본래는 후계자가 될 수 없었다.

侯)의 딸이 대락의 아내로서 아들 성(成)을 낳았으니 성이 후계자였다. 신후가 효왕에게 이렇게 말하였다.

옛날 저의 선조가 여산(酈山)에 거주할 적에 낳은 딸이 융족(戎族) 서헌 (胥軒)[27]의 아내가 되어 중휼(中潏)을 낳으셨는데, 친척인 관계로 인해서 주(周)나라에 귀의하여 서수(西垂)를 지키니 서수가 태평해졌습니다. 이 제 제가 다시 대락에게 딸을 주어 적자인 성(成)을 낳았습니다. 저와 대락 이 다시 혼인을 맺어 서융족(西戎族)이 모두 귀순하였으니, 이것이 왕께서 왕위에 오를 수 있었던 까닭입니다. 왕께선 그점을 잘 생각해보십시오.

그러자 효왕은 이렇게 말하였다.

옛날 백예가 순 임금을 위해서 가축을 관리하였는데, 번식을 잘 시켜서 봉토를 하사받고 영씨 성을 받았던 것이다. 그런데 지금 그 후손들도 나를 위해서 말을 많이 번식시켰기에, 나는 그들에게 토지를 나누어주어 부용국 (附庸國)[28]으로 삼고자 한다.

그리고는 진(秦)나라 땅[29]을 비자에게 봉읍(封邑)으로 하사하고, 그로 하여금 다시 영씨의 제사를 잇게 하고서는 진영(秦嬴)이라고 이름하였 다. 또 신후의 딸이 낳은 아들을 원래 그대로 대락의 적자로 삼음으로써, 서융과 우호적인 관계를 유지하였다.

진영은 진후(秦侯)를 낳았다. 진후는 재위 10년 만에 죽었다. 진후는 공백(公伯)을 낳았고, 공백은 재위 3년 만에 죽었다. 공백은 진중(秦仲) 을 낳았다.

진중이 즉위한 지 3년, 주 여왕(周厲王)이 무도(無道)하니, 제후들 중 에서 배반하는 자가 있었으며 서융도 주 왕실에 반기를 들고 견구의 대락 일족을 주멸하였다. 주 선왕(周宣王)이 즉위하자 진중을 대부(大夫)로 삼아서 서융을 토벌하였다. 그러나 진중은 재위 23년에 서융 땅에서 목숨 을 잃었다. 그에게는 아들 다섯이 있었는데, 큰 아들은 장공(莊公)이라 고 하였다. 주 선왕은 장공의 다섯 형제를 불러 7,000명의 병사를 주고 서융을 치게 하자, 그들은 서융을 물리쳤다. 이에 선왕은 진중의 후손에

---

27) 胥軒 : 仲衍의 曾孫.
28) 附庸國 : 큰 나라에 부속된 작은 나라.
29) 지금의 甘肅省 淸水縣 동북쪽, 張家川回族自治縣 동쪽 지역.

게 상을 내리고 그들의 선조인 대락의 봉지인 견구까지 그들에게 주었으며, 그들을 서수의 대부로 삼았다.

장공은 그들의 옛 땅인 서견구(西犬丘)[30]에 살면서 세 아들을 낳았는데, 큰아들은 세보(世父)라고 불렀다. 세보는 "서융이 나의 조부인 진중을 죽였으니, 내가 서융의 왕을 죽이지 않으면 봉읍으로 돌아갈 수 없다"라고 말하였다. 세보는 서융을 치기 위하여 아우 양공(襄公)에게 양위(讓位)하니, 양공이 태자가 되었다. 장공이 재위 44년 만에 죽자, 태자인 양공이 뒤를 이었다.

양공 원년, 양공의 여동생 목영(繆瀛)이 풍왕(豐王)[31]의 처가 되었다. 양공 2년, 서융이 견구를 포위하자 세보는 서융을 공격했다가 서융의 포로가 되었다. 1년 남짓 지난 후에 서융은 세보를 돌려보냈다.

7년 봄, 주 유왕(周幽王)이 포사(褒姒)를 총애하여 태자를 폐하고 포사의 아들을 태자로 삼았으며, 여러 차례 제후들을 기만하자[32] 제후들은 유왕을 배반하였다. 서융의 견융(犬戎)과 신후(申侯)가 주나라를 공격하여 유왕을 여산(酈山) 아래에서 죽였다. 진 양공이 군대를 이끌고 주나라를 구원했는데 힘껏 싸워 공을 세웠다. 주나라 왕실이 견융의 반란을 피해서 동쪽의 낙읍(雒邑)으로 천도하니, 양공은 군대를 이끌고 주 평왕(周平王)을 호송하였다. 평왕은 양공을 제후로 봉하고 기산(岐山)의 서쪽 땅을 하사하면서 "서융은 무도하여 우리의 기산과 풍읍(豐邑) 지역을 침탈하였으니, 진(秦)이 서융을 공격하여 물리친다면 그 땅을 소유하게 할 것이다"라고 말하였다. 평왕은 양공과 서약하고 봉지와 작위를 하사하였다. 양공은 이때 처음으로 제후국이 되어 다른 제후들과 사절을 교환하고 빙향(聘享)[33]의 예를 행하게 되었으며, 이에 유구(駵駒),[34] 황소, 숫양 세 마리씩을 사용하여 서치(西畤)[35]에서 상제(上帝)에게 제사를 올렸

---

30) 西犬丘 : 西垂를 말한다.
31) 豐王 : '幽王'의 誤記. 혹은 豐 땅을 점거한 서융의 왕이라고도 한다.
32) 유왕이 포사를 즐겁게 하기 위해서 여러 차례 봉화를 올려서 제후들을 도성으로 올라오도록 속인 일을 말한다.
33) 聘享 : 聘은 제후들이 우의를 다지기 위해서 상호 방문하고 초빙하는 것을 말하며, 享은 제후가 천자에게 토산물을 헌납하는 일을 말한다.
34) 駵駒 : 몸이 붉고 갈기가 검은 작은 말.
35) 西畤 : 秦나라가 天地에 제사 지내던 곳으로 西縣(지금의 甘肅省 天水 서남쪽)에 있다.

다. 12년, 양공은 서융을 토벌하기 위해서 기산까지 갔다가 그곳에서 죽었다. 양공은 문공(文公)을 낳았다.

문공 원년, 문공은 서수궁(西垂宮)[36]에 거주하였다. 3년에 문공은 700명의 병사를 이끌고 동쪽으로 사냥을 나갔다가, 4년에 견수와 위수가 만나는 지점에 이르렀다. 문공은 "옛날 주나라가 이곳을 우리 선조인 진영에게 봉읍으로 하사하였고, 그후 우리는 제후국이 되었지"라고 말하였다. 그리고는 그곳이 살기에 적당한가를 점치게 했는데, 점괘가 길하였으므로 그곳에 성읍(城邑)을 건설하였다. 10년, 처음으로 부치(鄜畤)[37]를 만들어서 소, 양, 돼지의 세 가지 가축으로 천지에 제사를 올렸다. 13년, 처음으로 사관(史官)을 두어서 일을 기록하였으며, 백성들은 대다수 교화되었다. 16년, 문공이 병사를 이끌고 서융을 토벌하니, 서융은 패하여 달아났다. 이에 문공은 주나라의 유민들을 수습하여 진의 백성으로 삼고 영토를 기산까지 넓혔으며, 기산의 동쪽 지역을 주나라에 헌상하였다. 19년, 진보(陳寶)[38]를 얻었다. 20년, 처음으로 삼족(三族)을 멸하는 형벌을 만들었다. 27년, 남산의 큰 가래나무를 베자, 가래나무 신이 커다란 황소로 변해서 풍수로 들어갔다.[39] 48년, 문공의 태자가 죽으니 정공

---

36) 西垂宮 : 궁전 이름으로 지금의 甘肅省 天水顯 서남쪽에 있다.

37) 鄜畤 : 천지에 제사 지내는 곳으로, 鄜縣(지금의 陝西省 鄜縣)에 설치하였다.

38) 陳寶 : 전설로 전해지는 奇石. 『索隱』에는 "재질은 돌 같으며, 肝의 모양과 흡사하다"라고 하였고, 『漢書』의 「郊祀志」에는 "문공이 돌 같은 것을 얻어 陳倉의 북쪽 阪城에서 제사 드리자, 신이 강림하였는데 모습은 장끼 같았고 '우우' 하는 소리를 냈다. 꿩이 밤에 울자 희생을 올려서 제사를 올리고는 진보라고 하였다"라고 하였다.

39) 원문은 "豐大特"이다. '豐'은 豐水이고, '特'은 황소이다. 이에 관해 『括地志』에는 "큰 가래나무가 岐州 陳倉縣 남쪽 10리 倉山 위에 있었다. 『錄異傳』에 이르기를 '秦 文公 때 雍南山에 큰 가래나무가 있었는데, 문공이 그 나무를 베자 큰 비바람이 치더니 나무가 붙어서 잘리지 않았다. 그때 어떤 病者가 밤에 산 속을 지나가다 귀신이 나무 신에게, 秦이 머리를 풀어헤친 사람을 시켜서 붉은 실로 나무를 묶고 너를 베게 한다면 곤혹스럽지 않겠는가? 라고 묻는 말을 들었다. 그러나 나무 신은 아무 말이 없었다. 다음날 병자가 들은 대로 말하니, 문공이 그의 말대로 나무를 베자 잘린 나무 속에서 푸른 소 한 마리가 나와서 풍수로 들어갔다. 그후 풍수에서 소가 출현하였으므로 騎兵에게 치게 하였으나 이기지 못했다. 기병이 땅에 떨어졌다가 다시 말에 오르며 머리가 풀어지자, 소가 무서워하며 풍수로 들어가서는 나오지 않았다. 그러므로 이때부터 털이 긴 소의 머리 모양의 장식을 세워두었다. 漢, 魏, 晉도 이것을 답습하였다. 武都郡에 怒特祠를 세우니, 이것이 큰 가래나무의 牛神이다'라고 하였다"라는 기록이 있다.

(靜公)이라는 시호를 하사하였다. 정공의 큰 아들이 태자가 되니, 그가 바로 문공의 손자였다. 50년, 문공이 서거하자 서산에 안장하였다. 정공의 아들이 등극하니, 그가 바로 영공(寧公)이다.

영공 2년, 영공은 평양(平陽)[40]으로 옮겨가서 살았다. 영공은 군대를 보내 탕사(蕩社)[41]를 토벌하였다. 3년에는 박(亳)[42]나라와 싸웠다. 박왕(亳王)이 서융으로 달아나자 마침내 탕사를 멸망시켰다. 4년, 노(魯)나라의 공자(公子) 휘(翬)[43]가 그의 군주인 은공(隱公)을 시해하였다. 12년, 영공은 탕씨(蕩氏)를 토벌하여 그 땅을 빼앗았다. 영공이 10세에 등극하여 재위 12년 만에 죽자 그를 서산(西山)에 안장하였다. 영공은 아들 셋을 낳았는데, 장남인 무공(武公)이 태자가 되었다. 무공의 동생 덕공(德公)은 무공과 같은 어머니 소생이었으며, 막내인 출자(出子)는 노희자(魯姬子)[44]의 소생이었다. 영공이 죽자 대서장(大庶長)[45]인 불기(弗忌)와 위루(威壘)[46]인 삼보(三父) 등이 태자를 폐위하고 출자를 군주로 옹립하였다. 출자 6년, 삼보 등이 함께 사람을 시켜서 출자를 시해하였다. 출자는 5세에 등극하여 재위 6년 만에 죽으니, 삼보 등은 다시 원래의 태자인 무공을 옹립하였다.

무공 원년, 무공은 팽희씨(彭戱氏)[47]를 토벌하기 위해서 화산(華山) 아래에 이르러 평양성(平陽城)의 봉궁(封宮)[48]에서 거주하였다. 3년, 삼보 등의 무리를 죽이고 그들의 삼족을 멸하였으니, 이것은 그들이 출자를 시해했기 때문이다. 정(鄭)나라 고거미(高渠眯)가 그의 군주인 소공(昭公)을 시해하였다.[49] 10년, 규(邽)[50]와 기(冀)[51] 지역의 융족(戎族)을

---

40) 平陽: 지금의 陝西省 岐山縣 서남쪽.

41) 蕩社: 지명. 『史記索隱』에는 "서융의 군주를 亳王이라고 하였는데, 아마도 成湯의 자손으로 그 邑地를 탕사라고 한 것 같다"라고 되어 있다. 지금의 陝西省 西安市 동남쪽이다. 일설에는 지금의 陝西省 興平縣 부근에 있다고도 한다.

42) 亳: 서융의 한 支派. 혹은 湯의 후예라고도 하며, 또는 지금의 陝西省 西安市 동남쪽에 있는 지명이라고도 한다.

43) 翬: 羽父를 말한다. 우보가 隱公을 시해한 사건은 『左傳』 隱公 11년조에 보인다.

44) 魯姬子: 寧公의 첩. '魯'를 '曾'이라고도 쓴다.

45) 大庶長: 秦의 爵位 명칭. 〈주 133〉 참조.

46) 威壘: 秦의 관직 이름.

47) 彭戱氏: 戎族의 한 支派로, 그 지역은 彭衙(지금의 陝西省 白水縣 동북쪽)이다.

48) 封宮: 궁전 이름.

49) 高渠眯가 昭公을 시해한 사건은 『左傳』의 魯 桓公 17년조에 보인다. '眯'자를 『좌전』에서는 "彌"로 표기하였다.

토벌하고, 처음으로 이 두 지역을 진의 현(縣)으로 삼았다. 11년, 처음으로 두(杜)[52]와 정(鄭)[53] 두 지역을 현으로 삼았고, 소괵(小虢)[54]을 멸망시켰다.

13년, 제(齊)나라 사람 관지보(管至父)와 연칭(連稱) 등이 그들의 군주인 양공(襄公)을 죽이고 공손무지(公孫無知)를 옹립하였다. 진(晉)나라는 곽(霍), 위(魏), 경(耿) 나라를 멸망시켰다.[55] 제(齊)나라의 옹름(雍廩)이 무지(無知)와 관지보 등을 죽이고 제 환공(齊桓公)을 세웠다.[56] 제와 진이 강국(强國)이 되었다.

19년, 진나라의 곡옥(曲沃)이 처음으로 진후(晉侯)[57]가 되었고, 제 환공이 견(鄄)[58]에서 패자(覇者)가 되었다.

20년, 무공이 죽으니 옹읍(雍邑)의 평양(平陽)[59]에 안장하였다. 이때 처음으로 사람을 순장(殉葬)했는데, 순장한 사람은 모두 66명이었다. 무공에게는 아들 하나가 있었는데, 이름을 백(白)이라고 하였다. 백은 왕위에 오르지 못하고 평양에 봉해졌으며, 무공의 동생인 덕공(德公)이 왕위에 올랐다.

덕공 원년, 처음으로 옹성의 대정궁(大鄭宮)에 거주하였다. 소, 양, 돼지의 희생을 각각 300마리 올려, 부치(鄜畤)에서 천지에 제사 드렸다. 옹성에서 거주하는 것이 적합한가를 점치니, "후대 자손들은 황하에서 말에게 물을 먹이게 될 것이다"[60]라는 점괘가 나왔다. 그해 양백(梁伯)과 예백(芮伯)이 와서 조회하였다.

2년, 처음으로 복일(伏日)을 정하여, 개를 잡아서 열독(熱毒)을 제거

50) 邽 : 上邽(지금의 甘肅省 天水縣 서남쪽)를 말하며, 당시는 戎族 지역이었다.
51) 冀 : 현재 甘肅省 甘谷縣 동남쪽으로 당시는 역시 戎族 지역이었다.
52) 杜 : 고대의 나라 이름. 그 지역은 陝西省 長安縣 동남쪽에 있다.
53) 鄭 : 陝西省 華縣 동쪽에 있다.
54) 小虢 : 羌族의 한 支派. 혹은 西虢(지금의 寶鷄市 동쪽)이라고도 한다.
55) 『左傳』의 閔公 원년조와 「晉世家」에 의하면, 이 일은 晉 獻公 16년(秦 成公 3년)에 있었던 것인데, 여기서는 무공 13년으로 잘못 기록되었다.
56) 「齊世家」와 『左傳』의 莊公 9년조에 보인다.
57) 曲沃 武公이 晉侯 緡을 없애고 스스로 진의 군주가 된 것을 말한다. 이 일은 「晉世家」와 『左傳』의 장공 16년조에 보인다.
58) 鄄 : 지금의 山東省 鄄城縣 북쪽.
59) 雍平陽 : 平陽은 雍에 속한다. 雍은 지금의 陝西省 鳳翔縣 남쪽.
60) 이것은 秦의 국세가 날로 강성해져 국토가 雍城으로부터 황하까지 확장될 것임을 암시하는 점괘이다.

하였다.[61] 덕공은 33세에 왕위에 올라서 재위 2년 만에 죽었다. 그는 아들 셋을 낳았는데, 큰아들이 선공(宣公)이고, 둘째 아들은 성공(成公)이며, 막내 아들이 목공(繆公)이다. 큰아들 선공이 왕위에 올랐다.

선공 원년, 위(衛)나라와 연(燕)나라가 주나라를 공격하여 혜왕(惠王)을 내쫓고 왕자 퇴(穨)를 옹립하였다. 3년, 정백(鄭伯)과 괵숙(虢叔)이 왕자 퇴를 죽이고 다시 혜왕을 영입하였다. 4년에는 밀치(密畤)[62]를 만들었고, 진(晉)과 하양(河陽)[63]에서 싸워서 승리하였다. 12년, 선공이 죽었다. 선공은 아들을 아홉이나 두었지만, 모두 왕위에 오르지 못하고 선공의 동생인 성공이 왕으로 옹립되었다.

성공 원년, 양백과 예백이 와서 조회하였다. 제 환공은 산융(山戎)[64]을 토벌하고 고죽(孤竹)[65]에 군대를 주둔시켰다.

성공은 재위 4년 만에 죽었다. 성공은 아들 일곱을 두었으나 아무도 왕위에 오르지 못하고 동생인 목공(繆公)이 왕으로 옹립되었다.

목공 임호(任好)[66] 원년, 목공은 친히 군대를 이끌고 모진(茅津)[67]을 토벌하여 승리하였다. 4년, 목공이 진(晉)나라에서 아내를 맞아들였는데, 그녀는 진의 태자 신생(申生)의 누이였다. 그해 제 환공은 초(楚)를 토벌하여 소릉(邵陵)[68]에 이르렀다.

5년, 진 헌공(晉獻公)이 우(虞)나라와 괵(虢)나라를 멸망시키고 우왕(虞王)과 그의 대부 백리혜(百里傒)[69]를 포로로 잡아왔는데, 이것은 진 헌공이 백옥(白玉)과 양마(良馬)를 우왕에게 뇌물로 주었기 때문에 가능하였다.[70] 진 헌공은 백리혜를 잡아온 후, 진 목공의 부인이 시집올 때

---

61) 원문은 "以狗禦蠱"이다. '蠱'는 본래 毒蟲을 뜻하나, 여기서는 사람을 해치는 뜨거운 毒氣를 말한다.

62) 密畤 : 秦나라가 天地에 제사 지내던 곳으로 渭水 남쪽에 위치한다.

63) 河陽 : 권4 「주본기」의 〈주 223〉 참조.

64) 山戎 : 흉노를 말한다. 北戎 또는 無終이라고도 불리며, 지금의 河北省 東部에서 거주했는데, 이곳은 齊, 鄭, 燕 나라와 접경지대였다.

65) 孤竹 : 지금의 河北省 盧龍縣 동쪽에 위치하며, 殷代에는 孤竹國이었다.

66) 任好 : 穆公의 이름.

67) 茅津 : 지금의 이름은 茅津渡로, 山西省 平陸縣 서남쪽 黃河 북쪽에 있다. 당시는 戎族의 거주지였다.

68) 邵陵 : 지금의 河南省 郾城縣 동쪽.

69) 百里傒 : '傒'는 '奚'로도 쓴다.

70) 晉이 虞나라의 길을 빌려 괵나라를 토벌한 일은 『左傳』의 僖公 5년조와 「晉世家」에 보인다.

시종으로 진(秦)나라에 딸려보냈다. 백리혜는 진(秦)에서 도망쳐서 완(宛)[71]으로 갔으나, 초(楚)나라 변경 사람에게 붙잡혔다. 백리혜가 어진 사람이라는 것을 들은 목공은 많은 재물로 그의 몸값을 치르고 데려오려고 했으나, 초나라 사람이 내주지 않을까 걱정하여 사람을 초나라에 보내 "나의 잉신(媵臣)[72]인 백리혜가 귀국에 있는데, 검정 숫양의 가죽 다섯 장으로 그의 몸값을 치르고자 한다"라고 전하게 하였다. 초나라 사람은 응낙하고 백리혜를 놓아주었다. 이때 백리혜의 나이는 70세가 넘었다. 목공은 백리혜를 석방시켜 그와 함께 국사를 논의하였다. 그러자 백리혜는 사양하며 "신(臣)은 망한 나라의 신하인데 어찌 하문(下問)을 하십니까"라고 하였다. 목공은 "우왕은 그대를 등용하지 않아 망한 것이니, 그대의 죄가 아니오"라고 하며, 계속 하문하며 백리혜와 삼일간 담론하였다. 목공은 크게 기뻐하며 그에게 국정을 맡기고 그를 오고대부(五羖大夫)에 임명하였다. 그러자 백리혜는 사양하며 이렇게 말했다.

> 신(臣)은 신의 친구인 건숙(蹇叔)만 못합니다. 건숙은 현명하지만 세상 사람들이 알지 못합니다. 신이 일찍이 관직을 구해 돌아다니다가 제(齊)나라에서 곤경에 빠져 질(銍)[73] 땅의 사람에게 걸식을 하였을 때 건숙이 거두어주었습니다. 저는 제왕(齊王) 무지(無知)를 섬기려고 하였으나 건숙이 만류하였으므로, 신은 제나라의 난리[74]에서 벗어날 수 있었습니다. 이에 주(周)나라로 가서 주나라 왕자 퇴(頹)가 소를 좋아한다기에 신은 소 기르는 재주로 알현을 청했습니다. 퇴가 신을 임용하려고 하였으나 건숙이 신을 만류하였기에 주나라를 떠나서 죽지 않을 수 있었습니다.[75] 또 우왕(虞王)을 섬기니 건숙이 신을 만류하였으나 우왕이 신을 임용하지 않을 것을 알면서도 속으로 봉록과 관직을 탐내어 잠시 머물렀습니다. 두 번은 그의 말을 들어서 재난에서 벗어날 수 있었고, 한 번은 듣지 않아 우왕의 재난을 당했습니다.

이에 목공은 사람을 보내 후한 예물을 갖추어 건숙을 맞아들이고 그를 상

---

71) 宛 : 지금의 河南省 南陽市 경계에 위치한다.
72) 媵臣 : 고대에 귀족의 딸이 시집을 갈 때 딸려 보냈다고 하는 남자 시종을 말한다.
73) 銍 : 바로 銍이며 지금의 安徽省 宿縣 서남쪽에 있다. 일설에는 지금의 江蘇省 沛縣에 있다고도 한다.
74) 雍廩이 무지를 죽이고 제 환공을 등극시킨 일을 말한다.
75) 鄭伯과 虢叔이 왕자 퇴를 죽이고 周 惠王을 옹립한 일을 말한다.

대부(上大夫)에 임명하였다.

그해 가을, 목공은 친히 군대를 이끌고 진(晉)나라를 정벌하여 하곡(河曲)[76]에서 싸웠다. 진나라의 여희(驪姬)가 난을 일으켜 태자 신생이 신성(新城)[77]에서 죽었고, 중이(重耳)와 이오(夷吾)는 도망하였다.

9년, 제 환공은 규구(葵丘)[78]에서 제후들과 회합하였다.

진 헌공이 죽자 여희의 아들 해제(奚齊)가 옹립되었으나, 그의 신하인 이극(里克)이 해제를 죽였다. 순식(荀息)이 탁자(卓子)를 옹립하였으나 이극이 또 탁자와 순식을 죽였다. 이오는 진(秦)나라에 사람을 보내어 자신이 진(晉)나라에 입국하도록 도와줄 것을 요청하였다.[79] 이에 목공이 허락하여 백리혜에게 군대를 이끌고 이오를 호송하게 하였다. 이오는 "만약 내가 왕위에 오를 수 있다면 진(晉)나라 하서(河西) 지역[80]의 여덟 개 성을 진(秦)나라에 떼어주겠소"라고 하였다. 이오는 귀국하여 즉위한 후, 비정(丕鄭)을 진나라에 보내어 감사의 뜻만 전하고는 약속을 어기고 하서 지역의 성을 주지 않았으며 이극을 죽였다. 비정은 이 사실을 듣고 두려워하며 목공과 이렇게 의논하였다.

> 진(晉)나라 사람들은 이오가 왕이 되는 것을 바라지 않고, 사실은 중이가 되기를 바라고 있습니다. 지금 이오가 진(秦)과의 약속을 어기고 이극을 죽인 것은 모두 여생(呂甥)과 극예(郤芮)의 계략입니다. 왕께서는 이익으로 유혹하여 여생과 극예를 급히 불러들이십시오. 그들이 오면 다시 중이를 진(晉)으로 호송하는 것이 좋겠습니다.

이를 허락한 목공은 사신을 비정과 함께 귀국시켜 여생과 극예를 불러오도록 하였다. 비정의 음모를 의심한 여생과 극예는 이오에게 보고하고서는 비정을 죽였다. 비정의 아들 비표(丕豹)가 진(秦)으로 도망하여 목공에게 "진왕(晉王)은 무도하여 백성들이 따르지 않으니 정벌할 수 있습니다"라고 말하였다. 그러자 목공은 "백성들이 정말 진왕(晉王)을 탐탁치 않게 여긴다면 어떻게 그의 대신을 죽일 수 있는가? 대신을 죽일 수 있

---

76) 河曲 : 晉의 지역. 지금의 山西省 永濟縣에 있다.
77) 新城 : 晉나라에서 태자를 위해서 曲沃(山西省 聞喜縣 동북쪽)에 지은 새 성.
78) 葵丘 : 宋의 지역 이름으로, 지금의 河南省 蘭考縣 동북쪽에 있다.
79) 이오가 자신이 晉나라로 돌아갈 수 있도록 호송해줄 것을 秦나라에 요청한 일을 말한다. 그 결과 이오는 귀국하여 왕위에 오를 수 있었다.
80) 河西 지역 : 同州(지금의 陝西省 大荔縣), 華州(지금의 陝西省 華縣) 등의 지역.

다는 것은 백성들이 왕에게 협조하기 때문이다"라며 비표의 말을 듣지는 않았으나, 몰래 비표를 중용하였다. [81]

12년, 제(齊)나라의 관중(管中)과 습붕(隰朋)이 죽었다.

진(晉)나라는 가뭄이 들자 진(秦)나라에 식량원조를 요청하였다. 비표는 목공에게 식량을 원조해주지 말고 기근을 틈타서 정벌하라고 하였다. 목공이 공손지(公孫支)[82]에게 물으니 그는 "기근과 풍년은 번갈아 일어나는 일이니, 원조해주지 않을 수 없습니다"라고 말하였다. 백리혜에게 물으니 그는 "이오가 왕(목공)께 죄를 진 것이지, 그의 백성이야 무슨 죄가 있습니까?"라고 하였다. 이에 목공은 백리혜와 공손지의 의견을 받아들여 결국은 식량을 원조해주었다. 식량을 운송하는 배와 수레가 옹성(雍城)[83]에서 강성(絳城)[84]까지 이어졌다.

14년, 이번에는 진(秦)나라에 기근이 들어 진(晉)나라에 식량원조를 요청하였다. 진왕(晉王)은 여러 신하들과 이 일을 상의하였다. 괵석(虢射)이 "기근을 틈타 토벌하면 큰 공을 이룰 수 있을 것입니다"라고 말하자, 진왕은 그의 말을 따랐다. 15년, 진왕은 군사를 일으켜서 진(秦)나라를 공격하자, 목공도 군사를 일으켜서 비표를 장수로 삼아 친히 싸우러 나갔다. 9월 임술일, 진 혜공(晉惠公) 이오와 한(韓) 땅[85]에서 싸웠다. 진왕(晉王)은 자신의 군대를 뒤에 둔 채로 혼자 진격하여 진군(秦軍)과 재물을 쟁탈하다 돌아오는 길에 말이 무게를 못 이겨 진흙에 빠졌다. 목공과 그의 부하가 진왕(晉王)을 추격하였으나 잡지 못하고 도리어 진군(晉軍)에게 포위당하였다. 진(晉)나라 군사들이 목공을 공격하여 목공이 부상을 당하였다. 이때, 기산(岐山) 아래에서 목공의 양마(良馬)를 훔쳐 먹었던 300명의 시골 사람들이 위험을 무릅쓰고 진군(晉軍)에게 달려들어 진군의 포위망이 풀어지니, 목공은 위험에서 벗어나고 오히려 진왕(晉王)을 사로잡게 되었다. 당초, 목공이 양마를 잃었는데, 기산 아래 300명의 사람들이 잡아 먹었기 때문이다. [86] 관리가 이들을 체포하여 처벌하

---

81) 원문은 "陰用豹"이다. 목공이 겉으로 비표의 계책을 듣지 않은 것은 晉나라를 속이기 위한 것이었고, 속으로는 암암리에 비표를 임용하여 晉의 토벌을 도모하였다.

82) 公孫支：秦나라의 大夫 이름.

83) 雍城：秦나라의 都城.

84) 絳城：晉나라의 都城으로, 지금의 山西省 侯馬市 동북쪽.

85) 원문은 "韓原"으로, 지금의 陝西省 韓城縣 서남쪽이다. 당시는 晉에 속했다.

고자 하였으나, 목공은 "군자는 짐승 때문에 사람을 상하게 해서는 안 되
오. 좋은 말고기를 먹고 술을 마시지 않으면 사람이 상한다고 들었소"라
고 하면서 모두에게 술을 주고 그들을 사면해주었다. 그러므로 300명의
시골 사람들은 진(秦)나라가 진(晉)나라를 공격한다는 소식을 듣고 모두
따를 것을 청하게 된 것이다. 그들은 목공을 따라가던 중 목공이 포위당
한 것을 보자, 무기를 들고 필사적으로 싸움으로써 말을 잡아먹고도 사면
된 은덕에 보답하였다. 이에 목공은 진왕(晉王)을 포로로 잡아 돌아와서
는 전국에 영을 내리기를 "모두들 재계(齋戒)하고 혼자 잠자라. 내 진왕
을 제물로 하여 상제께 제사 드릴 것이다"라고 하였다. 주(周) 천자가 이
소식을 듣고 "진왕(晉王)은 우리 나라와 동성(同姓)이다"라며 진왕의 사
면을 요청하였다. 또한 목공의 부인은 이오의 누이였는데, 이 소식을 듣
자 상복을 입고 맨발로 달려와 "소첩이 형제를 구제할 수 없었던 까닭으
로, 군주의 명령을 욕되게 하였습니다"[87]라고 하였다. 목공이 "나는 진왕
을 사로잡아 공을 이루었다고 여기는데, 지금 천자께서는 사면을 요청하
고 부인은 이 일로 걱정을 하는구려"라고 하면서, 진왕과 맹약을 한 뒤
돌려보낼 것을 허락하였다. 그리고는 진왕을 좋은 숙소로 옮겨서 머물게
하고, 소, 양, 돼지 각 일곱 마리씩을 보내주었다. 11월, 진왕(晉王) 이
오를 본국으로 돌려보내니, 이오는 하서(河西) 지역을 헌상하고 태자 어
(圉)를 진(秦)나라에 인질로 보냈다. 진(秦)은 태자 어에게 종실(宗室)
의 딸을 시집 보냈다. 이때 진(秦)의 영토는 동쪽으로 황하에까지 이르
렀다.

18년, 제 환공이 서거하였다. 20년, 진(秦)이 양(梁)과 예(芮)를 멸망
시켰다.

22년, 진(晉)의 공자(公子) 어는 진왕(晉王)이 병이 났다는 소식을 듣
고 "양(梁)은 우리 어머니의 나라인데[88] 진(秦)나라가 멸망시켰다. 나는
형제가 많으므로, 왕께서 돌아가신다면 진(秦)은 필히 나를 억류할 것이
며, 진(晉)에서도 나를 무시하고 다른 왕자를 세울 것이다"라고 하고는

---

86)　이 일은 1년 전에 일어난 것으로, 『呂氏春秋』의 「愛士篇」을 보면 자세히 알 수 있
　　다.
87)　원문은 "以辱君命"이다. 군주가 사람을 죽이라는 명령을 내린 것은 군주를 욕되
　　게 한 것이라는 뜻.
88)　공자 圉의 모친은 梁伯의 딸이다.

진(晉)나라로 도망쳐 돌아갔다. 23년, 진 혜공(晉惠公)이 죽자 태자 어가 왕이 되었다. 진(秦)은 어가 도망친 것을 원통해하며 초나라에서 진(晉)의 공자(公子) 중이(重耳)를 맞아들이고 이전에 어의 아내였던 여자를 시집 보냈다. 중이는 처음에는 사양하였으나 결국에는 받아들였다. 목공은 더욱 후한 예우로 중이를 대접하였다. 24년 봄, 진(秦)은 사신을 보내 진(晉)나라의 대신들에게 중이를 귀국시키고자 한다고 알리자, 진(晉)나라는 이를 허락하고 사신을 보내 중이를 호송하였다. 2월, 중이가 진왕(晉王)으로 즉위하니 그가 문공(文公)이다. 문공은 사람을 시켜서 어를 죽이니, 어가 바로 회공(懷公)이다.

그해 가을, 주 양왕(周襄王)의 동생 대(帶)가 오랑캐의 군대를 빌려서 양왕을 공격하자, 양왕은 도망하여 정(鄭)에 거주하였다. 25년, 주 양왕이 사신을 보내 진(秦)과 진(晉)에 주나라에 난이 일어났음을 알렸다. 그러자 진 목공은 군대를 이끌고 진 문공(晉文公)을 도와서 양왕을 귀국시키고 양왕의 동생 대를 죽였다. 28년, 진 문공이 성복(城濮)[89]에서 초군(楚軍)을 무찔렀다. 30년, 목공이 진 문공을 도와 정(鄭)나라를 포위하자, 정나라에서는 목공에게 사신을 보내 "정나라가 망하면 진(晉)나라 강대해지므로, 진(晉)나라에게는 득이 되지만 진(秦)나라에는 이익이 없습니다. 진(晉)나라 강대해지면 진(秦)나라의 우환이 될 것이오"라고 말하니, 목공은 군사를 철수하여 돌아왔다. 그러자 진(晉)나라도 군대를 철수시켰다. 32년 겨울, 진 문공이 서거하였다.

정(鄭)나라 사람[90]이 진(秦)나라에 정나라를 배반하여 말하기를 "나는 정나라의 성문을 주관하는데, 정나라를 습격할 수가 있다"라고 하였다. 목공이 백리혜와 건숙에게 물으니, 그들은 모두 이렇게 말하였다.

> 여러 나라를 거치는 천리 길을 지나 다른 나라를 습격하는 것은 이득될 것이 거의 없습니다. 더욱이 누군가 정나라를 배반하여 말한 것이라면, 우리나라 사람이 우리의 사정을 정나라에 밀고하지 않으리라는 것을 어찌 알겠습니까? 정나라를 습격하는 것은 불가합니다.

---

89) 城濮 : 지금의 山東省 鄄城縣 서남쪽 臨濮集. 일설에는 지금의 河南省 開封縣 陳留 부근이라고도 한다. 당시는 衛의 땅이었다.

90) 원문은 "鄭人"이다. 『左傳』 僖公 32년조에는 정나라에 주둔하여 수비한 秦의 大夫 "杞子"라고 하였고, 「鄭世家」에서는 鄭나라의 성을 관리한 "繒賀"라고 하였다.

그러자 목공은 "그대들은 모르오. 나는 이미 결정하였소"라고 하고는 마침내 군사를 일으켜, 백리혜의 아들 맹명시(孟明視)와 건숙의 아들 서기술(西乞秫) 및 백을병(白乙丙) 등으로 하여금 군사를 통솔토록 하였다. 군대가 출발하는 날, 백리혜와 건숙 두 사람은 통곡하였다. 이를 들은 목공이 노하여 "내가 출병하는데 그대들은 통곡하며 우리 군사를 가로막으니 어찌 된 거요?"라고 하자, 두 노인은 "신들은 감히 군왕의 군대를 가로막으려는 것이 아니옵니다. 출병하면 저희 자식들도 떠나게 되는데, 늙은 저희들로서는 자식들이 늦게 돌아온다면 다시 볼 수 없을 것 같아 통곡하는 것입니다"라고 하였다. 두 노인은 물러나서 자식들에게 이르기를 "너희 군사가 패한다면, 틀림없이 효산(殽山)[91]의 험난한 요해지에서일 것이다"라고 하였다. 33년 봄, 진군(秦軍)은 동쪽으로 진격하여 진(晉)나라를 거쳐, 주(周)나라의 도성 북문(北門)을 지났다. 주나라의 왕손만(王孫滿)[92]은 "진(秦)나라 군사들은 무례하니 틀림없이 패하게 될 것이다"라고 하였다. 진군(秦軍)이 활(滑)[93]에 도착했을 때, 정나라 상인 현고(弦高)가 소 열두 마리를 끌고 주나라로 팔러 가다가 진나라 군대를 만났다. 그는 자신이 죽거나 포로가 될까 두려워서 소를 바치면서 "듣건대 귀국에서 정나라를 정벌하려고 한다 하는데, 정나라 왕은 착실하게 방어 준비를 하고, 또 신에게 소 열두 마리를 끌고 가서 병사들을 위로하도록 보내셨소"라고 말하였다. 진(秦)나라의 세 장군은 "우리가 습격하려고 한다는 것을 정나라에서 이미 알고 있으므로 쳐들어간다 해도 성공하지 못할 것이다"라고 말하고는 활을 멸망시켰다. 활은 진(晉)나라의 변경에 있는 성읍(城邑)이었다.

이때 진 문공이 죽었으나 아직 장사 지내지 못하고 있었다. 태자 양공이 노하여 "진(秦)은 부친을 잃은 나를 우습게 여기어, 상중인 때를 틈타 우리 활읍을 침공하였다"라고 말하고는, 상복을 검게 물들여 입고[94] 군대

91) 殽山 : 秦岭 동쪽의 支脈으로 지금의 河南省 洛寧縣 서북쪽에 있다. 豫州와 陝州의 통로이며 秦과 晉 사이의 중요한 관문이었다.
92) 王孫滿 : 周의 大夫. 이때 나이가 아직 어렸다. 그에 대해서는 권4 「주본기」의 〈주 229〉 참조.
93) 滑 : 효산 동쪽의 姬氏 성의 작은 나라 이름으로, 지금의 河南省 偃師縣 동남쪽에 있다. 費라고도 한다. 권4 「주본기」의 〈주 215〉 참조.
94) 전쟁에서 흰색은 패배를 의미하여 불길하므로, 흰색의 상복을 검은 색으로 물들인 것이다.

를 이끌고 효산에서 진(秦)나라 군사를 가로막아 공격하여 진군(秦軍)을 크게 무찌르니, 진(秦)나라의 병사들은 한명도 도망치지 못하였다. 진군(晉軍)은 진(秦)의 세 장수를 포로로 잡아 돌아왔다. 문공의 부인[95]은 진(秦)나라 여자였다. 그녀는 포로가 된 진(秦)의 세 장수를 위해서 "목공은 이 세 사람에 대한 원망이 골수에 사무쳐 있을 것이니, 이 세 사람을 돌려보내 진왕(秦王)이 친히 통쾌하게 삶아 죽이도록 해주십시오"라고 청하였다. 진왕(晉王)이 이를 허락하여 세 장수를 진(秦)으로 돌려보냈다. 세 장수가 돌아오자, 목공은 소복을 입고 교외까지 나와 맞이하고는 울며 말하기를 "내가 백리혜와 건숙의 말을 듣지 않아 그대들을 굴욕되게 하였으니, 그대들이 무슨 죄가 있겠소? 그대들은 이 치욕을 씻기 위해서 마음을 다하고 태만하지 마시오"라고 하였다. 이에 세 사람의 관직과 봉록을 이전대로 회복시키고, 더욱 후대하였다.

34년, 초(楚)나라 태자 상신(商臣)이 그의 부친 성왕(成王)을 시해하고 왕위에 올랐다.

목공은 이때 다시 맹명시 등에게 군대를 이끌고 진(晉)을 공격하게 하여 팽아(彭衙)[96]에서 교전하였다. 진군(秦軍)은 전세가 불리하자, 군대를 철수시켜 돌아왔다.

융왕(戎王)은 진(秦)에 유여(由余)를 사신으로 보냈다. 유여의 선조는 진(晉)나라 사람인데 융(戎) 지역으로 도망쳤으므로 유여는 진(晉)나라 말을 할 줄 알았다. 융왕은 목공이 현명하다는 소문을 듣고 유여를 보내 진(秦)나라를 살피게 한 것이다. 진 목공은 유여에게 궁실과 쌓아놓은 재물을 보여주었다. 유여는 "이러한 궁실과 재물을 귀신에게 만들어내라고 해도 귀신을 힘들게 하는 것인데, 하물며 사람에게 만들라고 하면 백성들 역시 고달플 것이다"라고 하였다. 목공은 그의 말을 괴이하게 여기며, "중원(中原)은 시, 서, 예, 악, 법도로 나라를 다스리는데도 항상 난리가 일어나는데, 지금 융족(戎族)은 이러한 것들이 없으니 무엇으로 나라를 다스리는가? 어려움이 있지 않은가?"라고 물었다. 유여는 웃으며 "이것이 바로 중원지역에 난리가 일어나는 원인입니다. 상고시대의 성인

---

95) 文嬴을 가리킨다. 그녀는 晉 文公이 秦에 있을 때 얻은 秦나라 종실의 딸이라고 도 하고, 혹은 秦 穆公의 친딸이라고도 한다.
96) 彭衙 : 옛날 邑 이름. 지금의 陝西省 澄城縣 서북쪽과 白水縣 동북쪽.

황제(黃帝)께서 예악과 법도를 만드신 후로 친히 솔선수범하시어 겨우 나라가 다스려졌습니다. 그러나 후대에 이르러 왕들은 날로 교만하고 음락에만 빠졌습니다. 그들은 법률제도의 위력를 믿고 백성들을 문책하고 감독하니, 아래의 백성들은 극도로 피폐해져서 군주를 원망하며 인의(仁義)를 요구하게 됩니다. 위아래가 서로 다투고 원망하며 서로 찬탈하고 죽여서 멸족의 지경에까지 이르게 되는 것은 모두 이러한 이유에서입니다. 그러나 융족은 그렇지 않습니다. 윗사람은 순박한 덕으로 아랫사람을 대하고 아랫사람은 충성으로 그 윗사람을 받들므로, 한 나라의 정치가 사람이 자기 한몸을 다스리는 것같이 잘 다스려지지만, 잘 다스려지는 원인이 무엇인지 알지 못합니다. 이것이 진정한 성인의 다스림입니다"라고 하였다. 이에 목공은 물러나 내사(內史)[97] 왕료(王廖)에게 "내 듣기로 이웃나라에 성인이 있으면 그 적대국가의 걱정거리라는데, 지금 유여의 현명함이 나의 걱정이니 장차 이를 어찌했으면 좋겠소?"라고 묻자, 내사 왕료는 이렇게 대답하였다.

> 융왕(戎王)은 궁벽한 곳에 살고 있어 중원지방의 음악을 들어보지 못했습니다. 왕께서 시험삼아 가무에 뛰어난 기녀를 보내 그의 의지를 상실케 하십시오. 또 유여가 더 머물다 귀국하도록 융왕에게 청한다면 그들의 군신관계는 멀어질 것이며, 유여를 이곳에 머물게 하여 돌아가지 못하게 하면 돌아갈 시기를 넘기게 될 것입니다. 그러면 융왕이 괴이하게 여기어 틀림없이 유여를 의심할 것입니다. 군신관계에 틈이 생기면 포로로 삼을 수 있습니다. 또한 융왕은 음악을 좋아하여 필시 정치에 태만할 것입니다.

그러자 목공은 "좋다"라고 하였다. 이에 목공은 유여와 나란히 자리에 앉아서 같은 그릇의 음식을 나누어먹으며, 융족의 지형과 병력에 대해서 자세히 물었다. 그런 다음 내사 왕료에게 16명의 가무기녀를 융왕에게 보내도록 분부하였다. 기녀들을 받은 융왕은 무척 기뻐하며 그해가 다하도록 즐기느라 돌아갈 줄을 몰랐다.[98] 이때 진(秦)나라에서 유여를 돌려보내자, 유여가 여러 차례 간하였으나 융왕은 듣지 않았다. 목공은 또 여러

---

97) 內史 : 국가의 기밀을 관장하는 周나라 관직 이름으로, 혹은 作冊이라고도 한다.
98) 원문은 "終年不還"이다. 『韓非子』의 「十過」에는 '不還'을 '不遷'이라고 하고, 그 아래에 "소와 말이 반이나 죽었다(牛馬半死)"라는 구절이 있다. 따라서 "終年不還"은 유목민족인 융족이 주거지를 옮기지 않고 한 곳에 일년 내내 머무른 것을 의미한다고 할 수 있다.

번 사람을 보내 몰래 유여를 초빙하니, 유여는 마침내 융왕을 떠나 진 (秦)에 투항하였다. 목공은 빈객에 대한 예우로써 유여를 대접하고, 융족 을 정벌할 형세에 대해서 물었다.

36년, 목공은 맹명시 등을 더욱 후대하고 그들에게 군대를 이끌고 진 (晉)나라를 치게 하였다. 그들은 황하를 건너자 타고 온 배를 태워버리더 니,[99] 진군(晉軍)을 크게 무찌르고 왕관(王官)[100]과 교(郜)[101]를 빼앗아 효산(殽山)에서의 패전에 보복하였다. 진(晉)나라 사람들은 모두 성을 지키며 감히 나와서 싸우지 못하였다. 이에 목공은 모진(茅津)에서 황하 를 건너 효산 전투에서 죽은 병사들을 위해서 묘지를 만들어 장사 지내고 삼일 동안 곡하였다. 그리고 진군(秦軍)에게 맹세하기를 "아! 병사들이 여! 떠들지 말고 내 말을 잘 들어라. 내 너희에게 맹세하노라. 옛 사람 들은 일을 도모함에 노인의 의견을 따랐으므로 과실이 없었던 것이다"라 고 하였다. 목공은 건숙과 백리해의 의견을 받아들이지 않은 것을 거듭 생각하며 이렇게 맹세함으로써 후대에 자신의 과실을 기억하도록 하였다. 군자들은 이 소문을 듣고 모두 눈물을 흘리며 "아! 진 목공은 사람을 대 함이 용의주도하도다. 그래서 결국은 맹명시가 승리하는 기쁨을 얻었던 것이다"라고 말했다.

37년, 진(秦)은 유여의 계책을 받아들여 융왕을 토벌하고, 12개의 나 라를 병합하여 천리의 땅[102]을 개척하니 마침내 서융지역을 쟁패하였다. 주(周) 천자는 목공에게 소공과(召公過)를 파견하여 축하하며 금고(金 鼓)[103]를 선물했다. 39년, 목공이 서거하니 옹(雍)[104]에 안장하였다. 그 때 순장한 사람이 177명이었는데, 그 가운데는 진(秦)나라 충신이었던 엄식(奄息), 중항(仲行), 침호(鍼虎) 등 세 사람의 자여씨(子輿氏)[105]도 포함되었다. 진나라 사람들은 그들을 애도하여 "황조(黃鳥)"라는 시를 지

---

99) 배수진을 치고 사투하겠다는 결심을 나타낸 것이다.
100) 王官 : 지금의 山西省 聞喜縣 동남쪽.
101) 郜 : 晉의 땅으로 지금의 山西省 永濟縣 동쪽 虞鄕의 경계지역. 『左傳』의 文公 3 년조에는 "郊"로 되어 있다.
102) 隴西郡과 北地郡(지금의 甘肅省 동남부와 寧夏 남부) 등의 지역을 가리킨다.
103) 金鼓 : 고대 군대에서 지휘신호를 보내는 데 쓰이던 징과 북. 징은 정지 신호, 북은 진격 신호를 내는 데 쓰였다.
104) 雍 : 당시 秦의 수도로서, 지금의 陝西省 鳳翔縣 동남쪽.
105) 子輿氏 : 『詩經』의 「秦風」의 "黃鳥"와 『左傳』에는 이것이 "子車氏"로 되어 있다.

었으며, 군자들은 이렇게 말했다.

진 목공은 영토를 넓혀서 나라를 부강하게 하였다. 동쪽으로는 강한 진 (晉)을 굴복시키고, 서쪽으로는 융족을 쟁패하였다. 그러나 그가 여러 제 후들의 맹주가 될 수 없었던 것은 당연한 일이기도 하다. 왜냐하면 죽은 후에 백성들을 버리고 어진 신하를 순장시켰기 때문이다. 고대의 선왕(先 王)은 죽은 후에도 좋은 도덕과 법도를 남겼거늘, 목공은 오히려 백성들이 동정하는 착한 사람과 어진 신하를 빼앗아갔으니, 진(秦)은 더 이상 동쪽 을 정벌할 수 없을 것임을 알겠다.

목공은 아들이 40명이었는데, 태자 앵(罃)이 왕위를 계승하니 그가 바로 강공(康公)이다.

강공 원년, 지난해 목공이 서거하였을 때, 진 양공(晉襄公)도 서거하 였다. 양공의 동생 옹(雍)은 진(秦)나라 여자의 소생으로 진나라에 살고 있었다. 진(晉)의 조순(趙盾)[106]이 그를 옹립하기 위해서 수회(隨會)[107] 를 보내 영접하니, 진(秦)나라는 군사를 파견하여 영호(令狐)[108]까지 호 송하였다. 한편 진(晉)나라는 양공의 아들을 옹립하고 도리어 진군(秦 軍)을 공격하니, 진군은 패하고 수회는 진(秦)나라로 도망쳐왔다. 2년, 진(秦)나라가 진(晉)나라를 공격하여 무성(武城)[109]을 탈취하고 영호(令 狐)에서의 패배를 보복하였다. 4년, 진(晉)나라가 진(秦)나라를 공격하 여 소량(少梁)[110]을 탈취하였다. 6년, 진(秦)나라가 진(晉)나라를 공격 하여 기마(羈馬)[111]를 탈취했으며, 하곡(河曲)에서 교전하여 진군(晉軍) 을 대패시켰다.   진(晉)나라 사람들은 수회가 진(秦)나라에서 난을 일으 킬까 두려워, 위수여(魏讐餘)[112]로 하여금 거짓으로 진(晉)나라를 배반 하고 진(秦)나라에 투항하게 하여, 수회를 만나 함께 진(晉)나라로 돌아 갈 계획을 논의하게 하였다.[113] 수회는 진(晉)나라의 속임수에 걸려들어

---

106)   趙盾 : 晉나라의 卿으로서, 당시 晉의 권력자였다.
107)   隨會 : 晉의 大夫인 士武子를 말한다. 봉읍지가 隨와 范이었으므로 隨會, 또는 范會라고 부른다.
108)   令狐 : 옛 성이 山西省 臨猗縣 서남쪽에 있다.
109)   武城 : 武平城이라고도 하며 지금의 陝西省 華縣 동쪽에 있다.
110)   少梁 : 옛날 梁나라 땅으로 지금의 陝西省 韓城縣 남쪽에 있다.
111)   羈馬 : 지금의 山西省 永濟縣.
112)   魏讐餘 : 「晉世家」와 『左傳』에는 "魏壽餘"로 되어 있다. 晉나라 大夫로서 魏邑을 수비하였다.

드디어 진(晉)나라로 돌아갔다. 강공은 즉위 12년 만에 죽었고, 그의 아들 공공(共公)이 즉위하였다.

공공 2년, 진(晉)의 조천(趙穿)이 그의 군주인 영공(靈公)을 시해하였다. 3년, 초 장왕(楚莊王)이 강대해져서 군사들은 북쪽으로 진격하여 낙읍(洛邑)까지 이르렀고, 주(周)나라의 구정(九鼎)에 대하여 수소문하였다. 공공이 즉위한 지 5년 만에 서거하자, 그의 아들 환공(桓公)이 즉위하였다.

환공 3년, 진(秦)의 장수 한 명이 진군(晉軍)에게 패하여 포로가 되었다. 10년, 초 장왕이 정(鄭)나라를 정복하고, 북쪽으로 황하 근처에서 진군(晉軍)을 무찔렀다. 당시 초(楚)나라는 패자로서 제후들을 소집하여 회맹(會盟)하였다. 24년, 막 즉위한 진 여공(晉厲公)이 진 환공과 황하를 사이에 두고 회맹하였으나, 환공은 진(秦)나라로 돌아와 맹약을 어기고 적인(狄人)과 공모하여 진(晉)나라를 공격하였다. 26년, 진(晉)나라가 제후들을 이끌고 진(秦)나라를 공격하였다. 진군(秦軍)이 달아나자 경수(涇水)[114]까지 추격하고 돌아갔다. 환공은 즉위 27년 만에 서거하고, 그의 아들 경공(景公)이 즉위하였다.

경공 4년, 진(晉)의 난서(欒書)가 그의 군주인 여공(厲公)을 시해하였다. 15년에는 정(鄭)나라를 구원하여 역(櫟)[115]에서 진군(晉軍)을 패퇴시켰다. 이때 진 도공(晉悼公)이 제후들의 맹주(盟主)가 되었다. 18년, 진 도공이 강대해져서 여러 번 제후와 회맹하고 그들을 이끌고 진(秦)나라를 공격하여 진군(秦軍)을 무찔렀다. 진군(秦軍)이 도망치자, 진(晉)나라 병사들이 경수를 건너서 역림(棫林)[116]까지 추격하였다가 돌아갔다. 27년, 경공이 진(晉)에 가서 평공(平公)과 회맹하였으나, 얼마 있다가 또 배신하였다. 36년, 초(楚)의 공자 위(圍)가 초왕을 시해하고 스스로 즉위하니, 그가 바로 초 영왕(楚靈王)이다. 경공의 모제(母弟)[117]인 후자침(后子鍼)[118]은 총애를 받았으며 또 부유하였다. 어떤 사람이 후자침

---

113) 이 일은 『左傳』의 文公 13년조에 상세히 보인다.
114) 涇水 : 渭水의 지류. 권2 「하본기」의 〈주 95〉 참조.
115) 櫟 : 鄭나라의 別都. 권4 「주본기」의 〈주 211〉 참조.
116) 棫林 : 秦의 지역. 현재 陝西省 涇陽縣 서남쪽에 옛터가 있다.
117) 母弟 : 같은 어머니 소생의 아우, 즉 同腹 아우를 말한다.
118) 后子鍼 : 어머니가 같은 景公의 동생 이름.

을 모함하자, 그는 살해될 것이 두려워서 진(晉)나라로 달아났는데, 재물을 실은 수레가 천 대나 되었다. 진 평공(晉平公)이 "그대는 이처럼 부유한데 어찌하여 스스로 도망쳤는가?"라고 물으니, 후자침은 "진왕(秦王)은 무도하므로 저를 죽일까 두려웠습니다. 그가 죽은 후에 돌아가고자 합니다"라고 대답하였다. 39년, 초 영왕이 강대해져서 신(申)[119]에서 제후들과 회합하고 맹주가 되어 제(齊)의 경봉(慶封)을 죽였다.[120] 경공은 재위 40년 만에 죽고, 그의 아들 애공(哀公)[121]이 즉위하였다. 그러자 후자침은 다시 진(秦)나라로 돌아갔다.

애공 8년, 초(楚)의 공자 기질(棄疾)이 영왕을 시해하고 스스로 즉위하니, 그가 바로 평왕(平王)이다. 11년, 초 평왕이 와서 진(秦)나라 여자를 구하여 태자 건(建)의 아내로 삼으려고 하였다. 그러나 초나라에 도착해서는 그녀가 아름다웠으므로 오히려 자기의 아내로 맞이하였다. 15년, 초 평왕이 태자 건을 죽이려 하자 건은 도망쳤다. 또한 오자서(伍子胥)[122]는 오(吳)나라로 달아났다. 진(晉)나라 왕실은 권력이 쇠약해지고 육경(六卿)[123]의 세력이 강해져 내부에서 서로 공략하였으므로 진(秦)과 진(晉) 두 나라는 오랫동안 싸우지 않았다. 31년, 오왕(吳王) 합려(闔閭)와 오자서가 초나라를 공격하자, 초왕은 수(隨)[124]로 달아났고 오군(吳軍)은 영(郢)[125]으로 진입하였다. 초나라 대부(大夫) 신포서(申包胥)가 진(秦)에 와서 위급함을 알리며 7일 동안 먹지 않고 밤낮으로 울었다. 이에 진(秦)에서는 500대의 전거(戰車)를 보내어 초나라를 구원하고 오군(吳軍)을 물리쳤다. 오군이 철수하자 초 소왕(楚昭王)은 다시 영으로 돌아올 수 있었다. 애공은 재위 36년 만에 서거하였다. 태자 이공(夷公)이 일찍 죽었으므로 즉위하지 못하고 이공의 아들이 즉위하였으니, 그가

---

119) 申 : 지명. 지금의 河南省 南陽 북쪽에 있다.
120) 楚 靈王이 慶封을 죽인 것은 민심을 얻어 제후의 패자가 되기 위한 것이다.
121) 哀公 : 「始皇本紀」에는 "畢公"으로 되어 있다.
122) 伍子胥 : 이름은 伍員, 子胥는 그의 字이다. 그의 부친 伍奢가 태자 建의 太傅였는데 평왕이 그의 부친과 형 伍尙을 죽였으므로 吳나라로 달아났다.
123) 六卿 : 晉나라의 范氏, 中行氏, 智氏, 趙氏, 韓氏, 魏氏 등의 여섯 집안으로, 대대로 晉卿이 되었으므로 六卿이라고 한다.
124) 隨 : 지명. 지금의 湖北省 隨縣.
125) 郢 : 楚나라의 都城. 지금의 湖北省 江陵縣 동북쪽에 있다. 권4 「주본기」의 〈주 251〉 참조.

바로 혜공(惠公)이다.

혜공 원년, 공자(孔子)가 노(魯)나라의 재상 직무를 대행하였다. 5년, 진(晉)나라 경(卿)인 중항씨(中行氏)와 범씨(范氏)가 진(晉)을 배반하였다. 진(晉)에서는 지씨(智氏)와 조간자(趙簡子)를 보내 그들을 토벌하게 하자, 범씨와 중항씨는 제(齊)나라로 달아났다. 혜공은 재위 10년 만에 죽고, 그의 아들 도공(悼公)이 즉위하였다.

도공 2년, 제나라 신하인 전기(田乞)가 그의 군주인 유자(孺子)를 시해하고, 유자의 형 양생(陽生)을 옹립하니 그가 바로 제 도공(齊悼公)이다. 6년, 오나라는 제군(齊軍)을 물리쳤다. 제나라 사람이 도공을 시해하고 그의 아들 간공(簡公)을 옹립하였다. 9년, 진 정공(晉定公)과 오왕 부차(夫差)가 회맹하여 황지(黃池)[126]에서 맹주를 다투었는데, 결국 오왕이 맹주가 되었다. 오나라가 강성해지자 중원 각국을 멸시하였다. 12년, 제나라 전상(田常)이 간공을 시해하고 간공의 아우 평공(平公)을 옹립하고 자신은 재상이 되었다. 13년, 초가 진(陳)나라를 멸망시켰다. 진 도공은 재위 14년 만에 죽고, 그의 아들 여공공(厲共公)이 즉위하였다. 공자(孔子)가 도공 12년에 죽었다.

여공공 2년, 촉나라 사람이 와서 재물을 헌상하였다. 16년, 황하 주변에 참호를 팠으며, 2만의 병력으로 대려(大荔)를 토벌하였고 왕성(王城)[127]을 빼앗았다. 21년, 처음으로 빈양(頻陽)[128]에 현을 설치하였다. 진(晉)은 무성(武成)을 점령하였다. 24년, 진(晉)에 내란이 일어나 지백(智伯)을 죽이고, 지백의 영토를 조씨(趙氏), 한씨(韓氏), 위씨(魏氏)에게 나누어주었다.[129] 25년, 지개(智開)[130]가 읍(邑)의 사람들을 이끌고 진(秦)에 투항해왔다. 33년, 의거(義渠)[131]를 정벌하여 그 왕을 포로로 잡았다. 34년, 일식이 있었다. 여공공이 죽고 그의 아들 조공(躁公)이 즉위하였다.

---

126) 黃池 : 河南省 封丘縣 서남쪽에 있다.
127) 王城 : 大荔(西戎의 한 支派)의 都城. 지금의 大荔縣 동쪽에 옛 성이 있다.
128) 頻陽 : 지금의 陝西省 富平縣 동북쪽에 옛 성이 있다.
129) 趙氏, 韓氏, 魏氏는 기원전 403년에 제후가 되고, 이때부터 戰國時代가 시작되었다.
130) 智開 : 智伯의 아들.
131) 義渠 : 西戎의 한 支派. 그 지역은 지금의 甘肅省 慶陽과 寧縣 일대.

조공 2년, 남정(南鄭)[132]에서 모반이 일어났다. 13년, 의거가 진(秦)을 공격해와서 위남(渭南)에 이르렀다. 14년, 조공이 죽고 그의 아우 회공(懷公)이 즉위하였다.

회공 4년, 서장(庶長)[133] 조(鼌)가 대신들과 함께 회공을 포위하자, 회공은 자살하였다. 회공의 태자는 이름이 소자(昭子)인데 요절하였으므로, 대신들이 태자 소자의 아들을 세우니 그가 바로 영공(靈公)이다. 영공은 회공의 손자이다.

영공 6년, 진(晉)이 소량(少梁)에 성을 쌓자, 진군(秦軍)이 침공하였다. 13년, 진(秦)이 적고(籍姑)[134]에 성을 쌓았다. 이해에 영공이 죽었으나 그의 아들 헌공(獻公)이 즉위하지 못하고 영공의 막내 숙부 도자(悼子)가 즉위하니, 그가 바로 간공(簡公)[135]이다. 간공은 소자의 동생이며 회공의 아들이다.

간공 6년,[136] 처음으로 관리에게 칼을 차게 하였다. 또 낙수(洛水) 근처에 참호를 만들었다. 중천(重泉)[137]에는 성을 쌓았다. 16년,[138] 간공이 죽고 그의 아들 혜공(惠公)이 즉위하였다.

혜공 12년, 아들 출자(出子)가 출생했다. 13년, 촉(蜀)나라를 공격하여 남정을 빼앗았다.[139] 혜공이 죽자 출자가 즉위하였다.

출자 2년, 서장(庶長) 개(改)가 하서(河西)[140]에서 영공의 아들 헌공을 맞이하여 옹립하고, 출자와 그의 모친을 죽여 그들의 시신을 깊은 호수에 버렸다. 진(秦)은 이전부터 자주 왕을 바꾸어 군신관계가 화애롭지 못했으므로, 진(晉)이 다시 강대해져 진(秦)나라의 하서 지역[141]을 빼앗

---

132) 南鄭 : 秦의 邑. 지금의 陝西省 漢中市에 옛 성이 있다.
133) 庶長 : 秦의 爵位로, 大庶長, 左庶長, 右庶長 등이 있었다.
134) 籍姑 : 秦의 邑 이름. 지금의 陝西省 韓城縣 북쪽에 옛 성이 있다.
135) 「始皇本紀」에는 "肅靈公은 昭子의 아들이다.……簡公을 낳았다(肅靈公, 昭子子也.……生簡公)"라고 되어 있어 여기의 기록과 일치하지 않는다. 「秦本紀」의 기록이 맞다.
136) 6年 : 「六國年表」에는 "簡公 7년"으로 기록되어 있다.
137) 重泉 : 陝西省 蒲城縣 동남쪽에 있다.
138) 16년 : 「六國年表」에는 "簡公 15년"으로 기록되어 있다.
139) 「六國年表」에는 "촉이 우리 남정을 탈취하였다(蜀取我南鄭)"로 기록되어 있어 「本紀」의 기록과 다르다.
140) 河西 : 西縣(지금의 甘肅省 天水縣 서남쪽)을 가리킨다.
141) 河西 지역 : 119쪽의 夷吾가 목공에게 헌상한 同州(지금의 陝西省 大荔縣)와 華州(지금의 陝西省 華縣) 등의 지역을 가리킨다.

았다.

헌공 원년, 순장제도를 폐지하였다. 2년, 역양(櫟陽)[142]에 성을 쌓았다. 4년 정월 경인일에 효공(孝公)이 출생하였다. 11년, 주(周)나라 태사(太史) 담(儋)이 헌공을 알현하여 말하기를 "본래 주나라와 진(秦)나라는 하나였는데, 나중에 나누어졌습니다. 나누어진 지 500년 후에 다시 합쳐지고, 합쳐진 지 17년 뒤에 진(秦)나라에 천하를 통일하는 패왕(霸王)이 나타날 것입니다"라고 하였다. 16년, 겨울에 복숭아꽃이 피었다. 18년, 역양에 황금비가 내렸다.[143] 21년, 진(晉)과 석문(石門)[144]에서 교전하여 6만 명의 목을 베니, 주 천자가 수놓은 예복[145]을 보내어 축하하였다. 23년, 위진(魏晉)[146]과 소량에서 싸워서 그들의 장수 공손좌(公孫痤)[147]를 포로로 잡았다. 24년, 헌공이 죽고 그의 아들 효공(孝公)[148]이 즉위하니 그때 그의 나이 21세였다.[149]

효공 원년, 황하와 효산(殽山) 동쪽에 여섯 개의 강대국이 있었는데, 진 효공은 제 위왕(齊威王), 초 선왕(楚宣王), 위 혜왕(魏惠王), 연 도후(燕悼侯), 한 애후(韓哀侯), 조 성후(趙成侯) 등과 어깨를 나란히 하였다. 회하(淮河)와 사수(泗水) 사이에는 10여 개의 소국[150]이 있었으며, 초나라와 위나라는 진(秦)나라와 인접하여 있었다. 위나라는 장성(長城)을 축조하였는데, 장성은 정현(鄭縣)에서부터 시작되어 낙수(洛

---

142) 櫟陽 : 지금의 陝西省 臨潼縣 동북쪽에 옛 성이 있다. 秦 獻公이 雍에서 이곳으로 천도하였다.

143) 雨金은 하늘에서 금이 떨어진 것으로 옛 사람들이 이것을 길조로 여겼다고 전해진다.

144) 石門 : 일명 徑嶺. 陝西省을 지나는 험한 길로, 좌우에 절벽이 있고 그 사이는 수레 한 대도 지나갈 수 없을 정도로 좁다. 陝西省 旬邑縣 동남쪽, 혹은 山西省 運城縣에 있다고도 한다.

145) 수놓은 예복의 원문은 "黼黻"이다. 원래는 고대 천자의 예복에 놓은 繡의 이름이다. 黼는 흰색과 흑색이 섞인 자루 없는 도끼 모양을 수놓은 것이고, 黻은 청색과 흑색이 섞인 '弓'자(일설에는 '己'자)를 등져놓은 모양을 수놓은 것이다.

146) 魏晉 : 魏나라를 말한다. 秦 獻公 9년(기원전 376년)에 晉은 韓, 魏, 趙 세 나라로 나누어졌다. 魏는 원래 晉나라의 일부분이었으므로 魏晉이라고도 부른다.

147) 公孫痤 : 魏의 장수. 「六國年表」에는 "그 태자를 사로잡았다(虜其太子)"로 되어 있어, 기록이 일치하지 않는다.

148) 孝公 : 이름은 渠梁.

149) 「六國年表」에는 이 사실이 "23년"의 일로 기록되어 있다.

150) 魯, 宋, 衛, 邾, 滕, 薛 등의 나라를 가리킨다.

水)를 따라 북쪽으로 상군(上郡)에까지 이르렀다. 초나라는 한중(漢中)[151]
에서부터 남쪽으로 파(巴)[152]와 검중(黔中)[153]까지 소유하고 있었다. 주
왕실이 쇠약해지자 제후들은 무력으로 정벌하고 서로 다투어 합병하였다.
진(秦)은 편벽한 옹주(雍州)에 위치하고 있었으니 중원지역 제후들과의
회맹에 참가하지 않았다. 그러므로 제후들은 이적(夷狄)을 대하듯 진
(秦)을 대우하였다. 이에 공은 널리 은혜를 베풀고 고아와 과부를 구제
하며, 군사를 모집하고 논공행상을 분명히 하였다. 그리고는 전국에 이러
한 영을 내렸다.

> 옛날 우리 목공께서는 기산(岐山)과 옹읍(雍邑)에서 덕정(德政)을 베푸시
> 고 무공을 닦으셨다. 동쪽으로 진(晉)의 내란을 평정하시어 영토는 황하까
> 지 이르렀으며, 서쪽으로는 융적(戎狄)을 쟁패하여 국토를 천리나 늘리시
> 니, 주 천자가 패자의 칭호를 내리고 제후들이 모두 와서 하례를 올렸다.
> 이렇듯 후세를 위해서 창업을 이루었으니, 그 공적은 매우 빛나고 아름다
> 웠다. 그러나 이전의 여공(厲公), 조공(躁公), 간공(簡公), 출자(出子)의
> 시대에는 편안하지 못하고 나라 안에 우환이 있었으므로 나라 밖의 일을
> 돌볼 겨를이 없었다. 그 결과 삼진(三晉)[154]이 우리 선왕께서 확장하신 하
> 서지역을 침탈하였고, 제후들도 우리 진(秦)을 멸시하니 이보다 더한 치욕
> 이 없을 것이다. 헌공께서 즉위하시어 변경지역을 안정시키고 역양으로 천
> 도하여 다스렸으며, 동쪽으로 정벌하여 목공 때의 영토를 되찾고 목공의
> 정치 강령을 시행하고자 하셨다. 나는 선왕의 유지를 생각할 때마다 항상
> 마음이 아프니, 빈객과 여러 신하들이 진(秦)이 강국이 될 수 있는 기발한
> 계책을 내준다면 나는 관직을 높여주고 토지를 나누어줄 것이다.

그리고는 군대를 이끌고 동쪽으로 진격하여 섬성(陝城)[155]을 침공하였
고, 서쪽으로 진격하여 융족의 원왕(獂王)[156]을 죽였다. 위앙(衛鞅)[157]이

---

151) 漢中 : 郡 이름. 지금의 陝西省 南鄭縣.
152) 巴 : 郡 이름. 지금의 四川省 동부 일대.
153) 黔中 : 지금의 湖南省 서부, 貴州 동부와 川鄂 남쪽이 해당된다.
154) 三晉 : 晉을 말한다. 晉은 韓, 魏, 趙 세 나라로 나누어졌으므로 三晉이라고도
      불렸다. 권4 「주본기」의 〈주 235〉 참조.
155) 陝城 : 지금의 河南省 陝縣.
156) 獂王 : 獂은 지명으로 지금의 甘肅省 隴西縣 동남쪽으로 당시 戎族의 거주지였
      다. 또는 그곳에 거주하는 戎族의 한 支派를 가리키기도 한다.
157) 衛鞅 : 商鞅. 「商君列傳」에 자세히 나와 있다.

반포령 소문을 듣고 서쪽으로 진(秦)나라에 와서 경감(景監)[158]을 통해서 효공에게 알현을 청하였다.

2년, 주 천자가 제육(祭肉)[159]을 보내왔다.

3년, 위앙은 효공에게 법령을 바꾸고 형벌을 정비하며, 안으로는 농사에 힘쓰고 밖으로는 전사한 자들의 상벌을 분명하게 하도록 권하자, 효공은 위앙의 말을 좋게 여겼다. 그러나 감룡(甘龍)과 두지(杜摯) 등이 동의하지 않아 서로 논쟁을 벌였다. 결국 효공이 위앙의 신법을 채용하자, 백성들은 그 법으로 고통을 당하였으나 3년이 지나서는 백성들이 그 법을 편리하게 여겼다. 이에 효공은 위앙을 좌서장(左庶長)[160]에 임명하였다. 이 일은 「상군열전(商君列傳)」에 기록되어 있다.

7년, 효공은 위 혜왕(魏惠王)과 두평(杜平)[161]에서 회맹하였다. 8년, 위나라와 원리(元里)[162]에서 싸워서 승리하였다. 10년, 위앙이 대량조(大良造)[163]가 되어 군대를 이끌고 위나라의 안읍(安邑)[164]을 포위하여 항복시켰다. 12년, 진(秦)은 함양(咸陽)[165]에 성을 만들어 기궐(冀闕)[166]을 축조하고, 함양으로 천도하였다. 여러 작은 마을을 병합하여 큰 현을 만들고 현마다 현령 한 사람을 두었으니, 전국에는 모두 41개의 현이 있었다. 그리고 논밭의 구획경계를 없애버렸으며,[167] 동쪽으로의 영토가 낙수를 넘었다. 14년, 처음으로 새로운 부세제도를 제정하였다.[168] 19년, 주 천자가 패자 칭호를 내렸다. 20년, 제후들이 모두 와서 하례를 올렸다. 진(秦)은 공자 소관(少官)에게 군대를 이끌고 봉택(逢澤)[169]에서 제후들과 회맹하여 천자를 조현(朝見)하게 하였다.

---

158) 景監 : 景이라는 이름의 宦官. 監은 환관을 말한다.
159) 祭肉 : 원문은 "胙"로서, 이것은 제사에 희생으로 바쳤던 고기를 말한다.
160) 左庶長 : 秦나라 제10등급의 작위.
161) 杜平 : 邑 이름으로, 지금의 陝西省 澄城縣 동쪽.
162) 元里 : 邑 이름으로, 지금의 陝西省 澄城縣 남쪽.
163) 大良造 : 秦나라 제16등급의 작위로, 大上造라고도 한다.
164) 安邑 : 지명. 지금의 山西省 夏縣 서북쪽으로, 戰國時代 초기에는 魏나라의 수도였다.
165) 咸陽 : 지금의 陝西省 咸陽市 동북쪽으로, 漢代에 渭城이라고 개명하였다.
166) 冀闕 : 궁성의 문 양측의 觀樓. 秦王이 법령을 공포하던 곳.
167) 이것은 井田制의 폐지를 의미한다.
168) 이때부터 토지사유를 인정하여 토지면적에 따라서 세금을 징수하였다.
169) 逢澤 : 지명. 지금의 河南省 開封市 남쪽.

21년, 제(齊)나라가 마릉(馬陵)[170]에서 위(魏)나라를 무찔렀다. [171]

22년, 위앙이 위(魏)를 공격하여 위나라 공자(公子) 앙(卬)[172]을 포로로 잡았다. 진 효공은 위앙을 열후(列侯)에 봉하고 상군(商君)이라고 칭하였다.

24년, 진(晉)[173]과 안문(雁門)[174]에서 싸워 진(晉)의 장수 위착(魏錯)을 포로로 잡았다.

효공이 죽고 그의 아들 혜문군(惠文君)이 즉위하였다. 혜문군은 이해에 위앙을 죽였다. 위앙이 처음 진(秦)나라에서 변법을 시행할 때 법이 잘 지켜지지 않았는데, 태자가 금령(禁令)을 어기게 되었다. 이때 위앙은 "법령이 잘 지켜지지 않는 것은 왕의 친족들이 잘 지키지 않기 때문입니다. 왕께서 법령을 시행하고자 하신다면, 먼저 태자에게 시행하셔야 합니다. 그렇지만 태자가 경형(黥刑)[175]을 받을 수는 없으니, 그의 사부가 대신 경형을 받아야 합니다"라고 하였다. 이로부터 법령은 널리 쓰여서 진(秦)나라가 잘 다스려졌다. 효공이 죽고 태자가 즉위하니, 종실의 많은 사람들이 위앙을 미워하였으므로 위앙은 도망쳤다. 그 때문에 반란죄로 몰려서 결국은 거렬형(車裂刑)[176]을 받고 도성에서 백성들에게 본보기로 보였다.

혜문군 원년, 초(楚), 한(韓), 조(趙), 촉(蜀) 나라 사람이 와서 조현하였다. 2년, 주 천자가 축하하였다. 3년, 혜문군이 20세가 되어 관례(冠禮)를 거행하였다. 4년, 주 천자가 문왕(文王)과 무왕(武王) 제사에 올린 제육(祭肉)을 보내왔다. 제(齊)나라와 위(魏)나라도 왕이라고 칭하였다. [177]

5년, 음진(陰晉)[178] 사람 서수(犀首)가 대량조(大良造)가 되었다. 6

---

170) 馬陵 : 지금의 河南省 范縣 서남쪽.
171) 이 일은 「孫子吳起列傳」에 상세하게 보인다.
172) 公子卬 : 『史記會注考證』에는 "진나라에는 공자 앙이란 사람이 없으니 마땅히 공손연의 오기이다(秦無公子卬, 當公孫衍之誤)"라고 쓰여 있다.
173) 晉 : 여기서는 魏나라를 가리킨다.
174) 雁門 : 『索隱』에서는 "岸門"의 誤記라고 하였고, 「六國年表」에도 "岸門"이라고 기록되어 있다. 岸門은 지금의 山西省 河津縣 南岸頭亭을 말한다.
175) 黥刑 : 얼굴에 먹으로 문신을 그려서 형을 받은 사람임을 표시하는 형벌로서, 墨刑이라고도 한다. 권1 「오제본기」의 〈주 79〉 '五刑' 참조.
176) 車裂刑 : 수레에 사지를 묶어서 찢어 죽이는 형벌. '五馬分尸'라고도 한다.
177) 齊 威王과 魏 惠王을 가리킨다.

년, 위나라가 음진을 진(秦)에 헌상하니, 진은 이곳을 영진(寧秦)으로 개명하였다. 7년, 공자 앙이 위(魏)와 싸워 위나라의 장수 용고(龍賈)를 포로로 잡고 위나라 병사 8만 명의 목을 베었다. 8년, 위나라가 하서(河西) 지역을 헌상하였다. 9년에는 황하를 건너 분음(汾陰)[179]과 피지(皮氏)[180]를 빼앗았고, 위왕(魏王)과 응(應)[181]에서 회맹하였으며, 초(焦)[182]를 포위하여 항복시켰다.

10년, 장의(張儀)가 진(秦)나라의 재상이 되었다. 위나라가 상군(上郡)의 15개 현을 진(秦)나라에 헌상하였다. 11년, 의거(義渠)에 현을 설치하였다. 초(焦)와 곡옥(曲沃)[183]을 위나라에 돌려주었다. 의거의 왕이 진(秦)나라의 신하가 되었다. 소량(少梁)을 하양(夏陽)으로 개명하였다. 12년, 처음으로 12월에 납제(臘祭)[184]를 거행하였다. 13년 4월 무오일, 위나라 군주가 왕이라고 칭하고, 한(韓)에서도 왕을 자칭하였다.[185] 장의를 파견하여 섬(陝)[186]을 빼앗고, 그곳 사람들을 위나라로 내쫓았다.

14년, (혜문군 14년을) 혜문왕 원년(元年)으로 바꾸었다.[187] 2년, 장의가 제나라와 초나라의 대신과 설상(齧桑)[188]에서 회맹하였다. 3년, 한(韓)나라와 위나라의 태자가 와서 조회하였다. 장의가 위나라의 재상이 되었다. 5년, 혜문왕이 북하(北河)[189]까지 순수하였다. 7년, 악지(樂池)[190]가 진(秦)의 재상이 되었다. 한(韓), 조(趙), 위(魏), 연(燕), 제(齊)나라가 흉노를 거느리고 함께 진(秦)나라를 공격하였다. 진(秦)은 서장(庶長) 질(疾)을 보내어 수어(修魚)[191]에서 싸워서 그들의 장수 신치(申

---

178) 陰晉 : 지금의 陝西省 華陰縣 동쪽. 魏나라의 땅으로, 秦에서는 寧秦으로 개명하였다.
179) 汾陰 : 읍 이름. 지금의 山西省 萬榮縣 서쪽.
180) 皮氏 : 읍 이름. 지금의 山西省 河津縣 서쪽.
181) 應 : 권4 「주본기」의 〈주 267〉 참조.
182) 焦 : 권4 「주본기」의 〈주 102〉 참조.
183) 曲沃 : 읍 이름. 지금의 河南省 陝縣 서남쪽.
184) 臘祭 : 음력 12월에 사냥한 짐승으로 선조께 올리는 제사를 말한다.
185) 魏 襄王과 韓 宣惠王을 가리킨다.
186) 陝 : 지명. 魏나라의 땅으로, 지금의 河南省 陝縣 경내에 있다.
187) 13년 혜문공이 王으로 칭하였으므로 改元한 것이다. 이것이 改元의 시초이다.
188) 齧桑 : 魏나라의 땅으로, 지금의 江蘇省 沛縣 서남쪽.
189) 北河 : 지금의 內蒙古 河套地區 황하 이북의 지류인 烏加河로 당시에는 황하의 主流였다.
190) 樂池 : 사람 이름. '池'를 '陀'로도 쓴다.

差)¹⁹²⁾를 포로로 잡고, 조나라 공자 갈(渴)과 한나라 태자 환(奐)을 패퇴시켰으며, 병사 82,000명의 목을 베었다. 8년, 장의가 다시 진(秦)나라의 재상이 되었다. 9년, 사마착(司馬錯)¹⁹³⁾이 촉을 정벌하여 멸망시켰다. 또 조나라의 중도(中都)¹⁹⁴⁾와 서양(西陽)¹⁹⁵⁾을 빼앗았다. 10년, 한나라 태자 창(蒼)이 인질로 왔다. 또 한나라의 석장(石章)을 공격하여 빼앗았다. 조나라 장수 이(泥)를 패퇴시키고, 의거(義渠)의 25개 성을 빼앗았다. 11년, 저리질(樗里疾)¹⁹⁶⁾이 위나라의 초(焦)를 공격하여 항복시키고, 안문(岸門)¹⁹⁷⁾에서 한나라 군대를 무찌르고 만 명의 목을 베니, 그 장수 서수(犀首)가 달아났다.¹⁹⁸⁾ 공자 통(通)이 촉에 봉해졌다. 연(燕)나라 군주가 그의 신하 자지(子之)에게 양위(讓位)하였다. 12년, 진왕(秦王)이 양왕(梁王)과 임진(臨晉)¹⁹⁹⁾에서 회맹하였다. 서장 질이 조나라를 공격하여 조나라 장수 장(莊)²⁰⁰⁾을 포로로 잡았다. 장의가 초나라의 재상이 되었다. 13년, 서장 장(章)이 단수(丹水) 북쪽에서 초나라를 공격하여 초나라 장수 굴개(屈丐)를 포로로 잡고 8만 명의 목을 베었다. 또 초나라의 한중(漢中)을 공격하여 600리의 땅을 빼앗고, 한중군(漢中郡)을 설치하였다. 초군(楚軍)이 옹지(雍氏)²⁰¹⁾를 포위하자, 진(秦)은 서장 질을 보내서 한나라를 돕고 동쪽으로 제나라를 공격했으며, 도만(到滿)²⁰²⁾을 파견하여 위나라를 도와서 연나라를 침공하였다. 14년에는 초나라를

---

191) 修魚 : 韓나라에 속하며 修澤이라고도 한다. 지금의 河南省 原陽縣 서남쪽.
192) 申差 : 韓나라의 장군.
193) 司馬錯 : 秦나라의 장군.
194) 中都 : 지금의 山西省 平遙縣 서남쪽.
195) 西陽 : 中陽을 말하며, 지금의 山西省 中陽縣.
196) 樗里疾 : 秦나라 장수의 이름. 그에 대한 사적은 「樗里子甘茂列傳」에 상세히 나와 있다.
197) 岸門 : 지금의 河南省 許昌市 북쪽. 河東의 岸門이 아니다.
198) 犀首는 張儀와 사이가 나빠져서 秦나라를 떠나 魏나라로 갔으니, 이 당시는 魏나라의 장수였다. 이 사건은 「張儀列傳」에 상세히 보이며, 「魏世家」에도 "서수가 안문으로 달아났다(走犀首岸門)"라고 하였으니, 여기에서 韓을 무찌른 대목 다음에 기록된 것은 문장이 도치된 것이다.
199) 臨晉 : 지명. 지금의 陝西省 大荔縣.
200) 莊 : 「樗里子傳」에는 "莊豹"로 되어 있다.
201) 雍氏 : 韓나라의 땅. 지금의 河南省 禹縣 동북쪽. 초나라가 丹水 북쪽에서 패하였을 때 韓이 秦을 원조하였으므로 보복한 것이다. 권4 「주본기」의 〈주 256〉 참조.
202) 到滿 : 秦나라 장수의 이름으로, '到蒲'라고도 쓴다.

공격하여 소릉(召陵)[203]을 빼앗았다. 융족인 단(丹)과 여(犂)[204]가 진나라의 신하가 되었고, 촉나라의 상국(相國)인 장(壯)[205]이 촉후(蜀侯)를 죽이고 투항해왔다.

혜왕이 죽고 그의 아들 무왕(武王)[206]이 즉위하였다. 한(韓), 위(魏), 제(齊), 초(楚), 월(越)[207] 나라가 모두 진(秦)나라에 귀의하였다.

무왕 원년, 위 혜왕(魏惠王)과 임진에서 회맹하였다. 촉나라의 상국인 진장(陳壯)을 죽였다. 장의와 위장(魏章)이 진나라를 떠나서 동쪽의 위나라로 갔다. 의거(義渠), 단(丹), 여(犂)를 토벌하였다. 2년, 처음으로 승상(丞相)을 두었는데, 저리질과 감무(甘茂)가 각각 좌승상(左丞相), 우승상(右丞相)이 되었다. 장의가 위나라에서 죽었다. 3년, 진왕(秦王)이 한 양왕(韓襄王)과 임진 밖에서 회맹하였다. 남공게(南公揭)[208]가 죽고 저리질이 한나라의 재상이 되었다. 무왕이 감무에게 "나는 유람용 수레를 타고 낙양(洛陽)을 지나며[209] 주나라의 도성을 구경하고 싶구나. 그렇게만 된다면 죽어도 여한이 없으리라"라고 하였다. 그해 가을 감무와 서장 봉(封)을 보내어 의양(宜陽)[210]을 공격하게 하였다. 4년, 의양을 점령하고 6만 명의 머리를 베었다. 황하를 건너 무수(武遂)[211]에 성을 쌓았다. 위나라 태자가 와서 조회하였다. 무왕은 힘이 세어 힘 겨루기를 좋아했으므로, 역사(力士) 임비(任鄙)와 오획(烏獲), 맹열(孟說) 등이 높은 관직에 올랐다. 무왕이 맹열과 정(鼎)을 들다가[212] 정강이뼈가 부러졌

---

203) 召陵 : 邵陵을 말한다. 〈주 68〉 참조.

204) 丹과 犂 : 戎族의 두 支派로서, 서남쪽 오랑캐에 속한다.

205) 壯 : 陳壯을 말한다. 司馬錯가 촉을 토벌한 후, 蜀王을 蜀侯로 강등시키고 秦은 陳壯을 보내 촉나라의 相國으로 삼았다. 진장은 武王 원년에 살해되었다.

206) 武王(재위 기원전 310-기원전 307년) : 진 혜문왕의 아들. 이름은 蕩이다.

207) 越 : "趙"로 기록되어 있는 곳도 있다.

208) 南公揭 : 사람 이름. 사적이 자세하지 않다.

209) 원문은 "容車通三川"이다. '容車'는 위엄을 갖춘 유람용 수레, 또는 수레 한 대가 지날 만한 좁은 길이라고도 하는데, 여기서는 전자를 따랐다. '三川'은 三川郡으로 경내에 黃河, 洛水, 伊水의 세 하천이 있어 '三川'이라고 하였으며, 당시는 韓나라에 속했으나 東周, 西周가 삼천군에 있었으므로 여기서의 '三川'은 周나라의 수도 洛陽을 가리킨다.

210) 宜陽 : 韓나라의 지역으로 낙양을 통과하는 要路. 지금의 河南省 宜陽縣. 권4 「주본기」의 〈주 249〉 참조.

211) 武遂 : 韓나라의 邑으로 平陽과 가깝다. 지금의 山西省 垣曲縣 동남쪽.

212) 鼎을 든 것은 힘을 겨루기 위해서이다.

다. 8월, 무왕이 죽자 맹열은 멸족당했다. 무왕은 위나라 여자를 왕후로 맞았으나 아들이 없었다. 무왕의 이복동생이 즉위하니 그가 바로 소양왕(昭襄王)이다. 소양왕의 모친은 초나라 사람으로, 성은 미씨(羋氏)이며 선태후(宣太后)라고 불렸다. 무왕이 죽을 때 소양왕은 연나라에 인질로 있었으나 연나라에서 돌려보내어 즉위할 수 있었다.

소양왕 원년, 엄군질(嚴君疾)이 승상이 되었다. 감무가 진나라를 떠나서 위나라로 갔다. 2년, 혜성(彗星)이 나타났다. 서장 장(壯)과 대신, 제후, 공자 등이 반역하여 모두 주살되었고, 연루된 혜문후(惠文后)[213]도 명을 다하지 못하였다. 도무왕후(悼武王后)[214]는 위나라로 돌아갔다. 3년, 소양왕이 20세가 되어 관례를 거행했다. 소양왕은 초왕과 황극(黃棘)[215]에서 회맹하고, 상용(上庸)[216]을 초나라에 돌려주었다. 4년에는 포판(蒲阪)[217]을 빼앗았고, 다시 혜성이 나타났다. 5년, 위왕(魏王)이 응정(應亭)[218]에 와서 조현하였다. 위나라에 포판을 다시 돌려주었다. 6년, 촉후(蜀侯) 휘(煇)가 반란을 일으키자, 사마착이 촉나라를 평정하였다. 서장 환(奐)이 초나라를 토벌하고 2만 명의 머리를 베었다. 경양군(涇陽君)[219]이 제나라에서 인질이 되었다. 일식이 일어나 낮에도 어두웠다. 7년, 신성(新城)[220]을 점령하였다. 저리질이 죽었다. 8년, 장군 미융(羋戎)을 파견하여 초나라를 침공하고, 신시(新市)[221]를 빼앗았다. 제나라는 장자(章子)를, 위나라는 공손희(公孫喜)를, 한나라는 포연(暴鳶)을 보내 함께 초나라의 방성(方城)[222]을 공격하여 당매(唐昧)[223]를 죽였다. 조나라가 중산(中山)[224]을 공격하자, 그 왕은 달아나다가 결국 제나

<hr />

213) 惠文后 : 惠文王의 왕후.
214) 悼武王后 : 武王의 왕후. 武王이 죽은 지 얼마되지 않아 '悼'자를 붙였다.
215) 黃棘 : 棘陽이라고도 한다. 지금의 河南省 南陽市 남쪽.
216) 上庸 : 읍 이름으로, 지금의 湖北省 竹山縣. 본래 초나라의 땅이다.
217) 蒲阪 : 지금의 山西省 永濟縣 서쪽으로, 虞舜의 都城이었다고 전해진다.
218) 應亭 : 「六國年表」에는 "臨晉"으로 기록되어 있다.
219) 涇陽君 : 이름은 市. 봉지가 涇陽(지금의 甘肅省 平涼)이었다.
220) 新城 : 韓나라의 땅으로, 지금의 河南省 伊川縣 경계.
221) 新市 : 지금의 湖北省 京山縣 동북쪽.
222) 方城 : 산 이름. 지금의 河南省 方城縣 동북쪽에 있다.
223) 唐昧 : 초나라 장군의 이름. 「楚世家」의 懷王 28년조에 "秦은 제, 한, 위와 연합하여 초를 공격하고 초나라 장수 당매를 죽였다"라고 되어 있는데, 초 회왕 28년은 秦 昭襄王 6년이므로, 이 기록과 맞지 않다.
224) 中山 : 나라 이름. 지금의 河北省 定縣과 唐縣 일대에 있다.

라에서 죽었다. 위나라 공자 경(勁)과 한나라 공자 장(長)이 제후가 되었다. 9년, 맹상군(孟嘗君) 설문(薛文)[225]이 진나라에 와서 승상이 되었다. 서장 환이 초나라를 공격하여 여덟 개의 성을 빼앗고 초나라 장수 경쾌(景快)[226]를 죽였다. 10년, 초 회왕(楚懷王)이 진나라에 와서 알현하니, 진나라에서 그를 억류하였다. 설문이 금(金)을 수뢰하여[227] 면직되자, 누완(樓緩)이 승상이 되었다. 11년, 제(齊), 한(韓), 위(魏), 조(趙), 송(宋), 중산(中山)[228] 등 다섯 나라가 연합하여 진나라를 공격하여 염지(鹽氏)[229]까지 왔다가 철수하였다. 진은 한나라와 위나라에게 황하 이북 및 봉릉(封陵)의 땅을 주고 강화를 맺었다.[230] 혜성이 또다시 나타났다. 초 회왕은 조나라로 달아났으나 조나라에서 받아주지 않아 다시 진나라로 가서 바로 죽으니, 초나라로 돌려보내서 안장하였다. 12년, 누완이 면직되자 양후(穰侯)[231] 위염(魏冉)이 승상이 되었다. 식량 5만 석을 초나라에 주었다.

13년, 상수(向壽)가 한나라를 정벌하여 무시(武始)[232]를 빼앗았다. 좌경(左更)[233] 백기(白起)가 신성을 공략하였다. 오대부(五大夫)[234] 예(禮)[235]가 진(秦)에서 위나라로 도망쳤다. 임비가 한중(漢中)의 수(守)[236]가 되었다. 14년, 좌경 백기가 이궐(伊闕)에서 한나라와 위나라를 공격하여 24만 명의 목을 베고 공손희를 포로로 잡았으며, 5개 성을 점령하였다.

---

225) 薛文 : 田文의 다른 이름.
226) 景快 : 「楚世家」에는 "景缺"로 되어 있다.
227) 원문은 "以金受免"이다. '金受'를 '受免'의 誤記로 보아 설문이 금을 수뢰하여 相國에서 면직되었다고 보기도 하며, 혹은 '金受'를 사람의 이름으로 보아 그가 昭王에게 참언을 올려서 설문이 면직되었다고 풀기도 한다.
228) 中山 : 『史記正義』에서는 "중산은 이때 조나라에 속해 있었으니 다섯 나라라고 한 것이다"라고 하였으나, 여기의 중산을 衍文으로 보기도 한다.
229) 鹽氏 : 지명. 지금의 山西省 雲城縣 경계에 있다.
230) 「六國年表」에는 "진은 위에게 봉릉을, 한에게는 무수를 주고 강화를 맺었다(秦與魏封陵, 與韓武遂以和)"라고 되어 있다. 봉릉은 '風陵'이라고도 하며, 지금의 山西省 永濟縣 서남쪽에 風陵 나루터가 있다.
231) 穰은 지금의 河南省 鄧縣이다.
232) 武始 : 지명. 지금의 河北省 邯鄲縣 서남쪽.
233) 左更 : 秦나라 제12등급의 爵位 이름.
234) 五大夫 : 秦나라 제9등급의 작위 이름.
235) 禮 : 사람 이름. 呂禮를 말한다.
236) 守 : 郡의 장관. 秦에서는 郡守라고 하고, 漢에서는 太守라고 한다.

15년, 대양조 백기가 위나라를 공격하여 원(垣)[237]을 빼앗았으나 다시 위나라에 돌려주었다. 또한 초나라를 침공하여 완(宛)을 빼앗았다. 16년, 좌경 착(錯)이 지(軹)[238]와 등(鄧)[239]을 빼앗았다. 위염이 면직되었다.[240] 공자 불(巿)을 완(宛)에, 공자 회(悝)를 등(鄧)에, 위염을 도(陶)에 봉하니, 그들은 모두 제후가 되었다. 17년, 성양군(城陽君)[241]이 입조했고 동주(東周)의 군주[242]도 와서 알현하였다. 진나라는 원(垣)을 분리하여 포판과 피지에 편입시켰다. 진왕이 의양(宜陽)으로 갔다. 18년, 좌경 착(錯)이 원(垣)과 하옹(河雍)을 침공하여 교량을 끊고 두 땅을 빼앗았다. 19년, 진 소왕(秦昭王)이 서제(西帝)라고 칭하고, 제 민왕(齊閔王)은 동제(東帝)라고 칭했다가 모두 제호(帝號)를 취소하였다.[243] 여례(呂禮)가 스스로 투항해왔다. 제나라가 송나라를 침공하자, 송왕은 위나라로 도망쳐서 온(溫)[244]에서 죽었다. 임비(任鄙)가 죽었다. 20년, 진왕이 한중으로 갔다가 다시 상군(上郡)과 북하(北河)로 갔다. 21년, 좌경 착이 위나라 하내(河內)를 침공하였다. 위나라가 안읍(安邑)을 진나라에 헌상하자, 진나라는 안읍의 주민을 내쫓고 진나라 사람을 모집하여 하동(河東)으로 이주시키고 작위를 주었으며, 또 사면받은 죄인을 옮겨 살게 하였다. 경양군을 완에 봉하였다. 22년, 몽무(蒙武)[245]가 제나라를 정벌하였다. 하동에 9개 현을 설치하였다. 진왕은 초왕과 완에서, 조왕과 중양(中陽)[246]에서 회맹하였다. 23년, 위(尉) 사리(斯離)가 삼진(三晉), 연나라와 함께 제나라를 정벌하여 제수(濟水) 서쪽에서 제나라를 무찔렀다. 진왕은 위왕과 선양(宣陽)에서, 한왕과 신성에서 회맹하였다. 24년,

---

237) 垣 : 지금의 山西省 垣曲縣 서쪽.
238) 軹 : 軹道를 말한다. 魏나라의 땅으로, 지금의 河南省 濟源縣 동남쪽.
239) 鄧 : 魏의 邑 이름. 지금의 하남성 孟縣의 서남쪽.
240) 원문은 "冉免"이나, 이는 衍文으로 보인다. 魏冉은 훨씬 뒤인 24년에야 相國에서 면직되었다.
241) 城陽君 : 韓나라 사람. '城'은 '成'으로도 쓴다.
242) 東周의 군주는 惠公의 막내아들 班을 말한다. 東周는 지금의 河南省 鞏縣에 있었던 周나라의 이름.
243) 이 일은 「田敬仲完世家」에 상세히 보인다.
244) 溫 : 魏나라의 땅으로, 지금의 河南省 溫縣 서남쪽. 권4 「주본기」의 〈주 210〉 참조.
245) 蒙武 : 秦나라의 將領으로 蒙驁의 아들.
246) 中陽 : 지금의 山西省 中陽縣.

진왕이 언(鄢)[247])과 양(穰)에서 초왕과 회맹하였다. 진이 위나라 안성 (安城)을 탈취하고 대량(大梁)[248])까지 공격해오니, 연나라와 조나라가 위 나라를 구원하러 왔으므로 진군(秦軍)은 철수하였다. 위염이 승상에서 면직되었다. 25년, 조나라의 2개 성을 점령하였다. 진왕이 한왕과 신성 에서, 위왕과 신명읍(新明邑)에서 회맹하였다. 26년, 죄인을 사면하여 양(穰)으로 이주시켰다. 후(侯) 위염이 다시 승상이 되었다. 27년, 좌경 착이 초나라를 침공하였다. 죄인을 사면하여 남양(南陽)으로 이주시켰 다. 백기가 조나라를 침공하여 대(代)[249])의 광랑성(光狼城)[250])을 빼앗았 다. 또 사마착으로 하여금 농서(隴西)에서 군사를 징발하여 촉나라를 지 나서 초나라의 검중(黔中)을 공격하여 점령하게 하였다. 28년, 대량조 백기가 초나라를 침공하여 언(鄢)과 등(鄧)을 빼앗고 죄인을 사면하여 이곳으로 이주시켰다. 29년, 대량조 백기가 초나라를 침공하여 영(郢)을 빼앗아 남군(南郡)을 설치하니, 초왕은 달아났다. 주나라 군주가 진에 왔다. 진왕은 초왕과 양릉(襄陵)[251])에서 회맹하였다. 백기가 무안군(武 安君)에 봉해졌다. 30년, 촉나라의 수(守)인 약(若)[252])이 초나라를 토벌 하여 무군(巫郡)[253])과 강남(江南)[254])을 점령하고 검중군(黔中郡)을 설치 하였다. 31년, 백기가 위나라를 공격하여 2개 성을 빼앗았다. 초나라 사 람이 강남에서 진나라에 반란을 일으켰다. 32년, 승상 양후(穰侯)[255])가 위나라를 침공하여, 대량(大梁)까지 이르러 포연(暴鳶)[256])을 무찌르고 4 만 명의 머리를 베었다. 포연은 달아나고 위나라는 3개 현을 바치며 강화 를 청하였다. 33년, 객경(客卿) 호양(胡陽)[257])이 위나라의 권성(卷城),[258])

---

247) 鄢 : 초나라의 別都인 鄀郢을 말한다. 지금의 湖北省 宜城縣 남쪽.

248) 大梁 : 魏나라 수도. 지금의 河南省 開封市.

249) 代 : 지금의 河北省 蔚縣 일대.

250) 光狼城 : 지금의 山西省 高平縣 서쪽에 옛터가 있다.

251) 襄陵 : 지금의 河南省 睢縣.

252) 若 : 사람 이름. 『華陽國志』에서는 "張若"으로 되어 있다.

253) 巫郡 : 楚나라의 땅으로, 지금의 四川省 巫山縣 동쪽.

254) 江南 : 楚나라의 黔中郡을 말한다. 지금의 湖南省 常德市.「白起王翦列傳」과「春 申君列傳」에서는 巫郡과 江南郡을 공격한 장군은 白起라고 되어 있다.

255) 穰侯 : 26년 다시 승상이 되었던 魏冉을 말한다.

256) 暴鳶 : 韓나라의 장수.

257) 胡陽 : 원래 "胡傷"으로 誤記되었으나,「穰侯列傳」에 의거하여 바로 고쳤다.

258) 卷城 : 지금의 河南省 原陽縣 북쪽에 옛터가 있다.

채양(蔡陽),[259] 장사(長社)[260]를 침공하여 모두 탈취하였다. 화양(華陽)[261]
에서 망묘(芒卯)[262]를 공격하여 패퇴시키고 15만 명의 머리를 베었다. 위
나라가 남양(南陽)[263]을 바치며 강화를 청하였다. 34년, 진(秦)은 위나
라와 한나라에 상용(上庸)을 주어 군(郡) 하나를 설치하고 항복한 남양
백성들을 그곳으로 이주시켰다. 35년, 한, 위, 초 나라를 도와 연나라를
공격하였다. 처음으로 남양군(南陽郡)을 설치하였다. 36년, 객경 조(竈)
가 제나라를 침공하여 강(剛)[264]과 수(壽)[265] 두 지역을 빼앗아서 양후에
게 주었다. 38년, 중경(中更)[266] 호양(胡陽)이 조나라의 연여(閼與)[267]
를 침공했으나 빼앗지 못하였다. 40년, 도태자(悼太子)[268]가 위나라에서
죽어서 돌아오니, 지양(芷陽)[269]에 안장하였다. 41년 여름, 위나라를 침
공하여 형구(邢丘)[270]와 회(懷)[271] 두 지역을 빼앗았다. 42년, 안국군(安
國君)이 태자가 되었다. 10월에 선태후(宣太后)가 죽으니, 지양의 여산
(酈山)[272]에 안장하였다. 9월에 양후가 도(陶)로 도망갔다. 43년, 무안
군(武安君) 백기가 한나라를 공격하여 9개의 성을 점령하고 5만 명의 머
리를 베었다. 44년, 한나라의 남양을 공격하여 빼앗았다. 45년, 오대부
(五大夫) 분(賁)이 한나라를 침공하여 10개 성을 빼앗았다. 섭양군(葉陽
君)[273] 회(悝)[274]가 도성을 떠나서 봉지로 가다가 도착하지 못하고 죽었
다. 47년, 진이 한나라의 상당(上黨)[275]을 공격하였지만[276] 상당이 조나

259) 蔡陽 : 지금의 河南省 上蔡縣 동남쪽.
260) 長社 : 지금의 河南省 長葛縣 서쪽.
261) 華陽 : 亭 이름. 지금의 河南省 新鄭縣 북쪽, 鄭州市 남쪽에 있다.
262) 芒卯 : 魏나라 장수의 이름.
263) 南陽 : 魏나라의 修武를 말한다. (지금의 河南省 獲嘉縣에 옛터가 있다.)
264) 剛 : 지금의 山東省 寧陽縣 북쪽에 옛터가 있다.
265) 壽 : 張縣을 말한다. 지금의 山東省 東平縣 서남쪽에 옛터가 있다.
266) 中更 : 秦나라 제13등급의 작위를 말한다.
267) 閼與 : 지금의 山西省 和順縣 서북쪽에 옛터가 있다.
268) 悼太子 : 昭襄王의 太子로서 魏나라에 인질로 있었다.
269) 芷陽 : 지금의 陝西省 西安市 동북쪽에 옛터가 있다.
270) 邢丘 : 읍 이름으로, 지금의 河南省 溫縣 경내에 있다.
271) 懷 : 읍 이름으로, 지금의 河南省 武陟縣 서남쪽에 있다.
272) 酈山 : 지금의 陝西省 臨潼縣 동남쪽에 있다.
273) 葉陽君 : '高陵君' 또는 '華陽君'의 誤記가 아닌가 한다.
274) 悝 : 昭王의 친동생. 高陵君에 봉해졌다.
275) 上黨 : 지금의 山西省 長治市.
276) 실제로 秦이 상당을 공격한 것은 昭王 45년의 일이다.

144

라에 투항했으므로 다시 조나라를 공격하였다. 그러자 조나라가 군대를
보내어 반격하여 서로 대치하였다. 진은 무안군 백기를 보내 공격하여 장
평(長平)²⁷⁷⁾에서 조군(趙軍)을 크게 무찌르고 40만여 명을 모두 죽였다.
48년 10월, 한나라는 원옹(垣雍)²⁷⁸⁾을 헌상하였다. 진은 군대를 삼군(三
軍)으로 나누었다.²⁷⁹⁾ 무안군이 돌아왔다. 왕흘(王齕)이 군대를 이끌고
조나라의 피뢰(皮牢)²⁸⁰⁾를 공격하여 점령하였다. 사마경(司馬梗)이 북쪽
으로 진격하여 태원(太原)을 평정하고, 한나라의 상당을 모두 점령하였
다. 정월, 군대는 전투를 멈추고 다시 상당을 수비하였다. 그해 10월,
오대부 능(陵)이 조나라의 한단(邯鄲)²⁸¹⁾을 침공하였다. 49년 정월, 군
사를 증원하여 오대부 능을 돕게 하였다. 능이 싸움을 잘하지 못하였으므
로 면직시키고 장수를 왕흘로 바꾸었다. 그해 10월, 장군 장당(張唐)이
위나라를 공격하여 빼앗은 땅을 채위(蔡尉)²⁸²⁾가 지키지 못해서 잃었으므
로, 장당이 돌아와서 그를 죽였다. 50년 10월, 무안군 백기가 죄를 지었
으므로 사병으로 강등하여 음밀(陰密)²⁸³⁾로 유배시켰다. 장당이 정(鄭)²⁸⁴⁾
을 공격하여 점령하였다. 12월, 병력을 증원하여 분성(汾城)²⁸⁵⁾ 부근에
주둔시켰다. 무안군 백기가 죄를 짓자, 그를 죽였다. 왕흘이 한단을 공격
했으나 점령하지 못하고 철수하여 분성 부근에 주둔한 군대에 투항하였
다. 두 달쯤 뒤에 진(晉)²⁸⁶⁾나라 군대를 공격하여 6,000명의 머리를 베었
으니, 황하에 떠다니는 진군(晉軍)과 초군(楚軍)의 시체가 2만 명이었
다. 또 분성을 공격하고 나서, 장당을 따라서 영신중(寧新中)²⁸⁷⁾을 점령
하여 그곳을 안양(安陽)으로 개명하였다. 처음으로 하교(河橋)²⁸⁸⁾를 설

277) 長平: 지금의 山西省 高平縣 서북쪽.
278) 垣雍: 衡雍을 말한다. 지금의 河南省 原陽縣에 있다.
279) 원문은 "分爲三軍"이나, 「白起王翦列傳」에 의하면 '三'은 '二'의 誤記로 보인다.
280) 皮牢: 지금의 山西省 翼城縣 동쪽.
281) 邯鄲: 趙나라의 수도로, 지금의 河北省 邯鄲을 말한다.
282) 蔡尉: 사람 이름. 張唐의 部將인 듯하다.
283) 陰密: 지금의 甘肅省 靈臺縣 서쪽.
284) 鄭: 『史記質疑』에 의하면 '鄴'의 誤記라고 한다.
285) 汾城: 지금의 山西省 臨汾縣에 있다.
286) 晉: 여기서는 魏나라를 가리킨다.
287) 寧新中: 지금의 河南省 安陽市.
288) 河橋: 蒲津橋를 말한다. 陝西省 大荔縣 동쪽에 있으며, 황하를 건너면 蒲州에
다다른다.

치하였다.

51년, 장군 규(摎)가 한나라를 공격하여 양성(陽城)[289]과 부서(負黍)[290]를 빼앗고 4만 명의 머리를 베었다. 조나라를 침공하여 20여 개의 현을 빼앗고 9만 명의 머리를 베었다. 서주(西周)의 군주[291]가 진을 배반하고 제후들과 연합하여 천하의 정예군사를 이끌고 이궐(伊闕)을 나와서 진나라를 공격하니, 진은 양성과 교통할 수 없게 되었다. 이에 진은 장군 규를 파견하여 서주를 공격하였다. 서주의 군주가 진으로 달려와서 투항하여, 돈수(頓首)하며 죄를 인정하고 36개의 성읍과 인구 3만 명을 모두 헌상하였다. 진왕은 헌상을 받아들이고 서주 군주를 주나라로 돌려보냈다. 52년, 주나라 백성들은 동쪽으로 도망쳤고, 주나라의 보물인 구정(九鼎)을 진으로 가져왔다. 주나라는 이때부터 쇠망하기 시작하였다.

53년, 천하가 모두 진나라에 귀복(歸服)하였다. 위나라가 제일 뒤지자, 진은 규를 보내서 위나라를 토벌하여 오성(吳城)[292]을 빼앗았다. 한왕(韓王)이 와서 알현하였으며, 위왕도 진에 나라를 위탁하여 명령을 들었다. 54년, 진왕은 옹성의 남쪽 교외에서 상제께 제사 드렸다. 56년 가을, 소양왕(昭襄王)이 죽고 그의 아들 효문왕(孝文王)이 즉위하였다. 효문왕은 생모 당팔자(唐八子)[293]를 당태후(唐太后)로 추존하고 선왕(소양왕)과 합장하였다. 한왕(韓王)이 소복을 입고 조문하였고, 다른 제후들도 모두 장군과 승상을 보내서 조문 드리고 상례에 참가하였다.

효문왕 원년, 죄인을 사면하고 선왕 때의 공신을 표창했으며, 친척들을 후대하고 원유(苑囿)[294]를 개방하였다.[295] 효문왕이 복상을 마치고 10월 기해일에 즉위하였으나 3일 만인 신축일에 죽으니 그의 아들 장양왕(莊襄王)[296]이 즉위하였다.

---

289) 陽城 : 지금의 河南省 登封縣 동남쪽 告城鎭. 권2 「하본기」의 〈주 179〉, 권4 「주본기」의 〈주 271〉 참조.

290) 負黍 : 陽城縣 서남쪽에 있다. 권4 「주본기」의 〈주 271〉 참조.

291) 서주의 군주는 武公을 말한다.

292) 吳城 : 일명 虞城으로, 지금의 山西省 平陸이다.

293) 唐八子 : 孝文王의 생모. 八子는 妃嬪 등급의 하나.

294) 園囿 : 왕의 금수와 식물을 기르는 정원.

295) 원문은 "弛園囿"로, 혹은 '원유를 없애버리다'라고 풀기도 한다.

296) 莊襄王 : 孝文王의 차남으로 이름은 子楚이고, 始皇의 부친이다. 재위기간은 기원전 249-기원전 247년이었다..

장양왕 원년, 죄인을 크게 사면하고 선왕 때의 공신들을 표창하였으며, 널리 덕을 베풀어 친족을 후대하고 백성들에게 은혜를 베풀었다. 동주(東周)의 군주가 제후들과 함께 진(秦)을 배반할 것을 도모하였다. 진이 상국(相國) 여불위(呂不韋)를 보내서 그들을 토벌하고 동주의 영토를 모두 합병하였다. 진은 주나라의 제사를 끊지 않고 양인(陽人)[297] 지역을 주나라 군주에게 내려주어 제사를 받들게 하였다. 또한 몽오(蒙驁)를 파견하여 한나라를 토벌하니, 한나라는 성고(成皋)[298]와 공(鞏)[299]을 헌상하였다. 진나라 국경은 대량(大梁)까지 이르렀고 처음으로 삼천군(三川郡)[300]을 설치하였다. 2년, 몽오를 보내서 조나라를 침공하여 태원(太原)을 평정하였다. 3년, 몽오는 위나라의 고도(高都)[301]와 급(汲)[302]을 침공하여 점령하였다. 또 조나라의 유차(楡次),[303] 신성(新城),[304] 낭맹(狼孟)[305]을 공격하여 37개 성을 탈취하였다. 4월, 일식이 있었다. 왕흘이 상당을 공격하여 처음으로 태원군(太原郡)을 설치하였다. 위나라의 장수 무기(無忌)[306]가 다섯 나라의 군사[307]를 이끌고 진을 공격해오니, 진군(秦軍)은 하외(河外)[308]로 퇴각하였다. 몽오가 패전하여 포위를 풀고 철수하였다. 5월 병오일, 장양왕이 죽고 그의 아들 정(政)이 즉위하니, 그가 진시황제(秦始皇帝)이다.

진왕 정은 즉위 26년 만에 처음으로 천하를 통일하여 36군을 설치하였으며, 칭호를 시황제(始皇帝)라고 하였다. 시황제는 51세에 서거하고 그의 아들 호해(胡亥)가 즉위하니 그가 이세황제(二世皇帝)이다. 3년, 제후들이 분분히 일어나서 진에 반기를 드니 조고(趙高)가 이세를 죽이고

---

297) 陽人 : 陽人聚를 말한다. 지금의 河南省 臨汝縣 서북쪽에 있다.
298) 成皋 : 지금의 河南省 滎陽縣 서쪽 汜水鎭.
299) 鞏 : 권4 「주본기」의 〈주 240〉 참조.
300) 三川郡 : 지금의 하남성 낙양 서쪽 일대. 그곳에 黃河, 洛水, 伊水의 세 하천이 있으므로 三川이라고 했다.
301) 高都 : 지금의 山西省 晉城縣 동북쪽.
302) 汲 : 지금의 河南省 汲縣.
303) 楡次 : 지금의 山西省 楡次縣.
304) 新城 : 지금의 山西省 朔縣 서남쪽.
305) 狼孟 : 지금의 山西省 陽曲縣 서북쪽.
306) 無忌 : 魏나라 공자 信陵君(? -기원전 243년)의 이름.
307) 위, 조, 한, 초, 연 나라의 군사를 말한다.
308) 河外 : 황하 이남의 陜州와 華州 등의 지역을 말한다.

자영(子嬰)을 세웠다. 자영이 즉위한 지 한 달여 만에 제후가 그를 죽이고, 결국 진나라를 멸망시켰다. 이러한 일은 「진시황본기(秦始皇本紀)」에 자세히 나와 있다.

태사공은 다음과 같이 말했다.

"진나라 선조의 성은 영씨(嬴氏)이다. 그의 후손이 각 지역에 봉해져서 그 봉국의 이름으로 성씨를 삼았는데, 성씨로는 서씨(徐氏), 담씨(郯氏), 거씨(莒氏), 종려씨(終黎氏),[309] 운엄씨(運奄氏), 도구씨(菟裘氏), 장량씨(將梁氏), 황씨(黃氏), 강씨(江氏), 수어씨(修魚氏), 백명씨(白冥氏), 비렴씨(蜚廉氏), 진씨(秦氏) 등이 있다. 그러나 진나라는 그의 선조 조보(造父)가 조성(趙城)에 봉해졌으므로 조씨(趙氏)[310]가 되었다."

---

309) 終黎氏 : 「世本」에는 "鍾離氏"로 되어 있다.
310) 趙氏 : 秦의 姓은 嬴, 氏는 趙이다. 상고시대에는 姓과 氏가 구별되었는데, 성은 族號이며 씨는 성의 分派이다. 전국시대 이후로는 씨를 성으로 삼아서 구별이 없어졌다. 권1 「오제본기」의 〈주 29〉 참조.

권6 「진시황본기 (秦始皇本紀)」 제6

진 시황제 (秦始皇帝)는 진 (秦) 장양왕 (莊襄王)¹⁾의 아들이다. 장양왕이
진 (秦)나라의 질자 (質子)²⁾로서 조 (趙)나라에 있을 때 여불위 (呂不韋)³⁾
의 첩을 보고 반하여 그녀를 아내로 맞이하여 시황 (始皇)을 낳았다. 시황
은 진 소왕 (秦昭王) 48년 정월 한단 (邯鄲)⁴⁾에서 태어났는데, 출생하자
이름을 정 (政), 성을 조 (趙)라고 하였다. 13세 때 장양왕이 죽자 정이
왕위를 계승하여 진왕 (秦王)이 되었다. 이때 진의 영토는 이미 파 (巴),⁵⁾
촉 (蜀),⁶⁾ 한중 (漢中)⁷⁾을 병합하고 완 (宛)⁸⁾을 넘어 영 (郢)⁹⁾을 점유하여
남군 (南郡)¹⁰⁾을 설치하였다. 북으로는 상군 (上郡)¹¹⁾ 동쪽을 거두어 하동
(河東),¹²⁾ 태원 (太原),¹³⁾ 상당 (上黨)¹⁴⁾ 등의 군을 점령하였으며, 동으로
는 형양 (滎陽)¹⁵⁾에까지 이르러 이주 (二周)¹⁶⁾를 멸하고 삼천군 (三川郡)¹⁷⁾

---

1) 莊襄王 : 권5 「진본기」의 〈주 296〉 참조.
2) 質子 : 다른 나라에 인질로 보낸 왕자나 대신.
3) 呂不韋 (?-기원전 235년) : 衛나라 濮陽 (지금의 河南省 濮陽縣) 사람. 원래는 陽
   翟 (지금의 河南省 禹縣)의 대상인으로 후에 秦의 相國이 되었다. 秦 始皇이 집정한
   이후 관직을 박탈당하고 蜀郡으로 옮겨 살다가 자살했다.
4) 邯鄲 : 권5 「진본기」의 〈주 281〉 참조.
5) 巴 : 나라 이름. 권5 「진본기」의 〈주 152〉 참조.
6) 蜀 : 나라 이름. 지금의 四川省 중부의 서쪽으로 편중되어 있다.
7) 漢中 : 군 이름. 권5 「진본기」의 〈주 151〉 참조이다.
8) 宛 : 현 이름. 권5 「진본기」의 〈주 71〉 참조.
9) 郢 : 도읍 이름. 춘추전국 시대 楚나라의 도읍으로 지금의 호북성 江陵縣 동북쪽.
   권4 「주본기」의 〈주 251〉, 권5 「진본기」의 〈주 125〉 참조.
10) 南郡 : 군 이름. 秦나라가 楚나라 郢 일대를 점령한 후 새로 설치한 군.
11) 上郡 : 군 이름. 지금의 陝西省 漢中市 동쪽.
12) 河東 : 군 이름. 지금의 山西省 夏縣 서북쪽.
13) 太原 : 군 이름으로 지금의 山西省 太原市 서남쪽이다. 권4 「주본기」의 〈주 187〉
    참조.
14) 上黨 : 군 이름. 권5 「진본기」의 〈주 275〉 참조.
15) 滎陽 : 현 이름. 지금의 河南省 滎陽縣 동쪽.
16) 二周 : 西周와 東周의 작은 나라들로, 역사상의 서주, 동주의 왕조와는 다르다.
17) 三川郡 : 지금의 洛陽市 동북쪽. 권5의 「진본기」의 〈주 300〉 참조.

을 설치하고 있었다. 여불위는 재상이었는데 10만 호를 봉토로 받았고, 호를 문신후(文信侯)라고 했으며, 널리 빈객, 유사(游士)[18]들을 초빙하여 천하를 병합하려고 하였다. 이사(李斯)[19]가 여불위의 사인(舍人)[20]이 되었으며, 몽오(蒙驁),[21] 왕의(王齮),[22] 표공(麃公)[23] 등이 장군이 되었다. 진왕은 나이가 어린 데다 막 즉위한 터라 국사를 대신들에게 맡겨서 처리하도록 하였다.

진양(晉陽)[24]에서 반란이 일어났다. 진 시황 원년, 장군 몽오가 공격하여 반란을 평정하였다. 2년에는 표공이 군사를 거느리고 권(卷)[25]을 공격하여 3만여 명의 목을 베었다. 3년에는 몽오가 한(韓)나라를 공격하여 13개 성을 점령하였다. 그해에 왕의가 죽었다. 10월에는 장군 몽오가 위(魏)나라의 창(暢),[26] 유궤(有詭)[27]를 공격하였다. 그해에 큰 기근이 있었다.

4년에는 창, 유궤를 함락시켰다. 3월에 군대를 거두었다. 진(秦)나라의 질자가 조(趙)나라에서 돌아왔고, 조나라의 태자는 본국으로 돌아갔다. 10월 경인일(庚寅日)에 메뚜기떼가 동쪽에서 날아와서 하늘을 뒤덮었다. 천하에 전염병이 돌았다. 식량 천 섬을 헌납한 백성에게는 작위(爵位) 한 등급을 하사하였다.

5년에는 장군 몽오가 위나라를 공격하여 산조(酸棗),[28] 연(燕),[29] 허

---

18) 游士 : 游說하는 사람.
19) 李斯(? -기원전 208년) : 上蔡 사람으로 원래는 呂不韋의 식객이었으나 후에 丞相이 되어 秦 始皇을 도와서 중앙집권의 군현제를 확립하였고, 焚書坑儒 정책을 추진하였다. 秦 始皇이 죽은 뒤 趙高와 더불어 扶蘇를 폐출시키고 胡亥의 왕위계승을 돕다가 후에 趙高와 권력 다툼중 피살되었다. 「李斯列傳」에 상세한 기록이 있다.
20) 舍人 : 戰國, 漢 初 시기에 王公貴人에게 귀속되어 친근한 관계를 가진 사람을 말한다. 門下 혹은 食客이라고도 한다.
21) 蒙驁 : 齊나라 사람. 蒙武의 부친, 蒙恬의 조부.
22) 王齮 : 戰國 末 시기의 秦의 將領. 王齕이라고 한 곳도 있다.
23) 麃公 : 秦나라 大夫이며, 이름은 전해지지 않는다.
24) 晉陽 : 읍 이름. 지금의 山西省 太原市 서남쪽. 戰國時代에는 趙에 속했으나, 기원전 247년 秦의 공격으로 빼앗겼다.
25) 卷 : 읍 이름. 권5 「진본기」의 〈주 258〉 참조.
26) 暢 : 읍 이름. 魏에 속했으나 지금의 지명은 알 수 없다.
27) 有詭 : 읍 이름. 魏에 속했으나 지금의 지명은 알 수 없다.
28) 酸棗 : 읍 이름. 지금의 河南省 延津縣 동북쪽. 당시는 魏에 속했다.
29) 燕 : 읍 이름. 지금의 河南省 延津縣 동북쪽.

(虛),[30) 장평 (長平),[31) 옹구 (雍丘),[32) 산양성 (山陽城)[33)을 평정하여 모두 함락시키고 20개 성을 빼앗았다. 처음으로 동군 (東郡)[34)을 설치했다. 겨울에 천둥이 쳤다.

6년에는 한 (韓), 위 (魏), 조 (趙), 위 (衛), 초 (楚) 나라가 함께 진나라을 공격하여 수릉 (壽陵)[35)을 점령했다. 진 (秦)이 출병하자 다섯 나라가 군사를 거두었다. 진나라가 위 (衛)나라를 점령하고 동군까지 쳐들어가자, 그 임금 각 (角)이 일족을 이끌고 거주지를 야왕 (野王)[36)으로 옮겨서 험한 산세에 의지하여 위 (衛)의 하내 (河內)[37)를 보유하였다.

7년에는 혜성이 먼저 동쪽에서 나타났다가 북쪽에 출현했으며, 5월에는 서쪽에 나타났다. 용 (龍), 고 (孤), 경도 (慶都)[38)를 공격하던 장군 몽오가 죽자, 군사를 돌려서 급 (汲)[39)을 공격하였다. 혜성이 다시 서쪽에 16일 동안 출현했다. 하태후 (夏太后)[40)가 서거하였다.

8년에는 진왕의 아우 장안군 (長安君) 성교 (成蟜)[41)가 군대를 이끌고 조 (趙)나라를 공격하다가 도리어 반란을 일으켜 둔류 (屯留)[42)에서 죽임을 당하였고, 군관들도 모두 참살되었다. 둔류의 백성들을 임조 (臨洮)[43)로 옮겨 살게 하였다. 성교 장군이 군영에서 죽자, 둔류와 포고 (蒲鶮)[44)에서 반란에 참여했던 군졸들이 모두 육시 (戮屍)를 당하였다. 황하가

---

30) 虛 : 姚虛를 일컫는다. 지금의 河南省 延津縣 동남쪽. 일설에는 지금의 山東省 雷澤縣이라고 하나 이는 잘못된 것이다.

31) 長平 : 지금의 河南省 西華縣 동북쪽.

32) 雍丘 : 지금의 河南省 杞縣.

33) 山陽城 : 지금의 河南省 焦作市 동남쪽.

34) 東郡 : 진왕 5년 (기원전 242년)에 설치한 군으로 지금의 河南省 濮陽縣 서남쪽에 해당한다.

35) 壽陵 : 읍 이름. 원래는 趙의 읍이었다.

36) 野王 : 읍 이름. 원래는 韓의 읍이었다. 지금의 山西省 沁陽縣.

37) 河內 : 지역 이름. 春秋戰國 시대에는 黃河 이북지역을 가리킨다.

38) 龍, 孤, 慶都 : 모두 당시의 지명으로, 지금의 河北省에 있던 근접지역들이다.

39) 汲 : 현 이름. 권5 「진본기」의 〈주 302〉 참조.

40) 夏太后 : 莊襄王의 생모.

41) 成蟜 : 장군의 이름. 『正義』에는 그가 壁壘 안에서 자살했다고 쓰여 있다.

42) 屯留 : 원래는 韓에 속했으며, 지금의 山西省 屯留縣.

43) 臨洮 : 현 이름. 지금의 甘肅省 岷縣을 말한다.

44) 蒲鶮 : 지명. 지금의 어디인지 알 수 없다. 사람 이름으로 보는 견해도 있다. 사람으로 보면 "성교를 토벌했던 秦將이 죽은 다음 둔류의 포고가 또 그의 部卒을 이끌고 逆反하여 그를 戮屍하였다"(錢大昕의 說)로 해석할 수 있다

범람하여 물고기들이 육지로 밀려나오니, 사람들은 가벼운 수레와 말들을 몰고 먹을 것을 찾아 동쪽으로 갔다.

노애 (嫪毐)[45]가 장신후 (長信侯)로 봉해졌다. 노애에게 산양 (山陽) 땅을 주어 그곳에 살게 하고, 궁실, 거마, 의복, 원유 (苑囿),[46] 치렵 (馳獵)[47] 등을 노애가 마음대로 하게 했으며, 크고 작은 일이 모두 노애에 의해서 결정되었다. 또 하서 (河西)[48]의 태원군 (太原郡)을 노애의 봉국 (封國)으로 변경하였다.

9년에 혜성이 나타나서 간혹 하늘을 가로질렀다. 위 (魏)나라의 원 (垣)[49]과 포양 (蒲陽)[50]을 공격하였다. 4월에 진왕이 옹 (雍)에 유숙하였다. 기유일 (己酉日), 진왕은 관례 (冠禮)[51]를 거행하고 검을 찼다.[52] 장신후 노애가 반란을 일으키려다가 발각되자, 왕의 옥새와 태후의 인장을 위조하여 도성의 군사 및 호위군사, 관아의 기병, 융적 (戎翟)[53]의 우두머리, 가신 (家臣)들을 동원하여 기년궁 (蘄年宮)[54]을 공격하여 반란을 일으키려고 했다. 진왕이 그 사실을 알고 상국 (相國) 창평군 (昌平君)[55]과 창문군 (昌文君)[56]으로 하여금 군사를 일으켜서 노애를 공격하게 하니, 함양 (咸陽)[57]에서 싸워 수백 명의 머리를 베었다. 진왕은 그들에게 모두 작위를 하사하고, 참전한 환관에게도 모두 작위 한 등급을 하사했다. 노애 등이 패하여 달아나자 즉시 전국에 영 (令)을 내려 노애를 생포하는 자에게는

45) 嫪毐(?-기원전 238년) : 呂不韋가 后宮에 보낸 가짜 宦官으로 태후의 총애를 받아 세력이 커졌다.
46) 苑囿 : 제왕이 禽獸를 기르는 동산.
47) 馳獵 : 말을 달려서 하는 사냥.
48) 河西 : 춘추전국 시대에는 지금의 山西省, 陝西省 사이의 黃河 남단 서쪽 지역을 말한다.
49) 垣 : 읍 이름. 권5 「진본기」의 〈주 237〉 참조.
50) 蒲陽 : 蒲邑을 말한다. 지금의 河南省 長垣縣.
51) 고대에는 귀족의 남자가 만 20세가 되면 冠을 쓰는 예를 거행함으로써 성년이 되었음을 표시한다.
52) 검을 차는 것은 위엄을 나타내기 위한 것이었다.
53) 戎翟 : 戎狄. 고대의 부족 이름이다.
54) 蘄年宮 : 지금의 陝西省 風翔縣 남쪽. 당시 진 시황이 기거하던 곳.
55) 昌平君 : 楚의 公子로서 재상으로 임명되었다. 후에 項燕에 의하여 荊王에 옹립되었다.
56) 昌文君 : 성과 이름을 알 수 없다.
57) 咸陽 : 秦의 都城. 지금의 陝西省 咸陽市 동북쪽.

100만 냥을 하사하고, 그를 죽이는 자에게는 50만 냥을 하사한다고 하였다. 결국 노애 등이 모두 잡혔다. 위위(衛尉)[58] 갈(竭), 내사(內史)[59] 사(肆), 좌익(佐弋)[60] 갈(竭), 중대부령(中大夫令)[61] 제(齊) 등 20여 명은 모두 머리가 잘려 높은 곳에 매달렸고, 사지는 수레에 찢겨서 사람들에게 본보기로 보이게 되었으며, 그들의 일족은 다 주살되었다. 가신 및 죄가 가벼운 자는 귀신(鬼薪)[62]의 형벌을 받았으며, 작위를 삭탈당하고 촉(蜀)으로 쫓겨간 것이 4,000여 가구가 되는데 모두 방릉(房陵)[63]에 옮겨 살게 했다. 그달에 한파가 심하여 얼어 죽은 자가 있었다. 양단화(楊端和)가 연지(衍氏)[64]를 공격하였다. 혜성이 서쪽에 나타났다가 다시 북쪽에 나타났는데 북두성(北斗星)에서 남쪽으로 80일간 출현했다.

10년, 상국 여불위가 노애의 반란에 연루되어 면직되었다. 환의(桓齮)가 장군이 되었다. 제(齊)나라와 조(趙)나라에서 사신이 오니 연회를 베풀었다. 제나라 사람 모초(茅焦)가 진왕에게 권하기를

　　진이 장차 천하를 취하는 것을 대사로 삼고자 하는데 대왕께서 모태후(母太后)[65]를 유배시켰다는 소문이 있으니, 그 소문을 들은 제후들이 그 일 때문에 진을 배반할까 두렵습니다

라고 하자, 진왕이 옹(雍)에서 태후를 맞아들여 함양에 거하게 했다가, 다시 감천궁(甘泉宮)[66]에서 기거하게 했다.

진왕이 진나라에 와 있는 유세객(遊說客)들을 대규모로 조사하여 추방시키려고 하자, 이사가 글을 올려 권고하니 진왕은 축객령(逐客令)을 취소시켰다. 그리고 나서 이사가 진왕에게 먼저 한(韓)나라를 빼앗아서 다른 나라들에게 위협을 가할 것을 건의하자, 이사로 하여금 한나라를 함락시키게 하였다. 한왕(韓王)이 그것을 걱정하여 한비(韓非)와 함께 진나

---

58) 衛尉 : 궁문 및 병영의 수비를 맡은 관직의 우두머리.
59) 內史 : 권5 「진본기」의 〈주 97〉 참조.
60) 佐弋 : 황제의 사냥을 관장하던 관직의 副우두머리.
61) 中大夫令 : 中大夫를 주관하는 관직.
62) 鬼薪 : 秦代 형벌의 일종. 종묘에서 쓰는 땔나무를 하는 苦役으로 刑期는 삼 년이었다.
63) 房陵 : 현 이름. 지금의 湖北省 房縣.
64) 衍氏 : 魏의 읍 이름. 지금의 河南省 鄭州市 북쪽.
65) 母太后 : 진 시황의 생모인 趙姬.
66) 甘泉宮 : 咸陽의 南宮. 漢나라 때 雲陽에 있던 甘泉宮이 아니다.

라를 약화시킬 것을 도모하였다. 대량(大梁)[67] 사람인 국위(國尉)[68] 요(繚)[69]가 와서 진왕에게 이렇게 권하였다.

> 진의 강대함 때문에 제후들은 다만 군현의 우두머리에 불과할 따름이지만, 신은 다만 제후들이 연합하여 군사를 모아서 갑자기 공격해올까 걱정이 됩니다. 이것이 바로 지백(智伯),[70] 부차(夫差),[71] 민왕(湣王)[72]이 망한 까닭입니다. 원하옵건대 대왕께서는 재물을 아끼지 마시고 대신들에게 주어, 이로써 그들의 계획을 혼란시킨다면, 불과 30만금을 잃고서 제후들을 모두 소탕할 수 있을 것입니다.

진왕은 그의 계략을 따랐고, 국위 요를 회견할 때는 평등한 예절로 대하여 의복과 음식을 그와 같게 하였다. 그러자 요는

> 진왕의 사람됨이 높은 콧등, 긴 눈, 맹금(猛禽) 같은 가슴, 승냥이 소리 같은 목소리에, 인덕이 부족하고 호랑이와 이리 같은 마음을 가져서 곤궁한 때에는 쉽게 다른 사람의 아래에 거하지만, 일단 뜻을 얻으면 역시 쉽게 사람을 잡아 먹을 것이다. 나는 평민신분이거늘 나를 볼 때마다 항상 스스로 나에게 몸을 낮추고 있으나, 만약 진왕이 천하에서 뜻을 이루면 천하 사람들이 다 그의 노예가 될 것이니, 그렇게 되면 그와 더불어 오래 교유하지 못할 것이다

라고 말하고는 도망치려고 하자, 진왕이 그 사실을 알고서 그에게 한사코 머무를 것을 권유하며 진나라의 국위로 삼아서 결국 그의 계책을 채택하였다. 이때는 이사가 정권을 장악하였다.

11년, 왕전(王翦), 환의, 양단화가 업(鄴)[73]을 공격하여 9개 성을 빼앗았다. 왕전이 연여(閼與),[74] 요양(橑楊)[75]을 공격하고, 한 군대로 병

---

67) 大梁 : 권5 「진본기」의 〈주 248〉 참조.
68) 國尉 : 진나라의 최고 軍事長官.
69) 繚 : 사람 이름. 이름은 요이며, 성은 알려져 있지 않다.
70) 智伯 : 知瑤 혹은 荀瑤라고도 불린다. 知氏는 춘추전국 시대 때 晉의 六家 호족 권신 중의 하나로서, 荀瑤에 이르러 韓, 趙, 魏 세 나라에 의해서 멸망되고 荀瑤 역시 피살되었다.
71) 夫差(?-기원전 473년) : 吳나라의 군주.
72) 湣王(?-기원전 284년) : 齊나라의 군주. 기원전 284년에 다섯 나라가 연합하여 齊나라를 공격할 때 재상 淖齒에 의해서 피살되었다.
73) 鄴 : 都城 이름. 魏에 속했으며, 지금의 河北省 臨漳縣 서남쪽이다.
74) 閼與 : 권5 「진본기」의 〈주 267〉 참조.

합하였다. 왕전이 18일간 군사를 통솔했는데 군사 중 봉록이 두식(斗食)[76] 이하의 군사는 집으로 돌려보내고, 10명 중에 2명을 선발하여 종군하도 록 하였다. 업, 안양(安陽)[77]을 빼앗아서 환의가 군사를 통솔했다.

12년에 문신후 여불위가 죽자 몰래 매장했다. 그의 가신으로 장례식에 참가한 사람 중 진(晉)나라 사람은 국경으로 축출했고, 진(秦)나라 사람 으로 봉록이 600섬[78] 이상인 자는 관직을 삭탈하여 (방릉으로) 옮기게 했으며, 봉록이 500섬[79] 이하로 장례식에 참가하지 않은 사람은 (방릉으 로) 옮기게만 하고 관직은 삭탈하지 않았다. 이때부터 국사를 처리할 때 노애, 여불위처럼 정도(正道)를 따르지 않은 자는 일족을 몰수하여 관노 (官奴)로 삼는 예를 따랐다. 가을에는 촉(蜀)으로 옮긴 노애의 가신들에 게 부세와 요역을 면제해주었다. 당시 천하에 큰 가뭄이 들었는데, 6월부 터 시작된 것이 8월이 되어서야 비로소 비가 내렸다.

13년, 환의가 조나라의 평양(平陽)[80]을 공격하여, 조나라 장군 호첩 (扈輒)을 죽이고 10만 명의 목을 베었다. 진왕이 하남에 행차했다. 정월 에 혜성이 동쪽에 나타났다. 10월에 환의가 조나라를 공격했다. 14년, 평양에서 조군(趙軍)을 공격하여 의안(宜安)[81]을 빼앗았으며, 조군을 물 리치고 조나라의 장군을 죽였다. 환의가 평양, 무성(武城)[82]을 평정했 다. 한비(韓非)가 진나라에 사신으로 파견되자, 진나라에서는 이사의 계 략을 써서 한비를 억류하니 한비가 운양(雲陽)[83]에서 죽었다. 한왕(韓 王)이 신하가 되기를 청했다.

15년, 진왕이 군사를 크게 일으켜서 한 군대는 업에 도착하고 또 한 군 대는 태원에 도착하여 낭맹(狼孟)[84]을 빼앗았다. 이해에 지진이 발생했

---

75)   橑楊 : 읍 이름. 지금의 山西省 左權縣.
76)   斗食 : 秦나라 때 연간 봉록이 100섬 이하인 微官.
77)   安陽 : 읍 이름. 지금의 河南省 安陽市 서남쪽.
78)   600섬 : 秦나라 때 8등급의 작위를 가진 관리가 받던 봉록으로, 郡丞, 縣令의 직 급에 해당된다.
79)   500섬 : 진나라 때 10등급의 작위를 가진 관리가 받던 봉록으로, 중간등급 縣의 縣令에 해당된다.
80)   平陽 : 읍 이름. 지금의 河北省 臨漳縣 서남쪽.
81)   宜安 : 읍 이름. 지금의 河北省 石家莊市 동남쪽.
82)   武城 : 읍 이름. 趙에 속했으며, 지금의 山東省 武城縣 서북쪽. 권5 「진본기」의 〈주 109〉 참조.
83)   雲陽 : 현 이름. 지금의 陝西省 淳化縣 서북쪽.

다. 16년 9월에 군사를 일으켜서 한(韓)나라 남양(南陽)[85] 땅을 인수하고 등(騰)을 대리 태수로 삼았다. 처음으로 남자의 나이를 등록하도록 명을 내렸다. 위(魏)나라가 진(秦)나라에 땅을 헌납했다. 진나라는 여읍(麗邑)[86]을 설치했다.

17년, 내사(內史) 등(騰)이 한나라를 공격하여 한왕(韓王) 안(安)[87]을 사로잡았으며, 그 영토를 다 몰수하여 군(郡)으로 삼고 영천(潁川)이라고 이름했다. 이해에 지진이 있었다. 화양태후(華陽太后)[88]가 세상을 떠났다. 백성들이 큰 기근을 겪었다.

18년, 군사를 크게 일으켜 조(趙)나라를 공격하였는데, 왕전이 상지(上地)[89]의 군사를 이끌고 정경(井陘)[90]을 공격하였고, 양단화가 하내(河內)의 군사를 거느렸다. 강외(羌瘣)가 조나라를 토벌하고 단화가 한단성을 포위하였다. 19년, 왕전, 강외가 조나라 땅인 동양(東陽)[91]을 모두 평정하여 빼앗고, 조왕(趙王) 천(遷)을 사로잡았다. 그리고는 군사를 이끌고 연(燕)나라를 공격하고자 중산(中山)[92]에 주둔했다. 진왕은 한단에 가서, 일찍이 자신이 조나라에서 태어날 때 외가와 원한이 있던 사람들을 모두 생매장시켰다. 진왕은 태원, 상군을 거쳐서 진으로 돌아왔다. 시황제의 모태후가 서거하였다. 조나라 공자 가(嘉)[93]가 종족 수백 명을 이끌고 대(代)[94]로 가더니 스스로 대왕(代王)에 즉위했으며, 동쪽으로 연나라와 연합하여 군사를 상곡(上谷)[95]에 주둔시켰다. 이해에 큰 기근

---

84) 狼孟 : 현 이름. 권5「진본기」의 〈주 305〉 참조.
85) 南陽 : 지명. 지금의 河南省 서남부 일대로서, 당시 楚나라와 韓나라에 의해서 분할되어 있었다.
86) 麗邑 : 驪邑. 지금의 陝西省 臨潼縣.
87) 安 : 韓나라의 마지막 군주. 기원전 238년부터 기원전 230년까지 재위했다.
88) 華陽太后 : 莊襄王의 양모.
89) 上地 : 지명. 지금의 陝西省 綏德縣 일대. 일설에는 上地가 上黨(지금의 山西省 남부 長治市)이라고 한다.
90) 井陘 : 현 이름. 秦이 설치한 현으로 지금의 河北省 井陘縣.
91) 東陽 : 지명. 지금의 河北省 太行山 동쪽 지역.
92) 中山 : 나라 이름. 기원전 296년에 趙나라에 의해서 멸망되었다. 권5「진본기」의 〈주 224〉 참조.
93) 嘉 : 趙나라의 마지막 임금. 기원전 227년부터 기원전 222년까지 재위에 있었다.
94) 代 : 원래는 나라 이름. 전국시대 때 趙에 의해서 멸망되었다. 지금의 河北省 蔚縣. 권5「진본기」의 〈주 249〉 참조.
95) 上谷 : 군 이름. 연나라 소속으로, 지금의 河北省 懷來縣 동남쪽이다.

이 있었다.

20년, 연나라 태자 단(丹)[96]은 진의 군사들이 연나라를 침략해올 것을 근심하여, 두려운 나머지 형가(荊軻)[97]를 시켜서 진왕을 척살(刺殺)하게 하였다. 진왕이 그 사실을 알고 형가의 사지를 찢어 백성들에게 보이고, 왕전, 신승(辛勝)으로 하여금 연나라를 공격하게 하였다. 그러자 연나라와 대나라가 군사를 일으켜서 진군을 공격했으나, 진군이 역수(易水)[98] 서쪽에서 연나라를 격파하였다. 21년, 왕분(王賁)이 초나라를 공격하였다. 진왕은 군사를 증원하여 왕전의 군대에 파견하니, 마침내 연나라 태자의 군사를 격파하고 연나라의 계성(薊城)[99]을 점령하였으며, 태자 단의 목을 얻었다. 연왕이 동쪽으로 요동(遼東)[100]을 점령하고 그곳의 왕이 되었다. 왕전이 늙고 병든 것을 핑계로 관직을 사임하고 귀향하였다. 신정(新鄭)[101]에서 반란이 일어났다. 창평군(昌平君)을 영(郢)[102]으로 옮겨 살게 했다. 큰 눈이 내렸는데, 높이가 두 자 다섯 치나 되었다.

22년, 왕분이 위(魏)나라를 공격하면서 하구(河溝)[103]의 물을 끌어다가 대량(大梁)으로 흘러가게 하니, 대량성이 파괴되었다. 그러자 위왕이 항복을 요청하므로, 그 땅을 모두 빼앗았다.

23년, 진왕이 왕전을 다시 불러 강제로 기용하였고, 그를 시켜서 초나라[104]를 공격하게 하여, 진(陳)[105]의 남쪽부터 평여(平輿)[106]까지의 땅을 점령하고 형왕(荊王)[107]을 사로잡았다. 진왕이 영도(郢都)와 진현(陳縣)

---

96)　丹(？-기원전 226년) : 燕王 喜의 태자로서 이름은 丹. 기원전 227년에 荊軻를 시켜서 秦王을 죽이려고 했으나 실패하자 遼東으로 달아났다가, 燕王 喜에게 참수당하여 秦王에게 헌납되었다.

97)　荊軻(？-기원전 227년) : 衛나라 사람. 사적은 「刺客列傳」에 상세히 보인다.

98)　易水 : 강 이름. 河北省 서부에 있다.

99)　薊城 : 燕나라의 都城. 지금의 北京城 서남방으로, 지금의 天津 薊縣이 아니다.

100)　遼東 : 군 이름. 지금의 遼寧省 遼陽市.

101)　新鄭 : 현 이름. 원래는 韓에 속했다. 지금의 河南省 新鄭縣.

102)　郢 : 여기서는 壽春(지금의 安徽省 壽縣)을 가리킨다. 기원전 241년에 楚나라 考烈王이 이곳으로 천도하여 郢이라고 이름했다.

103)　河溝 : 강 이름. 汴河를 말한다.

104)　초나라 : 원문은 "荊"이다. 秦 莊襄王의 이름이 子楚이므로 '楚'자를 피해 '荊'이라고 했다.

105)　陳 : 현 이름. 지금의 河南省 淮陽縣. 원래는 小國이었으나 기원전 479년에 楚에 의해서 멸망당했다. 권4 「주본기」의 〈주 105〉 참조.

106)　平輿 : 현 이름. 지금의 河南省 平輿縣 북쪽.

까지 행차했다. 초나라 장수 항연(項燕)[108]이 창평군을 옹립하여 초왕(楚王)으로 삼았고, 회하(淮河)의 남쪽에서 진나라에 반기를 들었다. 24년, 왕전, 몽무(蒙武)가 초나라를 공격하여 초군을 무찔렀다. 창평군이 죽자 항연도 마침내 자살하였다.

25년, 진왕은 크게 군사를 일으켜서 왕분으로 하여금 거느리게 하여, 연나라의 요동을 공격하고 연왕 희(喜)[109]를 사로잡았다. 돌아오는 도중에 대(代)나라를 공격하여 대왕(代王) 가(嘉)를 사로잡았다. 왕전은 마침내 초나라의 강남(江南)[110] 지역을 평정하여, 월(越)나라의 군주를 항복시키고 거기에 회계군(會稽郡)[111]을 설치하였다. 5월, 천하에 큰 연회를 베풀도록 허락하였다.

26년, 제왕(齊王) 전건(田建)[112]과 그의 상국(相國) 후승(后勝)이 군사를 일으켜서 서쪽 변경을 지키며 진(秦)과 왕래하지 않았다. 진왕은 장군 왕분을 시켜서 연나라로부터 남쪽으로 제(齊)나라를 공격하여 제왕 전건을 사로잡았다.

진왕이 막 천하를 통일하고 나자, 상국 및 어사(御史)[113]에게 이렇게 명하였다.

전에 한왕(韓王)은 영토를 헌납하고 옥새를 바치면서 번신(藩臣)[114]이 되기를 간청하였으나 얼마 안 되어 약속을 배신하고 조(趙), 위(魏) 나라와 함께 연합하여 진을 배반하였기에 군사를 일으켜서 그들을 토벌하고 한왕을 사로잡았다. 과인은 이 일을 잘했다고 여기며 전쟁이 멈추기를 바랐노라. 그후 조왕(趙王)이 상국 이목(李牧)[115]을 사신으로 보내서 맹약(盟

---

107) 荊王 : 楚王 負芻를 말한다. 기원전 227년부터 223년까지 재위했다.
108) 項燕(? -기원전 223년) : 下相 사람으로 項羽의 조부.
109) 喜 : 燕나라 마지막 임금. 기원전 254년부터 기원전 222년까지 재위했다.
110) 江南 : 지역 이름. 長江 남쪽을 통칭한다. 전국시대 때는 일반적으로 지금의 湖北省 남부와 湖南省, 江西省 일대를 가리켰다.
111) 會稽郡 : 지금의 江蘇省 蘇州市.
112) 田建 : 齊나라 마지막 임금. 기원전 264년부터 기원전 226년까지 재위했다.
113) 御史 : 御史大夫를 말한다. 文書와 記事를 담당하며 감찰과 법의 집행을 관장한다. 직위는 승상 다음이다.
114) 藩臣 : 변경을 수비하는 신하.
115) 李牧(? -기원전 228년) : 趙나라 장군. 장기간 趙나라 변경을 수비하였으며, 趙王 遷 3년에 군사를 이끌고 秦을 공격하여 秦軍을 크게 무찔러 武安君에 봉해졌다가, 후에 피살되었다.

約)하였으므로 그의 질자(質子)를 돌려보냈거늘, 얼마 후에 맹약을 위배하고 태원(太原)에서 우리 진나라에 모반하였기 때문에 군사를 일으켜서 토벌하고 그 왕을 사로잡았던 것이다. 그러자 조나라 공자인 가(嘉)가 스스로 대왕(代王)에 즉위했으므로 또 군사를 일으켜서 그들을 격멸하였노라. 위왕(魏王)이 처음에는 진에 복종하기로 약속했으나 얼마 안 되어 한(韓), 조(趙) 나라와 함께 진을 습격할 것을 모의하였기에 진의 군사들이 그들을 토벌하여 무찔렀으며, 초왕이 청양(靑陽)[116] 서쪽 땅을 헌납하였으나 얼마 안 되어 맹약을 배신하고 진의 남군(南郡)[117]을 공격하였기에 군사를 일으켜서 토벌하고 초왕을 사로잡아 마침내 초나라 땅을 평정했던 것이다. 연왕이 혼미하여 태자 단이 몰래 형가를 자객으로 삼아 나를 죽이도록 하였기에 군사를 보내서 물리치고 연나라를 멸망시킨 것이며, 제왕이 후승의 계책을 사용하여 진나라와 왕래를 끊고 반란을 일으키려고 하였기에 군사를 보내어 토벌하고 그 왕을 사로잡아 제(齊) 땅을 평정한 것이다. 과인이 보잘것없는 몸으로 군사를 일으켜서 폭란(暴亂)을 토벌할 수 있었던 것은 조상의 혼령이 돌보았기 때문이며, 육국(六國)[118]의 왕들이 모두 처벌당하자 천하가 크게 안정되었으니, 이제 호칭을 바꾸지 않는다면 그동안 이루어놓은 공업(功業)을 드러낼 수 없고 후세에 전할 수도 없을 것이다. 그대들은 황제의 호칭을 논의하도록 하라.

그러자 승상 왕관(王綰), 어사대부(御史大夫) 풍겁(馮劫), 정위(廷尉)[119] 이사(李斯) 등이 모두 이렇게 아뢰었다.

옛날에 오제(五帝)[120] 때에는 땅이 사방 천리에 지나지 않았고, 그 바깥에는 후복(侯服), 이복(夷服)[121] 등의 제후가 있었는데 그들이 어떤 때에는 조현하고 어떤 때에는 조현하지 않아 천자는 그들을 제압할 수 없었습니다. 이제 폐하께서 의로운 군사를 일으키어 잔적(殘敵)을 토벌하시고 천하

---

116) 靑陽 : 현 이름. 지금의 湖南省 長沙市.
117) 南郡 : 군 이름. 지금의 湖北省 江陵縣 동북쪽.
118) 六國 : 齊, 楚, 燕, 韓, 魏, 趙 등 여섯 나라를 말한다.
119) 廷尉 : 관직 이름. 형법을 관장한다.
120) 五帝 : 역사상 몇 가지 견해가 있으나 『사기』에서는 黃帝, 顓頊, 帝嚳, 堯, 舜을 말한다. 권1 「오제본기」의 〈주 1〉 참조.
121) 侯服, 夷服 : 「우공」편에 따르면 천자가 직접 다스리는 땅은 사방 천리이며, 그 나머지는 속국인데, 五服으로 나누어 거리에 따라서 500리 간격으로 명칭을 정했다. 권1 「오제본기」의 〈주 130〉, 권2 「하본기」의 〈주 153〉 참조. 周代의 九服의 명칭은 甸服, 侯服, 男服, 采服, 衛服, 蠻服, 夷服, 鎭服, 藩服이다.

를 평정하여 전국에 군현을 설치하고 법령을 하나로 통일시켰으니, 상고 (上古) 이래로 일찍이 없었던 일로 오제(五帝)라고 할지라도 미치지 못할 것입니다. 신들이 삼가 박사(博士)[122]들과 함께 논의하기를 "고대에는 천황(天皇), 지황(地皇), 태황(泰皇)[123]이 있었는데, 그중에서 태황이 가장 존귀했다"라고 하였습니다. 신들이 황공하옵게도 존호(尊號)를 올리나니, 왕을 '태황(泰皇)'이라고 하고, 명(命)을 '제(制)'라고 하고, 영(令)을 '조(詔)'라고 하며, 천자가 스스로를 칭할 때는 '짐(朕)'이라고 하십시오.

그러자 진왕은 "태(泰)자를 없애고 황(皇)자를 취하고, 상고시대의 제 (帝)라는 호칭을 채택하여 '황제(皇帝)'라고 칭할 것이며, 다른 것은 그대들이 논의한 대로 하라"라고 말하였다. 그리고는 (관리가 이를 상주하자) "좋다"라고 재가하였다. 장양왕을 태상황(太上皇)이라고 추존하고, 또 이렇게 분부하였다.

짐이 듣건대 태고(太古)에는 호(號)는 있었으나 시호는 없었으며, 중고 (中古)에는 호가 있었고 죽은 후에 생전 사적에 따라서 시호를 정했다고 한다. 그렇다면 자식이 아비를 논의하고, 신하가 군주를 논의하는 것과 같은데 이는 아무런 의미도 없는 것이니, 짐은 이러한 제도를 채택하지 않겠노라. 그래서 지금부터는 시호를 추서하는 법을 폐지하노라. 짐은 최초로 황제가 되었기에 시황제(始皇帝)라고 칭하고, 후세에는 수를 세어서 이세 (二世), 삼세(三世)라고 하여 만세(萬世)에 이르기까지 길이 전해지도록 하라.

시황제는 오덕(五德)[124]이 순환반복하는 순서를 고찰하여, 주(周)나라는 화덕(火德)을 얻었는데 진나라가 주나라를 대신했으니, 주나라의 화덕이 이기지 못하는 수덕(水德)을 따라야 한다고 여겼다. 그리하여 이제는 수덕의 시작이니 일 년의 시작을 바꾸고 조정의 하례식(賀禮式)도 모두 10월 초하루에 거행하였다. 의복, 깃발, 부절(符節)의 색은 모두 검

---

122) 博士 : 관직 이름. 史事, 典籍, 圖書를 관장하며 議政에 참여했다.

123) 天皇, 地皇, 泰皇 : 전설 속의 三皇.

124) 五德 : 전국시대 때 陰陽家인 鄒衍의 학설. 水, 火, 木, 金, 土 등 다섯 가지의 德性이 相生相克하면서 순환반복하는 변화를 말하는 것으로, 이것을 통해서 왕조의 흥폐의 원인을 설명했다. 즉 夏, 商, 周 세 왕조의 전해짐은 바로 火의 덕성을 가진 周가 金의 덕성을 가진 商을 이기고 商은 木의 덕성을 가진 夏를 이긴 결과라는 것이다.

은 색을 숭상하였다. 수는 6을 기초로 하였으니, 부절, 법관(法冠)[125]을 모두 여섯 치로 규정하고 가마의 너비도 여섯 자로 정했으며, 여섯 자를 1보(步)라고 하고 수레 한 대를 여섯 마리의 말이 끌게 했다. 황하(黃河)를 덕수(德水)라고 개명하여 수덕(水德)의 시작을 나타냈다. 강인하고 엄혹하며, 모든 일을 법에 의해서 결정하고, 각박하여 인의, 은덕, 우호 따위가 없어야 오덕(五德)의 명수(命數)에 부합된다고 여겼다.[126] 그래서 법령을 엄하게 하여 법을 어긴 자는 오랫동안 죄를 용서받지 못했다.

승상 왕관 등이 말하기를 "제후들을 이제 막 평정했지만, 연(燕), 제(齊), 초(楚) 나라의 땅이 너무 멀어서 왕을 두지 않으면 그들을 제압할 수 없사옵니다. 청하나니 황자들을 왕으로 세울 것을 윤허하여주옵소서"라고 하였다. 시황제가 군신들에게 이 의견을 상의하도록 내놓자 군신들이 모두 그것이 유리하다고 여겼으나, 정위(廷尉) 이사가 다음과 같이 이의를 제기하였다.

주(周)의 문왕(文王), 무왕(武王)은 많은 자제들과 일족을 왕으로 봉했지만, 후손들이 점차 소원해지고 멀어져서 서로 원수처럼 공격했고, 심지어 제후들끼리 서로 주벌하였음에도 주(周)의 천자는 그들을 막을 수 없었습니다. 이제 천하가 폐하의 신령(神靈)에 의하여 통일되어 모두 군현(郡縣)으로 삼았으니, 황자나 공신들에게 국가의 부세로써 후한 상을 내리신다면 그들을 다스리시기에 매우 쉬울 것입니다. 그렇게 하시면 천하에 다른 마음이 없을 것입니다. 이것이 바로 천하를 안녕케 하는 책략이오니, 제후를 설치하는 것은 좋지 않습니다.

그러자 진시황은 이렇게 말했다.

전쟁이 멈추지 않아 천하가 모두 고통받고 있는데 이는 제후왕이 있기 때문이다. 선조의 신령에 의지하여 이제 천하를 평정하였는데, 이제 또다시 제후국을 세운다는 것은 다시 전쟁을 조성하는 것이니, 안녕과 평정을 구하는 것이 어찌 어렵지 않겠는가! 정위의 의견이 옳도다.

그래서 천하를 36개 군으로 나누어 군마다 수(守),[127] 위(尉),[128] 감

---

125) 法冠: 御史가 쓰는 관모.
126) 秦 始皇은 秦이 水德을 계승했는데, 물은 陰이며 陰은 형벌과 살육을 주관한다고 생각했다.
127) 守: 郡의 行政長官. 권5 「진본기」의 〈주 236〉 참조.

(監)[129]을 두었다. 백성을 일컫는 말을 바꾸어 '검수(黔首)'[130]라고 하고, 전국에 큰 연회를 베풀었다. 천하의 병기를 수집하여 함양(咸陽)에 모아 놓고, 그것을 녹여서 종거(鍾鐻)와 12개의 동인상(銅人像)을 만들었는데 무게가 각각 1,000석(石)[131]으로 모두 궁전 안에 놓아두었다. 법률과 도량형을 통일하고 수레의 궤폭을 통일했으며, 문자의 서체를 통일하였다. 영토가 동쪽으로는 동해(東海),[132] 조선(朝鮮)에까지 이르고, 서쪽으로는 임조(臨洮), 강중(羌中)[133]에까지 이르며, 남쪽으로는 북향호(北嚮戶)[134]에까지 이르고, 북쪽으로는 황하를 근거지로 하여 요새를 쌓아서 음산(陰山)[135]을 끼고 요동(遼東)에까지 이르게 했다. 전국의 부호(富豪) 12만 호를 함양으로 이주하게 했다. 조묘(祖廟), 장대궁(章臺宮), 상림원(上林苑)이 모두 위수(渭水)의 남쪽 언덕에 있었다. 이것들은 진나라가 제후들을 평정할 때마다 그 나라의 궁실을 모방하여 함양의 북쪽 산기슭에 지은 것인데, 남쪽으로는 위수가 흐르고 옹문(雍門)[136] 동쪽에서 경수(涇水), 위수(渭水)에까지 이르며, 궁전 사이의 구름다리와 주각(周閣)[137]이 서로 연이어져 있으며, 제후들에게서 뺏은 미인과 종고(鍾鼓)가 이곳을 메우고 있었다.

27년, 진 시황은 농서(隴西),[138] 북지(北地)[139]를 순무하고, 계두산(鷄頭山)[140]을 지나서 회중궁(回中宮)[141]을 경유하였다. 위수 남쪽에 신

---

128) 尉: 郡尉. 즉 郡의 軍事長官.
129) 監: 監御史. 즉 郡의 監察長官.
130) 黔首: '黎首'라고도 한다. '黔'은 검은 색을 말하는데, 백성들의 얼굴이 햇볕에 검게 그을려서 몹시 검었기 때문에 黔首라고 하였다. 일설에는 당시의 백성들이 검은 두건을 썼기 때문이라고도 한다.
131) 石: 중량의 단위. 120斤이 1石이다.
132) 東海: 東海는 시대에 따라서 가리키는 지역이 달랐는데, 先秦時代의 東海는 지금의 黃海에 해당되며, 秦, 漢 이후에는 지금의 黃海와 東海를 합하여 東海라고 불렀다.
133) 羌中: 羌族의 거주지를 말한다. 주로 甘肅省 서남쪽 洮水 유역.
134) 北嚮戶: 지역 이름. 혹은 北戶라고도 하며, 五嶺山脈 이남지역을 통칭한다.
135) 陰山: 산 이름. 지금의 內蒙古 중부에 위치한다.
136) 雍門: 땅 이름. 지금의 陝西省 高陵縣.
137) 周閣: 사방으로 창과 난간이 있어 멀리 바라볼 수 있게 한 누각.
138) 隴西: 현 이름. 지금의 甘肅省 臨洮縣 남쪽.
139) 北地: 군 이름. 지금의 甘肅省 慶陽縣 서남쪽.
140) 鷄頭山: 산 이름. 하나는 甘肅省 平涼縣 서쪽의 崆峒山을 가리키고, 하나는 甘肅省 成縣의 鷄頭山을 가리킨다. 본문에서는 전자를 가리킨다.

궁(信宮)[142]을 지었다. 얼마 후에 신궁을 극묘(極廟)라고 개명하여 북극성을 상징하였다. 극묘에서부터 여산(酈山)까지 길을 뚫고, 감천궁(甘泉宮)의 전전(前殿)을 지었으며, 용도(甬道)[143]를 수축하여 함양까지 통하게 했다. 이해에 작위를 한 등급씩 하사했다. 치도(馳道)[144]를 수축했다.

28년, 진 시황이 동쪽으로 군현을 순무하던 중에 추역산(鄒嶧山)[145]에 올라서 비석을 세우고 노(魯)[146] 땅의 유생들과 상의하여 비석에 진(秦)의 공덕을 노래하는 내용을 새겼으며, 봉선(封禪)[147]과 여러 산천에 대한 망제(望祭)[148]의 일을 논의하였다. 그리고는 마침내 태산(泰山)[149]에 올라서 비석을 세우고, 토단을 쌓아서 하늘에 제사 지냈다. 제사를 마치고 산을 내려오던 중, 갑자기 바람이 불고 비가 내려 나무 아래서 잠시 쉬었는데, 이 일로 인해서 그 나무를 오대부(五大夫)[150]로 봉하였다. 이어서 양보산(梁父山)[151]에서 땅에 제사 지내고, 비석을 세워서 글을 새겼는데 그 비문은 다음과 같다.

> 황제께서 제위에 오르시어 밝은 법도를 창제하시니 신하들은 몸을 닦고 언행을 삼갔으며, 26년에 처음으로 천하를 통일하시니 제후들이 신하로서 조현(朝見)하지 않는 자가 없었다. 황제께서 친히 먼 지방의 백성들에게까지 순무하여 이 태산에 올라 동쪽 끝을 바라보시니, 따르던 신하들이 지나간 일들을 회상하고 사업의 근원을 생각하면서 황제의 공덕을 찬송하였다. 치국(治國)의 도가 행해지자, 모든 일들이 마땅함을 얻고 모든 법식(法式)이 생기며, 대의(大義)가 아름답게 드러나서 후세에 널리 전해지며, 영원토록

---

141) 回中宮 : 궁 이름. 지금의 陝西省 鳳翔縣 남쪽에 위치한다.

142) 信宮 : 궁 이름. 長信宮을 말한다.

143) 甬道 : 적군의 공격을 막기 위해서 길 양쪽으로 벽을 쌓아올린 길.

144) 馳道 : 황제가 순무할 때 다닐 목적으로 수축한 길.

145) 鄒嶧山 : 鄒山 또는 嶧山이라고도 한다. 지금의 山東省 鄒縣 동남쪽에 위치한다.

146) 魯 : 지역 이름. 지금의 山東省 泰山 남쪽 지역. 춘추시대 때 魯나라에 속했으며 秦, 漢 이후에도 계속 이 지역을 魯라고 불렀다.

147) 封禪 : 天地에 대한 제사를 말한다. 泰山에 올라 제단을 쌓고 하늘에 제사 지내는 것을 '封'이라고 하고, 梁父山에서 땅에 제사 지내는 것을 '禪'이라고 한다. 권1 「오제본기」의 〈주 23〉 참조.

148) 望祭 : 여러 명산대천을 멀리 바라보며 그것에 제사 지내는 의식.

149) 泰山 : 山東省 중부에 위치했으며, 주봉인 玉皇頂이 泰安市 북쪽에 있다. 東岳, 岱山, 岱宗이라고도 불렀다. 권2 「하본기」의 〈주 33〉 참조.

150) 五大夫 : 제9급에 속한 작위의 이름. 秦 始皇이 五大夫로 봉한 것은 소나무이다.

151) 梁父山 : 泰山 남쪽에 있는 작은 산.

계승되어 변함이 없으리라. 황제께서 친히 정사를 베푸시어 이제 천하를 평정하고 천하를 다스림에 게을리하지 않으시니, 아침 일찍 일어나시고 밤 늦게 주무시면서 백성들을 위하여 장구(長久)한 이익을 세우시고, 백성들에 대한 가르침과 깨우침에 전념하셨다. 경전(經典)을 두루 가르치시니 원근이 모두 다스려지고 백성들이 모두 황제의 성스러운 뜻을 받들며, 귀천이 분명하게 나뉘고 남녀가 예의를 따르며, 자신의 직분을 신중하게 준수했다. 안과 바깥이 밝게 구분되고 깨끗하지 않음이 없으니 후세에까지 덕정(德政)이 이어지며 교화의 미침이 무궁하리라. 황제의 유조(遺詔)를 받들어 엄중한 훈계를 영원히 계승할지어다.

그리고 나서 발해(勃海)[152]를 끼고 동쪽으로 향하여 황현(黃縣),[153] 추현(腄縣)[154]을 지나 성산(成山)[155]에 오르고 지부산(之罘山)[156]에 올라, 비석을 세우고 진(秦)의 공덕을 노래한 후 떠났다. 진 시황이 남쪽으로 낭야산(琅邪山)[157]에 올라서 매우 기뻐하며 3개월을 머물렀다. 이때 백성 3만 호를 낭야산 아래로 이주시키고 그들에게 12년간의 부세와 요역을 면제시켜주었다. 낭야대(琅邪臺)를 지어서 비석을 세우고 비문을 새겨서 진의 공덕을 노래하면서 자기의 의기양양한 심정을 나타내었다.

28년에 황제께서 처음으로 황제에 즉위하자, 법도를 바로잡아 만물의 준칙으로 삼고 인사(人事)를 밝히시니 부자지간이 화목하고, 성지(聖智)와 인의(仁義)로써 모든 도리를 분명히 드러내셨다. 또한 동쪽 땅을 순무하시고 군사들을 살펴보셨다. 대사(大事)가 다 끝나자 해안지역까지 왕림하셨다. 황제의 공적은 근본적인 대사를 부지런히 힘쓰신 것이며, 농업을 숭상하고 상업을 억제하여 백성들을 풍요롭게 하니 천하의 백성들이 마음을 하나로 하고 뜻을 모았다. 각종 기물의 도량(度量)을 통일하고 문자의 서체를 통일하였다. 무릇 해와 달이 비추는 곳과 배와 수레가 다니는 곳은 어디나 황제의 명이 행해지니 뜻을 얻지 못하는 자가 없었다. 사시(四時)의 변화에 따라서 해야 할 일을 하는 것은 오직 황제이시니, 다른 풍속을 바로잡고자 산을 넘고 물을 건너셨으며, 백성들을 가엾게 여겨 아침이나 저녁이

---

152) 勃海 : 渤海를 말한다.
153) 黃縣 : 현 이름. 지금의 山東省 黃縣 동쪽.
154) 腄縣 : 현 이름. 지금의 山東省 文登縣 서쪽.
155) 成山 : 산 이름. 지금의 山東省에 위치.
156) 之罘山 : 산 이름. 지금의 山東省 福山縣 동북쪽 바다 가운데 芝罘半島에 있다.
157) 琅邪山 : 산 이름. 지금의 山東省 膠南縣.

나 게으름피지 않으시고, 의혹을 제거하고 법령을 제정하니 백성들이 모두 법으로 금한 일을 피할 줄 알게 되었다. 지방장관의 직무가 나뉘어서 모든 정무의 시행이 용이해지고, 모든 조치가 타당하여 바르지 않은 것이 없었다. 황제께서 현명하심으로 사방을 두루 살피시니, 존귀한 사람이나 비천한 사람이나 모두 자신의 분수를 지키며, 간교하고 사악함을 용납하지 않고 모두 충정(忠貞)과 선량함을 힘써 구했다. 작은 일이나 큰 일을 막론하고 힘을 다하여 감히 태만하거나 소홀히 함이 없으며, 멀건 가깝건 혹은 편벽한 곳에 사는 사람일지라도 오로지 엄숙과 장중함에 힘쓰고, 정직하고 충성되어야만 하는 일이 꾸준히 지속될 수 있었다. 황제의 덕이 사방의 끝까지 안정시켰다. 난리를 일으킨 자들을 토벌하여 해악을 제거하고 이로움을 일으켜서 복을 이루셨다. 농절기에는 노역(勞役)을 줄여주니 모든 산업이 번성하였으며, 백성들이 편안해지니 무기를 사용하지 않게 되었고, 육친(六親)이 서로 의지하며 보살피니 마침내 도적이 없어졌다. 백성들이 모두 교화를 기쁘게 받들며 법령과 제도를 다 이해했다. 천지사방이 모두 황제의 영토이니, 서쪽으로는 유사(流沙)[158]를 건너고 남쪽으로는 북호(北戶)까지 이르며 동쪽으로는 동해(東海)[159]를 포함하고 북쪽으로는 대하(大夏)[160]를 지나서, 사람의 발자취가 이르는 곳에는 신하라고 칭하지 않는 자가 없었다. 황제의 공적은 오제(五帝)보다 뛰어났고, 은택이 소와 말에게까지 미쳤으며, 은덕을 받지 않은 자가 없어 각자 평안한 생활을 영위하였다. 진왕께서 천하를 통일하시어 이름을 세워서 황제라고 칭하고, 동쪽 영토를 순무하여 낭야에 이르셨다. 열후(列侯)[161]인 무성후(武城侯) 왕리(王離)와 통무후(通武侯) 왕분(王賁), 윤후(倫侯)[162]인 건성후(建成侯) 조해(趙亥)와 창무후(昌武侯) 성(成), 무신후(武信侯) 풍무택(馮毋擇), 승상인 외림(隗林)과 왕관(王綰), 경(卿)인 이사(李斯)와 왕무(王戊), 오대부(五大夫)인 조영(趙嬰)과 양규(楊樛) 등이 황제를 수행하며 해상에서 황제의 공덕을 함께 의론하였다. "고대의 제왕들은 영토가 사방 천리에 불과했지만 제후들이 각기 자기의 봉토만을 지키면서 어떤 이는 입조(入朝)하고 어떤 이는 입조하지 않으며, 서로 침략하여 폭란을 일삼으며 잔살

---

158) 流沙 : 권1 「오제본기」의 〈주 38〉 참조.
159) 東海 : 〈주 132〉 참조.
160) 大夏 : 晉陽을 말한다. 지금의 山西省 太原市 서남쪽.
161) 列侯 : 작위 이름. 秦의 20등급의 작위 중 가장 높은 1급. 漢 初에는 徹侯라고 했는데 후에 武帝의 이름을 피하기 위하여 通侯라고 고쳐 불렀다.
162) 倫侯 : 秦代 작위의 일종으로 지위는 列侯보다 낮으며, 封號는 있지만 封邑은 없었다.

함이 그치지 않았음에도 금석(金石)에 글을 새겨 스스로를 기념했다. 고대의 오제(五帝)와 삼왕(三王)[163]은 지식과 교화가 같지 않고 법도가 분명하지 않아 귀신의 위력을 빌려서 이로써 먼 지방을 속였으니, 실질과 이름이 서로 부합되지 않았던 까닭에 오래 가지 못했다. 그들이 죽기도 전에 제후들이 반란을 일으켜서 법도가 행하여지지 않았다. 이제 황제께서 천하를 통일하시어 군현을 설치하니 천하가 화평해지고, 종묘를 밝히시고 도의를 구현하며 덕정(德政)을 실행하여 시황제라는 존호를 완비하셨다." 이에 군신들이 서로 황제의 공덕을 가송하며 금석에 새겨서 본보기로 삼고자 함이다.

일을 마치자 제나라 사람 서불(徐市)[164] 등이 상서하여 말하기를 "바다 가운데 세 개의 신산(神山)이 있는데, 봉래산(蓬萊山), 방장산(方丈山), 영주산(瀛洲山)이라 하며 거기에는 신선들이 살고 있습니다. 청하건대 재계하고 나서 동남동녀(童男童女)를 데리고 신선을 찾아나서게 하옵소서"라고 하자, 서불을 보내서 수천명의 동남동녀를 선발하여 바다로 들어가서 신선을 찾도록 하였다.

진 시황이 돌아오면서 팽성(彭城)[165]을 지날 때, 재계하고 사당에서 기도한 후 사수(泗水)에 빠진 주정(周鼎)[166]을 꺼내기 위해서, 천여 명을 보내 물 속에 들어가서 정을 찾도록 하였으나 얻지 못했다. 그러자 서남쪽으로 회하(淮河)를 건너 형산(衡山), 남군(南郡)으로 갔다가, 장강(長江)의 물줄기를 타고 상산사(湘山祠)[167]에 이르렀으나, 마침 큰 바람을 만나서 하마터면 강을 건너지 못할 뻔하였다. 진 시황이 박사(博士)들에게 "상군(湘君)[168]은 어떤 신인가?" 하고 묻자, 박사들이 "요(堯)임금의 여식으로서 순(舜)임금의 아내[169]가 되었는데, 죽어서 이곳에 묻혔다고

---

163) 三王 : 三代의 왕인 夏禹, 商湯, 周 文王(武王)을 가리킨다.
164) 徐市 : 일설에는 徐福이라고 한다. 方士로서 琅邪 사람.
165) 彭城 : 현 이름. 지금의 江蘇省 徐州市.
166) 周鼎 : 鼎은 원래 음식물을 담는 기물이었으나, 후에는 禮器로 사용되었다. 夏禹가 아홉 개의 鼎을 주조하여 九州를 상징하였는데, 후에 이것이 국가정권을 상징하는 국보가 되었다고 한다. 秦 昭王 때에 주나라에서 九鼎을 빼앗아서 함양으로 옮길 적에 한 鼎을 泗水에 빠뜨렸다고 한다.
167) 湘山祠 : 湘山은 君山 혹은 洞庭山이라고도 한다. 湖南省 岳陽縣 서쪽 洞庭湖 가운데 위치한다. 사당이 산 남쪽에 있어서 湘山祠라고 부른다.
168) 湘君 : 湘水의 神.
169) 堯임금은 두 딸 娥皇과 女英을 舜에게 妃로 시집 보냈는데, 후에 舜임금이 순무

들었습니다"라고 대답했다. 그러자 진 시황이 크게 노하여 복역형 죄수 3,000명을 보내 상산(湘山)의 나무를 모두 베게 하여 그 산을 붉은 벌거 숭이로 만들었다. 시황제가 남군으로부터 무관(武關)[170]을 거쳐서 도성으 로 돌아왔다.

29년에 시황제가 동쪽으로 행차했다. 시황제가 양무현(陽武縣)[171]의 박랑사(博狼沙)[172]에 이르렀을 때 강도 때문에 몹시 놀랐다.[173] 자객을 잡으려고 했으나 잡지 못하자, 10일간 대규모로 전국을 수색하도록 명령 하였다.

지부(之罘)에 올라 글을 새긴 비석을 세웠다. 그 비문은 다음과 같다.

29년 음력 2월 봄, 바야흐로 봄 기운이 일어나는 때에 황제께서 동쪽으로 행차하시어 지부에 올라서 대해(大海)를 바라보셨다. 황제를 따르던 신하 들이 경치를 찬양하며 황제의 위대한 업적을 생각하고 창업의 공적을 가송 하였다. 위대한 성군께서 치도(治道)를 만드시고 법도를 제정하고 기강을 분명히 밝히셨으며, 대외적으로 제후들을 교화하고 널리 예악제도와 은덕 을 베푸시어 대의와 도리를 밝히셨다. 육국(六國)의 군주들이 사악하고 탐 욕스러워서 만족할 줄 모르니 학살이 멈추지 않았다. 황제께서 백성들을 불쌍히 여기시어 마침내 군사를 일으켜 토벌하시어 무덕(武德)을 크게 떨 치셨다. 정의에 의거하여 주살하고 신의에 맞게 행동하시니, 황제의 위엄 이 사방 먼 지방에 이르기까지 빛나고 제후들이 신하로서 조현하지 않는 자가 없었다. 강포함을 소멸시키고 백성들을 구제하시어 천하를 두루 안정 되게 하셨으며, 분명한 법도를 널리 베푸시어 천하를 다스리시니 영원토록 법칙이 되었다. 위대하도다. 천하의 백성들이 황제의 성스러운 뜻을 이어 받아 순종하도다. 군신들이 황제의 공덕을 노래하며 비석에 그 공덕을 새 겨 영원히 변하지 않는 전범(典範)으로 후세에 전해지도록 간청하였다.

동관(東觀)에서 또 비문을 새겨서 이렇게 말하였다.

하던 중 蒼梧에서 죽자, 두 妃가 쫓아가 장강과 상수 사이에서 죽으니 君山에 장사 지냈다. 그러자 그곳에 斑竹이 자라났는데, 그 무늬는 그들의 눈물자국이라고들 하 며 그래서 그 대나무를 湘妃竹이라고 명명했다고 한다.
170) 武關 : 關 이름. 지금의 陝西省 丹鳳縣 동남쪽 丹江 위에 있다.
171) 陽武縣 : 현 이름. 지금의 河南省 原陽縣 동남쪽.
172) 博狼沙 : 博浪沙라고도 쓰며, 지금의 河南省 原陽縣 남쪽이다.
173) 張良이 力士를 파견하여 진 시황을 몽둥이로 치게 하였다고 한다. 이것은 「留侯 世家」에 상세히 보인다.

29년 봄날에 황제께서 행차하시어 먼 지방에까지 시찰하시며 해변에 이르 셨다. 마침내 지부에 올라서 새벽에 떠오르는 태양을 바라보셨다. 광활하 고 아름다운 경치를 바라보면서 따르던 신하들이 모두 황제의 공적을 생각 하며 그 치도(治道)가 지극히 밝았음을 회상하였다. 황제께서 성법(聖法) 을 처음 시행하시어 안으로는 국내를 깨끗이 정리하시고 밖으로는 강폭한 자들을 주살하셨다. 무위(武威)를 떨치시어 사방을 진동시키고 육국의 군 주를 사로잡아 주멸하였으며, 천하를 통일하여 재해를 멈추게 하고 전쟁을 영원히 중지시키셨다. 황제께서 덕을 밝히시어 천하를 다스리고 보고 듣고 하는 일을 게을리 하지 않으시며, 대의(大義)를 세우시고 각종 기물(器物) 을 설치하시니 신분의 등급마다 모두 장기(章旗)174)가 생겼다. 신하들은 자신의 직분을 준수하고 각기 자신이 행해야 할 바를 알아서 모든 일에 의 혹이 사라졌으며, 백성들이 풍습을 개량하고 가까운 곳이나 먼 지방이나 모두 법도를 같게 하니 노년이 되도록 죄를 짓지 않았다. 일상적인 직무가 이미 확정되니 후손들은 선업을 따라서 영원토록 이 성스러운 다스림을 계 승토록 할지어다. 군신들이 황제의 덕을 찬양하고 성스러운 업적을 노래하 며 지부에 비석을 새기기를 간청하였다.

얼마 후, 낭야에 갔다가 상당(上黨)을 거쳐서 도성으로 돌아왔다.

30년에는 나라에 별다른 일이 없었다.

31년 12월, 납월(臘月)175)을 가평(嘉平)이라고 개명하였다. 각 리(里)176) 마다 백성들에게 쌀 여섯 섬과 양 두 마리씩을 하사하였다. 진 시황이 함 양을 미행(微行)177)하려고 무사 네 명과 함께 한밤중에 궁궐을 나왔다가, 난지(蘭池)178)에서 도적을 만나서 위험하게 되었으나 무사들이 도적을 물 리쳐 죽였다. 이 일로 인해서 대규모로 관중(關中)179)을 20여 일간이나 수색했다. 이해에 쌀값이 올라서 쌀 한 섬에 1,600전(錢)이나 했다.

---

174) 章旗 : 신분의 등급을 표시하는 복장과 旗幟.
175) 臘月 : 음력 12월.
176) 里 : 고대 호적을 관리하기 위한 조직으로, 秦漢 때에는 100戶를 1里로 삼았다.
177) 微行 : 제왕이나 고관이 자신의 신분을 감추고 평민의 복장으로 출행하는 것을 말한다.
178) 蘭池 : 秦 始皇이 都城을 보호하기 위해서 만든 하천. 지금의 陝西省 咸陽市 동 쪽에 위치한다.
179) 關中 : 秦의 도읍지인 咸陽과 漢의 도읍지인 長安이 모두 函谷關 서쪽, 散關 동 쪽, 武關 북쪽, 蕭關 남쪽에 위치하여 四關의 가운데 있었기 때문에 이 지역을 關中 이라고 불렀다.

32년, 진 시황이 갈석산(碣石山)[180]에 가서 연(燕)나라 사람 노생(盧生)을 시켜서 선문(羨門)과 고서(高誓)[181]를 찾도록 했다. 갈석산의 산문(山門)에 비문을 새겼다. 성곽을 허물고 제방을 팠다.[182] 그 비문에는 다음과 같이 써넣었다.

황제께서 군대를 일으키어 무도한 자를 주벌하시고 반역을 평정하셨으며, 무력으로 포악하고 반역하는 자들을 멸하고 법령으로 죄없는 자들을 보호해주시니, 백성들의 마음이 모두 황제께 복종하게 되었다. 공로를 헤아려서 소나 말에게까지 상을 내리니 황제의 은택이 전국에 베풀어졌다. 황제께서 위엄을 떨치시고 덕으로 제후들을 병합하여 처음으로 통일하여 천하를 태평하게 하셨다. 성곽을 허물고 하천의 제방을 파서 서로 통하게 하여 험난한 지형을 제거하시고, 지세가 이미 평탄해져 백성들의 요역이 없어지니 천하가 다 편안하였다. 남자는 밭에서 경작하기를 즐거워했고 여자는 집안 일에 힘썼으며 일에는 각기 그 순서가 있었다. 황제의 은혜가 모든 산업에까지 미치고, 오래도록 서로가 협력하여 밭을 경작하니[183] 편안한 생활을 누리지 않는 자가 없었다. 군신들이 황제의 위대한 업적을 노래하며 이 비석에 새겨서 영원히 전범으로 삼기를 간청하였다.

이에 한종(韓終), 후공(侯公), 석생(石生)을 시켜서 신선들의 장생불사 약을 구하도록 하였다. 진 시황이 북쪽 지방을 순무하면서 상군(上郡)을 지나서 도성으로 돌아왔다. 연나라 사람 노생이 파견되어 바다에 들어갔다가 돌아와서 귀신에 관한 일로 인하여 참위(讖緯)[184]의 글월을 상주하였다. 거기에는 "진을 망하게 할 자는 호(胡)이다"[185]라고 쓰여 있었다. 이에 진 시황은 장군 몽염(蒙恬)[186]으로 하여금 군사 30만 명을 일으켜서 북쪽으로 호인(胡人)을 공격하게 하여 하남지역을 점령하였다.

---

180) 碣石山 : 권2 「하본기」의 〈주 24〉 참조.
181) 羨門과 高誓 : 전설 속의 두 仙人의 이름. 일설에는 羨門高가 仙人의 이름이며 '誓'자는 誤字, 혹은 衍字라고 한다.
182) 원문은 "壞城郭, 決通堤防"이지만 상하 문맥이 통하지 않으며 비문 중에 중복되어 나오므로 이 두 구절은 衍文으로 보는 것이 타당하다.
183) 원문은 "久幷來田"이다. '久'는 '分'으로 되어 있는 판본도 있어 '分'을 일인경작, '幷'을 이인경작으로 풀기도 하나, 여기서는 원문의 '久'에 따라서 풀이하였다.
184) 讖緯 : 진한 시대에 미래의 일을 예언한 글.
185) 秦을 멸망시킨 사람은 胡亥인데, 秦 始皇은 오히려 胡人이라고 여겼다.
186) 蒙恬(? -기원전 210년) : 秦나라의 명장으로 匈奴를 토벌하는 싸움에서 공을 세웠다. 후에 秦 二世에 의해서 핍박을 받다가 자살했다.

33년, 병역이나 노역을 피해서 도망간 사람, 집이 가난하여 몸을 팔아서 노예가 된 사람, 장사하는 사람 등을 징발하여 육량(陸梁) 지역을 공격하여 계림(桂林),[187] 상군(象郡),[188] 남해(南海)[189] 등의 군(郡)을 설치하고, 죄를 지어 유배된 사람들을 보내서 지키도록 하였다. 또한 서북쪽의 흉노를 쫓아버렸다. 유중(楡中)[190]으로부터 황하를 따라서 동쪽으로 음산(陰山)에 이르기까지 44개 현을 설치했고, 황하 연변에 성곽을 쌓아서 요새로 삼았다. 또 몽염으로 하여금 황하를 건너 고궐(高闕),[191] 양산(陽山),[192] 북가(北假)[193] 일대를 빼앗게 하였고, 요새를 쌓아서 융인(戎人)들을 몰아내게 하였다. 유배된 사람들을 이주시켜서 새로 설치한 현을 충실하게 하였다. 명을 내려서 제사를 금지시켰다. 혜성이 서쪽에 나타났다.

34년, 시황제는 부정직한 관리들을 유배시켜서 장성(長城)을 수축하거나 남월(南越)[194] 지역을 지키도록 하였다.

시황제가 함양궁에서 주연을 베푸니 박사 70명이 앞에 나와서 축수(祝壽)를 올렸다. 복야(僕射)[195] 주청신(周靑臣)이 나아가 찬양하기를

> 이전에 진(秦) 땅은 사방 천리에 불과했으나, 폐하의 신명(神明)과 지덕(智德)에 의지하여 천하를 평정하고 만이(蠻夷)[196]를 몰아내니, 해와 달이 비추는 곳이라면 복종하지 않는 자가 없게 되었습니다. 이제 제후국을 군현으로 삼으시니, 사람마다 안락함을 누리고 전쟁의 근심이 사라져, 그 공적을 만세에까지 전하게 되었습니다. 상고(上古) 이래의 군주들도 폐하의 위엄과 덕망에는 미치지 못하였습니다

---

187) 桂林 : 군 이름. 지금의 廣西省 壯族 자치구 桂平縣 서남쪽.
188) 象郡 : 일설에는 지금의 越南 維川 南茶橋라고 하고, 일설에는 지금의 廣西省 崇左縣 지역이라고 한다.
189) 南海 : 군 이름. 지금의 廣州市.
190) 楡中 : 요새 이름. 楡林塞 또는 楡溪舊塞로도 불렸다. 지금의 내몽고 자치구 準格爾旗에 있다.
191) 高闕 : 지명. 지금의 內蒙古 자치구에 위치한다.
192) 陽山 : 산 이름. 지금의 內蒙古에 있는 狼山을 가리킨다.
193) 北假 : 지역 이름. 지금의 內蒙古 五原 서쪽, 河套 북쪽, 陰山 남쪽 지역.
194) 南越 : 桂林, 象郡, 南海 등의 郡을 가리킨다. 越族이 이 지역에 많이 거주했다.
195) 僕射 : 관직 이름. 고대에는 武官을 존중하여 활의 명수에게 이 일을 관장하게 하였으므로 '僕射'라고 하였다. 秦나라 때는 射矢를 관장한 관직이었으나, 唐나라 이후에는 尙書省의 우두머리였다.
196) 蠻夷 : 고대에 南方과 東方의 각 부족에 대한 통칭.

라고 하자, 시황제는 기뻐하였다. 제(齊)나라 사람인 박사 순우월(淳于越)이 나아가 말하기를

신이 듣건대 은(殷), 주(周)의 왕조가 천여 년간 지속되면서 자제(子弟)와 공신들을 봉하여 왕실을 보위하게 하였다고 합니다. 이제 폐하께서 천하를 소유하셨지만 자제분들께서는 오히려 평민으로 계시는데, 만약 전상(田常)[197]이나 진(晉)의 육경(六卿)[198] 같은 신하들이 갑자기 나타나면 황제를 보필할 자가 없으니 어떻게 구원할 수가 있겠습니까? 고인을 본받지 않고 오랫동안 유지될 수 있는 일은 이제껏 들어본 적이 없습니다. 지금 주청신이 면전에서 아부하며 폐하의 과실을 가중시키려고 하니 그는 충성스러운 신하가 아닙니다

라고 하자, 시황제는 대신들에게 이 의견을 논의하도록 했다. 승상 이사는 이렇게 말하였다.

오제(五帝)의 다스림이 서로 중복되지 않았고, 하(夏), 상(商), 주(周) 삼대(三代)가 서로 이어받지 않고 각자의 방법으로 천하를 다스린 것은 서로를 반대해서가 아니라 시대가 변하여 달라졌기 때문입니다. 이제 폐하께서 대업을 창시하여 만세의 공덕을 세웠으니, 진실로 어리석은 유생들은 이해할 수 없는 것입니다. 하물며 순우월이 말한 것은 삼대(三代)의 일이니 어찌 본받을 만한 것이겠습니까? 전에는 제후들이 서로 다투었으므로 높은 관직과 후한 봉록으로 유사(遊士)들을 초치하였습니다. 이제 천하가 안정되어 법령이 통일되었고, 백성들은 집안에서 농공(農工)에 힘쓰고, 선비들은 법령과 형법을 학습하고 있거늘, 지금 모든 유생들은 지금의 것을 배우지 않고 옛것만을 배워 당세(當世)를 비난하며 백성들을 미혹시키고 있습니다. 승상인 신 이사가 황공하게도 아뢰옵니다. 옛날에는 천하가 혼란스러워서 어느 누구도 천하를 통일할 수가 없었습니다. 그러므로 제후들이 서로 군사를 일으키고, 하는 말마다 모두 옛것을 말하여 지금을 비난하고, 허망한 말을 늘어놓아 실질적인 것을 어지럽게 하고, 사람마다 자기가 개인적으로 배운 것을 찬양하여 조정에서 건립한 제도를 비난했던 것입니다. 이제 황제께서 천하를 통일하시어 흑백을 가리고 모든 것이 지존(至

---

197) 田常 : 춘추시대 때 齊나라의 대신. 齊 簡公을 죽이고 齊 平公을 옹립하고, 자신은 재상이 되었다. 이로부터 齊나라는 陳氏가 전권을 행사하였다.

198) 六卿 : 춘추시대 晉나라는 范氏, 中行氏, 知氏, 韓氏, 趙氏, 魏氏를 卿으로 삼았는데, 후에 이 六卿이 싸워서 晉나라를 멸망시켰다. 권5「진본기」의 〈주 123〉 참조.

172

尊, 황제를 가리킴) 한 분에 의해서 결정되도록 하셨거늘, 개인적으로 학습하여 함께 조정의 법령과 교화를 비난하고, 법령을 들으면 각자 자기의 학문으로써 그 법령을 의론하며, 조정에 들어와서는 마음속으로 비난하고 조정을 나와서는 길거리에서 의논하며, 군주에게 자신을 과시하여 명예를 구하고 기발한 주장을 내세워서 자신을 높히려고 하며, 백성들을 거느리어 비방하는 말을 조성할 뿐입니다. 만약 이러한 것들을 금지하지 않으신다면 위에서는 황제의 위세가 떨어지고 아래에서는 붕당(朋黨)이 형성될 것이오니, 그것을 금지시키는 것이 좋을 것입니다. 신이 청하옵건대 사관에게 명하여 진(秦)의 전적이 아닌 것은 모두 태워버리고, 박사관(博士官)에서 주관하는 서적을 제외하고서 천하에 감히 수장되어 있는 『시(詩)』, 『서(書)』 및 제자백가의 저작들을 지방관에게 보내어 모두 태우게 하며, 감히 두 사람이 『시』, 『서』를 이야기하는 자는 저잣거리에서 사형시켜 백성들에게 본보기를 보이며, 옛것으로 지금을 비난하는 자는 모두 멸족시키고, 이 같은 자들을 보고서도 검거하지 않는 관리는 같은 죄로 다스리소서. 명령이 내려진 지 30일이 되어도 서적을 태우지 않는 자는 경형(黥刑)을 내리어 성단형(城旦刑)[199]에 처하십시오. 다만 불태워 제거하지 않을 서적은 의약, 점복, 종수(種樹)에 관계된 서적뿐이며, 만약 법령을 배우고자 하는 자가 있다면 관리를 스승으로 삼게 하옵소서.

이에 진 시황이 영을 내려서 "그렇게 하라"라고 하였다.

35년, 도로를 수축하여 구원(九原)[200]을 지나서 운양(雲陽)까지 산을 깎고 골짜기를 메워서 곧바로 통하게 했다. 이때 진 시황은 함양에는 사람이 많지만 선왕의 궁전은 너무 작다고 여기며 "짐이 듣건대 주(周)나라의 문왕(文王)은 풍(豐)에 도읍하고 무왕(武王)은 호(鎬)에 도읍하였다고 하니, 풍과 호 두 지역 사이가 제왕의 도읍지이다"라고 하였다. 이에 위수의 남쪽 상림원(上林苑)에 궁전을 지었다. 먼저 아방(阿房)[201]에 전전(前殿)을 건축했는데, 동서의 넓이가 500보(步)이며 남북의 길이가 50장(丈)으로 위쪽에는 10,000명이 앉을 수 있으며, 아래쪽에는 5장(丈) 높이의 깃발을 꽂을 수 있었다. 사방으로 구름다리를 만들어 궁전 아래부

199) 城旦刑 : 秦漢시대 형벌의 일종으로 낮에는 변경을 수비하고 밤에는 장성을 수축하게 하는 노역. 형기는 대개 4년이었다.
200) 九原 : 현 이름. 지금의 내몽고 자치구 包頭市 서쪽.
201) 阿房 : 땅 이름. 지금의 陝西省 西安市 서북쪽. 阿房宮은 진나라가 멸망할 때까지 명명되지 않았으나, 前殿이 아방에 있었기 때문에 아방궁이라고 불렸다.

터 남산(南山)에 이르기까지 통하게 했으며, 남산 봉우리에 궐루(闕樓)를 세워서 표지로 삼았다. 또 구름다리를 수축하여 아방에서 위수를 건너서 함양에까지 이르게 함으로써, 북극성, 각도성(閣道星)[202]이 은하수를 건너서 영실성(營室星)[203]까지 이르는 모양을 상징했다. 아방궁이 완성되지 않았으나, 완성된 이후에 좋은 이름으로 명명하려고 했다. 결국 아방에 궁전을 지었기 때문에 천하 사람들이 그것을 아방궁이라고 불렀다. 궁형(宮刑), 도형(徒刑)을 받은 70만여 명을 나누어 아방궁을 짓게 하거나 여산(驪山)을 조림(造林)하게 하였다. 북산(北山)에서 석재(石材)[204]를 캐내고 촉(蜀), 형(荊) 지역에서 목재를 운반하여 모두 이곳에까지 이르게 했다. 관중(關中)에는 궁전 300채를 지었으며 함곡관 동쪽에는 400여 채의 궁전을 지었다. 이에 동해(東海) 연변의 구산(朐山)[205]에 비석을 세우고 진나라 국경의 동문(東門)으로 삼았다. 동시에 30,000가구를 여읍(驪邑)으로 이주시키고 50,000가구를 운양(雲陽)으로 이주시켜서 10년간 부세와 요역을 면제해주었다.

노생(盧生)이 진시황에게 권하기를

> 신들이 영지(靈芝), 선약(仙藥), 신선을 찾아다녔으나 매번 만나지 못했는데, 마치 이것을 방해하는 것이 있는 것 같습니다. 저의 소견으로는[206] 황제께서 때때로 미행(微行)하시어 악귀를 물리치시고, 악귀가 물리쳐지면 진인(眞人)[207]이 올 것입니다. 황제께서 머무르시는 장소를 신하들이 알게 되면, 신선이 나타나는 것을 방해받게 될 것입니다. 진인은 물에 들어가도 젖지 않으며 불에 들어가도 타지 않고 운기(雲氣)를 타고 다니며 천지와 더불어 영원히 존재할 것입니다. 지금 황제께서 천하를 다스리시나 아직은 안정을 이루지 못하셨으니, 원하옵건대 황제께서 거처하는 궁궐을 다른 사람들이 알지 못하게 하신다면 아마 불사(不死)의 약을 구하실 수 있을 것입니다

---

202) 閣道星 : 북두칠성 중의 한 별의 이름.
203) 營室星 : 별 이름. 28宿 중의 하나.
204) 石材 : 원문은 "石槨"이다. '槨'은 外棺의 뜻이나 『史記會注考證』에서는 이 '槨'자를 衍文으로 보고 있다.
205) 朐山 : 지금의 江蘇省 連雲港市 서남쪽의 錦屛山을 말한다.
206) 원문은 "方中"이다. 여기서는 '方寸之中,' 즉 자기 생각에 대한 겸칭으로 풀이하였으나, 일설에는 '方術' 혹은 '仙方'으로 보기도 한다.
207) 眞人 : 道家에서 진리를 닦아 도를 얻은 사람이나 신선이 된 자를 일컫는 말.

라고 말하자, 진 시황은 "짐(朕)이 평소 진인을 흠모했으니 이제부터 스스로를 진인이라고 부를 것이며 짐이라고 부르지 않겠노라"라고 말했다. 이에 명을 내려 함양 부근 200리 안의 궁관(宮關)[208] 207곳을 구름다리와 용도(甬道)로 서로 연결시키고 휘장, 종고(鐘鼓), 미인들로 그곳을 채웠으며, 모두 등기된 부서에 따르게 하고 다른 곳으로 옮겨가지 못하게 했다. 황제가 행차하여 머무를 경우, 그 거처를 말하는 자는 모두 사형에 처했다.

진 시황이 양산궁(梁山宮)[209]에 행차했는데, 산 위에서 승상의 거마(車馬)가 많은 것을 보고 언짢아하였다. 황궁의 어떤 사람이 그 사실을 승상에게 말하니 승상이 그후에 거마의 숫자를 줄였다. 그러자 진 시황이 노하여 "이는 궁중의 누군가가 내 말을 발설한 것이로다"라고 말하고 하나씩 심문했으나 죄를 인정하는 자가 없었다. 그러자 그 당시 곁에 있던 자들을 모두 잡아 죽이도록 명령하니, 이후로는 황제가 행차한 곳을 아는 자가 없었다. 황제가 정사를 처리하고 군신들이 결정된 정책을 접수하는 것이 다 함양에서 이루어졌다.

후생(侯生)은 노생과 함께 모의하여 다음과 같이 말하였다.

> 진 시황의 사람됨은 천성이 고집세고 사나워 남의 말을 듣지 않고 자기 마음대로 하며, 제후 출신으로서 천하를 통일하여 마음 먹은 대로 일을 행하고, 옛날부터 지금까지 자기보다 나은 자가 없다고 여기고 있소. 그리고 전문적으로 옥리를 임용하였으니 옥리는 모두 황제의 친애와 총애를 받고 있거늘, 박사는 비록 70명이지만 숫자만을 충족시켰을 뿐 중용하지는 않았으며, 승상과 대신들은 모두 이미 결정된 일들을 명령받으니 황제에 의해서 모든 일이 처리되고 있소. 황제는 형벌과 살육으로써 자신의 위엄을 세우기를 좋아하니 천하가 죄를 두려워하며 자신의 봉록만을 유지하려고 할 뿐이며 감히 충성을 다하려고는 하지 않소. 황제는 자신의 허물을 듣지 않고 날마다 교만해지며, 아랫사람은 해를 입을까 두려워하여 속이고 기만하며 황제의 비위를 맞추고 있소. 진의 법률에는 두 가지 이상의 방술(方術)을 겸할 수 없게 하였으며, 만약 그 방술에 영험이 없으면 즉시 사형에 처하도록 되어 있소. 그러나 성상(星象)과 운기(雲氣)를 관측하는 자가 300명에 이르고 모두 뛰어난 선비들이지만 두려워하고 기피하여 감히 황제의

---

208) 宮關 : 제왕이 휴식하거나 유락을 즐기는 離宮 혹은 別宮을 말한다.
209) 梁山宮 : 궁전 이름. 지금의 陝西省 乾縣 동쪽.

허물을 직언하지 못하고 있으며, 천하의 일이 크고 작은 것을 막론하고 모두 황제에 의해서 결정되니 황제가 읽어야 할 문서의 중량을 저울질해야 할 지경이며 밤낮으로 정량이 있어서 그 정량에 이르지 못하면 휴식을 할 수가 없소. 권세를 탐하는 것이 이 정도에 이르니 그를 위해서 선약을 구해주어서는 안 될 것이오.

그리고는 바로 도망쳐버렸다. 진 시황은 후생과 노생이 도망쳤다는 소식을 듣고 크게 노하여 이렇게 말하였다.

내가 전에 천하의 쓸모없는 책들을 거두어 모두 불태우게 하고, 문학에 종사하는 선비들과 방술사(方術士)[210]들을 모두 불러모아 태평성세를 일으키고자 하고 방사들로 하여금 각지를 찾아다니며 선약을 구하게 하였거늘, 지금 들으니 한중(韓衆, 韓終을 가리킴)이 한번 가더니 소식이 없다고 하고, 서불(徐市) 등은 막대한 금액을 낭비하고서도 결국 선약을 구하지 못한 채 불법으로 이익을 챙기며 서로 고발하고 있다는 소식만을 매일 듣고 있다. 내가 노생 등을 존중하여 그들에게 많은 것을 하사했으나 이제는 나를 비방하면서 나의 부덕(不德)을 가중시키고 있으며, 내가 사람을 시켜서 함양에 있는 이런 자들을 조사해보니 어떤 자는 요망한 말로써 백성들을 혼란시키고 있었다.

이에 어사(御史)를 시켜서 이런 자들을 조사하자 그들은 서로가 서로를 고발하니, 진 시황이 친히 법령으로 금지한 것을 범한 자 460명을 사형죄로 판결하여 모두 함양에 생매장하고 천하에 그것을 알려서 후세 사람들을 경계시켰다. 또한 유배된 자를 더 징발하여 변경을 지키게 했다. 진 시황의 장자(長子) 부소(扶蘇)가 간언하여 말하기를

이제 막 천하가 평정되었으나 먼 지방의 백성들은 귀속되지 않았으며 유생들은 모두 『시』, 『서』를 암송하며 공자를 본받고 있는데, 지금 황제께서 법을 엄하게 하여 그들을 얽어매시니, 소자는 천하가 불안해질까 두렵습니다. 황제께서는 이런 사실을 살펴주소서

라고 하자, 진 시황은 노하여 부소를 북쪽으로 상군(上郡)에 파견하여 몽염을 감시하게 했다.

36년, 형혹(熒惑)[211]이 심성(心星)[212]의 세 별을 침범하였다. 운성(隕

---

210) 方術士 : 천문, 의학, 神仙術, 占卜, 相術 등을 연구하는 사람을 말한다.

星)이 동군(東郡)에 떨어졌는데 땅에 닿자 돌이 되었다. 백성들 중에 누군가 그 돌에 "진 시황이 죽어 땅이 나뉜다"라고 새겼다. 진 시황이 그 사실을 듣고 어사를 파견하여 하나씩 심문했으나 실토하는 자가 없자, 그 돌 가까이 거주하던 사람들을 모두 잡아 죽이고 그 돌을 불태워 없애버렸다. 진 시황이 기분이 언짢아서 박사를 시켜 "선진인시(仙眞人詩)"를 짓게 하고, 천하를 순무하여 가는 곳마다 전령(傳令), 악사들로 하여금 그것을 연주하고 노래하게 했다. 가을에 사자가 관동(關東)으로부터 밤중에 화음(華陰),[213] 평서(平舒)[214] 길을 지나는데 어떤 사람이 벽옥(璧玉)을 쥐고 사자를 막으며 말하기를 "나를 대신하여 호지군(滈池君)[215]에게 갖다주게"라고 하더니, 이어서 "금년에 조룡(祖龍)[216]이 죽을걸세"라고 말했다. 사자가 그 까닭을 묻자, 그 벽옥을 놓고 갑자기 사라져버렸다. 사자가 벽옥을 받들고 진 시황에게 그 일을 상세히 보고하자, 진 시황은 오랫동안 묵묵히 있다가 "산귀(山鬼)는 불과 1년간의 일만을 알고 있을 뿐이다"라고 말하고, 또 퇴조(退朝)하며 말하기를 "조룡이라는 것은 사람의 조상일 뿐이다"라고 했다. 한편 어부(御府)로 하여금 벽옥을 조사하게 하니 그것은 바로 28년에 순무하면서 장강을 건너다가 빠뜨린 그 벽옥이었다. 이에 진 시황이 그것을 점복(占卜)하게 하니 이동하는 것이 길하다는 점괘가 나와, 북하(北河),[217] 유중(楡中)에 3만 가구를 이주시키고 매 가구마다 작위 한 등급을 하사하였다.

37년 10월 계축일(癸丑日), 시황제가 행차를 나서니 좌승상 이사가 수행하고 우승상 풍거질(馮去疾)이 도성을 지켰다. 막내아들 호해(胡亥)가 부러워하며 함께 따르기를 간청하니 황제가 허락하였다. 11월에 운몽(雲夢)에 이르러 구의산(九疑山)[218]에서 우(虞), 순(舜)을 제사 지낸 후,

---

211) 熒惑 : 별의 이름. 火星을 가리킨다.
212) 心星 : 별의 이름. 28宿의 하나로 商星을 가리킨다. 고대인의 미신에 의하면 熒惑은 妖星이며 心星의 세 별은 天子, 太子, 庶子를 상징한다.
213) 華陰 : 현 이름. 지금의 陝西省 華陰縣.
214) 平舒 : 城 이름. 지금의 陝西省 華陰縣 서북쪽 渭水가에 위치한다.
215) 滈池君 : 水神의 이름. 여기에서는 水德을 내세우며 천하를 통일한 秦 始皇을 가리킨다.
216) 祖龍 : 秦 始皇을 가리킨다. '祖'는 시작의 뜻이 있고, '龍'은 황제의 상징이다.
217) 北河 : 권5 「진본기」의 〈주 189〉 참조.
218) 九疑山 : 蒼梧山이라고도 한다. 권1 「오제본기」의 〈주 134〉 참조.

장강의 물줄기를 타고 아래로 내려가며 적가(籍柯)를 바라보며 해저(海渚)[219]를 건너서 단양(丹陽)[220]을 지나 전당(錢唐)[221]에 이르렀다. 절강(浙江)[222]에 이르니 물결이 거세져 서쪽으로 120리 가서 강폭이 좁은 곳에서 건넜다. 회계산(會稽山)[223]에 올라서 대우(大禹)에게 제사 지내고 남해(南海)[224]를 바라보며 그곳에 비석을 세워서 진나라의 공덕을 노래하였다. 그 비문에 다음과 같이 썼다.

황제의 공덕이 훌륭하여 천하를 통일하시니 그 은덕과 혜택이 장구하였다. 37년에 친히 천하를 순무하시며 두루 먼 지방까지 유람하시고, 회계산에 올라서 풍속과 습관을 두루 살피시니 백성들이 공경하며 흠모하였다. 군신들이 황제의 공덕을 노래하고 황제의 사적을 생각하며 황제의 고명(高明)하심을 회상하였다. 진(秦) 왕조의 성왕(聖王)이 즉위하여 처음으로 형벌의 명칭을 제정하시고 옛날의 전장제도를 명백히 밝히셨으며, 처음으로 법식(法式)을 공평하게 하고 맡은 바 직책을 신중하게 구분함으로써 영원불변한 기강을 확립하셨다. 육국의 왕들이 전횡(專橫)하고, 탐욕스럽고 포악하며 오만하고 사나워져서 무리를 거느리어 강력함을 과시하며, 포악하고 방자하며, 무력을 믿고 교만하여 수차례 군사를 일으켰다. 몰래 첩자를 통하여 합종(合縱)을 도모하고 그릇된 행위를 일삼았으며, 안으로는 그들의 사악한 모의를 감추고 밖으로는 변경을 침략하여 마침내 큰 재앙을 일으켰다. 정의에 입각하여 위세를 떨치며 그들을 주살하여 흉포와 반역을 소멸시키니 난리를 일으킨 도적들이 모두 멸망하였도다. 황제의 성스러운 덕이 깊고 넓어 천하 사람들이 은택을 끝없이 입었으며, 황제께서 천하를 통일하고 만사를 다스리시니 먼 곳이나 가까운 곳이나 모두 태평스럽게 되었다. 만물을 관리하고 사실을 증험하여 각기 그 이름을 기록하였으며, 귀천을 가리지 않고 모든 사람들에게 의견을 표시하게 하여 선한 것과 선하지 않은 것을 앞에서 진술하게 하니, 숨길 일이 없게 되었다. 허물을 숨기고 도의(道義)가 뒤섞여 자식이 있으면서도 재가하는 것은 죽은 지아비를 배신하는 부정(不貞)한 짓이니, 내외(內外)를 나누어 구별하고 음탕함을 금지시키자 남녀가 순결하고 진실해졌다. 지어미가 있으면서도 다른 여자와

219) 海渚 : '海'자는 '江'자의 잘못인 듯하다. 지금의 安徽省 桐城縣에 있다.
220) 丹陽 : 현 이름. 지금의 安徽省 當塗縣 동북쪽.
221) 錢唐 : 현 이름. 지금의 浙江省 杭州市.
222) 浙江 : 지금의 錢塘江 상류의 新安江.
223) 會稽山 : 산 이름. 지금의 浙江省 紹興市 남쪽에 위치한다.
224) 南海 : 지금의 東海를 말한다.

관계를 맺는 남자를 죽여도 죄가 되지 않게 하니 남자는 마땅히 지켜야 할 규정을 준수하였으며, 지아비를 버리고 달아나 재가한 여자는 자식들이 그녀를 어미로 인정하지 않게 하니, 모두 교화되어 정숙해졌다. 위대한 정치가 베풀어지니 풍속이 변화하고, 천하가 교화를 받아들이어 훌륭한 정치의 혜택을 입었으며, 모든 백성들이 규칙을 지키고 평화롭게 서로 권면하며 명령에 따르지 않는 자가 없었다. 백성들이 선량하고 순결하여 사람마다 즐거이 법령을 따르며 태평스러운 생활을 잘 영위하였다. 후대 사람들이 법령을 경건하게 이어받아 변함없는 선정(善政)이 끝이 없으니, 수레와 배가 기울어지는 일이 없었다. 이에 수행 신하들이 황제의 공덕을 노래하며 이 비석에 새기어, 이 훌륭한 비문이 영원히 전해지기를 간청하였다.

진 시황이 돌아올 때 오현(吳縣)²²⁵⁾을 지나서 강승(江乘)²²⁶⁾에서 강을 건넜다. 그리고 해안을 따라서 북쪽으로 올라가서 낭야에 이르렀다. 방사(方士) 서불 등이 바다로 들어가 선약을 구했으나 몇년 동안 얻지 못하고 비용만 많이 허비하자, 그는 문책을 받을 것이 두려워서 거짓으로 말하기를 "봉래의 선약은 구할 수는 있으나 항상 커다란 상어로 인해서 어려움을 당하는 까닭에 그곳에 도달할 수 없으니, 원하옵건대 활을 잘 쏘는 사람을 청하여 함께 보내주시면 상어를 보는 즉시 연노(連弩)²²⁷⁾로써 그것을 쏠 수 있을 것입니다"라고 말했다. 진 시황이 꿈에 해신(海神)과 싸웠는데 그 모습이 마치 사람의 형상과 같았다. 점몽가(占夢家)에게 물어보니 박사가 말하기를 "수신(水神)은 원래 볼 수 없는 것이지만, 대어(大魚)나 교룡(蛟龍)으로 징후를 삼습니다. 지금 황제께서 완전히 갖추어 정중하게 제사를 지냈지만 이러한 악신(惡神)이 나타났으니, 이 악신을 마땅히 제거해야 선신(善神)이 임할 수 있습니다"라고 말했다. 이에 바다에 들어가는 자에게는 대어를 잡는 공구를 휴대하게 하고, 친히 연노를 가지고 대어를 기다렸다가 쏘려고 하였다. 낭야에서 북쪽으로 영성산(榮成山)²²⁸⁾에 이르렀지만 대어는 보이지 않았다. 지부에 이르러 커다란 물고기가 나타나자 화살을 쏘아 한 마리를 죽였다. 마침내 바다를 따라서 서쪽으로 갔다.

---

225) 吳縣 : 현 이름. 지금의 江蘇省 蘇州市.
226) 江乘 : 현 이름. 지금의 江蘇省 句容縣 북쪽.
227) 連弩 : 연속으로 화살을 쏠 수 있는 활.
228) 榮成山 : 산 이름. 지금의 山東省 榮成縣에 위치한다.

진 시황이 평원진(平原津)[229)에 이르러서 병이 생겼다. 진 시황은 죽는다는 말을 싫어했기 때문에 군신들도 감히 죽는 일에 대해서 말하지 못했다. 황제는 병이 날로 심해지자 공자(公子) 부소에게 보내는 새서(璽書)[230)를 써서 말하기를, "돌아와서 상사(喪事)에 참여하고, 함양에 안장하라"라고 한 뒤 봉인하여 성지(聖旨)를 집행하는 중거부령(中車府令) 조고(趙高)의 관부(官府)에 놓아둔 채, 사자에게 주지는 않았다.

7월 병인일(丙寅日), 진 시황이 사구평대(沙丘平臺)[231)에서 서거하였다. 승상 이사는 황제가 외지에서 서거했기 때문에 모든 공자와 천하에 변란이 발생할까 두려워서 그 사실을 비밀로 하고 발상(發喪)하지 않았다. 진 시황의 관을 온량거(轀涼車)[232)에 싣고 예전에 총애받던 환관으로 하여금 함께 타게 하여, 이르는 곳마다 황제에게 음식을 올렸으며, 신하들이 예전과 다름없이 국사(國事)를 상주하면 환관이 수레 안에서 상주된 일을 허가하였다. 오직 호해와 조고 및 총애받던 환관 오륙 명 정도만 황제가 죽은 사실을 알고 있었다. 호해는 예전에 조고가 자신에게 서법 및 옥률(獄律)과 법령을 가르친 적이 있어서 그를 개인적으로 총애했다. 이에 조고는 공자 호해, 승상 이사 등과 은밀히 모의하여 진 시황이 공자 부소에게 보내는 새서를 뜯어서 승상 이사가 사구(沙丘)에서 진 시황의 유조(遺詔)를 받은 것처럼 거짓으로 꾸며서 호해를 태자로 삼았으며, 또 공자 부소와 몽염에게 보내는 새서를 만들어 그들의 죄목을 열거하며 그들에게 죽을 것을 명하였다. 이러한 일은 모두 「이사열전(李斯列傳)」에 기재되어 있다. 일행은 계속 가다가 마침내 정경(井陘)으로부터 구원(久原)에 도착했다. 때마침 여름철이어서 황제의 온량거에서 시신이 썩는 악취가 나자, 수행관원에게 소금에 절여서 말린 고기 1석(石)을 수레에 싣게 하여 시신의 악취와 어물의 냄새를 구분하지 못하게 하였다.

결국 직도(直道)[233)를 따라서 함양에 도착한 후에야 발상하였다. 태자

---

229) 平原津 : 지금의 山東省 平原縣에 위치한다.
230) 璽書 : 고대에 황제의 도장을 찍어서 봉인한 편지.
231) 沙丘平臺 : 지금의 河北省 廣宗縣 서북쪽에 위치한다.
232) 轀涼車 : 창문을 열면 시원하고 닫으면 따뜻해지는 누울 수 있는 臥車를 말한다. 후대에는 상여를 가리키는 말로 쓰였다.
233) 直道 : 도로 이름. 秦 始皇 35년(기원전 212년)에 蒙恬에게 도로의 건설을 명하여, 북쪽의 九原에서 시작하여 남으로 雲陽까지 이르게 하였다. 일설에는 甘泉에까지 통한다고도 한다.

호해가 제위를 계승하여 이세황제(二世皇帝)가 되었다. 그리고 그해 9월에 여산(酈山)에 진 시황을 안장하였다. 옛날 진 시황이 처음 즉위하여 여산에 치산(治山) 공사를 벌였는데, 천하를 통일한 후에는 전국에서 이송되어온 죄인 70만여 명을 시켜서 깊이 파게 하고 구리물을 부어 틈새를 메워서 외관을 설치했으며, 모형으로 만든 궁관(宮觀), 백관(百官), 기기(奇器), 진괴(珍怪)[235]들을 운반해다가 그 안에 가득 보관하였다. 장인(匠人)에게 명령하여 자동으로 발사되는 궁전(弓箭)을 만들어놓고 그곳을 파내어 접근하는 자가 있으면 그를 쏘게 하였으며, 수은(水銀)으로 백천(百川), 강하(江河), 대해(大海)를 만들고, 기계로 수은을 주입하여 흘러가도록 하였다. 위에는 천문(天文)의 도형을 장식하고 아래에는 지리(地理)의 모형을 설치했으며, 도롱뇽[236]의 기름으로 양초를 만들어 오랫동안 꺼지지 않도록 하였다. 이세황제가 말하기를 "선제의 후궁(後宮)[237]들 가운데 자식이 없는 자를 궁궐 밖으로 내쫓는 것은 옳지 않다"라고 하며 명령을 내려서 모두 순장시켜버리니 죽은 자가 매우 많았다. 매장이 끝나자 어떤 사람이 말하기를 장인(匠人)이 기계를 만들었고, 그 일에 참여한 노예들도 모두 그것을 알고 있는데 그들의 숫자가 많아서 누설될 것이라고 하였다. 장중한 상례가 끝나고 보물들도 이미 다 매장되자 묘도(墓道)의 가운데 문을 폐쇄하고, 또 묘도의 바깥문을 내려서 장인과 노예들이 모두 나오지 못하게 폐쇄하니 다시는 빠져나오는 자가 없었다. 묘지 바깥에 풀과 나무를 심어서 묘지가 마치 산과 같았다.

이세황제(二世皇帝) 원년, 황제의 나이는 스물한 살이었다. 조고(趙高)를 낭중령(郎中令)[238]으로 삼아서 국사를 돌보게 하였다. 이세황제는 조령(詔令)를 내려서 시황의 침묘(寢廟)[239]에 바치는 희생(犧牲)과 산천에 드리는 제사 및 여러 제사에 쓰이는 일체의 예물을 늘리도록 명하였다. 대신들에게 시황제의 묘를 존숭하는 문제를 상의하도록 명령하니, 대

---

234) 宮觀, 百官 : 도자기로 만든 방의 모형과 사람 인형.
235) 奇器, 珍怪 : 진짜 혹은 모형으로 만든 일용품과 사치품을 가리킨다.
236) 원문은 "人魚"로서, 일설에는 사람의 모습을 닮은 어류의 일종이라고 한다.
237) 後宮 : 妃嬪과 宮女를 가리킨다.
238) 郎中令 : 궁전의 門戶와 百官의 출입을 맡아보는 관직.
239) 寢廟 : 宗廟의 寢과 廟의 합칭으로, 침은 제왕 陵墓 위의 正殿으로 제사를 지내는 곳이며, 묘는 衣冠을 넣어두는 장소이다.

신들은 모두 머리를 조아리며 이렇게 말했다.

　　옛날에 천자는 7묘(七廟), 제후는 5묘, 대부는 3묘를 두었으므로, 천년만
　　년이 지나도 없어지지 않는 것입니다.[240] 지금 시황의 묘는 가장 높이 받
　　드는 조묘(祖廟)로 전국 각지에서 모두 공물(貢物)을 헌상하여, 희생을 늘
　　리고 예를 두루 갖추어 다른 어떤 것도 이보다 더할 것이 없습니다. 선왕
　　의 사묘(祠廟)는 서옹(西雍)[241]에 있는 것도 있고, 함양(咸陽)에 있는 것
　　도 있습니다만, 천자께서는 예법에 따라서 시황의 사묘에 친히 잔을 올리
　　고 제사를 드려야 합니다. 양공(襄公)[242] 이하의 사묘는 모두 태묘(太廟)
　　로 옮겨서 봉안하십시오. 지금 설치되어 있는 조묘는 모두 일곱으로 대신
　　들이 모두 예에 따라서 제를 드리고 있으며, 시황의 묘를 황제의 시조묘
　　(始祖廟)로서 높이고 있습니다. 황제는 예전처럼 '짐(朕)'이라고 자칭하십
　　시오.

이세황제는 조고와 의논하여 이렇게 말했다.

　　짐이 나이가 어리고 이제 막 즉위한 터이라 백성들이 미처 따르지를 아니
　　하는구려. 선제(先帝)께서는 군현(郡縣)을 순무함으로써 국력의 강대함을
　　과시하여 위엄으로 온 천하 사람들을 복종시켰는데, 이제 짐이 한가롭게
　　지내면서 순무하지 않는다면 약하게 보여서 천하를 통치할 도리가 없을 것
　　이오.

　　봄철에 이세황제는 동쪽 지방의 군현을 순무하니, 이사(李斯)가 수행
하였다. 갈석산(碣石山)에 이른 다음, 바다를 끼고 남쪽으로 행차하여
회계산(會稽山)에 도착하여, 시황제가 건립한 비석에 모두 글자를 새기
고, 비석의 옆면에는 수행한 신하들의 이름을 새겨넣어 선제의 업적과 성
덕(盛德)을 밝혀놓았다.
　　이세황제가 말하기를

---

240)　원문은 "雖萬世世不軼毀"로, '軼毀'의 '軼'은 '迭'과 통하여 '차례대로 없앤다'는
　　뜻이다. 고대의 예법에는 五代祖 이상의 神主는 太廟로 옮겨서 봉안했는데, 이를
　　'毀廟'라고 한다. 『史記會注考證』에 의하면, "雖萬世世不軼毀"는 다음의 "始皇爲極
　　廟" 뒤에 와야 문맥상 타당하다고 한다.
241)　西雍 : 咸陽 서쪽의 雍縣. 지금의 섬서성 鳳翔縣 남쪽.
242)　襄公(? - 기원전 766년) : 春秋 때의 秦나라를 세운 사람. 西周가 멸망했을 당시
　　周 平王을 모시고 東遷하여 諸侯에 봉해져서 岐(지금의 陝西省 岐山縣 동북 지방)를
　　하사받았다.

금석에 새겨진 것은 모두 시황께서 남기신 업적이오. 이제 '황제'라는 칭호를 그대로 이어받아 사용하면서 금석에 새긴 글귀에 '시황제'라고 칭하지 않는다면, 오랜 세월이 흐른 후 황위(皇位)를 계승한 후대의 황제가 한 일처럼 보여서 시황제의 업적과 성덕을 밝힐 수가 없을 것이오

라고 하니, 승상(丞相) 이사, 풍거질(馮去疾), 어사대부(御史大夫) 덕(德)이 황공한 마음으로 아뢰기를, "신 등이 황제의 조서를 자세히 이 비석에 새겨서 그 연유를 명백히 밝히게 해주십시오. 신 등은 황공한 마음으로 주청하옵니다"라고 말하였다. 이에 이세황제는 "그렇게 하시오"라고 재가하였다.

그리고는 요동(遼東)으로 갔다가 돌아왔다.

이때 이세황제는 조고의 의견에 따라서 법령을 공표하였다. 그리고는 은밀히 조고와 상의하기를 "대신들은 복종하지 않고, 관리들은 아직도 세력이 강력하며 게다가 여러 공자(公子)들은 기필고 나와 권력을 다투려고 하니 어찌해야 좋겠소?"라고 말하였다. 조고는

신은 본래부터 말씀드리고 싶었으나 여지껏 감히 아뢰지 못했습니다. 선제께서 거느렸던 대신들은 모두가 여러 대에 걸쳐서 천하에 명망을 떨친 귀인(貴人)들로서 세상에 쌓은 공이 오래도록 전해옵니다. 그런데 지금 폐하께서 비천한 신을 칭찬하고 높은 지위에 등용하시어 궁중의 일을 맡기시니, 대신들은 불만에 싸여서 겉으로만 따르는 체하면서도 마음속으로는 불복합니다. 이제 폐하께서는 순무하시면서 어찌 이때를 이용해서 군현의 수위(守尉) 가운데 죄 있는 자들을 색출하여 처형함으로써 크게는 천하에 위엄을 떨치고 작게는 황제께서 평소에 못마땅하게 여기던 사람들을 제거하지 않으십니까? 지금은 문치(文治)를 숭상하지 아니하고 무력에서 결판이 날 것이니, 바라건대 폐하께서 의심하지 않고 즉각 시세(時勢)에 따르시면, 대신들조차도 논의할 겨를이 없을 것입니다. 현명한 임금은 버려진 인재들을 끌어모아서 비천한 사람도 귀하게 만들고, 빈곤한 사람도 부유하게 만들며, 멀어진 사람도 가까이 오게 합니다. 그렇게만 한다면 윗자리와 아랫자리에 있는 사람들이 서로 마음을 합하게 되어 온 나라가 편안해질 것입니다

라고 말하자, 이세황제는 "좋다"라고 대답하고, 대신과 여러 공자들을 처형하니 여러 가지 죄명이 근시(近侍)의 작은 관직인 삼랑(三郞)[243]에까지

미치어 능히 벗어날 수 있는 자가 없었다. 여섯 명의 공자는 두현(杜縣)[244] 에서 살육당했고, 공자 장려(將閭)의 형제 세 사람은 내궁(內宮)에 감금 되었는데, 가장 나중에 논죄되었다. 이세황제는 사자를 보내어 장려에게 말하기를 "공자는 신하의 도리를 다하지 않았으므로 그 죄는 사형에 해당 되기에, 형리(刑吏)가 형을 집행하노라"라고 하였다. 그러자 장려가

> 궁중의 의식(儀式)에서 나는 이제까지 감히 빈찬(賓贊)[245]의 지시를 따르 지 않은 적이 없었고, 조정의 자리에서는 이제껏 감히 예를 어긴 적이 없 었으며, 황제의 명을 받들어 응대(應對)할 때에는 이제껏 감히 실언한 적 이 없었는데 어찌하여 신하된 도리를 다하지 못했다고 하는 것입니까? 죄 명이라도 알고 나서 죽기를 바랍니다

라고 말하자, 사자는 "나는 죄명을 논의하는 데 참여할 수가 없으니, 다 만 조서(詔書)를 받들어 삼가 일을 처리할 뿐입니다"라고 대답하였다. 장 려는 하늘을 바라보며 큰 소리로 세 번이나 "하늘이시여! 나는 죄가 없 습니다!"라고 절규하였다. 형제 세 사람은 모두 눈물을 흘리며 칼을 꺼 내어 자결하니, 황족(皇族)들이 모두 두려움에 떨었다. 대신들의 간언 (諫言)은 비방이라고 여겨졌으며, 고관들은 녹위(祿位)를 지키기 위해서 몸을 사리고, 백성들은 두려움에 몸서리쳤다.

4월에 이세황제는 함양(咸陽)으로 돌아와서

> 선제께서는 함양의 조정이 좁다고 여기셨기 때문에 아방궁을 수축하셨소. 그런데 실당(室堂)이 미처 완성되기도 전에 선제의 붕어(崩御)를 만나 공 사를 중단하고 그 인부들을 여산(酈山)에 보내어 복토(復土)[246]하게 하였 소. 여산의 역사(役事)가 모두 끝난 지금, 아방궁의 건축을 내버려둔 채 손대지 않는다면, 이는 선제께서 벌이신 일이 잘못되었다는 것을 드러내는 것이오

라고 말하더니, 아방궁을 다시 건축하였다. 대외적으로는 사방의 오랑캐 들을 위무(慰撫)하니 시황의 정책과 변함이 없었다. 건장한 병졸 5만 명

---

243) 三郎: 中郎, 外郎, 散郎을 가리킨다.
244) 杜縣: 지금의 陝西省 西安 동남쪽.
245) 賓贊: 儀式, 禮儀를 관장하는 관리.
246) 復土: 墓坑을 파고 하관을 한 다음에 다시 흙을 덮어서 분묘를 만드는 것을 말 한다.

을 징발하여 함양에 주둔시키고 활쏘기와 군견(軍犬), 군마(軍馬), 금수 (禽獸)의 조련을 익히게 하였다. 그러나 먹어야 할 입은 많은데 따져보니 식량이 부족한지라, 각 군현에 양곡과 사료를 징발하여 운반하고 보급하 도록 명을 내리고, 여기에 동원되는 인부들은 모두 각자 자기 양식을 휴 대하게 하여, 함양을 중심으로 300리 이내의 지역에서는 이 곡식을 먹을 수 없도록 하였다. 법의 집행이 더욱 가혹해졌다.

7월에 수졸(戍卒) 진승(陳勝)[247] 등이 옛 형(荊) 땅에서 반란을 일으 켜서 '장초(張楚)'[248]라고 이름하였다. 진승은 스스로 초왕(楚王)이 되어 진현(陳縣)에 주둔하면서 여러 장수들을 파견하여 땅을 점령하게 하였 다. 진(秦)의 관리들에게 고초를 당하던 산동(山東)[249] 각지의 젊은이들 은 모두 그 지방의 군수(郡守), 군위(郡尉), 현령(縣令), 현승(縣丞)을 죽이고 반란을 일으켜서 진승에게 동조하였다. 그들은 서로 후(侯), 왕 (王)이 되어 연합하고 서쪽으로 진격하며 진나라를 토벌한다는 명분을 내 세웠는데, 그 수를 이루 헤아릴 수가 없었다. 동쪽으로 사신 갔던 알자 (謁者)[250]가 돌아와서 반란이 일어난 일을 이세황제에게 보고하니 이세는 노하여 사자를 하옥시키도록 하였다.[251] 그후 다른 사자가 또 도착하자, 이세가 물으니 사자는 "그들은 도적떼들이온대 각 군의 수위(守尉)들이 추격, 체포하여 지금은 모두 잡아들였으니 그다지 염려할 것이 없습니다" 라고 대답하였다. 그러자 황제는 기뻐하였다. 무신(武臣)[252]은 스스로 조 왕(趙王)이 되었고, 위구(魏咎)[253]는 위왕(魏王)이 되었으며, 전담(田 儋)[254]은 제왕(齊王)이 되었다. 패공(沛公)[255]은 패현(沛縣)[256]에서 군사

---

247) 陳勝(?-기원전 208년) : 字는 涉. 陽城(지금의 하남성 登封縣 동남쪽) 사람. 漁陽(지금의 하북성 密雲縣 서남쪽)으로 戍자리 가던 중에 큰 비로 물이 불자 도저 히 기한내에 도달할 수 없다고 판단하고, 도착이 지연되어 의법처리될 것을 우려하 여 동행중이던 吳廣과 모의하여 900여 명을 규합하여 秦의 공자 扶蘇와 楚의 장수 項燕의 이름을 빌려서 '長楚王'이라 自號하니, 당시 각지의 백성들이 진의 관리를 시 해하고 일제히 호응하였다. 자세한 사적은 「陳涉世家」에 실려 있다.

248) '張楚'를 국호가 아닌 '楚나라를 크게 넓힌다'라는 슬로건으로 보는 견해도 있다.

249) 山東 : 崤山 혹은 華山의 이동 지역, 즉 函谷關 이동 지역을 말한다. 주로 崤山 의 동쪽에 있는 魏, 齊, 趙, 韓, 楚, 燕의 여섯 나라를 가리킨다.

250) 謁者 : 관직 이름. 辭令을 전달하는 일을 맡아보며, 더러는 명을 받들고 出使하 기도 하였다.

251) 원문은 "下吏"로, 담당관리에게 그 죄를 물어서 처리하도록 하는 것을 말한다.

252) 武臣 : 진승의 部將.

253) 魏咎 : 진승의 部將.

를 일으켰고, 항량(項梁)[257]은 회계군(會稽郡)에서 군사를 일으켰다.

2년 겨울에 진승이 파견한 주장(周章) 등은 서쪽으로 진격하여 희수(戲水)[258]에 이르니 병력이 10만이었다. 이세는 크게 놀라서 여러 신하들에게 "어떻게 하면 좋겠소?"라고 의논하였다. 소부(少府)[259] 장함(章邯)[260]이 이렇게 말했다.

> 도적이 이미 여기에 이르렀으며 그 수가 많고 기세가 강대하니, 지금 가까운 고을에서 군사를 징발하기엔 이미 때가 늦었습니다. 여산에 죄수들이 많이 있사오니, 청컨대 그들에게 사면을 내리고 무기를 지급하여 도적을 격퇴하게 하십시오.

이세는 이에 천하에 대사면령(大赦免令)을 내리고 장함으로 하여금 그들을 거느리고 주장의 군사를 격파하게 하니, 마침내 장함은 조양(曹陽)[261]에서 주장을 죽였다. 이세는 또 장사(長史)[262] 사마흔(司馬欣)과 동예(董翳)를 파견하여 장함을 도와서 도적을 격퇴하게 하니, 진승을 성보(城父)[263]에서 죽이고, 항량을 정도(定陶)에서 무찔렀으며, 위구를 임제(臨濟)[264]에서 죽였다. 초(楚) 땅의 도적[265]의 명장들이 죽고 나자, 장함은

---

254) 田儋 : 秦나라 말기에 齊나라를 재건한 인물로, 후에 진나라 장수 章邯에게 살해당하였다.

255) 沛公 : 漢 高祖 劉邦을 가리킨다. 楚나라에서는 현령을 公이라고 하였으므로 沛邑 출신의 沛公이라고 불렀다.

256) 沛縣 : 지금의 강소성 沛縣.

257) 項梁(?-기원전 208년) : 楚의 장수 項燕의 아들로 反秦의 起義에 참가하였다. 下相(지금의 강소성 宿遷縣 서남쪽) 사람. 秦 이세황제 원년에 항우와 함께 기병하였으며, 나중에 楚의 上柱國에 임명되었다. 진승의 봉기 실패 후 楚 懷王의 손자 熊心을 회왕으로 삼았다. 후에 적을 깔보았다가 定陶(지금의 산동성 定陶縣)에서 전사했다.

258) 戲水 : 驪山에서 발원하여 지금의 섬서성 臨潼縣 동쪽을 거쳐 渭水로 흐른다.

259) 少府 : 관직 이름. 九卿의 하나로, 山海와 池澤의 수입 및 황실의 수공업을 관장하였다. 소부의 수입은 모두 황제의 私財가 되었다.

260) 章邯(?-기원전 205년) : 秦의 장수. 군사를 이끌고 진승, 항량이 이끄는 農民起義軍을 진압하였다. 후에 항우에게 패하여 투항하여 雍王에 봉해졌다. 楚漢戰중, 전투에서 패배하자 자살하였다.

261) 曹陽 : 지금의 하남성 靈寶縣 동남쪽에 있던 驛亭.

262) 長史 : 관직 이름. 秦代에서의 직무에 대하여는 알려져 있지 않다. 이후 漢의 相國, 丞相과 後漢의 三公府에도 모두 長史를 두었다.

263) 城父 : 邑 이름으로, 지금의 안휘성 亳縣 동남쪽.

264) 臨濟 : 縣 이름으로, 지금의 하남성 封丘縣 동쪽.

북으로 황하(黃河)를 건너서 거록(巨鹿)[266]에서 조왕(趙王) 헐(歇) 등을 공략하였다.

조고가 이세에게 권하기를

> 선제께서는 등극하여 천하를 다스린 것이 오래되었기 때문에, 군신들이 감히 그릇된 짓을 하거나 사악한 말을 진언하지 못했습니다. 지금 폐하는 젊으신 데다 이제 막 즉위하셨거늘, 어찌하여 조정에서 공경(公卿)[267]들과 더불어 국사(國事)를 결정하려고 하십니까? 일에 잘못이 있으면 군신들에게 폐하의 단점을 보이게 됩니다. 천자가 짐이라고 자칭하는 것은 본래 천자의 소리를 다른 사람이 듣지 못하도록 하기 위해서입니다[268]

라고 말하였다. 그러자 이세는 늘 금중(禁中)[269]에 거처하면서 조고와 함께 모든 국사를 결정하였다. 그후로 공경들이 천자를 조현(朝見)할 수 있는 기회가 아주 드물어졌다. 도적(반란군)이 갈수록 많아지자, 관중(關中)의 병졸들을 징발하여 동쪽으로 도적을 토벌하는 일이 끊이지 않았다. 우승상(右丞相) 풍거질, 좌승상(左丞相) 이사, 장군 풍겁(馮劫)이 간언하기를

> 관동지방에서 도적의 무리가 동시에 봉기하자 우리 진나라가 군사를 일으켜 이를 토벌하여, 매우 많은 자들을 죽였습니다만 그래도 평정시키지 못하였습니다. 도적이 많아지는 것은 모두 병역과 각종 요역[270]의 일이 고달프고, 부세(賦稅)가 과중하기 때문입니다. 바라건대 아방궁의 건축을 일시 중단하고 전국의 군역(軍役)과 운송의 요역을 경감해주십시오

라고 하였다. 그러자 이세는 이렇게 말하였다.

> 내 들으니 한비(韓非)[271]가 말하기를 "요순은 나무를 베어다가 깎지도 않

---

265) 진나라에 반기를 든 반란군을 말한다.
266) 巨鹿 : 현 이름으로, 지금의 하남성 平鄕縣 서남쪽.
267) 公卿 : 조정의 고위관원을 총괄하여 가리키는 말.
268) '朕'에는 '徵兆,' '前兆'의 뜻이 있으므로, 조고는 천자가 '朕'이라고 자칭하는 까닭은 신하들로 하여금 황제의 '징조'만을 느끼게 하는 것이라고 왜곡한 것이다.
269) 禁中 : 깊은 궁중을 가리키는 것으로, 『史記集解』에서는 蔡邕의 말을 인용하여 "禁中은 출입에 제한이 있어 侍御者가 아니면 들어갈 수 없기 때문에 금중이라고 하였다"라고 했다.
270) 병역과 각종 요역의 원문은 "戍漕轉作"이다. 戍는 변경 수비, 漕는 水路를 통한 운송, 轉은 陸路를 이용한 운송, 作은 수축 작업으로서 병역과 각종 요역을 말한다.
271) 韓非 : 韓非子. 戰國時代 法家의 중심인물.

은 채로 서까래를 만들었고, 짚으로 지붕을 이으면서 처마 끝도 잘라내지 않았으며, 질그릇에 밥을 담아 먹고 질그릇에 물을 담아 마셨으니, 설사 문지기의 봉양이라고 해도 이보다 궁핍하지는 않을 것이다. 우(禹)는 용문 (龍門)[272]을 뚫어 대하(大夏)를 소통시키고, 황하의 막힌 물길을 터서[273] 바다로 흐르게 했는데, 몸소 공이와 가래를 들어 정강이의 털조차 닳아 없어질 지경이었으니, 노예의 수고로움도 이보다 심하지는 않을 것이다"[274] 라고 하였소. 대개 천하를 소유하는 것을 귀하게 여기는 것은 하고자 하는 바를 마음 내키는 대로 다할 수 있고, 군주가 엄중히 법률제도를 밝혀두면 아랫사람들이 감히 그릇된 짓을 하지 못하니 이로써 천하를 통치할 수 있기 때문이오. 우(虞), 하(夏)의 임금은 천자의 귀한 몸이었음에도 직접 궁핍하고 고단한 실정을 체험하며 백성들을 위하여 희생했으니 본받을 만한 것이 무엇이 있겠소? 짐은 존귀하기가 만승(萬乘)[275]의 천자이지만 걸맞는 실상이 없으니, 천승(千乘)의 친위대와 만승의 군대를 조직하여 나의 칭호에 걸맞게 하려고 하오. 그리고 선제께서는 제후의 신분에서 일어나 천하를 겸병하시고, 천하가 평정된 다음에는 대외적으로 사방 오랑캐를 물리쳐서 변방을 안정시키고, 대내적으로는 궁실을 지어서 뜻을 성취했음을 나타내 보이셨으니, 그대들도 선제께서 남기신 업적들을 보았을 것이오. 이제 짐이 즉위한 후 이년 동안 도적떼가 여기저기서 일어나는데도 그대들은 막지 못하고, 또 선제의 업적마저 버리려고 하니, 이는 위로는 선제에게 보답하지 못하고 다음으로는 짐에게 충성을 다하지 않는 것이니, 이러고서도 어떻게 관직을 차지하고 있소?

이에 풍거질, 이사, 풍겁을 옥리(獄吏)에게 회부하여 그들의 죄를 심문하게 하였다. 풍거질과 풍겁은 "장상(將相)은 모욕을 당하지 않는다"라며 자살하였고, 이사는 결국 옥에 갇혀서 오형(五刑)[276]을 받았다.

---

272) 龍門 : 산서성 河津縣 서북쪽과 섬서성 韓城縣 동북쪽에 위치하고 있으며, 황하가 여기에 이르면 양안의 깎아지른 절벽을 마주한다. 권2 「하본기」의 〈주 107〉 참조.

273) 원문에는 "決河亭水"라고 하였는데 '亭'의 의미에 대하여는 두 가지 견해가 있다. 하나는 '平治하다'이고, 다른 하나는 '停滯되다'로 여기에서는 후자의 뜻을 취하였다.

274) 『韓非子』의 「五蠹」에 실려 있다.

275) 萬乘 : 乘은 네 필의 수레가 끄는 마차로 周나라의 제도에 天子는 兵車 만 대를 낼 수 있기 때문에 '萬乘'이라는 말로 천자의 지위를 代稱했다. 大國의 제후는 千乘을 낼 수 있기에 '천승'은 큰 제후국을 가리킨다.

276) 五刑 : 다섯 가지 형벌로 보통 墨刑(이마에 문신을 새겨서 수형의 사실을 알게

3년에 장함(章邯) 등이 자신의 군사를 이끌고 거록(巨鹿)을 포위하자, 초(楚)의 상장군(上將軍) 항우(項羽)가 초의 병졸을 거느리고 거록으로 달려가서 구원하였다. 겨울에 조고(趙高)는 승상이 되어 마침내 이사를 판죄하여 살해하였다.[277] 여름에 장함 등이 싸움에서 여러 차례 패퇴하자, 이세는 사신을 보내어 장함을 질책하였다. 장함은 두려움에 장사(長史) 사마흔을 보내어 하명을 청하였으나 조고는 만나주지도 않고 또 믿어주지도 않으므로,[278] 사마흔이 두려워서 달아나버렸다. 조고는 사람을 시켜서 체포하도록 하였으나 추격이 미치지 못하였다. 사마흔은 장함을 만나 "조고가 조정에서 정권을 장악하고 있으므로 장군께서 세운 공이 있어도 죽임을 당할 것이며, 공이 없어도 죽임을 당할 것입니다"라고 말하였다. 항우가 진(秦)의 군사를 기습하여 왕리(王離)를 사로잡으니, 장함 등은 마침내 병졸을 이끌고 제후에게 투항하였다.

8월 기해일에 조고는 반란을 일으키고자 했으나 군신들이 듣지 않을까 염려되자, 먼저 시험해보기 위해서 이세에게 사슴을 바치며 말하기를 "말[馬]입니다"라고 하였다. 이세는 빙그레 웃으며 "승상이 틀렸을 게오. 사슴을 말이라고 하는구려"라고 말하고는 주변의 군신들에게 물으니, 어떤 사람은 묵묵히 있으면서 대꾸를 하지 않았고, 어떤 사람은 말이라고 대답하여 조고에게 아부했으며, 또 어떤 사람은 사슴이라고 말하였다. 조고는 은밀하게 사슴이라고 말한 사람을 법을 빙자하여 모함하였다. 이와 같은 일이 있은 다음, 군신들은 모두 조고를 두려워하였다.

조고는 과거 여러 차례에 걸쳐서 "관동(關東)[279]의 도적들은 아무 일도 할 수 없을 것이다"라고 말하였다. 항우가 진의 장수 왕리 등을 거록에서 사로잡고 계속 진격하자, 장함 등은 여러 차례 패퇴를 거듭하여 상소하여

하는 형벌), 劓刑(코를 자르는 형벌), 剕刑(발뒤꿈치를 잘라내는 형벌), 宮刑(생식기를 자르는 형벌), 大辟(사형)을 가리킨다. 시대에 따라 차이가 있는데, 舜 시대와 周代의 오형은 앞의 墨, 劓, 剕, 宮, 大辟 다섯 가지를 가리키고, 秦代의 오형은 黥, 劓, 斬, 斬左右趾, 梟首를, 後周 때는 杖, 鞭, 徒, 流, 死를 각각 가리키며, 隋代에는 笞, 杖, 徒, 流, 死의 다섯 형벌을 가리켰는데 후대에는 隋나라의 것을 따랐다. 권1 「오제본기」의 〈주 79〉 참조.

277) 이사는 함양에서 斬刑(허리를 베어 죽이는 형벌로, 秦代의 五刑의 하나)에 처해졌다.

278) 원문은 "弗信"으로, 혹은 '아무런 지시도 내리지 않다'라고도 푼다.

279) 關東: 函谷關의 동쪽 지방을 말한다.

원조를 요청하였다. 연(燕), 조(趙), 제(齊), 초(楚), 한(韓), 위(魏)는 모두 자립(自立)하여 왕이 되었다. 함곡관(函谷關) 동쪽은 모두 진나라 관리를 배반하고 제후들에게 호응했으며, 제후들은 모두 자신들의 군사를 이끌고 서쪽을 향해서 진격하였다. 패공은 수만명의 군사를 이끌고 무관(武關)을 함락시킨 후, 사람을 보내어 조고와 은밀히 접촉하였다. 이에 조고는 이세가 노하였으니 주벌(誅罰)이 자신에게 미칠까 두려워하여 병을 핑계삼아 조회에 나가지 않았다. 이세는 자신의 좌참마(左驂馬)[280]를 물어뜯는 백호(白虎)를 죽이는 꿈을 꾸고 나서, 마음이 언짢고 괴이하게 여겨져서 점쟁이에게 해몽하게 하였더니, "경수(涇水)의 수신(水神)이 재앙을 일으킨다"라는 점괘가 나왔다. 이에 이세는 망이궁(望夷宮)[281]에서 재계하고, 경수의 신에게 제사를 드리고자 백마 네 필을 경수에 빠뜨렸다. 사신을 보내어 조고에게 도적의 일에 대하여 문책하자 조고는 두려워서 몰래 사위 함양령(咸陽令) 염락(閻樂), 아우 조성(趙成)과 의논하기를

> 황제가 간언을 받아들이지 않더니만 이제 사태가 급박해지자 책임을 우리 가문으로 돌리려고 한다. 나는 천자를 폐위시키고 공자(公子) 영(嬰)을 다시 세우려고 한다. 공자 영은 인자하고 겸손하여 백성들이 모두 그의 말을 따르고 있다

라고 하고는, 낭중령(郎中令)으로 하여금 궁내에서 호응하게 하고, 거짓으로 큰 도적이 있다고 하여 염락에게 관리들을 불러모으고 군사를 일으키도록 하는 한편, 곧바로 염락의 모친을 위협하여 조고의 부중(府中)에 연금시켰다.[282] 조고는 또한 염락에게 군사 천여 명을 주어 망이궁의 전문(殿門)으로 보내서 위령(衛令)[283]과 복야(僕射)를 포박하고는 "도적이 여기까지 들어왔거늘 어찌하여 막지 않았는가?"라고 하니, 위령은 "궁전을 빙 둘러 병졸들을 배치하여 대단히 삼엄한데 어떻게 도적이 감히 궁내에 침입할 수 있겠습니까?"라고 대답하였다. 염락은 결국 위령을 베어

---

280) 左驂馬 : 수레의 왼쪽 바깥쪽에서 수레를 끄는 말.
281) 望夷宮 : 宮 이름. 지금의 섬서성 涇陽縣 동남쪽에 옛터가 남아 있다.
282) 염락의 모친을 연금시킨 것은 염락이 변심할 것을 두려워하여 그의 모친을 인질로 삼은 것이다.
283) 衛令 : 관직 이름. 守衛의 長.

죽이고는 곧장 장수들을 거느리고 궁내로 들어가서 돌아다니면서 활을 쏘아대니, 낭관(郎官)과 환관들은 크게 놀라서 어떤 자는 도망치고, 어떤 자는 맞서 싸웠다. 대항하는 자들은 속속 죽임을 당하니, 죽은 자가 수십 명에 달하였다. 낭중령과 염락은 함께 안으로 들어가서 악좌(幄座)[284]의 휘장에 활을 쏘았다. 이세는 노하여 좌우의 시신(侍臣)을 불렀으나 측근들은 모두들 두려워서 나서서 대항하는 자가 없었다. 곁에는 환관 한 사람이 이세를 시종하며 감히 달아나지 못했다. 이세는 안으로 들어가서 그에게 이르기를 "그대는 어찌하여 진작 나에게 고하지 않았는가? 결국 이런 지경에 이르다니"라고 하자, 환관은 "신이 감히 아뢰지 못했기에 목숨을 보전한 것입니다. 만약 신이 일찍이 아뢰었더라면 벌써 주살당했을 터이니, 어떻게 지금까지 살아 있겠습니까?"라고 대답하였다. 염락은 이세의 앞으로 나아가서 그의 죄상을 따지며 말하기를 "족하(足下)는 교만하고 방자하며, 사람을 살육함이 잔악무도하여 천하의 백성들이 함께 족하를 배반하였으니, 족하 스스로가 어떻게 해야 할지 생각해보시오"라고 하였다. 그러자 이세는 "승상을 만나볼 수 있겠소?"라고 물으니, 염락은 "안 됩니다"라고 대답하였다. 이세는 "나는 일개 군(郡)을 얻어 그곳의 왕이 되길 바라오"라고 하였으나 허락되지 않았다. 또 "만호후(萬戶侯)가 되길 바라오"라고 하였으나 그것 역시 허락되지 않으니, 이세는 "처자를 거느리고 백성이 되어 여러 공자들같이 되고 싶소"라고 하였다. 염락은 말하기를 "신은 승상에게서 명을 받아, 천하를 위하여 그대를 주벌(誅罰)하는 것이오. 그대가 비록 이런저런 말을 하더라도 나는 보고를 올릴 수가 없소"라고 하고는 그의 병졸들을 나가도록 지시하자, 이세는 자살하였다.

염락이 돌아가서 조고에게 보고하니, 조고는 여러 대신과 공자들을 모두 불러 이세를 주벌한 상황을 알리고는

> 진나라는 본시 일개 왕국이었으나, 시황께서 천하를 통치하였기 때문에 '제(帝)'라고 칭하였소. 이제 육국(六國)이 다시 각자 독립하여 진의 국토가 갈수록 좁아지니, 이에 허명으로 '제(帝)'라고 칭해서는 안 될 것이오. 그러니 예전처럼 '왕(王)'이라고 칭하는 것이 마땅할 것이오

---

284) 幄座 : 사방으로 휘장을 둘러친 천자의 자리.

라고 말하였다. 그리고는 이세의 형의 아들[285]인 자영(子嬰)을 진왕(秦
王)으로 삼았으며, 평민의 예로써 이세를 두현(杜縣) 남쪽의 의춘원(宜
春苑)[286]에 장사 지냈다. 자영으로 하여금 재계하고, 묘현(廟見)[287]의 예
를 행하면서 옥새(玉璽)를 인수하도록 하였다. 재계한 지 닷새째 되던
날, 자영은 그의 아들 두 사람과 의논하기를

　　승상 조고가 이세를 망이궁에서 시해하고는 군신들이 자기를 죽일까 두려
　　워하여 거짓으로 의(義)를 빙자하고 나를 왕으로 삼으려고 한다. 내가 들
　　으니 조고는 초나라와 약조하여 진나라의 종실(宗室)을 멸망시키고 관중
　　(關中)의 왕이 되려 한다는구나. 이제 나로 하여금 재계하여 종묘에 제배
　　(祭拜)하게 하니, 이는 묘당(廟堂) 안에서 나를 죽이려고 하는 것이다. 내
　　가 병을 핑계삼아 가지 않으면 승상 자신이 반드시 오리니, 오거든 그를
　　없애버려라

라고 하였다. 조고는 사람을 시켜서 몇 차례 자영을 불렀으나 자영이 가
지 않으니 과연 조고는 자신이 직접 와서는 "종묘의 일은 중대한 일이거
늘, 임금께서는 어찌하여 행하지 않으십니까?"라고 말하였다. 자영은 마
침내 조고를 재궁(齋宮)에서 척살(刺殺)하고, 조고의 삼족(三族)을 함양
에서 처형하여 백성들에게 본보기로 보였다.

　자영이 진왕이 된 지 46일이 되던 날, 초의 장수 패공(沛公)이 진군
(秦軍)을 격파하고 무관으로 진입한 다음, 이윽고 패상(覇上)[288]에 당도
해서는 사람을 보내서 자영에게 투항을 약속받았다. 자영은 즉시 수대(綬
帶)[289]를 목에 감고,[290] 백마가 끄는 흰 수레를 타고,[291] 천자의 옥새와
부절(符節)을 받들고 지도(軹道)[292] 부근에서 항복하였다. 패공은 마침

285)　嬰을 始皇의 弟 또는 始皇의 弟의 아들로 보는 설도 있다.
286)　宜春苑 : 秦代의 離宮의 하나였던 宜春宮의 동쪽, 지금의 섬서성 長安縣 남쪽에
　　있었다.
287)　廟見 : 황제의 즉위 후 처음으로 宗廟에서 조상에 제배하고 군신들을 모아서 印
　　璽를 받는 의식을 말한다.
288)　覇上 : 지명. 함양, 장안 부근의 군사 요충지로서, 지금의 섬서성 西安市 동쪽.
289)　綬帶 : 천으로 만든 넓은 띠로 고대에는 佩玉 또는 佩印을 매다는 繡帶로 사용하
　　였다.
290)　원문에 "繫頸以組"라고 하였는데, 이는 수대를 목에 감아 자살의 뜻을 나타내
　　보임으로써 항복한 임금이나 장수가 목숨을 승자의 처분에 맡긴다는 의미이다.
291)　원문은 "白馬素車"로 喪服을 나타내는 것이나, 여기에서는 자신의 죄를 처단해
　　줄 것을 청하는 의미로서 흔히 전쟁의 패배자가 투항할 때의 차림이다.

내 함양에 입성하여 궁실의 부고(府庫)를 봉(封)하고, 패상으로 돌아와
서 주둔하였다.

달포가 지난 다음 제후들의 병력이 당도했는데, 항우는 종장(從長)[293]
이 되어 자영과 진나라의 여러 공자를 비롯한 왕족들을 살해하더니, 끝내
는 함양의 백성들을 살육하고, 궁실을 불태우고, 자녀(子女)들을 사로잡
고, 진귀한 보화와 재물을 몰수하여 제후들과 함께 나누어가졌다. 진나라
를 정벌한 다음, 그 국토를 삼분하여 옹왕(雍王),[294] 새왕(塞王),[295] 적
왕(翟王)[296]이라고 이름하고 이를 '삼진(三秦)'이라고 불렀다. 항우가 서
초패왕(西楚覇王)이 되어 정령(政令)을 주관하고 천하를 나누어 제후왕
을 봉하니, 진나라는 드디어 멸망하였다. 그후 5년이 지나서 천하는 한
(漢)나라에 의해서 통일되었다.

태사공(太史公)은 다음과 같이 말했다.

"진(秦)의 선조 백예(伯翳)[297]는 일찍이 당우(唐虞)[298]의 시대에 공훈
을 세워서 토지와 성(姓)을 하사받았다. 그 뒤 하대(夏代), 은대(殷代)
에 이르러서는 쇠퇴하여 이리저리 흩어졌다가, 주(周)가 쇠퇴할 무렵,
드디어 진(秦)이 흥기하여 서쪽 변경지역에 도읍을 정하였다. 그후 목공
(繆公)[299] 이래로 차츰 제후들을 병탄하여, 마침내 시황(始皇)이 되었다.
시황은 스스로 자신의 공적이 오제(五帝)를 뛰어넘고, 국토는 삼왕(三
王)의 시대보다 넓다고 여겨, 그들과 동등하게 비교되는 것을 수치로 여

---

292) 軹道 : 당시 長安城 동쪽의 첫번째 驛亭. 지금의 섬서성 西安市 동북쪽이다.
293) 從長 : 縱長, 合縱國의 盟長.
294) 雍은 진나라의 투항한 장수 章邯이 다스렸던 지역으로, 지금의 섬서성 중부와
   감숙성 동부 지역에 해당된다.
295) 塞는 司馬欣이 다스렸던 지역으로 지금의 섬서성 동부 지역이다.
296) 翟은 董翳가 다스렸던 곳으로 지금의 섬서성 북부 지역이다.
297) 伯翳 : 伯益이라고도 한다. 고대 嬴姓族의 조상으로 목축과 수렵에 뛰어나 舜에
   게 발탁되었고, 후에 禹에게 중용되어 禹의 治水를 도왔으며, 禹의 사후에는 啓와
   왕위를 다투다가 피살되었다고 전해진다.
298) 唐虞 : 모두 전설 속의 상고시대 부족의 명칭으로, '唐'은 '陶唐氏'로 平陽(지금의
   산서성 臨汾縣 서남쪽)에 거주하였다고 하며, '虞'는 '有虞氏'로 浦阪(지금의 산서성
   永濟縣 서쪽)에 거주하였다고 한다.
299) 繆公 : 秦 穆公 嬴任好(?-기원전 621년)를 가리킨다. 재위기간은 기원전 659-
   기원전 621년. 謀臣을 임용하여 晉을 격파하였으나, 후에 거꾸로 晉에게 격파당한
   이후에 서쪽으로 진출하여 12국을 공략하여 西戎의 패자로 칭해졌다.

겼다. 가생 (賈生)[300]의 논평은 참으로 훌륭하였다! 그는 다음과 같이 말하였다.[301]

진나라는 산동 제후들의 30여 군 (郡)을 겸병하여, 포구와 관문을 수리하고, 험난한 요새지에 근거하여 갑옷과 병기를 정비하여 이를 굳게 지켰다. 그러나 진승 (陳勝)이 이리저리 흩어졌던 수졸 (戍卒) 수백명을 규합하여 팔을 걷어붙이고 목청을 돋우어, 호미와 서까래, 몽둥이 따위로 활과 창 등의 무기를 대신하고, 가는 곳마다에서 백성들의 도움으로 배를 채우며,[302] 종횡으로 천하를 교란하였다. 그러나 진나라 사람들은 험난한 요새에 주둔하면서도 방비조차 하지 않아서, 관문 (關門)을 닫지도 않고 성 밖의 다리를 걷어올리지도 않았으며, 긴 창을 사용하여 적을 찌르지도 않고, 강한 활을 사용하여 적을 향해서 쏘지도 않았다. 초나라의 군사가 깊숙이 쳐들어가서 홍문 (鴻門)[303]에서 전투하였지만 울타리 같은 장애물조차도 없었다. 이러한 때에 산동지방이 크게 시끄러워져 제후들이 여기저기에서 봉기하고, 호걸과 준재들이 연이어 왕으로 자립하였다. 이에 진나라는 장감으로 하여금 군사를 이끌고 동으로 정벌하게 하니, 장감은 이를 이용하여 삼군 (三軍)의 많은 병력으로써 바깥에서 제후들과 교역을 벌이고[304] 거꾸로 자신의 임금을 처단하고자 하였다. 여러 대신들의 믿을 수 없음을 여기에서 볼 수 있을 것이다. 자영이 즉위하였으나 그도 끝내 깨닫지 못하였다. 만약 자영이 평범한 군주의 재능을 지니고서 중간 정도의 재능을 지닌 장상 (將相)의 보좌만이라도 얻었다면, 비록 산동지방에서 반란이 일어났다고 하더라도 진나라의 국토는 온전히 보전될 수 있었을 것이며, 종묘제사 또한 결코 끊기지는 않았을 것이다.

진나라의 국토는 산을 등지고 있으며 하천이 휘감아 사방으로 막힌 견고한 나라였다. 목공 (繆公) 이래로 진 시황에 이르기까지 20여 명의 임금은 늘 제후의 패자가 되었는데, 이것이 어찌 역대 군주가 모두 현능하였기 때문이겠는가? 다만 그 지리적 형세가 그러하였기 때문이었다. 더구나 천하

---

300) 賈生 : 賈誼(기원전 200-기원전 168년)를 말한다. 洛陽 사람. 西漢시기의 政論家, 散文家. 「屈原賈生列傳」에 자세한 사적이 실려 있다.

301) 이하에서 뒤의 〈주 373〉까지 인용된 문장은 『新書』에 실려 있는 賈誼의 「過秦論 (진나라의 과실을 논함)」으로, 이것은 漢 文帝에게 지어올린 글이다.

302) 원문에는 "望屋而食"이라고 하였는데, 이는 起義한 군대가 가는 곳마다에서 백성들의 지원을 얻어 군량을 조달하였음을 이른다.

303) 鴻門 : 지명. 지금의 섬서성 臨潼縣 동북쪽.

304) 자신이 거느린 삼군의 병력을 조건으로 봉토를 요구한 것을 말한다.

194

는 일찍이 마음과 힘을 모아서 진나라를 공격하였으니, 당시 현인(賢人)과 지사(智士)들이 한데 모여들어, 뛰어난 장수는 자신의 군사를 이끌고 현능한 재상은 각자의 지혜와 계책을 나누었지만, 진나라의 험고한 지세에 막혀서 진격할 수 없었다. 진나라는 이에 그들을 맞아들여 싸우기 위하여 관문을 활짝 열었으니, 100만의 병졸들은 패주하고 결국은 궤멸당하고 말았다. 이것이 어찌 용력(勇力)과 지혜가 모자랐기 때문이겠는가? 지형이 불리하고 지세가 유리하지 못했기 때문이었다. 그런 다음 진나라는 작은 고을을 큰 성에 합병하고, 험고한 요새를 지키며 주둔하여 보루를 높이 쌓고 싸우지 않으면서 관문을 닫아 걸고 요새를 점거하여, 무기를 걸머진 채 이를 수비하였다. 제후들은 필부(匹夫) 출신으로 서로 실리를 좇아 연합하였으니, 이것은 소왕(素王)[305]의 덕행을 찾을 수 없었던 까닭이었다. 그들은 서로간의 교분이 친밀하지도 못했고 그들의 부하들도 추종하지 않았으며, 진나라를 멸망시킨다는 것을 명분으로 삼았으나 실제로는 자신들의 이익을 위해서 움직였다. 따라서 그들은 진나라가 험난한 요새지로 둘러싸여 있기 때문에 침범하기 어렵다는 것을 알고는 반드시 군사를 퇴각시켰을 것이니, 그런 후에 자신의 나라를 안정시키고 백성들을 쉬게 하며, 다른 여러 나라들이 쇠퇴하기를 기다려서 약소한 나라를 거두어 취하고, 피폐한 나라들을 도움으로써 대국의 제후를 호령할 수 있음을 알았다면, 천하를 얻지 못하는 것을 그렇게 근심하지는 않았을 것이다. 천자의 귀한 신분에 온 천하를 소유했으면서도 사로잡히는 몸이 된 것은 패망의 상황을 만회하려는 방법이 잘못되었기 때문이다.

진 시황은 자만하여 남에게 자문을 구하지 않고, 끝내는 잘못을 저지르고도 고칠 줄을 몰랐다. 이세는 부친의 과오를 그대로 이어받아서 고치지 않았고, 포학무도하여 화를 가중시켰다. 자영은 외톨이로서 가까운 피붙이가 없었으며, 유약하였음에도 불구하고 아무도 보필하는 이가 없었다. 이세 사람의 임금은 미혹되었으면서도 죽는 날까지 잘못을 깨닫지 못했으니 파멸에 이른 것은 당연한 것이 아니겠는가? 그 당시 세상에 생각이 깊고 시세변화를 아는 인물이 없었던 것이 아니었건만, 과감하게 충성된 마음을 다하여 황제의 잘못을 막지 못했던 이유는 진나라의 습속에 꺼리고 피해야 할 금기가 많아서 충성스러운 간언을 하는 사람은 말도 끝나기 전에 목숨을 잃게 되었기 때문이다. 따라서 천하의 선비들로 하여금 귀를 기울여 듣게만 하고, 두 다리를 한데 모은 채[306] 입을 꾹 다물고 아무 말도 하지 못

---

305) 素王 : 권3 「은본기」의 〈주 30〉 참조.

하게 하였다. 이것 때문에 세 임금이 정도(正道)를 잃어도 충신은 감히 간
언하지 못했고, 지사(智士)는 감히 모책을 내지 못했으며, 천하가 어지러
워진 다음에도 이 간악한 일이 임금에게 알려지지 못했으니, 이 어찌 애처
로운 일이 아니겠는가? 선왕은 상하의 언로(言路)가 막히는 것이 나라를
망친다는 것을 알았기 때문에 공경사대부(公卿士大夫)[307]를 두어서 법령을
정비하고 형벌을 두어서 천하를 다스렸다. 그리하여 나라가 강하면 포악한
행동을 금하고 난을 주벌했기 때문에 천하 사람들이 복종하였고, 나라가
약할 때는 오패(五覇)[308]가 토벌해주므로 제후들이 순종하였으며, 영토가
줄어들 때에는 안으로는 수비를 갖추고 밖으로는 남에게 의지하여 사직을
보존하였다. 그러므로 진나라가 강성할 때에는 법이 번잡하고 형벌이 엄격
하여 천하가 두려워하였으나 일단 쇠약해지자 백성들이 원망하며 온 천하
가 배반했던 것이다. 주(周)나라의 오서(五序)[309]는 정도(正道)를 얻었기
때문에 천여 년 동안 국가의 명맥이 끊이지 않았으나, 진나라는 본말(本
末)을 모두 상실했기 때문에 오래가지 못하였다. 이런 점으로 본다면 안정
과 위망(危亡)의 근본에는 현격한 차이가 있는 것이다. 속담에 "지난 일을
잊지 않는 것은 후일의 귀감이 될 수 있다"라고 하였다. 이 때문에 군자가
나라를 다스릴 때는 전대의 일을 자세히 살펴서 당대에 증험해보고, 인사
(人事)를 참작하여 성쇠의 이치를 이해하고, 모략과 형세의 적합함을 세심
히 살펴서 취사(取捨)에 순서가 있으며, 변화에 그 시기가 있었기 때문에
오래도록 계승되고 나라가 태평한 것이었다.

　진 효공(秦孝公)[310]은 효산(崤山)과 함곡관(函谷關)의 험준한 요새지에
웅거하여 옹주(雍州)[311] 땅을 옹유하고, 군주와 신하가 굳게 지키며 주

---

306) 원문에는 "重足而立"이라고 하였는데, '重足'은 두 발을 한데 모으고 감히 움직
　　이지 않는 것으로 대단히 두려워하는 모습을 형용한 것이다.
307) 公卿士大夫 : '公'은 조정의 최고 관원을 가리키고, '卿'은 천자와 제후에게 속한
　　고급 관원, '大夫'는 일반 관원이며, '士'는 先秦時代에는 최하위 계급의 귀족계층으
　　로, 춘추시대에는 대체로 卿, 大夫의 家臣이 되었고, 진한 이후에는 지배계층, 지식
　　계급의 통칭으로 쓰였다. 고대 제후국에는 임금 아래에 卿, 大夫, 士의 세 계급을
　　두었다.
308) 五覇 : 원문은 "五伯"이다. '伯'은 '覇'와 같은 글자이다. 오패는 齊 桓公, 晉 文
　　公, 秦 穆公, 宋 襄公, 楚 莊王을 가리킨다. 혹은 秦 穆公과 宋 襄公 대신 吳王 闔
　　閭와 越王 勾踐을 넣기도 한다.
309) 五序 : 公, 侯, 伯, 子, 男을 가리킨다. 일설에는 '五'는 '王'으로 해야만 한다고
　　도 한다.
310) 秦 孝公(기원전 381-기원전 338년, 재위기간 기원전 361-기원전 338년) : 전국
　　시대 秦나라의 임금으로, 진 시황의 6대조. 진나라는 효공 때에 이르러 강대해져,
　　그 결과 6대 후인 진 시황 때에는 천하를 통일하게 되었다.

(周)나라 왕실을 엿보았다. 천하를 석권하여 보자기로 싸듯 온 세상을 몽땅 차지하고,[312] 사해(四海)를 몽땅 제 것으로 하여 넓은 팔방(八方)을 집어삼킬 마음이 있었던 것이다.[313] 이러한 때에 공손앙(公孫鞅)[314]이 효공을 보좌하여 안으로는 법령과 제도를 정비하고 백성들로 하여금 농사일과 베짜기에 힘쓰게 하며 수비전투의 군비를 갖추고, 밖으로는 연횡책(連橫策)[315]을 써서 제후국들을 서로 다투게 하였다. 그리하여 진나라 사람들은 팔짱을 낀 채 아무 수고도 기울이지 않고 서하(西河)[316]의 밖을 차지하게 되었다.

효공이 죽은 뒤에는 혜왕(惠王),[317] 무왕(武王)[318] 등이 유업(遺業)을 계승하여 효공이 남긴 정책에 따라서 남쪽으로는 한중(漢中)을 차지하고, 서쪽으로는 파(巴), 촉(蜀)을 빼앗았으며, 동쪽으로는 기름진 땅을 베어서 가지고, 요해처(要害處)[319]가 되는 여러 군(郡)을 손에 넣었다. 그러자 여러 제후들은 크게 두려워하여 동맹을 맺고, 진나라의 세력을 약화시킬 방법을 논의하였다. 그리하여 갖가지 진기한 기물(器物)과 중요한 보물, 산물이 많은 기름진 땅까지 아끼지 않으면서 천하의 훌륭한 재사(才士)들을 초치하였으며 합종책(合縱策)[320]을 맺어서 서로 하나로 뭉쳤다. 그때 제(齊)나라에는 맹상군(孟嘗君)[321]이, 조(趙)나라에는 평원군(平原君)[322]

---

311) 雍州 : 당시에는 關中의 요해지였다. 권2 「하본기」의 〈주 93〉 참조.
312) 원문에는 "席捲天下, 包擧宇內"라고 하였는데, '席捲'은 '자리를 말아올리듯 한쪽부터 차근차근 다스려가는 것'으로, 천하를 정복하는 일에 비유되며, '包擧'는 '싸서 들어올린다'는 뜻으로, 독차지한다는 뜻이며, '宇內'는 '천하,' '온 세상'을 의미한다.
313) 원문에는 "囊括四海之意, 并呑八荒之心"이라고 했는데, '囊括'은 '자루 속에 담아 주둥이를 잡아매는 것'으로 모조리 쓸어가는 것을 비유하고, '八荒'은 '八紘'이라고도 하여 이것은 八方의 멀고도 넓은 범위를 가리켜 흔히 '천하'의 의미로 쓰인다.
314) 公孫鞅 : 춘추시대 衛나라 사람. 법가의 인물로 秦 孝公에게 出仕하여 商에 봉해졌으므로 흔히 商君, 商鞅이라고 한다.
315) 連橫策 : 서쪽의 강국 秦에 대하여 그 동쪽의 韓, 魏, 燕, 趙, 齊, 楚의 여섯 나라가 각각 진과 동맹을 맺어 진의 보호에 의해서 안전을 도모하려는 외교책을 말하는 것으로, 진의 張儀가 주창한 것인데, 기실은 결과적으로 六國의 불화를 초래하여 서로 싸우게 하려는 술책이다. 「蘇秦張儀列傳」에 자세한 사적이 실려 있다.
316) 西河 : 대략 지금의 섬서성 동부의 황하 西岸 지대에 해당되며, 본래는 魏나라에 속했다. 권2 「하본기」의 〈주 92〉 참조.
317) 惠王(재위 기원전 337-기원전 311년) : 秦의 惠文王. 진 효공의 아들.
318) 武王 : 권5 「진본기」의 〈주 206〉 참조.
319) 要害處 : 地勢가 험준한 곳으로, 아군이 수비하기에는 좋으나 적군이 공격하기에는 나쁜 곳을 이른다.
320) 合縱策 : 連橫策과는 정반대로, 韓, 魏, 燕, 趙, 齊, 楚의 여섯 나라가 동맹을 맺어서 강대한 秦에 대항하려는 책략. 蘇秦이 주장하였다.

이, 초(楚)나라에는 춘신군(春申君)[323]이, 위(魏)나라에는 신릉군(信陵君)[324]이 있었다. 이 네 사람은 모두 총명하고 지혜로우며 충성스럽고 믿음직한 사람들로서, 마음이 너그럽고 온후하여 다른 사람을 사랑할 줄 알고, 현인을 존경하며 선비를 중히 여겼다. 그들은 합종책을 약조하여 연횡책을 철회하고, 한(韓), 위(魏), 연(燕), 초(楚), 제(齊), 조(趙), 송(宋), 위(衛), 중산(中山)의 병사를 연합하였다. 당시 육국의 인재로는 영월(甯越),[325] 서상(徐尙),[326] 소진(蘇秦),[327] 두혁(杜赫)[328] 등이 있어서 계략을 세웠고, 제명(齊明),[329] 주최(周最),[330] 진진(陳軫),[331] 소활(召滑),[332] 누완(樓緩),[333] 책경(翟景),[334] 소려(蘇厲),[335] 악의(樂毅)[336] 등이 각국의 의견을 소통시켰으며, 오기(吳起),[337] 손빈(孫臏),[338] 대타(帶佗),[339] 아량(兒良), 왕료(王廖),[340] 전기(田忌),[341] 염파(廉頗),[342]

---

321) 孟嘗君 : 성은 田, 이름은 文. 齊나라 宣王의 이복 동생으로 「孟嘗君列傳」에 자세한 사적이 실려 있다.
322) 平原君 : 趙나라 武靈王의 아우. 성은 趙, 이름은 勝.
323) 春申君 : 성은 黃, 이름은 歇. 楚 考烈王이 춘신군으로 봉했다.
324) 信陵君 : 魏의 安釐王의 이복 동생. 성은 魏, 이름은 無忌.
325) 甯越 : 趙나라 사람.
326) 徐尙 : 宋나라 사람.
327) 蘇秦 : 洛陽 사람으로 六國合縱說을 주장했다.
328) 杜赫 : 周나라 사람.
329) 齊明 : 東周의 신하로 후에, 秦, 楚 및 韓에 出仕했다.
330) 周最 : 東周의 공자로, '周聚'라고도 한다. 齊에 출사했다. 권4 「주본기」의 〈주266〉 참조.
331) 陳軫 : 夏나라 사람으로, 처음에는 秦에 출사하였으나, 버리고 楚나라에 출사했다. 일설에는 초나라 사람이라고 한다.
332) 召滑 : 초나라의 신하.
333) 樓緩 : 魏나라의 대신.
334) 翟景 : 魏나라 사람.
335) 蘇厲 : 蘇秦의 아우.
336) 樂毅 : 燕나라 昭王의 장수.
337) 吳起 : 衛나라 사람. 兵法에 통달하여 처음에는 魯에서 벼슬하였으나, 후에 위魏 文侯의 장수가 되어 西河를 방비하여 秦으로 하여금 東侵하지 못하게 했다. 武帝 때 참소를 당하여 楚로 달아나 悼王에게서 벼슬하였다. 도왕의 사후, 초의 貴戚들에게 피살당했다. 『吳子』를 저술하였다.
338) 孫臏 : 齊나라 사람. 兵法家 孫武의 후예로 龐涓과 함께 鬼谷子를 사사했다. 방연이 魏의 장수가 되자 손빈의 재주를 시기하여 그를 위나라로 불러서 양 다리를 잘라버렸는데, 후에 손빈은 齊의 장수가 되어 馬陵에서 위의 군사를 격파하고 방연을 사살하였다.
339) 帶佗 : 楚의 장수를 지낸 적이 있다. 자세한 사적은 알 수 없다.
340) 兒良, 王廖 : 『呂氏春秋』에 의하면 두 사람 모두 천하의 豪士로 용병에 뛰어났다

198

조사 (趙奢)³⁴³⁾ 등이 군사를 통솔하였다. 그리하여 그들은 진나라의 열 배가 되는 땅과 100만이나 되는 대군을 가지고, 함곡관으로 진격하여 진나라를 공략하였다. 그런데 진나라 병사들이 관문을 활짝 열고 적군을 끌어들이니, 한, 위, 연, 초, 제, 조, 송, 위, 중산의 아홉 나라 병사들은 우물쭈물대다가 도망치며 감히 앞으로 나아가지 못했다. 마침내 진나라는 화살 한대, 화살촉 하나 허비하지 않고서도 천하의 제후들을 곤경에 빠뜨렸다. 이에 합종(合縱)의 언약은 깨어지고, 앞을 다투어 땅을 베어 진나라에 바쳤다. 진나라는 그 여세를 몰아서 쇠약해진 아홉 나라를 제압하고 패잔병을 추격하여 죽이니, 나뒹구는 시체가 100만이 넘었고 흐르는 피에 큰 방패가 떠다닐 정도였다. 진나라는 그들의 이익에 따라서 편리한 대로 천하를 마음대로 요리하여 제후국의 산하를 갈갈이 찢어놓으니, 강한 제후국은 항복을 청하고, 약한 제후국은 신하의 예를 갖추어 입조(入朝)하였다. 뒤이은 효문왕(孝文王)³⁴⁴⁾과 장양왕(莊襄王) 때에는 재위기간이 짧았으며,³⁴⁵⁾ 나라에 큰 일이 일어나지 않았다.

그 뒤 시황제 (始皇帝) 때에 이르자 시황제는 효공(孝公), 혜문왕(惠文王), 무왕(武王), 소양왕(昭襄王), 효문왕(孝文王), 장양왕(莊襄王) 등 여섯 선왕의 유업을 계승하여, 긴 채찍을 휘두르며 말을 몰듯이 천하를 제어하였다. 동주(東周)와 서주(西周)를 집어삼키고³⁴⁶⁾ 제후들을 멸망시키어, 스스로 천자의 자리에 올라서 천하를 다스렸다. 짧은 회초리, 긴 매 등 여러 형구(刑具)를 고루 갖추어 온 세상 사람들에게 태장(笞杖)질을 하니, 진나라의 위세는 천하에 떨쳐지게 되었다. 남으로 백월(百越)³⁴⁷⁾의 땅을 취하여 계림군(桂林郡)과 상군(象郡)의 두 군(郡)으로 만드니,³⁴⁸⁾ 백

고 한다.
341) 田忌 : 齊의 장수로 손빈을 기용하여 많은 전공을 세웠다.
342) 廉頗 : 趙의 名將으로 惠文王 때 齊를 쳐서 대파하여 上卿이 되었다.
343) 趙奢 : 趙의 장수. 秦을 쳐서 공을 세워서 馬服君에 봉해졌다.
344) 孝文王 : 秦 昭襄王의 아들.
345) 원문은 "享國日淺"이다. 昭襄王이 죽자 그의 아들 孝文王이 제위를 물려받았으나 脫喪한 지 사흘 만에 죽고, 그의 아들 莊襄王이 즉위하였으나 그 역시 3년 만에 죽고(재위기간 기원전 249-기원전 247년), 그 뒤에 시황이 즉위했다.
346) 周의 孝王은 동생인 桓公을 河南에 봉하여 東周君으로 삼고 洛都를 西周로 하였는데, 시황이 두 周를 멸망시키고 三州郡으로 개편하였다.
347) 百越 : 浙江, 福建, 廣東, 廣西, 越南 등지를 포괄하여, 고대에 越族이 살던 지역으로 그 종족이 여럿이었기 때문에 百越이라고 했다.
348) 秦 始皇 33년(기원전 214년) 百越과 陸梁 등지를 취하여 桂林郡과 象郡을 설치하였다.

월의 임금은 머리를 떨구고 목에 줄을 걸고 와서 목숨을 진나라의 옥리(獄吏)에게 맡기게 되었다. 이에 장수 몽염(蒙恬)을 시켜서 북쪽에 만리장성을 쌓아 변방을 지키게 하고, 흉노(匈奴)를 700여 리 밖으로 몰아내니[349] 오랑캐들은 감히 남쪽으로 내려와서 말을 방목하지 못했으며, 흉노의 병사들은 감히 활을 당겨 진나라에 원한을 갚으려고 하지 못했다. 이에 진 시황은 선왕(先王)의 도를 폐기하고 백가(百家)의 학자들이 남긴 책들을 불살라서 백성들을 어리석게 만들었다. 또 이름있는 성들을 헐어버리고 호걸과 준재들을 죽였으며, 모든 병기를 함양(咸陽)으로 거두어들이고, 그 무기들을 녹여서 종을 주조하고 동상 12개를 만들어서 천하의 백성들을 약화시켰다. 그런 다음, 화산(華山)을 깎아서 성곽을 만들었으며, 황하의 물줄기를 끌어들여 해자(垓字)를 파고, 억 장(丈) 길이나 되는 높은 성에 웅거하여 깊이를 헤아릴 수 없는 골짜기를 굽어보며 방비를 굳게 하였다. 또 우수한 장수와 강한 쇠뇌가 요해처(要害處)를 지키고, 믿을 만한 신하와 정예병사들이 날카로운 창칼을 들고 행인들을 엄중하게 검문하니, 천하는 이미 평정되었다. 진 시황은 마음속으로 관중의 견고함은 천리 길이의 철벽 성곽 같으니, 자손들이 만대 후까지 제왕이 되게 할 위업이라고 여겼다.

시황제가 죽은 다음에도,[350] 진나라의 위세는 풍속을 달리하는 먼 곳까지 진동하게 하였다. 진승(陳勝)은 깨진 항아리 주둥이로 창을 삼고 새끼를 늘어뜨려 문을 대신할 만큼 빈한한 집안[351]의 자식이었으며, 미천한 백성으로서 수(戍)자리에 징발된 역도(役徒)였다.[352] 재능은 보통 사람에도 미치지 못했으며, 공자(孔子)나 묵적(墨翟)[353]처럼 어진 덕을 지니지도 못했고, 도주(陶朱)[354]나 의돈(猗頓)[355]과 같은 부를 지닌 것도 아니었다.

---

349) 진 시황 33년(기원전 214년) 몽염은 30만의 대군을 거느리고 흉노를 북으로 내쫓고 황하 이남의 땅을 수복하여 44縣을 설치하고, 34년에는 長城을 축조하였다.

350) 진 시황은 동방 순수중 沙丘에서 병사했는데, 원문에서는 제왕의 죽음에 '崩'자를 쓰지 않고, '始皇旣沒'이라고 하였으니, 이는 이 글이 秦나라의 허물을 논하는 글이기 때문으로 보인다.

351) 원문에 "甕牖繩樞"라고 했는데, 이는 깨진 항아리의 주둥이를 벽에 끼워 창으로 삼고 새끼를 엮어서 문을 단다는 뜻으로, 몹시 가난한 집을 형용하는 말이다.

352) 원문에 "遷徙之徒"라고 했는데, 이는 유랑하는 빈민의 무리라는 뜻으로 진승이 유배되어 漁陽의 戍兵이 되었던 사실을 가리킨다.

353) 墨翟 : 墨子. 전국시대의 사상가로 墨家의 대표인물. '兼愛說'을 주장한 功利主義 사상가.

354) 陶朱 : 越나라의 재상 范蠡를 가리킨다. 월왕 勾踐을 도와서 吳나라를 멸망시켰으며, 후에 벼슬을 버리고 陶에 은거하면서 거부가 되자 세인들이 그를 陶朱公이라고 불렀다.

355) 猗頓 : 魯나라의 대부호.

그런 그가 사졸들의 행렬에 끼어서 행군중에 반란을 일으켰으니, 그는 지칠 대로 지쳐서 흩어졌던 병사들을 거느리고 수백명의 사람들을 통솔하여 가던 길을 바꾸어서 진나라를 공격했던 것이다. 나무를 베어서 무기로 삼고, 장대를 높이 세워서 깃발로 삼으니, 천하의 사람들이 구름처럼 모여들어 호응하고 양식을 짊어진 채로 그림자처럼 따랐다. 마침내 산동(山東)의 호걸들이 한꺼번에 들고 일어나서 진나라의 왕족을 멸망시켰다.

진나라의 천하는 작지도 약하지도 않았고, 옹주의 땅도 효산과 함곡관의 견고함도 예전과 조금도 다르지 않았다. 반면 진승의 지위는 제, 초, 연, 조, 한, 위, 송, 위, 중산의 군주들보다 존귀하지 않았으며, 그가 거사에 썼던 호미와 고무래, 창과 창자루는 굽은 창과 긴 창보다 날카롭지 않았다. 또 변방 수비로 유배된 무리들은 아홉 나라[356]의 병사들보다 강하지 못했으며, 계책과 사려, 행군과 용병의 계략에서도 예전의 모사(謀士)들[357]과 비교가 되지 않았다. 그러나 성공과 실패는 크게 달랐으며,[358] 이룩한 공업(功業)은 완전히 상반되었던 것이다.[359] 만약 산동의 나라들과 진승의 영토의 크기를 비교해보고 여섯 나라와 진승의 권세와 병력을 비교해본다면 동등하다고 말할 수는 없을 것이다. 그렇지만 진나라는 작은 국토와 천승(千乘) 제후의 권력을 가지고서, 팔주(八州)[360]를 불러들여서 동급인 여섯 제후국으로부터 조회(朝會)를 받은 것이 백여 년이 되었다. 그런 후에 온 천하를 한 집으로 삼고 효산과 함곡관을 궁전으로 삼았던 것인데, 일개 필부가 난을 일으키자 칠묘(七廟)[361]가 무너지고 천자가 남의 손에 죽임을 당하여[362] 천하의 웃음거리가 된 것은 무엇 때문인가? 그것은 인의를 베풀지 않았고, 천하를 탈취할 때와 천하를 지킬 때의 정세가 달랐기 때문이다.

진나라가 천하를 통일하여 제후들을 겸병하고 남면(南面)[363]하여 '제(帝)'라고 칭하며 온 천하를 다스리자 천하의 사인(士人)들이 순순히 귀의했으니, 이와 같은 것은 어째서인가? 대답은 이러하다. 근고(近古) 이래

---

356) 전국시대 秦나라에 대항하던 齊, 楚, 燕, 趙, 韓, 衞, 宋, 魏, 中山의 아홉 나라를 가리킨다.
357) 육국이 진나라에 대항할 때의 孟嘗君, 蘇秦, 孫臏, 廉頗 등을 가리킨다.
358) 진승은 성공하고 六國은 실패한 것을 뜻한다.
359) 육국은 거사에 실패하여 망하고, 진승은 성공하여 일어선 것을 가리킨다.
360) 八州 : 고대에는 전국을 雍, 冀, 兗, 靑, 徐, 揚, 荊, 豫, 梁의 九州로 나누었는데, 八州는 이 가운데 진나라의 본토인 雍州를 제외한 나머지를 가리킨다.
361) 七廟 : 孝公에서부터 始皇帝까지의 종묘를 가리킨다.
362) 시황제의 손자 子嬰이 항우에게 죽임을 당한 것을 이른다.
363) 南面 : 권2 「하본기」의 〈주 180〉 참조.

로 왕자(王者)[364]가 오랫동안 없었으니 주 왕실은 국력이 쇠약해졌고, 오패(五覇)는 이미 죽은 터이라, 천자의 명령이 천하에 행해지지 않았다. 이 때문에 제후들은 무력으로 다른 나라를 정벌하여 강국은 약국을 침탈하고 대국은 소국을 괴롭히니, 전쟁이 끊이지 않아서 군사들과 백성들은 모두 지쳐버렸다. 그런데 지금 진나라가 남면하여 천하를 다스리니, 이는 윗자리에 천자가 존재하게 된 것이었다. 모든 백성들은[365] 자신의 목숨을 편안히 보전할 수 있기를 바라니 그 누구도 진심으로 황상(皇上)을 우러러보지 않는 자가 없었다. 이러한 때 위엄을 지니고서 공업(功業)을 굳건히 하니, 안정과 위망(危亡)의 관건은 여기에 달려 있는 것이다.

진시황은 탐욕스럽고 비루한 마음을 품고 독단적인 지모(智謀)를 행하여, 공신들을 신뢰하지 않고 선비들과 백성들을 가까이하지 않았으며, 왕도(王道)를 버리고 개인의 권위를 내세워서 문서(文書)[366]를 금하고 형법을 가혹하게 하였으며, 사술(詐術)과 무력을 앞세우고 인의를 뒷전으로 여기며, 포학함을 천하 통치의 시작으로 삼았다. 대체로 천하를 합병할 때는 계략과 무력을 중하게 여기며 안정되었을 때는 권력에 순종하는 것을 귀하게 여기니, 이는 천하를 얻는 것과 지키는 것의 방법이 다르다는 것을 말하는 것이다. 그러나 진나라가 전국시대를 지내고 천하를 통일했음에도 그 방법을 바꾸지 않고 정치를 개혁하지 않았으니, 이는 천하를 얻고 지키는 방법에 차이가 없는 것이었다. 홀로 고립되어 천하를 소유했으므로 그의 멸망은 서서 기다릴 수 있을 정도로 빨리 도래했던 것이다. 만약 진 시황이 전대의 일들을 고려하고 은나라와 주나라의 경험을 본보기로 삼아서 자신의 정책을 결정하고 시행했다면 후에 설사 방자하고 교만한 임금이 있었다고 하더라도 나라가 기울고 위태해지는 환난은 없었을 것이다. 때문에 삼왕(三王)은 천하를 세워서 그 명성이 아름답게 드러나고 공적과 위업이 길이 전해지는 것이다.

진 이세(秦二世)가 즉위하자 천하의 모든 사람들이 목을 길게 내밀고서 그 정치를 지켜보고 있었다. 추위에 떠는 사람에게는 누더기 옷도 도움이 되고 굶주린 사람에게는 술지게미도 달게 여겨지는 것이다. 따라서 천하 백성들의 애달픈 하소연은 새로이 즉위하는 임금에게는 밑거름이 되는 것이니, 이 말은 고달픈 백성들에게는 인정(仁政)을 베풀기가 쉽다는 것을

---

364) 王者 : 王道로써 천하를 다스리는 어진 제왕을 말한다.
365) 원문에 "元元之民"이라고 했는데, 이는 서민대중을 가리킨다. 『史記索隱』에서는 姚察의 말을 인용하여 "其言元元者, 非一人也"라고 했다.
366) 文書 : 『詩』, 『書』를 비롯한 古籍을 가리킨다.

이르는 것이다. 만약 이세가 평범한 임금의 덕행을 지니고서 충신과 현인을 임용하여 신하와 임금이 한마음으로 세상의 걱정거리를 염려하고, 상복을 입은 채로 선제의 잘못을 바로잡으며,[367] 토지를 나누어 백성들에게 주고, 공신들의 후예들에게 식읍을 봉하며 제후국을 세워서 군주를 옹립하고 천하의 인재들을 예로써 대우하고, 사면령을 내려서 감옥을 비우며 형벌을 면제해주고, 죄인의 처와 딸을 노비로 삼는[368] 난잡한 죄명을 폐지하여 각기 자신들의 고향으로 돌아가게 하고, 창고와 곳간을 열어서 재물과 돈을 나누어주어 의지할 곳 없는 외로운 사람[369]과 곤궁한 사람들을 구휼하며, 세금을 가볍게 하고 노역을 줄여서 백성들의 긴급한 사정을 도와주고, 법령을 간략히 하고 형벌을 가볍게 하여 죄인이 자신의 후손을 보존하게 하며, 천하의 백성들로 하여금 모두 스스로 일신(一新)하게 하여 자신의 몸가짐을 고치고 품행을 수양하며, 각자 몸을 근신하게 하여 만민의 바람을 만족시키고, 위신(威信)과 인덕(仁德)으로 천하의 백성들을 대했다면, 천하의 사람들이 모여들었을 것이다. 만약 천하의 백성들이 모두 기뻐하며 각자 자기가 처해 있는 위치에서 편안히 생업을 즐기고 오직 변란이 발생할까만을 염려하며, 설사 교활한 백성들이 있다고 하더라도 군주를 배반할 마음을 가지지 않는다면, 정도(正道)를 벗어난 신하[370]도 자기의 간교를 꾸밀 방법이 없을 것이며 폭란의 간악한 일들도 그칠 것이다. 이세는 이러한 방법을 행하지 않고 거꾸로 포악무도한 짓을 되풀이하여 종묘와 백성들에게 해를 끼치면서,[371] 다시 아방궁을 새로 짓기 시작하였다. 또 형벌을 번잡하게 하여 주벌을 엄혹하게 하였으며, 관리의 통치가 가혹하고 상벌이 형평을 잃었으며, 세금의 징수에 한도가 없고 천하에 역사(役事)가 많아서 관리들이 감당조차 할 수 없을 지경이었으며, 백성들은 곤궁한데도 임금은 백성들을 구휼하지 않았다. 이렇게 되자 역모(逆謀)와 사술(詐術)이 한꺼번에 발생하고 위아래 사람이 서로 책임을 미루며, 죄를 지은 자가 많아져서 형벌을 받은 사람들이 거리에서 서로를 볼 수 있을 정도로[372] 천하의

---

367) 시황제의 탈상 이전에 개혁정치를 시행한다는 말로, 서둘러서 시황제 통치시기의 잘못된 법률과 제도에 대한 개혁을 단행함을 말한다.

368) 원문은 "收帑"이다. 고대 연좌법의 일종으로 한 사람이 죄를 지으면 그의 아내와 딸을 관가의 노비 등으로 삼는 것을 말한다.

369) 원문은 "孤獨"으로, 어려서 부모를 잃은 아이와 늙어서 자손이 없는 사람을 말하며, 혹은 홀몸으로 의지할 곳이 외로운 사람을 통칭하기도 한다.

370) 원문은 "不軌之臣"으로, 모반을 획책하는 신하를 말한다.

371) 원문에는 "壞宗廟與民"이라고 했는데, 『史記正義』와 『史記志疑』에서는 모두 이 구절을 衍文으로 간주한다.

백성들은 고통을 당하고 있었다. 그리하여 군후(君侯)와 공경(公卿)으로부터 서민에 이르기까지 사람들은 스스로 위태하게 여기는 마음을 품었으며, 몸은 궁핍하고 고단한 실정에 처하여 모두들 자신들의 지위를 불안해하였기 때문에 쉽게 동요되었던 것이다. 따라서 진승이 탕왕(湯王), 무왕(武王)의 현능함을 지니지 못했으면서도, 또 공후(公侯)의 존귀한 신분이 아니었으면서도 대택(大澤)에서 팔을 휘둘러서 봉기하자 천하의 백성들이 이에 동조했던 것은 백성들이 위난(危難)에 처해 있었기 때문이었다. 그러므로 선왕은 일의 처음과 끝의 변화를 보고서 존망의 기미를 알았으므로, 백성들을 다스리는 도리는 다만 백성들을 편안하게 해주는 데에 있음을 알고 그것에 힘썼을 뿐이었다. 이렇게 하면 설사 천하에 바른 길에 역행하는 신하가 있다고 하더라도 필시 그들을 돕는 동조자는 없을 것이다. 그러므로 "안정되어 있는 백성들은 함께 더불어 의를 행할 만하고, 위난에 처한 백성들은 함께 어울려서 그릇된 짓을 하기 쉽다"라고 하였으니, 바로 이러한 것을 이르는 것이다. 천자의 귀한 몸으로 온 천하를 소유하고서 그 자신은 죽음을 면하지 못한 것은 바로 기울어가는 것을 바로잡으려는 방법이 잘못되었기 때문이다. 이것이 바로 이세의 과오인 것이다. "[373]

양공(襄公)이 즉위하였다. 그는 12년간 재위하였으며[374] 최초로 서치(西畤)[375]를 만들었다. 서거하자 서수(西垂)[376]에 묻혔다. 양공은 문공(文公)을 낳았다.

문공이 즉위하여 서수궁(西垂宮)에 거하였다. 재위 50년 만에 서거하여 서수에 묻혔다. 문공은 정공(靜公)을 낳았다.

정공은 즉위하지 못한 채 서거하였는데, 그는 헌공(獻公)을 낳았다.

헌공은 22년간 재위하였으며 서신읍(西新邑)[377]에 거하였다. 서거하여 아(衙)[378]에 묻혔다. 무공(武公), 덕공(德公), 출자(出子)를 낳았다.

---

372) 당시의 형벌제도는 모두 體刑으로 受刑의 흔적을 남겼으므로 원문에 "蒙罪者衆, 形戮相望於道"라고 하였다.

373) 이하는 본래 『史記』에는 없었던 문장으로, 후세 사람이 『秦記』에 근거하여 秦나라 先君의 在位 연수와 葬地를 간략히 부기해둔 것이라고 한다.

374) 기원전 777-기원전 766년.

375) 西畤 : 西地(지금의 감숙성 天水縣 서남쪽)에 옛터가 남아 있으며, 고대에 天地와 五帝에게 제사를 드리던 곳.

376) 西垂 : 지금의 감숙성 天水縣 서남쪽.

377) 西新邑 : 平陽을 가리킨다. 지금의 섬서성 岐山縣 서남쪽.

출자는 6년간 재위하였으며 서릉(西陵)[379)]에 거하였다. 서장(庶長)[380)] 불기(弗忌), 위루(威累), 삼보(參父) 세 사람이 역적을 이끌고 비연(鄙衍)[381)]에서 출자를 시해하였다. 이에 출자를 아(衙)에 장사 지내고, 무공(武公)이 즉위하였다.

무공은 12년간 재위하였으며 평양(平陽)[382)]의 봉궁(封宮)[383)]에 거하였다. 그는 선양취(宣陽聚)[384)]의 동남쪽에 묻혔다. 세 명의 서장이 징벌을 받았다. 덕공(德公)이 즉위하였다.

덕공은 2년간 재위하였으며 옹읍(雍邑)의 대정궁(大鄭宮)[385)]에 거하였다. 선공(宣公), 성공(成公), 목공(繆公)을 낳았다. 양(陽)[386)]에 장사 지냈다. 처음으로 복일(伏日)을 정하여 독기(毒氣)를 다스렸다.[387)]

선공은 12년간 재위하였으며 양궁(陽宮)에 거하였다. 양(陽)에 안장되었다. 처음으로 윤월(閏月)을 기록하였다.

성공은 4년간 재위하였으며 옹읍의 궁전에 거하였다. 양(陽)에 묻혔다. 제(齊)나라가 산융(山戎)[388)]과 고죽(孤竹)[389)]을 정벌하였다.

목공은 39년간 재위하였으며 주(周)의 천자가 그를 패주(覇主)로 승인하였다. 옹(雍)에 묻혔다. 목공은 저인(著人)[390)]에게도 배웠다. 강공(康公)을 낳았다.

강공은 12년간 재위하였으며 옹읍의 고침(高寢)에 거하였다. 구사(夠

---

378) 衙 : 彭衙. 지금의 섬서성 白水縣 동북쪽. 일설에는 여기에서의 '衙'는 다른 어떤 지역을 가리키는 것이라고도 한다.
379) 西陵 : "西陂"라고 된 곳도 있다.
380) 庶長 : 官爵 이름. 秦漢시대의 관작은 20등급이 있었는데, 그 가운데 제10급이 '左庶長,' 11급은 '右庶長,' 17급은 '駟車庶長,' 18급은 '大庶長'으로 모두 武官이었다. '大庶長'은 將軍에 해당하며 '右庶長'은 裨長에 상당하였다.
381) 鄙衍 : 대략 지금의 섬서성 岐山縣 서남쪽.
382) 平陽 : 지금의 섬서성 岐山縣 서남쪽.
383) 封宮 : 궁전 이름.
384) 宣陽聚 : 지명. 平陽에 있었다.
385) 大鄭宮 : 궁전 이름.
386) 陽 : 취락 이름. 雍에 있었다.
387) 원문은 "初伏, 以御蠱"로, 여름에 初伏, 中伏, 末伏의 伏日을 정하고 (개를 죽여서) 여름날의 독기를 다스린 것을 말한다. '蠱'는 毒蟲을 말하나 여기서는 여름의 熱毒을 의미한다.
388) 山戎 : 중국 고대 북방 유목민족으로 전국시대 이후에는 匈奴로 불렸다.
389) 孤竹 : 은나라 때의 소국으로 지금의 하북성 盧龍縣 남쪽에 위치하였다.
390) 著人 : 궁전의 출입문을 지키는 侍御者.

社)³⁹¹⁾에 묻혔다. 공공(共公)을 낳았다.

공공은 5년간 재위하였으며 옹읍의 고침에 거하였다. 강공이 묻힌 곳의 남쪽에 묻혔다. 환공(桓公)을 낳았다.

환공은 27년간 재위하였으며 옹읍의 태침(太寢)에 거하였다. 의리(義里)³⁹²⁾의 언덕 북쪽에 묻혔다. 경공(景公)을 낳았다.

경공은 40년간 재위하였으며 옹읍의 고침에 거하였다. 구리(丘里)의 남쪽에 묻혔다. 필공(畢公)³⁹³⁾을 낳았다.

필공은 36년간 재위하였으며 거리(車里)³⁹⁴⁾의 북쪽에 묻혔다. 이공(夷公)을 낳았다.

이공은 즉위하지 못한 채 좌궁(左宮)³⁹⁵⁾에 묻혔다. 그는 혜공(惠公)을 낳았다.

혜공은 10년간 재위하였으며 거리(車里)에 묻혔다. 도공(悼公)을 낳았다.

도공은 재위 15년³⁹⁶⁾으로 희공(僖公)이 묻힌 곳의 서쪽, 성옹(成雍)에 안장되었다. 옹읍에 성을 축조하였다. 자공공(刺龔公)³⁹⁷⁾을 낳았다.

자공공은 34년간 재위하였으며 입리(入里)³⁹⁸⁾에 묻혔다. 조공(躁公), 회공(懷公)을 낳았다. 즉위한 지 10년째 되던 해에 혜성(彗星)이 나타났다.

조공(躁公)은 14년간 재위하였으며 수침(受寢)에 거하였다. 도공이 묻힌 곳의 남쪽에 묻혔다. 즉위하던 해에 혜성이 나타났다.

회공은 진(晉)나라에서 돌아와 즉위하였다. 4년간 재위하였으며 역(櫟)³⁹⁹⁾ 땅의 어씨(圉氏)⁴⁰⁰⁾에 묻혔다. 영공(靈公)⁴⁰¹⁾을 낳았다. 여러 신

---

391)　鈞社 : 지명. 雍邑에 위치하였다.
392)　義里 : 지명. 옹읍에 위치하였다.
393)　畢公 : 「秦本紀」에는 "哀公"으로 되어 있다.
394)　車里 : 지명. 옹읍에 위치하였다.
395)　左宮 : 지명. 옹읍에 위치하였다.
396)　「秦本紀」에는 "14년"으로 되어 있다.
397)　「秦本紀」와 「六國年表」에는 "厲共公"으로 되어 있다.
398)　入里 : 지명. 옹읍에 위치하였다. "人里"로 기록되어 있기도 하다.
399)　櫟 : 미상. 지금의 섬서성 乾縣 동남쪽으로 추정된다.
400)　圉氏 : 부락 이름. 역읍에 위치하였다.
401)　여기에서 말하는 영공은 懷公의 아들이며, 아래의 글과 「秦本紀」에서 말하는 영공은 회공의 태자인 昭子의 아들을 가리킨다.

하들이 회공을 포위하니 회공은 자살하였다.

숙령공(肅靈公)[402]은 소자(昭子)의 아들이다. 경양(涇陽)[403]에 거처하였다. 10년간 재위하였으며 도공이 묻힌 곳의 서쪽에 묻혔다. 간공(簡公)을 낳았다.

간공은 진(晉)나라에서 돌아와 즉위하였다. 15년간 재위하였으며 희공이 묻힌 곳의 서쪽에 묻혔다. 혜공(惠公)을 낳았다. 즉위한 지 7년째 되던 해 백관들이 처음으로 검(劍)을 차게 되었다.

혜공은 13년간 재위하였으며 능어(陵圉)에 묻혔다. 출공(出公)을 낳았다.

출공은 재위 2년 만에 자살했으며 옹읍에 묻혔다.

헌공(獻公)[404]은 23년간 재위하였으며 효어(囂圉)[405]에 묻혔다. 효공(孝公)을 낳았다.

효공은 24년간 재위하였으며 제어(弟圉)[406]에 묻혔다. 혜문왕(惠文王)을 낳았다. 즉위한 지 13년째 되던 해 처음으로 함양(咸陽)에 도읍하였다.

혜문왕은 27년간 재위하였으며 공릉(公陵)[407]에 묻혔다. 도무왕(悼武王)을 낳았다.

도무왕은 4년간 재위하였으며 영릉(永陵)[408]에 묻혔다.

소양왕(昭襄王)은 56년간 재위하였으며 채양(茝陽)[409]에 묻혔다. 효문왕(孝文王)을 낳았다.

효문왕은 1년간 재위하였으며 수릉(壽陵)[410]에 묻혔다. 장양왕(莊襄王)을 낳았다.

장양왕은 3년간 재위하였으며 채양에 묻혔다. 시황제를 낳았다. 여불

---

402) 『紀年』과 『世本』에는 '肅'자가 없다.
403) 涇陽 : 고을 이름. 지금의 섬서성 涇陽縣 서북쪽.
404) 獻公 : 靈公의 아들이다.
405) 囂圉 : 미상. 「秦本紀」에 獻公 2년에 櫟陽에 성을 쌓고 도읍을 옮겼다는 기록으로 보아, 아마도 역양에 위치하였던 것으로 추정된다.
406) 弟圉 : 미상. 秦 孝公이 咸陽으로 도읍을 옮긴 것에 의거하면 함양에 위치했던 것으로 추정된다.
407) 公陵 : 지금의 咸陽市 북쪽.
408) 永陵 : 지금의 咸陽市 북쪽.
409) 茝陽 : 지금의 섬서성 臨潼縣 서남쪽.
410) 壽陵 : 지금의 長安縣 동북쪽.

위(呂不韋)를 상국(相國)으로 삼았다.

헌공 7년에 처음으로 집시(集市)⁴¹¹⁾가 개설되었다. 10년에는 호구(戶口)를 등록하고, 다섯 호를 1오(伍)로 편성하였다.

효공 16년에 도리(桃李)가 겨울에 꽃을 피웠다.

혜문왕은 19세에 즉위하였다. 즉위한 이듬해에 처음으로 전폐(錢幣)를 발행하였다. 새로 태어난 갓난아기가 "진나라는 장차 왕(王)을 칭하리라"라고 말하였다.

도무왕은 19세에 즉위하였다. 즉위 3년에 위수(渭水)의 물빛이 사흘 동안 붉게 변하였다.

소양왕은 19세에 즉위하였다. 즉위 4년에 처음으로 논밭간의 경계를 텄다.⁴¹²⁾

효문왕은 53세에 즉위하였다.

장양왕은 32세에 즉위하였다. 즉위한 이듬해에 태원(太原) 지역을 탈취하였다. 장양왕 원년에 대사면을 내리고 선왕의 공신을 표창하여 덕을 베풀고, 가까운 친족을 후대하며, 백성들에게 은혜를 베풀었다. 동주(東周)가 제후들과 연합하여 진나라를 치려고 하니 진나라는 상국 여불위를 보내서 동주의 천자를 살해하고 동주의 모든 것을 몰수하였다. 그러나 진나라는 동주의 제사를 단절시키지는 않고, 양인(陽人)⁴¹³⁾의 땅을 주군(周君)에게 주어 그들의 제사를 받들게 하였다.

시황제는 37년간 재위하였으며 여읍(酈邑)에 묻혔다. 이세황제를 낳았다. 시황제는 13세에 즉위하였다.

이세황제는 3년간 재위하였으며 의춘(宜春)에 묻혔다. 조고는 승상이 되었고 안무후(安武侯)에 봉해졌다. 이세는 12세⁴¹⁴⁾에 즉위하였다.

위의 일들은 진 양공(秦襄公)에서 이세에 이르기까지 610년간의 일들이었다.⁴¹⁵⁾

---

411) 集市 : 농촌이나 소도읍에 정기적으로 서는 장.
412) 井田制의 폐지를 말한다.
413) 陽人 : 지명. 지금의 하남성 臨汝縣 서북쪽.
414) 본 「秦始皇本紀」의 180쪽에 "二世皇帝元年, 年二十一"이라고 하였으므로, 여기에서 12세라고 한 것은 잘못 기록된 것이다.
415) 「秦本紀」에서는 襄公에서 二世에 이르기까지 576년이라고 하였고, 「年表」에서는 561년이라고 하였다.

효명황제 (孝明皇帝) 17년 10월 15일 을축일 (乙丑日)에는, 다음과 같이 쓰여 있다.[416)]

"주나라의 역수 (曆數)[417)]는 이미 지나갔고, 한 (漢)나라의 인덕 (仁德)은 아직 주나라를 대신하기에 부족하므로 진나라가 제위 (帝位)를 차지하게 되었다. 진 시황 여정 (呂政)[418)]은 잔혹하고 포학하였지만, 열세 살 된 제후의 몸으로[419)] 천하를 겸병하여 방종되게 마음 내키는 대로 하며 종친 (宗親)들을 양육하였다. 재위 37년 동안 무력을 행사하지 않은 곳이 없었고, 정령 (政令)을 만들어 후대의 제왕에게 남겨주었다. 이는 아마도 여정이 성인의 위령 (威靈)을 얻고, 하신 (河神)으로부터 도문 (圖文)을 받아서[420)] 낭성 (狼星)과 호성 (狐星)에 의지하고[421)] 삼성 (參星)과 벌성 (伐星)을 본받았기 때문이리라.[422)] 이러한 것들이 여정으로 하여금 적대세력을 몰아내고 스스로 시황제라고 칭할 수 있도록 도왔던 것이다.

진 시황이 죽고 난 다음, 호해 (胡亥)는 너무나도 우둔하여 여산의 축묘 (築墓)가 미처 끝나기도 전에 다시 아방궁을 건축하여 시황제의 계획을 완수하였다. 그리고는 '천하를 소유하는 것을 귀하게 여기는 것은 하고 싶은 대로 마음껏 할 수 있다는 데에 있는 것이거늘, 대신들이 선왕이 하고자 했던 일을 폐하려 하는도다'라고 말하고는 이사와 풍거질을 죽이고 조고를 임용하였으니, 실로 가슴 아픈 이야기이다. 마치 사람의 머리를 가지고서 짐승 같은 소리를 질러대는 꼴이다. 만약 그가 흉악한 횡포를 저지르지 않았다면 자신의 죄악을 토벌당하지 않았을 것이며, 그가 저지른 죄악이 깊고 중하지 않았다면 허망하게 파멸에 이르지는 않았으리라.

---

416) 孝明皇帝는 漢 後明帝로 효명황제 17년은 서기 75년에 해당되므로 司馬遷이 죽은 지 이미 100여 년 뒤가 된다. 이하 끝까지의 문장은 班固가 효명황제의 자문에 응대한 글로 賈誼와 사마천의 秦나라 세 황제에 대한 논술을 평론한 것인데, 후세에 누군가가 여기에 덧붙여놓은 것이다.

417) 曆數 : 國運을 가리키는 것으로, 고대인들은 황제지위의 계승은 天象의 운행과 상응한다고 여겨, 제왕이 자리를 계승한 순서를 일컬어서 曆數라고 하였다.

418) 呂政 : 秦 始皇을 가리킨다. 후대인들이 진 시황이 呂不韋의 혈통에 속한다고 하여 呂政이라고 불렀다.

419) 진 시황이 13세의 나이로 제후의 반열에 올랐음을 말한다.

420) 원문에 "河神授圖"라고 하였는데, 이것은 제왕이 천명을 받게 되는 상서로운 징조를 비유한 것이다.

421) 狼, 虎는 모두 별자리 이름으로, 고대인들은 각종 무기의 상징으로 인식하였다.

422) 參, 伐은 모두 별자리 이름으로, 고대인들은 살육과 전쟁을 상징한다고 보았다.

황제의 자리에 등극하여 오래 머무르지도 못한 채 잔학한 짓을 일삼아 파
멸을 재촉했으니, 비록 지형이 유리한 나라를 차지하였다고 하더라도 그
대로 보존하지는 못하였을 것이다.

　자영은 순서를 뛰어넘어 황위를 계승하여, 옥관(玉冠)을 쓰고 화불(華
紱)[423]을 차고, 황옥(黃屋)[424]의 수레를 타고, 백관들을 수행하게 하여
칠묘(七廟)를 배알하였다. 그러나 소인배들이 의외의 높은 자리에 발탁
되어, 직무는 어리둥절하여 감당하지 못한 채 날마다 편안함만을 추구하
였다. 이에 자영은 홀로 깊이 생각하고 과감히 결정하여, 부자(父子)가
함께 사태를 저울질하고는, 마침내 가깝게 자신의 집안에서 교활한 간신
조고를 주살함으로써 선군을 위하여 역적을 토벌하였다. 조고가 죽은 다
음, 빈객과 친지들이 미처 서로의 노고를 채 위로하지도 못하고, 잔치상
의 음식이 미처 목구멍을 내려가지도 못하고, 술이 미처 입술을 적시기도
전에, 초나라 병사들이 이미 관중(關中)을 도륙하여 진인(眞人)[425]이 패
상(霸上)에 날아드니, 자영은 흰 수레에 수대(綬帶)를 목에 감고서 황제
의 부절과 옥새를 받들어 새로운 천자[426]에게 넘겨주었다. 이는 마치 정
백(鄭伯)이 두 손에 모정(茅旌)과 난도(鸞刀)를 받들고 투항하자 초 장
왕(楚莊王)이 병졸을 90리 뒤로 물리게 한 것과 같다.[427] 강물은 일단 터
져버리면 다시 막을 수 없고, 물고기는 한번 썩어버리면 다시 돌이킬 방
법이 없다. 가의(賈誼)와 사마천(司馬遷)은 '만약 자영이 평범한 군주의
재능을 지니고서 중간 정도의 재능을 지닌 장상(將相)의 보좌만이라도 얻
었다면, 비록 산동지방에서 반란이 일어났다고 하더라도 진나라의 국토는
온전히 보전될 수 있었을 것이며, 종묘제사 또한 결코 끊기지는 않았을

---

423)　紱은 玉璽를 매다는 絲帶를 말한다.
424)　黃屋 : 고대에는 제왕들이 타던 수레에 황색 비단으로 수레 덮개를 하였으므로,
　　이것은 보통 황제의 수레를 가리키는 말로 쓰인다.
425)　眞人 : 여기에서는 漢 高祖 劉邦을 가리킨다.
426)　원문은 "帝者"로 천자, 황제의 뜻이나 여기서는 새로 천자가 될 한 고조 유방을
　　말한다.
427)　원문은 "鄭伯茅旌鸞刀, 嚴王退舍"이다. 이는 楚 莊王 17년(기원전 597년)에 정
　　나라를 공격하자 鄭伯이 상반신을 벗은 채로 왼손에는 茅旌을 들고 오른손에는 鸞刀
　　를 들고 투항하여 종묘를 보전하였던 역사적 사실을 말하는 것으로, 당시 초나라의
　　莊王은 군사를 90리 밖으로 물렸다고 한다. '茅旌'과 '鸞刀'는 모두 종묘제사 때 사용
　　하는 禮器이며, 원문에서 '莊王'을 '嚴王'이라고 쓴 것은 班固가 漢 明帝의 이름인 劉
　　莊의 '莊'을 避諱한 것이다.

것이다'라고 말하였다. 진나라는 쇠퇴한 지 오래되어 천하가 흙더미 무너지듯, 기왓장 부서지듯 하였으니, 설사 주단(周旦)[428]의 재주가 있다고 하더라도 더 이상 그의 교묘한 지혜를 펼칠 도리가 없었을 것이거늘, (가의와 사마천이) 자영(子嬰)[429]을 책망한 것은 잘못된 일이다. 세간에 전하기로는 진 시황은 죄악을 일으켰고 호해는 죄악이 극에 이르렀다고 하니, 이 말은 매우 타당하다. 그런데도 오히려 자영을 책망하며 진나라의 국토를 보존할 수 있었다고 운운하니, 이는 이른바 시세의 변화를 통찰하지 못한 것이다. 기국(紀國)[430]의 기계(紀季)[431]가 휴읍(酅邑)을 제(齊)나라에 바친 것에 대하여 『춘추(春秋)』[432]에서는 그의 이름이 지적되지 않았다.[433] 나는 「진시황본기」를 읽다가 자영이 조고를 거렬형(車裂刑)에 처하는 단락에 이르면 그의 결단을 칭송하고 그의 의지를 가상히 여기지 않은 적이 없었다. 자영은 생사의 대의(大義)를 완벽히 갖추었다고 할 수 있을 것이다."

---

428) 周旦 : 西周 초기의 정치가로 성은 姬, 이름은 旦. 食邑이 周 땅에 있었기 때문에 '周公'이라고 한다.

429) 子嬰 : 원문은 "一日之孤"로 단 하루의 황제라는 뜻이나, 여기서는 단지 며칠간 재위하였던 자영을 가리킨다.

430) 紀國 : 고대의 나라 이름으로 성은 姜이다. 지금의 산동성 壽光縣 동남쪽.

431) 紀季 : 紀나라 임금의 작은 아우.

432) 『春秋』: 儒家 經典의 하나로 編年體로 기술된 역사서. 전하는 바로는 孔子가 魯나라 사관이 편수한 『春秋』를 정리하고 수정하여 완성하였다고 한다. 魯 隱公 元年(기원전 722년)에서 魯 哀公 14年(기원전 481년)까지 242년간의 역사를 기술하였다. 권1 「오제본기」의 〈주 142〉 참조.

433) 紀季는 온 백성을 이끌고 齊나라에 투항하여 제의 附庸國이 되었는데, 공자는 이를 종묘와 사직을 보존하기 위한 부득이한 행위로 간주하여, "紀季以酅入於齊"라고만 기술하고 紀季의 본명을 드러내지 않았다.

권7 「항우본기(項羽本紀)」제7

항적(項籍)은 하상(下相)[1] 사람으로 자는 우(羽)라고 하며, 처음에 군대를 일으켰을 때 나이가 24세였다. 그의 계부(季父)[2]는 항량(項梁)이며 항량의 부친은 초(楚)의 장수 항연(項燕)으로 진(秦)의 장수 왕전(王翦)에게 죽임을 당한 사람이다.[3] 항씨는 대대로 초의 장수로서 항(項)[4]의 제후로 봉해졌으므로 성을 항씨로 하였던 것이다.

항적은 어렸을 때 글을 배웠으나 다 마치지 못한 채 포기하고는 검술을 배웠는데 이 또한 다 마치지 못하였다. 항량이 노하니 항적은 말하기를 "글은 성명을 기록하는 것으로 족할 따름이며, 검은 한 사람만을 대적할 뿐으로 배울 만하지 못하니, 만인을 대적하는 일을 배우겠습니다"라고 하였다. 이에 항량은 항적에게 병법을 가르치니 항적은 크게 기뻐하였으되 대략 그 뜻만을 알고는 또한 끝까지 배우고자 하지는 않았다.

항량은 일찍이 역양현(櫟陽縣)[5]에 갇힌 적이 있었는데, 기현(蘄縣)의 옥연(獄掾)[6] 조구(曹咎)로 하여금 역양의 옥연인 사마흔(司馬欣)에게 서신을 보내도록 부탁함으로써 일을 무사히 마무리할 수가 있었다.

항량은 사람을 죽이고 항적과 더불어 원수를 피해서 오중(吳中)[7]으로 갔는데, 오중의 현명한 인재들은 모두 항량의 밑에서 나왔다. 오중에 요역(繇役)[8]과 상사(喪事)가 있을 때마다 항량은 항상 주관하여 일 처리를

---

1) 下相 : 相은 沛國에서부터 시작하는 물 이름. 패국에 相縣이 있으므로 그 하류에 현을 설치하고 이름을 下相縣이라고 하였다.
2) 季父 : 아버지의 작은 동생. 형제간의 서열은 伯, 仲, 叔, 季로 나타낸다.
3) 진 시황 23년(기원전 224년), 왕전이 초를 공격하여 초왕을 볼모로 삼자 항연은 昌平君을 왕으로 세우고 淮南에 군대를 주둔시켰다. 이듬해 왕전 등이 초군을 공격하니 창평군은 죽고 항연 역시 자살하였다. 상세한 것은 「秦始皇本紀」에 보인다.
4) 項 : 춘추시대의 나라 이름. 지금의 河南省 沈丘縣에 위치한다.
5) 櫟陽縣 : 권5 「진본기」의 〈주 142〉참조.
6) 獄掾 : 獄官. 掾은 正官을 돕는 일을 하는 부관급의 하급관리.
7) 吳中 : 현 이름. 지금의 江蘇省 蘇州市.
8) 繇役 : 徭役. 즉 役事.

하였는데, 은밀히 병법을 사용해서 빈객과 젊은이들을 배치하고 지휘하여 이로써 그들의 재능을 알아두었다. 진 시황이 회계산(會稽山)[9]을 유람하고 절강(浙江)[10]을 건너는데, 항량과 항적이 함께 그 모습을 지켜보았다. 항적이 말하기를 "저 사람의 자리를 내가 대신할 수 있으리라"라고 하니, 항량이 그 입을 막으며 말하기를 "경망스러운 말을 하지 말아라. 삼족(三族)[11]이 멸하게 된다!"라고 하였다. 그러나 항량은 이 일로 하여 항적을 범상치 않은 재목이라고 여겼다. 항적은 키가 8척이 넘고 힘은 커다란 정(鼎)[12]을 들어올릴 만했으며 재기(才氣)가 범상치 않아 오중의 자제들조차도 이미 모두 항적을 두려워하고 있었다.

진 이세(秦二世)[13] 원년 7월, 진섭(陳涉)[14] 등이 대택(大澤)[15]에서 군대를 일으켰다. 그해 9월 회계(會稽)[16]의 군수(郡守) 은통(殷通)이 항량에게 이르기를

> 강서(江西)[17] 지역은 모두가 반란을 꾀했으니, 이는 또한 하늘이 진(秦)을 멸망시키려는 때가 온 것이라고 할 수 있소. 내가 들으니 먼저 하면 남을 제압하고 나중에 하면 남에게 제압당한다고 하니, 나는 군대를 일으켜 그대와 환초(桓楚)[18]를 장수로 삼고자 하오

라고 하였다. 이때에 환초는 택중(澤中)에 도망하여 있던 터라 항량은 말하기를 "환초는 도망하여 그가 있는 곳을 아는 자가 없는데, 오직 항적만

---

9) 會稽山 : 지금의 浙江省 紹興縣 동남쪽. 권6 「진시황본기」의 〈주 223〉 참조.
10) 浙江 : 옛 이름은 漸水. 또는 之江이라고도 하였는데 굴곡이 많아서 절강이라고 하였다. 상류에 원류가 둘 있는데 북으로는 新安江과 남으로 蘭溪가 建德縣 동남쪽에서 합하여 동북쪽으로 桐廬縣에 이르러서는 桐江이 되고 富陽縣에서는 富春江이 되고 옛 錢塘縣 지역에 이르러서는 錢唐江이 된다.
11) 三族 : 여러 설이 있으나 보통 부모, 형제, 처자 혹은 父族, 母族, 妻族을 말한다.
12) 鼎 : 귀가 두 개 있고 다리가 셋인 커다란 솥.
13) 秦二世 : 진 시황이 죽자 趙高와 승상 李斯가 모의하여 황제로 세운 시황의 막내 아들 胡亥. 시황은 황제를 世次로 칭하는 제도를 만들었다.
14) 陳涉 : 秦陽 사람. 이름은 勝.
15) 大澤 : 蘄縣(지금의 안휘성 宿縣 동남쪽)에 속한 鄕의 이름.
16) 會稽 : 郡 이름. 그 직할지는 지금의 江蘇省 남부, 浙江省 대부분, 安徽省 남부. 郡守府는 吳縣(지금의 江蘇省 蘇州市)에 있었다. 권6 「진시황본기」의 〈주 111〉 참조.
17) 江西 : 長江의 이북지역을 통칭한다. 장강은 安徽省에서 江蘇省으로 들어가는데, 강남지역은 江東, 강북지역은 江西라고 부른다.
18) 桓楚 : 吳中의 뛰어난 장수.

이 그곳을 알고 있습니다"라고 하고는 즉시 밖으로 나와 항적에게 검을 가지고 처소 밖에서 기다리도록 분부하였다. 그리고 항량은 다시 들어가 군수와 대좌하여 말하기를 "청컨대 항적을 부르시어 환초를 부르라는 명을 받들도록 하십시오"라고 하였다. 군수가 "좋소!"라고 하니 항량이 항적을 불러들였다. 잠시 후, 항량이 항적에게 눈짓을 하며 "때가 되었다!"[19]라고 말하자, 항적은 마침내 검을 뽑아서 군수의 머리를 베었다. 이에 항량이 군수의 머리를 들고 그 인수(印綬)[20]를 차니, 군수의 문하(門下)들은 크게 놀라서 어지러이 우왕좌왕하는데, 항적이 쳐죽인 사람만 해도 거의 100명에 가까웠다. 이리하여 온 부중(府中)[21]이 온통 놀라서 땅에 엎드리고는 감히 일어나지를 못했다. 항량은 이에 이전에 알던 세력 있는 관리들을 불러서 대사를 일으킨 바를 설명하고는 마침내 오중에서 군대를 일으켰다. 그리고는 수하(手下)를 보내어 관할 현[22]을 거두고 정예군 8,000명을 얻었다. 항량은 오중의 호걸들을 각각 교위(校尉), 후(侯), 사마(司馬) 등의 직위에 임명했는데, 그때 등용되지 못한 사람 하나가 그 이유를 항량에게 물었다. 항량은 말하기를 "이전에 그대에게 어떤 사람의 상사(喪事)에 일을 맡겨보았는데, 그때 일을 잘 처리하지 못했기 때문에 그대를 임용하지 않았노라"라고 하니 모든 사람들이 이에 탄복하였다. 이때 항량은 회계군의 군수가 되고 항적은 부장(副將)이 되어 관할 현들을 다스렸다.[23]

이때에 광릉(廣陵)[24] 사람 소평(召平)[25]이 진왕(陳王) 진섭을 위해 광릉을 빼앗으려고 하였으나 함락시키지 못하고 있다가 진왕이 이미 패주하고 또한 진군(秦軍)이 장차 자기를 공격해올 것이라는 소문을 듣고는 이에 강을 건너서 진왕의 명(命)을 사칭하여[26] 항량을 초왕(楚王) 상주국(上柱國)[27]으로 봉하였다. 그리고는 말하기를 "강동(江東)은 이미 평정

---

19) 원문의 "可行矣"는 '행동을 해도 되겠다,' '때가 되었다'라는 뜻.
20) 印綬 : 도장과 도장을 매는 끈.
21) 府中 : 郡守府를 말한다.
22) 원문은 "下縣"으로, 여기서는 會稽郡 관할의 屬縣을 말한다.
23) 원문 "徇下縣"의 '徇'은 빼앗거나 항복받고 慰撫한다는 뜻.
24) 廣陵 : 현 이름. 지금의 강소성 揚州市에 縣城이 있었다.
25) 召平 : 진섭의 부하.
26) 원문 "矯陳王命"의 '矯'는 '假托하다,' '詐稱하다'의 뜻.
27) 上柱國 : 관직 이름. 초나라의 上卿으로, 相國에 상당하는 명예직.

되었으니 급히 군대를 이끌고 강서(江西)로 가서 진(秦)나라를 쳐라"라고 하였다. 항량은 이에 8,000명의 군사를 이끌고 강을 건너서 서쪽으로 갔다. 그런데 진영(陳嬰)이 이미 동양(東陽)²⁸⁾을 함락시켰다는 소식을 듣고는 사신을 보내어 연합하여 함께 서쪽으로 진격하려고 하였다. 진영은 본래 동양의 영사(令史)²⁹⁾로 현(縣)에 살았는데, 평소에 신의 있고 신중하여 장자(長者)³⁰⁾로 칭해졌다. 동양현의 젊은이들이 그 현령을 죽이고 수천명이 모여서 우두머리를 모시고자 하였으나 마땅한 사람이 없자 이에 진영에게 청하였다. 진영은 사양하였으나 사람들은 결국 억지로 진영을 우두머리로 삼으니, 현에서 그를 따르는 자가 20,000명이 되었다. 그런데 젊은이들은 진영을 왕으로 세우고자 하여 따로 푸른 천의 모자를 써서 창두군(蒼頭軍)이라고 명명하여 다른 군대와 구별하고 특별히 궐기한 뜻을 나타내었다. 진영의 모친이 진영에게 이렇게 말하였다.

> 내가 너희 가문으로 시집 온 이래 이제껏 너의 조상 중에 귀하게 된 사람이 있었다는 것을 들어보지 못했다. 그런데 지금 갑자기 네가 왕명(王名)을 얻는다는 것은 상서로운 일이 못 된다. 차라리 남의 밑에 있는 것이 낫다. 그러다가 거사가 성공하면 후(侯)에 봉해질 수 있고, 또 거사가 실패했을 경우라도 쉽게 화를 면할 수 있으니, 이는 네가 세상 사람들이 지목하는 사람이 아니기 때문이다.

진영은 이에 감히 왕이 되지 못하고 그 군관(軍官)에게 말하기를 "항씨는 대대로 장수의 집안이며 초나라에서도 이름이 높소. 그러니 지금 대사를 일으키고자 함에 그 사람이 아니면 안 될 것이오. 우리들이 명문대족에 의탁하면 진(秦)의 멸망은 틀림없을 것이오"라고 하였다. 이리하여 여러 군사들이 그의 말을 따라서 자신의 병졸들을 데리고 항량의 휘하에 들어갔다. 항량이 회수(淮水)³¹⁾를 건너자 경포(黥布),³²⁾ 포장군(蒲將軍)³³⁾

---

28) 東陽 : 현 이름. 縣城은 지금의 강소성 盱眙縣 동남쪽에 있었다.
29) 令史 : 縣令 휘하의 관리. 『楚漢春秋』에 의하면 진영은 동양현의 獄吏였다.
30) 長者 : 후덕하고 덕이 높은 어른.
31) 淮水 : 河南省 桐柏山에서 발원하여 安徽省, 江蘇省을 거쳐서 황하로 흘러들어가는 강. 권2 「하본기」의 〈주 41〉 참조.
32) 黥布 : 英布. 黥刑(이마에 먹으로 글자를 새기는 형벌)을 받았으므로 경포라고 하였다.
33) 蒲將軍 : 미상.

또한 군대를 이끌고 휘하에 드니, 무릇 6만-7만의 군대가 하비(下邳)[34]에 진을 쳤다.

이때 진가(秦嘉)[35]가 이미 경구(景駒)[36]를 초왕으로 세우고, 팽성(彭城)[37] 동쪽에 진을 치고는 항량의 군대를 막으려고 하였다. 항량이 군관에게 말하기를 "진왕(陳王)이 제일 먼저 봉기하였으나 전세는 불리하게 되고 지금은 행방조차 알 길이 없다. 그런데 지금 진가가 진왕을 배반하고 경구를 왕으로 세웠으니 이는 대역무도한 일이다"라고 하고는 즉시 진군하여 진가를 공격하였다. 이에 진가의 군대가 패주하자 항량은 그들을 호릉(胡陵)[38]까지 추격하였다. 반격하던 진가가 하루 만에 전사하자 그의 군대는 투항하였고, 경구는 양(梁)[39] 지역으로 달아나서 그곳에서 죽었다. 항량은 진가의 군대를 병합하고 나서 호릉에 진을 치고는 장차 군대를 이끌고 서쪽으로 진격하려고 하였다. 장함(章邯)[40]의 군대가 율현(栗縣)[41]에 이르니 항량은 별장(別將)[42] 주계석(朱鷄石)과 여번군(餘樊君)[43]으로 하여금 맞서서 싸우도록 하였으나 여번군은 전사하고 주계석의 군대는 패하여 호릉으로 도주하니, 이에 항량은 군사를 이끌고 설현(薛縣)[44]에 진입하여 주계석을 죽였다. 그보다 먼저 항량은 항우에게 별도로 양성(襄城)[45]을 공격하게 했는데, 양성은 수비가 굳건하여 쉽게 함락되지 않았다. 그러나 항우는 결국 성을 함락시키고 나서, 모두 산 채로 땅에 묻어버리고 돌아와서 항량에게 보고하였다. 항량은 진왕(陳王)이 확실히 죽었다는 소식을 듣고는 여러 별장들을 설현에 불러모아서 대사를 의논하였다. 이때 패(沛)[46]에서 군사를 일으킨 패공(沛公)[47] 역시 참석

---

34) 下邳 : 현 이름. 지금의 강소성 邳縣 서남쪽.
35) 秦嘉 : 陵縣(지금의 강소성 宿遷縣 동남) 사람. 일설에는 廣陵 사람이라고도 한다. 秦 末에 起義한 장수 중의 하나.
36) 景駒 : 戰國 末 초왕의 동족. 진섭이 章邯에게 패퇴한 후 그 소재가 묘연해지자, 진가에 의해서 왕으로 옹립되었다.
37) 彭城 : 권6 「진시황본기」의 〈주 165〉 참조.
38) 胡陵 : 현 이름. 지금의 산동성 魚臺縣 동남쪽에 縣城이 있었다
39) 梁 : 전국시대 魏나라의 지역으로, 지금의 하남성 동부 일대.
40) 章邯 : 秦의 장수. 권6 「진시황본기」의 〈주 260〉 참조.
41) 栗縣 : 현 이름. 지금의 하남성 夏邑縣.
42) 別將 : 주력군을 도와서 작전을 수행하는 부대의 장수.
43) 朱鷄石, 餘樊君 : 朱鷄石은 符離(지금의 安徽省 宿縣) 사람. 餘樊君은 미상.
44) 薛縣 : 현 이름. 지금의 산동성 滕縣의 남쪽에 현성이 있었다
45) 襄城 : 현 이름. 지금의 하남성 襄城縣.

하였다.

거소(居鄛)[48] 사람 범증(范增)은 나이 70으로, 평소 출사(出仕)하지 않고 자신의 집에서 지내며 기묘한 계책을 생각하기를 좋아했는데, 그가 항량을 찾아가서 유세(遊說)하기를

진승(陳勝)의 패배는 본래 당연한 것이었습니다. 진나라가 육국(六國)을 멸하였는데, 그중 초나라가 가장 무고하게 당하였습니다. 회왕(懷王)이 진나라에 들어가서 돌아오지 못하신 이후[49] 초나라 사람들은 오늘에 이르기까지 회왕을 가련히 여기고 있습니다. 그런 까닭에 초 남공(楚南公)[50]이 말하기를 "초나라에 설사 세 집밖에 남아 있지 않다고 할지라도 진을 멸망시킬 나라는 반드시 초나라이리라"[51]라고 하였습니다. 그런데 지금 진승이 제일 먼저 봉기하여 초나라의 후예를 세우지 아니하고 스스로 왕이 되었으니 그 세력이 오래가지 아니하는 것입니다. 지금 그대께서 강동(江東)에서 군사를 일으키시니 벌떼같이 일어난 초의 장수들이 모두 다투어 그대에게 귀의하는 것은 그대가 대대로 초나라의 장수로서, 다시 초나라의 후손을 왕으로 세울 수 있으리라 여겼기 때문입니다

라고 하였다. 이리하여 항량은 그 말을 그럴 듯하다고 여기고는 민간(民間)에서 남의 양치기 노릇을 하던 회왕의 손자 웅심(熊心)을 찾아서, 왕으로 세우고 초 회왕(楚懷王)[52]이라고 하니, 이는 백성들이 바라던 바를 따른 것이었다. 진영(陳嬰)은 초나라의 상주국(上柱國)이 되어 다섯 개의 현을 식읍으로 받고 회왕과 더불어 우이(盱台)[53]에 도읍하였으며, 항량은 스스로 무신군(武信君)이라고 하였다.

46) 沛 : 지명. 권6「진시황본기」의 〈주 256〉참조.
47) 沛公 : 劉邦은 군대를 일으키며 스스로 패공이라고 했는데, 楚나라의 현령을 '公'이라고 하였다. 권6「진시황본기」의 〈주 255〉참조.
48) 居鄛 : 현 이름. 居巢라고도 한다. 지금의 안휘성 巢縣 서남쪽에 縣城이 있었다. 일설에는 지금의 安慶市 북쪽이라고 한다.
49) 기원전 299년, 초 회왕이 꾀임에 빠져 秦에 들어가서 秦 昭王의 볼모가 되었다가 秦나라에서 객사하였다. 상세한 것은「楚世家」에 보인다.
50) 楚 南公 : 전국시기 楚나라의 陰陽家. 성명은 미상.
51) 이것은 당시 유행하던 말로서, '세 집[三戶]'이란 두 가지 설이 있는데, 하나는 '초나라의 戶數가 극히 적음'을 의미한다고 하며, 또 하나는 초나라의 왕족으로 昭, 屈, 景의 세 성을 가리키는 것이라는 설이 있으나 확실치 않다.
52) 楚 懷王 : 懷王은 諡號. 조부도 회왕이요, 손자 또한 회왕인데, 이전에 진에게 속아서 진에서 죽은 회왕을 백성들에게 상기시키고자 한 의도였다.
53) 盱台 : 盱眙라고도 쓴다. 현의 이름으로, 지금의 강소성 우이현 동북쪽.

수개월 후, 항량은 군사를 이끌고 항보(亢父)[54]를 공격하고 제(齊)나라의 전영(田榮),[55] 사마용저(司馬龍且)[56]의 군대와 함께 동아(東阿)[57]를 구원하여, 동아에서 진군(秦軍)을 대파하였다. 전영은 즉시 군대를 이끌고 돌아가서 제나라 왕인 전가(田假)[58]를 쫓아내니, 전가는 초나라로 달아났고 전가의 상국(相國)인 전각(田角)은 조(趙)나라로 도망하였으며, 전각의 동생 전간(田閒)은 원래 제나라의 장수였으되 조나라에 머물며 감히 돌아가지 못하였다. 전영은 전담(田儋)의 아들 전불(田市)을 제나라 왕으로 세웠다. 항량이 동아 일대에 진을 치고 있던 진군(秦軍)을 무찌르고 나서, 퇴주하는 진군을 추격하며 제군(齊軍)에 수차례 사자를 보내서 함께 서쪽으로 진격할 것을 재촉하였다. 이에 전영이 "초나라가 전가를 죽이고, 조나라가 전각과 전간을 죽인다면 군대를 보내겠다"라고 하자, 항량은 "전가는 동맹국의 왕이었다. 이제 신세가 곤궁하게 되어 내게 몸을 의탁하였으니, 차마 죽이지 못하겠다"라고 하였고, 조나라 역시 전각과 전간을 죽이는 것으로써 제나라와 흥정하려고는 하지 않았다. 그러자 제나라는 끝내 군사를 보내서 초나라를 도우려고 하지 않았다. 항량은 패공과 항우로 하여금 별도로 성양(城陽)[59]을 공격하여 전멸시키고, 서쪽으로 진격하여 복양(濮陽)[60]의 동쪽에서 진군을 격파하니 진군은 복양으로 철수하였다. 이에 패공과 항우가 정도(定陶)[61]를 공격했으나 정도가 함락되지 않자 그곳을 버리고 서쪽을 공격하여 옹구(雍丘)[62]에 이르러 진군을 대파하고 이유(李由)[63]의 목을 베었다. 그리고는 회군(回軍)하여 외황(外黃)[64]을 공격했으나 외황은 함락되지 않았다.

54) 亢父 : 현 이름. 지금의 산동성 齊寧市 남쪽.
55) 田榮 : 齊의 왕족으로 田儋의 동생. 진승이 군대를 일으킨 후 전담은 스스로 齊王이 되었으나 나중에 章邯에 의해서 죽임을 당했다. 이에 전영은 나머지 군사들을 모아서 동아로 퇴각하였는데, 장함이 동아성을 포위하자 항량이 군사를 이끌고 동아성 아래에서 장함의 군사를 무찔렀다.
56) 司馬龍且 : 제나라 사람. 초나라의 용장으로 당시 司馬에 임용되었다.
57) 東阿 : 지명. 지금의 산동성 동아현 서남쪽의 阿城鎭에 古城이 있었다.
58) 田假 : 전국 말년 齊王 田建의 동생.
59) 城陽 : 현 이름. 成陽이라고도 한다. 지금의 산동성 鄄城縣 동남쪽.
60) 濮陽 : 현 이름. 지금의 하남성 복양현 서남쪽에 현성이 있었다.
61) 定陶 : 현 이름. 지금의 산동성 정도현 서북쪽에 현성이 있었다.
62) 雍丘 : 권6 「진시황본기」의 〈주 32〉참조.
63) 李由 : 李斯의 아들. 당시 三川郡守로 있었다.
64) 外黃 : 현 이름. 지금의 하남성 民權縣 서북쪽에 현성이 있었다.

항량은 동아에서 출발하여 서쪽으로 정도에 이를 때까지 두 차례나 진군을 무찌른 데다 항우 등이 또 이유의 목을 베자, 더욱 진나라를 경시하며 교만한 기색을 드러내었다. 이에 송의(宋義)[65]가 항량에게 간(諫)하기를

싸움에서 이겼다고 장수가 교만해지고 병졸들이 나태해진다면 패하고 말 것입니다. 지금 병졸들이 다소 나태해지고 있는데[66] 진군은 날로 증가하고 있으니 신은 그것이 두렵습니다

라고 하였으나 항량은 듣지 않았다. 그리고는 송의를 제나라에 사신으로 보냈는데, 도중에 제나라의 사신인 고릉군(高陵君) 현(顯)[67]을 만났다. 송의가 "공께서는 무신군을 만나시려는 것입니까?"라고 물으니 그는 "그렇소이다"라고 대답하였다. 이에 송의가 "신이 생각컨대 무신군의 군사는 반드시 패할 것이니, 공께서 천천히 가신다면 죽음을 면할 수 있을 것이나 급히 가신다면 화를 당하게 될 것입니다"라고 말하였다. 그러더니 과연 진나라는 모든 군사를 일으켜서 장함을 지원하여 초군을 공격, 정도에서 크게 무찌르니 항량은 전사했고 패공과 항우는 외황을 버리고 진류(陳留)[68]를 공격했으나 진류의 수비가 견고하여 함락시킬 수 없었다. 패공과 항우가 서로 모의하기를 "지금 항량의 군대가 대파되어 병사들이 두려워하고 있다"라고 하고는, 여신(呂臣)[69]의 군대와 함께 군대를 이끌고 동쪽으로 진격하여, 여신은 팽성 동쪽에 진을 치고 항우는 팽성 서쪽, 패공은 탕(碭)[70]에 진을 쳤다.

장함이 항량의 군사를 무찌른 후, 초나라의 군대는 근심할 것이 없다고 여기고는 황하를 건너서 조나라를 공격하여 크게 무찔렀다. 이때, 조나라는 조헐(趙歇)이 왕이었고,[71] 진여(陳餘)가 장수, 장이(張耳)가 재상으

---

65) 宋義 : 원래는 초나라의 슈尹이었는데, 이때에는 항우의 부대에 있었다.
66) 원문은 "卒少惰矣"인데, '병졸 등은 적은 데다가 나태해지고 있는데'라고 해석하는 것이 뒷문장의 '秦軍은 날로 증가하고 있으니'와 호응될 것 같다.
67) 顯 : 사람 이름. 성씨는 미상. 고릉군은 그의 封號.
68) 陳留 : 현 이름. 지금의 하남성 開封市 동남쪽에 진류성이 있다.
69) 呂臣 : 초의 장수. 나중에 유방에게 귀순하여 寧陵侯에 봉해졌다.
70) 碭 : 현 이름. 碭縣(지금의 안휘성 碭山縣 남쪽)에 현성이 있었다.
71) 진섭이 군사를 일으켰을 때 武臣과 진여, 장이를 하북에 보내어 군사를 일으키도록 했는데, 무신이 스스로 조의 왕이 되었다가 나중에 살해당하였다. 이에 진여와 장이가 조헐을 왕으로 세웠다.

로 있었는데,[72) 모두 거록(巨鹿)[73)으로 도망쳐버렸다. 장함은 왕리(王離)와 섭간(涉閒)[74)으로 하여금 거록을 포위하게 하고 자신은 그 남쪽에 진을 치고는 용도(甬道)[75)를 만들어서 군량을 조달하였다. 진여는 조나라의 장수로서 군사 수만명을 거느리고 거록 북쪽에 진을 치고 있었으니, 이것이 소위 '하북군(河北軍)'이었다.

초군이 정도에서 크게 패한 후, 회왕은 두려워하여 우이를 떠나서 팽성으로 가서는 항우와 여신의 군대를 병합하여 친히 통솔하였다. 그리고 여신을 사도(司徒)[76)로 삼고, 그의 부친 여청(呂靑)을 영윤(令尹)[77)으로 삼았으며, 패공을 탕군의 군장(郡長)으로 삼고 무안후(武安侯)에 봉하여 탕군의 군대를 거느리게 하였다.

이전에, 송의가 만났던 제나라의 사신 고릉군 현이 초나라 군중에 있을 때, 초왕을 만나서 이렇게 말했다.

> 송의는 무신군의 군사가 반드시 패할 것이라고 말했는데, 며칠 후 무신군의 군대가 과연 패하였습니다. 군대가 아직 싸우기도 전에 미리 그 패배의 조짐을 알았으니 이는 병법을 안다고 말할 만합니다.

왕이 송의를 불러 더불어 대사를 의논하고는 크게 기뻐하며 그를 상장군(上將軍)으로 삼았다. 그리고 항우는 노공(魯公)에 봉해져서 차장(次將)이 되었고 범증은 말장(末將)이 되어서 조나라를 구원하기로 하였다. 여러 별장들이 모두 송의의 휘하에 속하게 되니, 송의는 경자관군(卿子冠軍)[78)이라고 불렸다. 그런데 군대가 안양(安陽)[79)에 이르러 46일 동안을 머물며 진격하지 않으니, 항우가 말하기를

---

72) 陳餘와 張耳는 본래 刎頸之交로 모두 魏나라 大梁의 名士. 진섭이 군사를 일으킨 후, 두 사람은 武臣을 따라서 조나라에 갔는데, 나중에 장이는 항우를 따랐다가 다시 漢에 투항하였고, 진여는 계속 조나라에 머무르고 있었다. 자세한 내용은 「張耳陳餘列傳」에 보인다.

73) 巨鹿 : 권6 「진시황본기」의 〈주 266〉 참조.

74) 王離, 涉閒 : 진나라의 장수.

75) 甬道 : 권6 「진시황본기」의 〈주 143〉 참조.

76) 司徒 : 西周 때에 처음 설치한 관직으로 국가의 토지와 백성들을 관장하였다. 여기서는 후방부대를 관장하는 軍需官을 말한다. 권1 「오제본기」의 〈주 112〉 참조.

77) 令尹 : 초나라의 軍政大臣.

78) 卿子冠軍 : 卿子는 당시 남자에 대한 美稱으로 公子와 같으며, 冠軍은 군의 우두머리를 말한다. 송의가 당시 上將軍이었으므로 이러한 호칭이 생겼다.

79) 安陽 : 지명. 지금의 산동성 曹縣의 동남쪽. 지금의 하남성 안양과는 별개이다.

내가 듣건대 진군이 조왕(趙王)을 거록에서 포위하고 있다고 하니, 급히 군사를 이끌고 강을 건너서 초나라는 그 바깥을 치고 조나라는 안에서 호응한다면 진군을 반드시 무찌를 수 있을 것입니다

라고 하자 송의가 이렇게 말했다.

그렇지 않소. 대저 소를 물어뜯는 등에[80]가 이[蝨]를 죽일 수는 없는 것이오. 지금 진나라가 조나라를 공격하는데, 전쟁에서 승리를 한다 해도 병졸들은 피로해질 것이니 우리는 그 피곤한 틈을 이용할 것이오. 진이 승리하지 못할 경우 우리가 군사를 이끌고 북을 치며 전진하여 서쪽을 친다면, 반드시 진나라를 함락시킬 수 있을 것입니다. 그러므로 먼저 진나라와 초나라로 하여금 싸우도록 하는 것이 상책입니다. 갑옷과 무기로 무장하고 실전을 하는 일에서는 내가 그대보다는 못하지만, 앉아서 책략을 부리는 일에서는 그대가 나보다 못할 것입니다.

그리하여 군중에 영을 내리기를 "사납기가 호랑이 같거나 제멋대로 하기가 양(羊) 같으며, 탐욕스럽기가 승냥이 같거나 고집이 세어 부릴 수 없는 자는 모두 목을 벨 것이다"라고 하였다. 그리고는 그의 아들 송양(宋襄)을 제나라에 보내어 제왕을 돕게 하려는데, 친히 무염(無鹽)[81]까지 전송하고는 성대한 주연을 베풀었다. 날은 춥고 비가 거세어 사졸들은 추위와 허기에 지치게 되었다. 그러자 항우가 이렇게 말하였다.

장차 죽을 힘을 다해서 진나라를 공격해야 하거늘 오랫동안 머물며 진격하지 아니하더니, 지금에는 흉년이 들어서 백성들은 궁핍하고 사졸들은 토란과 콩으로 연명하며, 군영(軍營)에는 저장된 군량이 없는데도 성대한 연회를 벌여서 술이나 마시기만 할 뿐, 군사를 이끌고 강을 건너 조나라의 군량을 먹으며 조나라와 함께 힘을 합쳐서 진나라를 공격하지 아니하면서, 그저 말하기를 "그들이 지친 틈을 이용하리라"라고만 말한다. 대저 진나라의 강대함으로 지금 막 일어난 조나라를 공격하게 된다면, 그 형세는 조나라를 함락시킬 것이 당연한데, 조나라가 함락되고 진나라가 강해진 뒤에 무슨 지친 틈을 이용하겠다는 것인가? 또 우리 군사가 지금 막 패전한 터이라[82] 왕께서 좌불안석하시어 온 나라의 병사를 통틀어 오로지 장군의 휘

---

80) 등에 : 마소의 피를 빠는 파리같이 생긴 곤충.
81) 無鹽 : 지명. 서한시대에 현을 설치했는데, 지금의 산동성 東平縣 동남쪽에 현성이 있었다.
82) 초군이 定陶에서 패한 일을 가리킨다.

하에 속하게 하셨으니 국가의 안위는 오직 이 거사(擧事)[83]에 달려 있다. 그런데도 지금 사졸을 돌보지 아니하고 그 사사로운 정만을 따르니[84] 사직을 보존하려는 신하가 아니로다.

그리하여 항우는 아침에 상장군 송의의 막사를 찾아가서 그 자리에서 송의의 머리를 베고 군중(軍中)에 영을 내리기를 "송의는 제나라와 더불어 초나라를 배반할 모의를 꾸미고 있었으므로, 초왕께서 은밀히 나에게 그를 주살하도록 하셨다"라고 하였다. 그러자 당시 여러 장수들은 모두 두려워서 복종하고 감히 저항하지 못하며 말하기를 "처음 초나라를 세운 것은 장군의 집안이시더니 지금 장군께서 난신을 주살하셨습니다"라고 하였다. 이에 서로들 모두 항우를 임시[85] 상장군으로 세우고, 사람을 보내서 송의의 아들을 제나라까지 추격하게 하여 그를 죽였다. 그리고는 환초(桓楚)를 보내어 회왕께 보고하게 하자, 회왕은 항우를 상장군으로 삼고 당양군(當陽君),[86] 포장군(蒲將軍) 등을 모두 항우의 휘하에 소속시켰다.

항우가 경자관군 송의를 죽인 후, 그의 위엄이 온 초나라를 진동시키고 명성은 제후들에게까지 전해졌다. 이에 당양군과 포장군으로 하여금 병사 2만을 이끌고 장하(漳河)[87]를 건너서 거록을 구원하도록 하였으나 싸움에 큰 성과를 거두지 못하였는데, 진여가 또 구원병을 요청하였다. 이에 항우가 군사를 이끌고 장하를 건너서는 배를 모두 가라앉히고, 솥과 시루 등의 취사도구를 깨뜨리고 막사를 불사른 뒤 3일분의 군량만을 휴대함으로써 사졸들에게 필사적으로 싸울 것이며 추호도 살아 돌아올 마음이 없다는 것을 나타내었다. 이리하여 거록에 도착하자마자 왕리(王離)를 포위하고 진의 군사와 수차례 접전하여 그들의 용도(甬道)를 끊어서 크게 무찔렀으며, 소각(蘇角)[88]을 죽이고 왕리를 포로로 하였다. 섭간은 초나라에 투항하지 않고 분신자살하였다. 이때 초군은 제후군(諸侯軍) 가운데 으뜸이었으니, 거록을 구하고자 달려온 제후군이 10여 진영이었으나

---

83) 趙와 협력하여 진을 치는 일을 말한다.
84) 송의가 자신의 아들 송양을 보내어 제나라를 돕도록 한 일을 말한다.
85) 원문은 "假"로 잠시 대리한다는 뜻.
86) 當陽君 : 경포의 封號. 당양은 현의 이름으로 지금의 호북성 당양현이다. 일설에는 지금의 안휘성 當涂縣의 동쪽이라고 한다.
87) 漳河 : 산서성 동남부에서 발원하여 淸漳과 濁漳이 합류된 후에 하북성과 하남성의 변경을 경유하여 동남쪽의 衛河로 흘러들어간다. 권2 「하본기」의 〈주 18〉 참조.
88) 蘇角 : 진의 장수.

감히 함부로 군대를 움직이지 못하고, 초군이 진군을 공격할 때에도 여러 장수들은 모두 자신의 진영에서 관전만하고 있을 뿐이었다. 초나라 군사는 전원이 다 한 명이 열 명을 대적할 정도로 용맹스러웠으며, 초군의 고함소리가 하늘을 진동시키니 제후군들은 모두 두려워하지 않는 이가 없었다. 진군을 무찌르고 난 후, 항우가 제후군의 장수들을 불러 원문(轅門)[89]에 들게 하자 모두 다 무릎걸음으로 나오며 감히 고개를 들어 쳐다보지 못하였다. 이때부터 항우는 비로소 제후군의 상장군이 되니 제후들이 모두 그의 휘하에 소속되었다.

장함은 극원(棘原)[90]에 군대를 주둔시키고, 항우는 장하 남쪽에 주둔시켜 서로 대치한 채로 싸우지 않았다. 그런데 진군이 여러 차례 퇴각하자, 이세 황제는 사람을 보내어 장함을 꾸짖었다. 장함은 두려워서 장사(長史)[91] 사마흔(司馬欣)을 보내 알현을 청하게 했는데, 그가 함양(咸陽)[92]에 이르러 사마문(司馬門)[93]에 3일을 머물렀는데도 조고(趙高)는 만나주지 않으며 불신하는 마음을 품고 있었다. 장사 사마흔은 두려워서 자신의 부대로 돌아가면서도 감히 왔던 길로 가지 못했는데, 과연 조고가 사람을 보내어서 그를 추격하게 하였으나 미처 따라잡지는 못하였다. 사마흔은 자신의 부대로 돌아와서 이렇게 보고하였다.

조고가 궁중 안에서 정권을 마음대로 하고 있었고 그 아래에는 제대로 일을 할 만한 자가 없습니다. 만일 지금 전쟁에서 이기면 조고는 반드시 우리의 공로를 시기할 것이며, 전쟁에 져도 죽음을 면할 수 없게 될 것입니다. 원하건대 장군께서는 심사숙고하시기 바랍니다.

진여도 장함에게 서신을 보내어 이렇게 말하였다.

백기(白起)[94]는 진나라의 장수가 되어 남으로 언영(鄢郢)[95]을 정벌하고,

---

89) 轅門 : 軍門을 말한다. 轅은 수레의 앞 양쪽에 대는 긴 채. 고대에 군대가 주둔할 때 수레로 軍營을 만들었는데 수레의 끌채 두 개를 세워서 문으로 삼았으므로 '轅門'이라고 하였다.

90) 棘原 : 지금의 하북성 平鄕縣 남쪽.

91) 長史 : 권6「진시황본기」의 〈주 262〉 참조. 지금의 祕書長에 해당한다.

92) 咸陽 : 지금의 섬서성 함양시 동북쪽. 秦 孝公이 기원전 350년에 櫟陽에서 이곳으로 천도하였다.

93) 司馬門 : 황궁의 外門. 항상 司馬로 하여금 위병들의 파수를 지휘하게 하였으므로 사마문이라고 칭한다.

북으로 마복(馬服)[96]을 땅에 묻었으며, 성을 공격하고 땅을 빼앗은 것이 이루 다 셀 수 없이 많은데도 마침내는 죽임을 당하고 말았습니다. 또 몽염(蒙恬)[97]은 진나라의 장수로서 북쪽으로 융인(戎人)[98]을 쫓아내고, 유중(楡中)[99] 지역 수천리를 개척하였으나 마침내는 양주(陽周)[100]에서 참살 당했으니, 이것은 어찌 된 까닭입니까? 공이 너무 많아서 진나라가 모두 봉록을 줄 수 없기 때문에 법을 구실로 그들을 죽인 것입니다. 지금 장군께서 진나라의 장수가 되신 지 3년이 되었는데 잃은 병력이 10만을 헤아리되 봉기하는 제후들이 점점 더 많아지고 있습니다. 저 조고는 평소 아첨만을 일삼은 지가 이미 오래되었는데 지금 일이 다급해지고 또 이세가 자신을 죽일까 두려워하기 때문에 법을 빌미로 장군을 주살함으로써 자신에 대한 책망을 틀어막고, 사람을 보내어 장군을 대신하게 함으로써 그 화(禍)에서 벗어나고자 하는 것입니다. 대저 장군께서 밖에서 머문 지가 오래되니 조정과의 틈이 많아져서 공이 있다고 해도 죽임을 당할 것이요, 공이 없다고 해도 죽임을 당할 것입니다. 또 하늘이 진나라를 멸망시키고자 한다는 것은 어리석은 자나 지혜로운 자를 막론하고 다 아는 일입니다. 지금 장군께서 안으로는 직간(直諫)할 수 없고, 또 밖으로는 망국의 장수로서 홀로 외로이 서서 오래도록 버티려고 하시니 어찌 슬프지 않겠습니까? 장군께서는 어째서 병사를 돌리어 제후들과 연합하고 함께 진나라를 공격할 것을 맹약하여 그 땅을 나누어가진 뒤 왕이 되려고 하지 않으십니까? 이렇게 하시는 것과, 자신의 몸이 부질(鈇質)[101]에 엎드리게 되고 처자는 살육당하는 것 중에서 어느 것이 낫겠습니까?

장함은 주저하며 항우에게 몰래 후시성(侯始成)[102]을 보내어 협약하고

---

94) 白起 : 진나라의 저명한 장수. 그의 사적은 「白起列傳」에 상세히 보인다. 권4 「주
본기」의 〈주 262〉 참조.

95) 鄢郢 : 전국시기 楚의 國都. 지금의 호북성 宜城縣 남쪽. 초나라는 일찍이 郢에
도읍을 정했다가 나중에 언영으로 천도하였다.

96) 馬服 : 趙나라의 장수 趙括을 가리킨다. 그는 부친 趙奢의 封爵을 이어받아 馬服
君이 되었다. 백기는 조괄의 대군을 격파한 후 투항한 병사 40만을 땅에 묻어버렸
다. 상세한 것은 「廉頗藺相如列傳」에 보인다.

97) 蒙恬 : 진의 명장. 진이 6국을 통일한 후 그는 군사 30만을 이끌고 북방 변경에서
흉노의 침입을 방어하였는데 나중에 조고에 의해서 죽임을 당하였다. 자세한 내용은
「蒙恬列傳」에 보인다. 권6 「진시황본기」의 〈주 186〉 참조.

98) 戎人 : 흉노족을 가리킨다.

99) 楡中 : 요새 이름. 권6 「진시황본기」의 〈주 190〉 참조.

100) 陽周 : 현 이름. 지금의 섬서성 子長縣 북쪽.

101) 鈇質 : 도끼로 허리를 자르는 형벌, 또는 그 형구.

자 하였다. 협약이 아직 이루어지기 전, 항우가 포장군으로 하여금 밤낮으로 병사를 이끌고 삼호(三戶)[103]를 건너서 장하 남쪽에 주둔하게 하고는 진나라와 싸움을 벌여서 다시 그들을 무찌르게 하였다. 항우는 모든 병사를 이끌고 오수(汙水)[104]에서 진군을 공격하여 크게 무찔렀다.

장함이 항우에게 사람을 보내어 협약하고자 하니, 항우가 군리(軍吏)를 불러서 모의하기를 "군량이 적으니 그 협약에 응할까 한다"라고 하자, 군리들이 모두 말하기를 "좋습니다"라고 하였다. 항우는 이에 원수(洹水)의 남쪽 은허(殷墟)에서 만날 것을 약조하였다. 협약하고 난 뒤 장함은 항우를 만나서 눈물을 흘리며 조고의 여러 악행을 말하였다. 항우는 이에 장함을 옹왕(雍王)으로 세워서 초나라 군중에 있게 하고, 장사 사마흔을 상장군으로 임명하여 진군의 선봉으로 삼았다.

군대가 신안(新安)[105]에 이르렀을 때였다. 제후군의 장병(將兵)들이 예전에 요역(徭役)과 변경수비에 동원되어 진나라를 지날 때에 진나라의 장병들이 그들을 아주 무례하게 대했었다. 그런데 지금 진군이 제후군에게 항복하자, 제후군의 장병들은 승세(勝勢)를 이용하여, 그들을 노예처럼 부리고 진나라의 장병들을 걸핏하면 학대하고 모욕하는 일이 많았다. 그러자 진나라의 장병들이 저희들끼리 수군거리기를

> 장(章) 장군 등이 우리들을 속여 제후들에게 투항하도록 했는데, 지금 만일 관내(關內)에 들어가서 진나라를 무찌른다면 아주 좋은 일이나 만일 그러지 못한다면 제후군들은 우리를 포로로 하여 동쪽으로 퇴각할 것이니, 진나라는 우리의 부모와 처자를 모두 다 죽일 것은 분명한 일이다

라고 하였다. 제후군의 장수가 몰래 그 말을 듣고서 항우에게 보고하였다. 이에 항우는 경포와 포장군을 불러서 계책을 말하기를 "진나라의 장병들이 아직도 그 수가 많은 데다 마음으로 복종한 것이 아니니, 관중(關中)에 이르러서 우리에게 복종하지 않는다면 틀림없이 일이 위태롭게 될 것이므로 그들을 죽이고 장함, 장사 사마흔, 도위(都尉)[106] 동예(董翳)[107]

---

102) 侯始成 : 始成이라는 이름의 軍侯를 말한다.
103) 三戶 : 漳河의 나루터. 지금의 하북성 臨漳縣 서쪽에 있다.
104) 汙水 : 지금의 하북성 臨漳縣 서쪽에 있는 강으로, 하북성 太行山에서 발원하여 동남쪽으로 漳河에 유입된다.
105) 新安 : 현 이름. 지금의 하남성 澠池縣 동쪽.
106) 都尉 : 장군보다 지위가 약간 아래인 武官의 관직.

만을 데리고 진나라에 들어가는 것이 나으리라"라고 하였다. 이리하여 초
군은 밤에 진군을 습격하여 진나라 병졸 20여만 명을 신안성 남쪽에 생매
장하였다.

항우는 진나라의 땅을 공략하여 평정시키려고 함곡관에 도착하였으나
관(關)을 지키는 병사가 있어서 들어갈 수 없는 데다 패공이 이미 함양을
함락시켰다는 소식을 듣자 크게 노하여 당양군 등을 보내어 함곡관을 공
격하도록 하였다. 항우가 마침내 관내에 들어가서 희수(戲水)[108] 서쪽에
이르렀다. 이때 패공은 패상(霸上)[109]에 주둔하고 있어서 항우와 아직 서
로 만나지 못하고 있었는데, 패공의 좌사마(左司馬) 조무상(曹無傷)이
사람을 시켜서 항우에게 말하기를 "패공이 관중의 왕이 되고 자영을 재상
으로 삼아 진귀한 보물을 모두 다 차지하려고 한다"라고 하였다. 이에 항
우가 크게 노하여 말하기를 "내일 아침 병사들을 잘 먹이고 패공의 군대
를 격파하리라"라고 하였다. 이때 항우의 병사는 40만으로 신풍(新豊)[110]
의 홍문(鴻門)[111]에 있었고, 패공의 병사는 10만으로 패상에 있었다. 범
증이 항우에게 이렇게 권하였다.

> 패공은 산동(山東)[112]에 있을 때 재화(財貨)를 탐하고 미색(美色)을 좋아
> 하였는데, 지금 관내에 들어가서는 재물을 취하지 아니하고 여자를 가까이
> 하지 않으니 이는 그의 뜻이 작은 데에 있지 않다는 것을 말합니다. 제가
> 사람을 시켜 그 기(氣)[113]를 살펴보게 하였더니 모두 용과 범의 기세로서
> 오색 찬연하니 이는 천자의 기세입니다. 급히 공격하시어 기회를 잃지 마
> 소서.

초나라의 좌윤(左尹)[114] 항백(項伯)[115]은 항우의 계부(季父)였는데 평

---

107)   董翳 : 원래는 장감의 부하였으나, 항우에게 투항할 것을 장감에게 권했다.
108)   戲水 : 권6 「진시황본기」의 〈주 258〉 참조.
109)   霸上 : 灞水 서쪽의 白鹿原. 지금의 섬서성 西安市 동남쪽.
110)   新豊 : 秦代에는 酈邑이었다가 漢代에 신풍으로 바뀌었다. 지금의 섬서성 임동현
       동북쪽.
111)   鴻門 : 산 언덕의 이름. 신풍현 동쪽에 있으며 지금은 項王營이라고 한다.
112)   山東 : 권6 「진시황본기」의 〈주 249〉 참조.
113)   氣 : 길흉을 예시하는 氣. 漢代의 方士들은 이러한 氣를 보는 비술을 가지고 있
       었는데 어느 곳의 雲氣를 살펴 길흉을 예측할 수 있다고 한다.
114)   左尹 : 초나라의 관직 이름으로 슈尹의 다음 자리.
115)   項伯 : 이름은 纏, 伯은 그의 字. 여러 차례 유방을 도와 공을 세워 射陽侯로 봉
       해지고 劉氏 성을 하사받았다.

소에 유후(留侯) 장량(張良)[116]과 친하였다. 장량은 이때 패공을 따르고 있었다. 이에 항백은 밤에 패공의 군영으로 달려갔다. 그는 은밀히 장량을 만나서 모든 일을 상세히 알리고 함께 가자며 말하기를 "패공을 따라서 함께 죽지 마십시오"라고 하였다. 그러자 장량이 말하기를 "신(臣)은 한왕(韓王)을 위해서 패공을 따르고 있는데 패공이 지금 위태로운 일이 있다고 하여 도망하는 것은 의롭지 못한 일입니다. 이 사실을 패공께 아뢰지 않을 수 없군요"라고 하고는 들어가서 패공에게 전부 고하였다. 패공이 크게 놀라며 말하기를 "이를 어떻게 해야 좋은가?"라고 하자 장량이 말하기를 "누가 대왕께 그러한 계책을 말했나이까?"라고 하니, 패공은 "어떤 소견 좁은 서생[117]이 나에게 '관(關)을 막고서 제후들을 받아들이지 않는다면 진나라의 넓은 영토에서 왕 노릇을 할 수 있을 것이다'라고 권하기에 그 말을 따랐소"라고 대답하였다. 장량이 말하기를 "대왕의 병졸이 항왕을 당해낼 수 있으리라 생각하십니까?"라고 하자 패공이 잠자코 있다가 말하기를 "물론 못 하지요. 장차 이를 어찌하면 좋겠소?"라고 하니, 장량이 말하기를 "청컨대 항백에게 패공께서는 감히 항왕을 배반하지 않을 것이라고 말하십시오"라고 하였다. 패공이 말하기를 "그대는 어떻게 항백과 친분을 가지셨소?"라고 하니, 장량이 말하기를 "신이 진(秦)에 있을 적에 그와 더불어 어울렸는데, 항백이 사람을 죽여 신이 그를 살려준 적이 있었습니다. 그래서 지금 위급한 일이 생기자 다행스럽게도 찾아와서 제게 알려주었습니다"라고 하였다. 패공이 "두 사람 중 누가 연장이오?"라고 물으니, 장량이 "항백의 나이가 신보다 많습니다"라고 대답하였다. 그러자 패공이 말하기를 "그대가 항백을 불러주시오. 내가 그를 형으로 섬길 것이오"라고 하였다. 이에 장량이 나가서 항백을 불러들이니, 항백은 즉시 들어와서 패공을 알현하였다. 패공은 술잔을 들어 축수(祝壽)하고 혼인(婚姻)[118] 관계를 약조하며 이렇게 말하였다.

---

116) 留侯 張良 : 자는 子房, 유방의 주요 謀臣으로 나중에 유후로 봉해졌다. 留는 지금의 강소성 沛縣 동남쪽에 있다. 자세한 내용은 「留侯世家」 참고.

117) 원문은 "鯫生"으로, '鯫'란 잉어과에 속하는 민물고기, 혹은 잔물고기로서 소견 좁은 사람이라는 뜻으로 되어, 고대에 사람을 욕하거나 스스로를 낮게 칭할 때 사용되었다. 일설에는 사람의 姓이라고도 한다.

118) 婚姻 : 親家, 一家. 『爾雅』의 「釋親」에 의하면 사위의 아버지를 姻, 며느리의 아버지를 婚이라고 한다.

나는 관내(關內)에 들어온 뒤, 터럭만한 작은 물건도 감히 가까이하지 아니하고, 아전과 백성들의 호적을 정리하고 부고(府庫)[119]를 잘 관리하며 항장군을 기다리고 있었습니다. 장수를 보내어 관을 지키게 한 것은 다른 도적의 출입과 의외의 사태에 대비하기 위해서였습니다. 밤낮으로 장군이 오시기만을 바라고 있었는데, 어찌 감히 반역을 하겠습니까? 원컨대 당신께서 신이 감히 배은망덕하지 않다는 것을 상세히 말씀해주십시오.

그러자 항백이 허락하며 패공에게 말하기를 "내일 아침 일찌감치 오셔서 항왕께 사죄하지 않으면 안 될 것입니다"라고 하니, 패공은 "좋습니다"라고 하였다. 이리하여 항백은 그날 밤으로 오던 길을 되돌아가 군영에 이르러 패공의 말을 낱낱이 항왕에게 보고하고, 이어서 말하기를 "패공이 먼저 관중을 쳐부수지 않았다면 공이 어찌 들어올 수 있었겠습니까? 지금 그가 큰 공이 있음에도 그를 공격하려고 하신다면 이는 의롭지 못한 일이니, 잘 대우해주는 것이 좋을 듯합니다"라고 하자 항왕이 허락하였다.

패공은 이튿날 아침 백여 기(騎)를 대동하고 항왕을 만나러 왔는데, 홍문에 이르러 사죄하며 이렇게 말하였다.

신은 장군과 더불어 죽을 힘을 다해서 진나라를 공격했으니, 장군께서는 하북에서 싸움을 벌이시고 신은 하남에서 싸움을 벌였던 것입니다. 그러나 본의 아니게 먼저 관중에 진입하여 진나라를 무찌르고 이곳에서 다시 장군을 뵈올 수 있게 되었는데, 지금 소인배의 참언이 장군과 신으로 하여금 틈이 생기게 하였습니다.

이에 항왕이 말하기를 "이는 패공의 좌사마인 조무상이 말한 것이오. 그렇지 않았다면 내가 무엇 때문에 이렇게 했겠소?"라고 하였다. 항왕은 그날 함께 술을 마시기 위해서 패공을 머무르게 하니, 항왕과 항백은 동쪽을 향해서 앉고[120] 아부(亞父)[121]는 남쪽을 향해서 앉았는데, 아부는 범증이었다. 한편 패공은 북쪽을 향해서 앉고 장량은 서쪽을 향해서 배석

---

119) 府庫 : 宮廷의 문서와 財寶를 넣어두는 창고.
120) 원문은 "東向坐"로서 『史記會注考證』에서는 中井의 말을 인용하기를 "堂上의 위치는 당하에 있는 사람에 대해서 남쪽을 향하는 것이 귀하고, 당하에 있지 않은 자에 대해서는 동쪽을 향하는 것이 귀하다(堂上之位置, 對堂下者, 南向爲貴, 不對堂下者, 唯東向爲貴)"라고 하였다.
121) 亞父 : 范增의 별명. 부친에 버금가는 사람에 대한 존칭으로도 쓰인다.

하였다. 범증이 항왕에게 여러 차례 눈짓을 하며 차고 있던 옥결(玉玦)[122]을 들어서 암시한 것이 세 차례였으나, 항왕은 묵묵히 응답하지 않았다. 이에 범증이 일어나서 밖으로 나와 항장(項莊)[123]을 불러서 이렇게 말하였다.

군왕(君王)의 사람됨이 모질지 못하시니, 그대는 들어가서 앞에서 축수를 올리고 축수를 마친 뒤 검무(劍舞)를 출 것을 청하라. 그러다가 기회를 보아서 패공을 앉은 자리에서 쳐 죽여라. 그렇지 않으면 그대들은 모두 장차 패공에게 포로가 될 것이다.

그러자 항장이 즉시 들어가서 축수를 올리고 축수가 끝난 뒤 말하기를 "군왕과 패공께서 주연을 여시는데 군중에 취흥을 돋울 만한 것이 없으니 검무를 추고자 하나이다"라고 하였다. 항왕이 "좋다"라고 하니 항장은 검을 뽑아서 춤을 추는데, 항백 역시 검을 뽑아들고 일어나서 춤을 추며 항상 몸으로 패공을 감싸주니 항장이 유방을 공격할 수가 없었다. 이때 장량이 군문(軍門)에 갔다가 번쾌(樊噲)[124]를 만났다. 번쾌가 "오늘 일이 어떠합니까?"라고 묻자, 장량이 말하기를 "심히 위급하다. 지금 항장이 검을 뽑아들고 춤을 추는데 그 의도는 오로지 패공을 해치는 데에 있다"라고 하였다. 번쾌가 말하기를 "이는 급박한 일입니다. 신이 들어가 패공과 함께 생사를 같이하기를 청합니다[125]"라고 하였다. 번쾌는 즉시 검을 차고 방패를 들고는 군문을 들어갔다. 파수(把守)를 서는 위사(衛士)[126]가 막으며 들여보내려고 하지 않자, 번쾌가 방패를 비껴서 치니 위사들은 땅에 엎어졌다. 번쾌가 마침내 들어가서 장막을 들치고 서쪽을 향해 서서는 눈을 부릅뜨고 항왕을 노려보았는데, 머리카락은 위로 곤두서고 눈꼬리는 찢어질 대로 찢어져 있었다. 항왕이 검을 만지며 무릎을 세워서 앉

---

122) 玉玦 : 허리에 차는 玉器의 일종. 고리 모양으로 한 쪽이 트여 있다. 범증이 옥결을 든 것은 항우와 유방의 결렬을 암시하는 것으로 유방을 죽이라는 의미이다.
123) 項莊 : 항우의 사촌 동생.
124) 樊噲(?-기원전 189년) : 沛 땅 사람으로, 呂后의 매부. 원래는 개를 잡는 백정이었으나 유방과 함께 군대를 일으켜서 수차례의 전공을 세웠다. 나중에 좌승상이 되었고 舞陽侯에 봉해졌다. 자세한 내용은 「樊噲列傳」 참고.
125) 원문은 "與之同命"으로 두 가지의 해석이 있다. 하나는 유방과 생사를 같이하겠다는 해석이고, 또 하나는 목숨을 걸고 항우를 치겠다는 해석이다.
126) 원문은 "交戟之衛士"인데, '交戟'이란 창을 교차시켜서 출입을 제한한다는 뜻에서 '수위하다'라는 의미가 되었다.

고[127] 말하기를 "그대는 무엇 하는 자인가?"라고 하니, 장량이 말하기를 "패공의 참승(參乘)[128] 번쾌라는 자입니다"라고 하였다. 항왕이 말하기를 "장사로다. 그에게 술 한잔을 내리라"라고 하니 즉시 큰 잔에 술이 주어졌는데, 번쾌는 감사의 절을 하고 일어나 선 채로 마셔버렸다. 그러자 항왕이 "그에게 돼지 다리를 주어라"라고 말하니 즉시 익히지 않은 돼지 다리 하나[129]를 주었다. 번쾌는 방패를 땅에 엎어놓고 그 위에 돼지 다리를 올려놓고는 검을 뽑아서 잘라서 먹었다. 항왕이 말하기를 "장사로다. 더 마실 수 있겠는가?"라고 하니, 번쾌가 이렇게 말하였다.

신은 죽음도 피하지 않는 사람인데 술 한잔을 어찌 사양할 수 있겠나이까! 진왕에게 흉악한 마음이 있어, 다 죽이지 못할 것이 우려되는 듯 사람을 죽이고, 만들어놓은 형벌을 다 사용하지 못할 것을 걱정하는 듯 사람에게 형벌을 내리니, 천하가 모두 그에게 등을 돌렸습니다. 그리하여 회왕께서 여러 장수들에게 약조하시기를 "먼저 진나라를 무찌르고 함양에 들어가는 자를 왕으로 세우리라"고 하셨는데, 지금 패공께서는 먼저 진나라를 무찌르고 함양에 진입하셨으되 터럭만한 작은 물건이라도 감히 가까이 취하는 바 없으며, 궁실을 굳게 잠그고는 다시 패상으로 돌아와서 군대를 주둔시켜 대왕께서 오시기를 기다리고 계셨습니다. 일부러 장수를 보내어 관을 지키도록 한 이유는 다른 도적들의 출입과 위급한 경우에 대처하기 위한 것이었습니다. 애써 수고를 하고 공로 또한 이처럼 높은데 봉후(封侯)의 상을 내리시지 못할망정 소인배의 쓸데없는 말을 들으시고 공이 있는 사람을 죽이려고 하시니, 이는 멸망한 진나라를 잇는 꼴이 될 뿐입니다. 대왕을 위해서 제 나름대로 생각컨대 그 같은 일은 하지 않는 것이 옳을 듯합니다.

항왕은 이에 대해서 아무런 응답을 하지 않고 말하기를 "앉으라"라고 하니 번쾌는 장량을 따라서 앉았다. 번쾌가 앉은 지 얼마 되지 않아 패공이 일어나서 측간을 가면서 그를 밖으로 불러내었다.

---

127) 원문은 "踞"로서, 이것은 몸을 세워서 엉덩이가 발뒤꿈치에 붙지 않도록 하는 것을 말한다. 항우가 검을 만지며 무릎을 세워 꿇어앉은 것은 만일의 사태에 대비하기 위한 것이다.

128) 參乘 : 陪乘이라고도 하는데, 수레에 탈 때 항상 수레의 오른쪽에서 서서 호위를 하는 호위병에 해당하는 관직.

129) 원문은 "一生彘肩"이다. 『史記志疑』에 의하면 돼지 다리는 날것으로 먹을 수 없으므로 '生'자는 衍文이라고 한다.

패공이 나간 뒤 항왕은 도위(都尉) 진평(陳平)[130]에게 패공을 불러오게 하였다. 패공이 "지금 하직인사도 하지 않고 나왔으니 어떻게 하는 것이 좋겠소?"라고 물으니, 번쾌가 말하기를 "큰 일을 할 때에는 자질구레한 예절은 신경쓰지 않는 법이요, 큰 예절을 행함에는 작은 허물을 사양치 않는 것입니다. 그런데 지금 저들이 바야흐로 칼과 도마가 되고, 우리는 그 위에 놓인 물고기의 신세가 된 지경에 무슨 인사말을 하시려고 합니까?"라고 하였다. 그러자 마침내 그곳을 떠나며 장량으로 하여금 남아서 사죄하도록 하였다. 장량이 묻기를 "대왕께서는 오실 때 무슨 선물을 가지고 오셨습니까?"라고 하니, 패공이 말하기를 "백벽(白璧)[131] 한 쌍을 가져와서 항왕에게 바치려고 하였으며, 옥두(玉斗)[132] 한 쌍은 아부(亞父)에게 주고자 하였는데, 그 노한 모습을 대하고는 감히 바치지를 못하였소이다. 그러니 공께서 나를 대신해서 바쳐주시오"라고 하였다. 장량이 말하기를 "삼가 받들겠나이다"라고 하였다. 이때 항왕의 군대는 홍문 아래에 있었고 패공의 군대는 패상에 있었으니 서로 떨어진 거리가 40리였다. 패공은 자신의 수레와 말을 버려둔 채 몸만 빠져나와서 홀로 말에 오르고, 검과 방패를 들고 도보로 수행하는 번쾌, 하후영(夏侯嬰), 근강(靳彊), 기신(紀信)[133] 등 네 사람과 함께 여산(驪山)을 내려와서 지양(芷陽)[134]의 샛길을 이용하였다. 그전에 패공은 장량에게 이르기를 "이 길을 통해서 우리 군영까지는 20리에 불과하니, 내가 군영에 이르렀다고 생각되거든 공께서는 즉시 들어가시오"라고 하였다. 패공이 나간 뒤 샛길을 통해서 군영에 이르렀을 때가 되자 장량은 들어가서 사죄하여 이렇게 말하였다.

패공께서 술을 이기지 못하여 하직인사를 드릴 수가 없었습니다. 그리하여 삼가 신 장량으로 하여금 백벽 한 쌍을 받들어 대왕 족하(足下)께 재배(再拜)의 예를 올리며 바치게 하고, 옥두 한 쌍은 대장군 족하께 재배의 예를

---

130) 陳平: 陽武(지금의 하남성 蘭考縣) 사람으로 항우의 부하였다. 나중에 유방의 謀士가 되어 관직이 相國에 이른다. 자세한 내용은 「陳丞相世家」참고.
131) 璧: 고리 모양의 구슬.
132) 玉斗: 옥으로 만든 술잔.
133) 夏侯嬰은 沛 지방 사람으로 유방을 따라서 봉기하여 나중에 汝陰侯에 봉해졌다. 靳彊은 曲沃 사람으로 유방의 부하로서 나중에 汾陽侯에 봉해졌다. 紀信은 유방의 장수로 나중에 항우에 의해서 불타 죽었다.
134) 芷陽: 권5 「진본기」의 〈주 269〉 참조.

올리며 바치게 하였나이다.

항왕이 "패공은 어디에 계신가?"라고 물으니, 장량이 대답하기를 "대왕께서 심히 질책하려는 마음이 있으시다는 것을 듣고 빠져나가서 홀로 떠났는데 이미 군영에 당도했을 것입니다"라고 하였다. 그러자 항왕은 구슬을 받아서 자리 위에 두었는데, 아부는 옥두를 받아서 땅에 놓고는 검을 뽑아 그것을 깨뜨리며 말하기를 "에이! 어린아이[135]와는 더불어 대사를 도모할 수가 없도다. 항왕의 천하를 빼앗을 자는 반드시 패공일 것이며, 우리들은 이제 그의 포로가 될 것이다"라고 하였다. 패공은 군영에 당도하자마자 즉시 조무상을 베어 죽였다.

며칠 후 항우는 군대를 이끌고 서쪽으로 진격하여 함양을 도륙하고 투항한 진나라 왕자 영(嬰)을 죽이고 진나라의 궁실을 불태웠는데 3개월 동안을 타고도 꺼지지 않았다. 그리고는 그 재화와 보물 및 부녀자들을 차지하고 동쪽으로 돌아오니, 어떤 사람이 항왕에게 권하기를 "관중(關中)은 사방이 산하로 막혀 있고[136] 땅이 비옥하니 도읍으로 삼아 패왕(覇王)이 될 만한 곳입니다"라고 하였다. 그러나 항왕은 진의 궁실이 이미 모두 불에 다 타버렸고, 또 마음속으로 고향이 그리워서 동쪽으로 돌아가려고 하며 말하기를 "부귀한 뒤에 고향에 돌아가지 아니하는 것은 비단 옷을 입고 밤길을 가는 것과 같으니 누가 그것을 알아주리오?"라고 하였다. 그러자 항왕에게 권고했던 사람[137]이 말하기를 "사람들이 말하기를 초 땅의 사람은 목후(沐猴)가 관(冠)을 쓴 격[138]일 뿐이라고 하더니, 과연 그렇구나"라고 하였다. 항왕이 그 말을 듣고는 그 사람을 팽살(烹殺)[139]하였다.

---

135) 원문은 "豎子"로서, 이것은 욕하는 말이다. 여기서는 표면적으로 항장을 가리키나 실은 항우를 가리켜서 하는 말이다.

136) 關中은 지역 이름으로 그 범위는 일정치 않다. 진, 한 시기에는 함곡관 서쪽을 관중으로 칭했다. 사방이 막혀 있다고 함은 동쪽으로 함곡관, 남쪽으로 武關(지금의 섬서성 丹鳳縣 서북쪽), 서쪽으로 散關(大散關으로 지금의 섬서성 寶鷄市 서남쪽), 북쪽으로 蕭關(지금의 감숙성 環縣 서북쪽)으로 둘러져 있음을 가리킨다.

137) 『楚漢春秋』와 『楊子法言』에는 "蔡生"이라고 하였고, 『漢書』에는 "韓生"이라고 하였다.

138) 원문은 "沐猴而冠"으로 원숭이가 사람의 모자를 쓰니 모양은 사람 같으나 사람의 일은 하지 못한다는 의미. 沐猴는 원숭이의 일종이다.

139) 烹殺 : 고대에 죄인을 솥에 넣고 삶아 죽이는 형벌.

항왕이 사자를 보내어 회왕에게 치명(致命)[140]하게 하니, 회왕이 말하기를 "약조대로 하라"라고 하였다. 이에 회왕을 높여서 의제(義帝)[141]라고 하였다. 항왕은 스스로 왕이 되고자 하여 먼저 여러 장상(將相)들을 왕으로 삼으며 말하기를

처음에 천하에 난이 일어났을 때, 임시로 제후의 후예들[142]을 왕으로 세워 진나라를 토벌하였다. 그러나 갑옷을 입고 무기를 잡고 먼저 거사하여, 비바람을 맞으며 들에서 지내기를 3년 만에 마침내 진나라를 멸하고 천하를 평정한 것은 모두 장상 여러분과 나의 힘이오. 그러나 의제께서는 비록 공은 없으시나 그 땅을 나누어 왕이 되게 함이 마땅할 것이오

라고 하니, 여러 장수들이 모두 "옳다"라고 하였다. 이어서 천하를 나누어 여러 장수들을 후(侯)와 왕으로 세우는데, 항왕과 범증은 패공이 천하를 차지할까 의심했으나 이미 그와 강화하였고 또 약조를 어기는 것이 꺼림칙하고 제후들이 그를 배반할 것이 두려워서,[143] 은밀히 모의하기를 "파(巴),[144] 촉(蜀)[145]은 길이 험하고 진나라의 유배자들이 모두 촉에 살고 있다"라고 하고, 이어 말하기를 "파와 촉 역시 관중의 땅이다"[146]라고 하고는 패공을 한왕(漢王)으로 세워서 파, 촉, 한중(漢中)[147]의 왕으로 봉하고, 남정(南鄭)[148]에 도읍하도록 했다. 그리고는 관중을 삼분하여[149] 항복한 진나라 장수들을 왕으로 삼아서 한왕을 견제하게 했으니, 항왕은

---

140) 致命 : 보고를 올려서 命을 청한다는 의미이다.
141) 義帝 : 명목상의 황제라는 뜻으로, 謝肇淛의 『文海披沙』에 의하면 "오늘날 의붓아버지를 義父라고 하고 의붓자식을 義子, 義女라고 하니 그러므로 항우가 회왕을 의제로 받든 것은 거짓 임금이라는 의미와 같다(今謂假父曰義父, 假子曰義子義女, 故項羽尊懷王爲義帝, 猶假帝也)"라고 하였다.
142) 제후의 후예들은 韓成, 田假, 趙歇 등을 말한다.
143) 약조란 "먼저 진을 깨고 함양에 들어간 자를 왕으로 삼으리라"라고 한 약속을 가리킨다. 이는 만일 항우가 유방을 죽이거나 관중의 어느 곳을 유방에게 封地로 주지 않을 경우 제후들이 그가 약조를 어겼다는 구실로 자신을 배반할 것을 두려워한다는 의미이다.
144) 巴 : 권5「진본기」의 〈주 152〉, 권6「진시황본기」의 〈주 5〉 참조.
145) 蜀 : 권6「진시황본기」의 〈주 6〉 참조.
146) 파와 촉은 그 위치가 關西(즉 함곡관 서쪽)에 있지만 전국시기에 진에 속했기 때문에 파와 촉을 관중의 땅이라고 한 것이다.
147) 漢中 : 권5「진본기」의 〈주 151〉, 권6「진시황본기」의 〈주 7〉 참조.
148) 南鄭 : 권5「진본기」의 〈주 132〉 참조.
149) 관중을 雍, 塞, 翟의 삼국으로 나누었다.

장함을 옹왕(雍王)으로 삼아서 함양 서쪽의 왕으로 봉하고 폐구(廢丘)[150]
에 도읍하게 하였다. 또 장사 사마흔은 본디 역양(櫟陽)의 옥연이었던 자
로 일찍이 항량에게 은혜를 베푼 적이 있었고, 도위 동예는 본디 장함에
게 초나라에 투항할 것을 권유한 자였으므로, 사마흔을 새왕(塞王)으로
삼아서 함양의 동쪽에서 황하에 이르는 지역을 봉지(封地)로 주고 역양을
도읍으로 삼게 했으며, 동예를 적왕(翟王)으로 세워서 상군(上郡)[151]의
왕으로 삼았고 고노(高奴)[152]에 도읍하도록 했다. 그리고 위왕(魏王) 표
(豹)를 서위왕(西魏王)으로 바꾸고[153] 하동(河東)[154]을 봉지로 주고 평양
(平陽)[155]에 도읍하게 하였다. 하구(瑕丘)[156]의 신양(申陽)[157]은 장이(張
耳)의 총신(寵臣)으로서 먼저 하남(河南)[158]을 함락시키고 황하 강변에
서 초군을 맞아들였으므로 신양을 하남왕으로 세우고 낙양(雒陽)[159]에 도
읍하게 하였다. 한왕(韓王) 성(成)은 옛 도읍을 그대로 하여 양책(陽翟)
에 도읍하게 하였다. 조나라 장수 사마앙(司馬卬)[160]은 하내(河內)[161]의
평정에 수차례 공을 세웠으므로 그를 은왕(殷王)으로 세워서 하내를 봉지
로 주고 조가(朝歌)[162]에 도읍하게 하였다. 조왕 혈(歇)은 대왕(代王)[163]
으로 옮기게 하고, 조나라 재상 장이는 평소 현능하고 또 관중(關中)에
진입할 때 함께 따라왔으므로 장이를 상산왕(常山王)[164]으로 세워서 조

---

150) 廢丘 : 현 이름. 지금의 섬서성 興平縣 동남쪽에 위치한다.
151) 上郡 · 권6 「진시황본기」의 〈주 11〉 참조.
152) 高奴 : 현 이름. 지금의 섬서성 延安 동북쪽에 縣城이 있다.
153) 魏王 豹는 위왕 咎의 동생. 진승이 위나라 공자 寧陵君 咎를 위왕으로 세웠는
　　　데, 魏咎가 장함에게 패하여 자살한 뒤 회왕은 그 동생으로 하여금 梁地를 도읍으로
　　　하게 하고 위왕으로 세웠다. 항우는 자신이 양과 위 지역에서 왕으로 칭해지고자 하
　　　였으므로 표를 서위왕으로 바꾼 것이다.
154) 河東 : 군 이름. 권6 「진시황본기」의 〈주 12〉 참조.
155) 平陽 : 현 이름. 지금의 산서성 臨汾市 서남쪽에 縣城이 있다.
156) 瑕丘 : 현 이름. 지금의 산동성 袞州 동북쪽에 현성이 있다.
157) 申陽 : 성이 申이고 이름이 陽이다. 일찍이 瑕丘의 令이었다.
158) 河南 : 秦의 三川郡을 가리킨다. 지금의 하남성 서북부에 위치한다.
159) 雒陽 : 三川郡의 郡廳이 있는 곳. 지금의 洛陽市 동북쪽.
160) 司馬卬 : 성은 司馬, 이름은 卬. 卬은 昻과 같다.
161) 河內 : 郡 이름. 지금의 하남성 황하 이북지역 산서성 동남지역과 하북성 남부지
　　　역. 고대 제왕이 하동과 하북 일대에 도읍을 정했으므로 당시 황하 이북을 '河內'라
　　　고 하고 황하 이남을 '河外'라고 하였다. 권4 「주본기」의 〈주 222〉 참조.
162) 朝歌 : 옛 도읍 이름. 지금의 하남성 淇縣 동북쪽. 권3 「은본기」의 〈주 67〉 참조.
163) 代는 郡 이름이다. 지금의 하북, 산서 두 성의 북부에 걸친 지역.

(趙) 땅을 봉지로 주고 양국(襄國)[165]에 도읍하게 하였다. 당양군 경포는 초나라 장수로서 전공(戰功)이 항상 군중에서 으뜸이었으므로 경포를 구강왕(九江王)[166]으로 세워서 육(六)[167]에 도읍하게 하였다. 파군(鄱君) 오예(吳芮)[168]는 백월(百越)[169]을 이끌고 제후군을 도왔으며 또 관중에 들 때 함께 따랐으므로 오예를 형산왕(衡山王)으로 세우고 주(邾)[170]에 도읍하게 하였다. 의제(義帝)의 주국(柱國)[171] 공오(共敖)는 군사를 이끌고 남군(南郡)[172]을 쳐서 공이 많으므로 공오를 임강왕(臨江王)[173]으로 세우고 강릉(江陵)[174]에 도읍하게 하였다. 연왕(燕王) 한광(韓廣)을 요동왕(遼東王)[175]으로 옮기게 하고, 연(燕)나라 장수 장도(臧荼)는 초군을 따라서 조나라를 구원했고 관중에 들 때 함께 따랐으므로 장도를 연왕으로 세우고 계(薊)[176]에 도읍하게 하였다. 제왕(齊王) 전불(田市)은 교동왕(膠東王)[177]으로 옮기게 하고, 제나라 장수 전도(田都)는 제후군을 따라서 함께 조나라를 구원하고 관중에 들 때 따랐으므로 전도를 제왕으로 세우고 임치(臨菑)[178]에 도읍하게 하였다. 이전에 진나라에 멸망당한

164) 常山은 지역 이름이다. 漢代에 郡을 설치하였다. 지금의 하북성 중부인데 산서성 동부와 중부 지역에 아울러 걸쳐 있다. 본래는 '恒山'이라고 이름했으나 漢 文帝 劉恒의 諱를 피하기 위해서 常山이라고 하였다. 권2 「하본기」의 〈주 116〉 참조.

165) 襄國 : 현 이름. 지금의 하북성 邢台市 서남쪽에 縣城이 있다.

166) 九江은 郡 이름이다. 지금의 안휘성, 하남성의 淮河 이남과 호북성 黃岡縣 동쪽과 강서성에 있다. 壽春(지금의 안휘성 壽縣)에 군청이 있다.

167) 六 : 현 이름. 지금의 안휘성 六安縣 북쪽. 권2 「하본기」의 〈주 184〉 참조.

168) 鄱는 현 이름. 지금의 강서성 鄱陽縣 동쪽. 吳芮는 파양현의 현령을 지낸 적이 있으므로 鄱君이라고 칭한 것이다.

169) 百越 : 지금의 강남의 각 성에 거주하는 소수민족으로 부족이 너무 많아 百越로 통칭한다. 百粵이라고도 칭한다.

170) 邾 : 현 이름. 지금의 호북성 黃岡縣 서북쪽에 있다.

171) 柱國 : 관직 이름. 본래 國都를 보위하는 관직이었으나 나중에 최고 무관이나 勛官의 관직이 되었다. '上柱國'이라고도 한다.

172) 南郡 : 郡 이름. 지금의 호북성 洪湖 서쪽과 사천성 巫山 동쪽 지역.

173) 臨江王 : 공오의 봉지가 남군에 있었는데, 남군이 장강에 가까이 있으므로 임강왕이라고 하였다.

174) 江陵 : 현 이름. 본래 초나라의 郢都로 지금의 호북성 강릉현에 있다.

175) 遼東은 군 이름. 지금의 遼寧省 大陵河 동쪽. 권6 「진시황본기」의 〈주 100〉 참조.

176) 薊 : 현 이름. 지금의 북경시 서남쪽. 天津의 薊縣과는 다른 지역.

177) 항우는 제나라의 영토를 삼분하고 이를 三齊라고 칭했는데, 가운데를 齊라고 하고, 동쪽을 膠東, 서북쪽을 濟北이라고 하였다.

178) 臨菑 : 즉 臨淄. 현의 명칭. 지금의 산동성 淄博市 동북쪽.

제왕(齊王) 전건(田建)의 손자 전안(田安)은 항우가 막 황하를 건너서 조나라를 구원할 때에 제북(濟北)의 여러 성(城)을 함락시킨 뒤 그 병사를 이끌고 항우에게 투항하였으므로 전안을 제북왕(濟北王)[179]으로 세우고 박양(博陽)[180]에 도읍하게 하였다. 전영(田榮)은 여러 번 항량을 배반하고 또한 군사를 이끌고 초군을 따라서 진나라를 치려고 하지 않았으므로 봉지를 주지 않았다. 성안군(成安君)[181] 진여(陳餘)는 장수의 인(印)을 버리고[182] 관중에 진입할 때 따르지 않았지만 평소에 현능하다는 명성이 있었으며 조나라에 대해서도 공이 있었으므로, 남피(南皮)[183]에 있다는 소식을 듣고는 그 부근의 세 현(縣)을 봉지로 주었다. 그리고 파군(番君)의 장수 매현(梅鋗)은 공이 많으므로 10만 호의 후(侯)에 봉하였다. 항우는 스스로 왕위에 올라서 서초패왕(西楚覇王)[184]이라고 하고 구군(九郡)[185]을 봉지로 하여 팽성(彭城)에 도읍을 정했다.

한(漢) 원년[186] 4월, 제후들이 휘하의 군대를 철수시키고[187] 각자 자신의 봉국으로 갔다.[188] 항왕도 함곡관을 나와서 자신의 봉국으로 와서는 사자를 보내어 의제를 천도하게 하며 말하기를 "옛 제왕은 영토가 사방 천리로, 반드시 강의 상류에 거하셨습니다"라고 하고는 이에 사자로 하여금 의제를 장사(長沙)[189]의 침현(郴縣)[190]으로 옮기도록 하고 의제의 행

---

179) 濟北은 당시 濟水 이북지역을 가리킨다.
180) 博陽: 지금의 산동성 荏平縣 서북쪽의 博平鎭인 듯하다. 일설에는 산동성 泰安縣 동남쪽 博縣의 古城이라고도 한다.
181) 成安은 현 이름으로 지금의 하북성 성안현 동남쪽을 말한다.
182) 진나라 장수 장함이 거록을 공격하여 조의 재상 장이가 성 안에 포위되었을 때 장군 진여는 병사를 이끌고 漳河 북쪽에 주둔해 있었다. 거록의 포위가 풀린 뒤 장이는 구원하러 오지 않은 진여를 책망하자 진여는 성을 내며 장수의 인을 장이에게 주고는 수백명을 이끌고 황하 상류의 澤中에 가서 漁獵을 하였다. 자세한 내용은 「張耳陳餘列傳」참고.
183) 南皮: 현 이름. 지금의 하북성 남피현 동북쪽이다.
184) 西楚覇王: 고대 초나라에는 남초, 북초, 동초, 서초의 구분이 있었는데, 항우가 도읍을 세운 팽성은 서초에 위치했으므로 스스로를 '서초패왕'이라고 한 것이다. 覇王은 覇主, 諸王의 盟主라는 뜻.
185) 九郡: 梁, 楚의 일부지역을 가리킨다. 대략 지금의 하남성 동부, 산동성 서남부와 강소성, 안휘성의 일부지역이다.
186) 漢 元年: 기원전 206년, 이해에 유방은 한왕에 봉해졌다.
187) 원문은 "諸侯罷戲下"인데, 여기서 '戲下'란 곧 '麾下'를 말한다. 일설에는 '戲水 아래에 있던 군대를 철수시켰다'라고도 한다.
188) 원문은 "就國"으로, 자신의 封國으로 가서 왕위에 오름을 말한다.

236

차를 재촉하니 의제의 여러 신하들이 점차 의제를 배반하였다. 이에 몰래 형산왕, 임강왕으로 하여금 장강(長江) 가운데에서 그를 죽이도록 하였다.[191] 한왕(韓王) 성(成)은 전공이 없었으니, 항왕은 그가 봉국으로 돌아가지 못하게 한 뒤 함께 팽성으로 가서 왕을 폐하여 후(侯)로 삼았다가 얼마 후에 그를 죽였다. 장도는 자신의 봉국으로 가서 한광을 요동으로 쫓아내려고 하였으나 한광이 듣지 않자 무종(無終)[192]에서 한광을 격살하고는 그 땅을 빼앗아서 자신의 봉지로 삼았다.

전영은 항우가 제왕(齊王) 전시를 교동으로 옮기게 하고 제나라 장수 전도를 제왕으로 세웠다는 소식을 듣고는 크게 노하였다. 그리하여 그는 제왕을 교동으로 보내지 않고 제나라 영토를 근거지로 하여 반란을 일으키고 전도를 맞아 싸웠다. 전도는 초나라로 도주했는데, 제왕 전불은 항왕이 두려워서 교동으로 도망쳐서 왕위에 올랐다. 그러자 전영이 노하여 그를 추격하여 즉묵(卽墨)[193]에서 죽였다. 그런 뒤 전영은 스스로 제왕에 즉위하여 서쪽으로 제북왕 전안을 공격하여 그를 죽이고 삼제(三齊)를 모두 자신의 영토로 삼았다. 전영은 팽월(彭越)[194]에게 장수의 인(印)을 주고 양(梁) 땅에서 반란을 일으키도록 하였다. 진여는 몰래 장동(張同), 하열(夏說)을 보내서 제왕 전영에게 권하기를

> 항우가 천하의 주재자(主宰者)가 되었으니 이는 불공평한 일입니다. 지금 본래 왕이었던 사람을 나쁜 땅의 왕으로 삼고, 자기의 여러 신하들과 장수들을 좋은 곳의 왕으로 삼았으며, 원래의 군주 조왕(趙王)을 쫓아내어 북쪽의 대(代)에 거하게 하였으니, 저는 그럴 수 없는 일이라고 생각합니다. 듣건대 대왕께서 군대를 일으키시고 또한 불의를 따르지 않는다고 하시니, 원컨대 대왕께서 저에게 군사를 지원해주시어 상산(常山)을 공격하게 하여

189) 長沙 : 郡 이름. 대략 지금의 호남성 資江 동쪽에서 광동성, 광서성 일부에 이르는 지역이다.
190) 郴縣 : 지금의 호남성 郴縣.
191) 「黥布列傳」에 의하면 "布가 장수로 하여금 의제를 격살하도록 하니 建이 郴縣에서 그를 죽였다(布使將擊義帝, 建殺之郴縣)"라고 하여 이 부분의 기록이 서로 일치하지 않는다. 또 「高祖本紀」에서는 "江南"이라고 되어 있어, 본문의 "江中"과도 일치하지 않는다.
192) 無終 : 현 이름. 지금의 천진시 薊縣.
193) 卽墨 : 현 이름. 지금의 산동성 平度縣 동남쪽에 있다.
194) 彭越 : 字는 仲이며, 昌邑(지금의 산동성 金鄕縣 서북쪽) 사람이다. 전영과 팽월이 항우에 대항한 사실은 「田儋列傳」과 「彭越列傳」에 상세히 보인다.

조왕의 원래 영지를 회복케 하시고 저희 나라를 방어막으로 삼으시기를 청합니다

라고 하자, 제왕은 이를 허락하고 과연 군사를 조나라로 파견했다. 진여는 삼현(三縣)의 군사를 모두 징발하여 제나라와 더불어 힘을 합쳐서 상산을 공격하여 크게 무찌르니 장이는 도망쳐서 한(漢)나라로 돌아갔다. 진여는 원래의 조왕 헐을 대(代)에서 맞이하여 조나라로 돌아가게 하니, 이에 조왕은 진여를 대왕(代王)으로 삼았다.

이때에 한왕(漢王)은 회군하여 삼진(三秦)을 평정하였다. 항우는 한왕이 이미 관중을 모두 겸병하고 동쪽으로 진격하려고 하며 제나라와 조나라가 그를 배반했다는 소식을 듣고 크게 노하였다. 이에 옛 오령(吳令) 정창(鄭昌)을 한왕(韓王)으로 삼아서 한군(漢軍)을 견제하도록 하고 소공(蕭公) 각(角)[195] 등으로 하여금 팽월을 공격하게 하였다. 그러나 팽월은 소공 각 등을 패퇴시켰다. 한왕은 장량으로 하여금 한(韓)나라를 시찰하도록 하고, 항왕에게 서신을 보내서 "한왕(漢王)은 직위를 잃었으니[196] 약조대로 관중을 얻을 수 있다면 즉시 멈추어 감히 동쪽으로 진격하지 않을 것이오"라고 하였다. 또 제나라와 조나라의 반란을 알리는 서신을 항왕에게 보내어 "제나라가 조나라와 더불어 초나라를 멸망시키고자 합니다"라고 하였다. 이 때문에 초나라는 서쪽을 치려던 생각을 없애고 북으로 제나라를 공격하였다. 항왕은 구강왕 경포에게서 군사를 징발했는데, 경포는 병을 핑계로 나아가지 않고는 장수로 하여금 수천명의 군사를 거느리고 행군하게 하였다. 그후 이 일로 인해서 항왕은 경포를 원망하게 되었다.

한(漢) 2년 겨울, 항우가 마침내 북으로 성양(城陽)에 이르자, 전영역시 군대를 거느리고 회전(會戰)하였다. 전영이 이기지 못하고 평원(平原)[197]으로 달아나자 평원의 백성들이 그를 죽여버렸다. 항우는 마침내 북진하여 제나라 성곽과 집들을 불살라 없애버리고, 항복한 전영의 군졸들을 생매장했으며, 노약자와 부녀들을 묶어서 포로로 삼고는 제나라의

195) 蕭公 角 : 蕭縣(지금의 안휘성 소현 서북쪽)의 현령을 지낸 사람으로, 이름은 角, 성씨는 미상.
196) 원문은 "漢王失職"으로, 유방이 사전의 약조에 의해서 마땅히 얻어야 할 관중의 왕 자리를 얻지 못하였음을 말한다.
197) 平原 : 권6 「진시황본기」의 〈주 229〉 참조.

북해 (北海)¹⁹⁸⁾까지 토벌하니 많은 사람이 죽고 많은 곳이 파괴되었다. 이에 제나라 사람들이 서로 모여서 반란을 일으키려고 하자, 전영의 동생 전횡 (田橫)이 제나라의 살아남은 병졸 수만명을 거두어서 성양에서 반란을 일으켰다. 이에 항왕이 남아서 여러 차례 싸움을 벌였으나 함락시킬 수가 없었다.

봄¹⁹⁹⁾에 한왕이 다섯 제후²⁰⁰⁾들의 56만 병사들을 통솔하여 동으로 초나라를 치고자 하였다. 항왕이 이 소식을 듣고서 즉시 여러 장수들로 하여금 제나라를 공격하도록 하고는 자신은 정예군 3만을 이끌고 남쪽으로 진격하여 노현 (魯縣)²⁰¹⁾을 지나서 호릉 (胡陵)을 나왔다. 4월, 한왕이 이미 팽성에 들어가서 그 재화와 보물 그리고 미녀들을 차지하고 날마다 주연을 베풀었다. 이에 항왕은 서쪽 소현에서부터 새벽에 한군을 공격하고 동쪽으로 진격하여 팽성에 이르더니 정오 무렵 한군을 대파시켰다. 한군은 모두 도망치다가 곡수 (穀水)²⁰²⁾와 사수 (泗水)²⁰³⁾에 빠졌으며, 여기서 죽은 한나라 병졸이 10만여 명에 이르렀다. 한나라 병졸들이 모두 남쪽의 산으로 도망치니 초군은 또 추격하여 영벽 (靈壁)²⁰⁴⁾의 동쪽 수수 (睢水)²⁰⁵⁾에까지 이르렀다. 한군이 퇴각하여 초군에 밀리게 되니 많은 병사들이 죽임을 당했는데, 한나라 병졸 10만이 모두 수수에 빠져서 수수가 이로 인해서 흐르지 않을 정도였다. 초군이 한왕을 겹겹이 포위하자, 이때 큰 바람이 서북쪽에서부터 일어나 나무를 부러뜨리고 집을 날려버리며 모래와 돌을 날리니, 사방이 칠흑처럼 어두워지며 바람이 초군을 향해서 불어닥치기 시작했다. 초군이 혼비백산하니 한왕은 이에 수십 기 (騎)의 병사와 더불어 도망칠 수 있었다. 그리고는 패현 (沛縣)을 거쳐서 가족들을 데리

---

198) 北海 : 고대에는 북방의 편벽한 지역을 통칭한다. 漢代에는 지금의 산동성 동북쪽에 북해군을 설치했다.

199) 漢 2년 봄을 말한다. 이때에는 아직 秦曆을 사용하고 있어서 10월을 歲首로 삼았다.

200) 다섯 제후 : 일설에는 장이, 신양, 정창, 위표, 사마앙을 가리킨다고 하고, 또는 '천하의 병사를 일으키다'라는 뜻으로 보기도 한다.

201) 魯縣 : 현 이름. 지금의 산동성 曲阜縣.

202) 穀水 : 팽성의 동쪽을 거쳐서 남쪽으로 淮水로 흘러간다.

203) 泗水 : 곡수와 함께 팽성의 동쪽을 거쳐서 남으로 淮水에 이른다.

204) 靈壁 : 읍의 이름. 지금의 안휘성 淮北市 서남쪽.

205) 睢水 : 濉河라고도 한다. 지금의 안휘성 영벽, 강소성 睢寧 등을 지난다. 강소성 宿遷縣 남쪽에 이르러서 옛 泗水와 합류한다.

고 서쪽으로 가고자 하였으며, 초군도 사람을 보내어 패현까지 추격하여 한왕의 가족들을 잡도록 하였다. 한왕의 가족들은 모두 도망하여 한왕과 만날 수가 없었다. 한왕은 도중에 효혜(孝惠)와 노원(魯元)²⁰⁶⁾을 만나 이들을 수레에 태우고 길을 재촉하였다. 초군의 기병이 한왕을 쫓아오니 한왕은 다급하여 효혜와 노원을 수레 아래로 밀쳐 떨어뜨렸으나 등공(滕公)²⁰⁷⁾이 매번 내려가서 수레에 태웠으니 이렇게 하기가 세 차례나 되었다. 그는 말하기를 "비록 상황이 아무리 다급하고 말도 빨리 몰 수가 없지만, 그들을 어찌 버리려고 하십니까?"라고 하였다. 이러다가 마침내 기병들의 추적을 벗어날 수가 있었다. 그런 후 태공(太公)과 여후(呂后)를 찾았으나 서로 만나지 못했는데, 심이기(審食其)²⁰⁸⁾가 태공과 여후를 따라서 샛길로 가며 한왕을 찾다가 도리어 초군을 만나게 되었다. 초군은 마침내 그들을 데리고 돌아와서 항왕에게 보고하니 항왕은 그들을 늘 군영에 두었다.

이때에 여후의 오빠 주여후(周呂侯)²⁰⁹⁾가 한(漢)을 위해서 군사를 이끌고 하읍(下邑)²¹⁰⁾에 주둔하고 있었으니, 한왕은 샛길을 통해서 그에게 몸을 기탁하고는 조금씩 한나라의 병사들을 모았는데, 형양(滎陽)²¹¹⁾에 이르자 모든 패잔군들이 다 모여들었다. 소하(蕭何)²¹²⁾도 징집장부에도 없는 관중의 노약자²¹³⁾를 모두 징발하여 형양에 이르니 한군의 위세는 다시 크게 떨쳐지게 되었다. 초군이 팽성에서 시작하여 계속 승세를 몰아서 패주하는 한군을 추격하여, 형양 남쪽의 경읍(京邑)과 색읍(索邑)²¹⁴⁾ 사이

---

206) 孝惠, 魯元 : 유방의 적자 惠帝 劉盈과 딸 노원공주.

207) 滕公 : 夏侯嬰을 말한다. 일찍이 滕縣의 현령으로 있었으므로 등공이라고 칭했다. 당시에는 太僕의 지위로서 유방의 수레를 몰았다.

208) 審食其 : 沛縣 사람. 후에 승상이 되고 辟陽侯에 봉해졌다.

209) 周呂侯 : 呂澤. 周呂는 封號.

210) 下邑 : 현 이름. 지금의 안휘성 碭山縣.

211) 滎陽 : 권6 「진시황본기」의 〈주 15〉 참조. 고대의 군사요지.

212) 蕭何 : 沛縣 사람. 秦나라 말기에 유방을 도와서 起義하여 漢 王朝 건립에 중요한 역할을 하였다. 한 왕조의 개국 名相으로 酇侯(酇은 지금의 하남성 永城縣 서남쪽)에 봉해졌다. 자세한 내용은 「蕭相國世家」 참고.

213) 원문은 "老弱未傅"로서 服役의 연령이 아니어서 징집장부에 기재되어 있지 않은 노약자를 말한다. 고대에는 20세를 傅라고 하여 23세에 병역의 의무를 가지게 되며 56세에 병역에서 면제되어 자신의 생업에 돌아가게 된다.

214) 京邑, 索邑 : 京은 읍 이름. 지금의 형양현 동남쪽. 索은 索亭, 지금의 형양현 縣城.

에서 한군과 접전하였는데, 한군이 초군을 패퇴시키자 초군은 형양을 지나서 서쪽으로 진격할 수 없게 되었다.

팽성을 구원하러 갔던 항왕이 한왕을 추격하여 형양에 이르니, 전횡도 이때를 이용하여 제나라를 수습하고는 전영의 아들 전광(田廣)을 제왕으로 세웠다. 그런데 한왕이 팽성에서 패하자, 제후들은 모두 다시 초나라에 귀순하고 한나라를 배반하였다. 한군은 형양에 주둔해서 황하로 통하는 용도(甬道)를 수축하여 오창(敖倉)[215]의 양식을 조달하였다. 한(漢) 3년, 항왕이 여러 차례 한군의 용도를 침범하여 식량을 탈취하자 군량이 부족해진 한왕은 두려워서 강화를 요청하고 형양 서쪽을 한(漢)의 영토로 하였다.

항왕이 이에 응하려고 하자, 역양후(歷陽侯)[216] 범증이 말하기를 "지금이 한군을 해치우기가 쉬울 때입니다. 그런데 지금 놓아주고 취(取)하지 않는다면 나중에 반드시 후회할 것입니다"라고 하였다. 항왕은 이에 범증과 함께 급히 형양을 포위하니, 한왕은 이를 우려한 나머지 범증과 항왕을 이간질시키는 진평의 계책을 사용하였다. 항왕의 사신이 오자, 태뢰구(太牢具)[217]를 준비하여 그에게 내놓으려고 하다가는 항왕의 사신을 보고 거짓으로 놀란 표정을 지으며 말하기를 "나는 아부(亞父)의 사신인 줄 알았더니, 알고보니 항왕의 사신이었구나!"라고 하고는 다시 가지고 들어가게 하고 형편없는 음식을 가져와서 항왕의 사신을 대접하였다. 사신이 돌아와서 항왕에게 보고하자, 항왕은 이로부터 범증과 한왕이 사통(私通)하고 있는 것으로 의심하여 조금씩 그의 권력을 빼앗기 시작하였다. 그러자 범증이 크게 노하여 말하기를 "천하의 일이 대체로 정해졌으니, 이젠 군왕 스스로 하실 수 있게 되었습니다. 원컨대 저의 늙은 몸을 돌려주시어 평민으로 돌아가게 해주십시오"[218]라고 하니 항왕이 이를 허락하

---

215) 敖倉 : 秦이 敖山에 만든 곡식 창고. 오산은 형양의 북쪽에 있는데 아래로 황하에 가깝다.

216) 歷陽은 현 이름. 지금의 안휘성 和縣에 현성이 있다.

217) 太牢具 : 풍성한 주연. 太牢는 본래 소, 양, 돼지의 세 가지 희생을 갖춘 祭需, 또는 그 요리를 말한다.

218) 원문은 "願賜骸骨歸卒伍"이다. '賜骸骨'은 고대의 관리가 노쇠하여 퇴직을 청할 때에 쓰는 말로서 '고향에 묻힐 수 있도록 나의 뼈를 돌려주십사' 하는 뜻이다. 또 '歸卒伍'는 사병으로 면직되는 것을 말한다. 즉 퇴직하여 평민의 신분이 되는 것을 뜻한다.

었다. 그러나 그는 미처 팽성에 이르기도 전에 등에 독창(毒瘡)이 나서 죽었다.

한나라 장수 기신(紀信)이 한왕에게 권하기를 "사태가 이미 위급해졌으니 청컨대 제가 대신 왕의 모습으로 꾸미어 초군을 속이고자 합니다. 그 틈을 타서 왕께서는 빠져나가실 수 있을 것입니다"라고 하였다. 이에 한왕은 밤중에 형양의 동문으로 갑옷을 입은 여자 2천 명을 내보내자 초군이 사방에서 공격해왔다. 기신은 황옥거(黃屋車)[219]를 타고 좌독(左纛)[220]을 붙이고 말하기를 "성 안에 양식이 떨어져서 한왕이 항복코자 하노라"라고 하니, 초군이 모두 만세를 불렀다. 한편 한왕은 수십 기(騎)의 병사와 함께 성의 서쪽 문으로 나와서 성고(成皐)[221]로 달아났다. 항왕이 기신을 보고 묻기를 "한왕은 어디에 있느냐?"라고 하자, 기신이 말하기를 "한왕은 이미 떠나셨소"라고 하니 항왕은 기신을 불에 태워 죽였다.

한왕이 어사대부(御史大夫)[222] 주가(周苛), 종공(樅公),[223] 위표(魏豹)로 하여금 형양을 지키도록 하였다. 그런데 주가와 종공이 모의하기를 "나라를 배반한 왕과는 함께 성을 지킬 수 없다"라고 하고 함께 위표를 죽여버렸다. 초군은 형양성을 함락시킨 뒤 주가를 생포하였다. 항왕이 주가에게 말하기를 "나의 장수가 되어주면 공을 상장군으로 삼고 30,000호의 후(侯)에 봉하리라"고 하니, 주가가 욕하며 말하기를 "그대가 빨리 한나라에 항복하지 않으면 이제 한군이 그대를 사로잡을 것이다. 그대는 한왕의 적수가 되지 못한다"라고 하자, 항왕이 노하여 주가를 팽살하고 아울러 종공도 죽였다.

한왕은 형양을 벗어난 뒤 남으로 완(宛)[224]과 섭(葉)[225]에 가서 구강왕 경포를 만나 함께 행군하면서 병사를 모집하여 성고로 다시 들어가서 수비하였다. 한(漢) 4년, 항왕이 진군하여 성고를 포위하자 한왕은 도망하여 겨우 등공과 함께 성고의 북문을 나서 황하를 건너 수무(修武)[226]로

---

219) 黃屋車 : 천자가 타는 수레. 노란 비단으로 지붕을 만든다.
220) 左纛 : 황제가 탄 수레의 왼쪽에 다는 검정소의 꼬리와 꿩 꼬리로 만든 장식물.
221) 成皐 : 권5 「진본기」의 〈주 298〉 참조.
222) 御使大夫 : 관직 이름. 감찰의 책임이 있으며 부승상에 해당한다. 승상, 태위와 함께 '三公'이라고 불렀다.
223) 樅公 : 성은 종, 이름은 미상.
224) 宛 : 현 이름. 지금의 하남성 南陽市. 권5 「진본기」의 〈주 71〉 참조.
225) 葉 : 읍 이름. 지금의 하남성 葉縣 남쪽.

달아나 장이(張耳)와 한신(韓信)의 군대에 몸을 기탁하였다. 그러자 여러 장수들도 조금씩 성고를 빠져나와서 한왕을 따르니, 초군은 마침내 성고를 함락시키고 서쪽으로 진군하려고 하였다. 한군은 군사를 보내어 공(鞏)[227]에서 초군에 항거하여 서쪽으로 오지 못하도록 하였다.

이때에 팽월이 황하를 건너서 동아(東阿)에서 초군을 공격하여 초나라 장군 설공(薛公)을 죽였다. 항왕이 이에 직접 동쪽으로 진격하여 팽월을 공격하고,[228] 한왕은 회음후(淮陰侯)의 군대를 얻어[229] 황하를 건너서 남쪽으로 진격하려고 하였다. 그러나 정충(鄭忠)[230]이 한왕에게 권유하자[231] 한왕은 진격을 멈추어 하내(河內)에 방벽을 쌓고, 유고(劉賈)[232]로 하여금 군사를 거느리고 팽월을 도와서 초군의 군량[233]을 불태우도록 하였다. 그러자 항왕이 동쪽으로 공격하여 그들을 무찌르고 팽월을 패주시켰다. 한왕은 군대를 이끌고 황하를 건너서 다시 성고를 탈취하고, 광무(廣武)[234]에 주둔하여 오창(敖倉)의 양식을 먹었다.[235] 항왕이 동해(東海)[236]를 평정하고 난 뒤, 서쪽으로 돌아와서 한군과 더불어 광무에 진을 치고는 서로 수개월간을 대치하였다.

이때 팽월이 여러 차례 양(梁) 땅에서 반란을 일으켜서 초군의 군량을 끊어버리니, 항왕이 이를 근심하였다. 그리하여 그는 높은 도마[237]를 준

---

226) 修武 : 읍 이름. 지금의 하남성 獲嘉縣의 小修武.

227) 鞏 : 권4 「주본기」의 〈주 240〉 참조.

228) 『史記志疑』에서는 「高祖本紀」와 『漢書』의 「高帝紀」, 『漢書』의 「項籍傳」에 근거하여 항우가 팽월을 공격한 것은 漢 3년 5월로서 초군이 성고를 함락시키기 전인데, 여기에서 성고를 함락시킨 후라고 되어 있는 것은 誤記라고 고증하였다. 팽월은 灘水를 건너서 下邳에서 접전을 벌여 설공을 죽였는데, 여기에서는 팽월이 황하를 건너서 동아에서 공격하였다고 되어 있으므로 이 또한 誤記라고 하였다.

229) 漢나라의 대장군 韓信(회음후는 그의 마지막 封號)은 원래 소규모의 부대를 이끌고서 조나라에서 싸움을 하고 있었는데 이때 유방이 그의 부대를 빼앗아왔다.

230) 鄭忠 : 漢의 郎中.

231) 「高祖本紀」에 의하면 "정충은 한왕을 설득하여 참호를 높이 파고 싸움을 하지 못하게 하였다(鄭忠乃說止漢王使高壘深塹, 勿與戰)"라고 한다.

232) 劉賈 : 유방의 堂兄. 나중에 荊王에 봉해졌다.

233) 원문은 "積聚"로서, 군대에서 비축해놓은 糧草를 말한다.

234) 廣武 : 城의 이름. 지금의 형양현 동북쪽 廣武山에 있다.

235) 『史記志疑』에 의하면 한왕이 군대를 이끌고 황하를 건너서 오창의 양식을 먹은 것은 海春侯를 물리친 뒤의 일이므로 마땅히 "항왕이 신임하였다(項王信任之)"라고 한 곳(본문 245쪽)의 밑에 와야 한다고 했다.

236) 東海 : 東方을 통칭한다.

비하여 태공(太公)을 그 위에 올려놓고 한왕에게 통고하기를 "지금 빨리 투항하지 않으면 내 태공을 삶아 죽이겠다"라고 하였다. 그러자 한왕이 전하기를

> 나와 항우는 모두 북면(北面)[238]하여 회왕의 명을 받고 "형제가 되기로 약속한다"라고 하였으니, 나의 아버지가 곧 그대의 아버지이거늘, 그대의 아비를 반드시 삶고야 말겠다면 내게도 국 한그릇을 나누어주기 바란다

라고 하였다. 그러자 항왕이 노하여 태공을 죽이려고 하니 항백이 말하기를 "천하의 일이란 아직 알 수 없는 것이며, 또한 천하를 도모하는 자는 자신의 집을 돌보지 않는 법이니, 그를 죽인다고 한들 유익함이 없고 그저 화를 더하게 될 뿐입니다"라고 하자 항왕이 태공을 놓아주었다.

초군과 한군이 오랫동안 서로 대치하며 결판을 내지 못하고 있어서, 장정들은 군역(軍役)에 시달리고 노약자들은 전조(轉漕)[239]에 지치게 되었다. 항왕이 한왕에게 말하기를 "천하가 여러 해 동안 혼란스러웠던 것은 오로지 우리 두 사람 때문이다. 원컨대 한왕과 겨루어 자웅을 가리고, 애꿎은 천하의 백성들을 고달프게 하지 말기로 하자"라고 하였다. 그러자 한왕이 웃으며 거절하기를 "나는 차라리 지혜를 다툴지언정 힘을 다툴 수는 없다"라고 하였다. 항왕이 장사(壯士)로 하여금 나가서 싸움을 걸도록 하였다. 한군에 말을 타고 활을 잘 쏘는 누번(樓煩)[240]이 있었는데, 초군이 싸움을 세 번 걸어오자 누번이 갑자기 활을 쏘아서 그를 죽이니 항왕이 크게 노하여 직접 갑옷을 입고 창을 집어들고는 싸움을 걸었다. 누번이 그에게 활을 쏘려고 하자 항왕이 눈을 부릅뜨고 꾸짖으니 누번은 감히 쳐다보지도 못하고 손 또한 화살을 쏘지 못하고는 마침내 진지 속으로 도망쳐들어가 감히 다시 나오지 못하였다. 한왕이 사람을 보내서 몰래 알아보니 그가 바로 항왕임을 알고는 크게 놀랐다. 이에 항왕이 한왕 가까운

---

237) 원문은 "高俎"로서 '俎'란 고대 제사 때에 희생을 놓던 높은 궤를 말한다. 청동으로 만들었는데, 목제에다 칠을 한 것도 있다. 여기에서는 모탕(죄인의 목을 칠 때 쓰는 받침대)을 가리키는 것은 아니다.

238) 北面 : 권4 「주본기」의 〈주 123〉 참조.

239) 轉漕 : 轉은 육상 운송. 漕는 수상 운송.

240) 樓煩 : 서북 변경의 소수민족. 그들은 대개 말타기와 활쏘기에 능하므로 활을 잘 쏘는 사람을 누번이라고 칭했다고 한다. 따라서 꼭 누번인을 가리키는 것은 아닐 것이다.

곳으로 나아가 서로 광무산 골짜기[241]를 사이에 두고 대화를 나누었다. 한왕이 그의 죄목을 나열하자[242] 항왕은 노하여 일전을 벌이고자 하였으나 한왕이 응하지 않자 항왕은 숨겨두었던 쇠뇌[243]를 쏘아서 한왕을 맞히니 한왕은 부상을 입고 성고로 도망해들어갔다.

항왕은 회음후가 하북을 함락시킨 후 제나라와 조나라를 무찌르고, 또 초나라를 공격하려고 한다는 소식을 듣고 용저(龍且)로 하여금 그를 공격하도록 하였다.[244] 회음후가 용저와 접전하고 있는데, 한군의 기장(騎將) 관영(灌嬰)이 공격하여 초군을 대파시키고 용저를 죽였다. 한신은 이에 스스로 제왕(齊王)이 되었다. 항왕은 용저의 군대가 패했다는 소식을 듣고 두려워지자 우이(盱台) 사람 무섭(武涉)으로 하여금 회음후에게 권고하도록 하였으나[245] 회음후는 듣지 않았다. 이때에 팽월이 다시 반란을 일으켜서 양(梁)을 함락시키고 초군의 군량을 끊어버렸다. 항왕은 이에 해춘후 대사마 조구(曹咎) 등에게

> 성고를 삼가 지키기만 하오. 설사 한군이 싸움을 걸어와도 절대로 싸우지 말고, 한군이 동쪽으로 오지 못하게만 하면 되오. 나는 15일이면 반드시 팽월을 주살하고 양(梁) 땅을 평정한 뒤 다시 장군을 따르겠소

라고 말하고는 즉시 동쪽으로 가서 진류(陳留)와 외황(外黃)을 공격하였다.

그러나 외황은 쉽게 함락되지 않다가 며칠이 지난 뒤에야 항복을 하였다. 이에 항왕은 노하여 15세 이상의 남자를 성의 동쪽으로 끌어오도록 하고 그들 모두를 생매장시키려고 하였다. 외황 현령의 문객(門客) 중 한 사람의 13세 된 아들이 항왕에게 가서 권하기를

> 팽월이 강압적으로 외황을 위협하니 외황 사람들은 두려워서 짐짓 우선 항

---

241) 원문은 "廣武間"인데, '間'은 '澗'으로 보는 것이 타당하다. 廣武山 위에는 東西로 200보 거리를 두고 두 城이 있었으며 그 사이에 골짜기가 있었다.
242) 원문은 "數"로 한왕이 항우의 10대 죄상을 나열함을 말한다. 자세한 내용은 「高祖本紀」 참고.
243) 쇠뇌 : 弩. 여러 개의 화살이나 돌을 잇따라 쏘게 되어 있는 큰 활.
244) 초나라 장수 용차가 회음후, 즉 韓信을 공격한 사실은 「淮陰侯列傳」에 상세히 보인다.
245) 무섭이 회음후에게 권고한 사실은 무섭이 한신에게 한나라를 배반하고 초나라와 관계를 맺도록 권한 것을 말한다. 자세한 내용은 「淮陰侯列傳」 참고.

복하고는 대왕을 기다렸습니다. 그런데 대왕께서 오셔서는 또 모두 생매장 시키려고 하시니 백성들이 어찌 기탁하고자 하는 마음이 생기겠습니까? 여기로부터 동쪽으로 양(梁) 지역의 10여 개 성이 모두 두려워서 항복하려고 하지 않을 것입니다

라고 하자, 항왕은 그 말이 그럴듯하다고 여기고는 생매장당할 뻔한 외황 사람들을 사면해주었다. 그러자 동쪽으로 수양(睢陽)²⁴⁶⁾에 이르기까지 그 소식을 듣고는 모두 다투어 항왕에게 투항하였다.

한편, 한군이 과연 여러 차례 싸움을 걸어와도 초군은 나오지 않았다. 한군에서 사람을 시켜서 5-6일 동안 초군을 욕하게 하자, 대사마가 노하여 병사들에게 사수(汜水)²⁴⁷⁾를 건너게 하였다. 그런데 사졸들이 반쯤 건널 때 한군이 공격하여 초군을 대파시키고 초나라의 진귀한 보물을 모두 차지하였다. 대사마 조구와 장사 예(翳), 새왕(塞王)²⁴⁸⁾ 사마흔이 모두 사수(汜水)에서 목을 찔러 자살하였다. 대사마 조구는 원래 기현에서 옥연을 지낸 자였고, 장사 사마흔 또한 본래 역양의 옥리(獄吏)였는데, 두 사람은 일찍이 항량에게 은덕을 베푼 적이 있었기 때문에 항왕이 신임하였다. 이때 항왕은 수양에 있었는데, 해춘후의 군대가 패했다는 소식을 듣고는 즉시 군대를 이끌고 돌아왔다. 한군은 종리매(鍾離眛)²⁴⁹⁾를 형양의 동쪽에서 포위하고 있었는데, 항왕이 이르자 한군은 초군을 두려워하여 모두 험난한 지역으로 달아나버렸다.

이때 한군은 식량이 풍부했고 항왕의 군사들은 지치고 군량마저 떨어진 상태였다. 한왕이 육고(陸賈)²⁵⁰⁾를 보내 항왕을 달래어 태공을 풀어주도록 요청했으나 항왕은 듣지 않았다. 한왕이 다시 후공(侯公)²⁵¹⁾을 보내어 항왕에게 권유하니, 항왕이 이에 천하를 둘로 나누어 홍구(鴻溝) 서쪽을 한나라의 영토로 하고, 홍구 동쪽을 초나라의 영토로 하기로 한왕과 약조하였다. 그리고 나서야 항왕은 태공을 풀어줄 것을 허락하고는 즉시 한왕

---

246) 睢陽 : 현 이름. 지금의 하남성 商丘縣 남쪽에 현성이 있다.
247) 汜水 : 물 이름. 지금의 하남성 鞏縣 동남쪽에서 발원하여 황하로 들어간다.
248) 翳, 塞王 : 『史記志疑』에서는 이 세 글자를 衍文이라고 하였다. 「高祖本紀」, 『漢書』의 「高帝紀」, 『漢書』의 「項籍傳」에는 모두 이 글자들이 없다.
249) 鍾離眛 : 성이 종리요, 이름은 매. 항우 수하의 맹장.
250) 陸賈 : 한왕의 辯士. 나중에 관직이 太中大夫에 이른다. 자세한 내용은 「酈生陸賈列傳」 참고.
251) 侯公 : 이름은 成, 字는 伯盛. 山陽 사람.

의 부모처자를 돌려보내니, 한나라 군사들이 모두 만세를 외쳤다. 한왕이 이에 후공을 평국군(平國君)에 봉하고 다시는 만나려고 하지 않았다.[252] 그리고는 말하기를 "그는 천하의 능변가로서, 그가 거처하는 나라를 망하게 할 것이므로 평국군이라고 이름한다"라고 하였다. 항왕은 약조를 마친 뒤 군대를 철수시켜서 동쪽으로 돌아갔다.

한왕이 서쪽으로 돌아가고자 하자 장량과 진평이 권하기를

> 한(漢)이 천하의 거의 절반을 차지했고 제후들도 모두 귀의했습니다. 그런데 초나라 군사들은 지치고 군량도 떨어졌으니, 이는 하늘이 초나라를 망하게 하려는 때입니다. 그러니 차라리 이 기회를 틈타 탈취하는 것이 좋을 것입니다. 지금 만일 놓아주고 공격하지 않는다면 이는 이른바 "호랑이를 길러 스스로 화를 남겨두는 것"입니다

라고 하였다. 이에 한왕이 그 말을 따랐다. 그리하여 한(漢) 5년, 한왕이 항왕을 양하(陽夏)[253] 남쪽까지 추격하여 진을 치고는 회음후 한신, 건성후 팽월과 회합하여 초군을 공격하기로 약조하였다. 그런데 한군이 고릉(固陵)[254]에 이르러도 한신과 팽월의 군대가 오지 않았다. 그러자 초군이 한군을 공격하여 크게 무찌르니, 한왕은 다시 진지로 들어가서 참호를 깊게 파고 수비만을 하였다. 한왕이 장자방(張子房, 장량을 가리킴)에게 "제후가 약조를 따르지 않으니 어찌해야 좋겠소?"라고 물으니 장자방이 이렇게 대답하였다.

> 초군이 장차 망하려고 하는데, 한신과 팽월은 아직 나누어받은 봉지가 없으므로 그들이 오지 않는 것은 정말 당연한 일입니다. 군왕께서 천하를 그들과 함께 나눌 수만 있으시다면 지금이라도 즉시 그들을 오게 할 수 있을 것입니다. 만일 그럴 수 없으시다면 사태는 알 수 없게 됩니다. 군왕께서 진현(陳縣) 동쪽에서 해안지역까지를 모두 한신에게 주시고, 수양 이북에서 곡성(穀城)[255]까지를 팽월에게 주셔서 각자 스스로를 위해서 싸우게 한다면 초나라를 무찌르는 것은 쉬운 일입니다.

---

252) 원문은 "匿弗肯復見"이다. 일설에는 유방이 후공을 피해서 만나지 않았다고 하며, 일설에는 후공이 상을 받지 않으려고 유방을 피해서 만나지 않았다고도 한다.
253) 陽夏 : 현 이름. 지금의 하남성 太康縣에 현성이 있다.
254) 固陵 : 촌락 이름. 지금의 하남성 태강현 남쪽에 있다.
255) 穀城 : 城 이름. 지금의 산동성 平陰縣 서남쪽 東阿鎭.

이에 한왕이 "좋소"라고 하였다. 이에 사신을 보내어 한신과 팽월에게 말하기를 "힘을 합쳐서 초군을 공격하시오. 초군이 격파되면 진현 동쪽에서 해안에 이르는 지역을 제왕에게 줄 것이며, 수양 이북에서 곡성까지를 팽상국(彭相國)[256]에게 줄 것이오"라고 하였다. 사신이 이르자 한신과 팽월은 모두 대답하기를 "지금 진군하기를 청합니다"라고 하고는, 한신은 즉시 제(齊)에서 진군하였고 유고(劉賈)의 군대도 수춘(壽春)[257]에서 함께 진군하여 성보(城父)[258]를 전멸시키고 해하(垓下)[259]에 이르렀다. 대사마 주은(周殷)이 초나라를 배반하여 서현(舒縣)[260]의 군사로 육현(六縣)을 도륙하고, 구강(九江)의 병졸[261]을 동원하여 유고와 팽월을 따라서 모두 해하에 모였다. 그리고는 항왕을 향해서 진격하였다.

항왕의 군대는 해하에 방벽을 구축하고 있었는데, 군사는 적고 군량은 다 떨어진 데다 한군과 제후의 군대에게 여러 겹으로 포위되어 있었다. 밤에 한군이 사방에서 모두 초나라의 노래를 부르니 항왕이 이에 크게 놀라서 말하기를 "한군이 이미 초나라 땅을 모두 빼앗았단 말인가? 어찌하여 초인(楚人)이 이리도 많은가?"라고 하였다. 항왕은 한밤중에 일어나서 장중(帳中)에서 술을 마셨다. 항왕에게는 우(虞)[262]라는 이름의 미인이 있었는데, 항상 총애를 받으며 시종(侍從)하였다. 또 추(騅)라는 이름의 준마가 있었는데, 그는 항상 이 말을 타고 다녔다. 이에 항왕은 강개한 심정으로 비통함을 노래하며 스스로 시를 지어 읊었다.

> 힘은 산을 뽑을 수 있고, 기개는 온 세상을 덮을 만하건만
> 시운(時運)이 불리하여 추(騅) 또한 나아가지 않는구나.
> 추가 나가지 않으니 어찌해야 하는가?
> 우(虞)여, 우여, 그대를 어찌해야 좋을까?

항왕이 여러 차례 노래 부르니 미인도 따라서 불렀다. 항왕의 뺨에 몇 줄기 눈물이 흘러내리니 좌우가 모두 눈물을 흘리며 차마 쳐다보지 못하

---

256) 彭相國 : 팽월은 일찍이 위표의 相國으로 있었다.
257) 壽春 : 현 이름. 지금의 안휘성 壽縣.
258) 城父 : 권6「진시황본기」의 〈주 263〉 참조.
259) 垓下 : 지명. 지금의 안휘성 靈璧縣 동남쪽에 있다.
260) 舒縣 : 지금의 안휘성 盧江縣 서남쪽에 현성이 있다.
261) 경포의 군대를 가리킨다.
262) 虞 : 항우가 포위당하자 그의 노래에 맞추어 춤춘 뒤 자살하였다.

였다.

이때 항왕이 바로 말에 올라타니, 휘하 장사 중 말을 타고 따르는 자가 800여 명이 되었다. 그날 밤 그들은 포위를 뚫고 남쪽으로 나가 질주하였 다. 날이 밝자 한군은 비로소 이 사실을 알고 기장(騎將) 관영으로 하여 금 5,000의 기병을 이끌고 추격하도록 하였다. 항왕이 회수를 건너니 그 를 따라오는 자는 이제 100여 기(騎)에 불과하였다. 항왕이 음릉(陰陵)[263] 에 이르러 길을 잃어버리자 한 농부에게 물으니 농부가 속여 말하기를 "왼쪽이오"라고 하여 왼쪽으로 가다가 큰 늪[264]에 빠지게 되었다. 이로 인해서 한군이 바짝 쫓아오게 되었다. 항왕이 이에 다시 군사를 이끌고 동쪽으로 가서 동성(東城)[265]에 이르니 겨우 28기만이 남았고, 추격하는 한군의 기병은 수천이었다. 항왕이 스스로 생각하니 도저히 벗어날 수가 없었다. 이에 그 기병에게 말하기를

내가 군사를 일으킨 지 지금 8년이 되었다. 몸소 70여 차례의 전투를 벌 였는데 내가 맞선 적은 격파시키고 내가 공격한 적은 굴복시켜 일찍이 패 배를 몰랐으며, 마침내는 천하의 패권을 차지하게 되었다. 그러나 지금 결 국 이곳에서 곤궁한 지경에 이르렀으니, 이는 하늘이 나를 망하게 하는 것 이지, 결코 내가 싸움을 잘하지 못한 죄가 아니다. 오늘 정녕 결사의 각오 로 통쾌히 싸워서 기필코 세 차례 승리하여, 그대들을 위해서 포위를 뚫고 적장(敵將)을 참살하고 적군의 깃발을 쓰러뜨려서 그대들로 하여금 하늘이 나를 망하게 하는 것이지 싸움을 잘못한 죄가 아님을 알게 하고 싶노라

라고 하고는 그 기병을 넷으로 나누어 사방으로 향하게 하였다. 한군이 겹겹이 포위하니, 항왕은 그 기병에게 말하기를 "내가 그대를 위해서 저 장수를 베리라"라고 하고는 기병들에게 사방으로 말을 달려 내려가도록 하고 산[266]의 동쪽 세 군데에서 나누어 만날 것을 약조하였다. 그러고 난 뒤 항왕은 크게 소리치며 아래로 말을 달려가니, 한군은 바람에 초목이 쓰러지듯이 모두 전멸당하였고, 항왕은 마침내 한나라 장수 한 명의 목을 베었다. 이때 기장(騎將)이었던 적천후(赤泉侯)[267]가 항왕을 추격하자

---

263) 陰陵: 현 이름. 지금의 안휘성 定遠縣 서북쪽.
264) 원문은 "大澤"으로 沼澤地를 말한다. 지금의 안휘성 정원현 서남쪽의 迷溝가 당 시 항우가 빠졌던 늪이라고 전해진다.
265) 東城: 현 이름. 지금의 안휘성 定遠縣 동남쪽.
266) 지금의 안휘성 和縣 북쪽의 四潰山이라고 전해진다.

항왕이 눈을 부릅뜨고 꾸짖으니 적천후는 사람과 말이 모두 놀라서 몇리 밖으로 달아나버렸다. 이리하여 항왕은 산의 동쪽 세 군데에서 그의 기병들을 만났다. 한군은 항왕의 소재를 알 길이 없자 군사를 셋으로 나누어 초군을 다시 포위하였다. 이에 항왕이 말을 달려서 한나라 도위(都尉) 한 명을 참살하고 100여 명을 죽인 뒤 다시 그의 기병들을 모으니 기병 2명이 죽었을 뿐이었다. 이에 항왕이 기병들에게 "어떠냐?"라고 묻자, 기병들이 모두 엎드려서 말하기를 "대왕의 말씀과 같사옵니다"라고 하였다.

이때에 항왕은 동쪽으로 오강(烏江)²⁶⁸⁾을 건너려고 하였다. 그런데 오강의 정장(亭長)이 배를 강언덕에 대고 기다리다가 항왕에게 말하기를 "강동(江東)이 비록 작으나 땅이 사방 천리요, 백성들의 수가 수십만에 이르니, 그곳 또한 족히 왕이 되실 만한 곳입니다. 원컨대 대왕께서는 얼른 건너십시오. 지금 신(臣)에게만 배가 있어 한군이 이곳에 온다 해도 강을 건널 수는 없을 것입니다"라고 하였다. 항왕이 웃으며 말하기를

> 하늘이 나를 망하게 하려는데, 내가 건너서 무얼 하겠나? 또한 내가 강동의 젊은이 8,000명과 함께 강을 건너 서쪽으로 갔었는데, 지금 한 사람도 돌아오지 못했거늘 설사 강동의 부형(父兄)들이 불쌍히 여겨 나를 왕으로 삼아준다고 한들 내가 무슨 면목으로 그들을 대하겠나? 설사 그들이 아무 말도 하지 않는다 해도 내 양심에 부끄럽지 않을 수 있겠는가?

라고 하고는 정장에게 말하기를 "나는 그대가 후덕한 사람임을 알고 있다. 나는 5년 동안 이 말을 탔는데, 이 말에 대적할 것이 없었으며 하루에도 천리를 달렸다. 내 차마 이 말을 죽일 수 없어 그대에게 주겠소"라고 하고는 기병들로 하여금 모두 말에서 내려 걷도록 하고는 손에 짧은 무기만을 들고 싸움을 벌여서 항우 혼자서 죽인 한군이 수백명이었다. 항왕도 몸에 10여 군데 부상을 입었다. 항왕은 한나라 기사마(騎司馬)²⁶⁹⁾ 여마동(呂馬童)을 돌아보며 말하기를 "너는 예전에 내 부하가 아니었더냐?"라고 하자 여마동이 항왕을 바라보면서 왕예에게 항왕을 가리키며

---

267) 赤泉侯 : 楊喜를 말한다. 당시 그는 유방의 휘하에서 郎中騎將으로 있었으며, 후일 적천후에 봉해졌다.

268) 烏江 : 지금의 안휘성 和縣 동북쪽의 長江. 강 서쪽에 나룻터가 있는데 烏江浦라고 부른다.

269) 騎司馬 : 관직 이름. 기병의 將領. 일설에는 기병 가운데 군법을 관장하는 관원이라고도 한다.

말하기를 "이가 바로 항왕입니다"라고 하였다. 그러자 항왕이 말하기를 "내가 들으니 한왕이 나의 머리를 천금과 만호의 읍(邑)으로 사려고 한다 하니, 내 그대들에게 은혜를 베풀어주리라"라고 하고는 이에 스스로 목을 찔러 죽었다. 왕예가 항왕의 머리를 가지고, 다른 기병들이 서로 짓밟으며 항우의 몸을 쟁탈하다가 서로 죽인 자가 수십명이 되었다. 마지막에는 낭중기(郎中騎) 양희와 기사마 여마동, 낭중(郎中) 여승(呂勝)과 양무(楊武)가 각기 항왕의 몸 한 쪽씩을 차지하였다. 다섯 사람이 모두 자신이 차지한 항왕의 몸을 맞추어보니 모두가 틀림없었다. 그러므로 그 땅[270]을 다섯으로 나누어 여마동을 중수후(中水侯)[271]에 봉하고, 왕예를 두연후(杜衍侯)[272]로 봉하고, 양희를 적천후(赤泉侯)[273]에 봉하고 양무를 오방후(吳防侯)[274]에 봉하고, 여승을 열양후(涅陽侯)[275]에 봉했다.

항왕이 죽자 초나라 모든 지역이 모두 한나라에 투항했는데, 유독 노현(魯縣)만이 항복하지 않았다. 이에 한왕은 천하의 병사를 이끌고 노현을 도륙하려고 하였다. 그러나 노현 백성들은 예의를 고수하며 군주를 위해 목숨을 바쳐 절개를 지키려고 하는 것이었으므로 한왕은 (무력을 사용하지 않고) 항왕의 머리를 가지고 가서 노현 백성들에게 보였다. 그러자 노현의 부형들이 투항하였다. 처음에 초 회왕이 항적을 노공(魯公)으로 봉했고, 지금 그가 죽자 비로소 노현이 함락되었으므로 노공이라는 봉호에 대한 예우로 항왕을 곡성(穀城)[276]에 안장하였다. 한왕이 항왕을 위해서 발상(發喪)하고 흐느끼며 떠났다.

한왕은 여러 항씨 일족들을 모두 죽이지 않았다. 그리고 항백(項伯)을 사양후(射陽侯)[277]에 봉하였고, 도후(桃侯),[278] 평고후(平皐侯),[279] 현무

---

270) 상으로 내건 萬戶를 가리킨다.
271) 中水는 지명. 지금의 하북성 獻縣 서북쪽.
272) 杜衍은 지명. 지금의 하남성 南陽市 서남쪽.
273) 『索隱』에서는 남양에 丹水縣이 있는데, 후에 赤泉으로 바뀐 듯하다고 하였다. 丹水는 지금의 하남성 淅川縣 서남쪽에 있다. 일설에는 지금의 하남성 魯山縣이라고도 한다.
274) 吳防은 吳房으로, 지금의 하남성 遂平縣을 말한다.
275) 涅陽은 지명. 지금의 하남성 鎭平縣 남쪽.
276) 穀城 : 지금의 산동성 平陰縣 서남쪽 東阿鎭을 말한다. 『日知錄』에서는 宋孫復의 『春秋尊王發微』를 인용하여 산동성 曲阜縣 서북쪽의 小穀城이라고 주장한다.
277) 射陽은 지명으로 지금의 강소성 淮安縣 동남쪽이다.
278) 桃侯 : 項襄을 말한다. 봉지인 桃는 지금의 산동성 汶上縣 동북쪽에 있다. 일설

후(玄武侯)[280]는 모두 항씨였으나 그들에게 유씨(劉氏) 성을 하사하였다.

태사공은 다음과 같이 말했다.

"내가 주생(周生)[281]에게서 '순(舜)의 눈은 아마도 눈동자가 둘이다'라는 말을 들었는데, 또 항우도 눈동자가 둘이라는 말을 들었다. 그러나 항우가 어찌 순(舜)의 후예이겠는가? 그러면 항우가 어떻게 갑작스럽게 일어났는가? 진나라가 실정(失政)하자 진섭이 처음 난을 일으키고 호걸들이 봉기하여 서로 다투었으니 그 수를 이루 다 셀 수 없었다. 그러나 항우는 세력을 전혀 가지고 있지 않았으면서도 진 말(秦末)의 대세를 틈타 민간에서 흥기하여 3년 만에 마침내 다섯 제후[282]를 거느리고 진나라를 멸망시켰다. 그리고는 천하를 분할하여 왕, 후를 봉하니 모든 정령(政令)이 항우에게서 나왔으며 자신을 '패왕(霸王)'이라고 칭하였다. 그 왕위가 비록 끝까지 가지는 않았으나 이는 근고(近古) 이래로 없었던 일이다. 그러다가 항우가 관중을 버리고 초나라를 그리워하고, 의제를 쫓아내고 스스로 왕이 되어 왕후들이 자신을 배반한 것을 원망하기에 이르자 상황은 어렵게 되었다. 항우는 스스로 공로를 자랑하고 자신의 사사로운 지혜만을 앞세워 옛것을 스승삼지 아니하며, 패왕의 공업(功業)이라고 하고는 무력으로 천하를 정복하고 다스리려고 하다가 5년 만에 마침내 나라를 망치고 몸은 동성(東城)에서 죽으면서도 아직 깨닫지 못하고 스스로 책망하지 않았으니 이는 잘못된 것이었다. 그리고는 끝내 '하늘이 나를 망하게 하는 것이지, 결코 내가 싸움을 잘하지 못한 죄가 아니다'라는 말로 핑계를 삼았으니 어찌 잘못된 일이 아니겠는가?"

에는 桃丘라고 하는데, 이곳은 지금의 산동성 東阿縣 서남쪽이라고도 한다.
279)　平皐侯 : 項佗. 봉지인 平皐는 지금의 하남성 溫縣 동쪽.
280)　玄武侯 : 미상. 「高祖功臣侯年表」 중에도 보이지 않는다.
281)　周生 : 周氏 성을 가진 당시의 유생. 일설에는 周 왕조의 현자라고도 한다.
282)　다섯 제후 : 齊, 趙, 韓, 魏, 燕 다섯 나라의 제후군.

권8 「고조본기(高祖本紀)」제8

　고조(高祖)는 패현(沛縣)[1] 풍읍(豐邑)[2] 중양리(中陽里) 사람으로 성
은 유(劉), 자(字)는 계(季)[3]이다. 아버지는 태공(太公)이라고 하며 어
머니는 유오(劉媼)[4]라고 한다. 예전에 유오가 큰 연못가에서 휴식을 취
한 적이 있었는데, 그때 잠깐 잠이 든 사이에 신(神)을 만나는 꿈을 꾸었
다. 이때 하늘에서 천둥이 치고 번갯불이 번쩍이더니 갑자기 사방이 어두
컴컴해졌다. 태공이 달려가보니 교룡(蛟龍)[5]이 부인의 몸 위에 올라가
있었다. 그리고 나서 얼마 후에 유오가 임신을 하여 드디어 고조를 출산
하였다.

　고조는 콧날이 높고 이마는 튀어나와서 얼굴 모습이 용을 닮았으며, 멋
진 수염을 기르고 있었다. 그리고 왼쪽 넓적다리에는 72개의 검은 점이
있었다. 사람됨이 어질어서 다른 사람을 사랑하고 남에게 베풀기를 좋아
했으며, 탁 트인 마음에 언제나 넓은 도량을 가지고 있었다. 평소 원대한
포부를 품고 있었던 그는 일반 백성들의 생산작업(生産作業)[6]에 얽매이
려고 하지 않았다. 장년이 되자 시험으로 관리에 등용되어 사수정(泗水
亭)[7]의 정장(亭長)[8]이 되었다.

1)　沛縣 : 권6 「진시황본기」의 〈주 256〉, 권7 「항우본기」의 〈주 46〉 참조.
2)　豐邑 : 당시 패현에 속해 있던 읍으로 지금의 강소성 풍현. 漢代에 이르러 풍현으
　　로 바뀌었다. 권4 「주본기」의 〈주 40〉 참조.
3)　季 : 고조는 황제로 즉위한 후에야 이름을 邦이라고 하였다. 그 이름을 기재하지
　　않은 것은 사마천이 漢의 신하로서 황제의 이름을 피하기 위한 것이다. 季는 원래
　　형제간의 伯, 仲, 叔, 季의 서열 가운데 마지막에 속한 것인데, 사마천은 이를 고조
　　의 字로 삼고 있다.
4)　劉媼 : 고조의 부모 이름은 미상이므로 노년남자에 대한 존칭인 太公과 노년부녀에
　　대한 통칭인 媼(속음은 온)로 대용하고 있다. '유오'는 유씨 집의 부인이라는 뜻이
　　다.
5)　蛟龍 : 큰 물을 일으킨다는 용의 일종.
6)　生産作業 : 농사 일을 포함하여 생활에 관련된 여러 가지의 모든 생산업무를 말한
　　다.
7)　泗水亭 : 지명으로 지금의 강소성 패현 동쪽이다.

254

고조는 관아의 모든 관리들을 깔보고 멸시했으며, 술과 여색을 좋아하여 항상 왕오(王媼)⁹⁾와 무부(武負)¹⁰⁾의 주점에 가서 외상으로 술을 마셨으며, 술에 취하여 드러눕곤 하였다. 왕오와 무부는 그럴 때마다 언제나 그의 몸 위에 용이 나타나는 것을 보고 기이하게 여겼다. 고조가 이들의 주점에 와서 술을 사마시는 날이면 술이 평소의 몇배씩이나 팔렸는데,¹¹⁾ 그 기이한 일을 본 후로는 연말이 되면 두 주점에서는 항상 고조의 외상 장부를 찢어버리고 술값을 받지 않았다.

고조가 일찍이 함양(咸陽)¹²⁾에서 부역하고 있을 때, 한번은 황제의 행차를 구경하는 것이 허락된 적이 있었는데,¹³⁾ 진 시황제의 행차를 구경하고서는 길게 탄식하며 말하기를 "아 ! 대장부란 마땅히 저래야 하는데"라고 하였다.

선보(單父)¹⁴⁾ 사람 여공(呂公)은 패현 현령과 친분이 두터웠다. 그는 원수진 사람을 피해서 현령의 식객이 되어 패현에 거주하고 있었다. 패현의 호걸과 향리(鄕吏)들은 현령에게 귀빈이 와 있다는 소식을 듣고 모두 방문하여 인사를 드렸다. 당시 주리(主吏)¹⁵⁾였던 소하(蕭何)가 진상한 예물을 관리했는데 여러 대부(大夫)¹⁶⁾들에게 "진상한 예물이 천 냥에 이르지 않는 사람은 당하(堂下)에 앉으시오"라고 말하였다. 당시 정장(亭長)이었던 고조는 평소 뭇 관리들을 경시했으므로 거짓으로 명자(名刺)¹⁷⁾를 꾸며 "하례금 만 냥"이라고 써넣었으나, 사실은 한냥도 지참하지 않았

---

8) 亭長 : 秦代에는 縣 아래에 鄕을, 鄕 아래에 亭을 설치했는데 10里마다 1亭을 두고 10亭마다 1鄕을 두었다고 한다. 亭長은 관직의 이름으로 亭의 치안과 소송 등의 직무를 담당하는 관리였다.

9) 王媼 : 왕씨 집안의 부인을 말한다. 오는 늙은 부인, 또는 부인에 대한 통칭.

10) 武負 : 무씨 집안의 부녀를 말한다. 負는 婦와 통하며, 아주머니 즉 여자에 대한 통칭.

11) 고조가 술을 그 정도로 많이 사마셨음을 말하는 것이 아니라, 고조에게 사람을 끌어모으는 불가사의한 덕이 있음을 가리킨다.

12) 咸陽 : 秦의 수도로, 지금의 섬서성 咸陽市 동쪽. 권5「진본기」의 〈주 165〉참조.

13) 당시는 천자가 행차할 때 경비가 삼엄하여 구경하는 것이 금지되어 있었으나, 이 때만은 이를 허락하여 백성들이 마음대로 볼 수 있도록 하였다.

14) 單父 : 현 이름으로, 지금의 산동성 單縣.

15) 主吏 : 主吏掾, 혹은 功曹掾이라고도 부르는데, 지금의 書記官에 해당하는 관직.

16) 大夫 : 秦의 제도에 의하면 大夫는 작위의 명칭이었으나 그후에는 단순한 존칭이 되었다. 여기서는 연회에 모인 패현의 호걸과 향리들을 가리킨다.

17) 名刺 : 면회를 청할 때 자신의 성명과 예물의 액수를 적은 쪽지.

다. 명자가 전해지자 여공은 크게 놀라며 자리에서 일어나서 고조를 문 앞에서 맞이하였다. 여공은 관상보기를 좋아했는데, 고조의 생김새를 보고 매우 존경하며 자리에 앉게 하였다. 그러자 소하가 "유계(劉季)는 언제나 큰소리만 치고 실행하는 일은 드물다"라고 말하였으나 고조는 여러 손님을 무시하고 상좌에 앉아서 조금도 사양하는 기색이 없었다. 술자리가 끝나갈 즈음, 여공은 눈짓으로 고조를 붙잡아놓았다. 연회가 끝나서 모두들 가고 고조 한 사람만 남게 되자 여공은 "저는 어려서부터 관상보기를 좋아하여 많은 사람의 상(相)을 보았지만, 당신만한 호상(好相)은 없었습니다. 그러하오니 자중하시길 바라며, 저에게 딸이 있는데 당신의 아내로 삼아주십시오"라고 말하였다. 술자리가 끝난 후에 여공의 아내는 그에게 화를 내며

> 당신은 예전부터 언제나 우리 딸을 비범하다 하시면서 귀인(貴人)에게 시 집 보내려고 하셨지요. 그랬거늘 패현 현령이 당신과 친분이 있어 딸을 달 라고 했는데도 주지 않으시더니, 어찌 함부로 유계에게 시집 보내려고 하 십니까?

라고 말했으나, 여공은 "이 일은 아녀자가 알 바가 아니오"라고 하더니, 결국 유계에게 시집 보냈다. 여공의 이 딸이 바로 훗날 효혜제(孝惠帝)와 노원공주(魯元公主)를 낳은 여후(呂后)였다.

고조가 정장으로 있을 때 언젠가 휴가를 내고 귀향하여 시골집에 돌아온 적이 있었다. 그때 여후는 두 아이를 데리고 밭에서 김을 매고 있었는데, 지나가던 한 노인이 마실 물을 청하였다. 여후가 먹을 것을 주니 그 노인은 여후의 관상을 보고 "부인은 천하의 귀인이 되실 상을 가지고 계십니다"라고 말하였다. 여후는 두 아이의 관상을 보게 하였다. 노인은 효혜제를 보고 "부인이 귀하게 되는 것은 바로 이 남자 아이 때문입니다"라고 말하더니, 노원공주의 상을 보고는 역시 모두 귀상(貴相)이라고 하였다. 노인이 이미 떠나가고 나자, 마침 고조가 방사(旁舍)[18]에서 나왔다. 여후는 지나가던 길손이 자기와 아이들의 관상을 보고 모두 귀상이라고 했던 일을 고조에게 소상히 이야기했다. 고조는 그 노인이 어디로 갔느냐고 물었다. 여후는 아직 멀리 가지는 못했을 것이라고 대답했다. 그러자

---

18) 旁舍 : 본채 곁에 딸린 작은 집.

고조는 노인의 뒤를 쫓아가서 (자기의 관상은 어떤가를) 물었다. 노인은 "조금 전에 부인과 아이들의 관상을 보았는데 모두 당신의 상을 닮았습니다. 당신은 말로 표현할 수 없을 정도로 귀하신 상입니다"라고 하였다. 이에 고조는 감사하며 "정말 어르신의 말씀대로라면 그 은덕은 잊지 않겠습니다"라고 말하였다. 그후 고조가 천자가 되어 (노인을 찾았으나) 결국 노인의 행방을 알 길이 없었다.

고조가 정장으로 지낼 때였다. 고조는 죽피(竹皮)[19]로 관(冠)을 만들기 위해서 구도(求盜)[20]를 설현(薛縣)[21]으로 보내어 죽피관(竹皮冠)을 만들게 하였다. 고조는 항상 죽피관을 머리에 썼으며, 천자가 되어서도 늘 그 모자를 썼다. 소위 '유씨관(劉氏冠)'이란 바로 이 죽피관을 두고 하는 말이다.

고조는 정장의 직무로 인해서 현을 위하여 역도(役徒)[22]들을 여산(酈山)[23]으로 인솔한 적이 있었다. 가는 길에 많은 역도들이 도주해버리자, 고조는 여산에 도착할 때가 되면 다 도망쳐서 한사람도 남지 않을 것이라고 생각했다. 그래서 고조는 풍읍(豐邑) 서쪽 늪지에 이르러 가던 길을 멈추고 술을 마셨다. 밤이 되자 인솔해 가던 역도들을 풀어주며 "그대들은 모두 도망치시오. 나도 이제 도망칠 것이오"라고 하니, 역도들 중에 고조를 따르고자 하는 장사(壯士)가 10여 명이 되었다. 고조는 술을 더 마신 후, 한밤중에 늪지의 작은 길을 지나면서 한 사람을 시켜서 앞길을 살펴보게 하였다. 앞서 가던 이가 돌아와서 보고하기를 "앞에 큰 뱀이 길을 막고 있으니 되돌아가십시오"라고 하였다. 그러자 술에 취한 고조는 "장사가 가는 길에 무엇이 두렵겠느냐?"라며 앞으로 가더니 검을 뽑아 뱀을 쳐서 죽였다. 뱀은 두 동강이 되었고 길은 뚫렸다. 다시 몇리 길을

---

19) 竹皮 : 막 자라기 시작한 대나무의 껍질, 즉 죽순의 껍질을 말한다.

20) 求盜 : 당시 亭에는 亭長 아래로 求盜와 亭父라는 두 관졸이 있었다. 구도는 도둑을 잡는 일을 맡았으며 정보는 문의 개폐와 청소의 일을 담당하였다.

21) 薛縣 : 魯나라의 縣으로 지금의 산동성 滕縣이다. 이곳에 冠을 만드는 장인이 있었다. 권7 「항우본기」의 〈주 44〉 참조.

22) 役徒 : 徒刑을 받은 죄수로 당시 진 시황의 능묘를 짓기 위해서 징발된 부역인부를 말한다.

23) 酈山 : 驪山이라고도 쓴다. 섬서성 臨潼縣 동남쪽(唐代의 長安 부근)에 있는 산의 이름으로, 진 시황의 능묘가 있으며 당 현종 때에는 華淸宮(일명 溫泉宮)을 지어서 양귀비가 목욕하던 곳이다. 권5 「진본기」의 〈주 272〉 참조.

걸은 고조는 술에 취해서 더 이상 걷지 못하고 길에 누웠다. 뒤처져서 오던 사람이 뱀이 죽은 곳에 이르렀을 때, 한 노파가 한밤중에 통곡하는 것을 보고 왜 통곡하느냐고 물었다. "어떤 사람이 내 아들을 죽였기에 이렇게 통곡하는 것이오"라고 노파는 대답했다. "당신 아들은 무엇 때문에 살해되었나요?" 하고 물으니, 노파는 "내 아들은 백제(白帝)[24)]의 아들입니다. 뱀으로 변신하여 길을 막고 있었는데 지금 적제(赤帝)[25)]의 아들에게 참살당했으므로[26)] 그래서 통곡하는 것입니다"라고 하였다. 그는 노파가 허황된 말을 하고 있다고 여기어 혼내주려고 하자[27)] 노파는 갑자기 사라져 버렸다. 뒤처져 오던 사람이 고조가 누웠던 곳에 도착하니, 고조는 술에서 깨어나서 있었다. 그가 고조에게 방금 있었던 일을 이야기하자 고조는 내심 기뻐하며 (뱀을 죽인 것을) 자랑스럽게 여겼다. 수행하던 모든 사람들은 더더욱 고조를 경외하게 되었다.

진 시황제는 일찍이 "동남쪽에 천자의 기(氣)가 있다"라고 하면서, 동쪽으로 순수하여 그 기를 진압하고자 하였다. 고조는 자기가 화를 당하지나 않을까 우려하여 망산(芒山)과 탕산(碭山)[28)] 사이의 깊은 산골짜기로 도망쳐서 숨었다. 여후가 사람들과 함께 고조를 찾을 때마다 그가 숨어 있는 곳을 찾아내니, 고조는 기이하게 생각하여 어떻게 찾아내었느냐고 물었다. 여후는 "당신이 있는 곳은 그 위에 언제나 운기(雲氣)가 있으므로 그것을 따라가면 항상 당신을 찾을 수가 있습니다"라고 말하니, 고조

---

24) 白帝: 고대 전설상의 蛇神을 백제라고 했으며 오행 중에서 金德을 가졌다고 전해진다. 秦 文公은 꿈에 뱀을 보고 백제를 제사 지냈다고 한다.

25) 赤帝: 堯帝의 자손으로 火德을 지녔다고 전해진다.

26) 白帝의 아들이 赤帝의 아들에게 죽임을 당했다는 것은 漢이 秦을 멸망시킬 것임을 말한 것이다. 진나라는 金德을 지닌 백제를 제사 지냈으므로 백제의 아들이라고 한 것이며, 이에 반해서 한나라는 火德을 지닌 堯帝의 자손이라고 하였으니 오행설에 따르면 火는 金을 이길 수 있다. (火克金)

27) 원문은 "笞," 혹은 "告"이다. '笞'는 '때리다(매질하다)'의 뜻이며 '告'는 '告官(관가에 고발하다)'라는 뜻이다. 대부분의 『사기』 역본에서는 '笞'의 뜻을 취하고 있을 뿐만 아니라, 유방과 그 일행들이 당시 秦 王朝에 거역하고 도망치는 상황에서 관가에 고발한다는 표현은 어울리지 않다고 생각된다. 『索隱』의 注文에서 "『漢書』에는 '苦'라고 되어 있는데, 이것은 곤욕을 주려 한다는 뜻이다(漢書作苦, 謂欲困苦辱之)"라고 한 점과 '혼내주다'라는 표현에는 여러 경우를 다 포괄할 수 있으므로 '혼내주려고 하다'로 번역했다.

28) 芒山, 碭山: 망산과 탕산은 지금의 안휘성 탕산현 동남쪽에 있는 산의 이름. 망산은 북쪽에, 탕산은 남쪽에 위치한다.

는 매우 기뻐하였다. 패현의 젊은이 중에는 이 소식을 듣고 고조를 따르고자 하는 자가 많았다.

진(秦)나라 이세황제(二世皇帝)[29] 원년(기원전 209년) 가을, 진승(陳勝)[30] 등이 기현(蘄縣)[31]에서 봉기하더니, 진현(陳縣)[32]에 이르러 왕위에 올라서 국호를 '장초(張楚)'[33]라고 하였다. 여러 군현에서는 모두 그 지방장관을 죽이고 진승에게 호응하였다. 패현 현령은 두려운 마음에 패현 백성들을 동원해서 진승에게 호응하고자 하였다. 그러나 주리(主吏)인 소하와 옥리(獄吏)[34]인 조참(曹參)은 현령에게 이렇게 말하였다.

> 진나라의 관리이신 나리께서 지금 마을의 젊은이들을 거느리고 진나라를 배반하려 하시는데, 젊은이들이 나리의 뜻에 복종하지 않을까 걱정됩니다. 원컨대 차라리 나리께서는 예전에 다른 곳으로 도망친 패현 사람들을 모두 부르십시오. 그러면 수백명을 모을 수 있을 것이니,[35] 그들을 이용하여 마을 젊은이들을 위협하면 모두들 복종하지 않을 수 없을 것입니다.

그러자 현령은 번쾌(樊噲)[36]에게 유계(劉季)를 불러오도록 하였다. 그때 유계는 이미 100명[37]에 가까운 무리들을 거느리고 있었다.

번쾌가 유계를 데려왔으나, 현령은 이를 후회하며 그들이 모반할까 두려워하였다. 그래서 성문을 걸어 잠그고 성을 수비하면서 소하와 조참을

---

29) 二世皇帝 : 이름은 胡亥, 재위기간은 3년(기원전 210년-기원전 207년)으로 24세의 나이로 죽었다.

30) 陳勝 : 권6「진시황본기」의 〈주 247〉 참조.

31) 蘄縣 : 현 이름. 지금의 안휘성 宿縣 동남쪽.

32) 陳縣 : 현 이름. 지금의 하남성 淮陽縣.

33) 張楚 : 秦 멸망 후, 진승(진섭)이 세운 나라의 이름. 『사기』의 「진섭세가」에 "진섭은 왕에 즉위하여 '장초'라고 이름하였다(陳涉乃立爲王, 號爲張楚)"라고 하였고 『索隱』의 注에서는 '張楚'를 "초나라를 크게 넓히려 하였기 때문에 '장초'라고 이름한 것이다(欲張大楚國, 故稱張楚)"라고 하였으니, '張楚'란 '초나라를 크게 넓힌다(張大楚國)'라는 뜻에서 취한 국호이다. 혹 '張楚'를 국호로 보는 것은 잘못된 것이라는 설도 있으나 그것은 타당치 않다. 권6「진시황본기」의 〈주 248〉 참조.

34) 獄吏 : 獄事를 담당하는 하급관리.

35) 당시에는 진나라의 가혹한 정치와 과중한 부역 때문에 고향을 떠나서 다른 지방으로 도망친 자가 많았다. 패현 사람으로 이러한 자를 불러모으면 수백명이 될 것이라는 말이다.

36) 樊噲 : 권7「항우본기」의 〈주 124〉 참조.

37) 100명 : 원문은 "數十百人"으로, 이것은 수십명에서 100명 사이, 즉 100명은 채 안 되는 80-90명 정도를 가리키기도 하나, 『漢書』에는 "數百人"으로 되어 있다.

죽이려고 하였다. 겁이 난 소하와 조참은 성벽을 넘어서 유계에게로 투항하였다. 유계는 비단에 글을 써서 화살에 꽂아 성 안으로 쏘았다. 그는 마을의 부로(父老)들에게 다음과 같은 서신을 썼다.

> 천하 백성들이 오랫동안 진나라로 인해서 고통을 받아왔습니다. 지금 부로들께서는 현령을 위하여 성을 수비하고 있으나, 전국의 제후들이 모두 봉기하였으니 이제 곧 패현을 공략해올 것입니다. 그러니 마을 사람들이 함께 현령을 처형하고 우두머리로 세울 만한 젊은이를 골라서 우두머리로 세우고 제후들과 호응한다면 가족과 재산을 보전할 수 있을 것입니다. 그렇지 않으면 부자(父子)가 함께 아무 의미 없이 죽임을 당하게 될 것입니다.

그러자 부로들은 젊은이들을 거느리고 가서 현령을 죽이고는 성문을 열고 유계를 맞이하여 패현 현령으로 삼으려고 하였다. 그러자 유계는 이렇게 말하였다.

> 천하가 혼란스러워 제후들이 궐기하고 있는 지금, 무능한 장수를 두면 싸움에서 무참히 대패할 것이오. 내가 감히 내 목숨을 중히 여겨서가 아니라 내 능력이 부족하여 여러 부형과 젊은이들의 목숨을 보전할 수 없음을 두려워해서입니다. 이는 중대한 일이오니 이 일을 맡을 적임자를 신중히 선택하시길 바랍니다.

소하와 조참 등은 모두 문관(文官)으로 자신의 목숨을 중히 여겼다. 그들은 이 일이 실패하면 후에 진나라에게 멸족의 화를 당할까 두려워서 모두 유계에게 자리를 양보하였다. 부로들이 모두 "평소 우리가 들은 바로는 당신에게는 여러 가지 기이하고 불가사의한 일들이 있었다고 하니, 당신은 틀림없이 귀인이 되실 것입니다. 또 이 일에 대해서 점을 쳐보니 당신만큼 길조인 사람은 없었습니다"라고 말하였다. 그래도 유계는 누차 사양하였으나, 어느 누구도 감히 우두머리가 되고자 하는 이가 없었으니 결국 유계를 패공(沛公)[38]으로 삼았다. 유계는 패현의 관청에서 황제(黃帝)와 치우(蚩尤)[39]에게 제사 지내고, 짐승을 잡아서 그 피를 북에 바르

---

38) 沛公 : 권6 「진시황본기」의 〈주 255〉, 권7 「항우본기」의 〈주 47〉 참조.

39) 蚩尤 : 전설상에 등장하는 제후의 이름으로 兵器의 발명자이다. 黃帝는 전술에 뛰어나고 蚩尤는 각종 병기를 개발했으므로, 전투에 임해서 그들의 가호를 비는 뜻으로 제사 지내는 것이다. 권1 「오제본기」의 〈주 9〉 참조.

40) 원문은 "釁鼓"이다. '釁'이란 고대 제례의식의 일종으로 소나 양을 죽여 그 피를

는 의식[40]을 행했다. 군대의 깃발은 모두 붉은 색으로 하였다. 이는 예전에 죽인 뱀이 백제(白帝)의 아들이고 그 뱀을 죽인 것은 바로 적제(赤帝)의 아들이었으므로, 붉은 색을 숭상하게 되었기 때문이다. 그리하여 소하, 조참, 번쾌 등과 같은 젊고 걸출한 현리(縣吏)들이 패현의 젊은이들을 2,000-3,000명을 모아서 호릉(胡陵)과 방여(方與)[41]를 공략한[42] 후, 다시 돌아와서 풍읍(豊邑)을 수비하였다.

진 이세(秦二世) 2년(기원전 208년), 진승의 부장(副將)인 주장(周章)[43]이 거느린 군사가 서쪽으로 희수(戲水)[44]에까지 진격했다가 패배하고 돌아왔다. 이때 연(燕), 조(趙), 제(齊), 위(魏)[45] 나라가 모두 자립하여 왕위에 오르고, 항량(項梁), 항우(項羽)[46]는 오(吳)에서 봉기하였다. 진(秦)나라 사천군감(泗川郡監)[47] 평(平)이 군사를 거느리고 풍읍을 포위했는데, 이틀 후에 패공이 출전하여 진나라 군사를 크게 무찔렀다. 패공은 옹치(雍齒)[48]에게 풍읍을 수비하도록 명령을 내리고 자신은 군사를 거느리고 설현(薛縣)으로 진격했다. 사천군수(四川郡守) 장(壯)은 설현에서 패하여 척현(戚縣)[49]으로 도주했으나, 패공의 좌사마(左司馬)[50] 조무

<hr>

새로 만든 기물에 바르는 것이다. 여기서 釁鼓는 옛날 전쟁시에 짐승을 죽여 신에게 제사 지내고 그 피를 북에 발라서 武運이 장구하기를 기원하는 뜻이 담겨 있다. 원문에는 "釁鼓旗, 幟皆赤"으로 되어 있으나, 이는 "釁鼓, 旗幟皆赤"으로 보는 것이 타당하다.

41) 胡陵, 方與 : 모두 현 이름으로, 호릉은 산동성 魚臺縣 동남쪽, 방여는 산동성 어대현 서북쪽이다.

42) 고조가 호릉과 방여를 공격한 것은 『한서』에는 진이세 2년 10월의 일로 기록되어 있는데, 『史記志疑』의 고증에는 이것이 옳은 것이라 하였다.

43) 周章(?-기원전 209년) : 周文이라고 부르며 陳縣(지금의 河南省 淮陽縣) 사람이다. 진승의 부장으로 關中을 공격하였다가 秦將 章邯에게 대패하자 자살하였다.

44) 戲水 : 渭水의 지류로서, 지금의 섬서성 임동현 동쪽에 위치하고 있다.

45) 燕, 趙, 齊, 魏 : 모두 秦에 의해서 멸망한 전국시대의 제후 강국으로서, 진승이 궐기하자 그 후예들이 각각 秦에 반기를 들고 군사를 일으켰다. 이세황제 원년 8월 武臣은 趙王이 되었고, 9월에는 韓廣이 燕王, 田儋은 齊王, 魏咎는 魏王이 되었다.

46) 項梁, 項羽 : 항량과 항우는 숙질간으로서, 전국 말년 초나라의 장수를 지낸 뒤에 吳(지금의 江蘇省 蘇州市)에 망명하여 거주하고 있었다. 진승이 봉기하자 항량과 항우도 병사를 일으켜서 그에 호응하였다.

47) 泗川郡監 : 泗川은 이름으로, 지금의 안휘성 북부와 강소성 서북부 지역에 해당한다. 監은 郡의 감찰관으로 관리들에 대한 감찰업무를 수행하는데, 중앙에서 파견한 御史가 담당한다.

48) 雍齒 : 고조와 동향인으로 漢 初에 什方侯에 봉해졌다.

49) 戚縣 : 지금의 산동성 등현 남쪽.

상(曹無傷)이 사천군수 장을 붙잡아서 죽였다. 패공은 항보(亢父)[51]로 회군하여 방여(方與)에 이르기까지 한번의 교전도 없었다. 이때 진왕(陳王, 진승을 가리킴)은 위(魏)나라 사람 주불(周市)[52]로 하여금 풍읍을 공략하게 하였다. 주불은 옹치에게 사람을 보내어 다음과 같은 말을 전하게 했다.

> 풍읍은 예전에 위왕(魏王)께서 도읍지로 삼으셨던 곳이오.[53] 이제 위나라에서 평정한 땅이 수십성에 이르니, 지금 위나라에 항복하면 위나라에서 그대를 후(侯)로 삼아 풍읍을 지키게 할 것이나, 만약 투항하지 않으면 풍읍을 함락시킬 것이오.

옹치는 평소 패공에게 귀속되는 것을 달갑게 여기지 않았던 터라, 위나라의 회유를 받자 패공을 배반하고 위나라를 위해서 풍읍을 수비하였다. 그러자 패공은 병사를 이끌고 풍읍을 공격했으나 함락시키지 못하고 오히려 병이 들어서 패현으로 퇴각하였다. 옹치와 풍읍 젊은이들의 배반에 매우 화가 난 패공은 동양현(東陽縣)[54]의 영군(寧君)과 진가(秦嘉)[55]가 경구(景駒)[56]를 가왕(假王)[57]으로 삼아서 유현(留縣)[58]에 머무르고 있다는 말을 듣고 경구를 추종하며, 병사를 빌려서 풍읍을 공략하고자 하였다.

이때 진(秦)나라 장수 장함(章邯)[59]은 진승의 패잔군을 추격하였으며 그의 부장(副將) 사마니(司馬尼)는 병사를 이끌고 북진하여 초(楚) 땅을 평정하고 상현(相縣)[60]을 함락시킨 후, 탕현(碭縣)[61]으로 돌아갔다. 동

---

50) 左司馬 : 軍務를 담당하는 관직 이름.
51) 亢父 : 권7「항우본기」의 〈주 54〉 참조.
52) 周市 : 진승의 부장이었으나 후에 魏에 투항하여 재상을 지냈다.
53) 원문은 "豐, 故梁徒也." 梁은 전국 후기의 魏國으로서, 惠王 때에 大梁을 도읍지로 삼았기 때문에 梁이라고도 불렀다. 그후 魏王 假 때에 秦나라에게 멸망당하여 豐邑으로 천도한 적이 있었다.
54) 東陽縣 : 지금의 강소성 金湖縣 서남쪽.
55) 寧君, 秦嘉 : 寧君은 성이 寧氏인 사람으로 이름과 사적은 자세하지 않으며, 秦嘉는 淩縣(지금의 江蘇省 泗陽縣 서북쪽) 사람으로 진승에 호응하여 궐기하였다.
56) 景駒 : 전국시기 楚나라 왕족의 후예. 나중에 진승이 죽자 임시로 왕에 추대되었다.
57) 假王 : 임시 대리로 내세운 왕을 말한다
58) 留縣 : 지금의 강소성 패현 동남쪽.
59) 章邯 : 권6「진시황본기」의 〈주 260〉 참조.
60) 相縣 : 泗水郡에 소속된 현의 이름.
61) 碭縣 : 지금의 하남성 夏邑縣 동남쪽.

양(東陽) 사람 영군과 패공은 병사를 거느리고 서쪽으로 진격하여 소현 (蕭縣)[62] 서쪽에서 사마니와 교전했으나 승리하지 못하였다. 그러자 유현 으로 퇴각한 그들은 병사들을 모아서 다시 탕현을 공략하니 3일 만에 이 곳을 함락시켰다. 그리고는 탕현의 투항병사들을 모아서 5,000-6,000명의 군사를 얻게 되자, 다시 하읍(下邑)[63]을 공격하여 함락시킨 후에 풍읍으 로 군사를 회군시켰다. 항량이 설현에 있다는 소식을 들은 패공이 100여 명의 기병을 대동하여 그를 만나러 가니, 항량은 병사 5,000명과 오대부 (五大夫)[64] 작위를 가진 장수 10명을 증원해주었다. 패공은 돌아와서 병 사를 이끌고 풍읍을 공격하였다.

패공이 항량을 추종한 지 한 달 남짓한 사이에 항우는 이미 양성(襄城)[65] 을 공격하여 함락시키고 돌아왔다. 항량은 각지의 별장(別將)들을 모두 설현으로 소집시켰다. 진승이 정말로 죽었다는 말을 들은 항량은 초나라 의 후손인 회왕(懷王)의 손자 심(心)[66]을 초왕(楚王)으로 삼아 우이(盱 台)[67]에 도읍했으며, 항량은 무신군(武信君)으로 불렀다. 몇개월 후에 그는 북쪽으로 항보를 공략하고 동아(東阿)[68]를 구원하여 진군(秦軍)을 무찔렀다. 제군(齊軍)이 돌아가자 초군(楚軍)은 단독으로 진나라의 패군 을 추격하였고, 패공과 항우로 하여금 따로 성양(城陽)[69]을 공략하게 하 여 함락시켰다. 그리고 복양(濮陽)[70] 동쪽에 진을 친 패공과 항우는 진군 (秦軍)과 접전하여 크게 무찔렀다.

그후 진군이 다시 병력을 재정비하여 복양을 굳게 수비하고 물을 끌어 들여서 해자(垓字)를 만드니, 초군은 이곳에서 철수하여 정도(定陶)[71]를

---

62) 蕭縣 : 지금의 안휘성 蕭縣 서북쪽.
63) 下邑 : 권7 「항우본기」의 〈주 210〉 참조.
64) 五大夫 : 권5 「진본기」의 〈주 234〉 참조.
65) 襄城 : 권7 「항우본기」의 〈주 45〉 참조.
66) 心 : 楚 懷王 熊槐의 손자인 熊心을 말한다. 기원전 299년, 秦 昭王에게 속아서 秦에 붙잡혀간 초 회왕이 그곳에서 죽었다. 그후 항량이 봉기하자 초나라 사람들은 민간에서 그의 손자 웅심을 찾아내어 楚王으로 삼았다.
67) 盱台 : 현 이름. 지금의 강소성 우이현 동북쪽. 권7 「항우본기」의 〈주 53〉 참조.
68) 東阿 : 현 이름. 지금의 산동성 東阿縣 서남쪽. 당시 齊의 田榮이 秦將 장감에게 포위되어 있었는데, 항량이 출병하여 구원해주었다.
69) 城陽 : 권7 「항우본기」의 〈주 59〉 참조.
70) 濮陽 : 권7 「항우본기」의 〈주 60〉 참조.
71) 定陶 : 권7 「항우본기」의 〈주 61〉 참조.

다시 공략했으나 정도는 함락시키지 못하였다. 그래서 서쪽으로 토벌을 나선 패공과 항우는 옹구(雍丘)[72]에 이르러 진군과 접전하여 대패시키고 이유(李由)[73]를 참살한 후, 회군하여 외황(外黃)[74]을 또 공략하였지만 외황은 함락되지 않았다.

연이어 진군을 격파한 항량은 교만해지기 시작했다. 송의(宋義)[75]가 이를 간했으나 항량은 듣지 않았다. 진(秦)나라 조정에서는 장함에게 구원군을 파병하였다. 이에 장함은 한밤중 병사들에게 하무[76]를 물린 채 항량을 습격하여 정도에서 초군을 대파하니 항량은 여기에서 전사하였다. 이때 패공과 항우는 진류(陳留)[77]를 공략하고 있었다. 이들은 항량이 전사했다는 소식을 듣자 병사를 거느리고 여신(呂臣)[78] 장군과 함께 동쪽으로 진군하여, 여신의 군사는 팽성(彭城)[79] 동쪽, 항우 군사는 팽성 서쪽, 패공의 군대는 탕현에 진을 쳤다.

이미 항량의 군사를 무찌른 장함은 초군을 두려워할 것 없다고 생각하여 황하를 건너서 북으로 조(趙)나라를 공략하여 크게 무찔렀다. 당시 조나라 왕은 조헐(趙歇)[80]이었다. 진나라 장수 왕리(王離)[81]는 그를 거록성(巨鹿城)[82]에서 포위하니 이를 소위 '하북군(河北軍)'이라고 했다.

진 이세황제 3년(기원전 207년), 항량의 군사가 패한 것을 보고 겁이 난 초 회왕은 우이에서 팽성으로 천도하고, 여신과 항우의 군사를 병합하여 스스로 통솔하였다. 그리고 패공을 탕군의 군장(郡長)으로 삼고 무안후(武安侯)에 봉하여 탕군의 군사를 통솔하게 하였다. 항우를 장안후(長

---

72) 雍丘 : 권6 「진시황본기」의 〈주 32〉, 권7 「항우본기」의 〈주 62〉 참조.
73) 李由 : 권7 「항우본기」의 〈주 63〉 참조.
74) 外黃 : 권7 「항우본기」의 〈주 64〉 참조.
75) 宋義 : 전국 말년 초나라의 令尹을 지냈다. 항우와 함께 봉기하여 上將軍에 임명되기도 하였으나, 후일 항우에게 죽임을 당했다. 권7 「항우본기」의 〈주 65〉 참조.
76) 하무 : 옛날 군대에서 병사들이 떠들지 못하도록 입에 물리던 나무 막대. 즉 銜枚.
77) 陳留 : 권7 「항우본기」의 〈주 68〉 참조.
78) 呂臣 : 원래는 진승의 부장이었으나 진승이 죽은 후에 잔여군사를 이끌고 秦軍에 대항하다가 항량에게 귀속하였다. 권7 「항우본기」의 〈주 69〉 참조.
79) 彭城 : 권6 「진시황본기」의 〈주 165〉 참조.
80) 趙歇 : 전국시기 조나라의 후예로서, 진승의 부장이었던 武臣이 스스로 趙王이 되었다가 살해되자 陳餘와 張耳에 의해서 趙王으로 옹립되었다.
81) 王離 : 秦의 명장이었던 王翦의 손자.
82) 巨鹿城 : 권6 「진시황본기」의 〈주 266〉 참조. '鉅鹿'이라고도 쓴다.

安侯)에 봉하고 노공(魯公)[83]으로 칭했으며, 여신은 사도(司徒)에, 그의 부친 여청(呂靑)은 영윤(令尹)에 임명하였다.

조나라에서 누차 구원을 요청하니, 회왕은 송의를 상장군으로 삼고 항우를 부장(副將)으로, 범증(范增)[84]을 말장(末將)으로 삼아서 북진하여 조나라를 구원하게 하였다. 또 패공에게는 서쪽을 공략하여 함곡관(函谷關)에 진입하도록 하였다. 초 회왕은 제일 먼저 함곡관에 진입하여 관중(關中)[85]을 평정하는 자를 관중왕(關中王)으로 삼겠다고 여러 장수들과 약속하였다.

바로 이때 진나라 병력은 강대했으므로 항상 승리의 여세를 몰아서 패주하는 적군을 추격하곤 하였다. 따라서 초나라의 여러 장수들 중에서는 먼저 함곡관에 진입하는 것을 이롭게 여기는 자가 없었다. 그러나 진나라가 항량의 군대를 무찌른 것을 원통해한 항우만이 격분하며 패공과 함께 서쪽 함곡관으로 진격하기를 원했다. 회왕이 여러 원로 장수들에게

> 항우는 사람됨이 성급하고 사나우며 교활하여 남을 잘 해칩니다. 항우가 일찍이 양성(襄城)을 공략했을 때, 양성에 살아남은 이가 하나도 없었던 것은 모두 다 생매장을 했기 때문입니다. 그가 지나가는 곳은 어디나 모두 무참히 섬멸당하곤 합니다. 게다가 초군(楚軍)이 여러 번 공략했으나 이전의 진왕(陳王, 진승을 가리킴)과 항량이 모두 패하였습니다. 이러하오니 차라리 덕망 있고 관대한 자를 보내시어 인의를 베풀며 서쪽으로 진격하게 하여 진나라의 부형(父兄)들을 이해시키는 것이 좋겠습니다. 진나라의 부형들은 이미 오랫동안 그들의 군주로부터 고통을 받았으니, 지금 만약 덕망 있고 관대한 자가 가서 포학(暴虐)을 행하지 않는다면 마땅히 관중을 함락시킬 수 있을 것입니다. 현재로서는 성급하고 사나운 항우를 보내서는 안 되며, 단지 평소에 관대하고 덕망 있는 패공만을 보낼 수 있습니다

라고 말하니, 회왕은 마침내 항우가 가는 것을 허락하지 않고 패공을 보내어 서쪽을 공략하게 하였다. 패공은 진승과 항량의 흩어진 병사들을 모

---

83) 魯는 현 이름으로 지금의 산동성 曲阜市이다. 춘추시대에는 魯나라의 도읍지였으나 이 당시는 薛郡의 관할구역이었다. 권6 「진시황본기」의 〈주 146〉 참조.

84) 范增(기원전 277-기원전 204년) : 항량과 항우의 謀臣이었으나, 후에 유방의 계책에 의해서 항우에게 배척을 당하였다.

85) 關中 : 지역 명칭으로, 函谷關 이서, 散關 이동, 蕭關 이남, 武關 이북 지역을 관중이라고 하는데 통상 秦나라 지역을 가리킨다. 권6 「진시황본기」의 〈주 179〉 참조.

으며 탕현을 지나서 성양(成陽)[86]에 이르러 강리(杠里)[87]의 진군(秦軍)과 대치하였다. 진나라의 두 부대를 격파한 후, 다시 출병한 초군은 왕리를 공격하여 크게 무찔렀다.

패공은 병사를 이끌고 서쪽으로 진격하여 창읍(昌邑)에서 팽월(彭越)[88]과 만나서 그와 함께 진군을 공략하였다. 전세가 불리하자 율현(栗縣)[89]으로 철수하여 강무후(剛武侯)[90]를 만나서 그의 군사 약 4,000여 명을 빼앗아서 병합시키고, 위나라의 장수 황혼(皇欣), 사도(司徒) 무포(武蒲)[91]의 군사와 창읍을 합공(合攻)했으나 창읍은 함락되지 않았다. 그러자 패공은 서쪽으로 진격하면서 고양(高陽)[92]을 경유하였다. (고양 사람) 역이기(酈食其)가 감문(監門)[93]에게[94] "이곳을 지나간 장수가 많았지만, 내가 패공을 보니 그분은 과연 도량이 크고 관대한 분이시오"라고 말하며 패공을 만나서 유세(遊說)하기를 요청하였다. 그때 패공은 마침 침상에 걸터앉아 두 여자에게 발을 씻게 하고 있었다. 역생(酈生)[95]은 절을 올리지 않고 장읍(長揖)[96]하며 말하기를 "족하(足下)께서 반드시 포학무도한 진나라를 토벌하시고자 한다면, 걸터앉은 채로 장자(長者)를 접견하셔서는 안 됩니다"라고 하자, 패공이 일어나서 옷을 여미며 사죄하고 상좌에 앉게 하였다. 역이기가 패공에게 진류를 습격하도록 권하여 진나라의 비축양식을 얻게 되자, 패공은 역이기를 광야군(廣野君)으로 삼고 역상(酈商)[97]을 장수로 삼아서 진류의 군사를 거느리고 함께 개봉(開封)을 공략

---

86) 成陽 : 지금의 산동성 견성현 동남쪽의 城陽을 말한다. 권7 「항우본기」의 〈주 59〉 참조.

87) 杠里 : 城陽의 서쪽.

88) 彭越 : 진승 봉기 후에 기병하여 유방에게 귀의했다가 한 초에 梁王에 봉해졌으나 나중에 유방에게 살해당했다. 그의 사적은 「팽월열전」에 상세히 보인다.

89) 栗縣 : 권7 「항우본기」의 〈주 41〉 참조.

90) 剛武侯 : 성명은 미상으로, 일설에는 초 회왕의 장수라고 하고 일설에는 魏나라 장수라고도 한다.

91) 武蒲 : 『한서』에는 "武滿"으로 되어 있다.

92) 高陽 : 읍 이름. 지금의 하남성 杞縣 서남쪽.

93) 監門 : 성문을 지키는 관졸.

94) 원문은 "酈食其爲監門"인데 '爲'자는 '謂'와 통하며 또 武英殿刻二十四史本 『史記』에는 "謂"로 되어 있으니 역이기가 감문에게 하는 말로 풀이하였으나, 혹자는 監門을 역이기의 관직으로 풀기도 한다.

95) 酈生 : 역이기를 말한다.

96) 長揖 : 두 손을 잡아 높이 들고 허리를 굽히는 예.

하였다. 그러나 개봉이 함락되지 않자, 패공은 서쪽으로 진격하여 백마(白馬)[98]에서 진나라 장수 양웅(楊熊)과 교전하고 또 곡우(曲遇)[99] 동쪽에서 접전하여 크게 무찔렀다. 양웅이 형양(滎陽)[100]으로 도망치니 진 이세(秦二世)는 사자(使者)를 보내어 그를 참수함으로써 여러 사람들에게 본보기로 삼게 했다. 패공은 남쪽으로 영양(潁陽)[101]을 공략하여 함락시켰으며, 장량(張良)의 도움으로 한(韓)나라의 환원(轘轅)[102]을 공략하였다.

이때 조(趙)의 별장(別將) 사마앙(司馬卬)이 마침 황하를 건너서 함곡관에 진입하려고 하였다. 이에 패공은 북쪽으로 평음(平陰)[103]을 공략하고, 황하 나루를 가로질러서 남하하여 낙양(雒陽)[104] 동쪽에서 진군과 교전하였다. 전세가 불리하자 양성(陽城)[105]으로 퇴각한 패공은 군중의 기병(騎兵)을 소집하여 주현(犨縣)[106] 동쪽에서 남양(南陽)[107] 태수 여의(呂齮)와 접전해서 무찌르고 남양을 점령했다. 남양태수 여의는 도망쳐서 완성(宛城)을 굳게 지켰다. 패공이 병사를 이끌고 완성을 지나서 서진(西進)하니, 장량이 간언하여 이렇게 말하였다.

패공께선 비록 급히 함곡관에 진입하려고 하시지만 진나라 병사가 아직 많은 데다 험준한 요지를 근거로 버티고 있습니다. 만약 지금 완성을 함락시키지 않으신다면 뒤에서는 완성의 적군이 공격하고 앞에는 강한 진군이 있게 되리니 이것은 위험한 일이 될 것입니다.

이에 패공은 밤에 군사를 거느리고 다른 길로 돌아와서 깃발을 바꾸고 동이 틀 무렵 완성을 세 겹으로 포위하였다. 남양태수가 자결하려고 하

---

97) 酈商 : 역이기의 아우로 漢 初에 曲周侯에 봉해졌다.
98) 白馬 : 현 이름. 지금의 하남성 滑縣 동쪽.
99) 曲遇 : 읍 이름. 지금의 하남성 中牟縣 동쪽.
100) 滎陽 : 권6「진시황본기」의 〈주 15〉, 권7「항우본기」의 〈주 211〉 참조.
101) 潁陽 : 현 이름. 지금의 하남성 許昌市 서남쪽. 즉 潁水의 남쪽.
102) 轘轅 : 지금의 偃師縣 동남쪽에 있는 산으로 험준하기로 유명한 요새이다.
103) 平陰 : 현 이름. 지금의 하남성 孟津縣 동북쪽.
104) 雒陽 : 雒은 삼국시대의 魏 때에 洛으로 고쳤다. 지금의 하남성 낙양시 동북쪽. 권7「항우본기」의 〈주 159〉 참조.
105) 陽城 : 현 이름. 지금의 하남성 登封縣 동남쪽. 권2「하본기」의 〈주 179〉 참조.
106) 犨縣 : 남양군 소속의 현 이름으로 지금의 하남성 魯山縣 동남쪽.
107) 南陽 : 지금의 하남성 서남부와 호북성 북부를 관할하던 郡 이름.

자, 그의 문객(門客)인 진회(陳恢)가 "죽기에는 아직 이릅니다"라고 말
하더니, 성을 넘어가서 패공을 만났다. 진회는 패공에게 다음과 같이 말
하였다.

신이 듣건대 족하(足下)께서는 먼저 함양에 진입하는 사람이 그곳의 왕이
되기로 약속하셨다고 하는데, 지금 족하께서는 이곳에 머물러서 완성을 포
위하고 계십니다. 완성은 대군(大郡)의 도성으로서 수십개 성이 연이어져
있고 백성은 많고 비축양식도 충분합니다. 또한 관민 모두가 항복하면 반
드시 죽게 될 것이라고 여기고 있으므로, 그들은 모두 성 위에 올라가서
목숨을 걸고 지킬 것입니다. 지금 족하께서 하루 종일 이곳에 멈추어서 공
략하신다면 죽거나 부상당하는 병사가 틀림없이 많을 것이며, 병사를 이끌
고 완성을 떠나시면 완성의 군사가 반드시 족하의 뒤를 추격하리니, 전자
의 경우엔 함양에 먼저 진입하여 왕이 되실 기회를 잃게 되며, 후자의 경
우엔 또 완성의 강한 군사가 추격해올 우환이 있게 됩니다. 족하께 계책을
올리나니, 차라리 투항을 약조하시어 완성의 태수를 후(侯)에 봉하시고 그
로 하여금 이곳에 머물러 지키게 하십시오. 그리고 족하께서는 그의 병사
들을 거느리고 함께 서쪽으로 진격하시면, 아직 항복하지 않은 모든 성읍
에서 이 소식을 듣고 다투어 성문을 열고 기다릴 것이니 족하께서는 통행
에 막힘이 없을 것입니다.

패공은 "좋다"라고 하며 완성의 태수를 은후(殷侯)로 삼고 진회를 천호
후(千戶侯)[108]에 봉하였다. 그런 후에 병사를 이끌고 서진하니 항복하지
않는 자가 없었다. 단수(丹水)[109]에 이르니 고무후(高武侯) 새(鰓)[110]와
양후(襄侯) 왕릉(王陵)[111]이 서릉(西陵)[112]에서 투항하였다. 패공은 다시
돌아와 호양(胡陽)[113]을 공략하고 파군(番君)[114]의 별장(別將) 매현(梅
鋗)을 만나서 그와 함께 석현(析縣)[115]과 여현(酈縣)[116]을 함락시켰다.

---

108) 千戶侯 : 千戶의 식읍지를 하사받는 제후.
109) 丹水 : 현 이름으로 지금의 하남성 浙川縣 서남쪽이다.
110) 高武侯 鰓 : 성씨는 미상. 일설에는 戚鰓라고 한다.
111) 王陵(? -기원전 181년) : 한 초에 安國侯에 봉해졌으며 우승상에 임명되었다.
　　당시 양후는 왕릉의 봉호이다.
112) 西陵 : 지금의 호북성 宜昌市 서쪽이다.
113) 胡陽 : 현 이름으로 지금의 하남성 唐河縣 서남쪽이다.
114) 番君 : 吳芮(? -기원전 202년)를 말한다. 진나라 때 番縣令을 지냈으며 한 초에
　　는 長沙王에 봉해졌다.
115) 析縣 : 지금의 하남성 西峽縣.

위(魏)나라 사람 영창(寧昌)을 진나라에 밀사로 파견하였으나,[117] 영창은 아직 돌아오지 않았다. 이때 장함은 이미 조(趙)나라에서 군사를 거느리고 항우에게 투항하였다.

당초 항우는 송의와 함께 북쪽으로 조(趙)나라를 구원했는데, 항우가 송의를 죽이고 그를 대신해서 상장군(上將軍)이 되자, 경포(黥布)[118]를 비롯한 여러 장수들이 모두 항우에게 귀속되었다. 그리고 나서 항우가 진나라 장수 왕리의 군사를 무찌르고 장함을 항복시키니 제후들이 모두 항우에게로 귀순하였다. 조고(趙高)[119]가 이미 진 이세를 시해하고 사신을 보내서 관중을 분할하여 각자 왕이 될 것을 협약하려고 하자, 이를 거짓이라고 생각한 패공은 장량의 계책을 써서 역생, 즉 역이기와 육고(陸賈)[120]로 하여금 진나라 장수를 설득하는 한편 뇌물로 유혹하였다. 이렇게 해서 패공은 무관(武關)[121]을 습격하여 함락시키고, 또 진나라 군사와 남전(籃田)[122] 남쪽에서 교전하게 되었다. 패공은 의병(疑兵)[123]의 깃발을 증설하고 통과하는 마을에서 약탈하지 못하도록 하니, 진나라 백성들은 기뻐하였으며, 해이해진 진나라 군사들을 크게 무찌를 수 있었다. 또 남전 북쪽에서 접전하여 역시 대파하고 승세를 몰아 마침내 진군(秦軍)을 섬멸시켰다.

한(漢) 원년[124] 10월, 패공의 군대가 드디어 제후들보다 앞서 패상(覇上)[125]에 이르니, 진왕(秦王) 자영(子嬰)[126]은 흰 수레 흰 말을 타고 목에는 줄을 매고서[127] 황제의 옥새와 부절(符節)을 봉한 채로 지도정(軹道

---

116) 酈縣 : 지금의 하남성 南陽市 서북쪽.
117) 패공이 趙高와 내통하도록 파견한 일을 가리킨다. 「진시황본기」에 상세히 보인다.
118) 黥布 : 원래 이름은 英布인데, 얼굴에 먹을 입히는 黥刑(일명 墨刑)을 받았기 때문에 경포라고 불렸다. 권7 「항우본기」의 〈주 32〉참조.
119) 趙高(? -기원전 207년) : 진나라 환관으로 中車府令에 임명되었다.
120) 陸賈 : 권7 「항우본기」의 〈주 250〉참조.
121) 武關 : 권6 「진시황본기」의 〈주 170〉참조.
122) 籃田 : 현 이름으로 지금의 섬서성 남전현이다.
123) 疑兵 : 적군을 현혹시키기 위해서 거짓으로 꾸민 가짜 병사.
124) 漢 元年 : 기원전 206년으로, 이해에 유방은 漢王에 봉해졌다.
125) 覇上 : 권6 「진시황본기」의 〈주 288〉참조.
126) 子嬰(? -기원전 206년) : 진나라 마지막 왕으로 진 이세 형의 아들이다. 기원전 207년 조고가 진 이세를 시해한 뒤에 옹립되었다.
127) 항복하는 자가 속죄의 뜻을 표시하는 의식을 말한다.

亭)[128] 옆에서 항복하였다. 여러 장수 중에 어떤 이가 진왕을 죽이자고 하니 패공은 "당초 회왕이 나를 보낸 것은 원래 내가 관용을 베풀 수 있을 것이라고 생각해서인데, 하물며 이미 항복해온 사람을 또 죽이는 것은 상서롭지 못한 일이오"라고 하며 진왕을 관리에게 맡겼다. 패공이 드디어 서쪽으로 함양에 들어가서 궁전에 머물며 휴식하려고 하자, 번쾌와 장량이 간언하므로, 패공은 진나라의 귀중한 보화와 재물창고를 봉쇄시킨 후 패상으로 회군하였다. 패공은 여러 현의 부로와 재덕(才德) 있는 사람들을 불러서 이렇게 말하였다.

부로들께서는 진나라의 가혹한 법령에 오랫동안 시달렸으니, 그동안 조정을 비방하는 사람은 멸족의 화를 당했고 모여서 의론하는 사람들은 저잣거리에서 사형을 당했습니다. 나는 제후들과 제일 먼저 관중에 진입하는 자가 왕이 되기로 약조했으니, 내가 마땅히 관중의 왕이 될 것입니다. 지금 부로들에게 세 가지 법령만을 약정하나니, 사람을 죽이는 자는 사형에 처하고 사람을 다치게 하는 자와 남의 물건을 훔치는 자는 그 죄에 따라서 처벌할 것입니다. 이밖에는 진나라의 법령을 모두 폐지하여 모든 관리와 백성들이 예전처럼 안락한 생활을 누리게 할 것입니다. 내가 이곳에 온 것은 부로들을 위해서 해독을 없애고자 해서이지 침략하여 포학한 짓을 하려는 것이 아니니 두려워하지 마시오. 또한 내가 패상으로 돌아와서 주둔한 까닭은 단지 제후들이 오기를 기다려서 조약을 제정하기 위한 것이오.

그리고는 사람을 파견해서 진나라 관리와 함께 모든 현, 향, 읍을 다니며 이런 사실을 알리게 하였다. 그러자 진나라 백성들이 기뻐하며, 다투어 소, 양 고기와 술, 음식을 가지고 와서 군사들에게 향응을 베풀려고 하였다. 그러나 패공이 사양하여 받아들이지 않으며 "창고에 양식이 많아 부족함이 없으니, 백성들에게 폐를 끼치지 않고자 합니다"라고 말하니, 백성들은 더욱 기뻐하며 패공이 진나라의 왕이 되지 않을 것만을 걱정하였다.

어떤 사람이 패공에게 유세(遊說)하여 말하기를

관중의 부(富)는 천하의 열 배가 되며 지형이 견고합니다. 지금 듣기로는 장함이 항우에게 항복하자, 항우는 그를 옹왕(雍王)[129]으로 봉하여 관중의

---

128) 軹道亭 : 정 이름. 지금의 섬서성 서안시 동북쪽. 권6 「진시황본기」의 〈주 292〉 참조.

왕이 되게 했다고 하는데, 지금 만약 온다면 패공께서는 아마 이곳을 차지하지 못하게 될 것입니다. 그러하오니 급히 병사들로 하여금 함곡관(函谷關)[130]을 지키게 하여 제후의 군사를 들어오지 못하게 하십시오. 그리고 차차 관중의 병사를 징집하고 병력을 증강하여 그들을 방어하소서

라고 하니, 패공은 그 계책에 찬동하여 그대로 따랐다. 11월 중순에 항우가 과연 제후의 병사를 거느리고 서진하여 함곡관에 진입하려고 했으나 관문은 닫혀 있었다. 패공이 이미 관중을 평정했다는 것을 듣고 크게 노한 항우는 경포 등으로 하여금 함곡관을 공략하게 하여, 12월 중순에는 드디어 희수(戲水)에 이르렀다. 패공의 좌사마 조무상은 항우가 노하여 패공을 공격하려고 한다는 것을 듣고서, 사람을 시켜서 항우에게 "패공이 관중의 왕이 되어 자영을 승상으로 삼고, 금은보화를 모두 차지하려고 한다"라는 말을 전하게 하였다. 조무상은 이렇게 하여 항우에게서 관작(官爵)을 받고자 했던 것이다. 아부(亞父)[131]가 패공을 공격할 것을 항우에게 권하니, 항우는 병사들을 배불리 먹여서 다음날 아침 패공과 교전하려고 하였다. 이때 항우의 병사는 40만인데 100만이라고 불렸고, 패공의 병사는 10만인데 20만이라고 하였으니, 패공의 병력은 항우를 대적할 수가 없었다. 그때 항백(項伯)[132]이 장량을 살리고자 하여 밤에 장량을 만나러 갔다가, 이를 계기로 언설(言說)[133]로써 항우를 이해시키니 항우는 패공에 대한 공격을 그만두었다. 패공은 100여 명의 기병을 데리고 홍문(鴻門)으로 달려가서 항우를 만나 사죄하였다. 그러자 항우는 "이것은 패공의 좌사마 조무상이 한 말입니다. 그렇지 않으면 제가 어찌 그랬겠습니까?"라고 말하였다. 패공은 번쾌와 장량의 도움[134]으로 홍문에서 벗어나 무사히 돌아올 수가 있었으며, 돌아온 그 즉시 조무상을 죽였다.

---

129) 雍은 관중의 옛 이름이다.

130) 函谷關 : 하남에서 관중으로 들어오는 관문으로 지금의 하남성 영보현 동북쪽에 있다.

131) 亞父 : 范增을 말한다. 아부란 아버지 다음으로 존경하는 사람이란 뜻으로 항우는 범증을 아부로 존칭하였다. 권7 「항우본기」의 〈주 121〉 참조.

132) 項伯 : 항우의 숙부로서 당시 항우 군중에서 左尹에 임명되어 있었으나, 漢 初에 射陽侯에까지 봉해지고 유씨 성을 하사받았다. 권7 「항우본기」의 〈주 115〉 참조.

133) 言說 : 「항우본기」에 의하면 항백은 항우에게 "패공이 먼저 관중을 함락시키지 않았으면 그대가 어찌 감히 관중에 진입할 수 있었으리오? 지금 큰 공이 있는 사람을 공격한다는 것은 의롭지 못한 일입니다"라고 하였다.

134) 이는 '鴻門之宴'이란 이름으로 유명한 일화로서 「항우본기」에 상세히 전해진다.

항우는 드디어 서진하여 살육을 일삼으며 함양의 진(秦) 궁실을 닥치는
대로 불사르니 그가 지나는 곳은 어디나 무참히 파괴되었다. 진나라 백성
들은 크게 실망했으나 두려워서 감히 복종하지 않을 수 없었다.

항우가 사람을 보내어 회왕에게 보고하자 회왕이 "약속대로 하라"라고
말하였다. 항우는 당초 회왕이 자기를 패공과 함께 서쪽 함곡관으로 진입
하게 하지 않고, 북쪽으로 조나라를 구원하게 함으로써 천하 제후들과의
약속에서 자신이 뒤에 처지게 되었음을 원망하였다. 그리고 "회왕은 우리
집안의 숙부 항량이 옹립한 사람이지. 공로도 없는 그가 어찌 약정을 주
관할 수 있겠는가? 본래 천하를 평정한 것은 여러 장수와 나이거늘"이라
고 하며 회왕을 의제(義帝)로 추존하고 실제로는 그의 명령을 따르지 않
았다.

정월에 항우는 스스로 서초패왕(西楚霸王)[135]이라고 하고, 양(梁), 초
(楚)의 땅인 구군(九郡)[136]의 왕이 되어 팽성(彭城)에 도읍하였다. 그리
고 당초의 협약을 어기고 패공을 한왕(漢王)으로 바꾸어 세우고 파(巴),
촉(蜀), 한중(漢中)[137] 지역의 왕으로서 남정(南鄭)[138]에 도읍하도록 하
였다. 항우는 관중을 삼분하여 세 명의 진나라 장수를 세우니, 장함을 옹
왕(雍王)으로 삼아서 폐구(廢丘)[139]에 도읍하게 하고 사마흔(司馬欣)을
새왕(塞王)으로 삼아서 역양(櫟陽)[140]에 도읍하게 하였으며 동예(董翳)[141]
를 적왕(翟王)으로 삼아 고노(高奴)[142]에 도읍하게 하였다. 또 초나라 장
수 하구신양(瑕丘申陽)[143]을 하남왕(河南王)으로 삼아서 낙양에 도읍하

---

135) 西楚霸王 : 초나라에는 남초, 동초, 서초의 구분이 있었는데, 항우가 도읍한 팽
    성이 서초였으므로 '서초패왕'이라고 한 것이다. 권7 「항우본기」의 〈주 184〉 참조.
136) 九郡 : 전국시기 초나라와 양나라의 구역이었던 아홉 개의 군을 말한다. 그 지역
    은 지금의 하남성 동부, 산동성 서남부와 강소성과 안휘성의 대부분 지역 및 절강성
    북부지역에 해당한다. 권7 「항우본기」의 〈주 185〉 참조.
137) 巴, 蜀, 漢中 : 모두 당시의 郡 이름으로, 지금의 사천성 대부분과 섬서성 진령
    이남 및 호북성 서북부 지역에 해당한다.
138) 南鄭 : 권5 「진본기」의 〈주 132〉, 권7 「항우본기」의 〈주 148〉 참조.
139) 廢丘 : 권7 「항우본기」의 〈주 150〉 참조.
140) 櫟陽 : 권5 「진본기」의 〈주 142〉 참조.
141) 董翳 : 원래는 장감의 부하로 都尉를 지냈으며 항우에게 투항하도록 장감을 설득
    하였다. 권7 「항우본기」의 〈주 107〉 참조.
142) 高奴 : 권7 「항우본기」의 〈주 152〉 참조.
143) 瑕丘申陽 : 하구는 秦의 현 이름으로 지금의 산동성 예주 동북지역이다. 신양은
    일찍이 하구현령을 지냈으므로 하구신양이라고 부른다.

게 하였으며, 조나라 장수 사마앙을 은왕(殷王)으로 삼아서 조가(朝歌)[144] 에 도읍하게 하였고, 조왕(趙王) 헐(歇)을 대(代)[145] 땅으로 옮기게 하여 그곳의 왕이 되게 하였으며, 조나라 승상 장이(張耳)를 상산왕(常山王)으로 삼아 양국(襄國)[146]에 도읍하게 하였다. 당양군(當陽君) 경포(黥布)를 구강왕(九江王)으로 삼아서 육현(六縣)[147]에 도읍하게 하고, 회왕의 주국(柱國)[148] 공오(共敖)를 임강왕(臨江王)으로 삼아서 강릉(江陵)[149]에 도읍하게 하였으며, 파군 오예를 형산왕(衡山王)으로 삼아 주읍(邾邑)[150]에 도읍시키고, 연(燕)나라 장수 장도(臧荼)[151]를 연왕(燕王)으로 삼아서 계현(薊縣)[152]에 도읍하도록 하였다. 예전의 연왕(燕王)이었던 한광(韓廣)[153]을 요동(遼東)[154]으로 옮기게 하여 그곳의 왕이 되게 하였으나 한광이 복종하지 않자 장도가 공략하여 무종(無終)[155]에서 그를 죽였다. 그리고 항우는 성안군(成安君) 진여(陳餘)[156]에게 하간(河間)[157] 부근의 세 개 현을 식읍지로 주어 남피(南皮)에 머물게 하였으며, 매현(梅鋗)에게 10만 호를 식읍지로 주었다.

　　원년(기원전 206년) 4월, 각 제후는 항우의 대장군의 기치[158] 아래에

---

144)　朝歌 : 권3「은본기」의 〈주 67〉, 권7「항우본기」의 〈주 162〉 참조.
145)　代 : 옛날의 나라 이름으로 전국시기에는 조나라에 속하였고, 진대에는 군을 설치하였다. 지금의 산서성 大同市 이동에서 하북성 張家口市 이서 지역.
146)　襄國 : 진대에는 信都縣이라고 했으나 한대에 양국현이라고 하였다. 지금의 하북성 邢臺市 서남쪽. 권7「항우본기」의 〈주 165〉 참조.
147)　六縣 : 경포의 고향으로, 지금의 안휘성 六安縣 북쪽.
148)　柱國 : 권7「항우본기」의 〈주 171〉 참조.
149)　江陵 : 권7「항우본기」의 〈주 174〉 참조.
150)　邾邑 : 권7「항우본기」의 〈주 170〉 참조.
151)　臧荼 : 원래는 燕王 韓廣의 부장이었으나 항우를 따라서 관중에 진입하였다가 유방을 추종하였다.
152)　薊縣 : 권4「주본기」의 〈주 104〉 참조.
153)　韓廣 : 원래는 진승의 부장 武臣의 휘하였으나 燕을 함락시킨 후에 스스로 왕위에 올랐다.
154)　遼東 : 군 이름으로 관할지역은 지금의 요녕성 大淩河 이동에서 요동반도에 이르는 지역. 권6「진시황본기」의 〈주 100〉 참조.
155)　無終 : 권7「항우본기」의 〈주 192〉 참조. 장도가 한광을 죽인 것은 원년 8월의 일이다.
156)　陳餘 : 魏나라 大梁 사람. 진승이 봉기한 뒤, 張耳와 함께 조헐을 조왕으로 옹립하여 代王에 봉해졌다.
157)　河間 : 한대에 河間國을 두었던 곳으로, 지금의 하북성 獻縣 동남쪽을 말한다.
158)　원문은 "戲下"이다. '戲下'는 麾下로서 대장군의 기치를 말한다. 당시 제후들은

서 병사들을 해산하여 각자 그들의 봉국(封國)으로 돌아갔다. 한왕(漢王, 패공을 가리킴)이 봉국으로 떠나니, 항우는 사졸(士卒) 3만 명[159]으로 하여금 그를 따르게 하였으나, 초나라와 다른 제후국에서 항우를 흠모하여 따르는 자가 수만명이었다. 그들은 두현(杜縣)[160] 남쪽에서 식(蝕)[161]으로 진입하였다. 그들은 통과하고 나면 잔도(棧道)[162]를 불태워 끊으므로써 제후들의 도병(盜兵)[163]이 뒤에서 습격할 것에 방비하였고 또한 동쪽으로 되돌아갈 뜻이 없음을 항우에게 표시하였다. 그들이 남정(南鄭)에 도착하니 여러 장수들 및 그 사졸들 중에서 도중에 도망쳐서 돌아간 이가 많았으며, 사졸들은 모두 고향을 그리워하는 노래를 부르며 동쪽으로 돌아가고 싶어하였다. 한신(韓信)[164]이 한왕을 설득하여 이렇게 말하였다.

> 항우는 공로가 있는 부장들을 모두 왕에 봉하였는데, 유독 대왕(大王, 한왕을 가리킴)만을 남정에 머물게 하였으니 이는 유배시킨 것과 다름없습니다.[165] 우리 군대의 군리(軍吏)와 사졸들은 모두가 산동(山東)[166] 사람이라 밤낮으로 발꿈치를 세워서 고향으로 돌아갈 것을 바라고 있으니, 그들이 동쪽으로 돌아가고 싶은 의기(意氣)가 이렇듯 왕성할 때를 틈타 그들을 이용하신다면 큰 공적을 이룰 수가 있을 것입니다. 그러나 천하가 평정되어 백성들이 모두 평안해지면 다시는 그들을 이용할 수가 없으니, 차라리 계책을 세워 동진하시어 천하의 패권을 쟁취하십시오.

항우는 함곡관을 나서자 사람을 보내 의제(義帝)에게 천도하도록 하며

희수에 모여 있었으므로 일설에는 戲水가라고 한다.
159) 유방이 관중에 진입할 때의 병사는 10만이었으나, 항우는 그의 병력를 감축하기 위해서 3만 명만 따르게 하였다.
160) 杜縣: 지금의 섬서성 서안시 동남쪽.
161) 蝕: 관중에서 漢中으로 통하는 谷道의 이름. 일설에서는 子午谷이라고 하고 일설에서는 駱谷이라고 한다.
162) 棧道: 험한 산벼랑에 나무로 만들어 매달아놓은 다리. '閣道,' 혹은 '棧閣'이라고도 부른다.
163) 盜兵: 도둑질을 하는 병사. 원문은 "諸侯盜兵"인데 제후군과 도병으로 풀기도 하나 여기서는 제후들의 도병으로 옮겼다.
164) 韓信(?-기원전 196년): 漢初의 군사전략가. 淮陰(지금의 강소성 淸江市 부근) 사람으로, 그의 사적은 「회음후열전」에 상세히 나와 있다.
165) 다른 공로자는 좋은 지역의 왕에 봉하고 유방만을 편벽한 남정 땅의 왕으로 봉한 것은 항우가 유방을 멀리 내쫓기 위한 것임을 말한다.
166) 山東: 권6 「진시황본기」의 〈주 249〉 참조.

274

말하기를, "예전에 제왕의 영토는 사방 천리로서 반드시 하천 상류에 머물렀습니다"라고 하였다. 그리고는 사자로 하여금 의제를 장사(長沙) 침현(郴縣)[168]으로 천도케 하고 의제가 빨리 떠나도록 재촉하였다. 이에 많은 신하가 점차 의제를 배반하니 항우는 은밀히 형산왕과 임강왕에게 습격하도록 명령하여 강남(江南)에서 의제를 죽였다. 항우는 전영(田榮)에게 원한이 있었으므로[169] 제나라 장수 전도(田都)[170]를 제왕(齊王)으로 세웠다. 그러자 전영이 분노하여 스스로 제왕이 되고 전도를 죽여서[171] 초(楚, 항우를 가리킴)를 배반하였으며, 팽월에게 장군인(將軍印)[172]을 주어 양(梁) 땅에서 초에 모반하도록 하였다. 초나라는 소공 각(蕭公角)[173]에게 팽월을 공격하도록 명령했으나 팽월은 그를 크게 무찔렀다. 진여는 항우가 자기를 왕으로 봉하지 않은 것에 원한을 품고, 하열(夏說)로 하여금 전영을 설득하게 하여 원병(援兵)을 청해서 장이를 공격하고자 하였다. 제왕 전영이 진여에게 원병을 보내주자 진여는 상산왕 장이를 격파하였다. 장이는 한왕에게로 도망쳐왔다. 진여가 조왕 헐을 대(代) 땅으로부터 맞아들여[174] 다시 조왕(趙王)으로 세우니, 조왕은 진여를 대왕(代王)으로 삼았다. 이에 항우는 크게 분노하여 북쪽으로 제나라를 공격하였다.

8월, 한왕(漢王)이 한신의 계략을 써서 고도(故道)[175]를 통해서 회군

167) 長沙 : 권7 「항우본기」의 〈주 189〉 참조.
168) 郴縣 : 권7 「항우본기」의 〈주 190〉 참조.
169) 田榮은 제나라 왕족의 후예로서 진승 봉기 후 기의하여 제나라를 재건하였다. 항량이 진나라 장수 장함에게 東阿에서 포위되었던 전영을 구해주었던 적이 있었다. 그후에 定陶에서 장함을 공략하던 항량이 진나라의 응원군 파병으로 위기에 처하자 제나라에 구원을 요청했으나 전영이 응하지 않아 초군은 대패하고 항량은 죽임을 당한 일이 있었기 때문에, 항우는 전영에게 원한을 품고 있었다.
170) 田都 : 田假의 부장으로 항우를 따라서 조나라를 구원한 적이 있으며 관중에 들어가 항우에 의해서 제왕에 봉해졌다.
171) 「항우본기」와 「전담열전」에 따르면 전도는 전영의 공격을 받자 항우에게로 도망쳐서 죽지 않은 것으로 되어 있다.
172) 將軍印 : 장군에 임명하고 그 표지으로 주는 도장.
173) 蕭公 角 : 권7 「항우본기」의 〈주 195〉 참조.
174) 진여가 장이를 공격하여 조나라 땅을 수복한 후, 이미 代 땅으로 옮겨간 조왕 헐을 다시 맞아들인 일을 말한다.
175) 故道 : 현 이름으로 지금의 섬서성 鳳縣 동북쪽이다. 일설에는 漢中에서 관중으로 통하는 古道로 보고, 新道인 棧道는 유방이 이미 불살라버렸기 때문에 古道를 통해서 동진했다고 풀이한다.

하여 옹왕 장함을 습격하였다. 이에 장함은 진창(陳倉)에서 한군(漢軍)
을 맞아서 공격했으나 패전하여 도망쳤다가, 호치(好畤)[176]에서 멈추어
다시 싸웠지만 또 패하여 폐구로 도망쳤다. 드디어 옹(雍) 땅을 평정한
한왕은 동쪽으로 함양에 이르러, 군사를 거느리고 폐구에서 옹왕 장함을
포위했으며, 여러 장수들을 보내어 농서(隴西), 북지(北地), 상군(上郡)[177]
을 공략하여 점령하도록 하였다. 그리고 장군 설구(薛歐), 왕흡(王吸)[178]
에게 무관(武關)을 나가 남양(南陽)에 주둔하고 있는 왕릉(王陵) 군대의
힘을 빌려서 태공과 여후를 패현에서 모셔오도록 명령하였다. 이 소식을
들은 초(楚)는 병사를 일으켜 양하(陽夏)[179]에서 이를 저지하여 전진하지
못하게 하는 한편, 예전의 오현(吳縣) 현령 정창(鄭昌)[180]을 한왕(韓王)
으로 삼아서 한군(漢軍)에 저항하도록 하였다.

　2년(기원전 205년), 한왕(漢王)이 동쪽으로 정벌을 나서니 새왕 사마
흔, 적왕 동예, 하남왕 신양이 모두 투항하였다. 한왕(韓王) 정창이 항
복하지 않자, 한신으로 하여금 그를 공격하여 무찌르게 하고, 여기에 농
서, 북지, 상군과 위남(渭南), 하상(河上), 중지(中地)[181] 등의 군(郡)
을 설치했으며, 관외(關外)에는 하남군(河南郡)[182]을 설치하였다. 그리
고 다시 한태위(韓太尉) 신(信)[183]을 한왕(韓王)으로 세우고, 각 제후의
장수들 중에서 1만 명의 병사나 혹은 군(郡) 하나를 바치고 투항하는 자
를 만호후(萬戶侯)에 봉하였다. 또 하상군(河上郡)의 요새를 수축(修築)
하고, 예전 진(秦)나라의 원유원지(苑囿園池)[184]를 모두 백성들에게 주
어 경작하게 하였다. 정월에는 옹왕 장함의 아우 장평(章平)을 사로잡았

176)　好畤 : 현 이름. 지금의 섬서성 乾縣 동쪽.
177)　隴西, 北地, 上郡 : 모두 서북부 지역에 있는 郡의 이름이다.
178)　薛歐, 王吸 : 모두 유방의 부장으로, 후에 설구는 廣平侯에 봉해졌고 왕흡은 清
　　陽侯에 봉해졌다.
179)　陽夏 : 권7 「항우본기」의 〈주 253〉 참조.
180)　鄭昌 : 항우의 부장으로 오현 현령을 지낸 바 있다.
181)　渭南, 河上, 中地 : 이 세 군은 이후에 '三輔'라고 일컬어지는 京兆尹, 左馮翊,
　　右扶風으로 변한다.
182)　河南郡 : 관할구역은 지금의 하남성 신안현 이동에서 개봉시 이서에 이르는 지역
　　이다.
183)　韓太尉 信 : 전국시기 韓 襄王의 후손으로, 유방을 수행하여 關中과 漢中에 진입
　　한 적이 있었다. 그 공로를 인정받아 유방에게 韓國太尉(태위는 최고 무관의 관직
　　이름)에 봉해졌다가 후에는 韓王에 봉해졌다.
184)　苑囿園池 : 제왕이나 제후들이 모여서 사냥과 유락을 즐겼던 장소.

고, 죄수들에게 대사면을 내렸다.

한왕(漢王)은 무관(武關)을 나가서 섬현(陝縣)[185]에 이르러 관외의 부로들을 위로하고 돌아왔다. 장이(張耳)가 알현하러 오니 한왕은 그를 후하게 대접하였다.

2월, 진(秦)의 사직단(社稷壇)[186]을 없애고 한(漢)의 사직단으로 바꾸어 세웠다.

3월, 한왕(漢王)은 임진관(臨晉關)[187]을 통하여 황하를 건너니, 위왕(魏王) 표(豹)[188]가 병사를 거느리고 그를 수행했다. 한왕은 하내(河內)[189]를 함락시켜서 은왕(殷王)을 포로로 잡고 하내군(河內郡)을 설치했으며, 남으로 평음진(平陰津)을 건너서 낙양(洛陽)에 이르렀다. 신성(新城)[190]의 삼로(三老)[191] 동공(董公)이 한왕을 가로막고 의제(義帝)의 피살상황을 이야기하니, 한왕은 이를 듣고 나서 왼쪽 소매를 벗고[192] 큰소리로 통곡하였다. 그리고는 마침내 의제를 위해서 발상(發喪)하여 3일 동안 임곡(臨哭)[193]하고, 사자를 보내어 제후들에게 알리기를

천하가 함께 의제를 천자로 옹립하고 북면(北面)하여 섬기었거늘, 지금 항우가 의제를 강남으로 쫓아내어 죽이니 대역무도한 짓이로다. 과인이 친히 발상하니 제후들은 모두 흰 상복을 입을 것이로다. 또 관중의 모든 병마(兵馬)를 일으키고 하남, 하동, 하내의 삼군(三郡) 사졸을 소집하여 양자강과 한수(漢水)를 따라서 남하하며, 제후왕들과 함께 의제를 시해한 초나라의 항우를 토벌하고자 하노라

---

185) 陝縣 : 지금의 하남성 三門陝市 서쪽.
186) 社稷壇 : 고대 제왕이 土神과 穀神에게 제사를 지내던 제단. 사직단을 바꾸었다는 것은 朝代가 바뀌었음을 말한다.
187) 臨晉關 : 고대 秦과 晉 사이의 중요 관문의 이름. 지금의 섬서성 大荔縣 동쪽 황하의 西岸에 있으며, 일명 蒲津關이라고도 한다.
188) 魏王 豹 : 전국시기 魏나라 왕족의 후손으로, 그의 형 魏咎는 일찍이 진승에 의해서 위왕에 세워졌다가 장함에게 패하자 자살하였다. 그후 위표가 재기하여 왕이 되었으나, 위나라의 땅을 탐낸 항우가 제후들을 왕으로 봉하면서 위표를 西魏王으로 옮겨가게 하니, 이에 불만을 품은 위표는 초를 배반하고 한에 귀의하였다.
189) 河內 : 권4 「주본기」의 〈주 222〉, 권7 「항우본기」의 〈주 161〉 참조.
190) 新城 : 鄕의 이름. 지금의 하남성 伊川縣 서남쪽. 한대에는 현을 설치했다.
191) 三老 : 鄕의 교육과 민속을 관장하는 관직의 이름.
192) 원문은 "袒"이다. 고대 喪禮의 하나로서, 애도의 뜻을 나타내기 위해서 상복의 왼쪽 소매를 벗도록 하였다.
193) 臨哭 : 장례 때에 여러 사람이 모여서 죽은 이를 애도하며 통곡하는 의식.

라고 말하였다.

이때 항왕(項王, 항우를 가리킴)은 북쪽으로 제(齊)를 공략하니, 전영은 그와 성양(城陽)에서 교전하였다. 전영은 패하여 평원(平原)[194]으로 도주했으나 평원의 백성들이 그를 죽였다. 제나라 각지에서 모두 초나라에 투항하였으나, 초군(楚軍)이 제나라 성읍(城邑)을 모두 불살라버리고 그 자녀들을 포로로 잡아가니 제나라 백성들은 초나라를 배반하였다. 전영의 아우 전횡(田橫)[195]은 전영의 아들 전광(田廣)을 제왕(齊王)으로 옹립하자, 제왕(齊王)은 성양에서 초나라에 반란을 일으켰다. 항우는 비록 한군(漢軍)이 동쪽으로 진군했다는 소식을 들었으나 이미 제군(齊軍)과 접전을 벌인 터라 제군을 무찌르고 나서 한군을 공격하려고 하였다. 이로 인해 한왕(漢王)은 다섯 제후[196]의 병사를 위협하여 마침내 팽성에 진입하였다. 이 소식을 들은 항우는 즉시 군사를 이끌고 제를 떠나서 노현(魯縣)[197]에서 호릉(胡陵)을 지나서 소현(蕭縣)에 도착하여 한군과 팽성, 영벽(靈壁)[198] 동쪽의 수수(睢水)[199]가에서 격전을 벌였다. 그가 한군을 크게 무찔러 많은 군졸을 죽이니 수수의 강물이 막혀서 흐르지 못할 정도였다. 그리고 한왕의 부모와 처자를 패현에서 잡아와서 군중에 두고 인질로 삼았다. 이때 제후들은 강력한 초군에게 한군이 패한 것을 보고 모두 다시 한나라를 떠나서 초나라에 투항하였고 새왕 사마흔도 초나라로 도망쳐왔다.

여후(呂后)의 오빠 주여후(周呂侯)[200]는 한나라를 위해서 병사를 거느리고 하읍(下邑)[201]에 머물고 있었다. 한왕(漢王)도 그에게로 가서 서서히 사졸들을 소집한 후 탕현에 주둔하였다. 그리고 나서 한왕은 서쪽으로 양(梁) 땅을 지나서 우현(虞縣)[202]에 이르러 알자(謁者)[203] 수하(隨何)[204]

194)　平原 : 현 이름. 〈주 230〉 참조. 권6 「진시황본기」의 〈주 229〉 참조.
195)　田橫(? -기원전 202년) : 田榮의 아우로서, 狄縣(지금의 산동성 고청현 동남쪽) 사람.
196)　다섯 제후 : 상산왕 장이, 하남왕 신양, 한왕 정창, 위왕 위표, 은왕 사마앙을 말한다.
197)　魯縣 : 권7 「항우본기」의 〈주 201〉 참조.
198)　靈壁 : 권7 「항우본기」의 〈주 204〉 참조.
199)　睢水 : 권7 「항우본기」의 〈주 205〉 참조.
200)　周呂侯 : 권7 「항우본기」의 〈주 209〉 참조.
201)　下邑 : 〈주 63〉 참조.
202)　虞縣 : 지금의 하남성 虞城縣 북쪽.

를 구강왕 경포가 있는 곳으로 보내며, "그대가 경포로 하여금 군사를 일으켜서 초나라에 모반케 할 수 있으면 항우는 틀림없이 머물러서 경포를 공격할 것이오. 항우를 몇 개월 머무르게 할 수 있다면 내가 천하를 얻는 것은 분명한 일이오"라고 말하였다. 수하가 구강왕 경포를 설득하니 경포는 과연 초나라를 배반하였고 초나라는 용저(龍且)[205]를 보내어 그를 공격하게 하였다.

한왕(漢王)이 팽성에서 패전하여 서쪽으로 철수하는 도중, 사람을 보내어 가족을 찾았으나 가족들도 모두 도망쳐버려서 행방을 알 길이 없었다. 패주하던 중에 다만 효혜(孝惠)만을 찾아서 6월에 태자로 세우고 죄수들에게 대사면을 내렸다. 태자로 하여금 역양(櫟陽)을 지키게 하고, 제후의 아들로서 관중에 있는 자를 모두 역양으로 모이게 하여 태자를 호위하게 하였다. 그리고는 물을 끌어들여서 폐구성(廢丘城)을 잠기게 하니 폐구성의 군사들은 항복하고 장함은 자살하였다. 이때부터 폐구의 이름을 바꾸어 괴리(槐里)라고 하였다. 사관(祠官)[206]에게 명을 내려서 천지, 사방, 상제, 산천에게 제사 지내게 하고, 이후에는 때에 맞추어 제사 지내도록 하였다. 또 관중의 병사를 동원하여 변방을 수비하게 하였다.

이때 구강왕 경포는 용저와 교전했으나 승리하지 못하자 수하와 함께 샛길로 몰래 한나라로 돌아왔다. 한왕은 점차 사졸들을 모아서 여러 장수 및 관중의 병사들과 함께 대거 출동하니, 군대의 사기가 형양(滎陽) 지역에 진동하였고, 마침내 경현(京縣)[207]과 삭성(索城)[208] 사이에서 초군을 무찔렀다.

3년(기원전 204년), 위왕 위표가 부모의 병을 살피러 휴가를 청해서 귀국했는데, 그는 위나라에 도착하자 즉시 황하 포구를 끊고 한을 배반하여 초에 투항하였다. 한왕은 역이기를 보내서 위표를 설득했으나 위표는 듣지 않았다. 그러자 한왕은 장군 한신으로 하여금 공격하게 하여 크게

---

203) 謁者 : 권6「진시황본기」의 〈주 250〉 참조.
204) 隨何 : 유방의 모사로서 護軍中尉에 임명되었다.
205) 龍且 : 항우의 부장으로, 후에 한신에게 죽임을 당한다. 권7「항우본기」의 〈주 56〉 참조.
206) 祠官 : 제사를 관장하는 관리.
207) 京縣 : 지금의 하남성 형양현 동남쪽.
208) 索城 : 城의 이름. 지금의 형양현 경내에 있다.

무찌르고 위표를 사로잡았다. 이로써 마침내 위나라 땅을 평정하고 세 군(郡)을 설치하여 하동군(河東郡), 태원군(太原郡), 상당군(上黨郡)이라고 하였다. 그리고 나서 한왕은 장이와 한신으로 하여금 동쪽으로 정경(井陘)²⁰⁹⁾을 함락시키고 조(趙)나라를 공략하여 진여와 조왕(趙王) 조헐을 죽이게 하였다. 다음해에 장이를 세워서 조왕으로 삼았다.

형양 남쪽에 주둔한 한왕은 황하로 통하는 용도(甬道)²¹⁰⁾를 수축하여 오창(敖倉)²¹¹⁾의 양식을 차지하였다. 한왕은 이러한 상태로 항우와 1년 남짓 대치하였다. 항우는 자주 한(漢)의 용도를 침탈하여 한군의 식량을 부족하게 하더니 마침내 한왕을 포위하였다. 한왕은 강화를 요청하여 형양 이서지역을 한(漢)에 할양하도록 요구하였으나 항우는 이에 응하지 않았다. 이를 우려한 한왕은 진평(陳平)²¹²⁾의 계책을 써서, 진평에게 금 4만 근을 주고 초나라의 군신(君臣)²¹³⁾을 이간질시켜서 멀어지게 하였다. 이에 항우는 아부(亞父) 범증을 의심하게 되었다. 당시 범증은 항우에게 형양을 함락시킬 것을 권고했는데, 자기가 의심받고 있음을 알고서는 분노하여 늙었다는 것을 구실로 삼아서 관직에서 물러나서 평민으로 돌아갔다. 그러나 범증은 팽성에도 이르지 못하고 죽었다.

한군은 식량이 떨어지자, 밤에 갑옷을 입은 부녀 2,000여 명을 동문(東門)으로 나가게 하니 초군은 사면에서 공격하였다. 장군 기신(紀信)은 왕의 어가(御駕)를 타고 거짓으로 한왕인 척하여 초군을 속이니, 초군은 모두 만세를 부르며 구경하러 동문으로 갔다. 그러는 동안에 한왕은 수십 명의 기병과 함께 서문으로 나가서 도망칠 수가 있었다. 성을 빠져나오기 전에 한왕은 어사대부(御史大夫)²¹⁴⁾ 주가(周苛), 위표(魏豹), 종공(樅公)²¹⁵⁾으로 하여금 형양을 지키게 하니, 한왕을 수행할 수 없는 여러 장

209)　井陘 : 현 이름으로 지금의 하북성 정경현 서북쪽이다. 고대의 군사요충지였다.
210)　甬道 : 권6 「진시황본기」의 〈주 143〉 참조.
211)　敖倉 : 秦代에 지은 대형 양식창고로서, 형양 이북의 敖山에 위치하고 있었으므로 오창이라고 부른다. 권7 「항우본기」의 〈주 215〉 참조.
212)　陳平(? ~기원전 178년) : 유방의 천하통일을 보좌한 중요 謀臣으로서, 陽武(지금의 하남성 원양현 동남쪽) 사람이다. 漢 初에 曲逆侯에 봉해지고 혜제와 여후, 문제 때에 승상을 역임했다.
213)　君臣 : 여기서는 항우와 범증을 가리킨다. 진평의 계책은 「항우본기」에 상세히 나와 있다.
214)　御史大夫 : 권7 「항우본기」의 〈주 222〉 참조.
215)　樅公 : 권7 「항우본기」의 〈주 223〉 참조.

수와 사졸들은 모두 성에 머물러 있었다. 주가와 종공이 의논하여 말하기를 "위표와 같이 나라를 배반한 적이 있는 제후왕은 함께 성을 지키기가 어렵다"라고 하며 위표를 죽였다.

한왕은 형양에서 도망쳐서 관중에 진입하여 병사를 모아서 다시 동진하려고 하였다. 원생(袁生)[216]이 한왕을 설득하여 말하기를

한군과 초군이 형양에서 대치한 지 몇년이 되었는데, 우리 한나라가 언제나 곤궁에 처했습니다. 원컨대 군왕께서는 무관(武關)을 나가십시오. 그러면 항우는 반드시 병사를 이끌고 남하할 것이니, 군왕은 벽을 높이 쌓고 굳게 수비만 하시어 형양과 성고(成皐)[217]의 군사들로 하여금 휴식을 취하게 하십시오. 그리고 한신 등을 보내어 하북의 조나라 지역을 순무(巡撫)하고 연(燕), 제(齊) 나라와 연합하게 하십시오. 그런 후에 군왕께서 다시 형양으로 가셔도 늦지는 않습니다. 이렇게 하면 초군은 여러 쪽으로 방비해야 하니 병력이 분산되고, 우리 한군은 휴식을 취할 수가 있으므로 다시 그들과 싸운다면 틀림없이 초군을 무찌를 수가 있을 것입니다

라고 하니, 한왕은 그의 계책을 써서 완읍(宛邑), 섭읍(葉邑)[218] 사이에 출병하여 경포와 함께 병사를 모으며 행군하였다.

항우는 한왕이 완(宛) 땅에 있다는 소식을 듣자 과연 군사를 이끌고 남하하였다. 한왕은 수비만 견고히 하고 싸우지는 않았다. 이때 팽월이 수수(睢水)를 건너서 항성(項聲),[219] 설공(薛公)[220]과 하비(下邳)[221]에서 접전하니, 팽월은 초군을 크게 무찔렀다. 이에 항우는 병사를 거느리고 동쪽으로 팽월을 공격하니, 한왕도 병사를 거느리고 북상하여 성고에 주둔하였다. 이미 팽월을 격파하여 패주시킨 항우는 한왕이 다시 성고에 주둔하였다는 소식을 듣자 다시 병사를 거느리고 서진하여 형양을 함락시킨 후, 주가와 종공을 죽이고, 한왕(韓王) 신(信)을 포로로 잡고 마침내 성고를 포위하였다.

216) 袁生 : 성은 袁, 이름은 미상. 『한서』에는 "轅生"이라고 되어 있다.
217) 成皐 : 권5 「진본기」의 〈주 298〉 참조.
218) 宛邑, 葉邑 : 읍 이름으로, 완읍은 지금의 하남성 남양시, 섭읍은 지금의 하남성 섭현이다.
219) 項聲 : 항우의 부장.
220) 薛公 : 초나라의 슈尹. 후에 유방에게 귀순하여 千戶侯에 봉해졌다.
221) 下邳 : 권7 「항우본기」의 〈주 34〉 참조.

한왕(漢王)은 단지 등공(滕公)²²²⁾과 함께 수레를 타고 성고의 옥문(玉門)²²³⁾을 나서서 도망쳤다. 그리고는 북쪽으로 황하를 건너고 말을 달려서 수무(修武)²²⁴⁾에 투숙하였다. 자신을 사자(使者)라고 자칭하며, 다음날 아침 말을 몰아서 장이와 한신의 군영에 들어가서 그들의 군권을 장악했다. 그리고 장이를 북쪽으로 보내어 조나라 지역에서 더 많은 병사를 모집하게 했으며, 한신으로 하여금 동쪽으로 제(齊)나라를 공격하게 하였다. 한왕은 한신의 군사를 얻어서 다시 사기가 고조되었으므로, 병사를 이끌고 남하하여 황하에 이르러서는 소수무(小修武) 남쪽에 주둔하여 초군과 다시 싸우려고 하였다. 그러자 낭중(郎中)²²⁵⁾ 정충(鄭忠)이 한왕을 설득하여 말리면서, 누벽(壘壁)을 높이 하고 참호를 깊게 하여 수비를 견고히 하고는 초군과 싸우지 않도록 하였다. 한왕은 그의 계책을 써서 노관(盧綰),²²⁶⁾ 유고(劉賈)²²⁷⁾로 하여금 병사 2만 명과 기병 수백명을 거느리고 백마진(白馬津)²²⁸⁾을 건너서 초 땅에 진입하게 하였다. 그리고는 팽월과 함께 연현(燕縣)의 성곽 서쪽에서 다시 초군을 무찌르게 하여 마침내 또 양(梁) 땅의 10여 성을 함락시켰다.

회음후(淮陰侯)²²⁹⁾ 한신은 이미 명을 받아서 동진했으나 아직 평원진(平原津)²³⁰⁾을 건너지 못하였다. 한왕은 역이기를 보내서 제왕 전광(田廣)을 설득하자, 전광은 초나라를 배반하고 한나라와 강화하여 함께 항우를 공격하였다. 한신은 괴통(蒯通)²³¹⁾의 계책을 써서 드디어 제나라를 격파하였다. 제왕은 역이기를 팽살(烹殺)²³²⁾하고 동쪽으로 고밀(高密)²³³⁾로

<hr>

222) 滕公 : 권7 「항우본기」의 〈주 207〉 참조.
223) 玉門 : 成皋城의 북문.
224) 修武 : 秦의 현 이름. 지금의 하남성 수무현으로 大修武라고도 칭하며, 그 수무성 동쪽을 小修武라고 부른다. 권7 「항우본기」의 〈주 226〉 참조.
225) 郎中 : 관직 이름으로 제왕의 侍從을 담당했다.
226) 盧綰 : 유방의 고향 친구로 유방을 따라서 기병하였다. 한 초에 長安侯에 봉해졌다가 후에 燕王에 봉해졌다.
227) 劉賈 : 유방의 사촌형으로 한 초에 荊王에 봉해졌다가 후에 경포에게 피살당했다. 권7 「항우본기」의 〈주 232〉 참조.
228) 白馬津 : 황하 중하류의 나루터 이름. 지금의 하남성 滑縣 동북쪽에 있다.
229) 淮陰侯 : 韓信의 봉호. 회음(지금의 강소성 회음시 서남쪽)은 그의 봉지.
230) 平原津 : 나루터 이름. 지금의 산동성 평원현 남쪽에 있다.
231) 蒯通 : 당시의 유명한 遊說客으로 范陽(지금의 하북성 定興縣 서남쪽) 사람이다. 원래의 이름은 徹이나 사마천이 한 무제 劉徹의 이름을 피하기 위해서 通으로 바꾸었다.

도주하였다. 항우는 한신이 이미 하북(河北)의 군사들을 통솔하여 제군과 조군을 무찌르고, 또 초나라를 공격하려고 한다는 소식을 듣자, 용저(龍且)와 주란(周蘭)을 보내어 한신을 공격하게 하였다. 한신이 그들과 교전하니, 기장(騎將) 관영(灌嬰)[234]이 출격하여 초군을 크게 무찌르고 용저를 참살하였다. 제왕 전광은 팽월(彭越)에게로 도망쳤다. 이때 팽월은 병사를 거느리고 양(梁) 땅에 주둔하여 늘 초군을 괴롭히며 그들의 양식을 차단했다.

4년(기원전 203년), 항우는 해춘후(海春侯) 대사마(大司馬) 조구(曹咎)[235]에게 "성고(成皐)를 신중하게 수비하시오. 만약 한군이 싸움을 건다고 해도 절대로 응전하지 말고 그들이 동진하지 못하게만 하오. 내가 15일내로 반드시 양(梁) 땅을 평정하고 나서 다시 장군과 회합하겠소"라고 말하고, 진류(陳留), 외황(外黃), 수양(睢陽)[236]을 공격하여 모두 함락시켰다. 한군이 과연 초군에게 여러 차례 싸움을 걸었으나, 초군은 싸움에 응하지 않았다. 그러자 한군은 사람을 보내어 5-6일 동안 초군에게 욕을 하니, 대사마 조구가 화가 나서 병사를 거느리고 사수(汜水)[237]를 건넜다. 병사들이 막 반쯤 건너려고 할 때, 한군이 공격하여 초군을 크게 무찌르고 초나라의 금은보화와 재물을 모두 탈취하였다. 대사마 조구와 장사(長史)[238] 사마흔(司馬欣)은 모두 사수(汜水)에서 자결하였다. 항우는 수양에 이르러 해춘후 조구가 패전했다는 소식을 듣자 군사를 이끌고 회군하였다. 한군은 마침 형양 동쪽에서 종리매(鍾離眛)[239]를 포위하고 있었으나, 항우가 도착하자 모두 험한 지대로 도주하였다.

---

232) 烹殺 : 사람을 끓는 물 속에 넣어서 삶아 죽이는 고대 형벌의 일종.

233) 高密 : 현 이름으로 지금의 산동성 고밀현 서남쪽.

234) 灌嬰(? -기원전 176년) : 睢陽(지금의 하남성 商丘縣 남쪽) 사람으로 유방의 신임을 받던 부장이었으며, 漢 初에 潁陰侯에 봉해졌다. 그의 사적은 「관영열전」에 상세히 보인다.

235) 大司馬 曹咎 : 대사마는 군무를 관장하는 고급관직. 항우의 숙부 항량이 역양에 잡혀 있을 때 조구의 도움으로 풀려난 적이 있었다. 그후 조구는 항우를 추종하여 海春侯에 봉해졌다.

236) 睢陽 : 권7 「항우본기」의 〈주 246〉 참조.

237) 汜水 : 황하의 지류로서, 하남성 형양현 서남의 方山에서 발원하여 북쪽의 황하로 유입되는 강.

238) 長史 : 권6 「진시황본기」의 〈주 262〉 참조.

239) 鍾離眛 : 권7 「항우본기」의 〈주 249〉 참조.

한신은 이미 제나라를 무찌르고 나서 사람을 보내어 한왕에게 말하기를 "제나라는 초나라에 근접해 있기 때문에, 저를 임시로 제왕(齊王)에 봉하지 않아 저의 권력이 미미하다면 아마 제나라를 안정시킬 수가 없을 것입니다"[240]라고 하니, 한왕이 한신을 공격하려고 하였다. 그러자 유후(留侯)[241]가 말하기를 "차라리 이 기회에 그를 제왕으로 세워서 스스로 자신을 위해서 수비하도록 하십시오"라고 하니, 장량에게 인수(印綬)를 가지고 가서 한신을 제왕으로 세우도록 파견하였다.

용저의 군대가 패전했다는 소식을 듣고 두려워진 항우는 우이(盱台) 사람 무섭(武涉)을 보내서 한신을 설득하게 하였으나[242] 한신은 이를 듣지 않았다.

초군과 한군은 오랫동안 서로 대치했으나 승부가 나지 않자 젊은이들은 오랜 종군생활에 고달파하였고 노약자들은 군량 운반에 지쳐 있었다. 한왕과 항우는 광무산(廣武山)[243] 계곡을 사이에 두고 대화를 나누었다. 항우는 한왕과 단독으로 자웅을 겨루고자 하였으나, 한왕은 항우의 죄상을 일일이 열거하며 이렇게 말하였다.

> 당초에 나와 그대는 함께 회왕(懷王)의 명을 받들어서 먼저 관중에 진입하여 평정하는 자가 왕이 되기로 하였거늘, 그대는 약속을 어기고 나를 촉한(蜀漢)의 왕으로 봉하였으니 이것이 첫번째 죄이며, 그대는 왕명을 사칭하여 경자관군(卿子冠軍)[244] 송의(宋義)를 죽였으니 이것이 두번째 죄이로다. 또 그대는 조나라를 구원한 후, 마땅히 회왕께 보고를 해야 하거늘 멋대로 제후군을 위협하여 관중에 진입했으니 이것이 세번째 죄이며, 회왕께서 약조하시길 진(秦)에 들어가 폭행과 노략질은 하지 말라고 하셨거늘 그대는 진의 궁궐을 불사르고 시황제의 묘를 파헤쳤으며 진나라의 재물을 사사로이 착취하였으니 이것이 네번째의 죄이고, 또 항복한 진왕(秦王) 자영

---

240) 한신은 초나라와 근접해 있는 제나라를 다스리기 위해서는 자신에게 막대한 권력이 있어야 하는데, 실제로는 자신의 권력은 미미하므로 임시로 제왕이 되어 안정시키고자 하였다. 이 일은 「회음후열전」에 상세히 보인다.

241) 留侯 : 張良의 봉호. 留는 현 이름으로 지금의 강소성 패현 동남쪽이다.

242) 武涉은 한신에게 漢을 배반하고 楚와 연합하여 천하를 삼분할 것을 권하였다. 이 일은 「회음후열전」에 상세히 보인다.

243) 廣武山 : 지금의 하남성 형양현 북쪽. 산 위에 동서로 두 개의 성이 계곡을 사이에 두고 있다고 한다.

244) 卿子冠軍 : 권7 「항우본기」의 〈주 78〉참조.

(子嬰)을 이유 없이 죽였으니 이것이 다섯번째 죄이로다. 속임수를 써서 진나라의 젊은이 20만 명을 신안(新安)[245]에서 생매장하고 그 장수를 왕으로 봉했으니[246] 이것이 여섯번째 죄이며, 그대는 각 제후의 장수들을 좋은 지방의 왕으로 삼고 원래의 제후왕들은 다른 곳으로 쫓아내어[247] 그들의 신하들로 하여금 다투어 모반케 하였으니 이것이 일곱번째의 죄이로다. 또 그대는 의제를 팽성으로 쫓아내고 스스로 그곳에 도읍했으며 한왕(韓王)의 봉지를 빼앗고[248] 양(梁), 초(楚) 나라를 겸병하여 자신의 땅을 넓혔으니 이것이 여덟번째의 죄이며, 사람을 보내어 강남에서 의제를 암살했으니 이것이 아홉번째 죄이고, 신하된 자로서 그 군주를 시해하고 이미 항복한 자를 죽였으며, 공정하게 정사를 행하지 않고 약속을 어기어 신의를 저버린 것은 천하에 용납되지 않을 대역무도함이니 이것이 열번째의 죄이로다. 나는 정의로운 군대를 거느리고 제후군과 함께 잔악한 도적[249]을 토벌코자 함이니, 형벌을 받은 죄인들로 하여금 그대를 죽이게 하면 될 것이거늘 내가 어찌 수고롭게 그대와 싸울 필요가 있으리오?

이에 항우는 매우 화가 나서 숨겨놓았던 쇠뇌를 쏘아서 한왕을 명중시켰다. 한왕은 가슴에 상처를 입고서도 발을 더듬으며 말하기를 "저 역적이 내 발가락을 맞혔구나"라고 하였다. 한왕이 상처로 인해서 병져 누우니, 장량(張良)이 한왕에게 억지로 일어나서 군대를 순시하며 사졸들을 위로하게 하였고 군심(軍心)을 안정시켜서, 초군이 이를 틈타 한군과 싸워 이기지 못하도록 하였다. 한왕이 나가서 군대를 순시하니 병세가 심해져서 성고(成皐)로 급히 돌아왔다.

한왕은 병이 쾌유되자 서쪽으로 관중에 진입하였다. 역양에 이르러서는 주연을 베풀어 부로들을 위문하고 원래의 새왕(塞王) 사마흔의 머리를 역양 저잣거리에 매달았다. 한왕은 역양에서 4일간 머무른 후, 다시 군중에 돌아와서 광무(廣武)에 군대를 주둔시키니, 관중에서의 구원 병사들이

---

245) 新安 : 권7 「항우본기」의 〈주 105〉 참조.
246) 항우가 진나라 장수 장함과 사마흔을 왕으로 봉하고 항복한 진나라 병사 20만 명을 땅에 매장하여 죽인 일을 말한다. 이에 관해서는 「항우본기」에 상세히 보인다.
247) 燕王 韓廣을 遼東王으로, 齊王 田市을 膠東王으로, 趙王 趙歇을 代王으로 쫓아낸 것을 말한다.
248) 熊心이 초 회왕으로 옹립되고 나서 한나라 왕족의 후손인 韓成이 韓王에 봉해졌으나, 항우가 관중에 진입하여 覇王으로 자칭하고 난 후 韓成이 공로가 없다는 구실로 封國으로 돌아가지 못하게 하고 그를 팽성으로 데려가서 죽인 일을 가리킨다.
249) 원문은 "殘賊"이다. 여기서는 항우를 가리킨다.

더욱 늘어났다.

이때 팽월은 병사를 거느리고 양(梁) 땅에 주둔하면서 늘 초군을 괴롭히며 그들의 군량공급을 차단하였다. 전횡(田橫)이 그곳으로 가서 팽월에게 귀순하였다.[250] 항우는 자주 팽월 등에게 반격을 해야 했고, 게다가 제왕 한신이 초군을 공격해오자 항우는 두려워졌다. 그래서 항우는 천하를 이등분하여 홍구(鴻溝)[251] 서쪽 지역은 한에 할양하고 홍구 동쪽은 초에 귀속시키기로 한왕과 협약하였으며, 한왕의 부모와 처자[252]를 돌려보내니 군중(軍中)의 병사들은 모두 만세를 부르며 각각 철수하였다.

항우가 군대를 철수하여 동쪽으로 돌아가자, 한왕은 병사를 이끌고 서쪽으로 돌아가려고 하였으나, 유후(留侯, 장량을 가리킴)와 진평(陳平)의 계책[253]을 받아들여 진군하여 항우를 추격하였다. 양하(陽夏) 남쪽에 이르러 진을 치고 제왕 한신, 건성후(建成侯) 팽월과 날을 정해 회합하여 초군을 공격하기로 하였다. 한왕이 고릉(固陵)[254]에 도착했으나 한신과 팽월은 회합에 참석하지 않았다. 초군이 한군을 공격하여 크게 무찌르니, 한왕은 다시 군영으로 철수하여 참호를 깊게 파서 수비하였다. 다시 장량의 계책[255]을 쓰니 한신과 팽월이 모두 회합에 왔다. 유고(劉賈)가 초(楚) 땅에 진입하여 수춘(壽春)[256]을 포위했으나, 한왕은 고릉에서 패전하였다. 그러자 한왕은 사자를 보내어 대사마(大司馬) 주은(周殷)[257]을

---

250) 田橫은 본래 제나라의 귀족출신으로 형 田榮의 아들 田廣을 齊王으로 세우고 자신은 승상이 되었으나, 韓信이 제나라를 무찌르고 스스로 제왕에 오르자 팽월에게로 귀순하였다. 유방이 황제가 된 후에 사신을 보내어 낙양으로 불렀으나 그는 漢의 신하가 되기를 수치스럽게 여기어 도중에서 자살하였다.

251) 鴻溝 : 황하와 회수를 연결시키는 운하로서, 大溝라고도 한다.

252) 한왕의 부모와 처자 : 당시 유방의 생모는 이미 생존하지 않았으니, 초에 볼모로 억류되어 있던 이는 태공과 여후 외에 아마 유방의 서모와 서자 劉肥가 있었을 것으로 여겨진다.

253) 유후의 진평의 계책 : 한이 이미 천하의 반을 얻었으니, 초군이 지친 틈을 이용해서 섬멸하지 않으면 후환이 있을 것이라고 생각한 장량과 진평은 한왕에게 항우를 추격하여 무찌를 것을 건의하였다. 이 일은 「항우본기」에 상세히 보인다.

254) 固陵 : 권7 「항우본기」의 〈주 254〉 참조.

255) 장량의 계책 : 한신과 팽월이 지난 번에 약속을 어긴 것은 영토 분양에 대해서 불만이 있어서라고 여긴 장량은 그들에게 더 많은 영지를 할양해주도록 유방에게 건의하였다. 이 일은 「항우본기」에 상세히 보인다.

256) 壽春 : 권7 「항우본기」의 〈주 257〉 참조. 당시는 九江郡 관할이었다.

257) 周殷 : 항우의 부장으로 당시 舒(지금의 안휘성 盧江縣 서남쪽) 땅에 주둔하고 있었다.

불러 회유하니, 주은은 구강군의 군사를 출동시켜 무왕(武王, 경포를 가리킴)과 회합한 후, 행군 도중에 성보(城父)[258]를 도륙하고, 유고와 함께 제(齊), 양(梁)의 제후군을 따라서 모두 해하(垓下)[259]에 대대적으로 군집하였다. 그리고는 무왕 경포를 세워 회남왕(淮南王)으로 삼았다.

5년(기원전 202년), 고조(高祖, 한왕을 가리킴)는 제후군과 함께 초군을 공격하여, 해하에서 항우와 자웅을 겨루었다. 회음후는 30만 군사를 거느리고 초군과 정면으로 대진하니, 공장군(孔將軍)[260]은 그 좌측에 진을 치고 비장군(費將軍)[261]은 그 우측에 진을 쳤으며 한왕[262]은 후면에 위치하고 강후(絳侯)[263]와 시장군(柴將軍)[264]이 또 한왕의 후면에 진을 쳤다. 회음후 한신이 먼저 초군과 교전했으나 전세가 불리하여 퇴각하였다. 공장군과 비장군이 좌우에서 협공하자 초군의 전세가 불리해졌다. 한신이 다시 이때를 틈타 반격을 가하여 해하에서 초군을 크게 무찔렀다. 항우는 마침내[265] 한군(漢軍)이 부르는 초나라 노랫소리를 듣고 한군이 초 땅을 완전히 점령했다고 생각했다. 항우가 싸움에 지고 도주하니, 이로 인하여 초군은 전부 대패하였다. 한왕은 기장(騎將) 관영(灌嬰)으로 하여금 항우를 추격하여 동성(東城)[266]에서 죽이게 하고 8만 명의 목을 베게 함으로써, 마침내 초나라를 평정하였다. 단지 노현(魯縣) 사람들만이 초나라를 위해서 굳게 수비하며 투항하지 않으니, 한왕이 제후군을 이끌고 북진하여 노현의 부로들에게 항우의 머리를 보이자 노현 사람들은 비로소 항복하였다. 그러자 한왕은 노공(魯公)[267]이라는 봉호에 대한 예우로 항우를 곡성(穀城)[268]에 장례 지냈다. 정도(定陶)로 돌아온 한왕은

258) 城父 : 권6 「진시황본기」의 〈주 263〉 참조.
259) 垓下 : 권7 「항우본기」의 〈주 259〉 참조.
260) 孔將軍 : 한신의 부장 孔熙를 말한다.
261) 費將軍 : 한신의 부장 陳賀를 말한다.
262) 원문에는 "皇帝"로 되어 있으나 당시는 유방이 황제로 칭하기 전이므로 한왕이라고 해야 타당하다.
263) 絳侯 : 유방의 동향인인 周勃(?-기원전 169년)을 말한다. 주발은 유방을 따라 기병하였으며 漢 初에 강후에 봉해졌다. 그의 사적은 「강후주발세가」에 상세하다.
264) 柴將軍 : 柴武를 말하며, 후에 棘蒲侯에 봉해졌다.
265) 마침내 : 원문은 "卒"이나 「항우본기」와 『한서』의 「고제기」에는 모두 "夜"로 되어 있다.
266) 東城 : 권7 「항우본기」의 〈주 265〉 참조.
267) 魯公 : 초 회왕이 처음에 항우를 魯公에 봉했다.
268) 穀城 : 권7 「항우본기」의 〈주 255〉 참조.

제왕(齊王) 한신의 군영으로 쳐들어가서 그의 병권을 빼앗았다.

정월, 제후와 장상(將相)들이 함께 한왕을 황제로 추존하기를 청하니, 한왕은 "황제라는 존호는 어진 자만이 가질 수 있는 것이라고 나는 들었소. (덕이 없는 나에게 황제의 존호는 실속 없는 허명이므로) 그러한 헛된 허명은 내가 구하는 바가 아니니, 나는 황제라는 지위를 감당할 수가 없소"라고 하였다. 그러자 여러 신하들이 모두 말하기를 "대왕께서는 가난하고 보잘것없는 평민 출신으로서 포학무도한 자를 토벌하여 천하를 평정하시고 공로가 있는 자에게 봉지를 나누어주어 왕후(王侯)에 봉하셨는데, 대왕께서 황제의 존호를 받아들이지 않으신다면 모든 사람이 (대왕께서 내리신 봉호에 대해서) 의심하여 믿지 않을 것입니다. 저희 신하들은 목숨을 걸고 이 점을 관철시키고자 합니다"라고 하였다. 재삼 사양하던 한왕은 어쩔 수 없다는 듯이 "그렇게 하는 것이 반드시 국가에 이익이 된다고 생각한다면 그 건의를 받아들이겠소"[269]라고 하였다. (2월) 갑오일, 한왕은 범수(氾水)[270] 북쪽에서 황제에 즉위하였다.

황제는 "의제(義帝)께서 후사가 없다"라고 하시며, 초나라의 풍습에 익숙한 제왕(齊王) 한신(韓信)을 초왕으로 바꾸어 봉하여 하비(下邳)에 도읍하도록 하고, 건성후 팽월을 양왕(梁王)으로 삼아서 정도(定陶)에 도읍하게 하였다. 또 예전의 한왕(韓王) 신(信)을 한왕(韓王)으로 삼아서 양책(陽翟)[271]에 도읍하게 하고, 형산왕(衡山王) 오예(吳芮)를 다시 장사왕(長沙王)으로 삼아서 임상(臨湘)[272]에 도읍하도록 하였다. 그리고 파군(番君, 오예를 가리킴)의 부장 매현(梅鋗)이 한왕을 따라서 무관(武關)에 진입한 공로가 있으므로 파군에게 치사(致謝)하였다. 회남왕(淮南王) 경포, 연왕(燕王) 장도(臧荼), 조왕(趙王) 장오(張敖)[273]의 봉호는 모두 예전과 같게 하였다.

---

269) 원문은 "諸君必以爲便, 便國家"이다. '便'은 이익이 되다, 도움이 되다의 뜻으로 두 개의 '便'자 중에서 하나는 衍字로 보인다, '국가' 아래에 '則可'의 두 글자가 빠진 것으로 보는 것이 적절하다.

270) 氾水 : 지금의 산동성 曹縣 북쪽에서 흘러 定陶縣 북쪽을 지나는 강. 정도현 서북쪽에 漢高祖壇이 있는데 한왕 유방이 이곳에서 황제에 즉위했다고 전해진다.

271) 陽翟 : 현 이름. 지금의 하남성 禹縣.

272) 臨湘 : 현 이름. 지금의 하남성 장사시.

273) 張敖 : 趙王 張耳의 아들로서 부친이 죽은 후 왕위를 계승했으며 유방의 딸 노원공주를 아내로 맞이하였다.

천하가 모두 평정되어 고조(高祖)가 낙양에 도읍하니, 모든 제후들이 신하로서 귀의하였다. 예전의 임강왕(臨江王) 공환(共驩)[274]은 항우를 위해서 한나라에 모반했으므로 노관(盧綰)과 유고(劉賈)로 하여금 포위하게 했으나 그를 함락시키지 못하였다. 그러나 몇 개월 후에 공환이 항복하니 그를 낙양에서 죽였다.

5월, 병사들은 모두 해산하여 귀가하였다. 제후의 자제로서 관중에 남아 있는 자에게는 12년간 부역을 면제해주고, 봉국으로 돌아간 자에게는 6년간의 부역 면제와 아울러 1년간 조정에서 부양해주기로 하였다.

고조는 낙양의 남궁(南宮)에서 주연을 베풀며, "열후(列侯)[275]와 여러 장수들은 짐(朕)[276]을 속이지 말고 모두 사실대로 속마음을 이야기해보시오. 내가 천하를 얻을 수 있었던 까닭은 무엇이며, 항우가 천하를 잃은 까닭은 무엇이오?"라고 물으니, 고기(高起)와 왕릉(王陵)은 이렇게 대답하였다.

폐하는 오만하여 다른 사람을 업신여기고, 항우는 인자하여 다른 사람을 사랑할 줄 압니다. 그러나 폐하는 사람을 보내서 성지(城地)를 공략하게 하시고 나서 점령되는 곳은 그에게 나누어주심으로써 천하와 더불어 이익을 함께 하셨습니다. 반면에 항우는 어질고 재능 있는 자를 시기하여 공로가 있는 자를 미워하고 현자(賢者)를 의심하며 전투에 승리해서도 다른 사람에게 그 공을 돌리지 않고 땅을 얻고서도 다른 사람에게 그 이익을 나누어주지 않았으니, 이것이 항우가 천하를 잃은 까닭입니다.

그러자 고조는 다음과 같이 말하였다.

그대는 하나만을 알고 둘은 모르는구려. 군막(軍幕) 속에서 계책을 짜내어 천리 바깥에서 승리를 결정짓는 일에서는 내가 자방(子房, 장량을 가리킴)만 못하며, 나라를 안정시키고 백성들을 위로하며 양식을 공급하고 운송도로를 끊기지 않게 하는 일에서는 내가 소하(蕭何)만 못하고, 또 백만대군을 통솔하여 싸움에 반드시 승리하고 공격함에 반드시 점령하는 일에서는 내가 한신(韓信)만 못하오. 이 세 사람은 모두 걸출한 인재로서 내가 그들

---

274) 共驩 : 임강왕 共敖의 아들.
275) 列侯 : 권6 「진시황본기」의 〈주 161〉 참조.
276) 朕 : 본래는 보편적으로 자신을 지칭하던 말로 쓰였으나, 진 시황 때부터 황제가 자신을 지칭하는 말로만 쓰인다.

을 임용(任用)할 수 있었다는 것이 바로 내가 천하를 얻을 수 있었던 까닭이며, 항우는 단지 범증(范增) 한 사람만이 있었으나 그마저 끝까지 신용하지 못했으니 이것이 항우가 나에게 포로로 잡힌 까닭이오.

고조는 장기간 낙양에 도읍하려고 했으나, 제(齊)나라 사람 유경(劉敬)[277]과 유후(留侯, 장량을 가리킴)가 관중에 들어가서 그곳에 도읍하기를 권하니, 고조는 그날 즉시 어가를 몰아서 관중에 진입하여 도읍하였다. 6월, 천하에 대사면령을 내렸다.

10월,[278] 연왕(燕王) 장도가 모반하자 대(代) 땅을 공략하여 함락시켰다. 고조는 친히 군사를 거느리고 공격하여 연왕 장도를 사로잡았으며, 태위(太尉) 노관(盧綰)을 세워서 연왕으로 삼고 승상 번쾌(樊噲)[279]로 하여금 군사를 거느려서 대 땅을 공략하게 하였다.

이해 가을, 이기(利幾)[280]가 모반하자 고조가 친히 군사를 거느리고 그를 토벌하니 이기는 도주하였다. 이기는 원래 항우의 부장이었으나, 항우가 패할 당시에 진현(陳縣) 현령이던 그는 항우를 따르지 않고 도주하여 고조에게 투항하니 고조는 그를 영천후(潁川侯)[281]에 봉하였다. 고조가 낙양에 도착한 후에 명부에 실린 열후들을 모두 소집하니, 이기는 두려워서[282] 모반했던 것이다.

6년(기원전 201년), 고조는 5일에 한 번씩 태공(太公, 고조의 부친을 가리킴)을 배알했는데, 그들은 일반 서민의 부자지간의 예절을 따랐다. 태공의 가신(家臣)[283]이 태공에게 말하기를, "하늘에는 태양이 오직 하나뿐이며 땅에는 두 명의 군주가 있을 수 없습니다. 지금 고조께서 비록 집

---

277) 劉敬 : 원래의 성은 婁. 사졸의 신분으로 고조에게 관중을 도읍지로 하여 정착할 것을 건의하였다. 대부분 산동 출신인 대신들이 西遷을 반대하였으나 장량의 권장으로 고조는 그의 건의를 받아들이고 劉氏의 성을 하사하였다.

278) 10월 : "七月"의 誤記로서, 『한서』의 「고제기」에도 "七月"로 기록되어 있다.

279) 樊噲 : 당시 번쾌는 승상에 임명되기 전이며 「번쾌열전」에도 번쾌가 代 땅을 공략한 사적은 기재되어 있지 않다.

280) 利幾 : 원래는 項羽의 部將이었으나 항우가 패하자 劉邦에게 투항하여 潁川侯가 되었다. 그후 유방이 洛陽에 이르러 제후를 征召하자 이에 반란을 일으켰다가 유방에 의해서 격멸되었다.

281) 潁川은 군 이름으로, 관할구역은 지금의 하남성 중부지역.

282) 항우의 부장이었던 이기는 고조가 열후를 소집한 것은 다른 이유가 있어서라도 생각하고 두려운 나머지 반란을 일으킨 것이다.

283) 家臣 : 집안 일을 관장하는 관리.

에서는 자식이지만 천하 백성들의 군주이시며, 태공께서는 비록 고조의 아버지가 되시지만 또 그의 신하이기도 한데, 어찌 군주로 하여금 신하를 배알하게 하실 수 있습니까? 이렇게 하면 황제의 위엄이 서지 않습니다" 라고 하였다. 그후 고조가 배알하러 왔을 때 태공은 빗자루를 들고 문전에서 맞이하여 뒤로 물러서니[284] 고조가 크게 놀라며 어가에서 내려서 태공을 부축하였다. 그러자 태공은 "황제는 천하 백성들의 군주이시니 어찌 나로 인하여 천하의 법도를 어지럽힐 수 있겠습니까?"라고 말하였다. 이에 고조는 태공을 추존하여 태상황(太上皇)[285]이라고 하고, 내심으로 가신의 말을 가상히 여겨 그에게 금 500근을 하사하였다.

12월, 어떤 사람이 변란사건을 상서하면서 초왕(楚王) 한신(韓信)이 반란을 꾀하고 있다고 보고하였다. 이에 고조가 좌우 대신의 의견을 물으니 대신들은 다투어 그를 토벌하고자 하였다. 고조는 진평의 계책을 채택하여 거짓으로 운몽택(雲夢澤)[286]에 행유(行遊)하여 진현에서 제후들을 회견하였다. 초왕 한신이 나와서 영접하자 즉시 그를 체포하였다. 그날 고조는 천하에 대사면령을 내렸다. 전긍(田肯)이 하례를 올리며 고조에게 진언하기를

> 폐하께서는 한신을 사로잡고 또 관중에 도읍하셨습니다. 진(秦)은 형승지국(形勝之國)[287]으로서 험난한 산하에 둘러싸여 있으며 제후국들과 천리나 멀리 떨어져 있으니, 제후의 군사들이 100만이라면 진(秦) 땅은 2만의 군사[288]만 있으면 막아낼 수 있습니다. 지세가 이렇게 유리하므로 제후들에 대한 용병(用兵)은 마치 높은 지붕 위에서 기와고랑에 물을 쏟는 것과 같이 저지할 길이 없는 것입니다. 제(齊) 땅은 동쪽으로 산물이 풍부한 낭야(琅邪)[289]와 즉묵(即墨)[290]이 있고 남쪽으로 험준한 태산이 있으며 서쪽으

---

284) 빗자루를 들고 뒤로 물러선다는 것은 미천한 사람이 신분이 존귀한 사람에 대해서 공경의 뜻을 표시하는 예절이다.
285) 太上皇 : 제왕의 부친에 대한 존칭으로 진 시황 때부터 시작되었다.
286) 雲夢澤 : 늪의 이름으로 그 구역에 대해서는 설이 분분하나 한대에서 말하는 운몽택은 지금의 호남성 동정호 일대이다.
287) 形勝之國 : 지세가 험난하여 승리를 얻기에 좋은 위치에 있는 나라.
288) 2만의 군사의 원문은 "百二"이다. 이에 대한 해석은 분분하나 '100 중의 2,' 즉 '100의 2'라는 설과 '二'는 '倍'와 통하므로 '百二'는 '100배'라는 설이 있다. 여기서는 전자를 따라서 100만의 100분의 2, 즉 2만 군사로 풀었으나 후자의 설을 따라서 풀이하면 '(병사는 100만이고, 국력은 제후국의) 100배가 된다'라고도 할 수 있다.
289) 琅邪 : 군 이름. 관할구역은 지금의 산동성 남부.

로는 황하의 가로막음이 있고 북쪽으로는 발해(渤海)의 이익[291]이 있습니다. 땅은 사방으로 2,000리나 되고 제후국은 천리 밖에 떨어져 있으니 제후국의 군사가 100만이라면 제(齊) 땅은 20만의 군사[292]만으로도 막아낼 수가 있습니다. 그러므로 이 두 곳은 동진(東秦)과 서진(西秦)이라고 칭할 수 있으니, 폐하의 친자제가 아니면 제왕(齊王)에 봉하지 마십시오

라고 하니, 고조는 "좋소"라고 말하며 황금 500근을 하사하였다.

　　10여 일이 지난 후, 한신을 회음후(淮陰侯)에 봉하고 그의 봉지를 두 나라로 나누었다. 고조는 장군 유고(劉賈)가 여러 차례 공로를 세웠다고 하며 그를 형왕(荊王)으로 삼아서 회하(淮河) 동쪽 지역[293]을 다스리게 하였다. 또 아우 유교(劉交)를 초왕(楚王)으로 삼아서 회하 서쪽 지역[294]을 다스리게 했으며, 아들 유비(劉肥)를 제왕(齊王)으로 삼아서 70여 성을 다스리게 하고 제나라 말을 할 수 있는 부근 백성들을 모두 제나라에 귀속시켰다. 그리고 고조는 논공행상하여 여러 열후들에게 부절(符節)을 쪼개어 봉후(封侯)의 증표로서 나누어주고, 한왕 한신을 태원(太原)[295]으로 옮기게 하였다.

　　7년(기원전 200년), 흉노가 마읍(馬邑)[296]에서 한왕 한신을 공격하자, 한신은 이를 기화로 흉노와 태원에서 모반하였다. 그러자 백토(白土)[297]의 만구신(曼丘臣)[298]과 왕황(王黃)[299]도 예전 조(趙)나라 장수였던 조리(趙利)를 왕으로 옹립하여 모반하니, 고조가 친히 군사를 거느리고 토벌에 나섰다. 그러나 마침 날씨가 추워서 손가락이 얼어 떨어진 병사가 10명 중 2-3명이나 되었으므로 결국 평성(平城)[300]으로 향했다. 이때 흉노는 고조를 평성에서 포위했다가 7일 후에야 포위를 풀고 돌아갔다. 고조

---

290)　卽墨 : 권7 「항우본기」의 〈주 193〉 참조.
291)　渤海의 이익 : 魚鹽之利, 즉 물고기와 소금을 얻는 해변지역의 이익을 말한다.
292)　20만의 군사의 원문은 "十二"로서, 100만의 '10분의 2'를 말한다. 위의 "百二"와 같은 용법으로 풀었다.
293)　회하 동쪽 지역은 지금의 안휘성 회하 동부와 남부 일대.
294)　회하 서쪽 지역은 지금의 안휘성 회하 서부와 북부 일대.
295)　太原 : 권4 「주본기」의 〈주 187〉, 권6 「진시황본기」의 〈주 13〉 참조.
296)　馬邑 : 현 이름으로, 지금의 산서성 朔縣. 당시는 한왕 한신의 國都였다.
297)　白土 : 지금의 내몽고 자치구 지역에 있던 현의 이름.
298)　曼丘臣 : 한왕 한신의 부장으로 성은 만구, 이름은 신.
299)　王黃 : 한왕 한신의 부장.
300)　平城 : 현 이름. 지금의 산서성 大同市 동북쪽.

는 번쾌로 하여금 대(代) 땅에 남아서 평정하도록 하고, 형 유중(劉仲)[301] 을 세워 대왕(代王)으로 삼았다.

2월, 고조는 평성에서부터 조나라와 낙양을 경유하여 장안(長安)[302]에 도착하였다. 장락궁(長樂宮)[303]이 완성되자, 승상(丞相)[304] 이하 모든 관료들이 장안으로 옮겨와서 정무를 수행했다.

8년(기원전 199년), 고조는 또 동쪽으로 진군하여 한왕 한신의 잔여 반군을 동원(東垣)[305]에서 공격하였다.

소승상(蕭丞相, 소하를 가리킴)이 미앙궁(未央宮)[306]을 축조하여 동궐(東闕), 북궐(北闕), 전전(前殿), 무고(武庫), 태창(太倉)[307]을 지었다. 고조가 돌아와서 궁궐이 매우 웅장함을 보고 노하여 소하에게 이르기를 "천하가 혼란스러워 수년간 고전하면서도 아직 그 성패를 알 수 없건만, 어찌하여 지나치게 화려한 궁실을 지었는가?"라고 물었다. 그러자 소하가 "바로 천하가 아직 안정되지 않았기 때문에 이 기회를 이용해서 궁실을 축조할 수 있었습니다. 게다가 천자는 천하를 집으로 삼으니, 궁전이 웅장하고 화려하지 않으면 위엄을 세울 수가 없습니다. 그러하오니 또한 후세에는 이보다 더욱 장려(壯麗)한 궁전을 지을 수 없게 하십시오"라고 하니, 고조는 기뻐하였다.

고조가 동원으로 행차하는 길에 백인(柏人)[308]을 경유했는데, 조나라의 승상 관고(貫高) 등이 음모하여 고조를 시해하려고 하였다.[309] 고조는

---

301) 劉仲 : 고조의 둘째 형으로 '仲'은 형제 중 두번째 서열. 유중을 대왕으로 세운 것은 한 6년 정월의 일인데, 여기서는 7년 2월 이전으로 잘못 기재된 것이다.

302) 長安 : 西漢의 도성으로 지금의 섬서성 서안시 서북쪽.

303) 長樂宮 : 한대의 宮 이름으로, 장안성내 동남방에 있다. 유방 이후로 황제는 未央宮에 거처하였고 장락궁에는 太后가 거처하였으며 東宮이라고 불렸다.

304) 당시의 승상은 蕭何였다.

305) 東垣 : 현 이름으로, 지금의 하북성 石家莊市 동북쪽이다.

306) 未央宮 : 한대의 주요 궁전의 하나로 대신들의 조회 장소로 쓰였다. 장안성내 서남방에 위치했다.

307) 太倉 : 한대에 都城의 식량을 저장하던 창고.

308) 柏人 : 읍 이름으로, 지금의 하북성 隆堯縣 서쪽이다.

309) 趙王 張敖는 고조의 사위이다. 1년 전, 평성에서 포위되었다가 풀려난 고조가 돌아가는 길에 趙의 도성을 들렸을 때 조왕에게 오만하고 무례하게 대하자, 趙의 승상이었던 貫高 등이 격분하여 고조를 죽이려고 했으나 조왕 장오가 만류한 일이 있었다. 그러므로 관고 등은 고조가 다시 趙 땅을 지나갈 때를 기회로 柏人에 복병을 매복시켜 고조를 죽이려는 음모를 꾸몄다. 이 일은 「장이진여열전」에 상세히 보인다.

(원래 백인에서 유숙하려고 했으나) 마음이 불안하여[310] 백인에서 유숙하지 않았다.[311] 대왕(代王) 유중이 봉국을 버리고 도망쳐[312] 스스로 낙양으로 돌아오니, 고조는 그의 왕위를 취소하고 다시 합양후(合陽侯)[313]에 봉하였다.

9년(기원전 198년), 조나라 승상 관고 등의 음모사건이 발각되자 그들의 삼족(三族)[314]을 멸하고, 조왕(趙王) 장오(張敖)를 폐위하여 선평후(宣平侯)에 봉하였다. 이해 고조는 초나라의 귀족 소씨(昭氏), 굴씨(屈氏), 경씨(景氏), 회씨(懷氏)[315]와 제나라의 귀족 전씨(田氏)[316]를 관중으로 옮겨오게 하였다.

미앙궁이 완성되자 고조는 제후들과 군신들을 소집하여 미앙궁 전전(前殿)에서 연회를 베풀었다. 고조는 옥 술잔을 받쳐들고 일어나서 태상황에게 축수하며 말하기를 "당초에 대인(大人, 태상황을 가리킴)께서는 항상 내가 재주가 없어서 생업을 꾸려나가지 못할 것이며 둘째 형 유중처럼 노력하지도 않는다고 여기셨습니다. 그런데 지금 내가 이룬 업적을 유중과 비교하면 누구 것이 더 많습니까?"라고 하니, 전상(殿上)의 대신들이 만세를 외치고 큰소리로 웃으며 즐거워하였다.

10년(기원전 197년) 10월, 회남왕(淮南王) 경포, 양왕(梁王) 팽월, 연왕(燕王) 노관, 형왕(荊王) 유고, 초왕(楚王) 유교, 제왕(齊王) 유비, 장사왕(長沙王) 오예가 모두 장락궁에 와서 고조를 조현(朝見)하였다. 봄과 여름 동안에는 국가에 아무 일도 일어나지 않았다.

7월, 태상황이 역양궁(櫟陽宮)에서 서거하니, 초왕 유교와 양왕 팽월이 와서 영구(靈柩)를 전송하였다. 고조는 역양의 죄수들을 사면하고 여

---

310) 원문은 "心動"으로, 마음이 안정되지 못하고 불안을 느끼는 것을 말한다.
311) 고조가 柏人을 지나면서 본래는 그곳에서 유숙하려고 했으나, 마음이 불안해지자 그곳의 지명을 알아보게 하니 柏人이라고 하였다. 고조는 지명이 '迫人(사람을 핍박하다)'과 음이 같으므로 유숙하지 않고 그곳을 떠났다고 한다. 이 일은 「장이진여열전」에 상세히 보인다.
312) 劉仲은 고조의 형으로서 당시 흉노가 代를 공략하자 나라를 지키지 못하고 도망쳐왔다.
313) 合陽은 郃陽縣을 말한다. 지금의 섬서성 合陽縣 동남쪽.
314) 三族 : 권7 「항우본기」의 〈주 11〉 참조.
315) 昭, 屈, 景, 懷氏 : 모두 전국시기 초나라 왕족의 후예들이다.
316) 田氏 : 전국시기 제나라 왕족의 후예.

읍(酈邑)³¹⁷⁾을 신풍(新豐)으로 개명하였다.

8월, 조나라의 상국(相國) 진희(陳豨)³¹⁸⁾가 대(代) 땅에서 모반하였다. 그러자 황상(皇上)은 이렇게 말하였다.

> 진희는 예전에 나의 부하로 있었는데 매우 신용이 있었소. 당초 나는 대 땅이 중요한 곳이라고 여겼기 때문에 진희를 열후로 봉하여 상국의 신분으로 대를 지키게 하였건만, 지금 뜻밖에도 왕황(王黃) 등과 함께 대를 강탈하려고 하고 있소. 그러나 대 땅의 관리와 백성들은 죄가 없으니 그들을 사면해주도록 하오.

9월, 황상은 친히 동진하여 진희를 공격하였다. 한단(邯鄲)³¹⁹⁾에 도착하자 황상은 기뻐하며 말하기를 "진희가 남쪽으로 한단을 근거지로 삼지 않고 장수(漳水)³²⁰⁾에 의지해서 저지하려고 하니, 그가 별 능력이 없음을 알겠노라"라고 하였다. 그리고 진희의 부장들이 이전에 모두 장사꾼이었다는 말을 듣자 황상은 "나는 그들을 어떻게 상대해야 하는지 알고 있소"라고 말하였다. 그리고는 진희의 부장들을 황금으로 유혹하니 투항하는 자가 많았다.

11년(기원전 196년), 고조가 한단에서 진희 등을 미처 완전히 토벌하기도 전에 진희의 부장 후창(侯敞)이 만여 명의 군사를 거느리고 유격(遊擊)했으며, 왕황은 곡역(曲逆)³²¹⁾에 주둔했고, 장춘(張春)³²²⁾은 황하를 건너서 요성(聊城)³²³⁾을 공격하였다. 한(漢)의 조정에서는 장군 곽몽(郭蒙)³²⁴⁾으로 하여금 제(齊)의 장수와 함께 공격하게 하여 크게 무찔렀다. 또 태위 주발(周勃)은 태원에서 진공하여 대(代) 땅을 평정하고, 마읍

---

317) 酈邑: 현 이름으로, 지금의 섬서성 臨潼縣 동북쪽이다. 고조는 태공이 고향을 그리워함을 알고 여읍을 만들어 고향 豊邑의 이웃들을 모두 옮겨와서 살게 하였다.

318) 趙 相國 陳豨: 진희는 宛句(지금의 산동성 하택현 서남쪽) 사람으로, 고조를 따라서 燕王 장도를 평정하는 데 공을 세워 陽夏侯에 봉해졌다. 다음 문장에서는 "以相國守代"라고 했고, 『한서』의 「고제기」에서도 "代相國陳豨反"이라고 하였으니, 여기서 진희를 '趙' 相國이라고 함은 '代' 相國의 오기이다.

319) 邯鄲: 권5 「진본기」의 〈주 281〉 참조.

320) 漳水: 권2 「하본기」의 〈주 18〉 참조.

321) 曲逆: 현 이름으로, 지금의 하북성 完縣 동남쪽이다.

322) 張春: 진희의 부장.

323) 聊城: 현 이름으로, 지금의 산동성 聊城縣 서북쪽이다.

324) 郭蒙: 한나라 장수. 일찍이 都尉의 신분으로 敖倉을 수비했으며 후일 東武侯에 봉해졌다.

(馬邑)에 이르렀으나 마읍이 항복하지 않자 그곳을 공략하여 살육하였다.

진희의 부장 조리(趙利)가 동원(東垣)을 수비하고 있었는데, 고조가 이곳을 공략하려 했으나 한 달여 동안 함락되지 않았다. 게다가 조리의 병사들이 고조에게 욕을 하니, 화가 난 고조는 성이 함락되자 자기에게 욕한 자를 찾아내어 목을 베고 욕하지 않은 자는 사면해주도록 명령하였다. 그리고 조나라의 상산(常山)[325] 이북지역을 대나라에 할양해주고, 아들 항(恒)[326]을 대왕(代王)에 봉하여 진양(晉陽)[327]에 도읍하게 하였다.

봄, 회음후 한신이 관중에서 모반하자 그의 삼족을 멸하였다.

여름, 양왕 팽월이 모반하자 그를 왕위에서 폐하여 촉(蜀) 땅으로 쫓아냈는데, 그가 다시 모반하려고 하니 마침내 그의 삼족을 멸하였다. 고조는 아들 회(恢)[328]를 세워서 양왕(梁王)으로 삼고, 아들 우(友)[329]를 회양왕(淮陽王)으로 삼았다.

가을 7월, 회남왕 경포가 모반하여 동쪽으로 형왕 유가의 봉지를 병탄(併呑)하고 북쪽으로 회하(淮河)를 건너자, 초왕 유교가 설현(薛縣)으로 도망쳐왔다. 고조가 친히 나아가 공격하고 아들 장(長)[330]을 세워서 회남왕으로 삼았다.

12년(기원전 195년) 10월, 고조는 이미 경포의 군대를 회추(會甀)[331]에서 격퇴시켰다. 경포가 도망치자 별장(別將)으로 하여금 그를 추격하게 하였다.

고조는 도성으로 돌아오는 길에 패현을 지나다가 그곳에 머무르며 패궁(沛宮)에서 연회를 베풀었다. 옛친구들과 마을의 부로, 자제를 모두 초청하여 마음껏 술을 마시며, 패현의 아이 120명을 선발하여 그들에게 노래를 가르쳤다. 술이 거나해지자 고조는 축(筑)[332]을 타며 직접 노래를 지어서 불렀다.

---

325) 常山 : 恒山을 말한다. 권2 「하본기」의 〈주 116〉, 권7 「항우본기」의 〈주 164〉 참조.

326) 恒 : 薄太后 소생으로 후일의 漢 文帝가 된 劉恒을 말한다.

327) 晉陽 : 권6 「진시황본기」의 〈주 24〉 참조.

328) 恢 : 고조의 다섯째 아들 劉恢.

329) 友 : 고조의 여섯째 아들 劉友.

330) 長 : 고조의 일곱째 아들 劉長.

331) 會甀 : 읍 이름으로, 지금의 안휘성 宿縣 서남쪽이다.

332) 筑 : 거문고와 비슷한 13줄의 현악기.

큰 바람 몰아치니 구름이 날아오르고,
위엄을 천하에 떨치며 고향에 돌아왔도다.
어떡하면 용사를 얻어서 천하를 지킬 수 있을까?

고조는 아이들에게도 모두 따라 부르게 하더니, 자리에서 일어나 춤을 추며 강개한 마음과 감상에 젖어서 눈물을 줄줄 흘렸다. 그리고 패현의 부형(父兄)들에게

나그네는 고향을 그리워하기 마련이니, 내가 비록 관중에 도읍하고 있으나, 만년 후에도 내 혼백은 고향 패현을 좋아하고 그리워할 것이오. 또한 나는 패공의 신분일 때부터 포학무도한 자들을 토벌하여 마침내 천하를 소유하였으니, 나는 패현을 나의 탕목읍(湯沐邑)333)으로 삼을 것이며 이곳의 백성들에게 부역을 면제해주어 대대로 납세와 복역을 할 필요가 없게 할 것이오

라고 하니, 패현의 부형들과 제모(諸母)334) 및 옛 친구들은 날마다 유쾌하게 술을 마시고 지난 일을 담소하며 즐거워하였다. 10여 일이 지나서 고조가 돌아가려고 하자 패현의 부형들이 한사코 고조에게 머물기를 청하였다. 고조가 "나의 수행원들이 너무 많아서 (오래 머물면) 부형들께서 그 비용을 감당할 수가 없소"라고 말하고는 떠나가니, 패현 사람들은 마을을 텅 비워둔 채 모두 마을 서쪽으로 나가서 고조 일행을 배웅하며 예물을 바쳤다. 그러자 고조는 다시 머물러서 천막을 치고 3일간 술을 마시니, 패현의 부형들이 모두 머리를 조아리고 말하기를 "패현은 다행히 부역이 면제되었으나 풍읍(豐邑)은 부역 면제를 받지 못하였으니, 폐하께서 그들을 불쌍히 여겨주시기를 간청합니다"라고 하였다. 그러자 고조는 "풍읍은 내가 태어나서 자란 곳이므로 가장 잊을 수 없는 곳이오. 다만 예전에 풍읍 사람들이 옹치(雍齒)를 따르고 나를 배반하여 위(魏)를 도왔기 때문에 그런 것이오"라고 말하였다. 그러나 패현의 부형들이 한사코 간청하니 고조는 풍읍에도 부역을 면제해주어 패현과 같게 하였다. 그리고 패후(沛侯) 유비(劉濞)335)를 오왕(吳王)에 봉하였다.

---

333) 湯沐邑: 천자에게 朝見하러 온 제후들에게 제공되었던 留宿과 목욕재계를 할 수 있는 천자 영지내의 봉지였으나, 나중에는 천자, 제후, 황후, 공주 등의 사읍지로 사용되었다.
334) 諸母: 친족의 伯叔母에 대한 통칭.

한(漢)나라 장수들은 따로 경포의 군사를 조수(洮水)[336]의 남북쪽에서 공격하여 모두 크게 무찌르고 경포를 추격하여 파양(鄱陽)[337]에서 참살하였다.

번쾌는 따로 병사를 거느리고 대(代)를 평정했으며,[338] 진희를 당성(當城)[339]에서 참살하였다.

11월, 고조는 경포의 군사를 토벌한 후 장안으로 돌아왔다. 12월, 고조는 "진 시황제, 초 은왕(楚隱王) 진섭(陳涉), 위 안희왕(魏安釐王),[340] 제 민왕(齊緡王),[341] 조 도양왕(趙悼襄王)[342]은 모두가 후손이 없으니, 각각 묘지기로 10호(戶)를 주고 진 시황제에게는 20호, 위 공자(魏公子) 무기(無忌)[343]에게는 5호를 주도록 하라"고 말하였다. 그리고 진희와 조리에게 위협당한 대(代) 땅의 관리, 백성들을 모두 사면해주었다. 투항한 진희의 부장이 진희가 모반할 때에 연왕(燕王) 노관이 진희의 거처에 사람을 보내어 함께 음모했다고 말하자 고조는 벽양후(辟陽侯)[344]로 하여금 노관을 불러오게 하였으나 노관은 병을 핑계삼아 오지 않았다. 벽양후가 돌아와서 노관에게 모반의 징조가 있음을 상세히 보고하였다. 2월, 고조는 번쾌와 주발로 하여금 군사를 이끌고 연왕 노관을 공격하게 하고, 반란에 참여한 연(燕) 땅의 관리와 백성들을 사면하였다. 그리고 아들 건(建)[345]을 세워서 연왕으로 삼았다.

고조는 경포를 공격할 때에 화살에 맞아서 상처를 입었는데, 돌아오는 도중에 병이 났다. 병세가 심해지자 여후가 명의를 불러왔다. 의원이 들어가서 고조를 배알하자 고조는 의원에게 병세를 물어보았다. 의원이 "폐

---

335) 劉濞(기원전 215-기원전 154년) : 劉仲의 둘째 아들. 사적은 「오왕비열전」에 상세히 보인다.
336) 洮水 : 지금의 호남성 零陵縣 경내를 흐르는 강.
337) 鄱陽 : 현 이름으로, 지금의 강서성 파양현이다.
338) 번쾌가 代를 평정했다는 사적은 「번쾌열전」에는 보이지 않으며 『한서』의 「고조기」에 "周勃定代"로 되어 있다.
339) 當城 : 읍 이름으로, 지금의 하북성 蔚縣 동쪽이다.
340) 魏 安釐王 : 전국시대 魏 昭王의 아들.
341) 齊 緡王 : 齊 宣王의 아들 田地.
342) 趙 悼襄王 : 趙 孝成王의 아들 趙偃.
343) 魏 公子 無忌 : 권5 「진본기」의 〈주 306〉 참조.
344) 辟陽侯 : 審食其를 말한다. 유방과 동향 사람으로 呂后의 총애를 받아서 벽양후에 봉해졌다. 벽양은 현 이름으로, 지금의 하북성 冀縣 동남쪽이다.
345) 建 : 고조의 여덟째 아들 劉建.

하의 병은 치료될 수 있습니다"라고 말하자, 고조는 그를 나무라며 말하기를 "나는 평민의 신분으로 세 자 길이의 검을 들고 천하를 얻었으니, 이는 천명이 아니겠는가? 사람의 명은 하늘에 달려 있는 것이니, 설사 편작(扁鵲)[346]이라고 한들 무슨 도움이 되겠는가!"라고 하였다. 고조는 결국 의원에게 치료시키지 않고 황금 50근을 하사하며 물러가게 하였다. 잠시 후에 여후가 고조에게 "폐하의 백 년 뒤에 만일 소상국(蕭相國, 蕭何를 가리킴)이 죽으면 누구로 하여금 그를 대신하게 하지요?"라고 물으니, 고조는 "조참(曹參)이 대신할 수 있을 것이오"라고 대답하였다. 그 다음 사람을 물으니 고조는

> 왕릉(王陵)이 할 수 있을 것이오. 그러나 왕릉은 다소 고지식하므로 진평(陳平)이 그를 돕도록 하는 것이 좋소. 진평은 충분한 지혜를 가지고 있지만 단독으로 대사를 맡는 것은 어렵소. 주발(周勃)은 중후하나 문재(文才)가 모자라오. 그러나 유씨(劉氏)의 한 왕조를 안정시킬 자는 틀림없이 주발이니 그를 태위(太尉)로 삼을 만하오

라고 대답하였다. 여후가 다시 그 다음은 누구인가를 물으니 고조는 "그 다음의 일은 당신이 알 바가 아니오"라고 말하였다.

노관이 수천의 기병과 함께 변경에서 기회를 기다리며, 고조가 쾌유하면 친히 들어가서 사죄할 수 있게 되기를 희망하였다.

4월 갑진일(甲辰日),[347] 고조가 장락궁에서 서거했으나 4일이 지나도록 발상하지 않았다. 여후는 심이기(審食其)와 의논하기를 "여러 장수들은 이전에 황제와 함께 호적명부에 오른 평민이었다가 지금은 북면(北面)하여 신하가 되었으니, 이들은 항상 불만을 품고 있소. 그런데 지금 어린 군주[348]를 섬겨야 하니 그들을 멸족하지 않으면 천하가 어지럽게 될 것이오"라고 하였다. 어떤 사람이 이 말을 듣고 역장군(酈將軍)[349]에게 알리자, 역장군은 심이기를 만나서 이렇게 말하였다.

> 내가 듣건대 황제께서 이미 서거하여 4일이 지났는데도 발상을 하지 않고

---

346) 扁鵲: 전국시기의 名醫로서 성은 秦, 이름은 越人. 또는 전설로 전해지는 黃帝 때의 神醫 扁鵲을 말하기도 한다.

347) 4월 甲辰日: 기원전 195년 夏曆 4월 25일.

348) 어린 군주: 漢 惠帝 劉盈을 말한다.

349) 酈將軍: 酈食其의 아우 酈商을 말한다.

여러 장수들을 죽이려고 하니, 만약 그렇게 되면 천하가 위태로울 것이오. 진평과 관영이 10만 군사를 거느리고 형양(滎陽)을 수비하고 있으며, 번쾌와 주발이 20만 군사를 거느리고 연(燕)과 대(代)를 평정하였는데, 황제가 서거하여 여러 장수들이 모두 죽임을 당할 것이라는 소식을 그들이 듣는다면, 그들은 반드시 군대를 연합하고 회군하여 관중을 공격할 것이오. 대신들이 안에서 모반하고 제후들이 밖에서 반란을 일으킨다면 이 나라가 망하는 것은 발꿈치를 들고서도 기다릴 수 있을 만큼 순식간의 일이 될 것이오.

심이기가 궁에 들어가서 여후에게 이 말을 전하자, 정미일(丁未日)[350]에 발상하고 천하에 대사면령을 내렸다.

노관은 고조가 서거했다는 소식을 듣고 마침내 흉노에게로 도망쳤다.

병인일(丙寅日)[351]에 황제를 안장하고, 기사일(己巳日)에 태자를 황제로 옹립하여 태상황묘(太上皇廟)에 이르렀다.[352] 대신들이 모두 말하기를 "고조[353]는 미천한 평민 출신으로 난세를 다스리시어 정도(正道)를 회복하고 천하를 평정하여 한(漢)의 태조가 되셨으니 공로가 가장 높으시다"라고 하며, 존호를 바치어 고황제(高皇帝)라고 하였다. 태자가 위호(位號)를 계승하여 황제가 되니, 이가 바로 효혜황제(孝惠皇帝)이다. 그리고 각 군국(郡國)[354]의 제후들에게 모두 고조묘(高祖廟)를 세워서 매년 때를 맞추어 제사 지내도록 명령을 내렸다.

효혜제 5년(기원전 190년), 황상은 예전에 고조가 패현을 좋아하고 그리워했던 일이 생각나자 패궁(沛宮)을 고조의 원묘(原廟)[355]로 삼았다. 고조가 노래를 가르쳤던 120명의 아이들에게 모두 원묘에서 연주와 노래를 하게 했으며, 이후 결원이 생기면 그때마다 인원을 보충하였다.

고조에게는 여덟 명의 아들이 있었다. 서출(庶出) 장남[356]은 제 도혜왕

---

350)　丁未日 : 夏曆 4월 28일.
351)　丙寅日 : 夏曆 5월 17일.
352)　원문은 "丙寅, 葬, 己巳, 立太子, 至太上皇廟"이지만, 梁玉繩의 고증에 따르면 "오월 병인일에 황제를 장릉에 안장하였다. 안장이 끝나고 나자 태자는 태상황묘에 이르렀다(五月丙寅, 葬長陵, 巳下, 太子至太上皇廟)"라고 하는 것이 옳다고 한다.
353)　당시는 대신들이 존호를 헌상하기 전이므로 '高祖'라는 시호를 사용한 것은 타당하지 않다. 『한서』의 「고제기」에서는 "帝"라고 칭하였다.
354)　郡國 : 조정의 직할지인 郡과 제후를 봉한 封國을 말한다.
355)　原廟 : '原'은 '再'의 뜻으로, 원래의 종묘 외에 다시 지은 제2의 종묘를 말한다. 장안에 이미 고조묘가 있는데 패현에 다시 세우니 '原廟'라고 한 것이다.

(齊悼惠王) 유비(劉肥)이고, 둘째 아들은 효혜황제로서 여후(呂后)의 아들이며, 셋째 아들은 척부인(戚夫人)[357]의 아들 조 은왕(趙隱王) 유여의 (劉如意)이다. 넷째 아들인 대왕(代王) 유항(劉恒)은 박태후(薄太后)[358] 의 아들로서 후일 효문황제(孝文皇帝)로 즉위했으며, 다섯째 아들은 양왕(梁王) 유회(劉恢)로서 여태후가 집정할 때에 조 공왕(趙共王)으로 옮겨갔고, 여섯째 아들은 회양왕(淮陽王) 유우(劉友)인데 여태후가 집정할 때 조 유왕(趙幽王)으로 옮겨갔다. 일곱째 아들은 회남(淮南)의 여왕(厲王) 유장(劉長)이며, 여덟째 아들은 연왕(燕王) 유건(劉建)이다.

태사공(太史公)은 다음과 같이 말했다.

"하(夏) 왕조의 정치는 충후(忠厚)했으나, 충후함의 병폐가 백성들을 촌스럽고 무례하게 하였으므로, 은(殷) 왕조는 그 대신에 공경(恭敬)함을 숭상하였다. 그러나 공경함의 병폐는 백성들로 하여금 귀신을 미신(迷信)하게 했기 때문에, 주(周) 왕조는 그 대신에 예의를 숭상하였다. 그런데 예의의 병폐는 백성들을 가식적이고 무성의하게 만들었으므로, 이 가식적이고 무성의한 폐단을 바로잡는 것으로는 충후함보다 나은 것이 없었다. 하, 은, 주 삼대의 치국원칙은 마치 반복하고 순환하는 듯이 끝났다가는 다시 시작되는 것이었다. 주 왕조에서 진(秦) 왕조에 이르는 기간의 병폐는 지나치게 예의를 강구한 데에 있었다고 말할 수 있으나, 진 왕조의 정치는 그 병폐를 고치지 않고 도리어 형법을 가혹하게 하였으니 이 어찌 잘못된 일이 아니겠는가? 그러므로 한(漢) 왕조가 흥기하여, 비록 전대(前代)의 폐정(弊政)을 계승했으나 그 폐단을 개혁함으로써 백성들로 하여금 피곤하지 않게 했으니, 이는 자연의 법칙[359]을 얻은 것이었다. 조정은 매년 10월 제후들이 입경(入京)하여 황제를 조현(朝見)하도록 하

356) 庶出 長男 : 원문은 "長庶"이다. 고조는 평민 신분일 때에 曹氏와 정을 통하여 劉肥를 낳았다. 장남이기는 하나 嫡子가 아닌 첩실 소생의 庶子이므로 '長庶'라고 하였다.
357) 戚夫人 : 고조의 寵姬로서 趙王 劉如意를 낳았다. 고조는 만년에 태자 劉盈을 폐위시키고 여의를 태자로 삼으려고 했으나 대신들의 반대로 이루지 못했다. 고조가 서거한 후, 여후는 척부인 모자를 차례로 살해하였다.
358) 薄太后 : 고조의 총희로서 문제 유항이 즉위한 후 皇太后로 칭호가 바뀌었다.
359) 원문은 "天統"으로, 반복순환하여 始終이 되풀이되는 天道를 말한다. 한 왕조가 前代의 폐단을 개혁하여 백성들을 피곤하게 만들지 않은 것은 이러한 자연의 법칙에 부합되는 것이라는 뜻이다.

였다. 또 황제가 타는 어가(御駕)는 노란 비단으로 지붕을 만들고 쇠꼬리로 만든 기(旗)를 왼쪽에 장식하게 하였다.[360] 그리고 고조를 장릉(長陵)[361]에 안장하였다."

---

360) 원문은 "車服黃屋左纛"이다. '車服'은 수레와 의복이라는 뜻으로, 『史記會註考證』에 의하면 그 다음에 '尙赤'이라는 말이 빠진 것이라고 하니 이것은 '수레와 의복은 적색을 숭상하다'라는 뜻이다. '黃屋'과 '左纛'은 모두 천자의 의전용으로, 황옥은 노란 비단으로 지붕을 만든 수레이며, 좌독은 황제의 수레 좌측에 꽂는 쇠꼬리로 만든 장식물을 말한다.

361) 長陵 : 한 고조의 능묘로서 지금의 섬서성 함양시 동북쪽에 있다. 梁玉繩의 고증에 의하면 "葬長陵" 구절은 "丙寅" 구절 아래에 있어야 할 것이 이곳에 잘못 놓인 것이라고 한다.

권9 「여태후본기(呂太后本紀)」 제9

　여태후(呂太后)[1]는 고조(高祖)[2]가 미천할 때의 부인으로 효혜제(孝惠帝)[3]와 딸 노원태후(魯元太后)[4]를 낳았다. 고조가 한(漢)의 왕이 된 뒤 정도(定陶)[5]의 척부인(戚夫人)을 또 아내로 맞이하여 총애하였고, 조 은왕(趙隱王)[6] 여의(如意)를 낳았다. 효혜제는 사람됨이 인자하나 유약하여, 고조는 자기를 닮지 않았다고 여겼다. 그래서 항상 태자를 폐위시키고 척부인의 아들 여의를 태자로 세우고자 했으니, 이는 여의가 자기를 닮았다고 생각했기 때문이었다. 척부인은 총애를 받아서 항상 고조의 출정에 따라서 관동(關東)[7]으로 갔으며, 밤낮으로 고조 앞에서 소리내어 울면서 자신의 아들을 태자로 세워주기를 바랐다. 여후는 나이가 많아서 항상 집안에 있었으므로, 고조를 만날 기회가 거의 없자 점점 더 소원해졌다. 여의가 조왕으로 봉해진 뒤, 거의 태자가 될 뻔한 적이 여러 차례 있었지만, 대신들의 간쟁(諫諍)과 유후(留侯)의 계책[8]에 힘입어 태자는

---

1)　呂太后 : 呂雉(기원전 241-기원전 180년)를 말하며, 字는 娥姁이고 碭郡의 單父(지금의 山東省 單縣) 사람. 아들 劉盈이 제위에 오른 후 皇太后가 되었다.

2)　高祖 : 劉邦(기원전 256-기원전 195년)을 말한다. 기원전 202년부터 기원전 195년 사이에 제위에 있었다.

3)　孝惠帝 : 劉盈. 기원전 195년부터 기원전 188년까지 제위에 있었으며, '孝惠帝'는 그의 시호이다.

4)　魯元太后 : 劉盈의 누나로 후에 張敖의 아내가 되었으며, 그의 아들 張偃이 魯王에 책봉되었는데, 그의 남편인 張敖의 시호가 魯元王이었으므로 그녀를 魯元太后라고 부른다.

5)　定陶 : 권7 「항우본기」의 〈주 61〉, 권8 「고조본기」의 〈주 71〉 참조.

6)　趙 隱王 : 즉 趙王 劉如意를 말한다. 시호는 '隱'이다. 封國의 관할구역은 河北省 남부지역이며 邯鄲에 도읍을 정했다.

7)　關東 : 고대에는 函谷關 혹은 潼關의 동쪽 지역을 통칭하는데, 지금의 河南省, 河北省, 山東省 지역에 해당한다.

8)　留侯는 張良을 말한다. 장량은 태자 劉盈에게 高祖가 불러도 오지 않았던 四皓(한 고조 때에 商山에 숨어서 살던 네 명의 隱士)를 초청하게 하여 高祖의 마음을 바꾸도록 하는 계책을 건의하였다. 상세한 것은 「留侯世家」에 보인다. 권7 「항우본기」의 〈주 116〉 참조.

304

폐출되지 않았다.

여후는 사람됨이 강직하고 굳세어 일찍이 고조를 도와서 천하를 평정했으며, 대신들을 주살할 때도 여후의 힘이 컸다.[9] 여후에게는 오빠가 두 사람 있었는데, 모두 고조의 부장(部將)이었다. 큰오빠 주여후(周呂侯)[10]는 전사했으며,[11] 그의 아들 중 여태(呂台)는 역후(酈侯)[12]에 봉해졌고, 여산(呂産)은 교후(交侯)[13]에 봉해졌다. 작은오빠 여석지(呂釋之)[14]는 건성후(建成侯)[15]에 봉해졌다.

고조 12년 4월 갑진일(甲辰日), 고조가 장락궁(長樂宮)[16]에서 서거하니 태자는 제위를 계승하여 황제가 되었다. 이 당시 고조에게는 여덟 명의 아들이 있었는데, 맏아들 유비(劉肥)[17]는 혜제의 이복 형으로서 제왕(齊王)[18]에 봉해졌다. 그 나머지는 모두 혜제의 동생인데, 척부인의 아들 유여의는 조왕(趙王)으로 봉해졌고, 박부인(薄夫人)[19]의 아들 유항(劉恒)은 대왕(代王)[20]으로 봉해졌으며, 그밖에 비빈(妃嬪)이 낳은 아들 중 유회(劉恢)는 양왕(梁王)[21]으로 봉해졌고, 유우(劉友)는 회양왕(淮陽王)[22]으로 봉해졌으며, 유장(劉長)은 회남왕(淮南王)으로 봉해졌고, 유건(劉建)은 연왕(燕王)으로 봉해졌다. 고조의 동생 유교(劉交)는 초왕(楚王)

9) 韓信, 黥布, 彭越 등을 주살할 때, 여후가 모두 그 일에 관여한 것을 말한다.
10) 周呂侯 : 呂澤을 말한다. 여택은 유방을 따라서 군대를 일으켰으며, 후에 周呂侯에 책봉되었다. 여기서 周와 呂는 封國인데, 일설에는 周呂는 周에 呂望이 있다는 뜻이지, 封邑 이름이 아니라고도 한다. 권7「항우본기」의 〈주 209〉, 권8「고조본기」의 〈주 200〉 참조.
11) 呂澤은 漢 高祖 8년에 죽었는데, 전쟁으로 죽은 것이 아니다.
12) 酈은 현 이름. 권8「고조본기」의 〈주 116〉 참조.
13) 交는 「漢興以來諸侯王年表」에 "浚"라고 되어 있다. '浚'는 현 이름으로, 지금의 安徽省 固鎭縣 동남쪽. 북쪽으로는 浚水(지금의 沱河)와 임해 있다.
14) 呂釋之 : 유방을 따라 기병하여 漢 初에 建成侯에 봉해졌다. 시호는 康王.
15) 建成은 지금의 河南省 永城縣 동남쪽.
16) 長樂宮 : 권8「고조본기」의 〈주 303〉 참조.
17) 劉肥 : 高祖가 미천할 때 曹氏와 사통하여 낳은 庶子.
18) 齊는 漢 初 封國의 이름으로서 지금의 山東省 북부와 동부 지역.
19) 薄夫人 : 劉邦의 妃嬪으로 吳(지금의 江蘇省 蘇州市) 사람이며, 劉恒(즉 孝文帝)을 낳았다. 권8「고조본기」의 〈주 358〉 참조.
20) 代는 漢 初의 封國. 권7「항우본기」의 〈주 163〉, 권8「고조본기」의 〈주 145〉 참조.
21) 梁은 漢 初의 封國. 관할지역은 河南과 安徽 두 省의 경계지역. 권4「주본기」의 〈주 264〉, 권7「항우본기」의 〈주 39〉 참조.
22) 陽은 漢 初의 封國. 관할지역은 河南省 동부의 부분지역.

으로 봉해졌고, 고조의 형의 아들인 유비(劉濞)[23]는 오왕(吳王)[24]으로 봉해졌다. 유씨(劉氏)가 아니면서 공신(功臣)이었던 파군(番君) 오예(吳芮)[25]의 아들 오신(吳臣)은 장사왕(長沙王)[26]이 되었다.

여태후는 척부인과 그녀의 아들 조왕을 가장 미워하여, 척부인을 영항(永巷)[27]에 감금하고 조왕을 불러오도록 명령했다. 사자가 세 번이나 갔으나 그를 불러오지 못하고 돌아왔다. 조왕의 승상 건평후(建平侯) 주창(周昌)[28]이 사자에게 이렇게 말하였다.

　　고황제(高皇帝)가 나에게 조왕을 맡겼는데, 조왕은 나이가 어리오. 내가 들건대 태후가 척부인을 매우 미워하여 조왕을 불러서 모두 주살하려고 한다니 나는 감히 조왕을 보낼 수 없소. 게다가 조왕 또한 병이 있어 조칙을 받들어서 갈 수가 없소.

여후가 크게 노하여 사람을 파견하여 주창을 불러오게 했다. 주창이 장안으로 불려 들어간 이후에 여후는 다시 사람을 보내어 조왕을 불러오게 했다. 당시 조왕은 이미 길을 떠났으나 도성(都城)에 도착하지는 못하였다. 효혜제는 인자하고 태후의 분노를 알고 있었던 터라, 스스로 패상(覇上)[29]에 가서 조왕을 맞이하여 함께 궁궐로 들어와서 조왕과 기거하며 음

---

23)　劉濞：高祖의 둘째 형 劉仲의 아들. 20세에 騎將이 되었고, 고조를 수행하여 黥布를 쳐부수고 공적을 세워서 吳王에 책봉되었다. 권8 「고조본기」의 〈주 335〉 참조.

24)　吳는 漢 初의 封國으로, 관할구역은 지금의 江蘇省, 浙江省, 安徽省 등의 부분지역. 권6 「진시황본기」의 〈주 225〉 참조.

25)　番君 吳芮：吳芮는 秦나라 때 番陽의 현령이었기 때문에 番君이라고 불린다. 그는 유방이 병사를 일으키자 군대를 이끌고 와서 도왔으며, 漢 初에 長沙王으로 봉해졌다. 권7 「항우본기」의 〈주 168〉 참조.

26)　長沙는 漢 初의 封國. 관할구역은 지금의 湖南省 동쪽과 남쪽 지역. 권7 「항우본기」의 〈주 189〉, 권8 「고조본기」의 〈주 167〉 참조.

27)　永巷：永巷은 본래 궁녀들이 살던 곳인데, 방과 방이 마치 골목길처럼 연이어 있는 데서 붙여진 이름이다. 후에 죄를 지은 妃嬪을 감금하는 곳으로 사용되었으며, 이곳에는 長과 丞 등의 관리를 두어서 다스렸다.

28)　周昌：유방과 동향 사람으로 사람됨이 견실하고 솔직하여 유방을 따라서 병사를 일으켜 中尉와 御史大夫 등을 역임했고, 汾陰侯에 봉해졌다. 유방은 그가 사랑하는 아들 劉如意를 趙王으로 임명했지만, 자기가 죽고 난 뒤에 呂后가 여의를 해칠까 두려워서 특별히 주창을 趙相으로 삼아서 보호하게 하였다. 여후가 조왕을 독살한 후에 주창은 병을 핑계삼아서 조정에 나가지 않았으며, 3년 후에 세상을 떠났다.

29)　覇上：지금의 陝西省 西安市 동남쪽. 이곳이 覇水 서쪽 고원 위에 있기 때문에 붙여진 이름이다. 권6 「진시황본기」의 〈주 288〉, 권7 「항우본기」의 〈주 109〉, 권8 「고조본기」의 〈주 125〉 참조.

식을 먹었다. 여태후는 조왕을 죽이려고 했으나 기회를 얻지 못하였다. 효혜제 원년 12월, 효혜제는 새벽에 활을 쏘러 나갔으나 조왕은 나이가 어려서 일찍 일어날 수 없었다. 여태후는 그가 혼자 있다는 말을 듣고 사람을 시켜서 독주를 가져오게 하여 그에게 먹였다. 해가 뜰 무렵, 효혜제가 돌아와보니 조왕은 이미 죽어 있었다. 그래서 회양왕 유우를 다시 조왕에 임명하였다. 이해 여름에 조서를 내려서 역후의 부친(呂澤을 가리킴)에게 영무후(令武侯)라는 시호를 추증(追贈)하였다. 태후는 마침내 척부인의 손과 발을 자르고 눈을 뽑고 귀를 태우고 벙어리가 되는 약을 먹여서 돼지우리30)에 기거하게 하고 그녀를 "사람돼지"라고 불렀다. 며칠이 지난 후에 태후는 효혜제를 불러서 "사람돼지"를 보도록 하였다. 그것을 본 효혜제는 사람들에게 물어보고 나서야 그녀가 척부인이라는 것을 알고 큰 소리를 내며 울었다. 이 일로 인하여 병이 난 효혜제는 1년이 다 되도록 일어날 수 없었다. 효혜제는 사람을 보내어 태후에게 말하기를 "이것은 사람이 할 짓이 아닙니다. 나는 태후의 아들로서 다시는 천하를 다스릴 수 없게 되었습니다"라고 했다. 이로부터 효혜제는 하루 종일 주색에 빠져서 정사를 돌보지 않았으니, 이 때문에 병이 생기게 되었다.

2년, 초 원왕(楚元王) 유교와 제 도혜왕(齊悼惠王) 유비는 모두 도성으로 입조(入朝)하였다. 10월, 혜제와 제왕(齊王)은 여태후 앞에서 연회를 열어서 술을 마셨는데, 혜제는 제왕이 형이기 때문에 일반 평민 집안의 예절에 따라서 그에게 윗자리에 앉기를 청했다. 여후는 매우 화가 나서 독주 두 잔을 따라서 제왕 앞에 놓게 하고, 제왕으로 하여금 자리에서 일어나서 자기에게 축수(祝壽)를 올리도록 하였다. 제왕이 일어나자 혜제도 일어서서 제왕과 함께 여후에게 축수를 올리려고 하였다. 그러자 태후는 겁이 나서 얼른 일어나 효혜제의 술잔을 엎어버렸다. 제왕은 괴이하게 여기고 감히 그 술을 마시지 못하다가 거짓으로 술에 취한 척하며 자리를 떴다. 나중에 물어보고서야 그것이 독주인 줄 알았다. 제왕은 두려웠고 장안을 벗어날 수 없을 것이라고 여기며 걱정스러워했다. 제나라의 내사(內史)31) 사(士)32)가 제왕에게 권하여 이렇게 말하였다.

태후에게는 오직 효혜제와 노원공주만이 있습니다. 현재 대왕께서는 70여

---

30) 원문은 "厠中." 혹은 '측간(변소)'이라고 풀기도 한다.
31) 內史 : 수도와 그 부근을 관리하는 고급관원으로, 후대의 京兆尹에 상당한다. 漢

성(城)을 가지고 있으나, 노원공주는 몇개의 성을 식읍지로 가지고 있을 뿐입니다. 만일 대왕이 군(郡) 하나를 태후에게 바치어 공주의 탕목읍(湯沐邑)[33]으로 삼게 하시면 태후는 반드시 기뻐할 것입니다. 그렇게 되면 대왕께서는 틀림없이 우환이 없게 될 것입니다.

그러자 제왕은 태후에게 성양군(城陽郡)[34]을 바치고 공주를 높여서 왕태후(王太后)로 존칭하니,[35] 여후는 기뻐하며 이를 받아들였다. 그리고는 제왕의 관저[36]에서 주연을 베풀고 즐겁게 마시다가 연회가 끝나자 제왕을 돌려보냈다. 3년, 비로소 장안성(長安城)을 건축하기 시작했는데, 4년이 되자 절반이 완공되었고, 5년과 6년에 걸쳐 성이 완성되었다. 제후들이 도성에 모였고, 10월에 입조(入朝)하여 황제에게 하례를 올렸다.

7년[37] 가을 8월 무인일(戊寅日)에 효혜제가 세상을 떠났다. 발상(發喪) 기간에도 태후는 곡만 할 뿐 눈물은 흘리지 않았다. 유후의 아들 장벽강(張辟彊)은 그 당시 시중(侍中)[38]이었는데, 나이가 열다섯 살이었다. 그가 승상(丞相)[39]에게 말하기를 "태후에게는 오직 효혜제만 있었는데, 이제 세상을 떠나자 그녀는 곡만 할 뿐 슬퍼하지 않으니, 그대는 그 연고를 아십니까?"라고 하였다. 승상이 "무슨 연고입니까?"라고 물었다. 장벽강이 이렇게 말하였다.

이는 황제에게 장성한 아들이 없으니 태후가 그대들과 같은 대신을 두려워하기 때문입니다. 만일 그대가 지금 여태(呂台), 여산(呂産), 여록(呂祿)[40]을 장군으로 제수하여 남북군(南北軍)[41]을 통솔하게 하고, 아울러 여씨 일

初에 제후국은 丞相 아래에 內史를 두어 民政을 관장하도록 했다. 권5 「진본기」의 〈주 97〉, 권6 「진시황본기」의 〈주 59〉 참조.
32) 士 : 사람 이름으로 姓氏나 사적은 알 수 없다. 혹은 "出"자로 되어 있는 판본도 있다.
33) 湯沐邑 : 권8 「고조본기」의 〈주 333〉 참조.
34) 城陽郡 : 지금의 山東省 沂南縣 일대.
35) 노원공주는 제왕의 이복 동생인데, 일상의 예법을 무시하고 모친 뻘에 대한 칭호인 왕태후로 존칭한 것은 여태후의 환심을 사기 위한 것이다.
36) 齊王 劉肥가 경성 장안에 세운 관저. 漢의 법규정에 의하면 각 제후왕은 경성에 사저를 지어 경성으로 와서 入朝할 때 사용하도록 했다.
37) 七年 : 기원전 188년. 이해에 효혜제의 나이는 23세였다.
38) 侍中 : 관직 이름. 황제 옆에서 시중을 들며 참모 역할을 했다.
39) 그 당시 우승상은 王陵이었고, 좌승상은 陳平이었다. 『漢書』의 「陳平傳」의 기록에 의하면 여기서는 진평을 가리킨다.
40) 呂祿 : 건성후 여석지의 막내아들.

족을 모두 입궁시켜서 조정의 일을 보게 하도록 청한다면, 태후가 안심하여 그대들은 다행히 화를 면할 것입니다.

승상이 장벽강의 계책대로 하자 태후는 기뻐하며 비로소 애통하게 울기 시작했다. 여씨(呂氏)가 정권을 장악한 것은 이로부터 시작되었다. 천하에 대사면령이 내려졌다. 9월 신축일(辛丑日)에 혜제를 안장했다. 태자(太子)⁴²⁾가 즉위하여 황제가 되고, 고조묘(高祖廟)를 참배하였다.⁴³⁾ 원년(元年),⁴⁴⁾ 조정의 호령(號令)은 모두 여태후에게서 나온 것이었다.

여태후는 황제의 권한을 행사하고, 대신들과 상의하여 여씨 일족을 왕으로 삼고자 하였다. 우승상 왕릉(王陵)⁴⁵⁾에게 물으니 왕릉이 말하기를

고제(高帝)는 일찍이 백마(白馬)를 죽여서 대신들에게 맹세하기를,⁴⁶⁾ "이후로는 유씨(劉氏)가 아니면서 왕이 되면 천하가 함께 그를 죽일 것이다"라고 하셨는데, 지금 여씨를 왕으로 세우는 것은 약속을 어기는 것입니다

라고 하였다. 그러자 태후는 불쾌해하며, 다시 좌승상 진평(陳平)⁴⁷⁾과 강후(絳侯)⁴⁸⁾ 주발(周勃)⁴⁹⁾에게 물었다. 그러자 주발 등이 대답하기를 "고제가 천하를 평정했을 때 자신의 자제(子弟)들을 왕으로 책봉했으니,

---

41) 南北軍 : 西漢時代의 수도와 황궁을 지키는 부대. 도성의 남쪽과 북쪽에 나누어 주둔했기 때문에 '南北軍'이라고 했다.

42) 太子 : 이름은 미상. 효혜제의 후궁이 낳은 아들.

43) 高祖의 廟로 가서 제사 지내는 것을 말한다. 고대에는 황제가 즉위할 때 朝廟로 가서 예를 거행했다.

44) 元年 : 高后 元年(기원전 187년)을 말한다.

45) 王陵(?-기원전 181년) : 劉邦과 동향 사람으로, 楚와 漢이 싸울 때 유방의 편에 섰다. 그후에 襄侯, 安國侯로 봉해졌고, 曹參의 뒤를 이어 右丞相을 지냈다. 권8 「고조본기」의 〈주 111〉 참조.

46) 고대에는 맹세나 선서를 할 때 항상 가축을 희생물로 죽여서 그 피를 입에 칠했는데, 이것을 '歃血'이라고 한다.

47) 陳平(?-기원전 178년) : 漢 初의 대신. 陽武(지금의 河南省 原陽縣 동남쪽) 사람. 陳勝이 의병을 일으키자 그는 위왕 魏咎에게 몸을 의탁하여 太僕에 임명되었다. 위왕이 말을 듣지 않고 동료들의 배척을 받아서 항우를 따라서 관소로 들어가서 都尉에 임명되었다. 얼마 후에는 유방에게 의탁하여 携軍中尉에 임명되었다. 몇 차례 계책을 세워 모두 받아들이게 하여, 유방의 주요한 모사가 되었다. 漢 初에 曲逆侯에 봉해졌고, 惠帝, 呂后, 文帝 때 승상이 되었다. 상세한 일은 「陳丞相世家」에 보인다. 권7 「항우본기」의 〈주 130〉, 권8 「고조본기」의 〈주 212〉 참조.

48) 絳은 현 이름으로, 지금의 山西省 侯馬市 동북쪽이다. 권5 「진본기」의 〈주 84〉 참조.

49) 周勃(?-기원전 169년) : 유방과 동향 사람으로, 유방의 중요한 장수. 漢 初에

지금 태후께서 황제의 직권을 대행하면서 자신의 형제와 여씨 일족을 왕으로 책봉하지 못할 이유가 없습니다"라고 하였다. 그러자 태후는 기뻐하며 조회(朝會)를 끝냈다. 한편 왕릉은 진평과 주발을 나무라며 이렇게 말하였다.

처음에 고제와 피를 바쳐서 맹약할 때 여러분은 그곳에 없었소? 지금 고제가 세상을 떠나고 태후가 황후(皇后)로서 여씨의 자제를 왕으로 삼으려고 하는데 그대들은 오히려 태후의 사욕을 용인하고 그의 뜻에 영합하여 맹약을 위배하려고 하니, 무슨 면목으로 지하에 계신 고제를 뵐 수가 있겠소?

진평과 강후가 말하기를 "지금 조정에서 직접 질책하고 간언함에서는 우리들이 당신만 못하오. 그러나 사직을 보전하고 유씨의 후손을 안정시키는 일에는 그대 또한 우리들만 못하오"라고 하자, 왕릉은 대답할 말이 없었다. 11월에 여태후가 왕릉을 파면시키기 위해서 그를 황제의 태부(太傅)[50]로 임명하여 우승상의 권한을 빼앗아버렸다. 그러자 왕릉은 병을 핑계삼아 사직하고 귀향해버렸다. 이에 여태후는 좌승상 진평을 우승상으로 임명하고, 벽양후(辟陽侯) 심이기(審食其)[51]를 좌승상으로 삼았다. 그러나 심이기는 좌승상의 직무를 수행하지 못하고 단지 궁중 사무만을 감독했으니 마치 낭중령(郎中令)[52]과 같았다. 그러므로 심이기는 태후의 총애를 받아서 항상 나라 일을 처리하였고, 공경대신들이 일을 처리할 때도 그를 통하여 결정을 받았다. 여태후는 역후의 부친 여택을 도무왕(悼武王)으로 추존하였고, 이 일을 발단으로 삼아서 여씨 일족을 모두 왕으로 봉하려고 하였다.

軍功이 뛰어나서 絳侯로 봉해졌으며, 문제 때 우승상을 지냈다. 상세한 것은 「絳侯周勃世家」에 보인다.

50) 太傅: 관직 이름. 군주가 시행하는 정책을 보좌하는 직책. 주나라 초기에는 三公(太師, 太傅, 太保)의 하나로서 漢代에도 계승되었으나, 직책만 있었지 권력은 없었다. 여후가 왕릉을 태부로 삼은 것은 명목상으로는 승진이었으나 실제로는 그에게서 권력을 빼앗은 것이다.

51) 審食其: 유방과 동향 사람으로 장기간 여후를 받들어 깊은 총애를 받았으며, 漢初에 辟陽侯에 봉해졌다. 文帝 때에 淮南勵王 劉長에게 살해되었다. 권7 「항우본기」의 〈주 208〉 참조.

52) 郎中令: 관직 이름으로 황제의 고급 시종관을 말한다. 궁문의 수비와 內廷의 사무를 담당했다. 권6 「진시황본기」의 〈주 238〉 참조.

4월에 여태후는 여씨 일족을 후(侯)로 봉하기 위해서 먼저 고조의 공신 낭중령 풍무택(馮無擇)53)을 박성후(博城侯)로 봉하였다. 노원공주가 세상을 떠나자 그녀에게 노원태후라는 시호를 주었고, 그녀의 아들 장언(張偃)을 노왕(魯王)으로 봉했다. 노왕의 부친은 바로 선평후(宣平侯) 장오(張敖)54)였다. 또 제 도혜왕의 아들 유장(劉章)을 주허후(朱虛侯)에 봉했으며 여록의 딸을 그의 아내로 삼게 하였다. 제(齊)의 승상 제수(齊壽)55)를 평정후(平定侯)로 봉했으며, 소부(少府)56) 양성연(陽成延)57)을 오후(梧侯)로 삼았다. 이어서 여종(呂種)58)을 패후(沛侯)로 삼았고, 여평(呂平)59)을 부류후(扶柳侯)로 삼았으며, 장매(張買)60)를 남궁후(南宮侯)로 삼았다.

태후는 여씨를 왕으로 삼기 위해서 우선 효혜제의 후궁(后宮)의 아들61) 유강(劉彊)을 회양왕으로 봉하고, 유불의(劉不疑)를 상산왕(常山王)62)으로 봉하였으며, 유산(劉山)을 양성후(襄城后)로 삼았고, 유조(劉朝)를 지후(軹侯)63)로 삼았으며, 유무(劉武)를 호관후(壺關侯)64)로 봉하였다. 그리고 나서 태후가 대신들에게 암시를 보내자 대신들은 역후 여태를 여왕(呂王)으로 삼기를 청하니, 태후는 그것을 허락했다. 건성후 여석지가 죽었으나 후위(侯位)를 계승할 아들65)이 죄가 있어서 폐출당하자 동생

---

53) 馮無擇 : 유방을 따라서 기병하여 전공을 세웠으나 후일 살해당했다.

54) 張敖 : 漢初의 趙王 張耳의 아들로서 노원공주의 남편이다. 권8 「고조본기」의 〈주 273〉 참조.

55) 齊壽 : 齊王 劉肥의 승상을 지냈다.

56) 少府 : 관직 이름. 九卿의 하나로서 황실의 재정을 담당했다. 권6 「진시황본기」의 〈주 259〉 참조.

57) 陽成延 : 軍匠 출신으로 長樂宮, 未央宮, 長安城의 수축에 공로가 있어서 侯에 봉해졌다.

58) 呂種 : 여후의 둘째 오빠인 建成侯 呂釋之의 아들.

59) 呂平 : 여후의 여동생 呂嬃의 아들.

60) 張買 : 유방의 騎將 張越人의 아들.

61) 后宮은 妃嬪이 거주하는 궁실. 여기서 말하는 후궁의 아들은 궁중의 일반 妃賓과 美人이 낳은 아들로서, 황후가 낳은 아들과 구별하여 칭한 것이다.

62) 常山은 漢初의 封國으로, 관할구역은 지금의 河南省 서남쪽의 일부분 지역이다. 권2 「하본기」의 〈주 116〉, 권7 「항우본기」의 〈주 164〉, 권8 「고조본기」의 〈주 325〉 참조.

63) 軹는 현 이름으로, 軹道를 말한다. 지금의 河南省 濟源縣 동남쪽. 권5 「진본기」의 〈주 239〉 참조.

64) 壺關은 지금의 山西省 長治市 북쪽.

여록을 세워서 호릉후(胡陵侯)로 삼아서 강후(康侯)⁶⁶⁾를 계승하도록 하였다.

2년, 상산왕이 서거하자 그의 동생 양성후 유산을 상산왕으로 봉하고, 이름을 유의(劉義)로 바꾸었다. 11월, 여왕 여태가 죽자 시호를 숙왕(肅王)이라고 하고, 태자 여가(呂嘉)가 뒤를 이어 왕위에 올랐다.

3년, 나라에 아무 일이 없었다.

4년, 여수(呂嬃)⁶⁷⁾를 임광후(臨光侯)로 봉했으며, 여타(呂他)⁶⁸⁾를 유후(兪侯)로, 여갱시(呂更始)를 췌기후(贅其侯)로, 여분(呂忿)을 여성후(呂城侯)로 봉했고, 또 제후왕의 승상 다섯 사람을 후(侯)에 봉하였다.

선평후의 딸이 효혜황후(孝惠皇后)가 되었을 때, 아들이 없었으므로 거짓으로 임신한 척하여 미인(美人)⁶⁹⁾의 아들을 데려다가 자기가 낳은 아들이라고 하였다. 그리고 그 아이의 어머니를 죽이고, 그 아들을 세워서 태자로 삼았다. 효혜제가 서거하자 태자가 황제에 즉위하였다. 황제⁷⁰⁾는 후에 우연히 그의 생모는 살해되었고 자기가 황후의 진짜 아들이 아니라는 것을 듣고 원한에 차서 말하기를 "황후는 어찌하여 나의 어머니를 죽이고 나를 자신의 아들이라고 할 수 있는가? 내가 지금은 아직 어리지만, 장성하면 변란을 일으킬 것이다"라고 했다. 태후는 이 말을 듣고 걱정이 되었으며, 그가 변란을 일으킬 것을 두려워하여 그를 영항에 몰래 가두고, 황제가 중병에 걸렸다고 말하여 좌우의 대신들로 하여금 그를 만나지 못하게 했다. 태후는 이렇게 말하였다.

무릇 천하를 소유하여 만민을 다스리는 자⁷¹⁾는 하늘처럼 만물을 덮고 땅처럼 만물을 받아들여야 합니다. 황제가 즐거운 마음으로 백성들을 편안하게 하면 백성들은 기쁜 마음으로 황제를 섬기게 되니, 황제와 백성의 즐겁고

---

65) 본처가 낳은 맏아들을 가리킨다. 고대에 예의제도에 따르면 작위는 일반적으로 맏아들에게 양도했다.

66) 康侯 : 건성후 여석지. 여석지의 시호가 '康王'이다.

67) 呂嬃 : 여후의 여동생이며, 樊噲의 처. 역사상 여자로서 侯로 봉해진 것은 그가 처음이다.

68) 呂他 : 呂嬃의 아들.

69) 美人 : 西漢時代 妃嬪 칭호 중의 하나.

70) 원문은 "황제가 장성하다(帝壯)"이나, 다음에 나오는 황제의 말 중에 "我未壯, 壯卽爲變"이라고 하였으니, "帝壯"의 '壯'자는 衍文으로 보는 것이 타당하다.

71) 원문은 "凡有天下治爲萬民命者"이나 '命'자는 衍文으로 보는 것이 타당하다.

기쁜 감정이 서로 통하여 천하가 다스려지는 것입니다. 지금 황제는 병이 오래되어 낫지 않아 정신이 없고 혼미스러워서 제위를 계승하여 종묘제사를 받들 수가 없소. 그러므로 천하를 그에게 맡길 수 없으니 다른 사람으로 그를 대신하게 해야 할 것이오.

여러 신하들은 모두 돈수(頓首)[72]하며 말하기를 "황태후께서 백성들을 위하여 종묘사직을 안정시킬 방도를 생각하심이 이처럼 깊으시니, 우리 신하들은 모두 머리를 조아려서 조칙을 받들겠습니다"라고 했다. 이에 황제는 폐위되었고, 태후는 그를 몰래 죽였다. 5월 병진일(丙辰日), 상산왕 유의를 세워서 황제로 삼고 이름을 유홍(劉弘)으로 바꾸었다. 원년이라고 칭하지 않은 것은 태후가 계속해서 황제의 직권을 행사하고 있었기 때문이었다. 또한 지후 유조를 상산왕으로 삼았으며, 태위(太尉)[73]의 관직을 설치하여 강후 주발을 태위로 삼았다. 5년 8월, 회양왕이 서거하자 동생 호관후 유무를 회양왕으로 봉했다. 6년 10월, 태후는 "여왕(呂王) 여가는 평소의 생활태도가 교만하고 방자하다"라고 하면서 그를 폐위시키고, 숙왕의 동생 여산을 여왕으로 삼았다. 여름, 천하에 대사면령을 내렸다. 제 도혜왕의 아들 유흥거(劉興居)를 동모후(東牟侯)[74]에 봉하였다.

7년 정월, 태후는 조왕(趙王) 유우를 소환했다. 유우는 여씨 일족의 여자를 왕후로 삼았으나 총애하지 않고, 다른 희첩(姬妾)을 사랑했으므로 여씨 여자는 질투하여 화를 내고 태후에게 간 것이었다. 그리고는 태후에게 유우가 "여씨가 어떻게 왕을 봉할 수 있습니까! 태후가 죽은 후에 나는 반드시 여씨를 주멸시킬 것이오"라고 말한 적이 있다고 모함하였다. 태후는 이 말을 듣고 화가 나서 조왕을 부른 것이었다. 조왕이 도착하자 태후는 그를 관저에 머무르게 하고 만나주지 않았다. 그리고 위사(衛士)에게 명하여 그의 관저를 포위하도록 하고, 먹을 것을 주지 않았다. 조왕의 신하들 중에 누가 몰래 밥을 보내주었다가 발각되어 붙잡혀서 죄를 문책당했다. 조왕은 굶주리면서 노래를 했다.

여씨 일족이 전권을 휘두르니 유씨가 위태롭구나.

---

72) 頓首 : 머리를 땅에 닿도록 조아려서 절하는 것을 말한다. 고대 '九拜' 중의 하나.
73) 太尉 : 관직 이름. 西漢時代 때의, 전국 最高의 軍事長官. 丞相과 御史大夫를 합쳐서 '三公'이라고 불렀다.
74) 東牟는 현 이름. 지금의 山東省 牟平縣.

왕후(王侯)를 협박하고 강제로 딸을 나에게 왕비로 주었네.

나의 왕비가 질투하여 나를 죄 있다고 모함하니,

참언하는 여자가 나라를 혼란스럽게 하건만 황상께서는 깨닫지 못하네.

나에게는 충신이 없단 말인가? 어찌하여 나라를 잃어버렸는가?

황야에서 자결하나니 푸른 하늘이 시비를 가려주리라.

아아! 후회막급이로다, 차라리 일찍 자결할 것을.

왕이 되어 굶어 죽으니 누가 불쌍히 여기겠는가!

여씨는 천리(天理)를 끊었으니 하늘이 이 원수를 갚아주기를 바라노라.

정축일(丁丑日)에 조왕이 감금된 채로 굶어 죽자, 평민의 예식으로 장안성(長安城) 백성들의 묘지 옆에 안장되었다.

을축일(乙丑日), 일식(日食)이 발생하여 대낮인데도 어두웠다. 태후는 이것을 싫어하여 마음이 즐겁지 않았으므로 측근에게 말하기를, "이것은 나 때문이로다"라고 하였다.

2월, 양왕 유회를 조왕으로 바꾸어 봉하고, 여왕 여산을 양왕으로 다시 봉했으나, 양왕은 봉국으로 가지 않고 황제의 태부가 되었다. 황자(皇子)인 평창후 유태(劉太)를 세워서 여왕으로 삼고, 양나라를 개명하여 여나라라고 했으며, 다시 여나라를 제천국(濟川國)이라고 했다. 태후의 여동생 여수에게는 딸이 있었는데, 영릉후(營陵侯) 유택(劉澤)[75]의 아내가 되었다. 유택은 당시 대장군(大將軍)[76]이었다. 태후는 여씨 일족을 왕으로 봉했지만, 자기가 죽은 후 유장군이 난을 일으킬 것을 두려워하여, 유택을 낭야왕(琅邪王)으로 임명함으로써 그의 마음을 위로하였다.

양왕 유회는 봉국을 옮겨서 조왕이 되었지만, 속으로는 즐겁지 않았다. 태후는 여산의 딸을 조왕의 왕후로 삼았다. 왕후를 수행한 관원은 모두 여씨 일족이었는데 전권을 휘두르며 조왕의 거동을 은밀히 감시했으므로 조왕은 자유롭게 행동할 수 없었다. 조왕에게는 총애하는 희첩이 있었지만, 왕후는 사람을 시켜서 그녀를 독주로 독살하였다. 왕은 4절로 된 노래를 지어 악공(樂工)들에게 부르도록 했다. 왕은 비통해하다가 6월에 자살했다. 태후는 이것을 듣고, 조왕이 부인 때문에 종묘제사의 예(禮)

---

75) 劉澤 : 유방의 堂兄弟로서, 漢 初에 郎中이 되었으며 軍功으로 營陵侯로 봉해졌고, 文帝 때는 燕王으로 봉해졌다.

76) 大將軍 : 관직 이름으로 장군의 최고 호칭이다.

를 버렸다고 생각하여, 그 후대의 왕위 계승권을 취소시켰다.

선평후 장오가 죽자[77] 그의 아들 장언을 노왕으로 삼았으며, 장오에게 노원왕(魯元王)이라는 시호를 하사했다. 가을, 태후는 사자를 보내어 대왕(代王, 劉恒을 가리킴)에게 알리고, 그를 조왕으로 바꾸어 봉하려고 하였다. 그러나 대왕은 사양하고 변방인 대 땅을 지키기를 원했다.

태부 여산과 승상 진평 등이 "무신후(武信侯) 여록[78]은 상후(上侯)[79]로서 그 작위 등급이 제일 높으니, 청컨대 조왕으로 봉해주십시오"라고 말하였다. 태후는 이것을 허락하고, 여록의 부친 강후를 추존하여 조 소왕(趙昭王)으로 삼았다. 9월, 연 영왕(燕靈王) 유건(劉建)이 서거하였다. 그에게는 희첩 소생의 아들이 있었는데, 태후는 사람을 보내서 그를 죽여서 후사를 끊고 봉국을 취소시켰다.

8년 10월, 여 숙왕(呂肅王)의 아들 동평후(東平侯)[80] 여통(呂通)을 세워서 연왕(燕王)으로 삼았으며, 여통의 동생 여장(呂莊)을 동평후에 봉하였다.

3월 중순, 여태후가 불제(祓祭)[81]를 지내고 돌아오는 도중에 지도(軹道)[82]를 지날 때였다. 검정색 개같이 생긴 괴물이 보였는데, 고후(高后)의 겨드랑이를 툭 치고는 갑자기 사라졌다. 점을 쳐보니 조왕 여의가 귀신이 되어 재앙을 내리는 것이라고 하였다. 이로부터 고후는 겨드랑이에 통증이 오는 병이 생겼다.

고후는 외손자 노원왕 장언이 나이가 어린 데다가 일찍 부모를 잃어 의지할 데 없고 유약했으므로 장오의 예전 희첩의 두 아들 중 장치(張侈)를 신도후(新都侯)로 봉하고, 장수(張壽)를 낙창후(樂昌侯)로 봉하여 노원왕 장언을 보좌하도록 했다. 또 중대알자(中大謁者)[83] 장석(張釋)을 봉

---

77) 일설에는 장오가 高后 6년에 죽었다고 하는데, 여기서는 7년으로 적었다.

78) 武信侯 呂祿 : 여록은 高后 元年에 胡陵侯로 봉해졌는데, 여기서 '武信侯'라고 칭했으니 중간에 봉호가 바뀐 것으로 생각된다.

79) 上侯 : 上級에 속하는 列侯.

80) 東平은 지금의 山東省 東平縣 동남쪽이다.

81) 祓祭 : 고대에 재앙을 제거하기 위해서 거행한 일종의 제례. 일반적으로 夏曆 정월, 삼월에 종묘나 사직단 혹은 물가에서 거행했다.

82) 軹道 : 옛날 亭의 이름. 옛 터는 지금의 陝西省 동북쪽. 권6 「진시황본기」의 〈주 292〉, 권8 「고조본기」의 〈주 128〉 참조.

83) 中大謁者 : '大謁者'는 황제의 문서를 받고 칙령을 전달하며 빈객 등의 접대 등을

하여 건릉후(建陵侯)라고 하고, 여영(呂榮)을 축자후(祝玆侯)에 봉하였
다. 궁중 환관으로 영(令), 승(丞)의 직책을 맡은 자는 모두 관내후(關
內侯)[84]로 봉하여 식읍(食邑)[85]으로 500호를 하사하였다.

7월 중순, 고후의 병세가 위독해지자 조왕 여록을 상장군(上將軍)으로
임명하여 북군(北軍)을 통솔하도록 하고, 여왕 여산은 남군(南軍)을 통
솔하도록 했다. 여태후는 여산과 여록에게 훈계하여 이렇게 말하였다.

> 고제가 천하를 평정했을 때, 대신들과 "유씨가 아니면서 왕이 되는 자가
> 있으면 천하가 함께 그를 토벌할 것이다"라고 맹약하였거늘, 지금 여씨가
> 왕이 되었으니 대신들은 마음속으로 불평하고 있을 것이다. 내가 죽으면
> 황제는 나이가 어리므로 대신들은 아마 난을 일으킬 것이니, 그대들은 반
> 드시 병권을 장악하여 황궁을 지키고 나를 위해서 장사 지내지 말며, 사람
> 들에게 제압당하지 않도록 하오.

신사일(辛巳日), 여태후가 서거하자 그의 유조(遺詔)에 따라서 제후왕
에게 각각 황금 1,000근을 하사하였고, 장상(將相), 열후(列侯), 낭리
(郎吏)에게는 모두 품계에 따라서 금을 하사했으며, 천하에 대사면령을
내렸다. 그리고 여왕 여산을 상국(相國)으로 삼았고, 여록의 딸을 황후
로 삼았다.

여태후가 안장된 후, 좌승상 심이기를 황제의 태부로 임명했다.

주허후 유장은 기백과 능력이 있었으며, 동모후 유흥거는 그의 동생이
었는데, 두 사람 모두 제 애왕(齊哀王)[86]의 동생으로서 장안에 거주했
다. 그 당시 여씨 일족이 정권을 전횡하며 반란을 일으키려고 했지만, 고
제의 노신인 주발(周勃)과 관영(灌嬰)[87] 등이 두려워서 감히 난을 일으

관리하는 관직이다. 大謁者 앞에 '中'자를 붙인 것은 대부분 환관을 가리킨다. 謁者
에 대해서는 권6 「진시황본기」의 〈주 250〉, 권8 「고조본기」의 〈주 203〉 참조.

84) 關內侯 : 侯爵의 명칭으로, 항상 關內의 都城에 거주하기 때문에 붙여진 명칭이
다. 이런 후작은 단지 封號만 있을 뿐 封地는 없으며, 그 지위는 封國을 소유한 列
侯보다 낮다.

85) 食邑 : '采邑'이라고도 하며 일반적으로 세습되지만, 식읍지 안에서 백성들에게 세
금을 걷을 수 있을 뿐이고 행정통치의 권한은 없었다.

86) 齊 哀王 : 劉肥의 아들 劉襄.

87) 灌嬰(? -기원전 176년) : 漢 初의 大將으로, 睢陽(지금의 하남성 商丘縣 남쪽)
사람이다. 그는 비단을 파는 소상인 출신으로, 유방을 따라서 군공을 세워서 유방의
부장이 되었다. 권8 「고조본기」의 〈주 234〉 참조.

키지 못하고 있었다. 주허후의 부인은 여록의 딸이었으므로 주허후는 여씨 일족의 음모를 남몰래 알게 되었다. 그는 죽임을 당할까 두려워, 은밀히 사람을 보내어 그의 형 제왕(齊王, 齊 哀王을 가리킴)에게 알리게 하고, 형으로 하여금 병사를 출동시켜 서쪽으로 진격하여 여씨 일족을 주멸하고 황제에 오르도록 하려고 했다. 그리고 주허후는 궁궐 안에서 대신들과 호응하려고 했다. 제왕은 병사를 일으키려고 했지만 그의 승상이 복종하지 않았다. 8월 병오일(丙午日), 제왕은 사람을 시켜서 승상을 주살하려고 하자 승상 소평(召平)이 모반하여 병사를 일으켜서 왕을 포위하려고 하였다. 이에 제왕은 승상을 죽이고 바로 병사를 출동시켜서 동진하였다. 그리고 계략을 써서 낭야왕의 군대를 탈취하고, 양쪽 군사를 병합하여 서쪽으로 진격하였다. 이에 관한 것은 「제도혜왕세가(齊悼惠王世家)」에 기록되어 있다.

제왕은 제후왕들에게 편지를 써서 다음과 같이 말하였다.

> 고제께서 천하를 평정하고 나서 자신의 자제들을 왕으로 봉하여, 도혜왕이 제나라 왕이 되었고, 도혜왕이 서거하자 효혜제는 유후 장량을 보내서 신(臣)을 세워서 제왕(齊王)으로 삼았다. 효혜제께서 서거하자 고후가 정권을 잡았으나, 연로하였으므로 모든 일에 여씨 일족의 말을 들으며 마음대로 황제를 폐위시키고 옹립하였다. 또 계속해서 세 명의 조왕(趙王)[88]을 살해하였고, 양(梁), 조(趙), 연(燕)을 멸하여 여씨 일족을 왕으로 삼았으며,[89] 제(齊)를 넷으로 분할했다. 충신이 진언하여 간했으나 태후는 여씨 일족에게 미혹되어 듣지 않았다. 지금 고후가 서거하고 황제는 나이가 어려서 천하를 다스릴 수 없으니, 마땅히 대신과 제후에게 의지해야 한다. 그러나 여씨 일족은 또 제멋대로 자신들의 관직을 높이고, 병사를 모아서 위세를 강화하며, 열후와 충신들을 협박하고 조서를 거짓으로 전해서 천하를 호령하고 있으니 종묘사직이 위태롭다. 과인은 병사를 이끌고 입경(入京)하여 부당하게 왕이 된 자를 주멸시킬 생각이다.

조정에서 이 사실을 듣고, 상국 여산 등은 영음후(潁陰侯)[90] 관영을 파

---

88) 세 명의 趙王 : 劉如意, 劉友, 劉恢를 말한다.
89) 呂后가 梁王 劉恢를 趙王으로 삼은 후에 그를 죽이고 呂產을 梁王으로 봉했으며, 이어서 세 명의 趙王을 죽인 후 呂祿을 趙王으로 삼고, 燕王 劉建의 아들을 살해하여 그의 封國을 빼앗고 呂通을 燕王으로 삼은 것을 가리킨다.
90) 潁陰은 제후국의 이름으로, 지금의 河南省 許昌市에 있었다.

견하여 병사를 이끌고 제왕을 공격하도록 했다. 관영은 형양(滎陽)에 이르러서 상의하기를 "여씨 일족은 관중 땅에서 병권을 장악하고, 유씨의 조정을 위태롭게 하여 스스로 제위에 오르려고 하고 있소. 지금 우리들이 제나라를 무찌르고 돌아가서 보고하면, 이것은 여씨의 세력을 증가시키는 것이오"라고 했다. 그리고는 형양에 머물러 주둔한 관영은 제왕과 제후들에게 사신을 보내어, 서로 연합하여 여씨가 반란을 일으키기를 기다렸다가 함께 그들을 토벌할 것을 알리게 하였다. 제왕은 이 말을 듣자 제(齊)의 서쪽 국경으로 회군하여 약속을 기다렸다.

여록과 여산은 관중에서 반란을 일으키려고 했지만, 안으로는 주발과 유장 등을 두려워했고, 밖으로는 제(齊)와 초(楚)의 병사를 두려워했으며, 또 관영이 여씨를 배반할 것을 걱정하여 관영의 병사가 제나라 병사와 싸울 때를 기다렸다가 반란을 일으키기로 하고 잠시 미루어두었다. 당시, 명목상으로는 소제(少帝)의 동생이었던 제천왕(濟川王) 유태, 회양왕 유무, 상산왕 유조[91]와 여후의 외손자인 노원왕(魯元王, 張偃을 가리킴)은 모두 나이가 어려서 봉국으로 떠나지 않고 장안에 거주하고 있었다. 조왕 여록과 양왕 여산은 각기 병사를 이끌고 남북군에 있었는데, 모두가 여씨 일족이었으므로 열후와 대신들은 자신들의 목숨을 보장할 수가 없었다.

태위인 강후 주발은 군영 안으로 들어가서 병권을 장악할 수 없었다. 곡주후(曲周侯) 역상(酈商)[92]은 노령으로 병이 들었는데, 그의 아들 역기(酈寄)와 여록은 친밀한 사이였다. 이에 강후는 승상 진평과 상의하여, 사람을 보내어 역상을 위협하고 그의 아들 역기에게 여록을 속여서 이렇게 말하도록 하였다.

고제와 여후는 함께 천하를 평정하시고, 유씨에서 아홉 명,[93] 여씨에서 세 명[94]을 왕으로 세웠습니다. 이것은 모두 대신들이 합의한 것으로, 이미 제

---

91) 劉太, 劉武, 劉朝 세 사람은 모두 惠帝의 후궁 美人의 아들이었으나, 효혜제의 張皇后는 그들을 자기 소생이라고 하였다.

92) 酈商 : 劉邦의 주요 장수로서, 모사 酈食其의 동생이다. 유방이 병사를 일으키자 4,000명을 인솔하여 귀속하여, 후에 曲周侯로 봉해지고 右丞相에 임명되었다. 권8 「고조본기」의 〈주 97〉 참조.

93) 吳王 劉濞, 楚王 劉交, 齊王 劉肥, 회남왕 劉長, 낭야왕 劉澤, 代王 劉恒, 상산왕 劉朝, 회남왕 劉武, 제천왕 劉太를 가리킨다.

후들에게 통고했으며, 제후들은 모두 이를 마땅한 일이라고 여기고 있습니다. 지금 태후가 서거하시고 황제는 나이가 어리신데, 족하(足下)[95]께서는 조왕의 인수(印綬)를 차고서도 얼른 봉국에 가서 봉지를 지키려고 하지 않으시고 오히려 상장군의 신분으로 병사들을 인솔하여 이곳(長安)에 체류하고 있으니, 대신과 제후들의 의심을 사게 되었습니다. 족하께서는 무엇 때문에 상장군의 인수를 반환하여 병권을 태위에게 돌려주지 않으십니까? 청컨대 양왕께서도 상국의 인수를 반환하시어 대신들과 맹약하고 자신의 봉국으로 돌아가십시오. 그러면 제나라에서는 틀림없이 병사를 거두어들일 것이고 대신들도 안심할 것입니다. 그리고 족하께서는 마음 편히 사방 천리 되는 큰 나라(趙나라를 가리킴)의 왕으로 지낼 수가 있으니, 이것이야말로 만세의 이로움입니다.

여록은 과연 역기의 계략을 믿고, 장군의 인수를 반환하여 병권을 태위에게 돌려주려고 하였다. 그리고는 사람을 보내어 여산과 여씨 일족의 장로(長老)들에게 이 일을 보고하자, 어떤 이는 이롭다고 하고 어떤 이는 불리하다고 하니, 의견이 일치되지 않아 확실한 결정을 내리지 못하였다. 여록은 역기를 신임했으므로 때때로 그와 함께 사냥을 나갔다. 한번은 고모 여수의 집을 들르니 여수는 매우 화가 나서 말하기를 "너는 장군의 신분으로 병권을 버렸으니, 이제 여씨 일족은 발붙일 곳이 없게 되었다"라고 하였다. 그리고 주옥패물을 마당에 모두 내팽개치며 말하기를 "어차피 다른 사람 것이 될텐데 가지고 있을 필요가 없지"라고 하였다.

좌승상 심이기가 면직되었다.

8월 경신일(庚申日)[96] 아침, 어사대부의 직무를 대리수행하고 있던 평양후(平陽侯)[97] 조굴(曹屈)은 상국 여산을 만나서 정사를 상의했다. 제나라에 사신으로 갔던 낭중령 가수(賈壽)가 돌아와서 여산을 나무라며 말하기를 "대왕께서는 일찍 봉국으로 가지 않으시다가, 설사 지금 가려고 하신다고 해서 갈 수 있을 것 같습니까?"라고 했다. 그리고서 관영이 제

---

94) 梁王 呂産, 趙王 呂祿, 燕王 呂通을 가리킨다.

95) 足下: 고대에 사람에 대한 경칭으로 어른을 존칭하는 데에도 사용할 수 있고, 또 같은 동년배에게 사용할 수도 있었다.

96) 八月庚申日: 위에서 이미 "八月丙午日(8월 26일)"이라고 했으므로, 여기서는 응당 '九月庚申日(9월 10일)'이라고 해야 한다.

97) 平陽侯: 원래는 曹參의 작위였으나, 그의 아들 曹屈이 계승하였다. 平陽은 현 이름으로, 지금의 山西省 臨汾市 서남쪽이다.

(齊), 초(楚)와 연합하여 여씨 일족을 주멸하려고 한다는 사실을 여산에게 상세히 보고하며 여산에게 서둘러 입궐하라고 재촉하였다. 평양후는 이 말을 듣고 즉시 달려가서 승상 진평과 태위 주발에게 알렸다. 태위는 북군으로 들어가려고 했으나 들어갈 수 없었다. 양평후(襄平侯) 기통(紀通)[98]이 부절(符節)[99]을 관리하고 있었으므로, 부절을 가지고 황제의 칙령이라고 거짓으로 전하여 태위를 북군에 들어가게 하였다. 태위는 또 역기와 전객(典客)[100] 유게(劉揭)를 보내어 우선 여록에게 권하기를 "황제는 태위에게 북군의 수비를 분부하시고 족하는 봉국으로 돌아가게 하려고 하시니, 빨리 장군의 인수를 반환하고 떠나십시오. 그렇지 않으면 화를 당하게 될 것이오"라고 하였다. 여록은 역황(酈況)[101]이 자기를 속이지 않을 것이라고 생각하고, 장군의 인수를 풀어서 전객 유게에게 주고 병권을 태위에게 넘겨주었다. 태위는 장군의 인수를 가지고 북군의 군문(軍門)을 들어서자 군사들에게 "여씨를 따를 자는 오른쪽 어깨를 벗고, 유씨를 따를 자는 왼쪽 어깨를 벗어라"라고 명령했다. 군사들은 모두 왼쪽 어깨를 벗어서 유씨를 따를 것을 표시했다. 태위가 북군에 도착할 즈음에 장군 여록도 이미 상장군의 인수를 내놓고 군영을 떠나자 태위가 드디어 북군을 통솔하게 되었다.

그러나 남군은 여전히 여씨가 장악하고 있었다. 평양후는 여산의 음모를 듣고 그 음모를 진평에게 알리자, 승상 진평은 주허후를 불러서 태위를 보좌하도록 했다. 태위는 주허후에게 군문을 감독하도록 분부하고, 평양후를 시켜서 위위(衛尉)[102]에게 "상국 여산을 궁전 문으로 들이지 말라"라고 이르도록 했다. 여록이 이미 북군을 떠났다는 것을 몰랐던 여산은 미앙궁(未央宮)[103]으로 들어가서 난을 일으키려고 하였다. 그러나 궁

---

98) 襄平侯 紀通 : 부친 紀成이 전사하자 양평후에 봉해졌다. 襄平은 현 이름으로, 지금의 江蘇省 盱眙縣 서북쪽이다.

99) 符節 : 고대에 조정의 칙령 전달과 군대 출동, 혹은 관문 출입에 쓰이는 증거물로서, 금, 옥, 동, 대나무 등으로 만들었다.

100) 典客 : 관직 이름으로 제후 및 국내 소수민족에 관한 사무를 관장했다.

101) 酈況 : 酈寄를 말한다. '況'은 역기의 字로서 '況'과 통용된다.

102) 衛尉 : 관직 이름. 궁정 방위를 담당하는 직책으로 九卿의 하나이다. 당시 衛尉에는 두 종류가 있었는데, 하나는 長樂宮 衛尉이고, 또 하나는 未央宮 衛尉이다. 여기서는 후자를 가리킨다. 권6 「진시황본기」의 〈주 58〉 참조.

103) 未央宮 : 漢나라 궁전의 이름으로, 장안성 안의 서남쪽 구석에 위치했다. 당시에는 西漢 조정의 朝會 장소로 사용되었다. 권8 「고조본기」의 〈주 306〉 참조.

궐 문을 들어갈 수 없게 되자 주위를 배회하였다. 평양후는 싸움에 이기
지 못할까 두려워, 태위에게 달려가서 보고했다. 태위 역시 여씨 일족에
게 승리하지 못할까 두려워서 감히 여씨를 주살하자고 분명하게 말하지
못하고, 주허후를 입궁시키며 말하기를 "급히 궁궐 안으로 들어가서 황제
를 호위하시오"라고 했다. 주허후가 병사를 요청하자 태위는 1,000여 명
의 병사를 주었다. 미앙궁의 궁문을 들어선 주허후는 궁궐 안에서 여산을
만났다. 때는 저녁 무렵이었는데 주허후가 여산을 공격하자 여산은 달아
났다. 그때 강풍이 불자 여산을 따르던 관리들은 혼란에 빠져서 감히 싸
우려는 자가 없었다. 주허후는 여산을 추격하여 낭중령 관부(官府)의 측
간에서 그를 죽였다.

　주허후가 여산을 죽인 후에, 황제는 알자(謁者)에게 부절을 가지고 주
허후를 위로하도록 분부하였다. 주허후는 그 부절을 빼앗으려고 했지만
알자가 응하지 않자, 수레에 함께 올라타서 알자의 부절을 빌려서 장락궁
으로 달려가서 위위(衞尉) 여갱시를 참수하였다. 그리고는 말을 달려 북
군으로 돌아와서 태위에게 보고했다. 태위는 일어나서 주허후에게 하례를
올리며 "우리가 우려하던 것은 오로지 여산이었는데, 이제 그를 죽였으니
천하는 안정될 것이오"라고 말하였다. 그리고 사람들을 나누어 파견하여
여씨 일족의 남녀를 모두 체포하여, 노소를 막론하고 모두 참수하였다.
신유일(辛酉日), 여록을 붙잡아서 참수하고 여수를 죽편(竹鞭)으로 매질
하여 죽였다. 또 사람을 보내서 연왕 여통을 주살하고, 노왕 장언을 폐위
시켰다. 임술일(壬戌日), 황제의 태부 심이기를 다시 좌승상으로 임명했
다. 무진일(戊辰日), 제천왕을 양왕(梁王)으로 바꾸어 봉하고, 조 유왕
(趙幽王)의 아들 유수(劉遂)를 세워서 조왕으로 삼았다. 주허후 유장을
파견하여 여씨 일족을 주살한 일을 제왕에게 보고하고, 군사를 철수시키
도록 했다. 관영의 군사도 형양에서 철수하여 도성으로 돌아왔다.

　조정의 대신들은 함께 음모하여 이렇게 말하였다.

　　소제와 양왕, 회양왕, 상산왕은 모두 효혜제의 친아들이 아니오. 여후가
　　거짓으로 다른 사람의 아들을 데려다가 황제의 아들이라 사칭하여, 그들의
　　생모를 죽이고 후궁에서 양육하며 효혜제에게 친아들로 삼게 하여 자기의
　　계승자로 세우거나 제후왕으로 삼아 여씨의 세력을 강화시켰던 것이오. 지
　　금 우리는 여씨 일족을 모두 죽였는데, 만일 여씨가 세운 자들을 그대로

남겨두어 그들이 성장한 후 정권을 잡으면 우리들은 모두 죽임을 당할 것이오. 그러니 차라리 가장 현명한 제후왕을 선택하여 황제로 삼는 것이 좋겠소.

또 어떤 사람은 말하기를 "제 도혜왕은 고제의 맏아들인데, 지금 그의 적자가 제왕이오. 혈통으로 말한다면 제왕은 고제의 적장손(嫡長孫)이니 황제로 세울 수 있소"라고 하였다. 대신들은 모두 말하기를

여씨는 외척으로서 포악한 짓을 행하여 종묘사직을 위태롭게 하고, 공신에게 해를 끼쳤소. 지금 제왕의 외가는 성이 사(駟)로서 사균(駟鈞)이란 자는 악인이거늘, 만일 제왕을 세운다면 또 여씨 일족과 다를 바가 없을 것이오

라고 하였다. 또 회남왕을 세우려고 했지만, 나이가 어리고 그의 외가 역시 흉악한 집안이었다. 그러자 대신들은 이렇게 말하였다.

대왕(代王, 劉恒을 가리킴)은 지금 생존하는 고제의 아들 중에서 가장 나이가 많으며, 사람됨이 어질고 효성스러우며 관대할 뿐만 아니라 태후 박부인의 친정도 신중하고 선량한 집안이오. 또 장자(長子)를 황제로 세우는 것이 순리에 맞으며 대왕은 인효(仁孝)로 천하에 이름이 나 있으니 그를 황제로 옹립하는 것이 적당할 듯하오.

그리고는 함께 은밀히 사신을 보내어 대왕을 초치(招致)하였다. 대왕은 사람을 시켜서 사양했지만, 사신을 다시 보내자 대왕은 비로소 육승거마(六乘車馬)를 타고, 윤달 9월 말일 기유일(己酉日) 장안에 도착하여 대왕의 관저에 머물렀다. 대신들은 모두 가서 알현하고, 천자의 옥새를 받들어 대왕에게 바침으로써 모두가 대왕을 높이어 천자로 옹립하였다. 대왕은 여러 차례 사양했지만, 여러 신하들이 한사코 간청했으므로 받아들였다.

동모후 유흥거는 "여씨 일족을 주살함에 나는 공로가 없었으니, 청컨대 궁중 숙정(肅正)[104]의 임무를 맡겨주십시오"라고 하더니, 태복(太僕)[105]인 여음후(汝陰侯) 등공(滕公)[106]과 함께 입궁하여 소제(少帝) 앞으로

---

104) 宮中 肅正 : 궁중의 잔여 여씨 세력을 없앰을 말한다.
105) 太僕 : 관직 이름으로, 황제의 車馬를 관리했다.
106) 汝陰侯 滕公 : 夏侯嬰을 말한다. 劉邦과 같은 고향으로, 일찍이 秦 왕조 때 滕縣

나아가서 말하기를 "족하는 유씨가 아니니 천자의 자리에 있을 수 없소"라고 하고, 소제의 좌우에 있던 호위병들을 둘러보며 손짓을 하여 무기를 놓고 떠나게 했다. 몇 사람이 병기를 버리려고 하지 않자 환자령(宦者令)[107]인 장택(張澤)이 상황을 설명하자 그들도 복종했다. 등공은 천자의 수레를 불러서 소제를 태우고 궁궐을 나섰다. 소제가 "나를 어디로 데려가는 것이오?"라고 묻자 등공은 "궁 밖으로 나가서 사는 것이오"라고 대답하고 소제를 소부(少府)에서 살도록 했다. 천자의 법가(法駕)[108]를 받들어서 대왕을 그의 관저에서 맞이하며 보고하기를 "궁중은 이미 깨끗이 숙정되었습니다"라고 했다. 대왕은 그날 저녁 미앙궁으로 들어갔다. 알자 열 명이 창을 들고 궁궐 정문을 지키며 "천자가 있는데 족하께서는 무슨 일로 들어가시려고 합니까?"라고 말하였다. 그러자 대왕은 태위를 불렀다. 태위가 가서 설명하자 열 명의 알자들은 모두 무기를 내려놓고 떠났다. 대왕은 입궁하여 집정(執政)하였다. 그날 밤 담당관원들이 각각 분담하여 양왕, 회양왕, 상산왕과 소제를 그들의 관저에서 주살하였다.

대왕은 천자에 즉위한 지 재위 23년 만에 서거하니, 시호를 효문황제(孝文皇帝)라고 했다.

태사공은 다음과 같이 말하였다.

"효혜황제와 고후 시절에는 백성들은 전국시기(戰國時期)의 고통으로부터 벗어날 수 있었으며, 군신(君臣)은 모두 '무위(無爲)'의 경지에서 안식(安息)하려고 하였다. 그러므로 혜제는 팔장만 끼고 아무 일도 하지 않았고, 고후가 여성으로서 황제의 직권을 대행하여 모든 정치가 방 안에서 이루어졌지만 천하가 태평하고 안락했다. 형벌을 가하는 일도 드물었으며, 죄인도 드물었다. 백성들이 농삿일에 힘을 쓰니 의식(衣食)은 나날이 풍족해졌다."

(지금의 山東省 滕縣 서남쪽)의 縣令을 지냈기 때문에 '滕公' 혹은 '滕嬰'이라고 한다. 汝陰은 현 이름으로 지금의 安徽省 阜陽市를 말한다. 권7 「항우본기」의 〈주 207〉, 권8 「고조본기」의 〈주 222〉 참조.

107) 宦者令 : 환관의 우두머리에 해당된다.

108) 法駕 : 천자가 예식을 거행할 때 타는 御駕로서 金根車라고도 한다.

권10 「효문본기(孝文本紀)」 제10

효문황제(孝文皇帝)[1]는 고조(高祖)의 가운데 아들이다.[2] 그는 고조 11년[3] 봄 진희(陳豨)[4]의 군대를 격파하여 대(代)[5] 땅을 평정한 뒤, 대왕(代王)이 되어 중도(中都)에 도읍했다. 그는 태후(太后) 박씨(薄氏)[6]의 아들이다. 그가 대왕이 된 지 17년째 되던 해, 즉 고후(高后)[7] 8년 7월에 고후가 세상을 떠났다. 9월에 여씨(呂氏) 일족과 여산(呂産)[8] 등이 반란을 일으켜서 유씨(劉氏) 천하를 탈취하려고 했으나 대신들이 함께 힘을 모아서 그들을 죽이고 대왕을 영접하여 황제로 세우는 것을 도모했는데, 이 일은 「여태후본기(呂太后本紀)」 속에 상세하게 기록되어 있다.

승상(丞相)[9] 진평(陳平)[10]과 태위(太尉) 주발(周勃)[11] 등이 대왕을 영

---

1) 孝文皇帝(기원전 203-기원전 157년) : 이름이 恒이며 劉邦의 아들.
2) 원문은 "中子"이다. 고조 유방에게는 여덟 아들이 있었는데 유항은 넷째 아들이다.
3) 기원전 196년.
4) 陳豨 : 宛句(지금의 山東省 東明縣 동남쪽) 사람. 漢 初에 陽夏侯에 봉해지고 代의 丞相에 임명되었으며, 代, 趙 두 나라의 변방군을 관할했다. 趙의 丞相 周昌이 그가 군대를 거느리고도 또 賓客들을 불러모으는 것을 보고 변란을 일으킬까 염려하여 고조에게 고발했다. 고조가 그를 京師로 부르자 병을 핑계로 가지 않고 반란을 일으켜서 스스로 代王이라고 칭했으나 후에 싸움에서 패한 뒤에 피살되었다.
5) 代 : 漢 初의 封國. 지금의 河北省과 內蒙古 자치구 경계지역, 山西省 동북부 지구를 관할했다. 都城은 처음에는 代縣(지금의 하북성 蔚縣)에 있었고 나중에 中都(지금의 산서성 平遙縣 서남쪽)로 옮겼다. 권7 「항우본기」의 〈주 163〉, 권8 「고조본기」의 〈주 145〉 참조. 권9 「여태후본기」의 〈주 20〉 참조.
6) 薄氏 : 고조의 妃嬪으로 유항의 생모. 유항이 그녀를 代의 태후로 높였으며, 帝位에 오른 뒤에는 皇太后로 높였다. 권8 「고조본기」의 〈주 358〉, 권9 「여태후본기」의 〈주 19〉 참조.
7) 高后 : 呂太后를 말한다. 그에 관한 것은 「呂太后本紀」에 상세히 나와 있다. 권9 「여태후본기」의 〈주 1〉 참조.
8) 呂産 : 여태후의 큰오빠인 呂澤의 아들. 여태후가 집정했을 때 梁王에 봉해졌으며 뒤에 相國에 임명되었다.
9) 丞相 : 西漢 초기에는 相國이라고 칭했으며 太尉, 御史大夫와 함께 三公으로 합칭되었다.

접하러 사람을 보냈다. 대왕이 좌우의 측근 신하들 및 낭중령(郎中令)[12] 장무(張武) 등에게 이 일에 대해서 의견을 물었더니 장무 등은 이렇게 건의하였다. "한(漢)의 대신(大臣)들은 모두 종전 고제(高帝) 때의 대장(大將)들로서 용병에 능숙하고 모사에 뛰어난 자들입니다. 그들의 속셈은 단지 대신이 되는 것에만 그치는 것이 아니지만, 고제와 여태후의 위세를 두려워하여 이제껏 가만히 있었을 뿐입니다. 그들은 지금 여씨 일족을 죽여서 경사(京師)를 피바다로 만들었고, 대왕을 영접한다는 명분을 내세웠지만 가벼이 믿을 수는 없는 일입니다. 원컨대 왕께서는 병을 핑계대어 가지 마시고 사태의 변화를 좀더 관망하십시오." 그러자 중위(中尉)[13] 송창(宋昌)[14]이 나서서 진언하였다.

여러 신하들의 의견은 모두 잘못된 것입니다. 그 이유는 다음과 같습니다. 진(秦)이 실정(失政)하여 제후들과 호걸들이 일제히 일어났을 때, 스스로 천하를 얻을 수 있다고 생각한 사람들이 수없이 많았으나 결국 천자의 자리에 오른 자는 유씨(劉氏)였고, 이에 세상 사람들은 천자가 되고 싶은 생각을 그만두었으니, 이것이 첫번째 이유입니다. 고제께서 자제들을 왕에 봉하심에 그들 봉국(封國)의 경계선이 천하에 뒤엉켰는바, 이것이 이른바 반석과 같이 굳건한 종족이고, 천하가 그 강함에 복종하게 되었는바, 이것이 두번째 이유입니다. 또한 한이 흥기하여 진의 가혹한 정치를 제거하고 법령을 간소하게 하며 은덕을 베풀어 사람들이 모두 만족해하고 있어서 동요하기 어려우니, 이것이 세번째 이유입니다. 여태후는 자신의 위세로써 여씨 일족에서 세 명의 왕[15]을 세우는 등 권력을 독점하여 전권을 휘둘렀으나, 태위 주발은 부절(符節)[16]을 지니고 북군(北軍)[17]의 주둔지로 가서

---

10) 陳平 : 권7 「항우본기」의 〈주 130〉, 권8 「고조본기」의 〈주 212〉, 특히 권9 「여태후본기」의 〈주 47〉 참조.
11) 周勃 : 漢 初의 대신. 그의 일은 「絳侯周勃世家」에 나와 있다. 권9 「여태후본기」의 〈주 49〉 참조.
12) 郎中令 : 관직 이름. 궁실의 侍衛 사무를 관장하는 고급 무관. 권6 「진시황본기」의 〈주 238〉, 권9 「여태후본기」의 〈주 52〉 참조.
13) 中尉 : 관직 이름. 京城의 치안을 관장하는 무관. 겸하여 北軍을 관리했다.
14) 宋昌 : 楚의 장수 宋義의 손자. 유방을 따라서 秦에 반대하여 군대를 일으켰으며 文帝 때에 將武侯에 봉해졌다.
15) 梁王 呂産, 趙王 呂祿, 燕王 呂通을 가리킨다. 여씨 일족 중에서 왕에 봉해진 자는 원래 네 사람이나 그중에서 呂臺, 呂通이 父子로서 계승했기 때문에 세 명의 왕이라고 말한 것이다.
16) 符節 : 고대에 조정에서 명령을 전달하거나 군대를 이동시킬 때 使者가 몸에 지녔

한번 호령하자 장사(將士)들이 모두 왼쪽 어깨를 드러내며 충성을 바쳐 유씨를 위하고 여씨 일족에게 등을 돌려 끝내는 여씨 일족을 몰살시킨바, 이는 하늘의 뜻이지 인력으로 될 일이 아닙니다. 지금 대신들이 비록 딴 마음을 품고자 해도 백성들이 따르지 않을 것이니 대신들의 부하라고 할지라도 어찌 오로지 한마음으로 그들을 따를 수 있겠습니까? 지금 남아 있는 여씨 일족들은 안으로는 주허후(朱虛侯)[18]와 동모후(東牟侯)[19] 등의 친족들을 두려워하고 있고, 밖으로는 강대한 오왕(吳王),[20] 초왕(楚王),[21] 회남왕(淮南王),[22] 낭야왕(琅邪王),[23] 제왕(齊王),[24] 대왕(代王)[25]을 두려워하고 있습니다. 지금 고제의 아들은 회남왕과 대왕뿐이신데, 대왕께서 연장자이시고 현성(賢聖)함과 인효(仁孝)함이 천하에 알려졌기 때문에 대신들이 세상 사람들의 마음을 좇아서 대왕을 황제로 영접하고자 하는 것이니, 대왕께서는 의심하지 마십시오!

대왕이 태후에게 이 일을 알리고 의논했으나, 여전히 결정을 내릴 수가 없었다. 그래서 귀갑(龜甲)으로 점을 치니 귀갑 위에 가로로 찢어진 큰 흔적이 나타났다. 그 복사(卜辭)의 뜻은 "가로로 찢어진 흔적이 굳고 강하니 장차 천왕(天王)이 될 것이며, 하(夏)의 계(啓)[26]처럼 부업(父業)

던 증명. 金, 銅, 玉, 竹, 木으로 만들었고, 쌍방이 반 쪽씩 나누어가져서 眞僞를 확인하였다. 권9 「여태후본기」의 〈주 99〉 참조.

17) 北軍 : 西漢 때 長安의 경호부대. 주둔지가 성의 북쪽에 있었기 때문에 북군이라고 칭했다.

18) 朱虛侯 : 劉章을 말한다. 封地는 朱虛縣(지금의 산동성 臨朐縣 동남쪽)에 있었다.

19) 東牟侯 : 劉興居를 가리킨다. 유흥거는 東牟縣(지금의 산동성 牟平縣)에 봉지가 있었는데, 유장과 유흥거는 모두 齊 悼惠王의 아들로 당시에 모두 장안에 거주하고 있었다.

20) 吳王 : 劉濞. 유방의 둘째 형인 劉仲의 아들. 당시에 세 郡의 53개 城을 관할했으며 廣陵(지금의 江蘇省 揚州市 동북쪽)에 도읍을 세웠다. 권8 「고조본기」의 〈주 335〉, 권9 「여태후본기」의 〈주 23〉 참조.

21) 楚王 : 劉交. 유방의 이복동생으로 40개 성을 관할했으며 彭城(지금의 강소성 徐州市)에 도읍을 세웠다.

22) 淮南王 : 劉長. 유방의 일곱째 아들로 淮河 이남의 일부를 관할했으며 壽春(지금의 安徽省 壽縣)에 도읍하였다.

23) 琅邪王 : 劉澤. 유방의 當兄弟. 지금의 산동반도 일부지역을 관할했으며 東武(지금의 산동성 諸城縣)에 도읍을 세웠다. 권9 「여태후본기」의 〈주 75〉 참조.

24) 齊王 : 劉襄. 제 도혜왕 劉肥의 아들로 지금의 산동성 북부를 관할했으며 臨淄(지금의 산동성 淄博市 동북쪽)에 도읍하였다.

25) 劉恒을 말한다. 그가 바로 나중에 孝文皇帝가 되었다. 그는 지금의 산서성 동북부와 하북성 서부 지역을 관할했으며 中都(지금의 산서성 平遙縣 서남쪽)에 도읍을 세웠다.

을 계승하여 크게 빛낼 것이다"라는 것이었다. 대왕이 묻기를 "과인은 이미 왕이 되었는데 또 무슨 왕이 된단 말이오?"라고 하니, 점을 친 사람이 아뢰기를 "이른바 천왕이라는 것은 천자를 말하는 것입니다"라고 대답했다. 이에 대왕이 태후의 동생 박소(薄昭)를 강후(絳侯)[27]에게 보내어 만나보게 했는데, 강후 등은 모두 박소에게 대왕(代王)을 황제로 옹립하려는 뜻을 확실하게 말했다. 박소가 돌아와서 "정말입니다. 의심할 것이 없습니다"라고 하자 대왕은 웃으며 송창에게 "과연 공의 말과 같구려"라고 말하였다. 이에 대왕은 송창에게 자신을 따라서 함께 가도록 하고, 장무 등 여섯 사람은 역참(驛站)[28]의 수레를 타고서 장안으로 가도록 명했는데, 고릉(高陵)[29]에 이르러 휴식하면서 송창에게 먼저 장안으로 가서 형편을 살펴보라고 했다.

송창이 중위교(中渭橋)[30]에 이르자 승상 이하의 대신들이 모두 영접을 나왔고, 송창은 돌아와서 이 사실을 보고했다. 이에 대왕이 수레를 빨리 달리게 해서 중위교에 이르니 군신들이 배알하며 신하라고 칭했다. 대왕이 수레에서 내려서 답례하자 태위 주발이 나서며 말하기를 "신이 은밀하게 대왕께 진언하고 싶습니다"라고 했다. 송창이 말하기를 "말할 것이 공적인 것이면 공개적으로 하십시오. 사적인 것이라면 왕께서는 들으실 수 없습니다"라고 했다. 그러자 태위가 무릎을 꿇고 천자의 옥새(玉璽)[31]와 부절을 바쳤는데, 대왕은 "일단 대저(代邸)[32]로 가서 의논합시다"라고 사양하였다. 대왕이 수레를 달려서 대저로 들어가니 군신들도 따라서 갔다. 승상 진평, 태위 주발, 대장군(大將軍)[33] 진무(陳武), 어사대부(御史大夫)[34] 장창(張蒼),[35] 종정(宗正)[36] 유영(劉郢),[37] 주허후 유장(劉章),

---

26) 啓 : 夏 禹王의 아들.
27) 絳侯 : 太尉 周勃을 말하는 것으로, 그의 封地는 絳縣(지금의 산서성 侯馬市 동북쪽)에 있었다. 권8 「고조본기」의 〈주 263〉 참조.
28) 驛站 : 역마를 갈아서 타는 곳.
29) 高陵 : 현 이름. 지금의 陝西省 高陵縣. 당시의 高陵은 長安城 동북쪽 약 50리쯤에 있었으며, 유방의 陵墓가 있다.
30) 中渭橋 : 장안 부근의 渭水에 놓인 다리로, 본래는 橫橋라고 불렀다.
31) 玉璽 : 황제의 도장.
32) 代邸 : 代王이 京城에 설립해놓은 公館.
33) 大將軍 : 관직 이름. 將軍의 최고 칭호. 漢代에는 대부분 貴戚들이 맡았다. 권9 「여태후본기」의 〈주 76〉 참조.
34) 御史大夫 : 권7 「항우본기」의 〈주 222〉, 권8 「고조본기」의 〈주 214〉 참조.

동모후 유흥거(劉興居), 전객(典客)[38) 유게(劉揭) 등이 모두 다시 절을 올리며 말하기를 "황제의 아들인 홍(弘) 등[39)은 모두 효혜제(孝惠帝)의 적자가 아니므로 종묘(宗廟)[40)를 이어받아서는 안 됩니다. 신 등은 음안후(陰安侯),[41) 경왕후(頃王后)[42) 및 낭야왕, 종실(宗室), 대신(大臣), 열후(列侯), 2,000석(石) 급 이상의 관원[43)들과 의논하여 '왕께서는 고제의 장자(長子)[44)이시니 마땅히 고제의 후사가 되어야 한다'라고 결론을 내렸습니다. 대왕께서는 천자의 자리에 오르십시오"라고 했다. 대왕이 답하기를 "고제의 종묘를 받드는 것은 중차대한 일이오. 과인은 현명하지 못하여 종묘를 받들기에 적합하지 못하오. 초왕(楚王)[45)을 청하여 적임자를 의논하시오. 과인은 감당할 수가 없소이다"라고 했다. 이에 군신들이 거듭 청하자, 대왕은 서쪽을 향하여 세 번 사양하고 남쪽을 향하여 두 번 사양했다.[46) 승상 진평 등이 모두 말하기를 "신 등이 엎드려 생각해보건대, 고제의 종묘를 받드는 데는 대왕께서 가장 적합하십니다. 저희뿐만 아니라 천하의 제후들과 백성들이 또한 대왕께서 적임자라고 생각할 것입

---

35) 張蒼：漢 初의 대신으로서 陽武(지금의 하남성 原陽縣 동남쪽) 사람. 원래 秦의 관리였으나 유방에게로 돌아섰다. 代, 趙의 相에 임명되었다가 공을 세워서 北平侯에 봉해졌고, 文帝 때에는 승상에 임명되었다. 律曆에 정통하여 曆法을 개정하는 작업을 진행한, 당시의 저명한 曆算家이다.

36) 宗正：九卿의 하나. 皇族에 관련된 사무를 관장했는데 대부분 황족이 맡았다.

37) 劉郢：楚 元王 劉交의 아들. 『史記志疑』의 고증에 의하면 마땅히 '劉郢客'이 되어야 하나, 여기서는 '客'이 脫字되었다.

38) 典客：관직 이름으로 大鴻臚라고도 칭한다. 九卿의 하나로 제후 및 주위 소수민족의 朝貢 등의 사무를 관장했다. 권9「여태후본기」의 〈주 100〉 참조.

39) 惠帝의 아들인 少帝 劉弘과 劉恭을 가리킨다. 여태후는 惠帝가 세상을 떠나자(기원전 188년) 이들에게 각각 4년씩 在位하게 하였다. 이들은 모두 惠帝 후궁의 소생이다.

40) 宗廟：고대에 제왕 혹은 제후들이 先祖에게 제사를 올리는 장소였는데, 후에는 왕실과 국가의 代稱이 되었다.

41) 陰安侯：유방의 長兄인 劉伯의 아내로 음안후는 그녀의 封號이다. 陰安은 지금의 하남성 淸豐縣 서남쪽에 있던 縣.

42) 頃王后：유방의 둘째 형인 劉仲의 아내. 頃王은 劉仲의 謚號.

43) 漢代에는 九卿, 郎將으로부터 郡守, 尉官에 이르기까지의 봉록의 등급이 모두 연봉 2,000석이었다. 여기서는 구경, 군수 급의 관원을 널리 가리킨다.

44) 당시 생존해 있던 高帝의 두 아들, 즉 代王 劉恒과 淮南王 劉長 중에서 유항이 나이가 더 많았다.

45) 楚王：楚王 劉交는 유방의 아우. 황족 가운데 그가 연배가 가장 높았으므로 그를 청해서 상의하라고 한 것이다.

46) 고대의 예의에 의하면 손님과 주인 사이는 일반적으로 동서로 앉으며 동쪽을 향

니다. 신 등은 종묘사직을 위하여 계모(計謀)하였기 때문에 감히 소홀하게 하지 않았습니다. 원컨대 대왕께서는 신들의 청을 들어주십시오"라고 했다. 그러자 대왕은 "종실과 장상(將相), 여러 봉국의 왕들, 열후들이 과인보다 적합한 자가 없다고 생각한다면 과인은 더 이상 차마 사양하지 못하겠소"라고 하고, 드디어 천자의 자리에 올랐다.

여러 신하들은 예의에 따라서 순서대로 늘어서서 황제를 모시고, 아울러 태복(太僕)⁴⁷⁾ 하후영(夏侯嬰)⁴⁸⁾과 동모후 유흥거로 하여금 황궁(皇宮)을 정리하고서⁴⁹⁾ 천자의 법가(法駕)⁵⁰⁾를 대저에서 영접하도록 했다. 황제는 그날 저녁에 미앙궁(未央宮)⁵¹⁾으로 들어갔다. 밤에 송창을 위장군(衞將軍)⁵²⁾에 임명하여 남북군(南北軍)⁵³⁾을 관할하게 하였고, 장무는 낭중령에 임명하여 궁전의 경비를 맡도록 하였다. 또한 전전(前殿)⁵⁴⁾으로 돌아와서는 한밤중에 다음과 같은 조서(詔書)를 내렸다.

근자에 여씨 일족들이 권력을 장악하여 멋대로 휘두르면서 대역을 도모하여 유씨 천하를 탈취하려고 하였노라. 다행히 장상과 열후, 종실, 대신들이 그들을 처치하여 모두 죄값을 받도록 하였노라. 짐은 지금 새로이 천자의 자리에 올랐으니, 천하에 대사면령을 내리고 민가의 가장(家長)들에게 작위 한 등급씩을 내리며⁵⁵⁾ 그 처자들에게는 100호(戶)를 단위로 해서 쇠

하여 앉는 것을 上席으로 삼았다. 임금과 신하 사이는 남북으로 대면하는데 남쪽을 향하여 앉는 것을 상석으로 했으므로 임금은 南面하였다. 대왕이 서쪽을 향하여 세 번 겸양한 것은 손님과 주인의 예에 의거한 것이고 남쪽을 향하여 두 번 겸양한 것은 임금과 신하의 예에 의거한 것이다.

47) 太僕 : 관직 이름. 九卿의 하나로 황제의 車馬를 관장하는 고급 侍從官員. 권9 「여태후본기」의 〈주 105〉 참조.

48) 夏侯嬰 : 漢 初에 공을 세워서 汝陽后에 봉해졌다.

49) 여기서는 文帝가 등극할 때의 안전을 보호하기 위하여 궁중의 여씨 일족 잔존세력을 미리 정리하는 것을 가리킨다.

50) 法駕 : 法車라고도 하는데 황제 전용수레의 한 가지. 고대에 황제의 車馬와 儀仗은 인원, 설비의 규모에 따라서 大駕, 法駕, 小駕의 구분이 있었다. 법가는 말 6마리가 끄는데 京兆尹(京城 최고의 행정관)이 인도하고 侍中官이 陪乘하며 奉車郎이 몰고 수레 36대가 수행하였다. 권9 「여태후본기」의 〈주 108〉 참조.

51) 未央宮 : 궁전 이름. 장안성내의 서남쪽에 있었으며, 당시 군신들이 황제를 알현하던 장소이다. 권8 「고조본기」의 〈주 306〉, 권9 「여태후본기」의 〈주 103〉 참조.

52) 衞將軍 : 관직 이름. 京城의 경비업무를 관장하던 관직.

53) 南北軍 : 궁정과 장안의 경비부대. 권9 「여태후본기」의 〈주 41〉 참조.

54) 前殿 : 正殿 앞에 있는 궁전.

55) 漢代의 관례에 의하면 황제가 새로 등극하거나 혹은 조정에 큰 경사스러운 일이

고기와 술을 내리노라. 아울러 앞으로 닷새 동안은 서로 모여서 마음껏 술 마시는 것을 특별히 허용하노라. [56]

효문황제 원년[57] 10월 경술일(庚戌日)에 낭야왕이었던 유택을 연왕(燕王)[58]에 봉하였다.

신해일(辛亥日)에 황제는 즉위하자 고묘(高廟)[59]에 참배하였다. 우승상 진평이 좌승상으로 옮겨가고 태위 주발이 우승상이 되었으며 대장군 관영(灌嬰)[60]이 태위가 되었다. 여씨 일족이 빼앗았던 제(齊), 초(楚)의 땅은 모두 원래의 주인에게 돌려주었다.

임자일(壬子日)에는 거기장군(車騎將軍)[61] 박소를 파견하여 대(代)에서 황태후를 영접했다. 황제는 다음과 같은 명을 내렸다.

여산은 스스로 상국(相國)이 되어서 여록(呂祿)[62]을 상장군(上將軍)[63]에 임명하였다. 그들은 자기들 멋대로 황제의 명령이라고 사칭하여 장군 관영에게 군대를 거느리고 제(齊)를 공격하게 하여 유씨 천하를 빼앗으려고 했으나, 관영이 형양(滎陽)[64]에 머무르며 공격하지 않고 제후들과 더불어 여씨 일족을 처단할 것을 도모하였다. 여산이 난을 일으키고자 했으나 승상

있을 때마다 軍吏 혹은 文吏를 맡고 있는 가장들(어떤 때는 일반 民戶로 확대될 수 있다)에게 작위 한 등급씩을 수여했는데, 최고 한도는 五大夫와 公乘이었다.
56) 漢代에는 세 사람 이상이 특별한 명분 없이 모여서 음주하면 벌금 4냥을 부과하였다.
57) 기원전 179년.
58) 燕은 한 초의 封國. 燕王은 지금의 하북성 북부와 중부의 일부지역을 관할했으며, 薊(지금의 북경시 서남쪽)에 도읍하였다.
59) 高廟: 한 고조 유방의 廟. 고대에는 황제가 등극했을 때에는 祖廟로 가서 제사와 朝拜의 禮를 거행했다.
60) 灌嬰: 漢 初의 大將. 潁陰侯에 봉해졌으며 문제 때 태위, 승상에 임명되었다. 그에 관한 것은 「樊酈滕灌列傳」에 상세히 적혀 있다. 권8 「고조본기」의 〈주 234〉, 권9 「여태후본기」의 〈주 87〉 참조.
61) 車騎將軍: 관직 이름. 漢代 장군의 名號는 복잡한데 그중에서 大將軍, 驃騎將軍은 직위가 승상에 버금가고 거기장군, 衛將軍, 左右前後 將軍 등은 上卿에 버금갔다.
62) 呂祿: 여태후의 둘째 오빠인 呂釋之의 아들. 여태후가 집정할 때 趙王에 봉해졌으며, 뒤에 진평, 주발 등에 의해서 피살되었다. 권9 「여태후본기」의 〈주 40〉, 〈주 78〉 참조.
63) 上將軍: 관직 이름. 전국의 군대를 관장하는 최고 무관.
64) 滎陽: 현 이름. 治所는 지금의 하남성 형양현 동북쪽에 있었다. 고대의 군사요지였다. 권6 「진시황본기」의 〈주 15〉, 권7 「항우본기」의 〈주 211〉, 권8 「고조본기」의 〈주 100〉 참조.

진평과 태위 주발이 여산 등이 가지고 있던 병권을 빼앗으려고 했다. 주허후 유장이 먼저 여산 등을 체포하였고, 태위 주발은 양평후(襄平侯) 기통(紀通)[65]을 인솔하여 부절을 지니고 조령(詔令)을 받들어 북군으로 들어갔으며, 전객 유게는 몸소 조왕(趙王) 여록의 인(印)을 탈취했다. 이 공로로 태위 주발에게는 10,000호를 더해 봉해주며 금 5,000근을 내리고, 승상 진평과 장군 관영에게는 각각 식읍(食邑)[66] 3,000호를 더해서 봉해주며 금 2,000근을 내린다. 주허후 유장과 양평후 기통, 동모후 유흥거에게는 각각 식읍 2,000호를 더해서 봉해주며 금 1,000근을 내리고, 전객 유게를 양신후(陽信侯)[67]에 봉하며 금 1,000근을 내리노라.

12월에 황제가 말하기를 "법이란 다스림의 근거이며 포악한 짓을 금하여 선(善)으로 인도하는 것이오. 법을 범하여 이미 논죄(論罪)되었는데도 죄 없는 부모나 처자, 자식, 형제 등도 연좌시켜서 벌을 받게 하고 있는 것을 짐은 심히 찬성하지 않는 바이오. 이 법의 존속 여부에 대해서 한번 연구해보기를 바라오"라고 하니, 담당 관원들이 모두 대답하기를 "백성들은 스스로 자신을 다스릴 수 없기 때문에 법을 만들어서 금하는 것입니다. 죄 없는 친족들까지 체포하여 벌을 받게 하는 연좌제도를 실시하는 것은 마음에 부담을 주어 함부로 법을 범하지 못하게 하는 것입니다. 이 제도가 존속해온 지 이미 오래되었으니, 예전 그대로 하는 것이 좋겠습니다"라고 했다. 이에 황제가 말하기를 "짐이 듣건대 법이 바르면 백성들이 충성을 다하고, 죄를 정당하게 처벌하면 백성들이 복종한다고 하였소. 또한 관리는 백성을 다스려서 선으로 인도해야 하는데, 백성들을 올바로 인도하지 못하고 게다가 올바르지 못한 법으로 죄를 다스린다면, 이는 오히려 백성들에게 해를 끼쳐서 난폭한 짓을 하게 하는 것이니, 어찌 나쁜 짓을 금하게 할 수 있겠소? 짐은 연좌제도에 무슨 좋은 점이 있는지 모르겠으니 이에 대해서 자세하게 연구해주기 바라오"라고 했다. 그러자 관원들은 모두 "백성들에게 큰 은혜를 내리시려는 폐하의 뜻과 높으

---

65) 紀通 : 紀成의 아들. 기성은 양평후에 봉해졌으며 그가 죽자 그의 아들 기통이 계승했다. 襄平은 臨淮의 縣으로 지금의 강소성 盱眙縣 동북쪽에 있었다. 권9 「여태후 본기」의 〈주 98〉참조.

66) 食邑 : 采邑이라고도 한다. 황제가 제후에게 내리어 각 民家로부터 賦稅를 거두어서 제후가 사용하게 했던 封地. 권9 「여태후본기」의 〈주 85〉 참조.

67) 陽信은 현 이름으로 지금의 산동성 陽信縣이다.

신 덕은 신 등이 미칠 바가 아닙니다. 조서를 받들어서 이 율령을 폐지하도록 하겠습니다"라고 대답했다.

정월에 대신들이 말하기를 "태자를 일찍 세우는 것은 종묘를 높이 받드는 중대한 조치입니다. 어서 태자를 결정하십시오"라고 했다. 이에 황제는 "짐은 매우 부덕하여 상제(上帝)와 신명(神明)께서 아직 흠향(歆享)[68] 하지 않으셨고 천하의 백성들은 아직 만족해하지 않소. 지금 현성하고 유덕한 사람을 널리 구하여 천하를 선양(禪讓)하지는 못할망정 태자를 서둘러 세운다고 말한다면 짐의 부덕함은 가중될 것이오. 그리되면 세상 사람들에게 무슨 할 말이 있겠소? 이 일은 더 이상 거론하지 마시오"라고 대답했다. 그러자 대신들은 "태자를 일찍 세우는 것은 종묘사직을 중히 여기는 것이며 천하를 깊이 생각하기 위한 것입니다"라고 아뢰었다. 황제는 이렇게 대답하였다. "초왕(楚王)은 짐의 계부(季父)[69]이신데 춘추도 높으시고 세상 일을 많이 경험하셨으며, 나라를 다스리는 중요한 이치에 대해서도 밝으시오. 또한 오왕(吳王)은 짐에게 형이 되는데 은혜롭고 어질고 유덕하시고, 회남왕은 동생이 되는데 출중한 재덕(才德)으로써 나를 보좌하고 있소. 이들이 있으니 어찌 후계자를 미리 세운 것이 아니겠소? 제후왕과 종실의 형제, 공신들 중에는 현명하면서도 덕 있는 자들이 많은데, 만약 덕 있는 자를 발탁하여 짐이 완성하지 못한 사업을 이어가게 한다면 이는 사직의 행운이요 천하의 복이오. 지금 그러한 자들을 골라서 발탁하지 않고 반드시 내 아들을 태자로 세우겠다고 말한다면, 사람들은 짐이 어질고 덕 있는 자들을 잊고 오로지 자기 자식만 생각하여 세상 사람들에 대해서는 걱정하지도 않는다고 할 것이오. 짐은 이런 일은 하지 않겠소." 그러자 관리들 모두가 몇번이나 간청하였다. "옛날에 은과 주가 건국했을 때 사회의 안녕과 질서가 천여 년간이나 유지되었으니, 일찍이 천하의 국가들 중에 이보다 오래 유지된 국가가 없었습니다. 그것은 바로 태자를 일찍 세우는 방법을 사용했기 때문이었습니다. 반드시 자기 자식을 후사(後嗣)로 세우는 것은 이미 오래된 일입니다. 고제께서 문신과 무

---

68) 歆享 : 귀신이 제사 음식 등을 먹는 것을 말한다. 혹은 제사 음식의 氣를 들이마시는 것을 말한다.

69) 季父 : 고대에는 형제들은 伯, 仲, 叔, 季에 따라서 長幼의 순서가 정해졌다. 그러므로 여기에서의 계부는 가장 작은 叔父를 가리킨다. 권7 「항우본기」의 〈주 2〉 참조.

장들을 통솔하여 천하를 평정하신 후 제후들을 봉하시고 태조(太祖)가 되셨습니다. 제후왕들 및 열후들 중에서 처음으로 나라를 받은 자들은 모두 그 나라의 시조가 되었습니다. 자손들이 후사를 끊임없이 이어가는 것은 천하의 대의(大義)입니다. 때문에 고제께서는 태자를 세우는 조처를 취하여 해내(海內)를 안정시킨 것입니다. 지금 마땅히 태자로 옹립해야 할 사람을 놓아두고 다시 제후나 종실에서 선발한다면 이는 고제의 뜻이 아닙니다. 이를 다시 논하는 것은 마땅치 않습니다. 아드님 중에서 모(某)[70]는 가장 연장자이고 인자하니 태자로 세우십시오"라고 했다. 이에 황제가 허락하고, 백성들 중에서 부친의 뒤를 이을 자들에게도 작위를 각각 한 등급씩 내렸다. 장군 박소를 지후(軹侯)[71]에 봉했다.

3월에 대신들이 황후(皇后)를 세울 것을 청하자 박태후(薄太后)가 말하기를 "황제의 아들인 제후(諸侯)들[72]은 모두 같은 어머니 소생이니 태자의 모친을 황후로 세웁시다"라고 했다. 황후는 두씨(竇氏)였다. 황제가 황후를 세우는 경사가 생기자 세상의 환과고독(鰥寡孤獨)[73] 및 곤궁한 자, 그리고 80세 이상의 노인과 9세 이하의 고아들에게 각각 베와 비단, 그리고 쌀과 고기를 내렸다. 황제가 대(代)로부터 와서 즉위한 지 얼마 되지 않았지만 천하에 은덕을 크게 베풀고 제후와 사이(四夷)[74]들을 진무(鎭撫)하여 관계가 모두 원만하였다. 이에 대(代)에서부터 대왕을 따라온 공신들에게 그 공로에 따라 상을 내리기로 하였다.

"대신들이 여씨 일족들을 죽이고 짐을 황제로 영접하려고 했을 때 짐도 의심하였고 다른 신하들도 짐을 저지했지만, 오직 중위 송창만이 짐에게 권하여 짐이 종묘를 보전할 수 있게 되었소. 이미 송창을 위장군에 임명했지만, 다시 그를 장무후(壯武侯)[75]에 봉하겠소. 또한 짐을 수행한 다

---

70) 某 : 文帝의 아들인 景帝 劉啓를 가리킨다.
71) 軹는 지금의 하남성 濟源縣 동남쪽을 관할했던 縣의 이름. 권5 「진본기」의 〈주 239〉, 권9 「여태후본기」의 〈주 63〉 참조.
72) 文帝의 아들인 劉啓와 劉武를 가리킨다.
73) 鰥寡孤獨 : 鰥은 늙어서 아내가 없는 사람, 寡는 남편을 잃은 부인이며, 孤는 유년에 부친을 잃은 사람인데, 나중에는 부친이 없거나 혹은 부모 모두 없는 자들을 모두 孤라고 칭했다. 또한 獨은 늙었으나 자식이 없는 사람으로, 이들 네 부류는 의지할 데가 없어 돌보아주어야 할 사람들을 통틀어서 말하는 것이다.
74) 四夷 : 東夷, 西戎, 南蠻, 北狄을 가리킨다.
75) 壯武는 현 이름. 治所는 지금의 산동성 卽墨縣 서쪽에 있었다.

른 여섯 사람은 모두 구경(九卿)[76]에 임명할 것이오. 그리고 열후 중에서 고제를 따라서 촉(蜀)[77]과 한중(漢中)[78]으로 들어간 68명에게도 각각 300호를 더해서 봉해주고, 예전의 2,000석 급 이상의 관원 중에서 고제를 따른 영천(潁川)[79] 군수(郡守) 존(尊)[80] 등 열 사람은 식읍 600호, 회양(淮陽)[81] 군수 신도가(申徒嘉)[82] 등 열 사람에게는 500호, 위위(衛尉)[83] 정(定) 등 열 사람에게는 400호를 더 봉하겠소. 회남왕의 외숙 조병(趙兼)을 주양후(周陽侯)[84]에 봉하며 제왕의 외숙 사균(駟鈞)을 청곽후(淸郭侯)[85]에 봉하겠소."

가을에 상산국(常山國)[86] 승상 채겸(蔡兼)을 번후(樊侯)[87]에 봉했다.

어떤 사람이 우승상 주발에게 "그대는 여씨 일족을 처단하여 대왕을 황제로 영접하였고, 지금은 또 스스로 그 공로를 자랑스레 여기면서 큰 상까지 받고 높은 지위에 올랐으나, 장차 화가 당신에게 미칠 것입니다"라고 했다. 그러자 우승상 주발은 병을 핑계대고 사직을 청했으므로 좌승상 진평만이 승상으로 남았다.

76) 九卿 : 漢代의 太常, 光祿, 衛尉, 太僕, 廷尉, 大鴻臚, 宗正, 大司農, 少部 등 중앙 아홉 개의 중요 행정기관의 首長에 대한 총칭.

77) 蜀 : 郡 이름. 지금의 사천성 중부 일대를 관할했다. 권6「진시황본기」의 〈주 6〉, 권7「항우본기」의 〈주 145〉 참조.

78) 漢中 : 군 이름. 지금의 섬서성 秦嶺 이남지역을 관할했으며, 治所는 南鄭(지금의 섬서성 漢中市)에 있었다. 권5「진본기」의 〈주 151〉, 권6「진시황본기」의 〈주 7〉, 권7「항우본기」의 〈주 147〉 참조.

79) 潁川 : 군 이름. 지금의 하남성 중부지역을 관할했으며, 治所는 陽翟(지금의 하남성 禹縣)에 있었다. 권8「고조본기」의 〈주 281〉 참조.

80) 尊 : 지금 그의 姓은 알 수 없다.

81) 淮陽 : 군 이름. 지금의 하남성 동부 太康, 檜陽 일대를 관할했으며, 治所는 陳縣(지금의 하남성 淮陽縣)에 있었다.

82) 申徒嘉(?-기원전 155년) : 申屠嘉라고도 한다. 申徒는 성이고 嘉가 이름으로, 梁(지금의 하남성 商丘縣 남쪽) 사람. 일찍이 유방을 따라서 項羽와 黥布를 공격했으며 都尉에 임명되었고, 惠帝 때에 회양의 군수가 되었다.

83) 衛尉 : 관직 이름. 궁문경비 등의 사무를 관장했으며 九卿의 하나이다. 권6「진시황본기」의 〈주 58〉, 권9「여태후본기」의 〈주 102〉 참조.

84) 周陽侯 : 周陽은 지금의 산서성 聞喜縣 동북쪽에 있었다. 趙兼의 封地가 周陽에 있었기 때문에 나중에 그 아들 趙由가 姓을 周陽으로 바꾸었다.

85) 淸郭은 지명. 戰國時代 齊나라의 靖郭邑이었을 것이며, 지금의 산동성 滕縣 경내에 있었으리라 추정된다. 『漢書』의「文帝紀」에는 "靖郭"으로 되어 있다.

86) 常山國 : 권2「하본기」의 〈주 116〉, 권7「항우본기」의 〈주 164〉, 권8「고조본기」의 〈주 325〉, 권9「여태후본기」의 〈주 62〉 참조.

87) 樊은 縣 이름. 관할지역은 지금의 산동성 兗州縣 서남쪽에 있었다.

334

2년 10월에 승상 진평이 죽자 황제는 다시 강후 주발을 승상에 임명했다. 황제가 다음과 같이 명했다.

짐이 듣자니 옛날에 제후가 세운 나라가 천여 개나 된다고 하는데, 그들은 각각 자신의 봉지를 지키면서, 때가 되면 조공을 바쳤고, 백성들을 고생시키지 않아서 위아래가 모두 화목하여 부도덕한 행위를 저지른 적이 없었다고 한다. 그러나 지금의 열후들은 대부분 장안에 거주하고 있기 때문에 식읍에서 멀리 떨어져 있어서 그곳의 이졸(吏卒)들이 열후들에게 물자를 수송하는 데 비용이 많이 들 뿐 아니라 수고롭고, 열후들 또한 봉지의 백성을 교화할 길이 없다. 열후들에게 명하노니, 각각의 봉국으로 돌아갈 것이며, 장안에서 직책을 맡고 있거나 조령에 의해서 부득이 장안에 머물러야 할 자들은 그들의 태자를 파견하도록 하라!

11월 그믐에 일식이 있었고 12월 보름에 또 일식이 있었다. 그러자 황제는 다음과 같은 조서를 내렸다.

짐이 듣건대 하늘이 뭇 백성을 내고서 그들을 위해서 임금을 두어 백성을 돌보고 다스리게 했으며, 임금이 부덕하여 정사를 제대로 베풀지 못하면 하늘이 재앙의 징후를 보여서 경계시켰다고 한다. 11월 그믐에 일식이 있었는데 이는 하늘이 짐을 경계한다는 뜻을 드러낸 것이다. 재앙의 징후 중에서 이보다 더 큰 것이 어디에 있겠는가? 짐이 종묘를 보전하며 미천한 몸을 억조만민과 여러 군왕 위에 두었으니 천하의 치란(治亂)은 모두 짐 한 사람에게 책임이 있는 것이며, 여러 집정자들은 짐의 팔다리와 같노라. 짐은 아래로는 백성을 제대로 다스리지 못하고 위로는 삼광(三光)[88]의 밝음에 누를 끼쳤으니 그 부덕함이 실로 크다. 각지에 이 조령이 이르면 짐의 과실과 지혜, 견식, 생각이 미치지 못했던 점들을 깊이 생각하여 짐에게 알려줄 것이며, 재덕이 출중하고 직언할 수 있는 자를 발탁하여 짐의 부족함을 바로잡아주기 바란다. 아울러 이번 일로 해서 각각 자신의 직책에 충실하고 요역(徭役)과 지출을 줄이는 데 힘써서 백성들을 편하게 해주기 바란다. 짐은 부덕하여 은덕을 널리 미치게 하지 못하여, 늘 이민족들이 침략의 야심을 품을까 걱정하고 있으니 변경의 방어를 게을리 해서는 안 될 것이다. 그러므로 지금 비록 변방 주둔군을 폐지할 수는 없지만 어찌 군대를 정비하여 짐을 위한 장안의 방어를 강화시킬 수 있겠는가? 위장군 예하(隷下)의 군대를 해체하도록 명하노라. 그리고 태복은 현재 소유

88) 三光 : 해, 달, 별의 합칭.

하고 있는 말 중에서 필요한 수만 남기고 나머지는 역참으로 보내서 사용
하게 하라！

정월에 황제가 "농사는 천하의 근본이니 적전(籍田)[89]을 개간하여 짐이
친히 농사를 지어서 종묘의 자성(粢盛)[90]을 대겠다"라고 말하였다.

3월에 대신들이 황자(皇子)[91]들을 제후왕으로 세울 것을 청했다. 이에
황제는 "조(趙)의 유왕(幽王)[92]은 유폐되어 죽었기 때문에 그를 불쌍히
여겨서 이미 그의 큰아들인 수(遂)를 조왕(趙王)으로 세웠소. 그리고 수
의 동생 벽강(辟彊)과 제(齊)의 도혜왕(悼惠王)의 아들 주허후 유장과
동모후 유흥거도 공로가 있기 때문에 왕으로 세울 만하오"라고 하였다.
그리하여 조 유왕의 작은 아들 벽강을 하간왕(河間王)[93]으로 세우고, 제
에서 따로 떼어낸 몇몇 극군(劇郡)[94]을 주허후 유장에게 주어서 그를 성
양왕(城陽王)[95]으로 봉하고, 동모후를 제북왕(濟北王)[96]에 봉하였다. 그
리고 황자 무(武)[97]는 대왕(代王), 삼(參)[98]은 태원왕(太原王),[99] 읍
(揖)[100]은 양왕(梁王)[101]으로 삼았다.

황제가 다음과 같이 명했다.

---

89)　籍田：고대에 제왕이 친히 경작하던 경작지.
90)　粢盛：祭器에 담아서 제사에 바치는 음식.
91)　皇子：황태자 이외의 황제의 아들.
92)　趙 幽王：劉友. 유방의 여섯째 아들이다. 처음에 淮陽王에 봉해졌으나 呂后 때에
　　趙王으로 옮겨졌다. 劉友는 여태후를 싫어하여 미움을 받았고, 결국 유폐되어 살해
　　당했다. 幽는 그의 시호이다. 趙는 漢 初의 封國으로서 지금의 하북성 남부지역을
　　관할했고, 都城은 邯鄲(지금의 하북성 한단시)에 있었다.
93)　河間은 한 초의 봉국. 河間王은 지금의 하북성 獻縣, 交河縣 등의 일부를 관할했
　　으며, 都城은 樂成(지금의 獻縣 남쪽)에 있었다.
94)　劇郡：위치가 중요하고 政務가 복잡하여 다스리기 어려운 큰 郡.
95)　城陽은 한 초의 봉국. 城陽王은 지금의 산동성 沂南縣 일대를 관할했으며 도성은
　　莒縣(지금의 산동성 莒縣)에 있었다. 권9「여태후본기」의 〈주 34〉 참조.
96)　濟北은 한 초의 봉국. 濟北王은 지금의 산동성 平陰縣, 肥城縣 등의 지역을 관할
　　했으며, 도성은 盧縣(지금의 산동성 長清縣 서남쪽)에 있었다. 권7「항우본기」의
　　〈주 179〉 참조.
97)　武：文帝의 둘째 아들. 대왕에 봉해진 후 淮陽王, 梁王으로 옮겨 봉해졌다.
98)　參：文帝의 셋째 아들. 태원왕에 봉해진 후 다시 代王에 봉해졌다.
99)　太原은 한 초의 봉국. 太原王은 지금의 산서성 중부지역을 관할했으며, 도성은
　　晉城(지금의 산서성 太原市 서쪽)에 있었다. 권4「주본기」의 〈주 187〉, 권6「진시
　　황본기」의 〈주 13〉, 권8「고조본기」의 〈주 295〉 참조.
100)　揖：文帝의 막내아들. 나중에 落馬하여 죽었다.
101)　梁은 한 초의 봉국. 梁王은 지금의 하남, 안휘 두 성의 경계지역을 관할했으며,

옛날에 선왕들이 천하를 다스릴 때 조정에는 올바른 진언을 위한 깃발[進善之旌]과 비평을 위한 나무 팻말[誹謗之木][102]을 두어 치도(治道)를 소통시키고 간하는 자들을 나오게 하였다. 그러나 지금의 법에는 비방과 요언(妖言)에 대한 죄가 있는데, 이는 뭇 신하들로 하여금 마음에 있는 바를 다 쏟아내지 못하게 하는 것이며, 황제에게는 자신의 과실을 들을 기회를 없애는 것이다. 이런즉 장차 어떻게 먼 곳의 현량(賢良)들을 오게 할 수 있겠는가? 이 죄목을 없애도록 하라! 백성들 중에서는 서로 말하지 않기로 굳게 언약을 하고서 황제를 저주했다가 나중에 약속을 어기고 관에 서로 고발하면 관리들은 이를 대역죄로 다스리고, 이런 처벌에 대해서 불평을 하면 또 조정을 비방한 죄로 다스리고 있다. 이는 일반 백성들이 어리석고 무지하여 죽을 죄를 범하는 것이니, 짐은 이런 형벌에 대해서 심히 찬성하지 않는다. 지금부터 이런 죄를 범하는 자가 있거든 죄로 다스리지 말도록 하라!

9월에 황제는 각 군(郡)의 군수(郡守)와 각 봉국(封國)의 승상(丞相)들에게 구리로 만든 호부(虎符)[103]와 대로 만든 사부(使符)[104]를 만들어 처음으로 발급했다.

3년 10월 정유일(丁酉日) 그믐날에 일식이 있었다. 11월에 황제가 말하기를 "전날에 조서를 내려서 열후들에게 자기의 봉국으로 가게 했는데도 혹자는 핑계만 대고 아직 가지 않고 있소. 승상은 짐의 소중한 대신이니 짐을 위하여 열후들을 이끌고 봉국으로 가주기 바라오"라고 하였다. 이에 강후 주발은 승상 자리를 내놓고 자기의 봉국으로 갔으므로, 태위(太尉)였던 영음후(潁陰侯)[105] 관영을 승상으로 삼았다. 그리고 태위 벼슬을 없애고 태위가 맡았던 일들은 승상에 예속시켰다. 4월에 성양왕 유장(劉章)이 세상을 떠났고, 회남왕 유장(劉長)과 그의 수행원 위경(魏敬)이 벽양후(辟陽侯)[106] 심이기(審食其)[107]를 살해했다.

도성은 睢陽(지금의 하남성 商丘縣 남쪽)에 있었다. 권4 「주본기」의 〈주 264〉, 권7 「항우본기」의 〈주 39〉, 권9 「여태후본기」의 〈주 21〉 참조.

102) 堯 임금 때에 要路에 깃발과 木牌를 세워두어 사람들로 하여금 깃발에 의견을 제시하게 하고 木牌 위에 諫言을 적게 했다고 한다.

103) 虎符 : 구리로 범의 모양을 본떠서 만든 徵兵의 標識. 銅虎符라고도 한다.

104) 使符 : 대나무로 만든 信符. 위에 篆書를 새겨서 오른쪽은 京師 승상에게, 왼쪽은 郡守에게 발급했다가 中央에서 使者를 파견했을 때 맞추어보아서 정확히 맞으면 서로 신임했다고 한다.

105) 潁陰은 지금의 하남성 許昌市에 있던 縣. 권9 「여태후본기」의 〈주 90〉 참조.

5월에 흉노가 북지(北地)[108]로 침범하여 하남(河南)[109]에 주둔하면서 노략질을 하였다. 황제가 처음으로 감천(甘泉)[110]으로 행차하였고, 6월 에는 다음과 같이 명했다.

흉노는 한(漢)과 형제가 되어 변경을 침범하지 않기로 약속했으며, 우리는 그 대가로 많은 물자를 보내주었다. 그런데 지금 우현왕(右賢王)[111]이 많 은 병사들을 거느리고 자기 나라를 떠나서 하남의 강지(降地)[112]에 머무르 면서 아무런 이유도 없이 변방 일대를 왕래하며 우리의 관리와 병졸들을 잡아 죽이고, 변경을 지키던 소수민족들을 몰아내어 그들을 고향에서 살지 못하게 하며, 변경의 관리들을 능욕하고 도적질하며 심히 오만무도하게 행 동하니, 이는 협약을 어긴 것이다. 이에 변경의 기병 85,000명을 고노(高 奴)[113]로 파견하고 승상 영음후 관영으로 하여금 흉노를 치게 하노라!

흉노가 물러가자 중위(中尉)가 거느리고 있던 정예부대를 위장군에 귀 속시켜 장안에 주둔하게 하였다.

신묘일(辛卯日)에 황제는 감천에서 고노로 간 김에 태원에 행차하여 옛 날에 자신이 거느렸던 군신들을 만나서 모두에게 상을 내렸다. 또한 논공 행상하여 백성들에게는 쇠고기와 술을 내렸으며, 진양(晉陽)과 중도(中

106) 辟陽은 지금의 하북성 冀縣 동남쪽에 있던 縣이다. 권8 「고조본기」의 〈주 344〉 참조.
107) 審食其 : 유방과 同鄕 사람이다. 벽양후에 봉해졌으며 벼슬은 좌승상에 이르렀 다. 고조 9년(기원전 198년)에 유장의 모친이 구금되었다가 자살한 일이 있었는데, 이때에 심이기는 여후의 총애를 받고 있었으므로 유장의 모친을 구해줄 수 있었는데 도 도와주지 않았으므로 유장이 이 일로 그에게 원한을 품고 죽었다. 권7 「항우본 기」의 〈주 208〉, 권9 「여태후본기」의 〈주 51〉 참조.
108) 北地 : 郡 이름. 지금의 甘肅省 동북부와 寧夏 回族 자치구 동남부 지역을 말하 며, 治所는 馬嶺(지금의 감숙성 慶陽縣 서북쪽)에 있었다. 권6 「진시황본기」의 〈주 139〉 참조.
109) 河南 : 지금의 내몽고 경내의 황하 이남 伊克昭盟 지역을 가리킨다.
110) 甘泉 : 宮 이름. 옛 터는 지금의 섬서성 淳化縣 서북쪽 甘泉山에 있었다. 권6 「진시황본기」의 〈주 66〉 참조.
111) 右賢王 : 흉노의 관직 이름. 冒頓單于 때에 스스로 中部를 영도한 것 외에 따로 左, 右賢王을 두어 주로 單于의 자제들이 이 직책을 맡았다. 직위는 單于에 버금갔 다.
112) 降地 : 지금의 내몽고 경내의 황하 이남 일대의 지역을 가리킨다. 처음에는 흉노 족이 점거했으나 뒤에 秦 始皇이 공격하여 빼앗았다.
113) 高奴 : 현 이름. 지금의 섬서성 延安市 동북쪽에 있던 縣. 권7 「항우본기」의 〈주 152〉, 권8 「고조본기」의 〈주 142〉 참조.

都)¹¹⁴⁾의 백성들에게는 3년간 요역과 부세를 면제해주었다. 황제는 태원에서 10여 일을 머물렀다.

제북왕 유흥거는 황제가 대(代)로 가서 흉노를 공격하러 갈 것이라는 소식을 듣고서, 군대를 출동시켜서 형양을 습격하려고 했다. 이에 황제는 조서를 내려서 흉노를 토벌하기 위하여 변경으로 보냈던 관영의 군대를 철수시키고 극포후(棘蒲侯)¹¹⁵⁾ 진무를 대장군으로 삼아서 10만의 병력으로 그를 공격하게 했다. 또한 기후(祁侯)¹¹⁶⁾ 증하(繒賀)를 장군으로 삼아서 형양에 주둔하게 했다. 7월 신해일(辛亥日)에 황제가 태원에서 장안으로 돌아와서 조서를 내렸다.

제북왕은 도덕을 저버리고 황제에게 반란하여 그 관리와 백성들을 대역죄에 연루시켰다. 제북의 관리들과 백성들 중에 토벌군이 이르기 전에 먼저 투항하는 자 및 군대를 이끌고 투항하거나 토지와 성읍(城邑)을 바치고 귀순하는 자는 모두 용서해주고 벼슬과 작위를 회복시켜주겠다. 또한 제북왕 유흥거와 왕래한 사람들도 용서해줄 것이다.

8월에 제북의 군대를 격파하고 제북왕 유흥거를 사로잡았다. 제북의 백성들과 관리들 중에서 자기의 왕을 따라서 반란에 가담한 자들을 용서해주었다.

6년에 대신들은 회남왕 유장이 선제(先帝)의 법을 폐하고, 천자의 명령을 듣지 않으며, 궁실과 복식(服飾) 등이 법도를 뛰어넘고, 출입할 때의 거마와 의장(儀仗)이 천자에 버금가며, 자기 멋대로 법령을 만들고, 극포후의 태자 진기(陳奇)와 반란을 꾀하여 민월(閩越)¹¹⁷⁾과 흉노로 사람을 보내어 그들과 함께 군대를 출동시켜서 종묘사직을 탈취하려고 한다고 아뢰었다. 그러자 군신들은 "유장은 마땅히 목을 베어 죽이고 그 시체를

---

114) 晉陽과 中都는 모두 文帝가 代王으로 있을 때의 舊都이다. 晉陽은 권6 「진시황본기」의 〈주 24〉, 권8 「고조본기」의 〈주 327〉 참조. 中都는 권5 「진본기」의 〈주 194〉 참조.

115) 棘蒲는 지금의 하북성 趙縣 경내에 있던 지명이다. 일설에서는 지금의 하남성 延津과 長恒 두 縣의 사이에 있었다고 한다.

116) 祁는 지금의 산서성 祁縣 동남쪽에 있던 縣.

117) 閩越 : 옛 부족 이름으로 고대 越人의 한 지류. 秦, 漢 때에 지금의 福建省 북부와 浙江省 남부의 일부지역에 분포되어 있었다. 그 수령인 無諸는 越王 勾踐의 후예였다고 하는데, 일찍이 유방을 도와서 秦에 반란하고 楚를 멸했기 때문에 漢 初에 越王에 봉해졌다.

저잣거리에 버려야 합니다"라고 아뢰었으나 황제는 차마 회남왕을 법으로 다스릴 수가 없어서 그 죄는 용서해주되 왕위는 박탈하였다. 군신들이 회남왕을 촉(蜀)의 엄도(嚴道)[118]와 공도(邛都)[119]로 유배시킬 것을 청하자 황제는 이를 윤허하였다. 유장은 유배지의 처소에 이르지도 못하고 도중에 병으로 죽었으므로, 황제는 그를 불쌍히 여겼다. 후에 문제 16년에 회남왕 유장을 추존하여 시호를 여왕(厲王)이라고 하고 그의 아들 세 명[120]을 회남왕, 형산왕(衡山王),[121] 여강왕(廬江王)[122]으로 세웠다.

13년 여름에 황제가 말하기를 "천도(天道)에 대해서 들어보니 재앙은 원한에서 비롯되고 복은 덕으로부터 일어난다고 하였소. 백관의 잘못은 당연히 짐에게서 비롯된 것인데, 지금 비축(祕祝)[123] 관원들은 모든 잘못을 아랫사람들에게 돌리어 짐의 부덕함을 가중시키고 있는바, 짐은 이에 대해서 심히 찬성하지 않는 바이오. 앞으로는 절대로 이런 일이 없도록 하시오!"라고 했다.

5월에 제(齊)의 태창령(太倉令)[124] 순우공(淳于公)[125]이 죄를 지어서 육형(肉刑)[126]을 당하게 되어 조옥(詔獄)[127]의 관원들이 그를 체포하여 장안으로 압송했다. 태창공은 아들이 없고 딸만 다섯이었는데, 그가 압송당할 때 "자식을 낳았으되 아들이 없으니 어려운 일이 있어도 도움이 전혀 되지 못하는구나!"라고 딸들을 원망하였다. 그러자 작은 딸 제영(緹

---

118) 嚴道 : 지금의 사천성 榮經縣에 있던 縣을 말한다.
119) 邛都 : 지금의 사천성 西昌縣 동남쪽을 말한다.
120) 劉安, 劉勃, 劉賜를 말한다.
121) 衡山王은 지금의 하남, 안휘, 호북 세 省의 경계지역을 관할했으며, 都城은 邾縣(지금의 호북성 黃岡縣 북쪽)에 있었다.
122) 廬江王은 지금의 안휘성 남부, 호북성 동부, 하남성 商城縣의 땅을 관할했으며, 도성은 舒縣(지금의 안휘성 廬江縣 서남쪽)에 있었다.
123) 祕祝 : 관직 이름. 황제를 위해서 신령에게 복을 내려주고 재앙을 없애줄 것을 기도하는 일을 관장하던 官職. 신령에게 기도하는 내용은 단지 황제에게만 알리고 신하들에게는 비밀로 했기 때문에 祕祝이라고 칭했다.
124) 太倉令 : 관직 이름. 국가의 곡식창고를 관장했으며 大司農에 속했다.
125) 淳于公 : 淳于가 성이고 이름은 意. 한 초의 이름난 의사로 臨淄(지금의 산동성 淄博市 동북쪽 臨淄鎭) 사람. 일찍이 제국의 태창령에 임명되었기 때문에 倉公이라고도 칭했다. 그에 관한 일은 「扁鵲倉公列傳」에 상세히 나와 있다.
126) 肉刑 : 고대에 범인의 육체를 상해하는 형벌. 일반적으로는 黥(얼굴에 刺字하는 것), 劓(코를 베는 것), 刖(다리를 절단하는 것)을 가리킨다. 혹은 劓와 刖, 宮(생식기능을 상해하는 것)이라고도 한다. 권1 「오제본기」의 〈주 79〉 '五刑' 참조.
127) 詔獄 : 황제의 조령을 받들어 범인을 구금하는 감옥.

縈)이 슬피 울며 부친을 따라서 장안으로 와서 황제께 글을 올렸다. "소녀의 부친은 관리였습니다. 제(齊) 땅에서는 모두 청렴하고 공정하다고 칭찬을 들었사온대 지금 법을 범하여 형벌을 받게 되었습니다. 소녀는 사형에 처해진 자는 다시 살아날 수 없고 육형을 당한 자는 다시는 원래의 모습을 회복할 수 없어, 비록 잘못된 행실을 고치어 스스로 새사람이 되고자 해도 그럴 길이 없음을 슬퍼합니다. 바라옵건대 소녀가 관비(官婢)가 되어 제 아비의 죄를 갚겠사오니 제 아비를 새사람이 될 수 있도록 해주십시오!" 이 글을 천자께 상주(上奏)하니, 천자는 그녀의 뜻을 가련히 여기어 조서를 내려서 다음과 같이 말했다.

유우씨(有虞氏)[128]의 시대에는 범죄자에게 특수한 색이나 무늬 있는 의관을 착용하게 하여 치욕의 표시로 삼게 했을 뿐인데도 백성들은 법을 범하지 않았다고 들었다. 이는 무슨 연유인가? 다스림이 지극했기 때문이다. 그러나 지금의 법에는 육형이 세 가지나 있어도 범죄는 그치지 않고 있으니, 그 잘못이 도대체 어디에 있는가? 짐의 덕이 두텁지 못하고 교화가 밝지 못한 까닭이 아니겠는가? 교화의 방법이 훌륭하지 못하여 어리석은 백성들이 그런 범죄의 길로 빠지고 있음을 심히 부끄러워하고 있다. 『시(詩)』에서 "다정하고 자상한 군자여, 백성의 부모로다"라고 하였다. 지금 백성들에게 잘못이 있으면 교화를 실시하기도 전에 형벌을 먼저 가하여, 혹 잘못을 고쳐서 선을 행하고자 해도 그럴 길이 없으니, 짐은 이를 심히 불쌍히 여기고 있다. 지체(肢體)를 절단하고 피부와 근육을 상해하는 형벌을 받으면 종신토록 복원되지 않을 것이니 그 얼마나 고통스럽겠으며, 그리고 부덕한 일인가? 또한 이 어찌 백성의 부모된 자의 바람에 부합하겠는가? 앞으로는 육형을 폐지하도록 하라!

황제가 말하기를 "농업은 천하의 근본으로서 일 중에서 이보다 중대한 것이 없소. 지금 열심히 농업에 종사해도 다른 직종과 마찬가지로 조세가 부과되는데, 이는 본말(本末)[129]을 구별하지 않는 것이며, 권농(勸農)의 도가 아직 완비되지 않은 것이라고 할 수 있소. 앞으로는 농업에 부과되는 조세를 없애도록 하시오!"라고 하였다.

14년 겨울에 흉노가 변경으로 들어와서 노략질을 꾀하여 변방의 조나

---

128) 有虞氏 : 전설 속의 上古시대의 부락 이름. 거주지는 蒲阪(지금의 산서성 永濟縣 蒲州鎭) 일대에 있었으며 五帝 가운데 舜이 이 부락의 수령이었다.
129) 本末 : 여기서 本은 농업을 가리키고 末은 상공업과 수공업 등을 가리킨다.

(朝那)[130] 지역을 공격하면서 북지의 도위(都尉)[131] 손앙(孫卬)을 죽였다. 황제가 이에 세 장군[132]을 파견하여 북지, 농서(隴西),[133] 상군(上郡)[134]에 주둔하게 하고, 아울러 중위 주사(周舍)를 위장군에 임명하고 낭중령 장무를 거기장군으로 임명하여 위수(渭水)의 북쪽에 주둔하게 했는데, 전차가 1,000승(乘)이었고 기병이 10만이었다. 황제가 친히 군대를 위로하면서 검열하고 훈령을 내렸으며, 모든 관병(官兵)들에게 포상하였다. 황제가 몸소 흉노를 공격하려고 하자 군신들이 만류했으나 황제는 전혀 듣지 않다가 황태후가 끝까지 가로막자 그제서야 그만두었다. 동양후(東陽侯)[135] 장상여(張相如)를 대장군으로 삼고 성후(成侯)[136] 동적(董赤)[137]을 내사(內史)[138]로 삼고 혁포(奕布)[139]를 장군으로 삼아서 흉노를 공격하니 흉노가 도망갔다.

봄에 황제가 말했다.

짐이 희생(犧牲)과 폐백(幣帛)을 바쳐서 상제(上帝)와 종묘를 섬긴 지 14년이나 되었으니 그 세월이 결코 짧다고 할 수 없소. 허나 한편으로는 명민(明敏)하지 못한데도 오랫동안 천하를 다스려서 심히 부끄러울 뿐이오. 앞으로 제사를 지내는 장소를 증설하고 제사에는 폐백을 더 많이 올리도록

---

130) 朝那 : 현 이름. 지금의 寧夏 回族 자치구의 固原縣 동남쪽에 있었던 縣을 가리킨다.

131) 都尉 : 郡 전체의 軍事와 지방의 치안유지를 담당했던 관직. 권7 「항우본기」의 〈주 106〉 참조.

132) 세 장군은 隴西의 隆慮侯 周竈 장군, 北地의 寧侯 魏遫 장군, 上郡의 昌侯 盧卿 장군을 가리킨다.

133) 隴西 : 郡 이름. 지금의 감숙성 동남부 일대를 관할했으며, 治所는 狄道(지금의 감숙성 臨洮縣)이다. 권6 「진시황본기」의 〈주 138〉 참조.

134) 上郡 : 지금의 섬서성 북부와 내몽고 자치구 河套 이남을 관할했다. 권6 「진시황본기」의 〈주 11〉, 권7 「항우본기」의 〈주 151〉 참조.

135) 東陽은 지금의 산동성 武成縣 동북쪽에 있었던 縣을 말한다.

136) 成은 縣 이름. 지금의 산동성 寧陽縣 동북쪽에 있었는데, 일설에는 지금의 하북성 保定市 경계에 있었다고도 한다.

137) 董赤 : 일설에는 '赤'을 '赫'으로 써야 한다고 한다.

138) 內史 : 京城 지역의 民政을 관장한 관직. 권5 「진본기」의 〈주 97〉, 권6 「진시황본기」의 〈주 59〉, 권9 「여태후본기」의 〈주 31〉 참조.

139) 奕布 : 漢 初의 장군으로 梁(지금의 하남성 商丘縣 남쪽) 사람. 처음에는 燕王 臧茶의 장수였는데 文帝 때 燕의 승상에 임명되었고, 景帝 때 七國의 난을 평정하는 데 공이 있었기 때문에 兪侯에 봉해졌다. 그에 관한 것은 「季布欒浦列傳」에 상세히 적혀 있다.

하시오! 옛날에 선왕들은 덕을 널리 베풀면서도 그 보답을 구하지 않았고, 천지신께 두루 제사를 지내면서도 자신의 복을 빌지 않았으며, 현인을 친척보다 높이고 백성들을 자기보다 우선하였으니, 지극히 밝았다고 하지 않을 수 없소. 그런데 지금 듣자니 사관(祠官)들이 하늘에 제사를 올리면서 복을 모두 짐에게로 돌리고 백성들을 위하지 않는다고 하니 짐은 심히 부끄럽소. 짐이 부덕하면서도 혼자 그 복을 향유하고 백성들은 복을 누리지 못하게 한다면 이는 짐의 부덕함을 가중시키는 일이니 앞으로 사관들이 제사를 올릴 때는 공경을 다하되 짐에게만 복을 내리도록 간청하는 일이 없도록 하시오!

이때에 북평후(北平侯)[140] 장창이 승상이 되어 비로소 율력(律曆)[141]을 밝혔다. 노(魯)나라 사람 공손신(公孫臣)이 황제에게 글을 올려서 오덕(五德)이 순환하고 계승하는 일을 아뢰었다.[142] 그의 말에 따르면 지금은 바야흐로 토덕(土德)의 시기에 해당되고, 토덕의 때에는 반드시 황룡(黃龍)이 나타나니,[143] 정삭(正朔)[144]과 복색(服色)[145] 등의 제도를 개정해야 한다고 주장했다. 황제는 이 일을 관계부서에 내려서 승상과 의논하도록 했다. 승상이 추산을 해보니 지금은 수덕(水德)에 해당되는 때이므로 10월을 정월(正月)로 삼고 흑색(黑色)을 숭상해야 한다고 생각되었으므로, 공손신의 말은 맞지 않는 것이니 물리쳐야 한다고 황제께 아뢰었다.

---

140) 北平은 지금의 하북성 滿城縣 북쪽에 있었던 縣 이름이다.

141) 律曆 : 樂律과 曆法을 가리킨다. 여기서는 주로 후자를 가리킨다.

142) 천지간의 사물은 모두 五德(五行, 즉 金, 木, 水, 火, 土 등의 각종 물질을 구성하는 다섯 종류의 원소)이 순환하며 계승된다는 것을 말한다. 陰陽家들은 이 이론으로 왕조의 흥폐의 원인을 해석하기도 하였다. 이를테면 夏, 商, 周 세 왕조의 바뀜은 金(商)이 木(夏)을 이기고 火(周)가 金(商)을 이긴 결과라는 것이다. 또한 五德이 순환하는 것에 적응하기 위해서 각 왕조는 언제나 正朔과 服色 등을 바꾸었다. 권1「오제본기」의 〈주 28〉, 권2「하본기」의 〈주 191〉 참조.

143) 음양가의 이론에 근거하면, 金, 木, 水, 火, 土 五德과 상응하는 것은 白, 靑, 黑, 紅, 黃 五色이다. 공손신은 漢 왕조는 土德에 해당되니 이에 상응하는 것은 黃色이라고 여겨서 이렇게 推斷한 것이다.

144) 正朔 : 正은 年의 시작이고 朔은 月의 시작으로, 正朔은 바로 曆法制度를 가리키는 것이다. 옛날에 朝代가 바뀌면 새 왕조는 '應天承運'을 표시하기 위하여 正朔을 새로이 정했다.

145) 服色 : 官符에서 사용해야 하는 색을 가리키는 것이다. 옛날에 모든 왕조의 車馬, 犧牲, 服飾 등에는 모두 자기들이 숭상하는 색이 있었다. 이를테면 夏에서는 靑色을 숭상하고, 商에서는 白色을 숭상하며, 周에서는 紅色을 숭상한 것이 바로 그것이다.

그러나 15년에 황룡이 성기(成紀)[146]에 출현하자 황제는 공손신을 다시 소환하여 박사(博士)[147]로 삼고 토덕에 관한 일을 천명하도록 했다. 이 일로 해서 황제가 조서를 내려서 말하기를 "이물(異物)의 신이 성기에 출현했으나 백성들에게는 아무런 해를 끼치지 않았고 풍년이 들었다. 짐이 친히 상제와 신령들께 교사(郊祀)를 올리겠다. 예관(禮官)들은 이 일을 논의할 때에 짐이 수고로울까 염려하여 숨기는 일이 없도록 하라!"라고 했다. 대신들과 예관들이 모두 "옛날 천자께서 여름에 몸소 교외(郊外)에서 상제께 제사를 올렸기 때문에 교사라고 했습니다"라고 아뢰었다. 이에 천자가 처음으로 벽옹(辟雍)[148]으로 행차하여 오제(五帝)에게 제사를 올리고 맹하(孟夏) 4월[149]에 하늘의 은덕에 답례했다. 조(趙)나라 사람 신원평(新垣平)[150]이 망기(望氣)[151]에 뛰어나다며 황제를 알현하고는 위양(渭陽)[152]에 오제묘(五帝廟)를 세우면 주정(周鼎)[153]을 얻을 것이며 아울러 아름다운 보옥도 얻게 될 것이라고 아뢰었다.

16년에 황제가 친히 교외로 나가서 위양의 오제묘에 제사를 올렸으며 여름에 답례를 하였고, 적색(赤色)을 숭상했다.

17년에 옥으로 만든 잔을 얻었는데 "황제께서는 장수하신다"라는 글이 새겨져 있었다. 이에 황제는 이해를 원년(元年)으로 고치고[154] 사람들이 모여서 술마시는 것을 허락했다. 그러나 바로 그해에 신원평의 일이 발각되어[155] 그의 삼족(三族)[156]이 죽임을 당했다.

---

146) 成紀: 지금의 감숙성 秦安縣 북쪽에 있던 縣을 말한다.
147) 博士: 관직 이름. 고금의 史事와 文獻典籍 등을 관장했는데 황제의 학술고문에 해당했다. 각각 전문적인 학문을 맡았을 뿐만 아니라 정사의 토론에도 참여했으며, 아울러 순행하며 시찰하기도 하였다. 당시에는 太常(九卿의 하나)의 속관이었다. 권 6 「진시황본기」의 〈주 122〉 참조.
148) 辟雍: 고대에 郊外에 설치해놓았던 제사를 올리는 장소. 일설에는 縣 이름으로 지금의 섬서성 鳳翔縣 남쪽에 있었다고 한다.
149) 夏季의 첫달. 즉 음력 4월이다.
150) 新垣平: 新垣이 성이고 平이 이름이다.
151) 望氣: 雲氣를 관찰하여 길흉을 점치는 미신의 일종.
152) 渭陽: 지금의 섬서성 咸陽市 동북쪽에 있는 지명.
153) 周鼎: 周代에 나라를 물려줄 때 寶器로 사용한 아홉 개의 寶鼎. 泗水에 빠졌다고 전해진다. 권6 「진시황본기」의 〈주 166〉 참조.
154) 즉 孝文 17년(기원전 163년)을 원년으로 고친 것이다. 역사서에서는 이 뒤로 연도를 기록할 때 "後元"이라고 칭했다.
155) 신원평이 구름을 관찰하여 길흉을 점친다고 詐稱하면서, 한편으로 "황제께서는

344

후원(後元) 2년[157)에 황제가 다음과 같이 말했다.

짐은 현명하지 못해서 덕을 멀리까지 미치게 할 수 없어, 간혹 주변 다른 종족의 국가들을 편안케 하지 못했소. 또한 변경지역의 주민들은 생활이 불안했고, 내지(內地)의 백성들은 열심히 노력해도 편안하게 생업에 임할 수가 없었는데, 이 두 가지 허물은 모두 짐의 덕이 두텁지 못해서 멀리까지 미치게 할 수 없었기 때문이오. 근래 수년 동안 흉노들은 계속 변경을 침략하여 관리와 백성들을 죽이는 일이 많았고, 또한 변경의 관리와 장수들은 짐의 본 뜻을 이해하지 못하여 짐의 부덕을 가중시켜왔소. 오래도록 전란이 끊임없었으니 안팎의 국가들을 어떻게 편안하게 할 수 있었겠소? 짐은 근자에 새벽에 일찍 일어나고 한밤중에야 잠자리에 들면서 천하를 위하여 애쓰고 만민을 위해서 고심하며, 이런 걱정 때문에 하루도 마음 편한 날이 없었소. 그리하여 짐은 사신들의 수레가 앞뒤로 마주 보이고 길에는 수레바퀴 자국이 줄을 이을 정도로 사신들을 계속 선우(單于)에게 보내어 짐의 뜻을 이해시켜왔소. 그 결과 지금 선우는 예전의 친목우호 입장으로 돌아감으로써 사직의 안정과 만민의 이로움을 꾀하게 되었소. 그는 짐과 더불어 세세한 잘못을 버리고 함께 화목하게 사는 바른 길로 나아가며, 형제의 의를 맺어 천하의 선량한 백성들을 보호할 것이오. 화친(和親)[158)의 국책(國策)은 이미 확정되었으니 올해부터 실시하도록 하시오.

후원 6년 겨울에 흉노족 3만 명이 상군을 침입했고, 또 다른 3만 명은 운중(雲中)[159)을 침범하였다. 이에 황제는 중대부(中大夫)[160) 영면(令勉)을 거기장군으로 삼아서 비호(飛狐)[161)에 주둔하게 하고, 초(楚)의 승상

장수하신다"라는 글자가 새겨진 잔을 사람들 몰래 바치게 한 사기극이 발각되었음을 가리킨다.
156) 三族: 견해가 분분하다. 일설에서는 父, 子, 孫이라고 하고, 父母, 兄弟, 妻子라고도 하며, 또 다른 설에서는 父族, 母族, 妻族이라고 한다. 권7 「항우본기」의 〈주 11〉, 권8 「고조본기」의 〈주 314〉 참조.
157) 기원전 162년.
158) 和親: 적과 강화하여 姻親을 맺는 것. 대부분 漢族 왕조와 주변 소수민족 首領 간의 혼인관계를 통해서 친척으로 맺어지는 것을 가리킨다.
159) 雲中: 郡 이름. 지금의 內蒙古 자치구 四子王旗 이남과 前房子 이북의 지역을 관할했으며, 치소는 雲中(지금의 내몽고 托克托縣 동북쪽)이었다.
160) 中大夫: 관직 이름. 대부의 한 종류. 직위는 卿보다 약간 아래인데 조정의 顧問官이었다.
161) 飛狐: 關門의 이름인 飛狐口를 말한다. 지금의 하북성 淶源縣과 蔚縣 사이에 있었는데, 고대에 하북의 평원과 북방 邊郡 사이의 교통요로였다.

이었던 소의(蘇意)를 장군으로 삼아서 구주(句注)[162)]에 주둔하게 하고, 장군 장무는 북지에 머무르게 하고, 하내(河內)[163)]의 군수(郡守) 주아부(周亞夫)[164)]를 장군으로 임명하여 세류(細柳)[165)]에 주둔시켰으며, 종정 유찰(劉札)을 장군으로 삼아서 패상(覇上)[166)]에 머무르게 하고, 축자후(祝玆侯)[167)]로 하여금 극문(棘門)[168)]에 주둔하게 하여 흉노의 침입에 대비하도록 하였다. 여러 달이 지나서 흉노가 물러가자 이들을 모두 철수시켰다.

천하에 가뭄이 들고 메뚜기떼가 막대한 해를 입혔다. 이에 황제는 제후들에게 조공을 바치지 말게 하고, 금지조치를 내려놓은 산림과 호수를 개방하고, 의복과 거마, 애완물 등을 줄이게 하고, 황제의 수행인을 감원하고, 창고를 열어서 빈민들을 구제하게 하고, 백성들은 작위(爵位)를 팔 수 있게 했다.

효문제가 대(代)로부터 와서 즉위한 지 23년이 지나도록 궁실과 원유(苑囿),[169)] 애완물, 의복, 거마에 늘어난 것이 없었고, 백성들에게 불편한 조치가 있으면 곧 없애서 백성들을 이롭게 했다. 일찍이 노대(露臺)[170)]

---

162) 句注 : 勾注라고도 적는데 雁門山을 가리킨다. 지금의 산서성 代縣 서북쪽에 있었는데 고대의 유명한 아홉 개의 요새 가운데 하나이다.

163) 河內 : 郡 이름. 지금의 하남성 황하 이북지역을 관할했으며, 懷縣(지금의 하남성 武陟縣 서북쪽)에 있었다. 권4 「주본기」의 〈주 222〉, 권7 「항우본기」의 〈주 161〉, 권8 「고조본기」의 〈주 189〉 참조.

164) 周亞夫(? -기원전 143년) : 絳侯 周勃의 아들. 처음에 條侯에 봉해졌고 景帝 때 太尉에 임명되었으며, 뒤에 吳楚 七國의 난을 평정하는 데 공을 세워서 승상이 되었다. 「絳侯周勃世家」에 그의 傳이 있다.

165) 細柳 : 지금의 섬서성 咸陽市 서남쪽 渭水 北岸에 있는 지명.

166) 覇上 : 覇頭라고도 칭한다. 지금의 섬서성 西安市 동쪽에 있었는데 고대 咸陽, 長安 부근의 군사요지였다. 권6 「진시황본기」의 〈주 288〉, 권7 「항우본기」의 〈주 109〉, 권8 「고조본기」의 〈주 125〉, 권9 「여태후본기」의 〈주 29〉 참조.

167) 祝玆侯 : 『集解』에서는 徐廣의 말을 인용하여 「表」에서는 松玆侯라고 했는데, 그의 성은 徐이고 이름은 悍이다(表作松玆侯, 姓徐, 名悍)"라고 했고, 『史記志疑』에서는 '松玆侯'는 松玆侯 徐厲의 아들 徐悼라고 했다. 『漢書』의 「文帝紀」에는 "祝玆侯 徐厲가 장군이 되어 棘門에서 유숙했다(祝玆侯徐厲爲將軍, 次棘門)"라고 쓰여 있다. 松玆는 지명으로 지금의 호북성 松滋縣 남쪽에 있었다.

168) 棘門 : 지금의 섬서성 咸陽市 동북쪽에 있던 지명으로, 본래는 秦宮門이라고 했었다.

169) 苑囿 : 나무를 심어서 재배하고 금수를 기르는 造景 風致林. 대부분 황제와 귀족의 遊獵 장소였다. 권6 「진시황본기」의 〈주 46〉 참조.

170) 露臺 : 휴식과 경치를 감상하는 데 사용한 露天 樓臺.

를 지으려고 목수를 불러서 비용을 계산하게 한 적이 있었는데, 목수는 황금 100근이 든다고 아뢰었다. 그러자 황제는 "황금 100근이면 중산층 열 집의 재산과 맞먹는 것이오. 짐은 선제들이 남기신 궁실을 사용하면서 제대로 지키지 못하여 선제께 누를 끼칠까 늘 걱정했소. 그런데 지금 노대를 지어 무엇하겠소?"라고 하였다. 황제는 항상 질박한 옷을 입었고 총애하던 신부인(愼夫人)에게도 땅에 끌릴 정도로 긴 옷은 입지 못하게 했으며, 휘장에는 수를 놓지 말게 하여 검약하는 것을 보임으로써 천하의 모범이 되었다. 패릉(覇陵)[171]을 건조할 때는 와기(瓦器)를 사용하고 금, 은, 구리, 주석 등으로 장식하지 못하게 했으며 분묘를 높게 만들지 못하게 했는데, 이는 비용을 줄여서 백성을 번거롭게 하지 않으려는 뜻이었다. 또 남월왕(南越王) 위타(尉佗)[172]가 스스로 무제(武帝)가 되었을 때에도 문제는 그를 징벌하지 않고 위타의 형제를 불러서 귀하게 대접하여 위타의 배반을 은덕으로 갚아주니, 위타는 드디어 스스로 제(帝) 칭호를 버리고 신하라고 하였다. 한편 흉노에게는 화친정책을 썼는데, 그들이 약속을 어기고 침범할 때라도 변경에서만 수비하고 흉노 지역 깊숙한 곳까지는 진군하지 않게 하였으니, 이는 백성들이 고생하고 번거로워지는 것을 싫어했기 때문이었다. 오왕(吳王)이 거짓으로 병을 핑계대고 황제를 배알하지 않자 황제는 작은 탁자와 지팡이를 하사했다.[173] 군신 가운데 원앙(袁盎)[174] 같은 이는 직설적이고 신랄하게 진언을 했는데도 황제는 늘 관대하게 그의 의견을 채택하였다. 군신 중에서 장무 등이 뇌물을 받았다가 발각된 일이 있었는데, 황제는 오히려 왕실 창고의 금전을 하사

---

171) 覇陵 : 文帝의 陵墓. 장안성 동쪽(지금의 섬서성 서안시 동북쪽)에 있다.
172) 尉佗 : 즉 趙佗를 가리킨다. 원래 眞定(지금의 하북성 正定縣 남쪽) 사람이었는데, 秦 때에 南海郡尉를 지냈기 때문에 尉佗라고 했다. 그는 군대를 일으켜서 南海, 桂林, 象郡을 병합한 후에 南越國을 건립하여, 高祖 11년(기원전 196년)에 유방이 그를 南越王에 봉했다.
173) 몸을 기낼 수 있는 작은 탁자와 지팡이를 하사함은 敬老를 나타낸다. 즉 文帝는 작은 탁자와 지팡이를 하사하여 吳王에게 굳이 경성으로 와서 조회할 필요가 없음을 암시하였다.
174) 袁盎 : 즉 爰盎을 말하는 것이다. 楚나라 사람으로 후에 安陵(지금의 섬서성 함양시 동북쪽)으로 옮겼으며, 齊, 吳의 승상을 역임했다. 吳王에게 뇌물을 받고 그의 모반 사실을 숨겨주었다가 御史大夫 晁錯가 고발하여 削職되어 평민이 되었다. 吳楚 七國이 조착을 죽인다는 명분으로 반란을 일으켰을 때, 기회를 틈타 景帝에게 조착을 죽일 것을 건의했다. 뒤에 梁 孝王 劉武가 보낸 자객에게 피살되었는데, 그에 관한 것은 「袁盎晁錯列傳」에 상세히 나와 있다.

하여 그들을 부끄럽게 하였으며 법으로 다스리지 않았다. 이렇게 오로지 덕으로 백성들을 교화하는 데에 노력했기 때문에 전국은 인구가 많아지고 부유해졌으며 예의가 흥하였다.

후원 7년 6월 기해일(己亥日)에 황제는 미앙궁에서 붕어했는데, 세상을 떠나면서 남긴 조서의 내용은 다음과 같았다.

천하 만물 가운데 태어나고서 죽지 않는 것은 없다고 들었다. 죽음이란 천지의 이치요 생물의 자연스러움이니, 짐의 죽음이라고 해서 어찌 유난히 슬퍼하리오! 지금 세상에서는 모두 생을 찬미하고 죽음을 싫어하며, 장례를 후히 치르느라 생업을 파괴하고 복(服)[175]을 중히 여겨 산 사람을 상하게 하는 일이 있는데, 짐은 이에 대해서 심히 찬성하지 않는다. 또한 짐은 매우 부덕하여 백성들에게 아무런 도움도 주지 못했다. 그런데 지금 짐의 죽음에 또 복을 중히 하여 백성들에게 오래도록 곡하게 하고, 추위와 더위에 시달리게 하며, 천하의 부자(父子)된 자들을 슬프게 하고, 장유(長幼)의 마음을 상하게 하고, 그 음식을 손해나게 하고, 귀신에 올리는 제사를 금하게 한다면, 이는 짐의 부덕을 가중시키는 것이니 천하에 무슨 면목이 서겠는가? 짐이 종묘를 보전하며 미천한 몸을 군왕(君王)의 위에 의탁한 지 20여 년, 천지의 신령과 사직의 복에 힘입어 나라 안이 편안하고 전란이 없었다. 짐은 명민하지 못하여 늘 잘못된 행실로써 선제의 덕을 욕되게 할까 두려워했으며, 세월이 흐를수록 끝이 좋지 못할까 염려해왔다. 그런데 지금 다행히 천수를 다하고 고묘에서 후손들의 공양을 받게 되었으니, 무엇을 슬퍼하겠는가? 천하의 관리와 백성들은 이 조령을 받은 후 사흘 동안만 조곡(吊哭)하고 모두 상복을 벗을 것이며, 백성이 자식을 결혼시키고 제사를 지내고 술을 마시며 고기를 먹는 것 등을 금하지 말도록 하라! 상사(喪事)를 담당하여 상복을 입고 곡을 해야 하는 자들도 절대 맨발로 땅을 밟지는 말라![176] 상복의 질대(絰帶)[177]는 세 치를 넘지 않도록 할 것이며, 수레와 병기를 진열하지 말고, 백성들 중에서 남녀를 선발하여 궁전에서 곡하게 하는 일도 하지 말라! 궁에서 곡을 해야 하는 자들도 아침 저녁 각 열다섯 번씩만 하고 예가 끝나면 그만둘 것이며, 아침 저녁으로 곡할 때가 아니면 자기 멋대로 곡하지 말라! 이미 매장했으면 대공(大紅)

---

175) 服 : 居喪. 일정 기간 동안 죽은 자를 위해서 예를 다하여 애도를 표시하는 것을 守服이라고 칭했다.
176) 옛 사람들은 죽은 자에게 吊哭하고 맨발로 땅을 밟으며 비통함을 표시했다.
177) 絰帶 : 옛날 喪中에 머리나 허리에 묶던 麻로 만든 띠.

은 열닷새, 소공(小紅)은 열나흘, 섬(纖) 상복은 이레 동안만 입도록 하라! [178] 이 조령 속에 포함되어 있지 않은 다른 일들은 이 조령에 준하여 처리하도록 하라! 이 조령을 천하에 포고하여 짐의 뜻을 명백히 알게 하도록 하라! 또한 패릉 일대의 산수는 원래의 모습을 그대로 두고 바꾸지 말라! 후궁 중 부인(夫人) 이하 소사(少使)에 이르기까지는[179] 모두 그들의 집으로 돌려보내도록 하라!

조정에서는 중위 주아부를 거기장군으로 삼고 전속국(典屬國)[180] 서한(徐悍)을 장둔장군(將屯將軍)에 임명하였다. 그리고 낭중령 장무를 복토장군(復土將軍)에 임명하여 장안의 가까운 현에서 병졸 16,000명, 장안 내에서 병졸 15,000명을 징발하여 장무로 하여금 땅을 파고 흙을 메우는 등의 매장하는 일을 관장하게 하였다.

을사일(乙巳日)에 군신들은 머리를 조아리며 효문황제라고 시호를 올렸고, 태자는 고묘에서 즉위하여 정미일(丁未日)에 제위를 계승하여 '황제'라고 칭했다.

효경황제(孝景皇帝) 원년[181] 10월에 어사(御史)들에게 다음과 같이 칙명을 내렸다.

대개 고대의 선왕 중에서 공이 있는 자는 조(祖)라고 하고 덕이 있는 자는 종(宗)이라고 칭했다고 들었다. [182] 또 들어보니 가(歌)라는 것은 덕을 발현시키는 것이고 무(舞)라는 것은 공덕을 밝히는 것이라고 하였다. 고묘에 술을 올려서 제사를 지낼 때는 "무덕(武德)," "문시(文始)," "오행(五行)"의 가무(歌舞)를, 효혜제의 묘에는 "문시," "오행"의 가무를 연주했다. [183] 효문황제께서는 천하를 다스리면서 백성들이 자유로이 드나들 수 없도록

---

178) 이는 검약함에 근거하여 文帝가 제정한 독창적인 喪服制度이다. 본문의 '紅'은 '功'과 통한다. 大紅(大功) 상복은 원래 아홉 달을 입었는데, 文帝는 이를 15일로 고친 것이며, 小紅(小功) 상복은 다섯 달을 입었는데 문제는 14일로 고친 것이다. 또한 文帝는 원래 석 달 동안 입었던 緦麻를 纖服이라고 改稱하고, 기간도 7일로 줄인 것이다.

179) 後宮 가운데 夫人 이하의 美人, 良人, 八子, 七子, 長使, 少使를 말한다.

180) 典屬國 : 관직 이름. 민족간의 來往 사무를 관장했다.

181) 기원전 156년.

182) 고대 제왕의 世系 중에서 일반적으로는 開國皇帝를 祖라고 칭하고 祖의 계승자를 宗이라고 칭한다. 천하를 다스림에 공적이 있는 제일 처음의 황제를 宗이라고 칭한다고도 한다.

183) 고대의 樂舞에는 文武의 구분이 있었다. "武德"은 武舞인데 高祖 4년에 만든 舞

금지조치를 내려놓은 관문과 다리를 개방하시고 변경지역을 내지(內地)와 똑같게 대했으며, 비방에 대한 죄와 육형을 폐지하시고, 노인들에게 상을 내리고, 외로운 자들을 불쌍히 여기어 구제하여 백성들을 양육하셨다. 자신의 기호를 절제하고, 공품(貢品)을 받지 않으셨으며, 사사로운 이익을 도모하지 않으셨고, 죄인을 다스림에 그 부모와 처자식 등에게는 연좌시키지 않으시고 무고한 자들을 잘못 죽이는 일이 없으셨다. 궁형을 폐지하시고, 후궁 미인을 궁에서 나갈 수 있도록 하셨으며, 사람들의 후손이 끊어지지 않도록 각별히 배려하셨다. 짐은 명민하지 못하여 그분의 덕정(德政)을 다 알 수는 없다. 그분의 이러한 조치들은 비록 상고시대의 성왕들에게는 미치지 못하겠지만, 그러나 효문황제께서 친히 시행하신 것이었다. 그분은 천지만큼 후덕하시고 은덕을 사해(四海)에 베푸시어 그 은택을 입지 않은 이가 없었다. 효문황제는 해와 달처럼 영명하심에도 불구하고, 제사에는 그분께 어울리는 가무가 없으니 짐은 심히 송구스럽다. 효문황제를 위하여 "소덕(昭德)" 가무를 만들어서 그분의 크나큰 덕을 밝히도록 하라! 그런 후에 조종(祖宗)의 공덕을 사책(史册)에 기록하여 만세에 유전시킴으로써 영원하도록 한다면 짐은 매우 기쁘겠다! 승상, 열후, 중이천석(中二千石)[184] 급의 관원들 및 예관들은 함께 상의하여 합당한 예의를 만들어 올리도록 하라!

이에 여러 대신들이 함께 의논한 뒤에 승상 신도가(申徒嘉) 등이 다음과 같이 아뢰었다.

폐하께서 길이 효도를 생각하시어 "소덕" 가무를 만들어 효문황제의 성덕을 밝히시려는 것은 신 등이 미처 생각하지 못했던 바입니다. 신 등은 삼가 아뢰옵니다. 세상에서 고황제보다 공이 크신 분이 없고, 효문황제보다 덕이 성한 분이 없으시니, 고황제의 묘는 의당 본조(本朝)의 제실(帝室) 중에서 태조(太祖)의 묘가 되어야 하고 효문황제의 묘는 태종(太宗)의 묘

踊의 한 종류이다. 춤추는 자는 손에 干鏚(방패와 도끼처럼 생긴 무기)을 지녔다. "文始"는 虞舜 때의 文舞(본래는 "昭舞"인데 高祖 6년에 이름을 고쳐서 "문시"라고 했다)의 한 종류인데, 춤추는 자는 손에 羽旄(꿩의 깃털과 旄牛의 꼬리) 혹은 羽籥(籥은 관악기의 일종)을 지녔다. "五行"은 본래 周代의 舞踊의 한 종류였는데, 秦始皇 26년에 "오행"으로 개명했으며 춤추는 자는 손에 干鏚을 지니고 五色의 옷을 입었다.

184) 漢代 관직 品級의 한 종류인데 2,000석보다는 높았다. 漢의 제도에서 관리로서 품급이 2,000석인 자는 1년의 봉록이 1,440석이었고, 中二千石인 자는 2,160석이었다.

가 되어야 합니다. 무릇 천자가 되시는 분들은 대대로 조종(祖宗)의 묘에 제사를 올려야 하며, 각 군(郡)과 각 국(國)의 제후들은 효문황제를 위하여 태종의 묘를 건립해야 합니다. 또한 제후왕과 열후들은 해마다 사자를 보내어 천자를 모시고 조종의 묘에 제사를 올리게 해야 합니다. 청컨대 폐하께서는 이런 조치들을 문헌에 기록하시어 천하에 선포하시옵소서!

이에 황제가 칙명을 내려서 "좋다"라고 하였다.

태사공은 다음과 같이 말하였다.

"공자는 '반드시 한 세대를 다스린 후에야 인정(仁政)이 이루어진다. 선인(善人)이 나라를 다스린 지 100년이 경과하면 폭정(暴政)을 제거하고 형륙(刑戮)을 폐기할 수 있다'라고 말했는데, 실로 이 말이 맞지 않은가! 한이 건국하여 효문황제에 이르기까지 40여 년이 되는데 덕이 지극히 성해졌다. 역법과 복색을 고치고 봉선(封禪)을 행하는 것으로 점점 나아갔으나 문제(文帝)가 지나치게 겸양하여 지금껏[185] 완성되지는 않았지만, 그러나, 오호라, 어찌 어진 정치가 아니었으리오!"

---

185) 漢 武帝 시기, 즉 司馬遷이 『史記』를 지을 때를 말한다.

권11 「효경본기(孝景本紀)」 제11

 효경황제(孝景皇帝)¹⁾는 효문황제(孝文皇帝)의 둘째 아들로서, 모친은 두태후(竇太后)이다. 효문제가 대(代)²⁾에 있었을 때, 이전 왕후에게는 세 아들이 있었다. 그후 두태후가 총애를 받았을 때, 이전 왕후가 죽고 그의 세 아들도 연달아 죽었으므로 효경황제가 제위를 계승하였다.

 원년(元年)³⁾ 4월 을묘일(乙卯日), 천하에 대사면령을 내렸다. 더불어 을사일(乙巳日)에는 백성들에게 작위를 한 등급씩 하사했다. 5월에 전지(田地)의 조세를 절반으로 감면하였다. 그리고 효문황제를 위해서 태종묘(太宗廟)⁴⁾를 건립했으나 신하들에게는 입조(入朝)하여 하례를 올리지 못하게 하였다. 한편 흉노(匈奴)⁵⁾가 대(代) 땅에 침입했으나 화친의 맹약을 맺었다.

 2년 봄, 예전에 상국(相國)이었던 소하(蕭何)의 손자 소계(蕭係)를 무릉후(武陵侯)에 봉하였다. 남자의 나이가 스무 살이 되면 병역에 복무하도록 규정했다.⁶⁾ 4월 임오일(壬午日)에 효문태후(孝文太后)⁷⁾가 서거하였다. 광천왕(廣川王)⁸⁾과 장사왕(長沙王)⁹⁾이 모두 자신의 봉국(封國)으로

---

1) 孝景皇帝：劉啓(기원전 188-기원전 141년)를 말한다. '孝景'은 그의 시호이다.
2) 代：漢 初 封國. 지금의 河北省과 내몽고 자치구 경계지대와 山西省 동북부 지역을 관할하였다. 권7「항우본기」의 〈주 163〉, 권8「고조본기」의 〈주 145〉, 권9「여태후본기」의 〈주 20〉, 권10「효문본기」의 〈주 5〉 참조.
3) 元年：景帝 前元 원년(기원전 156년)을 말한다.
4) 太宗은 文帝의 廟號이다.
5) 匈奴：'胡'라고도 하며, 漢代의 북방 유목민족.
6) 漢의 舊制에서는 23세가 되면 복무하도록 했지만, 景帝 때 이것을 20세로 낮추었다.
7) 孝文太后：효문황제의 모친 薄太后.
8) 廣川王：景帝의 여덟째 아들 劉彭祖를 가리킨다. 廣川은 한 초기의 封國으로, 관할구역은 지금의 河北省 武邑, 景縣 이남과 南宮縣 이북의 부분지역, 山東省 德州市 일대였다.
9) 長沙王：景帝의 열째 아들 劉發을 가리킨다. 長沙는 한 초기의 封國으로, 관할구역은 지금의 湖南省 澈蒲縣 동쪽과 衡山縣 북부지역이었다.

돌아갔으며, 승상 신도가(申屠嘉)[10]가 세상을 떠났다. 8월, 어사대부(御史大夫)[11]인 개봉후(開封侯) 도청(陶靑)을 승상에 임명했다. 혜성이 동북쪽에 출현했다. 가을에 형산(衡山)[12]에 우박이 내렸는데, 큰 것은 다섯 치〔寸〕나 되었고, 깊이 팬 곳은 두 자〔尺〕나 되었다. 화성(火星)이 거꾸로 운행하여 북극성 자리를 지켰고, 달이 북극성 사이에 출현했다. 목성(木星)이 천정(天廷)[13] 구역을 거꾸로 운행하였다. 남릉(南陵),[14] 내사(內史),[15] 대우(祋祤)[16]의 세 개 현(縣)을 설치하였다.[17]

3년 정월 을사일(乙巳日), 천하에 대사면령을 내렸다. 유성(流星)이 서쪽 지역에 나타났다. 번갯불이 낙양(洛陽) 동궁(東宮)의 대전(大殿)과 성루를 불태웠다. 오왕(吳王) 유비(劉濞),[18] 초왕(楚王) 유무(劉戊),[19] 조왕(趙王) 유수(劉遂),[20] 교서왕(膠西王) 유앙(劉卬), 제남왕(濟南王) 유벽광(劉辟光), 치천왕(菑川王) 유현(劉賢), 교동왕(膠東王) 유웅거(劉雄渠)가 모반을 일으켜 병사를 출동시켜 서쪽으로 향했다. 천자는 그 때문에 조착(晁錯)[21]을 주살하고, 원앙(袁盎)[22]을 파견하여 통보했지만,

---

10) 申屠嘉: 한 초기의 大臣으로, 高祖 때는 都尉, 惠帝 때는 淮陽郡守, 文帝 때는 御史大夫를 지냈으며 얼마 후에 丞相에 올랐다. 景帝 때 晁錯이 종묘의 담을 뚫어서 문을 만들자는 건의에 반대하고 나섰는데, 오히려 경제가 조착을 비호하자 피를 토하고 죽었다. 권10 「효문본기」의 〈주 82〉 참조.

11) 御史大夫: 관직 이름. 丞相 다음가는 지위로서 감찰이나 탄핵 및 비밀문서를 관리하는 일을 주관했다. 권7 「항우본기」의 〈주 222〉, 권8 「고조본기」의 〈주 214〉, 권10 「효문본기」의 〈주 34〉 참조.

12) 衡山: 한 초기의 封國으로, 관할구역은 지금의 湖北省 동부, 河南省 남부와 安徽省 서부 지역이었다. 경내에 衡山이 있기 때문에 붙여진 이름. 권2 「하본기」의 〈주 60〉 참조.

13) 天廷: 고대에는 별자리를 紫微垣, 太微垣, 天市垣 등 세 구역으로 나누어 이를 '三垣'이라고 불렀다. 天廷은 '天庭'이라고도 쓰며 삼원 중 태미원을 가리킨다.

14) 南陵: 지금의 섬서성 장안현 동남쪽으로, 문제의 霸陵 남쪽에 있기 때문에 南陵이라고 한다.

15) 內史: 행정구역 이름으로, 京城 부근지역을 관할했다.

16) 祋祤: 지금의 陝西省 耀縣 동쪽.

17) 혹은 '남릉현을 설치하고 內史지역에 대우현을 설치했다'라고도 풀이한다.

18) 劉濞: 고조의 둘째 형 劉仲의 아들로, 일찍이 고조를 따라서 黥布를 격파시킨 공이 있어서 吳王으로 봉해졌다. 景帝 때 제후들의 封地를 삭감하는 것에 반대하여, 楚, 趙 등 6國과 연합하여 반란을 일으켰다가 패하자 東越로 달아났다가 그곳 사람에게 살해되었다. 권8 「고조본기」의 〈주 335〉, 권9 「여태후본기」의 〈주 23〉, 권10 「효문본기」의 〈주 20〉 참조.

19) 劉戊: 고조의 이복 동생 劉交의 손자.

20) 劉遂: 고조의 여섯째 아들 趙 幽王 劉友의 아들.

반란군은 멈추지 않고 서쪽으로 양(梁)[23]을 포위하였다. 이에 황제는 대장군 두영(竇嬰)[24]과 태위 주아부(周亞夫)[25]를 파견하여 병사를 인솔하여 그들을 주살하도록 하였다. 6월 을해일(乙亥日)에 도망친 반란군의 병사와 초 원왕(楚元王)[26]의 아들 유예(劉藝) 등 모반에 가담했던 사람들을 사면했다. 그리고 그 뒤 대장군 두영을 위기후(魏其侯)[27]에 봉하고, 초 원왕의 아들 평륙후(平陸侯) 유례(劉禮)를 초왕으로 삼았다. 황자(皇子) 유단(劉端)을 세워서 교서왕이라고 하였고, 황자 유승(劉勝)을 중산왕(中山王)이라고 했으며, 제북왕(濟北王) 유지(劉志)를 치천왕으로 옮겨가게 하였고, 회양왕(淮陽王) 유여(劉餘)를 노왕(魯王)으로 삼았으며, 여남왕(汝南王) 유비(劉非)를 강도왕(江都王)으로 삼았다. 제왕(齊王) 유장려(劉將廬)와 연왕(燕王) 유가(劉嘉)는 모두 서거하였다.

4년 여름, 황태자를 세웠고, 황자 유철(劉徹)을 세워서 교동왕으로 삼았다. 6월 갑술일(甲戌日), 천하에 대사면령을 내렸다. 윤달 9월에 역양(易陽)을 양릉(陽陵)[28]으로 개명하였다. 수륙의 중요한 길목에 관소(關所)를 새로 설치하고 통행증을 사용하여 출입하도록 했다. 겨울에는 조(趙)를 한단군(邯鄲郡)으로 개명하였다.

5년 3월, 양릉에 위교(渭橋)를 만들었다. 5월, 백성들을 모집하여 양릉으로 이주시키고 20만 전(錢)을 지급하였다. 강도(江都)[29]에 큰 폭풍

---

21) 晁錯(기원전 200-기원전 154년) : 潁川(지금의 河南省 禹縣) 사람으로, 일찍이 內史, 어사대부를 지냈으며 重農抑商 정책을 건의했으며, 병사를 모집하여 변방을 충실하게 하여 흉노의 침입을 적극적으로 막자고 주장했다. 또한 제후 왕국의 封地를 줄이거나 빼앗아서 중앙집권을 공고히 하자고 건의했다.

22) 袁盎(?-기원전 148년) : 爰盎을 말한다. 권10「효문본기」의 〈주 174〉 참조.

23) 梁 : 한 초의 封國으로, 관할구역은 지금의 河南省과 安徽省 경계지역이었다. 권4「주본기」의 〈주 264〉, 권7「항우본기」의 〈주 39〉, 권9「여태후본기」의 〈주 21〉, 권10「효문본기」의 〈주 101〉 참조.

24) 竇嬰(?-기원전 131년) : 竇太后의 조카. 字는 王孫이며, 觀津(지금의 하남성 武邑縣 동남쪽) 사람이다.

25) 周亞夫 : 沛縣(지금의 강소성 패현) 사람으로 周勃의 아들이다. 처음에 條侯로 봉해졌고, 후에 장군으로 임명되어 군사들을 근엄하게 다스리는 것으로 유명하다. 景帝 때는 태위와 승상을 지냈으며, 吳楚七國의 난을 평정하는 데 결정적인 역할을 한 장수이다. 권10「효문본기」의 〈주 164〉 참조.

26) 楚元王 : 고조의 이복 동생 劉交. 元은 그의 시호이다. 권10「효문본기」의 〈주 21〉 참조.

27) 魏其는 현 이름으로, 지금의 山東省 臨沂縣 동남쪽이다.

28) 陽陵 : 景帝의 능묘. 옛 터는 지금의 섬서성 서안시 북쪽에 있다.

354

이 서쪽에서 불어와서 성벽 열두 장(丈)을 파손시켰다. 정묘일(丁卯日), 장공주(長公主)³⁰⁾의 아들 진교(陳蟜)를 융려후(隆慮侯)³¹⁾로 봉하고, 광천왕을 조왕(趙王)으로 바꾸었다.

6년 봄, 중위(中尉)³²⁾ 위관(衞綰)³³⁾을 건릉후(建陵侯)에 봉했고, 강도의 승상 정가(程嘉)를 건평후(建平侯)³⁴⁾에 봉했으며, 농서(隴西)³⁵⁾ 태수 혼야(渾邪)를 평곡후(平曲侯)³⁶⁾로 삼았고, 조나라의 승상 소가(蘇嘉)를 강릉후(江陵侯)로 삼았으며, 장군 난포(欒布)를 유후(鄃侯)에 봉했다. 양왕과 초왕이 모두 서거하였다. 윤달 9월, 치도(馳道)³⁷⁾ 양쪽의 나무를 베어내고 난지(蘭池)³⁸⁾를 메웠다.³⁹⁾

7년 겨울, 율태자(栗太子)를 폐출시켜서 임강왕(臨江王)으로 삼았다. 11월 말일에 일식이 있었다. 봄, 양릉을 수축한 죄수들과 노예들을 사면했다. 승상 도청이 면직되었다. 2월 을사일(乙巳日)에 태위 조후(條侯) 주아부를 승상으로 임명했다. 4월 을사일에 교동왕태후(膠東王太后)⁴⁰⁾를 세워서 황후로 삼았다. 정사일(丁巳日)에 교동왕을 세워서 태자로 삼았고, 태자의 이름은 철(徹)이었다.

중원(中元) 원년, 이전에 어사대부였던 주가(周苛)⁴¹⁾의 손자 주평(周

---

29) 江都 : 秦나라 때는 廣陵縣이었는데, 한나라 때 江都로 고쳤다. 지금의 江蘇省 揚州市 동남쪽.
30) 長公主 : 景帝의 누나인 劉嫖를 가리킨다. 두태후 소생이다.
31) 隆慮는 현 이름으로, 지금의 河南省 林縣을 말한다.
32) 中尉 : 관직 이름. 장안의 치안업무를 담당했다. 권10 「효문본기」의 〈주 13〉 참조.
33) 衞綰 : 문제 때 中郎將을 역임했다.
34) 建平 : 현 이름으로, 지금의 河南省 永城縣 서남쪽이다.
35) 隴西 : 군 이름으로, 지금의 甘肅省 臨洮縣 지역이다. 권6 「진시황본기」의 〈주 138〉, 권10 「효무본기」의 〈주 133〉 참조.
36) 平曲 : 邑 이름으로, 지금의 河北省 覇縣 동쪽이다.
37) 馳道 : 秦代에 제왕의 거마가 통행할 때 쓰던 도로. 권6 「진시황본기」의 〈주 144〉 참조.
38) 蘭池 : 진 시황 때에 만든 연못의 이름으로 지금의 섬서성 함양시 동북쪽에 위치하였다.
39) '메웠다'의 원문은 "殖"으로 되어 있으나, 혹은 "塡"으로 되어 있는 판본도 있다. 문의상 '塡'이 타당하다.
40) 膠東王太后 : 景帝의 妃이며 劉徹의 모친. 성은 王. 당시 유철이 교동왕이었기 때문에 교동왕태후라고 칭하였다.
41) 周苛 : 周昌의 堂兄으로, 고제 때 滎陽에서 전사했다.

卒)을 승후(繩侯)로 봉하였고, 예전에 어사대부였던 주창(周昌)[42]의 손자 주좌거(周左車)를 안양후(安陽侯)에 봉하였다. 4월 을사일(乙巳日)에 천하에 대사면령을 내리고 백성들에게 작위를 한 등급씩 하사했으며 금고(禁錮)[43] 법령을 폐지하였다. 지진이 발생하였다. 형산과 원도(原都)에 우박이 내렸는데, 큰 것은 한 자 여덟 치나 되었다.

중원 2년 2월, 흉노가 연(燕)[44] 땅을 침입했으므로 화친을 끊었다. 3월에 임강왕을 소환하니, 임강왕은 도성에 이르러 중위부중(中尉府中)에서 자살하였다. 여름, 황자 유월(劉越)을 세워서 광천왕이라고 하고 유기(劉寄)를 교동왕으로 삼았으며, 네 명의 열후를 봉했다. 9월 갑술일(甲戌日), 일식이 발생했다.

3년 겨울, 제후국의 어사중승(御史中丞)[45]이라는 관직을 폐지하였다. 봄, 흉노의 왕 두 사람이 부하들을 거느리고 와서 항복하자 모두 열후의 작위에 봉해졌다. 황자 유방승(劉方乘)을 세워서 청하왕(淸河王)[46]으로 삼았다. 3월, 혜성이 서북쪽에 나타났다. 승상 주아부가 면직되었고, 어사대부인 도후(桃侯)[47] 유사(劉舍)를 승상으로 임명했다. 4월에 지진이 발생했다. 9월 말 무술일(戊戌日)에 일식이 출현했다. 동도문(東都門)[48] 밖에 군대를 주둔시켰다.

4년 3월, 덕양궁(德陽宮)[49]을 수축하였다. 메뚜기에게 큰 피해를 입었

---

42) 周昌(?-기원전 192년) : 劉邦과 동향 사람으로 성품이 강직하고 직언을 잘했다. 유방을 따라서 병사를 일으켜 진나라에 반기를 들었으며, 中尉로 임명되었다. 漢 때 어사대부를 역임했고, 汾陰侯에 봉해졌다. 후에 조왕 유여의의 승상이 되었는데, 유여의가 여후에게 살해당하자 병을 핑계로 사직하였다. 권9 「여태후본기」의 〈주 28〉 참조.

43) 禁錮 : 관리가 되는 것을 금지하고 제한한 법령을 말한다. 西漢 初에 상인이나 데릴사위는 관리가 될 수 없었으며 죄를 지은 관리는 다시 관리가 될 수 없었다.

44) 燕 : 고대 燕나라 지역을 통칭한다. 즉 지금의 河北省 북부와 遼寧省 서부 일대 지역이다.

45) 御史中丞 : 漢代 御史大夫 아래에는 御史丞과 中丞을 두었다. 中丞은 감찰과 탄핵을 담당했는데, 당시에는 제후국에서도 중승을 두었다.

46) 淸河는 한 초의 封國. 淸河王의 관할구역은 지금의 河北省 남부 南宮縣과 山東省 북부 高唐縣 사이의 지역이다.

47) 桃는 桃丘를 말한다. 지금의 山東省 東阿縣 서남쪽.

48) 東都門 : 당시 장안성 동북쪽의 外城門.

49) 德陽宮 : 景帝가 자신을 위해서 만든 묘. 생전이었기 때문에 '廟'라고 하지 않고 '宮'이라고 하였다.

다. 가을, 양릉 공사에 참여한 죄수를 사면했다.

5년 여름, 황자 유순(劉舜)을 세워서 상산왕(常山王)[50]으로 삼았다. 열 명에게 열후의 작위를 봉했다. 6월 정사일(丁巳日), 천하에 대사면령을 내리고 백성들에게 작위를 한 등급씩 하사했다. 전국에 큰 수재가 발생하였다. 제후국의 승상을 '상(相)'이라고 개칭하였다. 가을에 지진이 발생했다.

6년 2월 기묘일(己卯日), 옹(雍)[51]에 행차하여 오제(五帝)[52]에게 교제(郊祭)를 지냈다. 3월에 우박이 내렸다. 4월, 양 효왕(梁孝王),[53] 성양공왕(城陽共王),[54] 여남왕(汝南王)이 모두 서거하였다. 양 효왕의 아들 중에서 유명(劉明)을 세워서 제천왕(濟川王)으로 삼고, 유팽리(劉彭離)를 제동왕(濟東王)으로 삼았으며, 유정(劉定)을 산양왕(山陽王)으로 삼고, 유불식(劉不識)을 제음왕(濟陰王)으로 삼으니, 양(梁)은 다섯 나라로 분할되었다. 네 명에게 열후의 작위를 봉하였다. 정위(廷尉)[55]를 대리(大理)로 개명했고, 장작소부(將作少府)[56]를 장작대장(將作大匠)으로 개명했으며, 주작중위(主爵中尉)[57]를 도위(都尉)로 개명하였다. 또 장신첨사(長信詹事)[58]를 장신소부(長信少府)로 개명하고, 장행(將行)[59]을 대장추(大長秋)로, 대행(大行)을 행인(行人)으로, 봉상(奉常)[60]을 태상(太常)으로, 전객(典客)을 대행(大行)으로, 치속내사(治粟內史)[61]를 대농(大農)으로 개명하였다. 대내(大內)[62]를 이천석(二千石)[63]으로 하고, 좌

---

50) 常山은 한 초의 봉국. 常山王의 관할구역은 지금의 河北省 중부와 山西省 동부의 부분지역이었다. 권2 「하본기」의 〈주 116〉, 권7 「항우본기」의 〈주 164〉, 권8 「고조본기」의 〈주 325〉, 권9 「여태후본기」의 〈주 62〉, 권10 「효무본기」의 〈주 86〉 참조.

51) 雍：辟雍. 고대 교외에서 제사를 지내기 위해서 설치한 곳. 일설에는 현 이름으로, 지금의 陝西省 鳳翔縣 남쪽이라고 한다. 권10 「효문본기」의 〈주 148〉 참조.

52) 五帝：전설 속 상고시대의 다섯 제왕. 권1 「오제본기」의 〈주 1〉, 권6 「진시황본기」의 〈주 120〉 참조.

53) 梁 孝王：景帝의 친아우인 劉武를 가리킨다.

54) 城陽共王：城陽王 劉章의 아들이자 齊 悼惠王 劉肥의 손자 劉喜를 말한다.

55) 廷尉：관직 이름으로, 형벌을 관장하는 최고 사법관.

56) 將作少府：관직 이름. 궁실과 종묘 등의 토목건축 등을 관리하였다.

57) 主爵中尉：관직 이름. 작위 수여의 일을 관장하였다.

58) 長信詹事：長信宮(황태후가 사는 곳)에서 황태후의 일을 주관하였다.

59) 將行：관직 이름. 황후의 명령전달과 황후궁의 사무를 관장하였다.

60) 奉常：관직 이름. 종묘예의를 관장하는 고급관원으로 九卿의 하나이다.

61) 治粟內史：관직 이름. 국가의 조세, 錢穀, 염철, 재정 등을 관리하였다.

내관(左內官)과 우내관(右內官)을 두어 대내에 예속시켰다. 7월 신해일(辛亥日)에 일식이 나타났다. 8월에 흉노가 상군(上郡)에 침입했다.

후원(後元) 원년 겨울, 중대부령(中大夫令)[64]을 위위(衛尉)로 개명했다. 3월 정유일(丁酉日), 천하에 대사면령을 내리고, 백성들에게 작위를 한 등급씩 하사했다. 중이천석(中二千石)[65]과 제후국의 상(相)에게 우서장(右庶長)의 작위를 주었다. 4월, 백성들에게 주연을 베풀었다. 5월 병술일(丙戌日)에 지진이 일어났고, 그날 아침식사 무렵에 다시 지진이 발생했다. 상용(上庸)[66]에는 22일 동안 지진이 발생하여 성벽이 훼손되었다. 7월 을사일(乙巳日)에 일식이 있었다. 승상 유사(劉舍)가 면직되었다. 8월 임진일(壬辰日)에 어사대부 위관을 승상으로 임명하고 건릉후에 봉했다.

후원 2년 정월, 하루 동안에 지진이 세 번이나 있었다. 질장군(郅將軍)[67]이 흉노를 공격했다. 5일간 백성들에게 주연을 베풀었다. 내사의 관할하에 있는 각 군(郡)의 말에게 곡식을 먹이지 못하도록 명령하고, 이를 어길 경우에는 관가에서 말을 몰수할 것이라고 하였다. 죄수와 노예에게 칠종포(七緵布)[68]로 만든 옷을 입게 하고, 말을 이용하여 곡식을 찧지 못하도록 하였다.[69] 농사가 흉작이므로, 수확하기 이전에 식량을 다 소비하는 것을 금지하였다. 경성 안의 열후를 줄여서 자기 봉지로 돌아가도록 했다. 3월, 흉노가 안문(雁門)[70]에 침입했다. 10월, 장릉(長陵)[71] 부근

---

62) 大內 : 관직 이름. 京城의 창고를 관리하였다.
63) 二千石 : 관직 이름. 매년 봉록으로 2,000섬을 받는 관리를 통칭하는 일종의 관직이었다.
64) 中大夫令 : 관직 이름. 궁문의 수비를 담당하고 南軍을 통솔하였다. 권6 「진시황본기」의 〈주 61〉 참조.
65) 中二千石 : 漢代에는 안으로는 九卿郎將으로부터 밖으로는 郡守郡尉에 이르기까지 모두 2,000석이었으나, 中二千石, 二千石, 比二千石의 세 등급으로 구분했다.
66) 上庸 : 현 이름으로, 지금의 湖北省 竹山縣 서남쪽이다. 권5 「진시황본기」의 〈주 216〉 참조.
67) 郅將軍 : 郅都를 말한다. 景帝 때에 濟南太守를 거쳐서 中尉에 임명되었다가 후일 두태후의 미움을 사서 斬刑을 당했다.
68) 七緵布 : 질이 조잡한 베.
69) 곱게 탈곡하지 말고 거친 곡식 그대로 먹자는 의미이다.
70) 雁門 : 郡 이름으로, 지금의 山西省 북부지역이다. 권5 「진시황본기」의 〈주 174〉 참조.
71) 長陵 : 한 고조의 능묘. 지금의 섬서성 함양시 동북쪽에 위치한다. 권8 「고조본

의 관전(官田)을 백성들에게 임대해주어 경작하게 하였다.[72] 가뭄으로 큰 피해를 입었다. 형산국(衡山國), 하동군(河東郡), 운중군(雲中郡)에 전염병이 유행했다.

3년 10월, 태양과 달이 5일 동안 계속 붉은 색을 띠었다. 12월 말 우레가 쳤으며, 태양은 보라색이 되었다. 오성(五星)[73]이 역행하여 태미원(太微垣) 구역에 있었고, 달은 천정 구역 가운데를 관통하고 있었다. 정월 갑인일(甲寅日), 황태자의 관례(冠禮)[74]를 거행했다. 갑자일(甲子日), 효경황제가 서거하였다. 유조(遺詔)에 따라서 제후왕에서 백성에 이르기까지 부친의 뒤를 이은 백성[75]에게 작위를 한 등급씩 주었고, 전국의 각 집마다 100전(錢)을 하사하였다. 후궁 궁인들을 집으로 돌려보내고 그들에게는 평생 조세와 부역을 면제해주었다. 태자가 즉위했으니, 이이가 바로 효무황제(孝武皇帝)이다. 3월, 황태후의 동생 전분(田蚡)을 무안후(武安侯)로 봉하고, 동생 전승(田勝)을 주양후(周陽侯)로 봉하였다. 경제(景帝)를 양릉에 안장했다.

태사공은 다음과 같이 말하였다.

"한(漢)이 흥하여 효문황제가 큰 덕을 펼치자 천하는 제왕의 덕을 흠모하며 안정되었다. 효경황제에 이르러 다시는 이성(異姓) 제후의 반역을 걱정할 필요가 없게 되었으나, 조착(晁錯)이 제후의 봉국을 빼앗자 마침내 7국이 함께 봉기하고 연합하여 서쪽으로 진격하였다.[76] 이것은 제후의 세력이 강대했음에도 불구하고 조착이 점진적인 방법으로 대처해나가지 않았기 때문이었다. 그후 주보언(主父偃)[77]의 건의에 따라서 제후왕의 세력이 점점 약해져서 마침내 천하가 안정되었다. 이것으로 미루어본다면

기」의 〈주 361〉 참조.
72) 원문은 "租長陵田"이다. 이 문장을 '장릉 부근의 田地에 조세를 부과하였다'라고 풀기도 한다.
73) 五星 : 金, 木, 水, 火, 土의 다섯 별.
74) 冠禮 : 고대에는 남자가 20세가 되면 머리를 묶고 관을 써서 성년이 되었음을 나타내었다.
75) 원문은 "民爲父後"로서, 장남을 말한다.
76) 본래는 戰國時代 南北六國이 연합하여 공동으로 秦나라에 대항한 것인데, 여기서는 吳楚七國이 연합하여 병사를 일으켜 조정에 모반한 것을 가리킨다.
77) 主父偃(? -기원전 127년) : 무제 때 상서를 올려서 郎中이 되었고 관직은 中大夫

천하의 안정과 위태로움의 관건이 어찌 모책(謀策)에 달려 있다고 하지
않겠는가 ? "

까지 이르렀다. 그는 제후왕이 봉국을 나누어서 자기의 자제들을 省에 봉하게 함으
로써 그들의 封國을 축소시켜 세력을 점점 약화시키자고 건의하였다. 이 건의는 무
제에게 받아들여졌으며, 이것으로써 漢 王朝의 중앙집권정치를 더욱 공고히 하였다.

권12 「효무본기(孝武本紀)」[1] 제12

    효무황제(孝武皇帝)[2]는 효경황제(孝景皇帝)[3]의 아홉째 아들이며, 그의 어머니는 왕태후(王太后)라고 불렸다. 경제(景帝) 4년에 황자(皇子)의 신분으로 교동왕(膠東王)[4]에 봉해졌고, 경제 7년에는 율태자(栗太子)[5]가 임강왕(臨江王)[6]으로 폐위되자 교동왕이 태자의 자리에 올랐다. 경제가

---

1) 「孝武本紀」: 「太史公自序」에는 "今上本紀"라고 되어 있고, 本紀 중에서 武帝의 사적을 서술할 때도 모두 "上," "今上," "今天子" 등으로 되어 있는 것으로 보아서 篇名에서의 '孝武'는 諡號임을 알 수 있다. 그러므로 이 篇의 제목은 「太史公自序」에 의거해서 「今上本紀」로 고쳐야 마땅하다. 또 考證에 의하면 이 篇 첫단락의 60字는 후대 사람이 보충한 것이고, 둘째 단락부터 끝까지는 「封禪書」와 같지만 문자의 오류가 많은 것으로 보아 후대 사람이 「封禪書」에 의거하여 다시 편성한 것임을 알 수 있다. 일설에 「孝武本紀」는 褚少孫(漢 宣帝 때의 博士)이 보충한 것이라고도 한다.
2) 孝武皇帝(기원전 156-기원전 87년): 이름은 徹, 景帝의 아들이다. 원문에는 "孝景中子也"로 되어 있는데 이것은 '효경황제 아들 가운데 한 명이다'라는 뜻이고, 원래는 아홉째의 아들이다. 기원전 141년에서 기원전 87년까지 재위하였다. 그는 文帝와 景帝의 업적을 이어받아 안으로는 경제를 통제하고 중앙집권체제를 강화했으며, 匈奴를 정벌하고 변경을 개척하였다. 儒學을 존중하였고 仁義를 제창했으며, 百家를 축출하여 太學을 세우고 五經博士를 두었다. 그가 재위한 동안 西漢의 軍事, 政治, 經濟, 文化는 극도로 발달했지만, 귀신을 지나치게 믿었고, 대규모의 토목사업과 여러 차례의 대외정벌, 무거운 형벌로 말미암아 국고가 쇠잔했고, 인구가 감소했으며, 대다수의 농민이 흩어지게 되었다. 그러나 한편 그는 詩賦를 좋아하여 四方의 文士들을 불러들였고, 樂府를 설치하였다. 두 권의 文集이 있었으나 망일되었다. 諡號는 '孝武'였다.
3) 孝景皇帝(기원전 188-기원전 141년): 景帝 劉啓이다. 文帝의 아들이며, 기원전 157년에서 기원전 141년까지 재위하였다. 文帝를 이어서 계속 與民休息 정책을 취하여 부역과 세금을 가벼이 하고 重農抑商 정책을 썼으며, 수리사업으로 농업생산의 발전을 가져왔다. 또 晁錯의 의견을 받아들여 諸侯의 封地를 삭탈하였고, 吳楚七國의 亂을 평정했으며, 관리제도를 정비하여 중앙집권체제를 공고히 하였다. 재임기간 동안 경제는 번영하였고 정치는 안정되었으며, 인구가 증가하였고 국가경제가 튼튼해졌으므로 역사상 이것을 '文景之治'라고 칭한다. 권11 「효경본기」의 〈주 1〉 참조.
4) 膠東은 封國 이름. 지금의 山東半島 中部지역이며 都城은 卽墨(山東省 平度縣 동남쪽)에 있었다. 권7 「항우본기」의 〈주 177〉 참조.
5) 栗太子: 景帝와 栗姬 사이에서 낳은 劉榮을 말한다. 후에 죄를 짓자 자살하였다.
6) 臨江은 封國 이름. 지금의 湖北省 西南部 지역이며, 都城은 江陵(湖北省 江陵縣)

즉위한 지 16년 만에 서거하자 태자가 제위에 올랐으니, 이가 곧 효무황 제이다. 효무황제는 제위에 오르자 더욱 공손히 귀신에게 제사 지내는 일 을 받들었다.

원년(元年),[7] 한(漢)이 건국된 지 60여 년이 흘러 천하는 태평무사하 였다. 조정의 관원들은 모두 천자가 봉선(封禪)[8]을 거행하고 역법(曆 法), 복색(服色) 등의 제도를 고칠 것을 희망하였다.

천자는 유가학설을 숭상하여 현량(賢良)[9] 출신의 선비들을 불러들였는 데, 조관(趙綰),[10] 왕장(王臧)[11] 등이 문장에 박학했기 때문에 공경대신 (公卿大臣)에 임명하였다. 그들은 옛날과 같이 성남(城南)에 명당(明堂) 을 건립하여 제후들이 조회할 때 사용할 것을 건의하였다. 그러나 순수 (巡狩),[12] 봉선, 그리고 역법과 복식 제도의 개정 등 그들이 초안한 여러 법안들은 실시되지 못하였다. 두태후(竇太后)[13]는 황로(黃老)[14]를 숭상 하고 유학을 싫어했으므로 몰래 사람을 시켜서 조관, 왕장이 불법적으로 이익을 취한 일이 있음을 알아내고는 그들을 불러 심문했고, 그러자 그들 은 자살해버렸다. 이에 그들이 실시하려던 일들이 모두 취소되었다.

6년[15] 후에 두태후가 붕어하자 그 이듬해에 천자는 문학지사인 공손홍 (公孫弘)[16] 등의 인재를 불러들였다.

에 있다.

7) 漢 武帝 建元 元年. (기원전 140년)

8) 封禪:帝王이 天地에 제사 지내는 의식. 泰山 위에 제단을 쌓고 하늘의 은공에 보 답하여 지내는 제사를 '封'이라고 하고, 태산 아래의 梁父山에서 땅의 은공에 보답하 여 지내는 제사를 '禪'이라고 한다. 권1 「오제본기」의 〈주 23〉, 권6 「진시황본기」의 〈주 147〉 참조.

9) 賢良:賢良方正, 賢良文學이라고도 칭한다. 漢代에 人才를 선발하던 科目의 하나 로, 漢 武帝가 자신의 治政에 대한 평가를 듣기 위해서 "擧賢良方正能直言極諫者"라 고 명하였고, 이렇게 선발된 자에게는 관직을 수여했다.

10) 趙綰:代(지금의 河北省 蔚縣) 사람으로, 당시 御史大夫를 맡았다.

11) 王臧:蘭陵(지금의 山東省 棗莊市) 사람으로, 당시 郎中令이었다.

12) 巡狩:天子가 諸侯의 나라를 巡廻하여 시찰하는 것. 보통 5년에 한 번 실시한다.

13) 竇太后:文帝의 皇后로 景帝가 즉위하자 '皇太后'라고 높여졌다. 武帝의 祖母이 다.

14) 黃老:즉 黃老學派. 戰國時代와 漢 初期의 道家學派로서 전설상의 黃帝와 老子를 합한 黃老를 道家學派의 창시자로 받들었다. 西漢 초기의 통치자는 與民休息 정책을 취하여 생산을 회복하고, 黃老의 '淸靜無爲'의 治術을 숭상하였다.

15) 建元 6年. (기원전 135년)

16) 公孫弘(기원전 200-기원전 121년):菑川薛(山東省 壽光縣 남쪽) 사람. 獄吏 출

그 1년 후, 천자는 처음으로 옹(雍)[17]의 오치(五畤)[18]에서 교사(郊祠)[19]를 거행하였고, 그후로는 3년마다 한 차례씩 교사를 거행하게 하였다. 이때 천자는 신군(神君)[20]을 한 사람 얻어, 그를 상림원(上林苑)[21]에 있는 제씨관(蹏氏觀)[22]에 두었다. 그 신군이란 장릉(長陵)[23]에 살던 어떤 여자로서 그녀는 자식이 요절하자 슬퍼하다가 따라서 죽었고, 죽은 후에 그녀의 동서인 완약(宛若)의 몸에 그 모습을 드러낸 것이었다. 이에 완약은 그녀를 자기 집에 모시고 제사를 지냈는데 다른 사람들도 많이 와서 제사 지냈다. 평원군(平原君)[24]도 가서 제사를 지냈으므로, 후에 그녀의 자손들도 따라서 존귀하게 되었다. 무제(武帝)가 즉위하자 성대한 제례로써 궁내에 그녀를 모셔서 제사 지냈는데, 그녀의 말소리는 들렸으나 모습은 보이지 않았다.

이때 이소군(李少君)도 사조(祠竈),[25] 곡도(穀道)[26]와 불로장생하는 방술(方術)로써 천자를 알현하자, 천자는 그를 매우 정중하게 대접하였

신으로 『春秋』 雜說을 배워서 武帝 때 博士로 뽑혔다. 御史大夫, 丞相을 지냈고 平津侯에 봉해졌다. 일찍이 五經博士의 설치와 弟子員을 두자고 건의하였다.

17) 雍 : 縣 이름. 권5 「진본기」의 〈주 104〉 참조.
18) 五畤 : 옛날에 天地, 五帝에게 제사 지내던 장소. 秦 文公 때 鄜畤를 지어서 白帝에게 제사 지냈고, 秦 宣公 때 密畤를 지어서 靑帝에게 제사 지냈고, 秦 靈公 때 吳陽 上畤, 下畤를 지어서 赤帝, 黃帝에게 제사 지냈고, 漢 高祖 때 北畤를 지어서 黑帝에게 제사 지냈는데, 이를 일컬어서 五畤라고 한다. 지금의 섬서성 鳳翔縣 남쪽에 위치한다.
19) 郊祠 : 古代 제사의 일종. 교외에서 天神, 地神에게 지내는 제사.
20) 神君 : 옛날 神靈에 대한 존칭. 여기서는 長陵에 살던 어떤 여자를 가리킨다.
21) 上林苑 : 동산 이름. 秦나라 때 건립하였고, 漢 武帝 때 확충했는데 그 둘레가 200여 里이며, 그 안에 離宮(임금이 야외에 유람나갔을 때 머물기 위하여 지은 궁전), 館(정원 안에 휴식하기 위하여 세운 건물), 觀(경치나 먼 곳을 조망하기 위하여 높이 지은 누각) 등이 70여 개나 되고 동산 안에는 여러 동물들을 길러서 天子가 봄, 가을에 사냥을 즐길 수 있게 한 곳이다.
22) 蹏氏觀 : 上林苑 안에 있는 廟堂 이름.
23) 長陵 : 縣 이름. 漢 高帝의 陵이 있는 곳으로, 지금의 섬서성 西安市 서북쪽에 위치한다. 권8 「고조본기」의 〈주 361〉, 권11 「효경본기」의 〈주 71〉 참조.
24) 平原君 : 武帝의 外祖母.
25) 祠竈 : 부엌神에게 제사 지내는 것을 말한다. 옛날 사람들은 부엌신이 인간의 선악을 天帝에게 보고하여 집안의 화복을 관장할 수 있다고 생각하였다. 『說文』, 『周禮』에서는 祝融을 竈神(부엌신)이라고 했고, 『淮南子』에서는 炎帝를 조신이라고 하였다.
26) 穀道 : 곡식을 심어서 金을 얻는 도술. 일설에는 양식을 먹지 않고도 생활할 수 있는 불로장생 方術의 일종이라고도 한다.

다. 이소군이란 자는 이미 세상을 떠난 심택후(深澤侯)[27]의 추천으로 입조하여 천자의 방술과 의약에 대한 일을 주관하게 되었다. 그는 자기의 연령, 경력과 생애를 속였으며, 항상 자신의 나이가 70세이고 귀신을 부리고 약물을 사용함에 능숙하다고 했으며, 노화를 방지하고 불로장생할 수 있는 방술이 있다고 말했다. 그는 이와 같은 방술로써 세상을 주유하여 각국의 제후들을 두루 만났다. 그에게는 아내와 자식이 없었다. 사람들은 그가 귀신을 부릴 수 있고 불로장생할 수 있다는 소문을 듣고서 너도나도 그에게 재물을 가져다주었으므로 그는 항상 수많은 금전, 비단, 옷과 식료품을 쌓아두고 지냈다. 그러자 사람들은 그가 생업에 종사하지 않으면서도 부유한 것을 신기하게 생각하였고, 또한 그가 어디 출신인지도 모르면서 더욱 그를 믿고 앞다투어 섬겼다. 이소군은 천성이 방술을 행하는 것을 좋아하여 그때그때 교묘한 말로써 어떤 일이든지 정확히 알아맞혔다. 그는 일찍이 무안후(武安侯)[28]의 잔치에 참석했었는데, 그 자리에는 90세 노인이 있었다. 이소군은 자신이 그 노인의 조부와 함께 사냥했던 장소를 이야기했는데, 그 노인은 어렸을 때 조부를 따라갔었기 때문에 그 장소를 알고 있었고, 이리하여 손님들은 모두 깜짝 놀랐다. 이소군이 천자를 배알했을 때 천자는 자신이 가지고 있는 오래된 동기(銅器)에 대해서 물었다. 그러자 이소군은 "이 동기는 제 환공(齊桓公)[29] 10년 백침대(柏寢臺)[30]에 있던 것입니다"라고 대답하였다. 이에 천자가 곧 사람을 시켜서 동기에 새겨진 글자를 검사하자 과연 그것은 제 환공 때의 동기로 밝혀졌다. 그러자 온 궁중 안의 사람들은 모두 놀라워했고, 이소군은 신선이며 그의 나이는 수백살이나 되었다고 여겼다.

이소군이 천자에게 이르기를 "부엌신에게 제사 지내면 신기한 물건[神物]을 얻을 수 있습니다. 신기한 물건을 얻으면 단사(丹沙)[31]를 이용하

---

27) 深澤侯 : 趙胡를 가리킨다. 그는 선조의 작위를 이어받아서 심택후에 봉해졌다.

28) 武安侯 : 이름은 田蚡이고, 長陵 사람으로 景帝 皇后의 동생. 武帝 때 武安侯에 봉해졌고, 太尉에 올랐으며 후에 丞相이 되었다.

29) 齊 桓公(? -기원전 643년) : 姜小白. 春秋時代 齊나라 임금. 기원전 685-기원전 643년까지 在位하였으며, 管仲을 임용하여 개혁을 추진시켜서 당시 최고의 霸王이 되었다. 「齊太公世家」와 「管晏列傳」에 상세히 기록되어 있다.

30) 柏寢臺 : 樓臺 이름. 齊 桓公 때 축조. 지금의 山東省 廣饒縣 동북쪽.

31) 丹沙 : 광물 이름. 즉 朱砂. 약용과 안료로 쓰였는데, 옛날 方士들은 이것으로 불로장생약과 황금을 만들 수 있다고 믿었다.

여 황금을 제련할 수 있으며, 황금을 제련한 후에 그것으로 음식 담는 그
릇을 만들어서 사용하면 장수할 수 있습니다. 장수하게 되면 바다에 떠
있는 봉래도(蓬萊島)[32]의 선인을 만날 수 있으며, 선인을 만나서 천지에
제사 지내면 불로장생할 수 있습니다. 황제(黃帝)께서도 이와 같이 하셨
습니다. 이전에 신은 바다에서 놀다가 안기생(安期生)[33]을 만났습니다.
그가 신에게 대추를 먹으라고 주었는데, 그 대추의 크기가 참외만큼 컸습
니다. 안기생은 선인이어서 봉래(蓬萊)의 선경(仙境)을 왕래할 수 있는
데, 만약 천자께서 그와 마음이 통하면 그가 모습을 나타낼 것이지만, 통
하지 않으면 숨어버리고 나타나지 않을 것입니다"라고 하였다. 그러자 천
자는 몸소 부엌신에 제사 지내고 방사(方士)를 파견하여 바다로 들어가서
안기생과 같은 선인을 찾게 했으며, 동시에 단사 등 각종 약물을 사용하
여 황금을 만드는 일에 착수하였다.

　오랜 세월이 흐른 뒤 이소군이 병사하자 천자는 그가 신선이 되어 승천
한 것이지 결코 죽은 것이 아니라고 생각하였다. 천자는 황현(黃縣),[34]
추현(錘縣)[35]의 문서관인 관서(寬舒)[36]로 하여금 이소군의 방술을 계승
하도록 하였고, 계속해서 봉래 선인 안기생을 찾도록 명령했으나 결국 찾
아내지 못하였다. 이후로 연(燕), 제(齊) 등 연해(沿海) 지방의 수많은
괴탄(怪誕)스럽고 황당무계한 방사들은 이소군을 모방하였고, 계속해서
신선에 대한 일들이 전해져왔다.

　박현(亳縣)[37] 사람 박유기(薄誘忌)[38]가 태일신(泰一神)[39]에 제사 지내
는 예의에 대해서 천자에게 아뢰었다. "천신 중에서 가장 존귀한 분은 태

---

32)　蓬萊島 : 東海에 떠 있는 전설상의 세 개 仙山 중 하나. 전설상의 세 산은 蓬萊,
　　方丈, 瀛洲인데, 외형은 주전자같이 생겼으며, 산 위에는 금과 은으로 지어진 궁전
　　과 불사약이 있고, 신선이 사는 곳이라고 전해진다.
33)　安期生 : 古代 전설상의 道家 仙人. 琅邪 사람으로 東海에서 약을 팔며 살았는데,
　　당시 사람들은 그의 나이가 1,000살이라고 하였다.
34)　黃縣 : 지금의 山東省 黃縣 동쪽 지역. 권6「진시황본기」의 〈주 153〉 참조.
35)　錘縣 : 지금의 山東省 文登縣 서쪽 지역.
36)　寬舒 : 사람 이름. 후에 祠官에 임명되었다.
37)　亳縣 : 南亳(河南省 商丘縣 남쪽), 西亳(河南省 偃師縣 서쪽), 北亳(山東省 曹縣
　　남쪽)이 있는데, 모두 商代의 都城이었다. 권3「은본기」의 〈주 20〉 참조.
38)　薄誘忌 : 『索隱』에 따르면 '薄'은 '亳'의 行文이고 '誘'는 '謬'의 誤字이므로 응당
　　'亳謬忌'로 고쳐야 한다고 한다. 『封禪書』, 『漢書』의「郊祠志」에도 "謬忌"라고 적혀
　　있다.
39)　泰一神 : '太一神'이라고도 한다. 전설상 가장 존귀한 天神이다.

일신이며, 태일을 보좌하는 것이 오제(五帝)입니다. 옛날에 천자는 매년 봄, 가을 두 계절에 수도(首都) 동남쪽 교외에서 태일신에게 제사 지냈습니다. 제물로는 소, 양, 돼지를 사용하였으며, 7일 동안 거행하였습니다. 또한 제단을 만들고 팔방으로 통하는 귀도(鬼道)를 만들어서 귀신이 왕래하도록 하였습니다."이리하여 천자는 태축(太祝)[40]에게 명하여 장안 동남쪽 교외에 태일신의 사당을 건립하게 하고, 항상 박유기가 말한 방식에 따라서 제사 지내게 하였다. 후에 어떤 사람이 "옛날에 천자는 3년에 한 번씩 소, 양, 돼지의 희생으로 천일신(天一神), 지일신(地一神), 태일신의 삼신(三神)에게 제사 지냈습니다"라고 상주하였다. 천자는 이 상소문을 윤허하고, 박유기의 건의에 따라서 건립한 태일단(泰一壇) 위에서 신들에게 제사 지내던 것을 이 사람이 상소한 방식에 따라서 제사 지내라고 태축에게 명하였다. 그후에 또 어떤 사람이 상소하여 이르기를 "옛날 천자는 항상 봄, 가을마다 해사(解祠)[41]를 지냈는데, 황제(黃帝)에게 제사 지낼 때는 효조(梟鳥),[42] 파경(破鏡)[43]을 사용하고, 명양신(冥羊神)에 제사 지낼 때는 양을, 마행신(馬行神)에 제사 지낼 때는 한 필의 수말을, 태일신, 고산산군(皐山山君),[44] 지장신(地長神)에게 제사 지낼 때는 소를 사용하고, 무이산신(武夷山神)에게 제사 지낼 때는 마른 어물(魚物)을 사용하고, 음양사자신(陰陽使者神)에게 제사 지낼 때는 소 한 마리를 사용했습니다"라고 하였다. 이에 천자는 사관(祠官)에게 그의 말대로 제사 지내되, 박유기가 건의한 태일단 옆에서 제사를 거행하라고 명하였다.

그후 천자의 궁원(宮苑)인 상림원에 흰 사슴이 나타나자, 그것의 가죽으로 화폐를 만들어서 이것이 천자의 어진 정치에 하늘이 감응하여 내보인 길한 조짐임을 선양하였고, 백금(白金) 화폐를 만들었다.

그 이듬해, 천자가 옹현에서 교사를 거행하다가 뿔이 하나 달린 들짐승을 포획하였는데 그 모양이 마치 고라니[麐][45] 같았다. 제사를 주관하는

---

40) 太祝 : 관직 이름. 祭祀, 祈禱 등을 관장하는 관리.
41) 解祠 : 재앙을 없애기 위해서 지내는 제사.
42) 梟鳥 : 즉 '鴞'로서, 전설상 어미를 잡아먹는 惡鳥.
43) 破鏡 : 즉 '獍'으로서, 전설상 아비를 잡아먹는 짐승.
44) 皐山山君 : 山神 이름.
45) 麐 : '麟'라고도 한다. 사슴의 일종. 외형은 노루와 같고 소의 꼬리를 하고 뿔이

관원이 "폐하께서 장엄하고도 공경스럽게 제사를 지내시니 상제께서 보답
의 표시로 뿔이 하나 달린 이 짐승을 내려주셨는데, 아마도 기린(麒麟)46)
인가 합니다"라고 하였다. 그래서 그것을 오치(五畤)에 바치고 각 치마다
소 한 마리씩을 태워서 하늘에 제사 지냈다. 또한 천자는 제후들에게 백
금을 하사하였고, 이러한 상서로운 징조는 천자의 정치가 하늘의 뜻에 부
합했기 때문임을 암시하였다.

이때 제북왕(濟北王)47)은 천자가 장차 봉선을 거행할 것임을 알고 태산
(泰山)48) 및 그 주위의 봉지를 헌납하겠다는 글을 올렸다. 그러자 천자는
이를 받아들였고, 그에게는 다시 다른 현(縣)을 하사하였다. 상산왕(常
山王)49)이 죄를 짓자 추방시켰고, 그의 동생을 진정(眞定)50)의 왕으로 봉
하여 계속 선왕의 종묘에 제사 지내게 하였고, 상산국(常山國)을 군(郡)
으로 귀속시켰다. 이때부터 오악(五嶽)51) 지역은 모두 천자의 직할지 안
에 들게 되었다.

그 다음해, 제(齊)나라 사람 소옹(少翁)이 귀신을 불러들이는 방술로
천자를 알현하였다. 천자에게는 총애하는 왕부인(王夫人)52)이 있었는데
그녀가 죽자 소옹은 방술을 사용하여 밤에 왕부인과 부엌신의 형상을 불
러와서 천자는 장막을 통해서 그녀를 만나보았다. 그리하여 소옹은 문성
장군(文成將軍)에 봉해졌고 많은 재물을 하사받았으며, 천자는 빈객을
접대하는 예우로써 그를 대하였다. 문성장군이 "천자께서 신선을 만나고
싶어하시지만, 궁실과 복식 등의 물건들이 신선이 사용하는 것과 다르다

하나인 짐승이라고 한다.
46) 麒麟 : 전설상의 동물. 聖君이 나와서 王道가 행해지면 나타나며, 生草를 밟지 않
고 生物을 먹지 않으며, 모양은 사슴 같고, 이마는 이리, 꼬리는 소, 굽은 말과 같
고 머리에 뿔 한 개가 있다고 한다. 수컷을 麒, 암컷을 麟이라고 한다.
47) 濟北王 : 漢 景帝의 손자인 劉胡. 지금의 山東省 平陰, 泰安 일대를 다스렸으며,
都城은 盧縣(長淸縣 남쪽)에 있었다.
48) 泰山 : 山東省 중부에 있는 산. 옛날에는 東嶽으로 칭해졌으며 제왕들이 항상 태
산에서 封禪을 거행했다. 岱山이라고도 부른다. 권2 「하본기」의 〈주 33〉, 권6 「진시
황본기」의 〈주 149〉 참조.
49) 常山王 : 漢 景帝의 손자인 劉勃. 지금의 河北省 서남부 지역을 다스렸고, 都城은
元氏(元氏縣 서북쪽)에 있었다.
50) 眞定 : 縣 이름. 지금의 河北省 正定縣 남쪽에 위치한다.
51) 五嶽 : 中嶽인 崇山, 東嶽인 泰山, 西嶽인 華山, 南嶽인 衡山, 北嶽인 恒山을 가
리킨다.
52) 王夫人 : 武帝의 애첩. 『漢書』에는 "李夫人"으로 되어 있다.

면 신선은 오지 않을 것입니다"라고 말하자, 천자는 곧 갖가지 색의 구름 무늬를 그린 마차를 제작하여 오행(五行)에서 말하는 상극(相克)의 도리에 따라서 각기 그날에 맞는 길한 색깔의 신거(神車)를 골라 타고서 악귀를 쫓았다.[53] 또 감천궁(甘泉宮)[54]을 지어서 안에 대실(臺室)을 설치하고, 그 안에는 천신, 지신, 태일신의 형상을 그려넣고 제구(祭具)를 설치하여 천신을 불러들이고자 하였다. 1년이 지나자 문성장군의 방술은 갈수록 영험이 떨어졌고 신선은 오지 않았다. 그래서 그는 비단 위에 글을 쓴 다음 이것을 소에게 먹인 후, 모른 체하며 이 소의 뱃속에 기이한 물건이 들어 있다고 말하였다. 이에 천자가 소의 배를 가르게 하니 과연 백서(帛書)가 들어 있었는데, 그 글의 내용이 매우 기괴하여 천자는 이 일을 의심하게 되었다. 그런데 누군가 그 글자의 필적을 알고 있어서 그에게 물으니, 결국 문성장군이 거짓으로 쓴 것임을 알게 되었다. 그리하여 그는 살해되었고 이 일은 비밀에 부쳐졌다.

이때부터 천자는 다시 백량대(柏梁臺)[55]와, 이슬을 받는 승로반(承露盤)이 얹혀 있는 동주(銅柱)[56] 등을 만드는 일을 행하였다.

문성장군이 죽은 지 2년 후에 천자는 정호궁(鼎湖宮)[57]에서 중병을 얻었는데, 무의(巫醫)들이 각종의 방술을 다 써보았지만 병은 호전되지 않았다. 유수발근(游水發根)[58]이라는 사람이 "상군(上郡)[59]에 무사(巫師)

---

53) 干支에서 서로 相克하는 날이란 서로 우세한 위치를 점거한다는 뜻이다. 예를 들면 甲乙日에는 靑車를 타고 丙丁日에는 赤車를 타서 우위를 점하고, 靑車를 타고 土事를 처리하고 赤車를 타고 金事를 처리하는 것이 우세하다는 것 등을 말한다.

54) 甘泉宮 : 궁궐 이름. 雲陽宮이라고도 한다. 지금의 섬서성 淳化縣 甘泉山에 위치한다. 권6 「진시황본기」의 〈주 66〉, 권10 「효문본기」의 〈주 110〉 참조.

55) 柏梁臺 : 樓臺 이름. 높이가 20丈이나 되고, 香柏으로 대들보를 만들었기 때문에 백량대라고 칭했다. 지금의 섬서성 長安縣 서북쪽에 있다.

56) 銅柱 : 漢 武帝가 建章宮 神明臺에 동주를 세웠는데, 높이가 30丈, 둘레가 7圍(일곱 아름)나 되고, 위에는 신선의 손바닥 모양의 받침을 만들어서 이슬을 받도록 하였다. 그는 받침에 모인 이슬과 玉石의 가루를 섞어서 '玉露'를 만들어서 常服하면 불로장생할 수 있다고 믿었다.

57) 鼎湖宮 : 궁궐 이름. 지금의 섬서성 藍田縣에 있다. 일설에는 地名(지금의 河南省 靈寶縣)이라고도 하지만 신빙성이 없다.

58) 游水發根 : 姓이 游水이고 이름이 發根이다. 일설에는 지금의 河南省 信陽縣 서쪽에 있는 '油水'라는 江이라고도 한다.

59) 上郡 : 郡 이름. 지금의 섬서성 북부와 內蒙古 河套 이남 지역. 권6 「진시황본기」의 〈주 11〉, 권7 「항우본기」의 〈주 151〉, 권10 「효문본기」의 〈주 134〉 참조.

가 살고 있는데, 그는 병을 앓으면서 신령이 자기 몸으로 강림하게 할 수
있습니다"라고 아뢰자 천자는 그를 불러와서 감천궁에서 제사 지내게 하
였다. 이윽고 무사가 병이 나자 천자는 그를 통해서 신령에게 물어보게
하였다. 그러자 무사를 병이 나게 한 귀신은 "천자의 병은 그리 걱정할
필요가 없소이다. 천자의 병세가 조금 나아지거든 억지로라도 감천궁으로
와서 나를 만나면 됩니다"라고 하였다. 그후 천자의 병이 호전되어 감천
궁으로 행차하자 병이 정말로 낫게 되었다. 이에 천자는 천하에 대사면령
을 베풀고 수궁(壽宮)[60]을 지어서 신군(神君)을 받들어 모셨다. 신군 중
에서 제일 높은 신은 태일신이며, 그를 보좌하는 대금(大禁), 사명(司
命)과 같은 무리들은 모두 태일신을 따랐다. 그들의 모습은 볼 수 없었고
단지 그들이 말하는 소리만 들을 수 있었는데, 마치 사람들이 이야기하는
것과 같았다. 때로 그들은 왔다갔다했는데, 올 때에는 "살랑살랑" 하는
바람소리를 내었다. 그들은 실내의 장막 속에 살았고, 어떤 때는 낮에 이
야기할 때도 있었지만 보통 밤에 이야기를 하였다. 천자는 악을 제거하고
복을 비는 제사를 지낸 후에서야 비로소 수궁에 들어가곤 하였다. 신과
천자는 무사를 매개로 하여 음식을 받았으며, 신들이 하고자 하는 말은
무사를 통해서 전달되었다. 또한 수궁과 북궁(北宮)[61]을 증수하였고 깃
털로 장식한 깃발을 세웠으며, 제사에 사용되는 각종의 기구를 진열하여
신군에게 예의를 표했다. 신군이 한 말은 천자가 사람을 보내어 받아적게
하였는데, 이것을 일컬어서 '화법(畵法)'이라고 하였다. 이런 말들은 일
반인들도 알 수 있는 것이었고 특별히 심오한 내용도 없었지만, 천자는
이를 보며 혼자 즐거워하였다. 이러한 일들은 비밀리에 이루어져서 세상
사람들은 알 수 없었다.

  3년 뒤, 관원들이 기원(紀元)은 응당 하늘이 내려준 길조로 이름을 지
어야지, 단지 1, 2라는 숫자로써 계산해서는 안 된다는 의견을 제출하였
다. 따라서 첫번째 연호는 '건원(建元)'이라고 하고, 두번째 연호는 혜성
이 나타났으므로 '원광(元光),' 세번째 연호는 제사 지낼 때 뿔이 하나 있
는 짐승을 잡았으므로 '원수(元狩)'라고 칭할 것을 건의하였다.[62]

---

60) 壽宮 : 神廟 이름.
61) 北宮 : 지금의 섬서성 長安縣 서북쪽에 있는 궁.
62) 建元, 元光, 元狩 : 漢 武帝 이전의 제왕들은 年數만 있고 年號가 없었는데, 武帝

그 이듬해 겨울, 천자가 옹현에서 제사 지내면서 대신들에게 "오늘 상제께는 짐이 직접 제사 지냈으나 후토(后土)[63]께는 제사 지내지 않았는데, 이러한 예절은 완전한 것이 아니오"라고 말하자, 관계 관원과 태사공(太史公),[64] 사관인 관서 등이 의논하여 이렇게 아뢰었다. "천지신께 제사 지낼 때 사용하는 가축은 뿔이 누에고치나 밤같이 작은 것이어야 합니다. 지금 폐하께서 친히 후토께 제사 지내시려면 호수에 떠 있는 구릉에 원형 제단 다섯 채를 만들고, 각 제단마다 누렁 새끼송아지 한 마리씩을 희생으로 바쳐야 합니다. 제사가 끝난 후에는 제사 때의 희생을 전부 땅에 묻어야 하며, 제사 지내는 사람들은 모두 황색의 옷을 입어야만 합니다"라고 하였다. 그래서 천자는 곧 동쪽으로 가서 분음수(汾陰脽)[65] 위에 후토의 제단을 건립하였는데, 그 양식은 관서 등의 의견에 따랐다. 천자는 하늘에 제사 지내던 예의대로 친히 지신(地神)께 두루 제사 지내었고, 제사가 끝나자 천자는 형양(榮陽)[66]을 거쳐서 돌아오다가, 낙양(雒陽)[67]을 지나면서 "삼대(三代)[68]가 끊어진 지 오래되어 그 후예가 보존되기 어렵구나! 사방 30리의 땅에 주 왕조의 후예인 주 자남군(周子南君)[69]을 봉하여 그곳에서 그의 조상들을 모시도록 하라"라고 명하였다. 이해에 천자는 각 군현을 순수하기 시작하여, 점차 태산 가까이까지 이르렀다.

그해 봄, 낙성후(樂成侯)[70]가 글을 올려서 난대(欒大)를 소개하였다. 난대는 교동왕(膠東王)[71]의 궁인(宮人)[72]으로, 옛날에 문성장군과 같은

元光年間에 비로소 年號를 채용하여 紀年하였다. 『史記』에서는 '元狩'를 세번째 연호라고 했으나, 사실은 武帝의 세번째 연호는 '元朔'이고, '元狩'는 네번째 연호가 되는 것이다.

63) 后土 : 땅을 관장하는 神을 일컫는다. 즉 地神. 권1 「오제본기」의 〈주 98〉 참조.
64) 太史公 : 여기에서는 司馬談(司馬遷의 부친)을 가리킨다.
65) 汾陰脽 : 즉 汾脽. 汾陰縣(山西省 萬榮縣 서남쪽)에 있는 길이가 4-5里, 넓이가 약 2里, 높이가 10여 丈이나 되는 높은 구릉이다.
66) 榮陽 : 縣 이름. 권6 「진시황본기」의 〈주 15〉, 권7 「항우본기」의 〈주 211〉, 권8 「고조본기」의 〈주 100〉, 권10 「효문본기」의 〈주 64〉 참조.
67) 雒陽 : 都邑 이름. 지금의 河南省 洛陽市 동북쪽에 위치한다. 권7 「항우본기」의 〈주 159〉 참조.
68) 三代 : 夏, 殷(商), 周 三代.
69) 周 子南君 : 周 王朝의 후예 姬嘉를 가리킨다. '子南'은 그의 封國 이름. 지금의 河南省 臨汝縣 동쪽에 위치한다. 권4 「주본기」의 〈주 276〉 참조.
70) 樂成侯 : 姓은 丁, 이름은 義. 후에 欒大와 함께 피살되었다.
71) 膠東王 : 景帝의 아들 劉寄. 시호는 '康王'이다.

스승 밑에서 공부했는데, 곧 교동왕의 약제사가 되었다. 낙성후의 누이는 교동(膠東) 강왕(康王)의 왕후가 되었으나 아들이 없었으므로, 강왕이 죽자 다른 희첩(姬妾)의 아들이 왕위를 계승하였다. 그런데 강후(康后)는 음탕한 행동을 하였으므로 새 왕과 잘 화합하지 못하고 법률이라는 수단을 이용하여 서로 배척하였다. 강후는 문성장군이 이미 죽었다는 사실을 듣고서 천자의 환심을 사기 위해서 난대를 파견하여, 낙성후를 통해서 천자를 알현하고 방술을 이야기하게 하였다. 천자는 안 그래도 문성장군을 살해한 후 너무 빨리 죽였다고 후회하고 있었고, 그의 방술을 완전히 전수받지 못했음을 애석해하고 있었다. 그러한 때에 난대를 보자 천자는 매우 기뻐하였다. 난대는 외모도 뛰어났고, 수많은 계획과 책략을 이야기했으며, 또한 감히 큰소리를 치면서도 전혀 두려워하거나 당황하지 않았다. 난대는 왕에게 허풍을 치며 이렇게 말하였다. "신은 일찍이 바다를 왕래하며 안기생, 선문고(羨門高)[73] 등의 선인을 만났습니다. 그러나 그들은 신의 신분이 미천하다고 생각했는지 신을 믿으려고 하지 않았으며, 강왕은 제후에 지나지 않아서 그에게 방술을 전수하기에는 부족하다고 생각하였습니다. 신이 여러 차례 이러한 사정을 강왕에게 아뢰었으나 강왕은 신을 중용하지 않았습니다. 신의 스승은 '황금을 연금할 수 있고, 황하의 터진 둑도 막을 수 있으며, 불사약도 구할 수 있고, 신선도 불러올 수 있다'라고 말했습니다. 허나 신도 문성장군처럼 될까 두렵습니다. 그렇게 방사들의 입을 틀어막는다면 어찌 방술에 대해서 이야기할 수 있겠습니까?" 그러자 황제는 "문성장군은 말[馬]의 간을 잘못 먹어서 죽은 것일 뿐이오. 그대가 만약 문성장군의 방술을 연구해서 정리해낸다면, 내 어찌 재물을 아까워하겠소!"라고 하였다. 그러자 난대는 이렇게 아뢰었다. "신의 스승은 다른 사람을 찾아가지 않는데 다른 사람들이 그를 찾아옵니다. 폐하께서 꼭 신선을 불러오고 싶으시다면 반드시 신선의 사자(使者)를 존중해주셔야만 합니다. 사자가 친족을 거느릴 수 있게 해주시고, 그를 빈객의 예우로 대해주셔야 하며 업신여기셔서는 안 됩니다. 또한 그에게 각종 신인(信印)을 지니게 해야만 비로소 그가 신선과 이야기할 수 있습니다. 그렇게 하더라도 신선이 만나줄지는 아직 확신할 수 없습니다.

---

72) 宦人 : 관직 이름. 諸侯王의 일상생활에 관한 업무를 관장하였다.
73) 羨門高 : 전설상의 仙人.

그렇기 때문에 신선의 사자를 특별히 존중해야만 신선을 불러올 수 있는 것입니다." 천자는 작은 방술이라도 좋으니 한번 영험을 보여달라고 하였다. 난대가 바둑돌을 바둑판 위에 놓자 바둑돌들이 서로 부딪쳤다.[74]

당시에 천자는 황하의 범람을 걱정하고 있었고, 황금 또한 제조해내지 못하고 있었기 때문에 난대를 곧 오리장군(五利將軍)에 봉하였다. 한 달 남짓 지나자 난대는 4개의 금인(金印)을 얻었고, 몸에는 천사장군(天士將軍), 지사장군(地士將軍), 대통장군(大通將軍)과 천도장군(天道將軍) 등의 인신(印信)을 달게 되었다. 천자는 또 어사(御史)에게 다음과 같은 조칙을 내렸다.

> 옛날 하우(夏禹)는 구강(九江)[75]을 소통시켰고, 사독(四瀆)[76]을 개통시켜서 흐르게 하였다. 근자에 황하에 홍수가 나서 높은 지대까지 물에 잠겼으며, 제방을 쌓느라 노역이 쉴 새 없었다. 짐이 천하를 다스린 지 28년이나 되었는데, 하늘이 만약 짐에게 방사를 보내주신다면 난대는 하늘의 뜻에 통할 수 있을 것이다. 『역경(易經)』의 「건괘(乾卦)」에 "마치 비룡(飛龍)이 하늘에서 노닐며 자유자재로 솟아오르고, 큰 기러기가 물가 둑을 따라서 날아가듯 일사천리라네"라고 했는데, 아마도 이것은 난대를 칭찬하는 말일 것이다. 지사장군 난대에게 2,000호의 땅을 봉토로 주어 낙통후(樂通侯)[77]에 봉하라.

또한 난대에게 최상급의 제후에게 주는 부제(府第)[78]와 1,000명의 노복을 주었으며, 황제가 쓰지 않는 거마와 궁중의 기물들을 모두 난대에게 주어서 그의 집안을 가득 채웠다. 또한 위황후(衛皇后)가 낳은 장공주(長公主)[79]를 그에게 시집 보내고 황금 10,000근을 주었으며 아울러 그녀의 봉호(封號)를 당리공주(當利公主)[80]로 개명하였다. 천자가 친히 오리

---

74) 다른 극끼리는 서로 당기고 같은 극끼리는 밀어내는 磁性의 원리를 이용하여 황제를 속인 것이다. 이것은 바둑돌이 같은 磁氣를 띠게 하여 바둑판 위에 놓으면 서로 밀어내다가 옆의 돌들과 부딪치거나 튀어오르게 하는 마술이다.
75) 九江 : 호북성 境内를 흐르는 長江의 아홉 길의 물길. 권2 「하본기」의 〈주 62〉 참조.
76) 四瀆 : 바다로 흘러들어가는 네 줄기의 큰 하천. 즉 長江, 黃河, 淮河, 濟水를 가리킨다.
77) 樂通은 地名. 지금의 江蘇省 泗洪縣 동남쪽에 위치한다.
78) 府第 : 관리들의 邸宅.
79) 長公主 : 武帝 衛皇后의 長女. 권11 「효경본기」의 〈주 30〉 참조.
80) 當利는 縣 이름으로, 지금의 山東省 掖縣 서남쪽이다.

장군의 부제를 방문하였고, 또한 그를 위문하고 그가 필요로 하는 물품을 공급하는 사자들의 행렬이 길게 이어졌다. 천자의 고모인 대장공주(大長公主)로부터 조정의 장상(將相) 이하의 벼슬아치들은 좋은 술과 안주를 그의 집으로 보내는 등 정성을 다 바쳤다. 그리고 천자는 또 '천도장군'이라는 옥인(玉印)을 새겨서 우의(羽衣)[81]를 입은 사자를 보내어 밤에 백모(白茅)[82] 위에서 옥인을 받도록 하였고, 오리장군 역시 우의를 입고 백모 위에서 옥인을 받았으니, 이는 오리장군이 황제의 신하가 아님을 표시하는 것이었다. '천도(天道)'라는 옥인을 달고 다니는 자는 천자를 대신해서 천신의 왕림을 인도하는 임무를 맡은 사람임을 의미하는 것이다. 이때부터 오리장군은 밤마다 자기 집에서 신선이 강림하기를 비는 제사를 지냈는데, 결국 신령은 내려오지 않고 백귀(百鬼)가 다 모였는데, 그는 또 그들을 부릴 수 있었다. 그후로 난대는 행장을 가다듬고 나와서, 동해로 가서 그의 선사(仙師)를 만나겠다고 말했다. 난대는 천자를 만난 지 몇달 만에 몸에는 여섯 개의 대인(大印)을 달았고 부귀와 명성을 천하에 떨쳤다. 때문에 연(燕), 제(齊) 연해 지역의 방사들은 자기들에게도 신선을 불러올 수 있는 방술이 있는데 난대처럼 부귀영화를 누리지 못한다고 모두들 억울해하였다.

이해 여름 6월에 분음(汾陰)의 무사(巫師)인 금(錦)이 위수(魏脽)의 후토 사당 옆에서 제사를 지낼 때, 땅에 갈고리 같은 돌출물이 있는 것을 보고 흙을 파보았다가 정(鼎)을 발견하게 되었다. 이 정은 다른 정과는 달리 매우 컸으며, 꽃무늬만 조각되어 있고 문자는 새겨져 있지 않았다. 무사가 이상히 여겨서 그 지방의 관리에게 이를 말하자, 관리는 하동(河東)[83]의 태수 승(勝)에게 알렸고, 승은 다시 이 일을 위에 보고하였다. 천자는 사자를 보내서 무사인 금을 심문하여 정을 얻은 일이 꾸며낸 이야기가 아님을 알고는, 예의를 갖추어 천지에 제사 지내고 정을 감천궁으로 맞아들여서 백관이 수행하는 가운데 하늘에 제사 지냈다. 정을 영접하는 무리들이 중산(中山)[84]에 이르렀을 때 갑자기 날씨가 화창하고 따뜻해졌

---

81) 羽衣 : 깃털로 만든 의복. 나중에는 道士의 옷을 칭하게 되었다.
82) 白茅 : 볏과의 여러해살이 풀. 띠풀.
83) 河東 : 郡 이름. 지금의 山東省 서남부 지역이다. 권6「진시황본기」의 〈주 12〉, 권7「항우본기」의 〈주 154〉 참조.
84) 中山 : 지금의 섬서성 淳化縣 동남쪽에 있는 산. 권5「진본기」의 〈주 224〉, 권6

으며, 하늘에는 황운(黃雲)이 떠 있었고, 마침 고라니 한 마리가 뛰어가
므로 천자가 몸소 활을 쏘아 잡아서 그것으로 제사 지냈다. 장안에 이르
자 공경대부들은 보정(寶鼎)을 존중할 것을 의논하여 황제께 주청하였
다. 천자가 "근래 황하가 범람하고 흉년이 여러 해 계속되었소. 그러므로
내가 순수를 나와서 후토에 제사 지내면서 곡식이 풍성해지기를 빌었고,
이제 풍년이 들었소. 그런데 올해의 풍작에 대해서 아직 신께 감사하는
제사를 올리지도 못했는데, 이 정은 왜 나왔단 말이오?"라고 묻자, 제사
를 담당하는 관리들이 입을 모아서 다음과 같이 아뢰었다.

옛날 대제(大帝)[85]께서 신정(神鼎)을 하나 만들었는데, 하나〔一〕란 통일
(統一)이란 뜻이며, 신정은 천지 만물의 귀결이라고 들었습니다. 또한 황
제(黃帝)께서는 보정 세 개를 만들어 천(天), 지(地), 인(人)을 각각 상
징하셨습니다. 하우(夏禹)는 구주(九州)의 금속을 모아 아홉 개의 정을 만
들어, 추수 후에 제물(祭物)을 삶아서 하늘에 제사 지내는 데 사용하였습
니다. 어진 군주를 만나면 정(鼎)이 출현하였고, 그렇게 하(夏)와 상(商)
에 전해졌습니다. 주(周)의 덕이 쇠하고 송(宋)[86]의 사직이 황폐해지자 정
은 땅 속에 묻혀서 나타나지 않았습니다. 『시경(詩經)』의 「주송(周頌)」
"사의(絲衣)"에서 "본채에서 문 밖 택지까지 가며 제기(祭器)를 살펴보고,
양부터 소까지 모든 제물을 살펴보니, 큰 정과 작은 정 모두 청결하구나.
……시끄러이 떠들거나 오만하지 않으며 엄숙히 장수(長壽)와 복을 구하
네!"라고 하였습니다. 지금 보정이 감천궁에 도착했는데, 보정의 광채는
마치 용이 노닐듯 변화무쌍하고, 무궁무진한 복록을 이어받았습니다. 이는
전번에 중산에서 짐승 모양을 한 황백색의 구름이 어가(御駕) 덮개로 내려
온 길조와 부합하는 것입니다. 게다가 폐하께서 커다란 활의 화살 네 발을
쏘아서 고라니를 잡으셨으니, 이 모든 길조가 제단 아래 강림하여 함께 모
여 천지 귀신께 보답하는 성대한 제사가 된 것입니다. 오직 하늘의 명을
이어받은 제왕만이 하늘의 뜻을 알 수 있고 하늘의 덕행에 부합할 수 있는
것입니다. 그러므로 보정은 반드시 조상의 묘당에 바쳐야 하며, 감천궁에

「진시황본기」의 〈주 92〉 참조.
85) 大帝: 泰昊 伏羲로서, 泰帝라고도 한다.
86) 宋: 나라 이름. 周 武王이 商을 멸한 후 紂의 아들 武庚을 商의 옛 도읍 亳(河南
省 商丘縣 북쪽)에 봉했는데, 周 成王 때 武庚이 반란을 일으켰다가 피살되자 그 땅
을 紂의 庶兄 微子에게 봉하여 宋나라를 세웠다. 지금의 河南省 동부 및 山東, 江
蘇, 安徽 세 省의 사이에 위치한다. 권4 「주본기」의 〈주 118〉 참조.

있는 천제(天帝)의 전정(殿廷)에 소중히 모셔서 신명(神明)의 상서로운 징조에 부응해야 합니다.

그러자 천자는 그렇게 하라고 윤허하였다.

바다로 가서 봉래선도(蓬萊仙島)를 찾던 사람들이 돌아와서 봉래선경은 결코 멀리 있지 않지만 그곳에 도달하지 못하는 것은 아마도 그 상서로운 기운을 보지 못하기 때문일 것이라고 하자, 황제는 곧 상서로운 기운을 잘 보는 관리를 파견하여 그 기운을 관찰하게 하였다.

그해 가을, 천자는 옹현에 가서 교사를 거행하려고 하였다. 그때 어떤 사람이 "오제(五帝)는 태일신의 보좌이므로 따로 태일신위(泰一神位)를 세워서 천자께서 친히 교사를 거행하셔야 합니다"라고 하였다. 그러나 천자는 주저하며 결정하지 못했다.

제나라 사람 공손경(公孫卿)[87]이 말하기를 "올해 보정을 얻었는데, 올해 중동(仲冬) 신사삭일(辛巳朔日) 아침은 동지가 되는 날이며, 이는 황제(黃帝)가 보정을 제작한 절기와 같습니다"라고 하였다. 그런데 공손경이 가지고 있던 목간(木簡)에는 다음과 같은 글이 적혀 있었다.

> 황제가 완구(宛朐)[88]에서 보정을 얻은 후에 귀유구(鬼臾區)[89]에게 이 일을 물었더니, 귀유구는 "황제께서 보정과 신책을 얻으셨을 때, 이해 기유삭일(己酉朔日) 아침이 동지에 해당되는 때이며, 이는 천도(天道)의 계통과 부합하는 것입니다. 이렇게 계속 순환하는 것입니다"라고 대답하였다. 그래서 황제는 일월(日月)에 근거하여 역법(曆法)을 추산하였다. 이후 매 20년마다 삭일(朔日) 아침이 동지에 해당되었으며, 역법을 20여 차례나 추산하기를 380년 동안 시행하였고, 황제는 신선이 되어 하늘로 올라갔다.

공손경이 소충(所忠)[90]을 통해서 이 일을 황제에게 아뢰려고 하였다. 그러나 소충은 목간에 적힌 말이 불합리하고 터무니없는 말이라고 생각하여 "보정의 일은 이미 결정된 것인데 그 말을 아뢰어 어쩌겠단 말이오?"라고 거절하자, 공손경은 천자가 총애하는 사람을 통해서 이 일을 보고하였다. 그러자 천자는 매우 기뻐하며 즉시 공손경을 불러서 이에 대해서

---

87) 公孫卿 : 方士 이름.
88) 宛朐 : 縣 이름. 지금의 山東省 菏澤縣 서남쪽에 위치한다.
89) 鬼臾區 : 전설에 나오는 黃帝의 신하.
90) 所忠 : 武帝의 신하.

물었다. 공손경이 "신은 신공(申功)[91]에게 이 목간을 받았는데, 신공은 이미 죽었습니다"라고 대답하였다. 천자가 "신공은 어떤 사람이오?"라고 묻자 공손경은 이렇게 대답하였다.

신공은 제나라 사람입니다. 그는 신선 안기생과 왕래하였고 황제의 말을 이어받았는데, 다른 글은 남기지 않았고 다만 다음과 같은 정서(鼎書)만 남겨놓았습니다. 거기에는 "한나라가 흥성할 시기는 황제가 정을 얻은 때와 같을 것이며, 한나라의 성인은 고조(高祖)의 손자이거나 증손자일 것이다. 보정이 출현한 것은 신의 바람과 같은 것이니 봉선을 거행해야 한다. 자고 이래로 72명의 왕이 봉선을 거행했는데, 그중에 오직 황제만이 태산에 올라가서 하늘에 제사 지냈다"라고 쓰여 있습니다. 또 신공은 "한(漢)의 군주 또한 태산에 올라 상제께 제사를 지내야 한다. 하늘에 제사를 지내면 신선이 되어 하늘에 오를 수 있을 것이다"라고 말했습니다. 그는 또 "황제 시대에는 제후국이 만 개나 되었는데, 그 가운데 산천에 제사 지내는 나라는 7,000개였다. 천하에 명산이 여덟 개인데, 셋은 만이(蠻夷)[92]의 땅에 있으며, 다섯은 중원(中原) 지구에 있다. 중원 지구에 있는 것으로 화산(華山),[93] 수산(首山),[94] 태실산(太室山),[95] 태산(泰山), 동래산(東萊山)[96]이 있는데, 이 다섯 개의 명산은 모두 황제가 자주 유람하며 신선과 만나던 곳이다. 황제는 한편으로는 전쟁을 하면서 또 한편으로는 선도(仙道)를 배웠는데, 백성들이 자신이 배우는 선도를 반대하는 것을 싫어하여 귀신을 비난하는 사람들을 살해하였다. 이렇게 100여 년이 지난 다음에야 비로소 신선과 상통할 수 있었다. 황제는 옹(雍)에서 상제께 제사 지내느라 3개월간 머물렀다. 귀유구는 별호가 대홍(大鴻)이며, 죽은 후에 옹 땅에 장사 지냈으니 홍총(鴻冢)이 곧 그의 묘이다. 이후 황제는 또 명정(明廷)[97]에서 수많은 신선들을 만났는데, 명정이라는 곳은 지금의 감천궁이며, 이른바 한문(寒門)이라는 곳은 지금의 곡구(谷口)[98]이다. 황제는

---

91) 申功 : 方士 이름.
92) 蠻夷 : 南方과 東方에 있는 각 민족의 명칭. 여기서는 中原 華夏族을 제외한 사방의 각 민족을 말한다.
93) 華山 : 西嶽이라고 하고, 섬서성 동부에 위치한다. 권2 「하본기」의 〈주 79〉 참조.
94) 首山 : 山西省 永濟縣 남쪽에 있는 산.
95) 太室山 : 崇山을 말하는 것이며, 옛날에는 中嶽(太室山과 少室山)이라고 칭했다. 河南省 登封縣 북쪽에 위치한다.
96) 東萊山 : 즉 萊山을 가리키는 것으로, 지금의 山東省 萊陽縣과 龍口縣 동쪽에 있다.
97) 明廷 : 明堂의 다른 이름.

수산에서 동(銅)을 채취하여 형산(荊山)[99] 아래에서 정을 주조하였다. 정을 완성하자 하늘에서 긴 수염이 달린 용 한 마리가 내려와서 황제를 영접하였고, 황제가 용의 등에 올라타자 여러 신하와 후궁 70여 명도 따라서 용의 등에 탔고, 그러자 용은 하늘로 올라갔다. 그러나 나머지 신하들은 올라가지 못하게 되자 용의 수염을 잡아당겨서 용의 수염은 뽑혀 떨어졌으며, 황제의 활도 떨어졌다. 백성들은 황제가 하늘로 올라가는 것을 보고는 그의 활과 용의 수염을 끌어안고 대성통곡하였다. 그러므로 후세에 이 사실에 근거하여 이 지방을 정호(鼎湖)라고 칭하였고, 그 활을 오호(烏號)라고 하였다"라고 말했습니다.

그러자 이 말을 들은 천자는 "아! 내가 만약 황제처럼 된다면 나는 해어진 짚신 버리듯 처자와 헤어지리라!"라고 말하고는 공손경을 낭관(郎官)[100]에 임명하고 그를 동쪽 태실산에 보내어 신선을 맞이하게 하였다.

천자는 옹현에서 교사를 거행하고, 농서(隴西)[101]에 이르자 서쪽의 공동산(空桐山)에 오른 뒤 감천궁으로 돌아왔다. 그는 사관 관서 등에게 태일신의 제단을 지으라고 명령했는데, 제단은 박유기가 말한 태일단의 양식에 따라서 짓고 단의 계단은 3층으로 하게 했다. 오제의 제단은 태일단 아래에 빙 둘러서 각기 오제에 해당하는 방위에 두었고, 황제의 제단은 서남쪽에 두었고, 귀신이 왕래할 수 있는 길을 여덟 갈래 만들었다. 태일신에게 제사 지낼 때 사용하는 제물은 옹현의 한 치(畤)에 올리는 것과 같게 하고 그 외에 감주, 대추와 마른 고기 등의 제수용품과 검정소(犛) 한 마리를 잡아서 제물로 쓰게 하였다. 그러나 오제의 제사에는 단지 희생과 감주만 바치게 하였다. 제단 아래 사방의 땅에는 신좌를 설치하여 수행한 여러 신들과 북두칠성에도 각각 제사 지내게 하였으며, 제사가 끝난 후 남은 음식들은 모두 태워버리도록 하였다. 오제와 수행신들의 제사에 쓰이는 소는 흰색을 바쳤는데, 사슴을 소의 뱃속에 넣고 사슴의 뱃속에는 돼지를 넣은 후에 물에 담가서 물이 스며들게 하였다. 또한 일신(日

---

98) 谷口 : 中山에 있는 谷口를 말하는 것으로 골짜기의 북쪽 줄기 때문에 '寒門'이라고 한다.
99) 荊山 : 지금의 河南省 靈寶縣에 있는 산.
100) 郎官 : 관직 이름. 皇帝의 侍從官이다.
101) 隴西 : 지금의 甘肅省 동남부 지역에 있는 郡. 권6 「진시황본기」의 〈주 138〉, 권10 「효문본기」의 〈주 133〉, 권11 「효경본기」의 〈주 35〉 참조.

神)에 제사 지낼 때는 소를 사용하였고, 월신(月神)에게 제사 지낼 때는 양이나 돼지 한 마리를 사용하였다. 태일신에게 제사 지내는 사제(祠祭)는 수놓은 자색(紫色) 옷을 입었고, 오제는 각기 해당하는 색에 따라서 사제들에게도 그 색의 옷을 입게 하여, 일신에게 제사 지낼 때는 붉은 옷을 입게 하였고, 월신에게 제사 지낼 때에는 흰 옷을 입게 했다.

11월 신사삭일(辛巳朔日) 아침이 동지였는데, 날이 아직 완전히 밝지 않았을 때 천자는 교외에서 태일신에게 제사 지내기 시작했다. 그날 아침에는 태양을 향해서, 저녁에는 달을 향해서 읍례(揖禮)를 행했으며, 태일신에게 제사 지낼 때는 옹현에서 지내는 교사의 예의를 갖추었다. 축문은 "하늘이 처음으로 보정과 신책을 천자에게 내리시고, 그로 하여금 조대(朝代)를 바꾸고 바꾸어서 다시 시작되게 하시니, 천자는 공손하게 제사 드리옵니다"라고 하였다. 제사 때의 복색은 전부 황색을 입었으며, 제단에는 횃불을 가득 켜놓고 제단 옆에는 음식을 장만하는 기구들을 늘어놓았다. 이때 한 관리가 "제단 위에서 눈부신 광채가 나옵니다"라고 하자 공경대신은 "천자께서 예전에 운양궁(雲陽宮)에서 태일신에게 제사를 드릴 때, 사제가 커다란 옥과 크고 잘생긴 제물을 공손하게 바쳤습니다. 그러자 그날 밤 하늘에는 아름다운 광채가 나타나서 다음날 낮까지 계속되었는데, 그 황색의 구름은 하늘의 꼭대기까지 이어 올라갔습니다"라고 말하였다. 태사공과 사관 관서 등은 "이러한 신령스러운 기상은 신이 보우하는 복록이며 상서로운 징조이므로 광채가 난 곳에 태일신단을 건립하여 하늘의 감응에 보답해야 합니다. 폐하께서는 태축에게 가을과 겨울에 제사를 거행하라고 명하시고, 3년마다 폐하께서 직접 교사를 거행하십시오"라고 건의하였다.

이해 가을, 남월(南越)[102]을 토벌하기 위해서 태일신에게 제사 지내어 고유(告由)하였다. 그 제사에서는 모형(牡荊)[103]으로 깃대를 만들고 깃발에는 해, 달, 북두칠성과 비룡(飛龍)을 그려서 천일삼성(天一三星)[104]

---

102) 南越: '南粵'이라고도 한다. 지금의 廣東省, 廣西省 및 越南의 일부 지역이다. 당시 南越의 相國(재상) 呂嘉가 모반하여 南越王 趙興, 太后 및 漢의 使者 終軍 등을 살해하자, 武帝가 군대를 보내어 南越을 征伐하였다. 권6 「진시황본기」의 〈주 194〉 참조.

103) 牡荊: 마편초과에 속하는 낙엽 灌木. 엷은 자줏빛의 꽃이 핀다. 줄기와 잎은 利尿, 通經의 약재로 쓰인다.

을 상징하였으며, 태일신에게 제사 지낼 때에는 이것을 제일 앞에 두는 깃발로 사용하여 "영기(靈旗)"라고 불렀다. 군사상의 문제로 기도 드릴 때에는 태사(太史)가 이것을 잡고서 정벌하고자 하는 나라의 방향을 가리켰다.

이때 신선을 영접하기 위해서 파견된 오리장군은 바다로 들어가지 못하여 태산에 가서 제사만 지냈다. 천자가 몰래 사람을 보내어 그를 조사해 보니, 사실 그는 아무 신선도 만나지 못하였다. 그러나 오리장군은 자신의 선사(仙師)를 만났다고 거짓말을 하였고, 그의 방술 또한 쇠하여 영험을 나타내지 못하였으므로 천자는 오리장군을 살해하였다.

이해 겨울,[105] 공손경은 하남(河南)[106]에서 신선을 기다리다가 구지성(緱氏城)[107] 위에서 신선의 자취를 보았는데, 그것은 성 위를 왕래한 흔적으로 마치 꿩 발자국 같았다. 이에 천자는 친히 구지성으로 와서 그 자취를 관찰하고 "문성장군과 오리장군처럼 되지 않으려고 이러는 것은 아니겠지?"라고 말하자 공손경은 "신선은 사람을 찾아오지 않으므로 사람이 신선을 찾아야 합니다. 시간을 넉넉히 두고 참고 기다리지 않는다면 신선은 오지 않을 것입니다. 신선을 찾는 일에 대해서 말씀드리자면, 그것은 실용에 적합하지 않는 허황된 일 같으며, 오랜 세월이 흘러야만 신선을 불러올 수 있습니다"라고 대답하였다. 이리하여 각 군(郡), 국(國)은 모두 도로를 만들거나 보수하고 궁전 누대와 명산의 신묘를 말끔히 단장하고 천자가 왕림하기를 기다렸다.

그해에 남월을 멸망시킨 후, 천자가 총애하는 신하인 이연년(李延年)[108]은 아름다운 음악을 진헌하여 천자를 배알하였다. 천자는 그의 음악을 칭찬하고, 공경들에게 제사의 음악에 대해서 의논하라고 명하며 "비록 민간의 제사에도 고무(鼓舞)의 음악이 사용되는데, 지금 조정의 교사에는 오히려 아무런 음악도 사용하지 않으니, 이 어찌 맞는 말이라고 하겠소?"

104) 天一三星 : 전쟁을 주관하고 길흉을 예측한다는 별의 이름.
105) 原文에는 "其冬"으로 되어 있으나 『漢書』의 「武帝紀」에 公孫卿이 神仙에 대해서 이야기한 것은 元鼎 6年(기원전 111년)이라고 적혀 있으므로 '明年冬'이라고 해야 옳다.
106) 河南 : 郡 이름. 지금의 河南省 북부지역에 위치한다.
107) 緱氏는 縣 이름. 지금의 河南省 偃師縣 동남쪽에 위치한다.
108) 李延年 : 漢代의 유명한 음악가로 中山(지금의 河北省 定縣) 사람. 樂工 출신으로 버슬이 協律都尉에 이르렀고, 후에 피살되었다.

라고 말하였다. 그러자 공경대신들은 "고대에 천지(天地)에 지내는 제사에는 모두 음악을 사용했으며, 그래야만 천지신령이 제사를 흠향할 수 있습니다"라고 아뢰었다. 또 어떤 사람은 "태제(泰帝)가 소녀(素女)[109]에게 50현의 거문고를 연주하게 하였는데, 그 음조가 너무나 슬퍼서 연주를 그만두게 하지 않을 수 없었습니다. 그래서 그녀의 거문고를 25현으로 고치게 했던 것입니다"라고 말했다. 그리하여 남월을 평정하고 태일신, 후토신에게 제사 지낼 때 처음으로 악무를 사용하였고 가수를 불러서 노래하도록 하였다. 이때부터 25현의 거문고와 공후(箜篌)[110]를 제작하는 것이 유행하기 시작하였다.

이듬해 겨울, 천자는 "고대의 제왕들은 먼저 병기를 거두어들이고 군대를 해산시킨 후에 봉선을 거행하였소"라고 하였다. 그래서 병력 10만여 명을 이끌고 북쪽으로 가서 삭방(朔方)[111]을 순시하였다. 돌아오는 길에 교산(橋山)[112]에 있는 황제의 능묘에 제사 지내고 수여(須如)[113]에서 군대를 해산하였다. 천자가 "듣자니 황제는 죽지 않았다는데 여기에 무덤이 있으니 이게 어찌 된 일이오?"라고 물으니, 어떤 사람이 "황제가 신선이 되어 하늘로 올라간 후에 여러 신하들이 그의 의관을 여기에 묻은 것입니다"라고 대답하였다. 천자는 감천궁으로 돌아온 후에 태산에서 봉선을 거행하기 위해서 먼저 태일신에게 유사(類祀)를 지냈다.

보정을 얻은 후부터 천자는 공경대부들 및 유생들과 봉선을 거행하는 일에 대해서 상의하였다. 봉선은 자주 거행되지 못하였고, 그 제사가 끊긴 지 오래되어 그 의식에 대해서 아는 사람이 없었다. 그러자 유생들은 『상서(尙書)』, 『주관(周官)』[114] 그리고 「왕제(王制)」[115]에 나오는 '망사(望祀)'[116]와 '사우(射牛)'[117] 등을 봉선에 채용하자고 건의하였다. 제나

---

109) 素女 : 神女 이름.
110) 箜篌 : 현악기의 하나. 23줄의 竪箜篌, 4-6줄의 臥箜篌, 10여 줄의 鳳首箜篌가 있다.
111) 朔方 : 郡 이름. 지금의 內蒙古 서남부와 河套 지역에 위치한다.
112) 橋山 : 子午山이라고도 하는데 지금의 섬서성 黃陵縣에 위치한다. 권1 「오제본기」의 〈주 34〉 참조.
113) 須如 : 地名. 정확한 위치는 알 수 없다.
114) 『周官』 : 周代의 禮儀制度를 기록한 典籍. 『尙書』의 篇名 「周官」과 같아 『周官經』이라고 불렀고, 西漢 末에는 다시 『周禮』라고 불렀다.
115) 「王制」 : 『禮記』의 篇名. 『禮記』는 고대의 封國, 爵祿, 祭祀, 刑政, 學校 등의 典章制度를 기록한 책이다.

라 사람 정공(丁公)은 나이가 90여 세였는데, 그는 "봉선이란 것은 영원히 사라지지 않을 성명(盛名)입니다. 진 시황은 산에 오르던 도중에 비를 만나서 하늘에 봉선을 지내지 못했습니다. 폐하께서 반드시 산 위에 오르시겠다면 힘들어도 참으시며 조금씩 조금씩 올라가셔야 합니다. 그러면 비바람은 곧 멈출 것이고 산 위에서 제사 지낼 수 있습니다"라고 하였다. 그리하여 천자는 유생들에게 '사우'를 연습하도록 명령하고 봉선의식의 초고를 작성하게 하였다. 몇년 후 봉선을 치를 때가 임박했을 때 천자는 황제가 봉선을 거행할 때에는 언제나 신물을 불러오고 신선들과 만났다는 말을 공손경과 방사들에게 듣게 되었다. 그러자 그는 황제를 본받고 싶어서 신선, 봉래방사를 응대하고자 하였고, 세속을 초탈하여 구황(九皇)[118]에 견줄 만한 덕을 쌓고자 하였다. 그리고 무제는 유술(儒術)을 광범위하게 채용하여 봉선에 대한 글을 짓게 하였다. 그러나 유생들은 봉선에 대한 일을 분명히 밝히지 못했고, 『시경(詩經)』, 『서경(書經)』 등의 옛 글에 구속되어 자기의 의견을 자유롭게 나타내지도 못하였다. 이에 천자가 봉선 때 사용하는 제기들을 유생들에게 보여주자 유생 중 어떤 이가 "옛날의 것과는 다릅니다"라고 하였고, 또한 서언(徐偃)[119]은 "태상(太常)[120]이 집행하는 예의는 옛날 노(魯)[121]나라의 것보다 못합니다"라고 하였다. 이에 주패(周覇)[122]가 유생들을 불러 모아서 봉선에 대한 일을 논의하자, 천자는 서언, 주패를 내쫓고 유생들을 배척하고 임용하지 않았다.

3월, 천자는 동쪽으로 구지성에 왕림하여 중악(中嶽) 태실산에 올라서 제사를 지냈다. 이때 천자의 시종관이 마치 "만세!"라고 고함치는 것 같은 소리를 듣고서 산 위에 올라가서 물었더니 산 위에 있던 사람들은 그

---

116) 望祀 : 섶을 태우며 멀리 산천의 신에게 제사 지내는 것. 望祠, 望秩이라고도 한다. 권1 「오제본기」의 〈주 75〉 참조.

117) 射牛 : 古代 帝王이 天地 宗廟에 제사 지낼 때, 몸소 화살로 소를 쏘아 잡아서 제물을 준비하여 祭典의 성대함을 나타내는 의식.

118) 九皇 : 전설상의 古代 帝王. 형제 아홉 명이 천하를 九州로 분할하여 다스렸기 때문에 구황이라고 칭한다.

119) 徐偃 : 옛날에 글을 짓던 사람.

120) 太常 : 관직 이름. 九卿 중의 하나로 宗廟의 제사의식과 博士를 선발하는 시험을 관장하던 관직이다.

121) 魯 : 나라 이름. 기원전 11세기 周의 제후국으로, 지금의 山東省 남부에 위치한다. 권6 「진시황본기」의 〈주 146〉, 권8 「고조본기」의 〈주 83〉 참조.

122) 周覇 : 사람 이름.

런 소리를 내지 않았다고 했다. 이에 산 아래에 내려가서 물으니 산 아래의 사람들도 소리치지 않았다고 대답했다. 천자는 이 말을 듣고서 300호의 봉읍을 태실산에 바치고 이로써 제사 지내게 하고, 이 봉읍을 "숭고읍(崇高邑)"이라고 명명하였다. 이어서 동쪽의 태산에 올랐는데, 산 위에는 아직 초목이 무성하지 않아 태산의 꼭대기에 비석을 세우라고 명하였다.

이어서 천자는 동쪽으로 순수하여 바닷가에 이르자 팔신(八神)[123]에 제사 지냈다. 제나라 사람이 기괴한 방술을 이야기하는 자가 거의 만 명에 이르지만 영험한 자는 한 명도 없다고 글을 올려 아뢰었다. 그러자 천자는 배를 더욱 많이 내보내어 바다에 신선이 있다고 말하는 수천명에게 봉래선인을 찾으라고 명령하였다. 이에 공손경은 부절을 지니고 먼저 가서 명산의 신선을 기다렸다. 동래(東萊)에 이르렀을 때 공손경은 밤에 어떤 사람을 보았는데 그는 키가 수십척이나 되었고, 다가가도 보이지 않았고, 단지 그가 남긴 발자국만 볼 수 있었는데 매우 컸으며 마치 짐승의 발자국과 같았다고 말했다. 그러자 신하 중에 어떤 이가 "개를 끌고 가는 한 노인을 보았는데, 그는 '천자를 만나고 싶다'라고 말하고는 갑자기 사라져 보이지 않았습니다"라고 아뢰었다. 천자는 그 커다란 발자국을 보고서도 믿지 못했으나, 그 신하가 노옹(老翁)에 대해서 이야기하는 것을 듣고서야 그 노옹이 바로 신선임을 깊이 믿게 되었다. 그래서 해상에서 머물며 방사들에게 전거(傳車)[124]를 내어주었고, 신선을 찾으라고 간사(間使)[125] 수천명을 파견하였다.

4월에 봉고현(奉高縣)[126]으로 돌아왔다. 천자는 유생들과 방사들이 말하는 봉선의식이 사람마다 각기 다르고, 근거도 부족하여 시행하기 어렵다고 생각하였다. 천자는 양보산(梁父山)[127]에 돌아와서 지신(地神)에게 제사 지냈다. 을묘일에 시중(侍中)의 벼슬을 맡은 유생에게 피변(皮弁)[128]을 쓰고, 홀을 꽂은 관복을 입게 하고 천자가 직접 '사우' 의식을 거행하

---

123) 八神 : 天主, 地主, 兵主, 陰主, 陽主, 月主, 日主, 四時主를 가리킨다. 일설에는 八方의 神을 말한다고도 한다.

124) 傳車 : 古代 驛站의 전용 마차.

125) 間使 : 일이 있을 때 수시로 파견하는 사신.

126) 奉高縣 : 縣 이름. 지금의 山東省 泰安縣 동북쪽에 위치한다.

127) 梁父山 : 梁甫라고도 한다. 지금의 山東省 泰安縣 동남쪽 泰山 아래 있는 작은 산이다. 권6 「진시황본기」의 〈주 151〉 참조.

128) 皮弁 : 모자. 흰 사슴의 가죽으로 만들며, 朝會 때 쓴다.

였다. 천자는 또 태산 아래의 동쪽에 단을 설치하여 태일신에게 제사 지내는 예의대로 하늘에 제사 지냈다. 그 제단은 넓이가 1장(丈) 2척(尺), 높이는 9척이 되게 하였으며, 제단 아래에 옥첩서(玉牒書)[129]를 놓아두었는데 그 내용은 비밀로 하였다. 제사를 끝낸 다음에 천자는 시중 봉거(奉車)[130]인 자후(子侯)[131]만을 데리고 태산에 올라가서 하늘에 제사 지냈는데, 이 일은 밖으로 전해지지 않도록 비밀로 하였다. 다음날 천자는 산 북쪽의 길로 하산하였다. 병진일에 태산 기슭 동북방의 숙연산(肅然山)[132]에서 지신에 제사 지냈는데, 후토신에게 제사 지내는 의식과 똑같이 거행하였다. 이렇듯 제사를 지내는 동안 항상 천자가 직접 공손히 제사 지냈으며, 황색의 옷을 입었고, 언제나 음악으로 반주를 하였다. 또한 양자강과, 회수 일대에서 생산되는 영모(靈茅)[133]를 엮어서 신의 자리를 만들었고, 오색의 진흙으로 제단을 단단하게 메웠다. 또 아주 먼 지방에서 사는 진귀한 들짐승, 날짐승과 흰색 꿩 등의 동물들을 놓아주었는데 이것은 매우 성대하고 엄중하게 거행되었다. 그러나 시우(兕牛),[134] 모우(牦牛),[135] 서우(犀牛),[136] 대상(大象)[137] 등의 동물들은 사용하지 않았다. 천자 일행은 모두 태산으로 돌아온 후에 헤어졌다. 봉선을 거행할 때 밤에는 하늘에 불빛 같은 것이 번쩍거렸고, 낮에는 흰 구름이 제단 위에서 솟아올랐다.

천자가 봉선을 지내고 돌아와서 명당(明堂)에 앉자 여러 신하들이 천자께 일일이 만수무강을 빌었다. 그때 천자는 어사(御史)에게 다음과 같은 명령을 내렸다.

짐은 미천한 몸으로 지존한 권위를 이어받아서 항상 언행에 조심하고 오직

---

129)　王牒書 : 古代 帝王이 제사 지낼 때 하늘에 告하는 문서. 簡册에 쓰고 玉으로 장식한다.

130)　奉車 : 즉 奉車都尉. 帝王의 車馬를 관장하는 벼슬의 이름.

131)　子侯 : 西漢의 名將 霍去病의 아들.

132)　肅然山 : 泰山의 동쪽 산록으로 지금의 山東省 萊蕪縣 서북쪽에 위치한다.

133)　靈茅 : 풀 이름. 菁茅라고도 한다.

134)　兕牛 : 무소과에 속하는 들소 비슷한 짐승. 뿔은 하나이고 체중이 1,000斤 가량 된다. 가죽이 단단하여 갑옷을 만드는 데 쓰고, 뿔로는 술잔 등을 만든다.

135)　牦牛 : 물소와 비슷한 짐승으로서 꼬리가 길다.

136)　犀牛 : 무소. 코뿔소.

137)　大象 : 코끼리.

그 임무를 수행하지 못할까 두려워하였소. 짐은 덕이 부족하고 예악제도에 밝지 못하오. 태일신에 제사 지낼 때 하늘에는 상서로운 광채가 오랫동안 비쳤는데 짐은 그 기이한 광경에 몹시 놀라서 중도에 제사를 그만두려고 하면서도 차마 그럴 수가 없었소. 마침내 태산에 올라서 천신에 제사 지냈으며, 양보(梁父)에 도착한 후에 숙연산에서 지신에 제사 지냈소. 짐은 스스로 덕을 닦고 새사람이 되며 모든 관리들과 처음부터 다시 시작하고자 하오. 백성들에게는 100호당 소 한 마리와 술 10석(石)을 내리고, 나이 80세 된 노인과 고아, 과부들에게는 직물 2필씩을 하사하시오. 또 특별히 박(博),[138] 봉고(奉高), 사구(蛇丘)[139]와 역성(歷城)[140]에는 요역과 함께 금년의 조세를 면제하시오. 을묘년에 했던 것처럼 천하에 대사면령을 실시하고, 짐이 순수한 지역은 복작(復作)[141]을 금하고, 2년 전에 지은 죄에 대해서는 다시 그 죄를 묻지 말도록 하시오. 또한 옛날 천자는 5년에 한 번씩 순수하고 태산에서 제사를 지냈으며, 제후들은 조회할 때 묵을 곳의 건축에 참가하였다고 하니, 지금 제후들도 태산 아래에 각자가 머물 부제(府第)를 짓도록 하오.

천자가 태산에서 봉선의 제사를 마칠 때까지 비와 바람의 재앙이 없었다. 방사들이 봉래산 등의 신산을 찾을 수 있을 것이라고 또 아뢰자 천자는 기뻐하며 어쩌면 신선산을 볼 수 있을 것으로 믿고 다시 동쪽으로 가서 해변에 이르러 조망하면서 봉래선도를 볼 수 있기를 바랐다. 그런데 봉거도위 곽자후(霍子侯)가 갑자기 병이 나서 죽었으므로, 천자는 그곳을 떠나서 해변을 따라서 북상하여 갈석(碣石)[142]에 도착하였다. 다시 요서(遼西)[143]에서 순수를 시작하여 북방 변경을 거쳐서 구원(九原)[144]까지 이르렀고, 5월에는 다시 감천궁으로 돌아왔다. 관원들은 보정이 출토된 해의 연호는 원정(元鼎)[145]이라고 하고, 올해에는 봉선을 거행했으므로

---

138) 博 : 현 이름. 지금의 山東省 泰安縣 동남쪽에 위치한다.
139) 蛇丘 : 지금의 山東省 泰安縣 서남쪽에 위치한다.
140) 歷城 : 지금의 山東省 濟南市에 위치한다.
141) 復作 : 漢代의 刑律 이름. 차꼬와 족쇄를 푼 죄수들이 감옥 밖에서 노역하는 것을 말한다.
142) 碣石 : 山 이름. 지금의 河北省 昌黎縣 북쪽에 위치한다. 권2 「하본기」의 〈주 24〉, 권6 「진시황본기」의 〈주 180〉 참조.
143) 遼西 : 郡 이름. 지금의 遼寧省 중서부 및 河北省 承德 지역에 위치한다.
144) 九原 : 縣 이름. 지금의 內蒙古 包頭市 서쪽. 권6 「진시황본기」의 〈주 200〉 참조.
145) 元鼎 : 漢 武帝의 다섯번째 年號. (기원전 116-기원전 111년)

원봉(元封)¹⁴⁶⁾ 원년으로 해야 한다고 말하였다.

이해 가을, 어떤 별이 동정성(東井星)¹⁴⁷⁾에서 반짝거리더니, 10여 일 후에 또 다른 별이 다시 삼능성(三能星)¹⁴⁸⁾에서 빛났다. 기상을 관찰하는 왕삭(王朔)¹⁴⁹⁾이 말하기를 "신(臣)이 혼자 하늘을 관찰하고 있었는데, 그 별이 처음 나타났을 때의 형상은 호리병박 같더니, 얼마 후에는 자취를 감추어버렸습니다"라고 하였다. 그러자 담당 관리는 "폐하께서 한(漢) 왕조 에서는 처음으로 봉선의식을 시작하시니, 하늘이 덕성(德星)¹⁵⁰⁾을 나타내 시어 폐하께 보답하는 것입니다"라고 아뢰었다.

이듬해 겨울, 천자는 옹현에서 오제에게 교사를 거행하고 돌아와서는 태일신에게 제사 지냈다. 축문은 "덕성이 찬란하게 빛난 것은 상서로운 징조입니다. 수성(壽星)¹⁵¹⁾도 함께 나타나서 밝게 빛났으며, 신성(信星)¹⁵²⁾ 도 밝게 나타났습니다. 천자는 이에 태축(泰祝)¹⁵³⁾이 제사 지내는 모든 신령들에게 삼가 배례하옵니다"라고 하였다.

그해 봄, 공손경이 동래산에서 신선을 보았는데 신선이 마치 "천자를 만나고 싶다"고 말하는 것 같았다고 하였다. 이에 천자는 구지성으로 행 차하여 공손경을 중대부(中大夫)에 임명하였다. 그런 후에 동래에 도착 하여 며칠 머물렀는데, 아무것도 보지 못하고 단지 거인의 발자국만 보았 다. 그러자 천자는 다시 방사 수천명을 파견하여 신기한 물건을 찾고 영 지(靈芝)를 캐오도록 하였다. 그러나 이해에는 가뭄이 들었으므로 이번 에는 순수를 떠날 만한 명분이 없어서 천자는 만리사(萬里沙)¹⁵⁴⁾로 가서 비가 오도록 빌었고, 태산에서 다시 제사 지냈다. 천자는 되돌아올 때 호 자(瓠子)¹⁵⁵⁾에 도착하여 몸소 황하의 터진 둑을 막는 일을 하였고, 이틀

---

146) 元封 : 漢 武帝의 여섯번째 年號. (기원전 110-기원전 105년)
147) 東井星 : 28宿 중의 井宿. 남동쪽에 위치한다.
148) 三能星 : 즉 三台星. 紫微宮의 주위에 있는 上台, 中台, 下台의 각각 별 두 개씩 모두 여섯 별을 말한다.
149) 王朔 : 方士.
150) 德星 : 어떤 이상한 현상을 나타내는 天體를 말한다. 보통 길조로 해석한다. 여 기서는 木星이나 土星을 가리킨다.
151) 壽星 : 즉 南極星.
152) 信星 : 즉 土星을 가리킨다.
153) 泰祝 : 관직 이름. 太祝이라고도 하는데 祭祀를 주관한다.
154) 萬里沙 : 地名. 지금의 山東省 招遠縣과 掖縣 사이에 위치한다. 여기서는 만리사 에 지은 神廟를 가리킨다.

을 머물면서 백마(白馬)와 옥벽(玉璧)의 제물을 빠뜨려서 하신(河神)에
제사 지낸 후에 그곳을 떠났다. 급인(汲仁)과 곽창(郭昌) 두 장군에게
병사들을 거느리고 가서 황하의 터진 둑을 막게 하였고, 황하를 대하(大
河)[156]와 탑수(漯水)[157]의 두 줄기로 만들어서 바다로 흐르게 하였다. 이
리하여 하우가 치수하던 때와 같은 원래의 모습을 회복하였다.

당시에 남월은 이미 멸망했는데, 남월 사람 용지(勇之)가 진언하기를
"남월 사람들에게는 귀신을 믿는 풍습이 있습니다. 그렇기 때문에 제사를
지낼 때는 언제나 귀신을 볼 수 있으며 자주 효험을 봅니다. 옛날 동구왕
(東甌王)[158]은 귀신을 숭배하여 160세까지 살았습니다. 그러나 후대로 내
려올수록 귀신을 경시하였기 때문에 쇠퇴해진 것입니다"라고 하였다. 그
러자 천자는 남월의 무사에게 제대는 쌓되 제단은 쌓지 않는 남월식의 사
당을 건립하여 천신, 상제(上帝), 백귀(百鬼)에게 제사 지내도록 하고,
아울러 닭뼈로써 점을 치는 방법을 사용하라고 명령하였다. 천자가 이를
믿고 이와 같이 하였으므로, 남월식의 사당과 계복(鷄卜)[159]이 사용되기
시작하였다.

공손경은 "선인은 볼 수 있는 것입니다만, 천자께서는 항상 조급하셨기
때문에 만나지 못하신 것입니다. 지금 폐하께서 구지성에 건립한 것과 같
이 경성에 사당을 지으시고 마른 고기와 대추 등의 제물을 바치면 신선을
불러올 수 있을 것입니다. 그리고 신선들은 누대에 사는 것을 좋아합니
다"라고 하였다. 이에 황제는 명령을 내리어 장안에 비렴관(蜚廉觀)과 계
관(桂觀)을 지었고, 감천에는 익연수관(益延壽觀)을 지었고,[160] 공손경
에게 부절을 지니게 하고 제구(祭具)를 설치하고서 신선을 기다리게 하였
으며, 통천대(通天臺)[161]를 세우고 대 아래에 제물을 차려놓고 신선이 오

---

155) 瓠子: 즉 瓠子口. 지금의 河南省 濮陽縣 서남쪽에 위치한다. 당시 黃河가 이곳
    에서 터졌다.
156) 大河: 지금의 河南省 渭縣 경내를 흐르는 강.
157) 漯水: 지금의 河南省 南東縣 부근을 흐르는 강.
158) 東甌王: 즉 東海王. 東越人의 수령으로 이름은 搖이다. 惠帝 3年(기원전 192
    년)에 東海王이 되어 東甌(지금의 浙江省 永嘉縣 서남쪽)에 도읍을 정했다.
159) 鷄卜: 고대 占卜法의 일종으로 占을 칠 때 살아 있는 닭과 개를 사용하였다. 祝
    願을 마치면 개와 닭을 죽여서 삶아서 또다시 제사를 지냈고, 닭의 眼骨의 균열이
    사람의 것과 같은지 다른지를 관찰하여 길흉을 판단했다.
160) 蜚廉觀, 桂觀, 益延壽觀: 모두 觀 이름.
161) 通天臺: 臺 이름. 甘泉宮내에 있으며, 臺의 높이가 30丈이어서 200里 밖의 長

기만을 기다렸다. 이에 감천궁에 또 전전(前殿)을 짓고, 궁실을 증축하라고 하였다. 여름에 궁전 방 안에서 영지가 자라났다. 천자가 황하의 터진 둑을 막고 통천대를 짓자 하늘에 번쩍거리는 듯한 상서로운 구름이 나타났다. 이에 천자는 조서를 내려서 "감천궁전 방 안에 영지 아홉 포기가 자라났으니, 특별히 천하에 대사면을 실시하고 죄수들의 감옥 밖 노역을 면제하도록 하라"라고 하였다.

그 이듬해, 조선(朝鮮)[162]을 토벌하였다. 여름에 가뭄이 들자 공손경이 말하기를 "황제께서 제단을 쌓을 때마다 가뭄이 들었는데, 이렇게 3년 동안 가물었습니다"라고 하였다. 그러자 천자는 조서를 내려서 "하늘이 가뭄을 내린 것은 제단을 쌓은 진흙을 마르게 하려는 뜻이 아니겠는가? 이에 특별히 명하노니 천하 백성들은 영성(靈星)[163]에 경건히 제사를 지내도록 하라"라고 하였다.

그 이듬해, 천자는 옹현에서 교사를 거행하였고, 회중(回中)[164]의 길을 거쳐서 순수하였다. 봄에 명택(鳴澤)[165]에 이르러, 서하(西河)[166]로부터 장안으로 돌아왔다.

다음해 겨울, 천자는 남군(南郡)[167]으로 순수하였는데, 강릉(江陵)[168]에 이른 후에는 동쪽으로 행차하였다. 잠현(潛縣)[169]의 천주산(天柱山)[170]에 올라서 제사 지내고, 그 산을 '남악(南嶽)'이라고 하였다. 배를 타고 장강(長江)을 따라서 심양(尋陽)[171]에서 종양(樅陽)[172]으로 가는 도중에

安城을 볼 수 있다고 한다.

162) 朝鮮: 나라 이름. 지금의 遼寧省, 吉林省 일부분과 韓半島 북부 지역을 통할하던 古朝鮮을 말한다.

163) 靈星: 農作을 주재하는 星 또는 神.

164) 回中: 地名. 지금의 섬서성 隴縣 서북쪽에 위치한다.

165) 鳴澤: 저수지 이름. 지금의 河北省 涿州市 동북쪽에 위치한다. 일설에는 甘肅省 平涼縣 서쪽의 獨鹿(都盧山)의 鳴澤이라고도 한다.

166) 西河: 郡 이름. 漢 武帝 元朔 4年(기원전 125년)에 설치했다. 권2「하본기」의 〈주 92〉, 권6「진시황본기」의 〈주 316〉 참조.

167) 南郡: 郡 이름. 지금의 湖北省 서남부 지역에 위치한다. 권7「항우본기」의 〈주 172〉 참조.

168) 江陵: 南郡의 郡 소재지. 권7「항우본기」의 〈주 174〉, 권8「고조본기」의 〈주 149〉 참조.

169) 潛縣: 縣 이름. 지금의 安徽省 霍山縣 동북쪽에 위치한다.

170) 天柱山: 晥山, 潛山이라고도 하며, 지금의 安徽省 霍山縣 서남쪽에 위치한다.

171) 尋陽: 縣 이름. 지금의 湖北省 黃梅縣 서남쪽에 위치한다.

팽려(彭蠡)[173]을 거쳐서 명산대천에 제사 지냈다. 북쪽으로 향하여 낭야군(琅邪郡)[174]에 도착하자 다시 해안을 따라서 북상하였고, 4월에 봉고현에 이르러 봉선을 거행하였다.

예전에 천자가 태산에서 봉선을 거행할 때, 태산 동북쪽 산기슭에 옛날에 지은 명당이 있었는데, 지세가 험악하고 좁았으므로 천자는 봉고현 부근에 다른 명당을 또 하나 짓고 싶었으나 그 형식과 규모를 알지 못했다. 그러자 제남(濟南)[175] 사람 공옥대(公玉帶)[176]가 황제 때의 명당 설계도를 천자에게 바쳤다. 명당의 설계도에는 전당(殿堂)이 한 채 있었는데, 전당의 사방에는 담장이 없고 지붕은 띠[茅]로 덮여 있으며 사면은 물이 통하게 되어 있었다. 전체의 둘레에는 궁원(宮垣)이 둘러져 있었으며, 복도(複道)[177]를 만들었는데, 윗길에는 서남쪽에서 전당으로 들어가는 주루(走樓)가 설치되어 이것을 '곤륜도(昆侖道)'[178]라고 이름지었고, 천자는 이 길을 따라서 전당에 들어가서 상제께 제사 지내게 되어 있었다. 이에 천자는 봉고현의 문수(汶水)[179] 곁에 공옥대가 바친 설계도에 따라서 명당을 짓도록 명령하였다. 5년 후 봉선을 거행할 때, 명당의 상좌(上坐)에서는 태일신과 오제에게 제사 지냈고, 고황제(高皇帝)[180]의 위패는 반대편에 설치하게 하였다. 하방(下房)에서는 소 20마리를 제물로 후토신에게 제사 지냈다. 천자는 곤륜도를 통해 들어가서 교사를 지내는 예의에 따라서 명당에서 제사 지냈다. 제사가 끝난 후 다시 당하(堂下)에서 요제(燎祭)를 지냈다. 천자는 또 태산에 올라서 산꼭대기에서 비밀리에 제사를 지냈다. 태산 아래에서 오제에게 제사 지낼 때 그들 각자에 해당

---

172) 樅陽 : 縣 이름. 지금의 安徽省 樅陽縣에 위치한다.

173) 彭蠡 : 저수지 이름. 尋陽과 樅陽의 중간에 위치한다.

174) 琅邪郡 : 郡 이름. 지금의 山東省 남부지역에 위치한다.

175) 濟南 : 郡 이름. 지금의 山東省 歷城, 濟南, 章丘縣 지역에 위치한다.

176) 公玉帶 : 사람 이름. 姓이 公玉, 이름이 帶이다.

177) 複道 : 上下 이중으로 된 길. 윗길은 天子, 아랫길은 백성이 다녔다. 또 이중의 廊下를 말하기도 한다.

178) 昆侖은 山 이름. 지금의 西藏省, 新疆省 사이에 있는 산이다. 전설에 의하면 黃帝 때 昆侖山 위에 신선이 살도록 5城 12樓를 지었다고 한다. 武帝 때 黃帝 때의 明堂 설계도에 따라서 다시 明堂과 昆侖 5城과 12樓를 재건했기 때문에 이와 같이 命名하게 되었다.

179) 汶水 : 泰山 동북쪽에서 발원하여 奉高縣 서남쪽 巨野澤으로 흘러들어가는 강. 권2 「하본기」의 〈주 40〉 참조.

180) 高皇帝 : 漢 高帝를 말한다.

하는 방위에서 제사 지냈는데, 황제와 적제(赤帝)는 같은 방위에 두었으며, 이 제사에는 담당 관원들이 참석하였다. 제사 지낼 때 태산 위에서 횃불을 들어서 표시하면 산 아래에서도 횃불을 들어서 서로 호응하였다.

2년 후,[181] 11월 갑자삭일 아침이 동지였는데, 역법을 계산하는 자는 이 날을 기점으로 하여 역법을 추산하였다.[182] 천자는 몸소 태산으로 행차하여 11월 갑자삭일 아침 동지에 명당에서 하늘에 제사 지냈는데, 봉선은 치르지 않았다.[183] 축문에 이르기를 "하늘이 천자에게 하늘의 신책(神策)을 내려주시어 일월이 한 바퀴 돌면 역수(曆數)는 다시금 새롭게 시작합니다. 천자는 태일신께 삼가 배례하옵니다"라고 하였다. 천자는 동쪽으로 가서 바다에 도착한 후, 바다에 나가서 신선을 만나려는 사람들과 방사들을 조사해보았는데 아무런 효험이 없었지만, 여전히 신선을 찾으러 사람들을 파견하였고, 신선을 만나고자 하였다.

11월 을유일(乙酉日), 백량대[184]에 화재가 발생하였다. 12월 갑오삭일에 천자는 친히 고리산(高里山)[185]에서 제례를 올리고, 후토신에게 제사 지냈다. 이어서 발해(渤海)[186]에 도착하여 봉래산의 여러 신에게 망사를 지내고, 신선이 사는 곳에 도달할 수 있기를 희망하였다.

천자는 경성으로 돌아와서 백량대에서 화재가 났기 때문에 감천궁에서 조회하며 연말 보고를 받았다. 공손경이 "황제께서 청령대(靑靈臺)를 지으신 지 겨우 12일 만에 화재를 당하자 다시 명정(明庭)을 지으셨는데, 명정이란 곧 감천궁입니다"라고 말했고, 방사들도 고대 제왕 가운데 감천에 도읍을 정한 사람이 있었다고 아뢰었기 때문에 천자는 감천궁에서 제후의 조회를 받고 감천에 제후의 부제를 지었다. 용지가 "월(越)의 풍속

---

181) 漢 武帝 太初 元年. (기원전 104년)
182) 漢나라에 와서 曆法을 고쳤다. 이전에는 亥月(陰曆 10月)을 그해의 시작으로 삼았는데, 太初 元年부터 寅月(음력 정월)을 그해의 처음으로 하였다. 음력 11월 초하루 아침 冬至를 曆法의 기점으로 하였다.
183) 원래 封禪은 5년에 한 번씩 거행하는 것으로, 그해는 봉선을 치른 지 2년밖에 안 되어서 봉선은 거행하지 않고 明堂에서 제사만 지낸 것이다. 原文 「每脩封禪」의 '每'자는 封禪書에 따라서 마땅히 '毋'자로 보아야 한다. 권1 「오제본기」의 〈주 23〉, 권6 「진시황본기」의 〈주 147〉 참조.
184) 柏梁臺 : 지금의 섬서성 長安縣 서북쪽에 위치한다. 〈주 55〉 참조.
185) 高里山 : 泰山 남쪽 산록. 泰安市 서남쪽에 위치한다.
186) 여기서의 발해는 나라가 아니라 산동성과 요동반도 사이의 바다, 즉 황해 윗부분을 지칭한다.

에는 화재가 발생한 후에 다시 집을 지을 때는 반드시 원래의 것보다 크게 지어서, 집의 크기로 재앙을 제압합니다"라고 아뢰었다. 그리하여 건장궁(建章宮)[187]을 지었는데 그 규모가 천문만호(千門萬戶)였고, 그 전전(前殿)은 미앙궁(未央宮)[188]보다 높았다. 그 동쪽에는 봉궐(鳳闕)[189]을 세웠는데 높이가 20여 장(丈)이었고, 서쪽에는 당중지(唐中池)[190]를 팠는데, 둘레가 수십리나 되는 호권(虎圈)[191]이 있었다. 북쪽에는 커다란 못을 파서 못 가운데 점대(漸臺)를 세웠는데 그 높이가 20여 장이나 되었다. 이 못의 이름을 태액지(泰液池)라고 하고, 못 가운데 봉래(蓬萊), 방장(方丈), 영주(瀛洲), 호량(壺梁)[192] 등 4개의 선산(仙山)을 세워서 바다 가운데에 선산과 해구(海龜), 해어(海魚) 등의 형상을 만들어서 세웠다. 남쪽에는 옥당(玉堂),[193] 벽문(璧門),[194] 대조(大鳥)[195] 등을 세웠으며 또 신명대(神明臺)와 정간루(井幹樓)를 세웠는데 그 높이가 50여 장에 달했으며, 연도(輦道)[196]가 누각들 사이에 연결되어 있었다.

여름에 한나라는 역법을 바꾸어, 음력 정월을 그해의 시작으로 하였고, 황색을 숭상하였으며, 관명의 인장을 다섯 글자로 바꾸어 이해를 태초(太初) 원년으로 하였다. 이해에 서쪽의 대원(大宛)[197]을 정벌하였으며, 또 메뚜기떼가 기승하였다. 정부인(丁夫人)[198]과 낙양 사람 우초(虞初) 등이 방술을 사용하여 흉노(匈奴)와 대완을 저주하는 제사를 올렸다.

이듬해, 사관(祠官)들은 옹현의 오치에서 지내는 제사에는 익힌 제물과 향기나는 제물을 올리지 않았다고 아뢰었다. 이에 천자는 사관에게 명령하여 삶은 송아지를 각 치에 바치도록 하고, 제물로 바치는 소의 털 색

---

187) 建章宮 : 長安縣 서쪽 20여 리에 위치했던 궁궐 이름.
188) 未央宮 : 漢 高帝 때 지은 궁전으로, 둘레가 28里나 되며 웅장하다. 권8 「고조본기」의 〈주 306〉, 권9 「여태후본기」의 〈주 103〉, 권10 「효문본기」의 〈주 51〉 참조.
189) 鳳闕 : 궁궐의 꼭대기에 銅鳳을 세웠기 때문에 鳳闕이라고 한다.
190) 唐中池 : 지금의 陝西省 長安縣 서북쪽 太掖池의 남쪽에 위치한다.
191) 虎圈 : 호랑이를 키우던 곳. 지금의 西安市 서쪽에 위치한다.
192) 蓬萊, 方丈, 瀛洲, 壺梁 : 전설상에 나오는 바닷속의 네 神仙山.
193) 玉堂 : 宮 이름.
194) 璧門 : 宮門 이름. 문의 높이가 25丈이나 되고 문 위에 玉璧으로 장식하였기 때문에 璧門이라고 한다.
195) 大鳥 : 神鳥의 조각상.
196) 輦道 : 가마가 지나다닐 수 있도록 누각과 누각 사이의 공중에 매단 길.
197) 大宛 : 西域의 나라 이름. 지금의 중앙 아시아에 위치하였다.
198) 丁夫人 : 사람 이름. 姓이 丁이고 이름이 夫人이다.

깔은 각 방위의 천제가 향용할 수 있는 색의 것을 선택하여 사용하도록 하였다.[199] 또한 제사에 사용하는 장마(牡馬)는 나무로 만든 말로 대체하도록 하였다.[200] 그러나 오제의 제사와 천자가 친히 제사 지내는 교사에는 장마를 사용하도록 하였고, 각 명산대천에 제사 지낼 때는 모두 나무로 만든 말로 대체시켰다. 또한 천자가 순수했던 지역에서 제사 지낼 때에도 장마를 사용했는데, 그외의 예식은 옛 체제에 따라서 거행하였다.

다음해, 천자는 동쪽으로 나아가서 바닷가에서 신선을 불러오는 모든 방법을 시험해보았으나 아무런 효과도 보지 못하였다. 어떤 방사가 이르기를 "황제 때 5성 12루를 건립하고 집기(執期)[201]에서 신선을 기다렸는데, 이를 영년(迎年)이라고 하였습니다"라고 하자 천자는 그가 말한 대로 누대를 짓고 '명년(明年)'이라고 이름짓고는 황색의 옷을 입고 몸소 상제께 제사 지냈다.

그러자 공옥대가 이렇게 건의하였다.

황제 때는 단지 태산에만 제단을 쌓아서 하늘에 제사 지냈습니다. 그러나 풍후(風后), 봉거(封鉅), 기백(岐伯)[202] 등이 동태산(東泰山)[203]에서 천신에게 제사 지내고 범산(凡山)[204]에서 지신에게 제사 지낼 것을 건의했는데, 두 곳에서 얻은 부절이 서로 합치한 연후에 황제께서는 불로장생할 수 있었습니다.

이에 천자는 곧 제사를 준비하라고 명령하고 동태산에 도착해보니 동태산이 너무 작아서 명성에 걸맞지 않으므로 사관에게 제사만 지내도록 하고 봉선은 거행하지 않았다. 이후 공옥대로 하여금 이곳에서 제사 지내며 신선을 기다리도록 하였다. 여름에 천자는 태산으로 돌아와서 관례대로 5년에 한 번 거행되는 봉선을 거행하였고, 다시 석려산(石閭山)[205]에서 지신에게 제사 지냈다. 석려산은 태산 기슭의 남쪽에 있었는데, 방사들은

---

199) 제물로 쓰는 소의 색을 五行相剋의 원리에 따라서 선택하는 것을 말한다. 예를 들면 赤帝에게는 흰 소를 바쳐서 신령이 享用할 수 있게 하는 것이 그것이다.

200) 일반적으로는 어미 말[牡馬], 즉 다 자란 말로 제사 지냈는데 말의 손실을 줄이기 위해서 나무로 말의 형상을 만들어서[木偶馬] 제사를 지내도록 한 것을 말한다.

201) 執期 : 전설상의 地名.

202) 風后, 封鉅, 岐伯 : 모두 黃帝의 신하.

203) 東泰山 : 지금의 山東省 沂源, 沂水 두 縣의 중간에 위치한 산.

204) 凡山 : 지금의 山東省 昌樂縣 서남쪽에 위치한 산.

205) 石閭山 : 지금의 山東省 泰安縣 남쪽에 위치한 산.

이곳이 신선이 사는 곳이라고 말했기 때문에 천자가 이곳에 와서 몸소 지신에게 제사 지낸 것이었다.

5년 후, 천자는 다시 태산에 와서 봉선의 대전을 거행하고 돌아가는 길에 상산(常山)[206]에서 제사 지냈다.

지금 천자가 세운 신사(神祠)는 태일사(泰一祠)와 후토사(后土祠)인데, 3년마다 천자가 직접 교사를 지냈고, 한(漢) 왕조에서 시작한 봉선은 5년에 한 번 거행했다. 박유기의 건의에 의해서 건립된 태일(泰一), 삼일(三一), 명양(冥羊), 마행(馬行), 적성(赤星) 등의 다섯 신사에서는 사관인 관서가 매년 제사 지냈고, 이외에 앞의 다섯 신사에 후토를 합한 여섯 신사의 제사는 모두 태축이 주관했다. 팔신 중의 각 신선과 명년, 범산 등 그밖의 유명한 신사는 천자가 순수하다가 들를 때에는 제사를 지냈고, 그냥 가버리'ᆫ 제사를 지내지 않았다. 방사들이 건립한 신사는 그들 각자가 제사를 주관하였고, 그들이 죽으면 곧 끝났고, 사관이 주재하지 않았다. 그밖의 신사는 옛 형식에 따랐다. 이때 천자가 태산에서 지내기 시작한 봉선은 그후 12년 동안 거행되었고, 오악(五嶽), 사독(四瀆)의 신령들에게도 제사 지내는 것으로 확대되었다. 한편 방사들이 신선을 맞이하는 제사를 지냈고 바다로 가서 봉래선도를 찾았지만 결국 찾지 못하였다. 또 공손경은 거인의 발자국을 보았으므로 신선을 만날 것이라고 기다렸으나 아무런 효험이 없었다. 이리하여 천자는 점차 방사들의 기괴한 이야기를 싫어하게 되었다. 그러나 그는 언제나 그들을 구슬리며 관계를 완전히 끊지는 못했으니, 그것은 진심으로 신선을 만날 수 있기를 바랐기 때문이다. 이때부터 귀신에게 제사 지내는 이야기를 하는 방사들이 더욱 많아졌지만, 그 결과가 어떠했을지는 눈에 보이는 듯하다.

태사공(太史公)은 다음과 같이 말했다.

"나는 천자를 따라서 순수하며 천지의 여러 신과 명산대천에 제사 지냈고, 봉선의 대전에도 참가하였다. 수궁(壽宮)에 들어와서는 제사에 참가하여 신께 올리는 축문도 듣고 방사와 사관들의 의도를 세심하게 탐구해

---

206) 常山 : 즉 恒山. 五嶽 중 北嶽을 말하며, 河北省 曲陽縣 서북쪽에 위치한다. 漢文帝의 이름이 劉恒이었기 때문에 避諱하여 '常山'으로 고친 것이다. 권2「하본기」의 〈주 116〉, 권7「항우본기」의 〈주 164〉, 권8「고조본기」의 〈주 325〉, 권9「여태후본기」의 〈주 62〉, 권10「효문본기」의 〈주 86〉, 권11「효경본기」의 〈주 50〉 참조.

보았다. 그리고 물러나서 자고 이래로 귀신에게 제사 지내는 일에 대해서 순서대로 논술하여 제사에 관한 안팎의 모든 것을 다 여기에 밝혀놓았으니, 후세의 군자는 내 글을 통해서 그 정경을 살펴볼 수 있을 것이다. 제사 지낼 때 사용하는 조두규폐(俎豆珪幣)[207]에 관한 상세함이나 헌수(獻酬)에 관한 의식에 대해서는 사관(祠官)들이 보존하고 있다."

---

207) 俎豆珪幣 : 俎豆는 희생을 올려놓는 도마 모양의 祭器이고, 珪幣는 신에게 바치는 귀중한 예물이다. 이것은 玉, 帛 등 제사에 따라서 차이가 있었다.

해설

정범진

『史記』는 지금으로부터 약 2천여 년 전 중국의 漢 武帝 시대의 太史令 司馬遷에 의해서 찬술(撰述)된 중국의 첫번째 기전체(紀傳體) 통사(通史)이다. 그리고 이것은 淸나라 乾隆 연간에 중국의 정사(正史)로 정해진 『24사(二十四史)』 중에서 제일 첫번째의 역사서이기도 하다.

『史記』의 본래 명칭은 『太史公書』였다. 이것은 저자가 「太史公自序」에 스스로 붙여놓은 이름이었다. 그러나 후세에 와서 본래의 명칭은 사라지고 『史記』라는 명칭으로 굳어졌다. 본래 '史記'라는 말은 先秦時代 이전에는 열국(列國)의 역사서를 통칭하는 말이었고 漢代에 와서도 모든 선대(先代)의 역사서를 범칭하는 것이었다. 그래서 淸나라 錢大昕의 『漢書考異』에는 "옛날 여러 나라의 역사를 다 '사기'라고 칭했다(古者列國之史, 俱稱史記)"라고 했고, 王國維의 『太史公繫年考略』에는 "태사공이 지은 130편을 후대 사람들이 '사기'라고 부르고 있는데, 이 (사기)는 태사공 스스로가 붙인 이름이 아니다. 한나라 사람들이 말하는 '사기'는 다 옛날 역사를 범칭했던 것으로, 태사공의 책(130편)을 가리키는 것이 아니었다(史公所著百三十篇, 後人謂之史記, 史記非公所自名也. 漢人所謂史記, 皆泛言古史, 不指太史公書)"라고 했다.

그러던 것이 東漢의 班彪, 班固 부자에 와서 이미 임의로 『太史公書』를 『史記』라고 부르기 시작했으며 그후 東漢時代 말기의 荀悅, 晉의 陳壽 등 역사가들을 거쳐오는 동안 차츰 『史記』라는 명칭을 써오다가 唐代에 이룩된 『隋書』의 「經籍志」에서부터 비로소 정식으로 司馬遷의 『太史公書』를 가리켜 『史記』라는 전용(專用) 명칭을 사용하게 되었다.

司馬遷(기원전 145?-기원전 85년?)은 字가 子長으로 龍門(지금의 陝西省 韓城縣 남쪽)에서 태어났다. 그의 집은 대대로 사관(史官)이 많이 나온 관료가문으로서 이미 周 왕조에서 여러 대에 걸쳐 사관을 지낸 바 있고 그의 아버지 司馬談도 武帝時代에 太史令을 지냈다. 談은 일찍이 천문학과 역학(易學)을 익힌 박식한 지식인으로 특히 명주(明主), 현군(賢君), 충신(忠臣), 사의(死義) 등의 사적을 밝히는 역사서를 저술하고자 하는 원대한 포부를 가슴에 안고 있던 사람이었다. 그러나 그는 그 뜻을 이루지 못하고 세상을 떠났다.

司馬遷은 10세 때 이미 옛 전적을 배우기 시작했고, 그 뒤 당시의 이름난 경학가(經學家)인 董仲舒, 孔安國을 따라서 『春秋公羊傳』, 『古文尙書』를 배워 先秦時代에서 漢代에 이르는 학술사상과 흥망성쇠의 역사를 깊이 파악하였고 그밖에 천문학과 역수(曆數)에도 상당한 지식을 쌓았다.

청장년 시절에는 전국 각지를 두루 돌아다니면서 역사적인 유적지와 옛 성현들의 발자취를 답사했고 특히 孔子의 유풍이 남아 있는 곳을 유심히 살펴보았다. 그는 이런 유람을 통해서 각 지방의 풍습을 살피고 사람들의 사회생활을 고찰하였으며 역사적인 인물들의 기문일사(奇聞逸事) 등의 자료를 수집하였다. 그 뒤로는 마침내 벼슬길에 올라 郎中이 되었는데, 이때는 이미 아버지 談과 사별한 뒤였다.

기원전 110년, 한 무제는 동쪽으로 순수(巡狩)하여 태산(泰山)에서 봉선(封禪)한 다음 연호를 元封이라고 개원(改元)했다. 이때 司馬遷의 부친 太史令 司馬談은 周南에 체류하고 있었기 때문에 봉선에 참여하지 못하고 이로 말미암아 병이 생겨 마침내 죽음에 이르고 말았다. 이때 司馬遷은 다행히도 여가를 허락받아 아버지에게로 가서 임종할 수가 있었다. 談은 아들 遷의 손을 꼭 잡고 울면서 다음과 같은 유언을 했다.

우리 조상은 周 왕조의 太史였다. 아주 오랜 상고(上古)의 虞夏時代에는 천문(天文)에 관한 일을 맡아보았다. 그러다가 중간에 와서 쇠퇴해졌는데 나에게 이르러 유업이 중단될 수야 있겠느냐? 네가 다시 太史가 된다면 이는 곧 우리 조상의 유업을 계속할 수 있게 되는 것이다. 지금의 천자는 천년 漢 왕조의 대업을 계승하여 태산에서 봉선을 거행하였으나 내 거기에 수행하지 못했으니, 이는 아! 나의 운명이로다! 운명이로다! 내가 죽은 뒤에 너는 반드시 太史가 되어라. 너는 太史가 되어서 내가 생전에 하고 싶었던 논저(論著)를 결코 저버려서는 안 된다. 무릇 효도라고 하는 것은 어버이를 섬기는 데서 비롯하여 임금을 섬기는 것을 거쳐 입신(立身)하는 데서 끝나는 것이다. 후세에 이름을 날려 어버이를 영광되게 하는 것, 이것이야말로 효도 가운데서도 가장 중요한 것이니라. 세상에서 周公을 찬양하면서 그가 능히 周 文王과 武王의 덕을 송찬하고 周, 邵 두 곳의 기풍을 선양하여 사람들로 하여금 太王, 王季의 생각을 알게 하고, 公劉에 이르러서는 시조 后稷의 공적을 숭상하게 했다고 한다. 幽, 厲 두 왕 이후로 왕도가 무너지고 예악(禮樂)이 쇠퇴해지니 孔子께서 예부터 전해내려오던 전적과 폐기되어버린 예악을 다시금 정리하고 진흥하여 『詩』와 『書』를 논술하고, 『春秋』를 지음으로써 오늘에 이르기까지도 학자들이 그것을 준칙으로 삼고 있다. '獲麟' 이래 400여 년 동안 제후들은 서로 빼앗고 빼앗기는 혼전만 하고 있어 역사에 대한 기록은 버려둔 채 단절되었다. 지금은 漢 왕조가 흥해서 해내(海內)가 통일되고 명주, 현군, 충신,

사의가 많이 있는데 내가 太史令의 몸으로 그런 사례를 논평 기재하지 못하고 천하의 사문(史文)을 폐기하고 말았으니 내심 심히 두렵고 안타깝구나. 너는 내 이런 심정을 잘 살펴주기 바란다!

司馬遷은 아버지의 이 간절한 유언을 듣고 머리를 숙이고 눈물을 흘리며 대답했다.

소자 비록 불민하오나 선대인들이 편열해놓은 구문(舊聞)을 남김없이 논술하되, 어느 것 하나 빠뜨리지 않도록 하겠습니다.

그리고 3년 뒤 그는 그의 부친의 뒤를 이어 역시 太史令이 되어 드디어 『史記』를 저술하는 일을 시작하였다.

그후 天漢 2년, 匈奴 토벌에 나섰던 李陵이 겨우 5천의 보병으로 기마부대를 주력으로 하는 8만의 匈奴軍과 싸워 중과부적으로 대패하고, 李陵 자신도 적의 화살을 맞고 실신하였던 중 포로가 되고 말았다. 이에 武帝는 그가 匈奴에게 투항했다고 해서 크게 노하고 조정에서 처벌하도록 했다. 이때 신하들은 모두 화가 미칠까 두려워 아무 말도 못 했는데 司馬遷이 감히 당당하게 李陵을 변호하고 나섰다. 이에 무제는 더욱 화가 나서 그를 투옥시키고 끝내는 무서운 궁형(宮刑)에 처해버렸다. 보통 사람 같으면 이와 같은 모욕, 이와 같은 고통을 도저히 참아내지 못하고 오직 한 길, 자살하는 길밖에는 택할 것이 없었을 것이다. 그러나 그는 이러한 난관 속에서도 더욱더 굳게 이를 악물었다. 오직 살아남아서 "하늘(또는 자연)과 사람의 관계를 구명하고, 고금의 변화에 통달하여 일가지언을 이룩한다(究天人之際, 通古今之變, 成一家之言)"라는 『史記』를 완성해야 한다고 하는 굳은 신념이 그를 지배했을 뿐이었다.

대체로 『詩』와 『書』에서 뜻이 모호하고 문자가 간략했던 것은 작자가 심중에 있는 뜻을 이룩하려고 했던 때문이었다. 옛날에 西伯(周 文王)은 羑里에서 억류되자 『周易』을 지었고, 孔子는 陳과 蔡에서 연금되어 고생할 때 『春秋』를 지었고, 屈原은 楚나라에서 쫓겨나서 『離騷』를 지었으며, 左丘明은 실명하고 나서 『國語』를 이루었고, 孫子는 다리를 짤리고 나서 『孫子』를 논술하였으며, 呂不韋는 蜀으로 귀양을 간 후에서야 세상에 『呂氏春秋』가 전해지게 되었고, 韓非는 秦나라에 갇혀서 「說難」과 「孤憤」을 썼으며, 『詩』 300편도 대체로 성현들이 발분하여 지은 것이다. 이 사람들은 모두 가슴에 응어리진 울분을 시원하게 풀어낼 방법이 따로 없어서 이에 지나간 일을 서술하여 미래에다 희망을 걸어본 것이었다. (「太史公自序」)

이처럼 그는 역사상 어려운 환경 속에서 나온 위대한 저술들의 '발분(發憤)'을 내세워 자신의 저술에 대해서 더욱 중차대한 책임감과 결심을 다졌다.

그후 그는 그의 나이 50세가 되던 해에 비로소 죄를 용서받고 출옥했다. 그리고 바로 中書令이라는 직책을 맡았지만, 이것은 환관들이 맡아보는 일이라 그에게는 『史記』의 저술에도 도움이 안 되며, 오히려 정신적으로 감당하기 어려운 직책이었다. 그럼에도 불구하고 그는 전후 약 10년간의 각고 끝에 마침내 저 불후의 명작 『太史公書』를 완성했다. 이때 그의 나이 55세였다.

司馬遷은 「太史公自序」에서

산일(散佚)된 천하의 구문(舊聞)들을 수집 망라하여 왕들의 사적(事跡)의 흥기(興起)에 대해서 그 시말을 탐구하고 그 성쇠를 관찰한 다음 그 사실 진행에 근거하여 논술 고정(考訂)하여 간략히 三代의 사실을 추구(推究)하고 秦漢의 사실을 기록함으로써 위로는 軒轅으로부터 시작하여 아래로는 현재에 이르기까지를 기록하여 12本紀를 저술하였는데 모두 조례를 나누어 설명했다. 그런데 그 사적에는 시대가 같은 것도 있고 다른 것도 있어 연대의 차이가 분명하지 않으므로 10表를 만들었다. 또 시대에 따른 예악(禮樂)의 증감, 율력(律曆)의 개역(改易), 병권, 산천, 귀신, 천인(天人)의 관계 등에 대해서는 폐단을 들고 변화에 통하게 하는 내용으로 8書를 지었다. 또 28수가 북극성을 중심으로 돌고 있고, 30개 윤폭(輪輻)이 모두 하나의 속바퀴에 집중되어 있어 그 운행이 무궁한 것처럼, 보필하는 신하들을 여기에 비기어 그들이 충신의 도를 행함으로써 천자를 받드는 모습을 내용으로 30世家를 지었다. 그리고 정의롭게 행동하고 기개가 있어 남에게 억눌리지 않으며 세상에 처하여 기회를 놓치지 않고 공명을 천하에 세운 사람들의 일들을 내용으로 70列傳을 지었다. 도합 130편, 52만 6,500자로 이를 『太史公書』라고 이름 붙인다

라고 하여 이미 스스로 『史記』의 체재와 내용 그리고 그 규모에 대해서 간단명료하게 잘 설명하고 있다. 그러면 이것을 쉽게 확대 설명해보고자 한다.

『史記』의 체재는 전 시대의 전적, 즉 『春秋』, 『尙書』의 「禹」, 「夏」, 『禮記』 등의 유례를 다소 참작하기는 했지만, 그의 풍부한 식견과 참신한 창의력을 발휘하여 새롭고 방대하며 훌륭한 기전체 역사서를 이룩함으로써 후세에 이와 같은 체재의 시조로 여겨지고 있다.

『史記』는 「本紀」, 「表」, 「書」, 「世家」, 「列傳」 등 5개 부분으로 구성되어 있는데 간략하게 나누어 설명하면 다음과 같다.

1. 「本紀」는 세계(世系)와 연대 순서에 따라 역대 제왕들의 통치, 인사 등을 기록해놓은 부분으로 「五帝本紀」를 비롯해서 「夏本紀」, 「殷本紀」, 「周本紀」,

「秦本紀」, 「秦始皇本紀」, 「項羽本紀」, 「高祖本紀」, 「呂太后本紀」, 「孝文本紀」, 「孝景本紀」, 「孝武本紀」 등 12편의 本紀로 구성되어 있다. 그런데 本紀라는 체재는 司馬遷 자신이 「大宛列傳」에서 「禹本紀」를 인용하고 있으므로 그가 창안한 것이 아니라 그 전부터 이미 있었던 체재였음을 알 수 있다.

2. 「表」는 도표 형식으로 사건을 기록해놓은 부분으로 「表」에는 「三代世表」, 「十二諸侯年表」, 「六國年表」, 「秦楚之際月表」, 「漢興以來諸侯王年表」, 「高祖功臣侯者年表」, 「惠景間侯者年表」, 「建元以來侯者年表」, 「建元已來王子侯者年表」, 「漢興以來將相名臣年表」 등이 있는데, 이중에서 기사가 비교적 간략한 것은 世表로 만들었고, 보통인 것은 年表로 만들었으며, 비교적 상세한 것은 月表로 만들었다.

또 「漢興以來諸侯王年表」와 같은 것은 연도를 세로(날줄)로 하고 나라를 가로(씨줄)로 해서 만들었는데 이는 지방을 위주로 해서 천하의 대세를 보게 하기 위함이었고, 「高祖功臣侯者年表」와 같은 것은 나라를 날줄로 하고 연도를 씨줄로 해서 만들었는데 이는 시간을 위주로 해서 한때의 득실을 보게 하기 위함이었으며, 또 「漢興以來將相名臣年表」와 같은 것은 연도를 날줄로 하고 사건을 씨줄로 해서 만들었는데 이는 대사건을 위주로 해서 군신의 직분을 볼 수 있게 하기 위함이었다. 그리고 司馬遷의 "余讀牒記, 黃帝以來, 皆有年數, 稽其歷譜牒, 終始五德之傳, 古文咸不同乖異"(「三代世表」), "讀春秋歷譜牒"(「十二諸侯年表」)이라고 말하고 있는 것을 보면 보첩(譜牒)은 이미 그 전 시대부터 있었던 것 같고 따라서 그의 「表」의 체재는 물론 똑같지는 않지만 이들 보첩에서 영향을 받은 것으로 추측된다.

3. 「書」는 그 당시 전장제도(典章制度)를 기록해놓은 것으로, 즉 봉건사회의 사회적 규범과 제도적 법식(法式)에 대해서 서술하고 논평한 전문 분야의 문제를 다룬 문장들이다. 따라서 이 부분은 가장 난해한 부분이기도 하지만 저자 司馬遷이 역사가로서의 소질을 훌륭하게 발휘해놓은 부분으로 특히 漢代의 정치, 경제, 학술 등에 관한 문제들에 대해서 은연중 많은 관심을 나타낸 곳이기도 하다. 따라서 이 부분은 漢代의 역사의 여러 분야에 관한 실상을 파악하는 데에 중요한 자료제공의 역할을 하고 있기도 하다.

「書」에는 「禮書」를 비롯해서 「樂書」, 「律書」, 「曆書」, 「天官書」, 「封禪書」, 「河渠書」, 「平準書」 등 모두 8書로 구성되어 있다. 「禮書」에는 예의, 예속, 「樂書」에는 음악, 「律書」에는 군사, 기상, 「曆書」에는 역법(曆法), 「天官書」에는 천문, 「封禪書」에는 종묘귀신(宗廟鬼神), 「河渠書」에는 지리, 수리(水利), 「平

準書」에는 재정 경제에 관한 내용이 각각 논급되어 있다.

「書」의 체재나 내용은 역시 전 시대부터 이미 있었던 『禮記』, 『大戴禮』, 『荀子』, 『賈誼新書』 등의 문장을 참고한 것으로 보인다.

4. 「世家」는 주로 봉국(封國)을 세습한 제후와 왕들의 흥망성쇠의 사적을 국가에 따라 나누어 기록해놓은 부분으로 「吳太伯世家」를 비롯하여 「齊太公世家」, 「魯周公世家」, 「燕召公世家」, 「管蔡世家」, 「陳杞世家」, 「衛康叔世家」, 「宋微子世家」, 「晉世家」, 「楚世家」, 「越王句踐世家」, 「鄭世家」, 「趙世家」, 「魏世家」, 「韓世家」, 「田敬仲完世家」, 「孔子世家」, 「陳涉世家」, 「外戚世家」, 「楚元王世家」, 「荊燕世家」, 「齊悼惠王世家」, 「蕭相國世家」, 「曹相國世家」, 「留侯世家」, 「陳丞相世家」, 「絳侯周勃世家」, 「梁孝王世家」, 「五宗世家」, 「三王世家」 등 모두 30世家로 구성되어 있다.

이 가운데 다만 孔子와 陳涉 두 世家는 제후나 왕이 아닌 예외로서 司馬遷이 아마도 역사상 중요한 인물이라고 해서 世家에다 포함시켜놓은 모양이다.

「世家」의 체재도 『孟子』의 「滕文公下」에 "陳仲子, 齊之世家也"라는 말이 있고, 司馬遷도 「魏世家」에서 "余讀世家言"이라는 말을 하고 있는 것으로 비추어 그 당시에 이미 世家라는 문체로 제후국에 관한 사적을 기록한 선례가 있었던 것 같고 司馬遷은 이것을 응용한 것으로 보인다.

5. 「列傳」은 고대로부터 漢代 사회에 이르기까지 제왕과 제후를 제외한 각계 각층의 유명인물들을 선별하여 그들의 사적을 차례대로 열거 기술하고, 아울러 변방의 소수민족에 관해서도 곁들여 개설해놓은 부분이다. 이는 일종의 많은 사람들의 전기로서 후세에 그 문학적 가치도 이미 인정받았다.

여기에는 「伯夷列傳」을 비롯하여 모두 70편의 列傳이 있고, 그 마지막 편은 「太史公自序」로 이것은 『史記』의 전체 총론이라고 할 수 있는 문장이다. 70편을 모두 열거해보면 다음과 같다.

「伯夷列傳」, 「管晏列傳」, 「老子韓非列傳」, 「司馬穰苴列傳」, 「孫子吳起列傳」, 「伍子胥列傳」, 「仲尼弟子列傳」, 「商君列傳」, 「蘇秦列傳」, 「張儀列傳」, 「樗里子甘茂列傳」, 「穰侯列傳」, 「白起王翦列傳」, 「孟子荀卿列傳」, 「孟嘗君列傳」, 「平原君虞卿列傳」, 「魏公子列傳」, 「春申君列傳」, 「范睢蔡澤列傳」, 「樂毅列傳」, 「廉頗藺相如列傳」, 「田單列傳」, 「魯仲連鄒陽列傳」, 「屈原賈生列傳」, 「呂不韋列傳」, 「刺客列傳」, 「李斯列傳」, 「蒙恬列傳」, 「張耳陳餘列傳」, 「魏豹彭越列傳」, 「黥布列傳」, 「淮陰侯列傳」, 「韓信盧綰列傳」, 「田儋列傳」, 「樊酈滕灌列傳」, 「張丞相列傳」, 「酈生陸賈列傳」, 「傅靳蒯成列傳」, 「劉敬叔孫通列傳」, 「季布欒布列傳」, 「袁晁錯列傳」, 「張釋之馮唐列傳」, 「萬石張叔列傳」, 「田叔列傳」, 「扁鵲倉公列傳」, 「吳王濞列傳」, 「魏其武安侯列傳」, 「韓長孺列傳」, 「李將軍列傳」, 「匈奴列傳」, 「衛將軍驃騎列傳」, 「平津侯主父列傳」, 「南越列傳」, 「東越列傳」, 「朝鮮列傳」, 「西南夷列傳」, 「司馬相如列傳」, 「淮南衡山列傳」, 「循吏列傳」, 「汲鄭列傳」, 「儒林列傳」, 「酷吏列傳」, 「大宛列傳」, 「游俠列傳」, 「佞幸列傳」, 「滑稽列傳」, 「日者列傳」, 「龜策列傳」, 「貨殖列傳」, 「太史公自序」.

『史記』는 『太史公書』이래로 셀 수 없이 많은 판본들이 세상에 선보였다. 南北朝에 이르러 이미 "이 책을 조사 비교해보면 문구가 서로 다르고 분량의 많고 적음이 서로 달라 어떤 것이 진짜인지 구별할 수가 없다. 그래서 세간의 혹자(惑者)들은 저것으로 정한다 이것을 좇는다 하면서 시비가 서로 엉클어져 진위(眞僞)가 뒤섞여 어수선하다(考較此書, 文句不同, 有多有少, 莫辯其實, 而世之惑者, 定彼從此, 是非相貿, 眞僞舛雜)"(裵駰 「史記集解序」)라고 한 것을 보면 그때에 벌써 『史記』는 서로 다른 초본(抄本)이 있어서 진위를 분간할 수 없을 정도였다. 그래서 당시 徐廣은 여러 초본들을 비교 검토하여 『音義』를 만들었는데, 13권으로 된 이것은 여러 본의 서로 다른 점들을 찾아내고 훈해(訓解)를 붙임으로써 『史記』의 첫번째의 비교적 완정(完整)한 주본(注本)이 되었지만 아깝게도 지금은 전하지 않는다. 그러나 다행스러운 것은 『集解』의 여러 군데에 단편적으로 『音義』가 인용되어 있어 그것을 통해 원래의 모습의 한 부분이라도 보고 알 수 있다는 점이다.

그후 南朝時代 宋의 裵駰은 徐廣의 『音義』를 확대시켜 『集解』 80권을 지었고, 역시 南朝時代 齊의 鄒誕生은 『音義』 3권, 隋의 許子儒는 『注義』 130권, 柳顧言은 『音義』 30권, 唐의 劉伯莊은 『音義』 20권, 司馬貞은 『索隱』 30권, 張守節은 『正義』 30권을 각각 지었다.

宋代로 접어들면서 『史記』는 바야흐로 각인시대(刻印時代)를 맞는데, 최초로 北宋의 太宗 淳化 연간에 『史記集解』가 간행되었다. 이 판본은 정문(正文)과 주석을 처음으로 한데 묶은 것인데, 그러나 지금은 그것의 몇권만이 北京 도서관에 남아 있을 뿐, 전권(全卷)은 이미 망실되었다. 그러나 그후 北宋 景祐 연간, 南宋 紹興 연간, 그리고 明 弘治 연간에 각각 중간(重刊)한 것이 있어, 이것은 오늘날 남아 있는 최고(最古)의 진귀한 『史記』 각본(刻本)으로 일컬어진다. 南宋으로 접어들어 간행된 『史記』는 현존하는 판본만도 20 종류에 가깝다. 그 가운데 주요한 것들로는 1133년 (高宗 紹興 3년) 淮南路轉運司官刻 『集解』本

과 紹興杭州『集解』本, 1171년(孝宗 乾道 7년) 蔡夢弼東塾『集解』『索隱』合刊本, 1176년(淳熙 3년) 張杅桐川郡齋『集解』『索隱』合刊本 등이 있다.

元代에 간행된 『史記』는 忽必烈 1261년(中統 2년) 平陽道段子成『集解』『索隱』合刊本을 비롯하여 현존하는 것만도 10 종류나 되며, 明淸代로 내려오면 그 수는 엄청나게 불어나 그 수를 헤아리기조차 어렵게 된다. 여기에서는 그것을 일일이 다 언급할 수 없으므로 생략하거니와 그중에서 가장 훌륭한 선본(善本)이라고 하는 판본 하나만을 대표로 소개하기로 한다.

淸나라의 錢泰吉은 일찍이 明나라의 凌稚隆의 『史記評林』을 취하여 道光 연중 세 차례에 걸쳐 상세히 교감(校勘)하였고, 또 元나라 초기의 『史記』中統本을 위시하여 明나라의 游明本, 正德本, 南雍本, 汪諒本, 震澤王氏本, 秦藩本, 汲古閣本, 淸나라의 文瀾閣本, 武英殿本, 葉石君校注本 등 수많은 『史記』를 교감함으로써 『史記』 판본에 대하여 크나큰 공적을 쌓았다. 그후 張文虎는 이 錢泰吉의 교본과 자기 스스로 목도한 여러 판본을 근거로 고증과 교감을 철저히 하여 마침내 淸 同治 9년 金陵書局에서 『史記』를 간행하였는데 이것이 바로 金陵書局刊本이다.

1959년 中華書局은 이 金陵書局本을 저본(底本)으로 하여 표점본(標點本) 『史記』를 간행하였고 권말에 "點校後記"를 부쳐 옛 판본의 개정, 정오(訂誤), 보탈(補脫), 산연(刪衍), 단구(斷句) 등 작업에 대한 상황을 설명했다. 이번 번역도 바로 이 中華書局의 표점본 『史記』를 저본으로 삼았고, 또 그 해설과 주석을 참고하였다.

『史記』는 중국 최초의 통사적(通史的) 성격의 역사서로 그 체재나 내용, 그리고 그 방대한 분량이라든가 사안(事案)의 전문성 등 어느 모로 보아도 불후의 걸작이 아닐 수 없다. 여기에는 온갖 자료와 司馬遷 자신의 해박한 지식이 총동원되어 역사적인 사실은 물론이고 철학, 문학, 음악, 천문학, 지리, 군사, 경제, 신앙 등 사회의 모든 현상이 망라되었다. 비록 기존 자료, 즉 『左傳』, 『世本』, 『戰國策』 등을 참고한 것은 사실이나 그 많은 역사 자료들을 연구 분석하여 방대하고 특별한 『太史公書』의 체재로 종합 정리함으로써 훗날 역대 관수(官修) 역사서의 표준이 되었던 것이다.

司馬遷의 문체는 같은 시대의 문필가에 비해서 다소 특이한 점이 있어 독자로 하여금 또 다른 맛을 느끼게 해주지만, 인물묘사도 아주 생동적인 풍격(風格)을 나타내고 있다. 또한 그의 완숙한 인물묘사는 바로 司馬遷의 역사세계의 핵

심을 이루고 있으며 그의 천재성이 돋보이게 하는 부분이기도 하다. 그래서『史記』는 2천여 년 이래로 항상 인기 있는 교양서로 크게 유행하였으며 중국은 물론 우리나라나 일본에서까지도 애독되었고, 따라서 이들 나라의 역사서 및 학술 발전에 많은 영향을 미치기도 했다.

　역사상의 인물은 두말할 것도 없이 소설 속의 인물과는 다르다. 저자가 임의로 그 형상을 조작할 수는 없기 때문이다. 그러나 司馬遷은 이미 형성되어 있는 인물의 개성을 정확히 파악하여 이를 생동적이고 극적인 대화를 통하여 훌륭히 작품화하였고, 여기에다 전해오는 전설이나 유행하는 고사를 덧붙여서 무한한 흥미를 자아내게 한다. 이것이 바로 그의 예술적 기교이며『史記』가 내포하고 있는 문학적인 요소이기도 하다.

　그러나 司馬遷의 역사 기술에도 물론 결함도 있고 한계도 있다. 원래 그가『史記』를 집필하게 된 때에는 대체로 세 가지의 동기가 있었다. 그 첫째는 앞서 언급된 바 있는 그의 아버지 談으로부터의 유언이 있었기 때문이고, 둘째는 영구히 높은 명성을 선양할 수 있는 학술적인 업적에 대한 강한 욕구 때문이었으며, 셋째로는 이른바 발분지설(發憤之說)로 정치적인 압박에서 오는 참을 수 없는 고통과 분노의 산물이었다고 볼 수 있다. 그는 孔子를 무척이나 숭배하고 孔子의 학문세계를 동경했으며 孔子와 같은 학문의 길을 몹시도 계승하고자 했다. 그는 정치적인 생명은 짧고도 보잘것없는 것이지만 학술상으로 남겨놓는 업적은 영원하고도 길이 빛난다는 사실을 깨닫고 있었다.

　그의 이와 같은 역사가, 특히 계속해서 사관을 배출한 가문에서 태어난 사가로서의 책임감과 학술적인 전통을 이을 욕망과 그리고 발분이 있어 저 방대한『史記』가 완성되기는 했지만, 그는 바로 전제군주의 지배하에 있었던 학자였기 때문에 결코 언론이 자유롭지 못했다. 그래서 혹자는『史記』가 司馬遷의 소위 발분지작이라는 설에 대해서 회의하면서 武帝時代의 그의 사론(史論)이 보수성을 띠고 있음을 지적하고 있다. 즉 당시를 기록하던 司馬遷의 기본 사상이 완전히 도가(道家)의 설법과 일치하는 곳이 있다는 것이다. 물론 司馬遷의 사상체계는 유가(儒家)에 근거를 두고 있다. 그럼에도 불구하고 논조가 이처럼 전환된 것은 당시의 정치상황 또는 자신의 입장과 무관하지 않았을 것으로 보는 것이다. 그러나 이는 아마도 전환된 것이 아니라 어쩔 수 없이 자신의 기본 사유와는 다른 각도로 흘러가고 말았다고 보아야 될 것 같다.

　어쨌든 그는 孔子의 뜻을 따라 공언(空言)을 늘어놓는 것보다는 역사적인 사실에 입각하여 제후나 대부(大夫)의 비행을 바로잡고 이를 근거로 하여 왕도를 달성하고자 노력하였으며 또 스스로 "선인(先人)께서 말씀하시기를 '周公이 돌아가신 지 500년 만에 孔子가 태어나셨고, 孔子가 돌아가신 지 다시 500년이 지났다. 이제는 밝은 세상을 계승하여 『易傳』을 정정(訂正)하고 『春秋』를 속편 (續編)하고 『詩』, 『書』, 『禮』, 『樂』의 근원을 심구(尋究)할 수 있겠지?'라고 하셨는데, 아버님의 의도는 바로 여기에 있었다. 아버님의 의도가 바로 여기에 있었는데 내가 어찌 감히 이 일을 사양할 수가 있겠는가"라고 『史記』 저술에 대한 강한 책임감과 사명감을 강조하면서 멀리 『春秋』의 필법을 계승하여 끝내 『史記』를 완성하고야 말았다.

그후 『史記』는 2천여 년을 흘러오면서 모든 역사서의 표준이 되었을 뿐만 아니라 산문 문체의 모범이 되었고, 전기문학(傳記文學)의 비조(鼻祖)가 되었다. 이 모든 것이 오로지 『史記』만이 가지고 있는 작품으로서의 드높은 가치라고 할 수 있을 것이다.

부록

夏-前漢歷代世系表

(1) 夏

(2) 殷

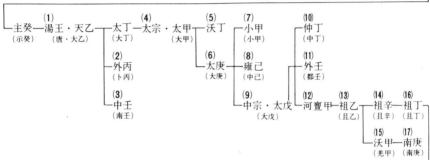

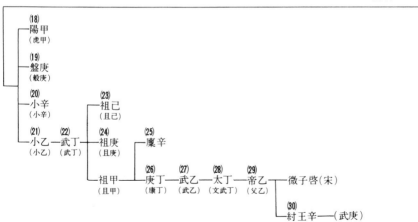

(3) 周

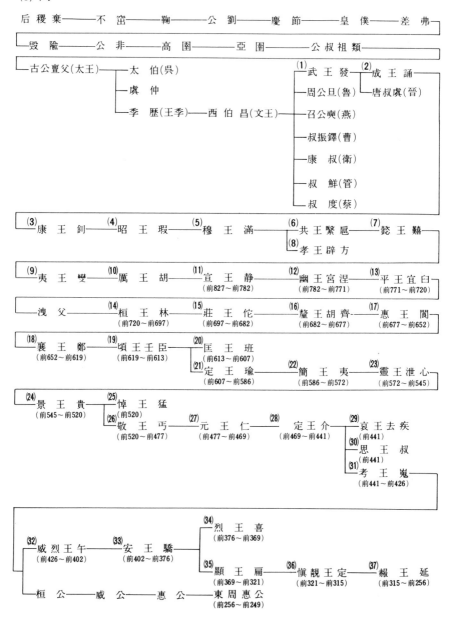

后稷棄──不窋──鞠──公劉──慶節──皇僕──差弗

毀隃──公非──高圉──亞圉──公叔祖類

古公亶父(太王)──太伯(吳)

虞仲

季歷(王季)──西伯昌(文王)

(1)武王發─(2)成王誦

周公旦(魯)──唐叔虞(晉)

召公奭(燕)

叔振鐸(曹)

康叔(衛)

叔鮮(管)

叔度(蔡)

(3)康王釗─(4)昭王瑕─(5)穆王滿─(6)共王繄扈─(7)懿王囏

(8)孝王辟方

(9)夷王燮─(10)厲王胡─(11)宣王靜(前827〜前782)─(12)幽王宮涅(前782〜前771)─(13)平王宜臼(前771〜前720)

洩父─(14)桓王林(前720〜前697)─(15)莊王佗(前697〜前682)─(16)釐王胡齊(前682〜前677)─(17)惠王閬(前677〜前652)

(18)襄王鄭(前652〜前619)─(19)頃王壬臣(前619〜前613)─(20)匡王班(前613〜前607)

(21)定王瑜(前607〜前586)─(22)簡王夷(前586〜前572)─(23)靈王泄心(前572〜前545)

(24)景王貴(前545〜前520)─(25)悼王猛(前520)

(26)敬王丐(前520〜前477)─(27)元王仁(前477〜前469)─(28)定王介(前469〜前441)

(29)哀王去疾(前441)

(30)思王叔(前441)

(31)考王嵬(前441〜前426)

(32)威烈王午(前426〜前402)─(33)安王驕(前402〜前376)

(34)烈王喜(前376〜前369)

(35)顯王扁(前369〜前321)─(36)愼靚王定(前321〜前315)─(37)赧王延(前315〜前256)

桓公──威公──惠公──東周惠公(前256〜前249)

⑷ 春秋·戰國時代

吳

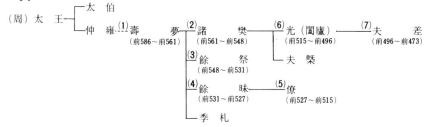

齊（呂氏）

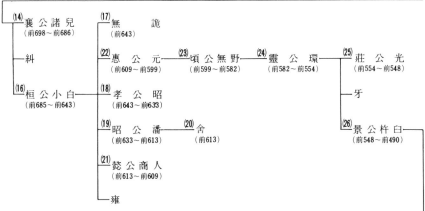

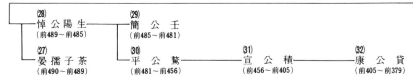

魯

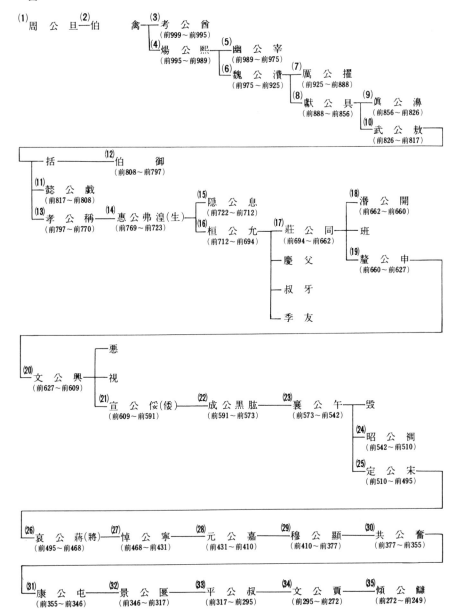

(1) 周 公 旦 —(2) 伯　　禽 —(3) 考 公 酋
　　　　　　　　　　（前999～前995）
　　　　　　　　　 —(4) 煬 公 熙 —(5) 幽 公 宰
　　　　　　　　　　（前995～前989）　（前989～前975）
　　　　　　　　　　　　　　 —(6) 魏 公 瀆 —(7) 厲 公 擢
　　　　　　　　　　　　　　　　（前975～前925）　（前925～前888）
　　　　　　　　　　　　　　 —(8) 獻 公 具 —(9) 眞 公 濞
　　　　　　　　　　　　　　　　（前888～前856）　（前856～前826）
　　　　　　　　　　　　　　 —(10) 武 公 敖
　　　　　　　　　　　　　　　　（前826～前817）

— 括 —(12) 伯　　御
　　　　　（前808～前797）
(11) 懿 公 戲
　（前817～前808）
(13) 孝 公 稱 —(14) 惠 公 弗 湟(生) —(15) 隱 公 息
　（前797～前770）　（前769～前723）　　（前722～前712）
　　　　　　　　　　　　　　 —(16) 桓 公 允 —(17) 莊 公 同 —(18) 潘 公 開
　　　　　　　　　　　　　　　　（前712～前694）　（前694～前662）　（前662～前660）
　　　　　　　　　　　　　　　　　　　　　　　　　— 班
　　　　　　　　　　　　　　　　— 慶 父
　　　　　　　　　　　　　　　　　　　　　　　　 —(19) 釐 公 申
　　　　　　　　　　　　　　　　— 叔 牙　　　　　　（前660～前627）
　　　　　　　　　　　　　　　　— 季 友

— 惡
(20) 文 公 興 — 視
　（前627～前609）
　　　　　　 —(21) 宣 公 俀(倭) —(22) 成 公 黑 肱 —(23) 襄 公 午 — 毀
　　　　　　　（前609～前591）　（前591～前573）　（前573～前542）
　　　　　　　　　　　　　　　　　　　　　　　　　 —(24) 昭 公 裯
　　　　　　　　　　　　　　　　　　　　　　　　　　（前542～前510）
　　　　　　　　　　　　　　　　　　　　　　　　　 —(25) 定 公 宋 —
　　　　　　　　　　　　　　　　　　　　　　　　　　（前510～前495）

(26) 哀 公 蔣(將) —(27) 悼 公 寧 —(28) 元 公 嘉 —(29) 穆 公 顯 —(30) 共 公 奮
　（前495～前468）　（前468～前431）　（前431～前410）　（前410～前377）　（前377～前355）

(31) 康 公 屯 —(32) 景 公 匽 —(33) 平 公 叔 —(34) 文 公 賈 —(35) 傾 公 讎
　（前355～前346）　（前346～前317）　（前317～前295）　（前295～前272）　（前272～前249）

燕

(1) 召 公 奭 ---------------- (9) 惠 侯 ─(10) 釐 侯 ─(11) 頃 侯 ─(12) 哀 侯
(前865~前827) (前827~前791) (前791~前767) (前767~前765)

(13) 鄭 侯 ─(14) 繆 侯 ─(15) 宣 侯 ─(16) 桓 侯 ─(17) 莊 公 ─(18) 襄 公
(前765~前729) (前729~前711) (前711~前698) (前698~前691) (前691~前658) (前658~前618)

(19) 桓 公 ─(20) 宣 公 ─(21) 昭 公 ─(22) 武 公 ─(23) 文 公 ─(24) 懿 公
(前618~前602) (前602~前587) (前587~前574) (前574~前555) (前555~前549) (前549~前545)

(25) 惠 公 ─(26) 悼 公 ─(27) 共 公 ─(28) 平 公 ─(29) 簡 公 ─(30) 獻 公
(前545~前535) (前535~前529) (前529~前524) (前524~前505) (前505~前493) (前493~前465)

(31) 孝 公 ─(32) 成 公 ─(33) 湣 公 ─(34) 釐 公 ─(35) 桓 公 ─(36) 文 公
(前465~前450) (前450~前434) (前434~前403) (前403~前373) (前373~前362) (前362~前333)

(37) 易 王 ─(38) 王 噲 ─(39) 昭 王 ─(40) 惠 王 ─(41) 武 成 王 ─(42) 孝 王
(前333~前321) (前321~前312) (前312~前279) (前279~前272) (前272~前258) (前258~前255)

(43) 王 喜 ── 太 子 丹
(前255~前222)

晋

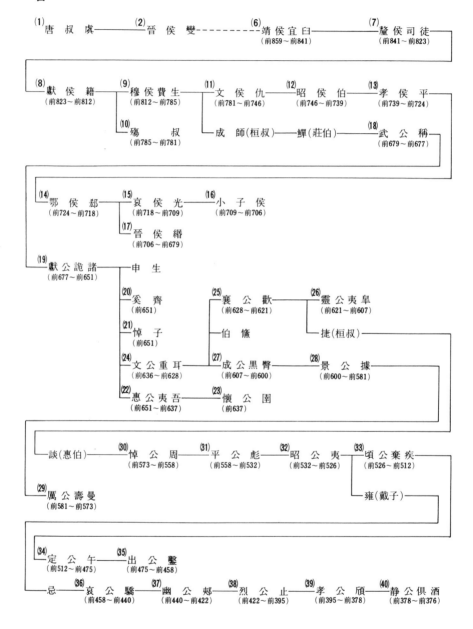

(1) 唐叔虞―――(2) 晉侯燮――――――(6) 靖侯宜臼―――(7) 釐侯司徒
（前859～前841）　　　　（前841～前823）

(8) 獻侯籍―――(9) 穆侯費生―――(11) 文侯仇―――(12) 昭侯伯―――(13) 孝侯平
（前823～前812）（前812～前785）（前781～前746）（前746～前739）（前739～前724）

(10) 殤叔―――成師(桓叔)―――鱓(莊伯)―――(18) 武公稱
（前785～前781）　　　　　　　　　　　　　（前679～前677）

(14) 鄂侯郄―――(15) 哀侯光―――(16) 小子侯
（前724～前718）（前718～前709）（前709～前706）

(17) 晉侯緡
（前706～前679）

(19) 獻公詭諸―――申生
（前677～前651）

(20) 奚齊
（前651）

(25) 襄公歡―――(26) 靈公夷皋
（前628～前621）（前621～前607）

(21) 悼子　　　伯鰷　　　捷(桓叔)―――
（前651）

(24) 文公重耳―――(27) 成公黑臀―――(28) 景公據
（前636～前628）（前607～前600）（前600～前581）

(22) 惠公夷吾―――(23) 懷公圉
（前651～前637）（前637）

談(惠伯)―――(30) 悼公周―――(31) 平公彪―――(32) 昭公夷―――(33) 頃公棄疾
（前573～前558）（前558～前532）（前532～前526）（前526～前512）

(29) 厲公壽曼　　　　　　　　　　　　　　　　雍(戴子)
（前581～前573）

(34) 定公午―――(35) 出公鑿
（前512～前475）（前475～前458）

忌―――(36) 哀公驕―――(37) 幽公郊―――(38) 烈公止―――(39) 孝公頎―――(40) 静公俱酒
（前458～前440）（前440～前422）（前422～前395）（前395～前378）（前378～前376）

楚

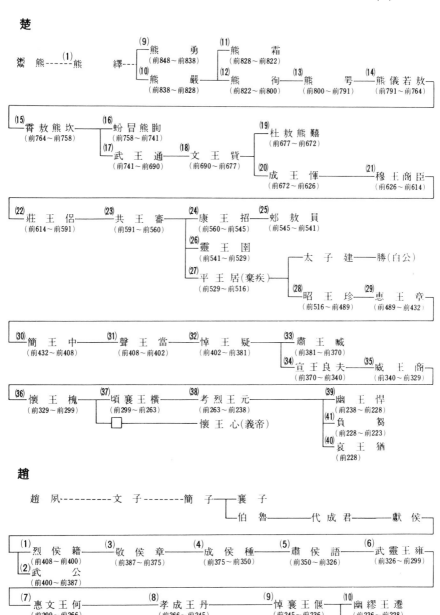

鬻　熊 ----- (1)熊　　繹

(9)熊　　勇（前848~前838）
(10)熊　　嚴（前838~前828）
(11)熊　　霜（前828~前822）
(12)熊　　徇（前822~前800）
(13)熊　　咢（前800~前791）
(14)熊　儀若敖

(15)霄　敖熊坎（前764~前758）
(16)蚡　冒熊眴（前758~前741）
(17)武　王　通（前741~前690）
(18)文　王　貲（前690~前677）
(19)杜　敖熊囏（前677~前672）
(20)成　王　惲（前672~前626）
(21)穆　王　商臣（前626~前614）

(22)莊　王　侶（前614~前591）
(23)共　王　審（前591~前560）
(24)康　王　招（前560~前545）
(25)郟　敖　員（前545~前541）
(26)靈　王　圍（前541~前529）
(27)平王居（棄疾）（前529~前516）
太　子　建 —— 勝(白公)
(28)昭　王　珍（前516~前489）
(29)惠　王　章（前489~前432）

(30)簡　王　中（前432~前408）
(31)聲　王　當（前408~前402）
(32)悼　王　疑（前402~前381）
(33)肅　王　臧（前381~前370）
(34)宣　王　良夫（前370~前340）
(35)威　王　商（前340~前329）

(36)懷　王　槐（前329~前299）
(37)頃襄王　橫（前299~前263）
(38)考　烈王　元（前263~前238）
懷　王　心(義帝)
(39)幽　王　悍（前238~前228）
(41)負　　芻（前228~前223）
(40)哀　王　猶（前228）

趙

趙　夙 --------- 文　子 ------- 簡　子 — 襄　子

伯　魯 ———— 代　成君 ———— 獻　侯

(1)烈　侯　籍（前408~前400）
(2)武　　公（前400~前387）
(3)敬　侯　章（前387~前375）
(4)成　侯　種（前375~前350）
(5)肅　侯　語（前350~前326）
(6)武　靈王　雍（前326~前299）

(7)惠　文王　何（前299~前266）
(8)孝　成王　丹（前266~前245）
(9)悼　襄王　偃（前245~前236）
(10)幽　繆王　遷（前236~前228）
代　王　嘉（前228~前222）

魏

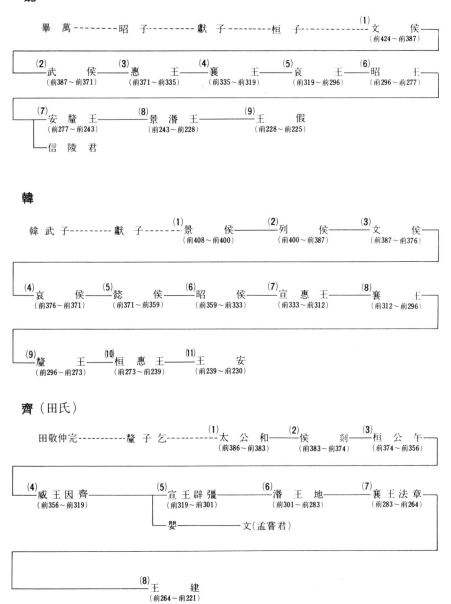

畢　萬--------昭　子---------獻　子--------桓　子------------**(1)** 文　　侯
（前424～前387）

(2) 武　　侯——**(3)** 惠　　王——**(4)** 襄　　王——**(5)** 哀　　王——**(6)** 昭　　王
（前387～前371）　　（前371～前335）　　（前335～前319）　　（前319～前296）　　（前296～前277）

(7) 安　釐　王——**(8)** 景　湣　王——**(9)** 王　　假
（前277～前243）　　（前243～前228）　　（前228～前225）

信　陵　君

韓

韓　武　子--------獻　子--------**(1)** 景　　侯——**(2)** 列　　侯——**(3)** 文　　侯
（前408～前400）　　（前400～前387）　　（前387～前376）

(4) 哀　　侯——**(5)** 懿　　侯——**(6)** 昭　　侯——**(7)** 宣　惠　王——**(8)** 襄　　王
（前376～前371）　　（前371～前359）　　（前359～前333）　　（前333～前312）　　（前312～前296）

(9) 釐　　王——**(10)** 桓　惠　王——**(11)** 王　　安
（前296～前273）　　（前273～前239）　　（前239～前230）

齊（田氏）

田敬仲完----------釐　子　乞----------**(1)** 太　公　和——**(2)** 侯　　剡——**(3)** 桓　公　午—
（前386～前383）　　（前383～前374）　　（前374～前356）

(4) 威　王　因齊——　　　　**(5)** 宣　王　辟彊——　　　　**(6)** 湣　王　地——　　　　**(7)** 襄　王　法章—
（前356～前319）　　（前319～前301）　　（前301～前283）　　（前283～前264）

嬰————————文（孟嘗君）

(8) 王　　建
（前264～前221）

(5) 秦

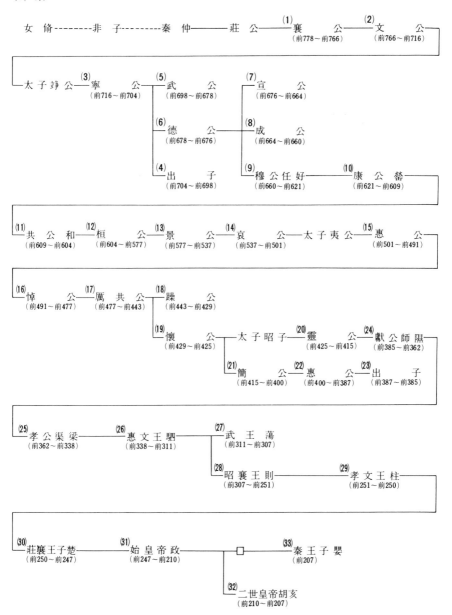

女脩-------非子---------秦仲────莊公────⁽¹⁾襄公────⁽²⁾文公
（前778~前766）　（前766~前716）

太子靜公────⁽³⁾寧公────⁽⁵⁾武公────⁽⁷⁾宣公
（前716~前704）　（前698~前678）　（前676~前664）

⁽⁶⁾德公────⁽⁸⁾成公
（前678~前676）　（前664~前660）

⁽⁴⁾出子────⁽⁹⁾穆公任好────⁽¹⁰⁾康公罃
（前704~前698）　（前660~前621）　（前621~前609）

⁽¹¹⁾共公和────⁽¹²⁾桓公────⁽¹³⁾景公────⁽¹⁴⁾哀公──太子夷公──⁽¹⁵⁾惠公
（前609~前604）（前604~前577）（前577~前537）（前537~前501）　（前501~前491）

⁽¹⁶⁾悼公────⁽¹⁷⁾厲共公────⁽¹⁸⁾躁公
（前491~前477）（前477~前443）（前443~前429）

⁽¹⁹⁾懷公────太子昭子──⁽²⁰⁾靈公────⁽²⁴⁾獻公師隰
（前429~前425）　（前425~前415）（前385~前362）

⁽²¹⁾簡公──⁽²²⁾惠公──⁽²³⁾出子
（前415~前400）（前400~前387）（前387~前385）

⁽²⁵⁾孝公渠梁────⁽²⁶⁾惠文王駟────⁽²⁷⁾武王蕩
（前362~前338）　（前338~前311）　（前311~前307）

⁽²⁸⁾昭襄王則────⁽²⁹⁾孝文王柱
（前307~前251）　（前251~前250）

⁽³⁰⁾莊襄王子楚────⁽³¹⁾始皇帝政────□────⁽³³⁾秦王子嬰
（前250~前247）　（前247~前210）　（前207）

⁽³²⁾二世皇帝胡亥
（前210~前207）

(6) 前漢

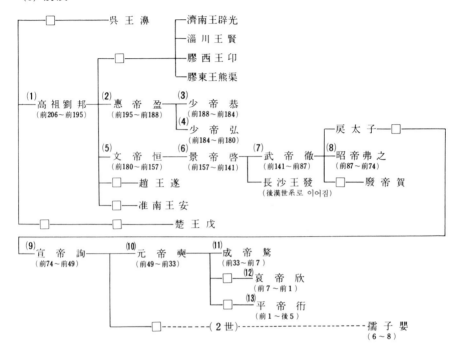

楚 王 戊

(9) 宣 帝 詢
(前74～前49)

(10) 元 帝 奭
(前49～前33)

(11) 成 帝 驁
(前33～前7)

(12) 哀 帝 欣
(前7～前1)

(13) 平 帝 衎
(前1～後5)

(2世)‥‥‥‥‥‥‥‥‥‥‥ 孺 子 嬰
(6～8)